U0645812

图 191　敦煌千佛洞全景，跨河向东望

图 192　阿拉塔木遗址全景，连带哈密王之农庄及果园，自东南望

~修订版~

西域考古图记

[英]奥雷尔·斯坦因/著

中国社会科学院考古研究所/主持翻译

XIYU KAOGU TUJI

·第二卷·

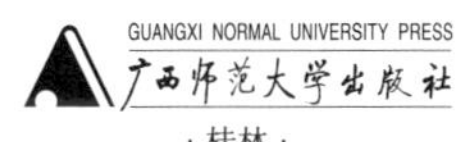

·桂林·

总 策 划：张艺兵
出版统筹：罗财勇
责任编辑：罗财勇
马培钧
助理编辑：梁文春
责任技编：李春林
整体设计：智悦文化

图书在版编目（CIP）数据

西域考古图记：修订版：全5卷／（英）奥雷尔·斯坦因著；中国社会科学院考古研究所主持翻译．—2版．—桂林：广西师范大学出版社，2019.3（2020.6重印）
ISBN 978-7-5598-1510-1

Ⅰ．①西… Ⅱ．①奥… ②中… Ⅲ．①西域－考古－图集 Ⅳ．①K872.4-64

中国版本图书馆CIP数据核字（2018）第289523号

广西师范大学出版社出版发行
（广西桂林市五里店路9号 邮政编码：541004
网址：http://www.bbtpress.com）
出版人：黄轩庄
全国新华书店经销
广西民族印刷包装集团有限公司印刷
（南宁市高新区高新三路1号 邮政编码：530007）
开本：720 mm × 1 020 mm 1/16
印张：228 插页：4 字数：3850千字
2019年3月第2版 2020年6月第2次印刷
定价：1980.00元（全五卷）

目 录

插图目录

第十一章　楼兰遗址

第一节　发掘废住宅 L.A.I

12 月 18 日早晨，我要做的第一件事就是按预定计划安排运输。主驼队已经派出，在托乎提阿訇的带领下前往西北边库鲁克塔格山脚的一眼盐泉。该盐泉是他去年发现的，当时他陪同亨廷顿教授大胆穿过结有盐壳的老罗布湖床前往阿提米什布拉克（Āltmishbulak），他称这眼泉为“英布拉克”（Yangi-bulak），即“新泉”。我们进行发掘工作时，骆驼就在那里休整和牧放。后又派了五峰骆驼返回我们 121 号营地的中转库，去取留在那里的供给品，并驮运由备用驴队运到那里的鲜冰。我让奈克·拉姆·辛格带一些骆驼往北调查，以确定赫定博士通俗游记中提到的那个方向的废墟。那个废墟在他有关这一地区的小比例示意地图中并没有精确标出其位置。 ◁安排运输

来到这个未被扰乱的单独遗址，我开始快速调查它的废墟。从扎营处的窣堵波高台上四望，眼前的景象真令我感到惊奇，它既令人感到熟悉又令人感到新奇（图 92、93）。南面和西南面有小群木构和涂以灰泥的房屋废墟。这些废墟的木柱已发白破裂，废墟风蚀台地的陡坡上散落着各种碎片，无不令我回想起仍记忆犹新的尼雅遗址，尽管这里覆盖着的护沙要少得多。 ◁第一次调查废墟

风蚀景观▷ 但环境的不同给我留下的印象更深刻。在散落着废墟的尼雅遗址及其寂静的四周,沙丘和沙包连绵起伏,宛若波浪一般,让人联想到广阔的海洋。而这里除了无边无际陡峭坚硬的雅丹和冲刷得很深的风蚀沟,什么也没有。风蚀沟的走向全都相同,是由无情的东北风雕刻出来的。它也像一幅奇妙的海洋画,不过这片"海"是冻硬的、崎岖的和凄凉的。除附近的废墟外,只在北边和西北边很远的地方有几个零散的土墩,它们显然是用土坯砌成,已严重损坏。此外,我功能强大的望远镜再也没有发现任何建筑遗迹。似乎很奇怪,那些仅用木材和枝条建成的建筑,竟然经受住了如此可怕的风蚀作用而幸存下来。但当时我并没有停下来去深究它们仍然保存在窣堵波附近的原因。

赫定博士对遗址的调查▷ 正像对废墟本身一样,我对这里的工作感到既熟悉又新奇。事先我就知道,这里显露出来的遗迹大概可以追溯到与尼雅遗址相同的时期,即大约公元3世纪。清理废弃建筑物和其中积聚的沙子,以及寻找希望中的废弃物,搜索散落在下面侵蚀斜坡上的碎片等,不仅是我自己,也是奈克·拉姆·辛格和我忠诚的总管伊布拉音伯克完全习惯了的工作。我感到工作中还是有一些新意,这个遗址已经被一个更早的欧洲探险家至少是部分地搜索过,但我们仍按惯例进行了操作。赫定博士关于他1899—1901年旅行的著名游记中,有几章专门写到"古罗布淖尔废墟"和"楼兰",特别是其中精美的插图,使我熟悉了这些废墟总的特征。这些废墟是他首次从阿提米什布拉克横穿罗布沙漠时,于1900年3月偶然发现的。从中我也熟悉了他第二次对这些废墟做专访时,于1901年3月揭露的遗迹。[1] 这次访问使他获得了重要发现，虽然它们还没有得到完全、专门的分析，但它们给予的古物证明在许多方面是确定无疑的。显然，赫定博士并未对遗址进行彻底调查，甚或是对遗址的某一部分进行彻底调查。第二次探访时他总共在这里只待了六天，因此实际上他只在东组废墟群发掘了三处，在西组废墟群发掘了第四处。除他自己外，他只有五个民工。整个队伍中没有一个是有经验或经过特别训练的，而搜寻到的废墟数量多、分布范围广。因此，对遗址做一系统的考古调查显然很有必要。但还能有多少新的发现，仍然是个问题。

我第一次快速调查东组废墟群（后来命名为 L.A）时升起的希望，12 月 18—23 日便得到完全证明。这几天我们一起在那里不停地工作。对它们的描述，我打算按发现的先后顺序进行，并加带我对废墟 L.A 所代表的中国要塞一般性质的调查。赫定博士对大多数建筑物已经调查过。有许多建筑物是他的民工找到的，或在他的组织下找到。

◁赫定的发现和调查

赫定博士在其科学报告的第四十四、四十五章中，描述了他见到"楼兰废屋"时的情形，他对它们进行了测量，拍摄了许多有益的照片。[2] 但由于其调查和发掘时，受到时间和劳力的限制，以及其他明确的缺陷，我认为没有必要讨论他观察的细节，但我探访时已不再存在的部分除外。我也没有感到有义务去检查他大量的推论，除非它们可能具有特别的古物或地理学意义，并能得到审慎的、可容许的考古论据的支持。我认为不可能详细比较或利用赫定博士从遗址带回的写卷（即简牍和纸文书——译者）或其他有古物学价值的发现，因为他的巨著中写有专章述及。其中已故的 A.康拉迪教授和赫尔·希

① 参见赫定《中亚与西藏》，第二卷，111~150 页；第一卷，376~384 页。

② 参见赫定《中亚》，第二卷，621~648 页及附图 65~76。

姆利给出了他们有关这些资料的测验结果，但至今还未出版。① 关于这些资料，我的消息限于后一位学者1902年出版的简报②，而与该遗址后来出土的大量新资料对比，这些毕竟太简单太仓促，在这里不能用来进行详细分析。

废墟L.A.I的▷结构

我们的发掘工作从废墟L.A.I（附图23、24）开始，它离窣堵波最近，发掘结果从一开始就充满了希望。窣堵波南—南东约60码，自风蚀地面突起的台地，边缘土堤陡峭，顶部显然有房子遗迹，曾建造得很好，而且很大。如图93、94所示，巨大的木料残件散落在台地的斜坡上，特别是在东面和南面，它们标明了房屋的位置。由于地基泥土的侵蚀，现在房屋完全消失了。南面紧邻该地区的最深处，低于仍然位于原地的基梁（指地袱——译者）所示的原地表足有18英尺。其他的这种基梁（图94）坍落在斜坡上。与此遗址所有其他废墟一样，这里的这些基梁和所有立柱等，构成墙壁的木骨架，它们一律是野杨木。废墟L.A.I的基梁异常结实，厚度将近1英尺，其下铺有一层红柳枝。后来在L.A.II的墙下和两座窣堵波废墟下面也发现这样的东西，它们被用作地板材料。墙的构造特征与在尼雅和喀达里克废址中发现的极其相似。基梁的插槽中立着成排的方立柱（图93），较粗者用来支持顶梁，其间用较小的立柱规则地间隔。立柱间用横置的芦苇束加固，形成墙的枝条构架，外面涂泥膏。③ 这间房子的墙壁与L.A其他大多数建筑一样，谨慎地考虑到了盛行风的方向，矩形的一条边总是面向东—北东。

① 参见赫定《中亚》，第二卷，621页。
② 参见希姆利的文章，载《彼德曼报告》（*Petermann's Mittheilungen*），第12部分，288~290页，1902。
③ 参见附图6，该图为喀达里克制作类似的树木和枝条构墙的切面。

图 94 楼兰遗址的 L.A.I 古代居住遗迹及佛塔

图 95 楼兰遗址 L.A.IX 古代佛塔及居住遗迹,自南望

图 96　楼兰遗址 L.A.X 佛塔遗迹，自南望

图 97　楼兰遗址西北 3 英里处的佛塔遗迹，自南望

图 98　楼兰遗址东面的 L.A.XI 倾颓的佛塔土墩，自东南望

附图 24 中复制了此房现存部分的平面图。从大房间 L.A.I.i. 和其东南隔壁房间的规模判断，该废墟可能是一位官员或有一定地位的人的住宅。大房间长 31 英尺、宽 13 英尺。相邻房间虽然大部分已毁坏，但仍保留有一个很宽的平台。现存房间中虽然覆盖的流沙没有一处超过 2 英尺深，而且大部分地方甚至不到 2 英尺，但足以保护大量重要文物，这些文物立即为前述推测提供了支持。三条窄木片：L.A.I.i.I、ii.I、iii.I（沙畹《文书》Nos.886～888，图版 XXVII），宽约 0.5 英寸，每条木片的正面和背面都写有一竖行汉字，我立即认出其形状与文字，与我 1901 年在尼雅遗址最先发掘到的中国官方木简完全相同。[①] 它们内容的官方性质现被沙畹先生的翻译所证实，译文表明木条之一 L.A.I. iii.I 精确地署明日期为公元 330 年。[②] 从下文将要提到的各种理由看，此日期可以假定为就在遗址的最后废弃之前。因此 L.A.I 很有可能一直被某官员居住到结束。

◁在 L.A.I 发现中文档案

该废墟和我熟悉的尼雅遗址古住宅在样式和内部布局上极其相似，这使我感到有点惊奇。但比起我发现两枚长方形木简L.A.I. ii.1、ii.2时的惊奇来就大不一样了。这两枚木简每一枚都有 4～5 行模糊但仍易读的佉卢文笔迹。这是迄今为止我最感满意的发现，证明了这种古代印度文字和语言的使用向东延伸到遥远的塔里木盆地的东端。在东北边一个侵蚀房间坍塌木块下的各种垃圾中，又发现了三枚佉卢文木简，每一枚都有其自身的特点。其一，L.A.I.iv.6 是一枚规则的楔形盖简，上面有封泥槽，准确地重现出楔形木双简的形状与设

◁发现佉卢文文书

① 参见斯坦因《古代和田》，第一卷，358 页以下，537 页以下；第二卷，图版 CXII～CXIV。

② 参见沙畹《文书》，182 页以下。

计,我在尼雅遗址的发现已经证明这种木简似乎是用作半官方信件。[1] 因此,这种古信件复杂的本地体系,在塔里木盆地这个遥远的角落与在和田地区是完全相同的。虽然它的正面被磨损,不再有写明地址的字迹(肯定曾经包含有可读的地址),但是毫无疑问,它表明了该地属典型的本地官员管理,而不是中国官员的管理。

胡杨木木简▷

另一件文书 L.A.I.iv.5 是一块粗糙的红柳木,背面尚带有树皮,平面上题写两行佉卢文。与尼雅遗址中加工整洁平滑的木简相比,其材料粗糙。这个观察使我立即注意到,这种古信在制作上存在着本质的差别。在更仔细地考证另一件佉卢文木简(后来在该遗址发现了更多这样的木简)时,我发现它们粗糙和爆裂的表面,并不像是由于长期的暴晒和腐蚀的结果,而是因为它们是用胡杨或野杨木做成的,这种木质纤维本身就粗糙一些,而尼雅遗址的佉卢文木简一律用白杨或人工栽植的杨树做成。在这个遗址的古代凉亭或果园中,几乎完全没有死树干[2],它表明了当地耕作资源非常有限。下文讨论这一点时,我将有必要提到这个重要事实。

佉卢文、汉文▷纸文书

在同样撒满垃圾的斜坡上也发现三页纸片,属于同一文书即 L.A.I.iv.7,上面写有佉卢文字,字迹模糊散乱。其本身的意义在于它是我发现的第一个证据,证明当塔里木盆地还在通行佉卢文字和婆罗谜语言时已经使用纸。从风蚀斜坡上的垃圾堆中捡到许多中文纸文书残片:L.A.I.v.1:《文书》Nos.894、895;L.A.I.iv.2,3:《文书》Nos.930~938,图版 XXIX-XXX。[3] 这些发现也肯定了在该地区和该时期纸和木被同时用来记录中

① 参见斯坦因《古代和田》,第一卷,347 页以下、364 页等。
② 参见本章第七节。
③ 为便于参考,这里和以后引用了沙畹在《文书》中给它们编的序列号和它们的遗址标号。

文档案。后一组文书发现时黏合在一起，大致作半圆形小包状，包的一边敷有浅色灰泥。沙畹先生的译解表明这些废纸片包含一部分私人信件，其中有些具有一定的历史价值。它们是被用作描画装饰的底子，还是像沙畹先生认为的那样是用来填塞墙中的口子，不能确定。这个废墟的佉卢文文书几乎与汉语文书一样多，这与 L.A.II 建筑中后者占绝对优势形成鲜明的对照。L.A.II 肯定是当地的中国衙门。这似乎表明，住宅 L.A.I 可能是楼兰当地一个小酋长或本地管理代表的住所。

◁发现绒毯遗迹

除这些文书外，在探测到的第一个废墟中还搜索到其他重要文物。在房间 ii 的一角发现两块毛绒片，它们属于同一绒毯即 L.A.I.ii.001（图版 XXXVII）。绒毯大部分地方很旧，个别地方却仍保持明亮浓厚的深紫红色、两处褐色、暗黄色和淡蓝色等色彩。这一绒毯是我迄今为止成功发现的、证明和田地区从很早时期起就有工业的第一件古代标本，并在那里保存至今。① 安德鲁斯先生对后来发现的保存更好的标本 L.A.VI.ii.0046的描写，解释了有关经纱、纬纱和绒面排列的技术细节，也讨论了两件标本背面不加固定的奇特的长毛束线头，这使它们变得与当代便宜的日本小块地毯很相似。这些地毯是否事实上来自和田当然不可能断言。但考虑到和田地毯工业很久以前就在中国新疆享有事实上的垄断地位，而历史证据又证明这些地毯非常古老，因此我认为这个推测已经得到了证明。

◁中国丝绸贸易文物

从这堆垃圾中发现的大量各种织物片中，L.A.I.iv.0011 是流行棕色、暗黄色和红色平纹的毛料片。这些残片和染成黄

① 参见斯坦因《古代和田》，第一卷，134 页、174 页，关于和田地毯业和早期中文参考材料。

色、红色和鲜红色的毡片,可以很可靠地认出是当地产品。早期中国史料已经完全证明罗布地区有丰富的羊毛,因为牧民很容易在塔里木河岸丛林和若羌山上继续生存,今天仍然如此。另一方面,在该遗址其他废墟垃圾中还发现大量小块丝绸残片,色彩富丽,都是从中国内地贸易到这里的衣服的碎片。我知道中国与中亚及更远地方的丝绸贸易,一定沿这个废弃的拓居地所标示的特别路线进行了数世纪。我也知道建立这个拓居地本来就是为了维护丝绸贸易的顺利进行。然而当这些早期贸易的文物那天从此废墟附近显露出来时,我开始简直不敢相信,我竟发现了如此惊人而有益的文物。

发现丝绸捆▷

北—北西面,L.A.I 所在台地与窣堵波基座以南的大片地区相连。窣堵波基虽然受到风蚀,但在有木料和看起来像是芦苇柴捆的地面的保护下,仍然保持它原来的高度。这层芦苇很可能是墙基,墙体已经消失。在清理地面上的一层薄流沙时,从原地上发现了一小捆黄色丝绸——L. A. I. 002(图版 XXXVII)。它们紧紧地卷着,显然未被使用过,干而脆,第一次拿起时即碎成两截。其实际宽度为 18.75 英寸,直径为2.5 英寸。坐落于此的建筑被废弃时,这些丝绸是如何被留下的,或是怎样逃脱了后人的搜索而不被发现,去推测这些事情是没有意义的。该废墟废弃以后,似乎曾有人搜索过,可能是为了寻找有价值或实用的物品。但我立即认识到,这个发现使我第一次看到了过去从中国运销到古典西方的最著名的丝绸产品实际样式。

汉代丝绸的宽度▷

后来的一系列发现消除了所有疑点,这一小捆丝卷的宽度,是纪元前后中国最重要出口品所采用的标准宽度。关于这一点,其中两条未染的丝绸(T.XV.a.i.3,《文书》No.539,图版 XV)提供了决定性证据。它们是我大约四个月后在敦煌以西古代边境一座废弃的烽燧中发现的，上面写的文字沙畹先生已经考证并解释出来。① 一件印记完整，表明此片丝绸宽 50 厘米。另一件长 30.5 厘米，不完整，有一行汉语题字，精确指出这块丝绸的产地、尺寸、重量和价钱："任城国亢父丝一卷，宽 2 尺 2 寸，长 40 尺，重 25 两，值 618 钱。"提到的任城国，建于公元 84 年，位于山东，是中国的主要丝绸产地之一，证明此丝绸生产年代在公元 1 世纪末或 2 世纪初。

◁汉代的中国寸

所载丝卷的宽度 2 尺 2 寸，使我们能够根据其实际情况确立汉代时期丝绸的标准宽度。我沿敦煌以西古代边境发掘时获得两件木尺，它们精确地表明了当时中国的寸值（10 进位）。尺 T.vlll.4 显示，1 尺被分成 10 寸，每寸相当于 0.9 英寸，或 22.9 毫米。尺 T.XI.ii.13 是一件手杖板，刻出的寸长与前者完全相同。两件尺子均于烽燧里发现，在那里发现的纪年文书证明烽燧的年代在公元 1—2 世纪。② 如果接受东汉时期的 1 寸为 22.9 毫米，就会得出 22 寸等于 50.38 厘米（或 19.8 英寸），这正是 T.XV.a i.3 题记中记载的宽度。这个实际宽度与沙畹先生量得的 50 厘米事实上也相符合。现在再看丝绸卷 L.A.I.002，我们发现它的实际长度为 18.75 英寸，比刚才确定的标准宽度约小 1 英寸。但看一下图版 XXXVII 中的照片就会发现，丝绸卷的两端，尤其是上端，已经磨损。这种情况与织物堆放于干沙中如此长久而可能引起的萎缩，足以说明这个细微的差别没有实际意义。

① 参见沙畹《文书》，118 页，关于沙畹先生解译中的订正，参见本书第十九章第四节。

② 参见沙畹《文书》，126 页、145 页；本书第十八章第一、三节。

丝绸的标准宽度未变▷

因此,我们也证明了东汉时期丝绸的标准宽度,到晋代时没有发生任何改变,因为丝绸卷 L.A.I.002 肯定属于晋代。如果从下文将要描述的尺子L.A.II.vi.001(图版 XXXV)判断,中国寸的宽度在此后一段时期有很大改变。这件尺子显示有 10 个$\frac{13}{16}$英寸,或每寸 30.16 毫米。但像丝绸这样的重要出口物品,通过改变尺的基数来保持其贸易尺寸不受影响,这是很正常的。[①]

L.A.I.iv 的各种文物▷

在发现上述织物遗迹的外面,L.A.I.iv 的散木头中发现一堆垃圾,其中有许多家用的小物件,在下文的器物表中将会看到它们。这里我只简单提一下,其中的一把木匙 L.A.I.iv.008,一双筷子 L.A.I.iv.006、007,一只残漆碗 L.A.I.iv.0015。此外有一根雕刻得非常仔细的小棒,一端有横档 L.A.I.iv.009(图版 XXXV),与今天中国新疆的去鲁克(chūluk)极为相似,是用来将小羊捆绑到绳子上的东西。这种东西在古代流传很广,因为在其他早期遗址也发现了这样的标本(L.B.IV.ii.009,N.XIII.i.002,Ka.I.008)。性质更使人迷惑的,是大量小而薄的尖头"标签" L.A.I.iv.11.a、b(图版 XXXV)。方头钻有二孔,边缘下凹,可能用于穿线,做成胄甲的鳞片。这些木片长约 3 英寸,样式与在尼雅遗址发现的硬皮鳞片多少有些相似。[②]

釉陶片▷

但要确定现在这个解释显然还有技术上的困难需要解决。值得注意的可能还有两块陶片 L.A.I.iv.001、002,外表面有釉,是

① 从晋代到公元 10 世纪,丝绸的标准宽度有时被扩大,在千佛洞石窟中发现的丝画证明了这一点,它们是一种广幅丝绸。在年代为公元 939 年的丝绸 Ch.00224 中,宽度为 24 英寸,在 Ch.0067 中,为 22 英寸。参见本书第二十五章第二节。在米兰遗址 M.X 发现的丝绸,也是属于后一种,为 22.5 英寸,见本书第十二章第四节。

② 参见斯坦因《古代和田》,第一卷,XVI 页,411 页。在米兰发现的上漆的皮鳞片,见本书第十二章第四节。

两种不同的绿色。这些陶片因为插在垃圾中才得以保存下来。这种釉陶片在遗址的其他地方很罕见,是因为那里的所有陶片都被风吹动流沙而毫无保护地暴露于地面。L.A.I.iv.002,釉呈叶绿色,有冰裂纹,说明是中国汉代物品,与类似的冰裂纹红釉陶 L.A.005 一样。另一块陶片 L.A.I.iv.001(图版 IV),饰有阴刻图案,釉为深绿色,可能受到西方的影响。

◁发现五铢钱

最后,我应该记一下,在仔细搜寻 L.A.I 覆盖着碎块的斜坡时,还发现了7 枚中国铜钱,大多是残片。它们都是五铢钱,最早传入年代可能在光武帝年间,即公元 26—57 年。

第二节　调查废住宅 L.A.II ~ L.A.VI

◁土坯建筑 L. A. II

调查完窣堵波南那处孤立的住宅之后,我让民工们来到西南大建筑群。它们位于一块台地上,台地最宽处约 200 码,离我后来调查证明是遗址中心的地方(中国要塞方形城堡,见本书附图 23)不远。四周是风蚀洼地,深 12 英尺或更深。由于上面许多废弃的建筑物对 L.A.II ~ L.A.VI 的保护,才使这个地方没有被破坏成雅丹。主建筑物 L.A.II(附图 25)似乎原来有用土坯建成的牢固的方形围墙。此建筑物中,三个狭窄房间的厚墙仍保持着相当高度,如图 101 所示。在这里,我很容易地找到了赫定博士偶然发现汉文木简和纸文书的地点。最东边的最窄房间即 L.A.II.ii 地面上覆盖着层层垃圾,赫定博士从垃圾中发现了 42 块窄木片,无疑是上述那种类型,还发现了约 200 张写有字的纸,大部分被撕成了碎片。①

第一次快速调查时我就发现,原来掩蔽得如此好的这个

① 参见赫定《中亚与西藏》,第二卷,132 页;赫定《中亚》,第二卷,632 页。

垃圾堆中的东西并未完全捡尽。尽管赫定说:“畜栏里有用的东西被筛得最后只剩下谷粒,一直到下面的硬地面为止,事实上我们已清理了内部的一切。”我还是在这里做了一番彻底搜寻,找到了大量写有字的纸片和木片。其中许多(包括一枚楔形佉卢文底简即 L.A.II.ii.003)是在仍有大约 2 英尺深的垃圾中发现的,赫定博士的人将它们挖出来,但并没有将其从这个小房间中带走。但在南面侵蚀坡上的垃圾中发现了更多写有字的纸片和木片(L.A.II.i),最后在那里发现了两包中文木简。翘曲的薄木片占大多数,显然是用规则的中文木简修整而成,以便再利用。[①] 这种古老木简材料的重新利用是很经济的。这些木片的制作材料似乎一般是柔韧平滑的木头,通常是某种针叶树,这种树在当地不能获得,这很好地解释了上述做法。

中文文书纪年▷为公元 265—274 年

值得注意的是,这里发现的中文文书中,有一封完整的写在纸上的书信 L.A.II.i.1 (《文书》No.904),保持着原来的形状,卷成小卷,好像准备寄出。还有沙畹先生出版的文书中,署有年代的文书全都属于公元 265—274 年。就目前所知赫定发现的文书中,年代都在公元 264—270 年之间,只有一件例外。[②] 似乎可以可靠地推断,这个小房间就是在那个时期或稍后被填满了垃圾和“废纸”。

古衙门遗迹▷

这里发现的文书和我在邻近的大垃圾层 L.A.III.i、VI.ii 中清理出来的文书普遍带有官方性质。因而可以肯定,我标为 L.A.II 和 III(附图 25)的这组废住宅是在这处要塞建立的中国行政总部的所在地。其规模和总体布局使我回想起统治

① 关于这种修理的标本,参见沙畹《文书》Nos.739~741,图版 XXIII;Nos.878~885(图版 XXVII)。关于其他从 L.A.II.i、ii 发现的木简,参见《文书》Nos.879~884、893、896~902、905~909。

② 参见赫定博士引用的希姆利的论文《中亚与西藏》,第二卷,144 页。

这块“新领土”及其以东地区的今天中国官员所居住和接待这些官员及其家属与随从、下属,以及作为金库和行政仓库的衙门。相似之处如此明显,以至于我的若羌民工迅速而自然地就将 L.A.II 称为“古城衙门”。

◁L.A.II 的土坯墙

废墟最醒目的部分是用大土坯砌成的宽大的 T 形墙,L.A.II.所有可找到的房间似乎都依其而建。它东—北东至西—南西方向长约 150 英尺,与其垂直的墙壁向东边延伸仍达 105 英尺。与此遗址中所有土坯建筑物的情况一样,下面垫有一层红柳枝构成地基。T 形墙的前部(即竖墙),它的方向与盛行风向完全一致,这足以说明它为何没有被完全侵蚀掉。即使如此,除小房间 ii ~ iv 后面和房 v 附近的部分外,大部分地方已被削减到几乎接近地面。另一条墙形成 T 形的顶墙(即横墙),与盛行风向正好相对,被侵蚀得更为厉害,几乎完全消失,只在两侧风蚀坡上剩下粗重的木头。这堵横墙原来可能还要向北—北西延伸得远一些。很可能正是曾经紧靠此墙而建的建筑物提供了强大的抵抗力,才使 L.A.II、III、V 和 VI 的遗迹免受更强烈的侵蚀。在此横墙的南—南东端,以及在 L.A.III 以南的相应位置(图 102),侵蚀坡上散落的木头特别粗大,说明两头的建筑可能是衙门主院两侧的厢房。但这毕竟只是推测。无论如何,要注意 L.A.III.iii 地面高度以下约 3 英尺的南坡上,残存一道土坯墙或平台,宽 6 英尺,高出地面,可能表明存在某种较早期的建筑。L.A.II 的土坯墙,平均厚约 3 英尺 6 英寸,长 18 ~ 19 英寸,宽 12 ~ 13 英寸,厚 4 英寸。

◁窄房 L.A.II.ii ~ iv

三间狭窄的套房 II.ii ~ iv(图 101)前面已经提及,由从 L.A.II的主墙伸出大约 18 英尺的横墙构成。南端已残,因而这些窄房的精确长度已不能确定。如图 99 所示,横墙尚存,最高达 10 英尺,厚度从 3 ~ 4 英尺不等。除了上文已经述及的

堆积于 II.ii 中的垃圾,这些小房间最古怪的特征就是都很狭窄,与墙的厚度特别不成比例。最东北的 II.ii 宽仅 4 英尺。其余两个为 iii 和 iv,分别为 9 英尺 6 英寸和 4 英尺。由于没有特别的发现(三个房间中都没有任何发现),因此似乎难以猜测它们原来的建筑目的。但似乎也不像是用来居住的。考虑到墙壁不平常的厚度,我想它们也许是作为储藏室或牢房。对于一处要塞上的中国衙门而言,二者显然都很需要,就像类似的现代建筑物中的一样。

桔瑞超先生发▷现的文书

赫定博士曾发现房 iii 和房 iv 两个房间灌满了沙子,沙子超过 3 英尺高,清理时发现"只有两三片撕破的纸"。[①] 我到达时地面已覆盖了一层新沙,又仔细搜查了一遍,没有任何结果。直到 1910 年桔瑞超先生匆匆访问该遗址时,才在这里发现了一份重要的中文文书,年代是公元 324 年,是李柏长史的一封信稿,下文我还将谈到它。[②] 从这位年轻的日本探险家同年秋给我的口头解释来看,它似乎是在房间 iv 中一面墙的砖缝里发现的,距地面有一定高度。1914 年 2 月,我对这个小房间进行发掘,发现了两处浅壁龛或孔穴,好像是从墙上粗粗地做出来的,再没有更确切的东西了,因此我猜想桔瑞超先生获得重要发现的地方是在两块砖之间的小裂缝或孔穴中,后来因为希望发现更多的东西而将裂缝弄大了。当然,我们已无法猜测这张起皱的纸是如何放进那个裂缝中的。但无论如何,在这种地方发现它,说明那时墙里面无疑曾经涂有的灰泥面已经脱落了,这处建筑或多或少已处于废弃的状态。因此这个发现并不影响上文对这些房间用作普通住房的怀疑。

---

① 参见赫定《中亚》,第二卷,633 页。
② 参见本章第八节。

◁房间 L.A.II.v 中的发现物

房间 v 位于主墙与 L.A.II 东北横墙的角上，内部长 30 英尺、宽 12 英尺。沿它的部分北墙，发现有一个狭窄的台子遗迹，约 2 英尺高，其后面的墙中有一个深约 8 英寸的碗柜形的凹龛。由此也许可以推断，它曾用作客厅或公事房。在此房中发现 4 枚中文木简，其中 2 枚完整(《文书》Nos.750、820)，一枚署明日期是公元 263 年(L.A.II.v.3,《文书》No.738)。就在台子的下面，地上插着一枚矩形木简(L.A.II.v.5)，上面有佉卢文字迹。它可能是在此遗址被废弃前的某个时候掉在这个位置的，因为木片已腐烂并被虫蛀，表面被湿气毁坏得很厉害。这里还发现一颗保存完好的青铜方头螺钉即 L.A.II.v.002(图版 XXXVI)和一块窑烧的泥质碗残片即L.A.II.v.001，有深绿色釉，属汉代陶器。

◁房 L.A.II.vi、vii 的结构特征

紧靠西面是一个用木头和灰泥建造的单独的小建筑物，它的两个房间L.A.II.vi 和 vi，直立的柱子和平置的芦苇栅仍标示出房子的墙线(见图 101 最右边)。房间 vi 的东北有一个平台，泥筑，高 2 英尺 8 英寸，宽 5 英尺，连着三级台阶。房间 vi 与房间 vii 之间的隔墙上(此平台东侧隔墙中央上方)残存一扇镶板窗户，宽 6 英尺，两边立侧柱。由于我在尼雅遗址的废墟N.XXIV 和 N.XXVI 中发现有完全相同的布置，上文已经描述①，这里我们又找到了新的证据，证明在公元 3 世纪，这种结构特征的住宅在塔里木盆地分布非常广泛。在房间 vi 发现了木尺 L.A.II.vi.001(图版 XXXV)，上文已经述及。② 房间 vii 中的柱子和苇栅部分地方有被火烧的痕迹，同时在覆盖着地面的流沙下发现有烧焦的木块。③

① 参见本书第六章第三、四节，图 62、63、64 及附图 14。

② 参见本章第一节。

③ 这说明赫定博士的假定是错误的：此房是铁匠铺。参见赫定《中亚》，第二卷，631 页。

在L.A.III发现▷的木雕

标为L.A.III(图102,附图25)的建筑遗迹上文已经说明好像是"衙门"的西南厢房。大房间L.A.III.iii长35英尺、宽28英尺,木头和水平苇栅构成的墙壁只在两侧可清楚看到,其余被严重地侵蚀掉了。但是有一些柱子还直立着,其中两根肯定曾托着支撑屋顶的横梁,尚有13英尺高。此房间是赫定博士找到的,他在房内或附近发现过一只保存很好的大陶罐,一件装饰木雕和他认为是二轮马车上的实心木车轮的东西。[①] 在留下的建筑木雕中,图99显示有圆形的木柱础,上有插槽,说明木柱础上曾立有柱子。一根破裂得很厉害的双悬臂,上面肯定支有一根屋梁,从悬臂上还可能伸出两个涡形纹样;两根旋制的支柱刻有精细的装饰线条,与后来从L.B.IV(图版XXXIII)发现的类似。所有这些木头都是胡杨。

在L.A.III.i中▷发现的文书

在仔细清理几乎被完全侵蚀了的小房间ii时,我们找到两枚汉文木简,当搜索到西南相邻地面(最初我假定是此建筑的另一部分L.A.III.i)时,突然发现了大量汉文文书和各种小文物。这样,在这里发现了大约37枚写有汉字的木简,还有两枚佉卢文木简小残片。在各种小器物中,有一支青铜箭头(L.A.III.001,图版XXIX),一个刷上红、黑漆的残木碗(L.A.III.004),一支可能用来写字的尖笔(L.A.III.i.002)和一小块陶盘片(L.A.III.002),饰有淡淡绿色光泽的泥釉,类似中国汉代产品。事实上,我们在这里接触到了大垃圾堆L.A.VI.ii的最东边,我们现在就要描述后来在这个大垃圾堆的发现。

住宅L.A.IV中▷的发现物

12月19日,清理完我们称之为衙门的最后一个房间,我转到西南约100码的较大住宅L.A.IV。如附图24中的平面图所示,它由许多房间组成。房间尺寸不等,最大有21英尺

① 参见赫定《中亚》,第二卷,633页等,以及图版LXX、LXXI中的精美照片。

见方；房间以木头与竖置的红柳枝为墙。此外，在中部有一组建造得较牢固的房间，夯筑或用木头和灰泥筑就。① 房中填满了高达3~4英尺的沙子。房间i内部尺寸长约13英尺，宽12英尺，夯土墙厚约3英尺，沿三面墙建低土台，靠第四面墙建一个土壁炉。内部布置与我在尼雅遗址和在和田其他地方发掘过的许多古代住宅中发现的完全相似。② 邻房ii有点像小过厅，门旁尚保存有木框，此门通往中厅。在这里发现三枚矩形佉卢文双简即L.A.IV.ii.1~3（图版XXXVIII）。考虑到它们都位于3英尺高的沙上，而且几乎是在地表之上，其保存状况异常完好。这部分是由于开始两件文书是用碎布包起来的，其中有结实的棉织物L.A.IV.ii.001，布料（根据洽诺塞克博士的分析）和密度都值得注意，原来可能是用作甲胄内的衬布。这些佉卢文木简显然是从墙或门上方的某个容器中掉落下来的。③ 此门异常低矮，与L.A.IV中的另两扇门相像。那两扇门的过梁和横档尚在原位。

◁L.A.IV的结构特点

中厅长28英尺，宽21英尺，从规格和总的布置看，明显与新疆现在仍然流行的“阿依旺”式建筑相似。中心柱上仍安放着平坦、宽大的托架，托架上托着屋梁。东角用一种扶手隔出一块空地，目的不明。大房约22英尺见方，与东南墙相接，与其余房间不直接相连。从这个位置来看，也许可以假定相当于现在塔里木盆地绿洲富裕人家住宅中常见的米合曼哈那（mihmān-khāna，即客厅）。在客厅和中厅另一边的小室中都没有发现任何东西。它们的墙壁用成捆的红柳枝竖成框，然后用同样的材料水平连接到柱框上。红柳框有2~3英寸宽

◁红柳和芦苇编栅

① 要更好地观看此废墟，见赫定《中亚》，第二卷，图版LXXII。
② 参见附图8、14、15、17；斯坦因《古代和田》图版XXVIII、XXXIV、XXXV。
③ L.A.IV.ii的这道门，参见赫定《中亚》，图版LXXII的最左边。

的空间，用竖芦苇捆填封。墙的外表面原来涂有泥，墙总厚约8英寸。这些墙对风蚀的抵御作用较强，尽管它们的构造十分简单。原因无疑是这种墙由于其紧密的组合和柔韧的柴捆，比固体土坯或优质编栅墙受风动流沙侵蚀作用的范围更小，事实上还能拦截流沙保护自己。

从住宅旁堆积的两小堆垃圾中又出土了一些器物。从中厅西门附近的垃圾堆 iv 中发现了一枚矩形佉卢文底简残片 L.A.IV.iv.1 和一件完整的汉文纸文书，即《文书》No.903，记录的是某位胡人奉献的各种丝绸贡物。[①] 另一个小垃圾堆在东北边，靠近室 i。在那里发现了部分发白的楔形佉卢文底简 L.A.IV.001 和织得很好的毛布片 L.A.IV.004（图版 XXXVII）。关于它们的编织技法和保存完好的色彩所示的图案的详细情况，见器物表。[②]

L.A.IV.v 发现▷的佉卢文文书

在此住宅西北角室以北约 12 码的一个被严重侵蚀的小台地上，散布着一堆木头 L.A.IV.v，在这堆木头中发现了更丰富的文书。作为最后的遗迹，这堆木头所代表的小建筑原来的尺寸或形状已不能弄清。这里紧靠地面的流沙被刮走后，发现了 11 枚佉卢文木简，其中 6 件长方形简、4 件楔形简、1 件矩形盖简。由于这些木简所处的位置长期暴露在外，几乎所有木简的表面都发白并已破裂。但是大部分木简上的佉卢文字还能看出一部分，而且有几枚木简上还残留有清楚的书写的黑色字行。我当场就考证出长方形简上书写的文字包含有账目或公事备忘录。其中我认为我辨认出了一份像是印度人名的名单，全都是所有格形式。

① 沙畹《文书》186 页中的遗址号 L.A.IV.i.1 是错的，应改正为 L.A.IV.iv.2。

② 参见本章第十二节。

图 99　楼兰古城 L.A.III 废墟出土的木雕残片

图 100　楼兰古城 L.A.VI.ii 垃圾堆，发掘中

图 101　楼兰遗址 L.A.II 遗迹的西南面，自东南望

图 102　楼兰遗址 L.A.III 遗迹，楼兰古城，自东北望

图 103　楼兰遗址 L.B.II、III 遗迹，自东望，清理前

图 104　楼兰遗址 L.B.II 佛寺遗迹出土的装饰木雕

本土管理的证明▷

这次发现的佉卢文文书，加上在室 ii 和此住宅外发现的佉卢文文书，足以使我当时就相信，该废墟不是中国官员的住处，而是本地官员的住宅。下文我将专门提到一些证据，说明中原王朝在这里在进行军事和政治控制的同时，很有可能并未干扰当地统治者手中的权力，让他们继续行使管理职能。第一个证据就是在 L.A.IV.ii 发现的矩形双简所提供的。它的形状足以证明它是全官方文书并署有日期，当考证起首的套语时，我发现正像尼雅遗址矩形双简中的一样，用国王（Mahārāja）的在位年号署明日期。但这枚双简上用以署明日期的国王的名字我后来读作“杜卡伽”（Dugaka），这个名字的格式与遥远的尼雅地区的文书中记录的统治者的名字完全不同。

除这些佉卢文木简外，从 L.A.IV.v 还出土了大量织物碎片，包括制作精美的小块地毯，它破裂成几块碎片（L.A.IV.v.002，图版 XXXVII、XLIX），织着精美的彩色图案，详情见器物表。[①] 这里还发现一根有趣的木棒即 L.A.IV.v.001（图版 XXXV），好像是一副驮畜的鞍具，但确切用途还不确定。

住宅 L.A.V 中的发现物▷

接下来清理的废墟，是小住宅 L.A.V（附图 25），位于L.A.III 以北大约 20 码。房屋用木头和水平的芦苇栅建成，侵蚀严重，地面上覆沙深 2 英尺或不到 2 英尺。所以在最南室 i 发现的三枚佉卢文木简均表面发白、字迹漫漶就不奇怪了。然而在这里发现的一枚小木印上（《文书》No.889，图版 XXVII），突起的汉字保存得非常完好，写着其原户主的名址。发现于此的汉文木简——《文书》No.891（图版 XXVII），上面的文字也保存良好。从邻院 ii 薄薄的一层垃圾中，除一枚汉文木简（《文书》No.890）和两枚佉卢文木简 L.A.V.ii.2、4 外，我们还

① 参见本章第十二节。

发现了一件保存极好的木取火板 L.A.V.ii.1（图版 XXXV）。取火板沿一侧有四个烧焦的凹坑或“火床”，有些部分下陷至木板厚度的中间，与木边以浅凹槽相连，火花通过凹槽能够点着火绒。取火板有一个中心孔，孔中穿一条白皮带，皮带上系着一根非常硬的小木钉。木钉的一头削尖，另一头呈圆锥形，正与凹坑相合。圆锥头有火烧的痕迹，显然曾在凹坑中旋过。如乔伊斯先生在他注解此板和我收集的其他取火棒时指出的[①]，这根木钉可能是用一根旧“雄”取火棒削成，然后用白皮带系到此“雌”取火板上，以使取火板便于固定在墙上。我曾在别的地方提到过，这个取火板和从敦煌边境到法哈特伯克亚依拉克其他遗址发现的类似物品证明，这种原始的取火技术在纪元初期曾流行于中国以西所有地区。[②] ◁木取火板

就在 L.A.V 西南，能找到一道用红柳枝做成的篱笆，围成矩形围墙，长约 40 英尺。其外面有几道小围栏，可能是用来关马或牛的。在稍正式一些的住宅 L.A.VI（附图 25）附近有一道篱笆墙。小室 i 的中心地面被风吹净，但四角尚有很薄的沙，西南角残存有一件单独的矩形盖筒，已经发白并破裂。墙上的泥灰已完全消失，木框几乎不存。 ◁篱笆围墙

第三节　古垃圾堆 L.A.VI.ii 中的发现物

比最后描述的小住宅重要得多的是我在大垃圾堆 L.A.VI.ii中碰到的宝库，它从 L.A.VI 向东一直延伸到“衙门”的最西面，与以前调查过的 L.A.III.i 连成一片。长 100 英尺余，宽约 50 英尺（附图 25）。图 100 显示出它的清理过程。南 ◁汉文文书的宝库

① 参见《人类》，第十一卷，第 3 期，第 24 号。

② 参见本书第六章第三节。

边高4~5英尺,向北逐渐降低,是一堆垃圾,主要由芦草和畜棚废物组成,包括大量马、驴和骆驼,以及少量绵羊的粪便。刚一开始发掘这个散发着刺鼻异味的粪场,就从南边得到了汉文木简和纸文书,以及其他小文物,数量越来越多。大部分是从距地面2~3英尺高的垃圾层中发现的,接近于现地面。这些物品显然是从附近的房间和公事房清扫出来,然后扔在先前堆积的垃圾上。这堆垃圾中出土的这些相对罕见的文书是否意味着这样一个时期,即那时此废弃的要塞已用作古贸易之路上的歇脚地,但有一段时间又变成了非常正式的活动场所?我们现在关于该地区当地历史的知识太不完整,不能作出任何肯定的回答。但当然很奇怪,从这堆垃圾中出土的纪年木简(见《文书》Nos.721~728、731、733、735、736)的年代限于很窄的范围之内,即公元264—270年,两张残纸文书(《文书》Nos.910、912)的年代是公元312年。

垃圾经受住风▷蚀

对这堆垃圾的仔细清理足足花了我们两天时间。臭味依然刺鼻,冰冷的东北风不断将夹带着氨水味的细沙粒吹进眼和咽喉中,弄得我们苦不堪言。我们不可能将全部垃圾移走,只得在原地将它们翻了个遍。经过这番工作,垃圾堆自然松散开来。1914年2月我第二次踏访这里时,发现垃圾实际上并没减少,表面也没有受到扰乱,尽管7年间风沙依旧从它上面吹过。这对我特别重要。这说明了这种垃圾抵御风沙的能力,特别当含有很厚的杂草时,它们很好地保护了我调查过的如此多的古代遗址中的重要古文物。①

汉文木简的情▷况

这个垃圾堆很大,清理出的文物也很多。其中最多的就是汉文木简和纸文书。前者我计算出大约是170枚,沙畹先

① 参见斯坦因《古代和田》,第一卷,343页、479页等;本书第五章第五节,第七章第二节。

生在《文书》中记录了其中的121枚,其余的都无法判读或是一些小碎片。[①] 它们大多数写在标准尺寸和形状的木条上,完整时长$9\frac{1}{4}$~$9\frac{1}{2}$英寸,宽$\frac{3}{8}$~$\frac{1}{2}$英寸(见《文书》,图版XXII~XXVII)。相当一部分有破裂的痕迹,可能是当"废纸"撕坏的,有的在当作点火的木片时烧坏了一头。[②]

◁有题字的信盒盖子

具有特别古物意义的木文书是保存完好的矩形简L.A.VI.ii.0200(《文书》No.751,图版XXIII),尺寸为$3\frac{3}{16}$英寸×$1\frac{1}{2}$英寸,它是写给"西域长史张先生"的,下面是寄信人的名字,上面是收信人的名字。从木简正面的题字和背面的凹缘看,它曾是一个小盒的盖子,盒子中曾装有一封官方书信。正面中心有一凹槽,现在是空的,用来放封泥;还有三条横线槽,与佉卢文矩形木文书的盖简极为相像。另一件类似的小木简L.A.VI.ii.09(《文书》No.773,图版XXIV)有两条线槽,封泥凹穴中还填着泥封,但印迹已不可辨认。正面上写着小盒的内容是一个叫赵阿春(Chao A-chung)的人写的"私信"。此件小木简肯定曾是那个小盒的盖子。还有两件形状很相像的题字小木简即L.A.VI.ii.0141、0173(《文书》No.868),沙畹先生认为它们曾是一个信盒的盖和底,题字潦草,不能译解。

◁放木简的容器

但头两件木简使我充分相信我几年前提出的观点是对的。那时我推测,1901年在尼雅遗址首先发现的"我们的佉卢文木文书充分说明的聪明的捆绑方法和证明信件安全的泥封方式源自中国"[③]。后来发现的早得多的汉文木"信"充分

① 参见沙畹《文书》Nos.721~728、730~736、743~780、782、785、786、788~813、833~877。
② 参见斯坦因《古代和田》,第一卷,343页。
③ 参见斯坦因《古代和田》,第一卷,361页。

证实了这一点。1901 年发现的唯一一件写着汉文的矩形盖简 N.XV.345①,背面边缘下凹,中间起凸,说明是一个盖子。后者的宽度约1 英寸,据此我推测,"通常这种宽度的木片,刚好能竖直插入盒中"。按照这个解释,L.A.VI.ii.0200 背面中间起凸部分和 L.A.VI.ii.09 的平背所示的宽度分别为 $1\frac{1}{3}$英寸和 $\frac{3}{4}$英寸,完全相符。后一盖简和盖简 L.A.VI.ii.0141(《文书》No.868)宽刚好 1 英寸,可能曾插在用来装题字木简的盒子侧板的凹缘上。② 每一个例子都说明,盒子内的宽度刚好可以插入这种木片,它们的标准尺寸不超过$\frac{3}{4}$英寸。

汉文纸文书▷ 除汉文木简外,还出土了将近 60 张纸文书,其中 19 张大而清晰的已记录在沙畹先生出版的书中。③ 大部分纸片不能使用,可能是被当作真正的"废纸"而被撕碎和毁坏的。纸材无疑是从中国内地带过来的,因此这可以解释为什么在尼雅遗址,大约是相同时期废弃的住宅和垃圾堆中没有哪怕是最小的纸片。尼雅遗址在西边如此之远,且不在主要贸易道上。甚至在楼兰遗址,从有数张纸的背面写有不同手笔的字迹和至少有一张属官方性质看,对这种非常罕见的纸也许可以得出某些推论。④

佉卢文木、纸、丝文书▷ 与汉文文书的丰富形成鲜明对照,从这堆普通垃圾中出土的佉卢文文书数量很小。这种不均衡我认为与以 L.A 废墟

① 参见斯坦因《古代和田》,第二卷,图版 CXIV;第一卷,361 页,注⑰。

② 要参看提到这种用来装木简的盒子的早期汉文献,参见沙畹《中国书籍》,载《亚洲学刊》,1905 年1—2 月号,63 页。

③ 参见沙畹《文书》Nos.910~926、928、929。

④ 参见《文书》Nos.910、915、920、925、926、928。最后一张是一张大而重要的文书,下文还将提到它。

为代表的要塞显然的中国性质很一致,也和它所从事交通和管理活动的中国性质十分一致。除四件佉卢文木简残片和三件写有佉卢文字的撕碎的小纸片(L.A.VI.ii.0102、0103、0236,图版 XXXVIII) 外,还发现一件几乎是完整的大纸文书 L.A.VI.ii.0234(图版 XXXIX)。形状、书写格式与从尼雅遗址的一个珍贵的垃圾堆 N.XV 中发现的佉卢文皮文书极为相似。[①] 新鲜的是发现了一条精美的素绢 L.A.VI.ii.0235(图版 XXXIX),上面写着两行佉卢文。它是第一个关于中国古代文物传统的实物证明:丝绸是大约公元 105 年纸张发明以前使用的一种古代书写材料。[②] 这种材料就像佉卢文纸文书的材料一样,肯定来自中国。因此很值得注意的是,我后来发现的其他丝绸文书,其中两件分别是佉卢文和婆罗谜文,来自中国丝绸贸易所经敦煌以西沙漠的那条特别的道路沿线上的废烽燧。[③] 残文书 L. A. VI. ii. 059 (《文书》No. 918, 图版 XXVIII) 具有一定意义,因为这张撕碎的纸片上,一边有写于敦煌的汉文书信,另一边写着三行佉卢文。

◁早期粟特语文书残片

这些大量写卷证实或扩展了我以前获得的考古知识。正当我为之高兴时,一张被撕碎的小纸片即 L.A.VI.ii.0104(图版CLIII)引起了我更大的兴趣,它提出了一个新的问题。它只有 4.5 英寸长,最宽 2 英寸,上面保留着四行字的一小部分。这是一种真正的"未知"文字。显然是从右往左写,有些字明显使人想起阿拉米(Aramaic)语。然而,从如此微小的纸片上不可能译出什么文字来。但这并不妨碍我本能地将此明显西

① 参见斯坦因《古代和田》,第一卷,345 页;第二卷,图版 XCI~XCIII。

② 参见沙畹《中国书籍》,载《亚洲学刊》,1905 年 1—2 月号,8 页以下(引自再版)。

③ 佉卢文和婆罗谜文丝绸文书,参见本书第十八章第三节,第十九章第五节。汉文丝绸文书,参见本书第十八章第五节。

方式的文字与古粟特(粟特——译者)人,甚或更远的伊朗人联系起来,他们可能沿着这条早期大道来到纺织丝绸的丝国赛里斯(Seres)。我没能预见四个月后在这条古代沙漠道路东边的一座废烽燧又幸运地发现了大量用同一种文字书写的完整文书。更不用说我没能想到已故伊朗学者M.罗伯特·高索特先生具有的文献学方面的洞察力,他后来释读的一部分证明是早期粟特文字和语言。①

垃圾堆中各种▷遗物

垃圾层中混合着大量用旧的衣物、家具和各种器具残块,使所有这些各种各样的文书在被从邻房和公事房扫进垃圾堆时变得很平常。参看一下后面的器物表就会发现,从L.A.VI.ii发现了各种各样的文物。② 也许比其他任何事都生动,在这一处庄严的中国要塞,它们使我深刻认识到琐碎的真实的生活。但这里只要简述一下比较有意思的东西就够了。

陶片和铜片▷

L.A.VI.ii 中发现的全部标本的特殊价值在于,由于与文书同处一层,年代范围相对简单,它们可以被精确地确定年代。这一事实的重要性,对陶器和小金属器这种遗物尤为明显。由于质地坚硬,陶器和小金属器物也能从风蚀地表大量捡到,但这样发现的器物必然缺乏确定年代的依据。因此,当在L.A.VI.ii中发现它们与可精确确定年代的文书一同出现的,像那些有简单纹饰的陶片(如 L.A.VI.ii.1.001.b、002,见图版 XXXVI),除其原有的意义外,又获得了一种考古学价值。那种黑或深灰色胎、表面饰以密集平行棱纹(即席纹)的硬陶片[如 L.A.VI.ii.004(图版 XXXVI)和 0024],与敦煌以西以北古代边境线上的汉代烽燧遗址中常见的陶器类型极为相似,

① 参见本书第十八章第四节。

② 参见本章第十二节。

可能实际上原是从那里带来的陶罐。属于这种类型的陶片还有 L.A.00146、L.B.IV.ii～v.006（图版 XXXVI）等。小铜器中，可以特别提一下一件狮头 L.A.VI.001（图版 XXXVI）和模铸透雕饰件残块 L.A.VI.ii.0012（图版 XXIX）。此外还有一种很常见的铜环和带扣也很重要，它们原来可能是甲胄上的部件，叠置在铁环（L.A.VI.ii.008）上。

◁器具、鞋等遗物

木器中，一件家具的器腿即 L.A.VI.002（图版 XXXV），匙 L.A.VI.ii.0017、0018、0058，刮刀 L.A.VI.ii.0040（图版 XXXV）、0052、0057 和印盒 L.A.VI.ii.0019、0020，与尼雅遗址发现的很相似，可以单独挑出来叙述。漆器是一件残片，是一件容器口缘 L.A.VI.ii.001.a，内面涂成深红色，无疑来自中国。同样很破旧的线鞋 L.A.VI.ii.0025（图版 XXXVII），其古怪的技术在器物表中有充分说明，很可能是从敦煌经过长途跋涉，穿过沙漠来到这里，最后安息于这个垃圾堆。因此它的制法与敦煌边境上的烽燧遗址发现的，似乎是中国汉代士兵常穿的鞋袜，并大量抛弃的麻线鞋完全相同。但我必须指出，我在丹丹乌里克的一处废住宅发现了一只同类型的鞋，既然这样，此年代和地点使得认为它源于当地可能性更大。[①] 皮鞋 L.A.VI.ii.0030.a、b，0031，我们可以可靠地认出是本土产品。最后一件标本是紫色的皮靴，很值得注意，因为在塔里木盆地的大部分绿洲中，这仍然是现代恰鲁克（chāruk）或靴子上所喜爱用的色彩。[②]

◁丝、羊毛、马毛等织物

大量织物（L.A.VI.ii.0027、0028、0035～0038）中，以各色羊毛和丝绸最多，但麻和毡也有出现。小片织有人物的丝绸

① 参见斯坦因《古代和田》，第一卷，297 页（D.V.11）。

② 在丹丹乌里克的画版 D.V.II.5 中，较矮的骑者腿上似乎穿着一双恰鲁克型红鹿皮鞋。参见斯坦因《古代和田》，第一卷，278 页、298 页；第二卷，图版 LIX。

L.A.VI.ii.0045(图版 CXI),图案富丽,织造细致。另一块重要织物是保存完好的绒面毛毯片 L. A. VI. ii. 0046(图版 XXXVII),织法特别细腻(见器物表),技法类似于现代日本的小地毯,就像前面注解过的地毯块 L.A.VI.ii.001。楼兰地区一种罕见的材料是精心织就的马毛纱,如 L. A. VI. ii. 0043(图版 XXXVII)、0060,后者好像是筛子。麻线网L.A.VI.ii.0034及其宽网眼不能用来捕鱼(因为人们可能根据赫定博士的推测,以为此古代要塞果真位于某一湖边),但明显用作撒网活动。无论如何,垃圾堆中有大量鱼骨,同时有大量羊骨、驴骨和骆驼骨。苇草团中没有麦和其他谷类植物的秸秆,这是很奇怪的,说明为人类提供食品和为动物提供草料的耕作区与此距离遥远。但发现了粟粒即 L.A.VI.003,后来在 L.A.II.vi 仔细检查墙上的抹泥时,发现其中有麦草。

从 L.A.VI.ii 发现的钱币的年代▷

在总结 L.A.VI.ii 的发现物之前,我可以简要地说说它提供的古币学证据。由于大量纪年汉语文书的发现,如上所述[1],我们能够把建筑物 L.A.III、V 和 VI 之间积聚的垃圾堆大体上归于公元 3 世纪下半叶和 4 世纪初期,因此它具有了特别的意义。L.A.V 和 L.A.VI 中发现的 19 枚中国铜钱中,有 7 枚五铢钱或这种钱的残片,一枚货泉钱,还有 11 枚图版 CXL中的第 29~34 号图示类型的剪轮钱。[2] 完整的五铢钱和这些通常被剪得很小的小钱所发现数量之比,实质上没有改变。如果我们将从 L.A.III 和 L.A.IV 发现的钱币也包括进来,总钱数分别上升为 12 枚和 19 枚。这里我们有清楚的考古证据,证明这种剪轮钱在公元 3 世纪后半叶一定已经广泛流通。

① 参见本章本节。
② 参见附录 B。

同时并证明把在中国古币学中形象地称为“鹅眼”的这些薄钱币的传入，归到公元465年废帝的短命统治和他的宋代继承者这个观点是个误导。[①] 似乎有足够理由相信，中国钱币学家也认识到这些剪轮钱至少追溯到东汉的最后一个皇帝献帝年间，即公元189—220年。[②] 事实上，常量降低是这种准附属货币之源，其过程似乎在更早以前就开始了。

第四节　围墙遗迹

12月22日，这处要塞的其他建筑遗迹的清理很容易。遗憾的是没有发现什么东西。由于风蚀的严重破坏，有几个地方，如L.A.VI北边和西北边什么都没有，只在雅丹光秃秃的斜坡上散落着大块木头，表明曾有重要住宅。“衙门”以南约100码的一组小住房L.A.VII（见附图23、24）还残留有墙壁，用竖红柳条和灯芯草筑成，高2~3英尺。墙与相邻篱笆之间的原始地面上积聚了一层很薄的流沙。篱笆用料与墙相同，质地柔韧，经受住了风蚀。这里除了一些小金属块，包括保存很好的耳环即L.A.VII.002.e（图版XXIX）和一个可能曾用来贮藏粮食的空胡杨木箱，还发现唯一一枚长方形佉卢文木简（L.A.VII.i.1）。在一块约比相邻风蚀洼地高26英尺的台地上有一处几乎完全被毁坏的建筑物，只出土了三枚五铢钱、一把木梳、几块漆木和金属片。 ◁残存的废住宅

① 参见T.de Lacouperie《大英博物馆藏中国钱币目录》，418页。
② 参见T.de Lacouperie《大英博物馆藏中国钱币目录》，399页。

废墟 L.A.IX▷ 废墟 L.A.IX(见图 92、95)距窣堵波约 40 码,反映了自然因素对这里的影响。如图 92 所示,孤零零的台地北坡上有粗大的基柱,说明这里曾建有重要住宅,但只剩下了很小的木头和编条墙遗迹,从中可看出有四个房间。如果没有枯死已久的红柳缠结体的保护,连这些可能也在无休无止的风蚀作用下消失得无影无踪。图 95 中可以清楚看到这种红柳缠结体。这些红柳是在遗址被废弃后且水尚能到达废墟附近时生长起来的。

死红柳丛▷ 如图 95 所示,台地脚下侵蚀得很深的地上有一些小红柳丛也是枯死的,但看起来比较新,说明遗址废弃很久以后有水又临时流到遗址。这一时期长出的红柳在 L.A.I 附近和 L.A.II 南面的风蚀洼地也有发现(图 93、102)。一定有水临时流到这些废墟附近并保持了很长时间,从而形成了这种红柳丘(图 102)。事实上我在 L.A.II 附近看到,这种小丘中的部分红柳丛还活着。

编栅的各种方法▷ 值得注意的是,这处废墟仅存一小部分,其四面墙壁中有一面墙由斜纹红柳编结而成,就像尼雅遗址大多数建筑得比较好的住宅中所见。① 另一面墙用横置芦苇束构成,其余则以竖置的红柳条做成。这表明该遗址同时使用了三种构墙方法。涂上灰泥时墙厚平均 6~8 英寸。房间的西南角有一层弃物,从中发现一件大型长方形木简即 L.A.IX.i.1(图版 XXXVIII),两面都书写有佉卢文,显然是账单。L.A.VIII 与 IX 之间和附近的风蚀地上钱币、石、金属及玻璃器物特别多。这种情况可能是由于要塞东北门的入口通过这里。这些发现物中值得一提的是褐煤印 L.A.VIII~IX.001 (图版 XXIX),铁箭头

石、金属等小▷器物

① 参见本书第六章第二节;斯坦因《古代和田》,第一卷,317 页、333 页等。

L.A.VIII~IX.008(图版XXIX)和大量玻璃与石珠即L.A.VIII~IX.0017~0020、0025。

◁被侵蚀的土墙遗迹

清理废墟L.A.II、III时,我注意到废墟南面风蚀地上有一条奇怪的直线隆起,看起来像一块狭长台地。检查台地顶部时我立即意识到,平坦的台地上残存着侵蚀十分厉害的土墙遗迹。土墙夯筑,间以红柳枝层。最厚5英尺上下,某些位置尚高达4.5英尺。土墙断断续续地延伸着,能明确找到约260英尺长,其方向后来经仔细测量为北偏东65°至南偏西245°,即与盛行风向相同。另一处墙的遗迹约50英尺长,仅见于L.A.VII以南,完全坍塌,正在上一道土墙的延续线上。这些罕见的遗迹原是一道围起来的墙(我认为它们无疑如此),位于一块狭窄的台地上,上面散布着异常多的陶片,从而有助于抵御风蚀。紧靠主墙遗迹的东端发现一个小建筑,已被风蚀得极坏,由木头与红柳编栅构成。除此之外,主墙的其他各处不见建筑物。

◁找到北墙残段

根据这里的迹象,我立即在主废墟群北边的一块台地上发现了几段残墙,墙较短,但方向和结构尚清晰,它们与上述主墙平行。较长者毁坏严重,长约140英尺。其西—南西是另一段墙,长约30英尺,受损较少,仍高出原地面约8英尺。夯土墙中每隔约2英尺嵌入一层红柳枝捆,共见这种红柳层两层。从曾作为墙基而现在残留在小雅丹顶上的红柳捆可看出,此段墙外还有一些墙线。墙原厚度不能确定,因为每一处墙面显然都被沿它流动的流沙严重削蚀。后来对遗址进行的平板测量发现,我这样找到的北墙和南墙间的距离大约是1 020英尺。

◁东墙和西墙难以找到

查明西墙和东墙的位置是一项更困难的工作。但它们肯定曾存在,与南墙、北墙一道构成这处小要塞完整的防御体

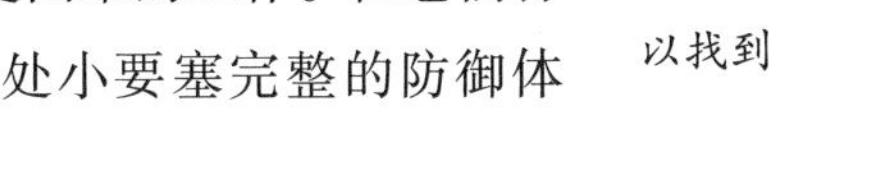

系。在废墟区以远是密集的雅丹,我试图从那里找到可以证明墙体存在的连续线,但没发现任何蛛丝马迹。剩余时间已经不多,其他紧迫任务还没开始,我不能花大量时间来调查这个问题。测量员又陷入了风湿病引起的痛苦之中不能工作,因为酷寒天气和持续刺骨的冷风使风湿病愈发严重。12 月 22 日最低气温是华氏零下 46 度。他没有再用平板绘制大比例平面图供我使用。① 因为这些困难,我那时没有发现东墙,或更精确地说东—北东墙的真正位置。西(实际是西—北西)墙的两小段我实际上已注意到,当初我错误地解释为侧峙在此小要塞西门两侧的两座塔。②

找到西门的位置▷

事实上,1914 年我重新调查时清楚看出了 L.A.IV 附近的这两个土墩,它们完全属于西墙线,呈北偏西 330°至南偏东 150°走向。南边的一段约 24 英尺长,基厚约 15 英尺。墙体直立,高出风蚀地约 16 英尺,但不能确定这个高度有多少属于墙体构造,有多少只是由于风蚀而使地面降低造成的。北边隔着一条宽约 30 码的沟,是较小的第二段墙,长约 15 英尺、厚 9 英尺、高约 9 英尺。顶上还能清楚看到两层红柳层,中间隔着厚约 3 英尺的夯土。这里残存的这些小段墙体遗迹显然是附近废住宅 L.A.IV～L.A.VI 的保护所致。两段墙之间的地面,散布着粗重的木头。1906 年和 1914 年我两次调查都表明这条沟正处在西墙的中间,我认为我们可以可靠地推断要塞的西门就位于这里。我发现克里雅下游喀拉墩古堡粗木大门③和 1914 年前往楼兰遗址途中调查的 L.K 戍堡的大门④

---

① 附图 23 中,要塞 L.A 的遗址平面图是 1914 年重新调查此遗址时由米安·阿弗拉兹古尔(Miān Afrāzgul)在我的监督下悉心制成的。图中显示的这些特殊建筑物的细节,取自 1906 年制成的平面图。

② 参见斯坦因《沙漠契丹》,第一卷,388 页。

③ 参见斯坦因《古代和田》,第一卷,447 页等,图 53;第二卷,图版 XXXVIII。

④ 参见斯坦因《第三次探险》,载《地理学刊》,1916 年第 48 期,121 页。

情形与此完全相同。

关于向东—北东方向的那段城墙，我 1906 年没能发现任何踪迹。因此我曾被迫得出结论：如我们亲身所历，可怕的东—北东风甚至在冬季也没有完全停止，它以及它卷起的沙粒的不断侵蚀，无论在哪一条雅丹沟，都必定首先破坏直接挡在其前方的墙面，最后将以前残存于风蚀台地顶上的残墙断壁摧毁殆尽。我当时对这一结果颇感疑惑。半年后我调查了安西附近废弃的汉城，下文将要对它进行描述①，它的东墙被严重毁坏，我觉得它正好弥补了这一侵蚀过程的中间阶段，所以对这个解释的正确性不再怀疑。 ◁东面围墙

1914 年 2 月对该遗址考察时，发现了东—北东城墙以前我没有注意到的两小段残迹，使我得以对上述解释予以检验，进而也使我能够确定这段古城墙的确切形状和范围。奇怪的是，1906 年 12 月来到这里的第一天我就拍到了这两段残墙的照片（图 93），然而当我后来在较低的风蚀地上四处寻找时却认不出来。② 北段城墙见图 93 中景附近，是一层厚厚的红柳枝，宽约 10 英尺，在台地顶上延续约 80 英尺。这些红柳枝上是城墙的基础，铺放得非常整齐，与其他地方一样，铺放方向也与城墙的走向呈直角。台地的顶部由于这层厚红柳枝的保护没有受到风蚀，现在比东面的风蚀地足足高出 16 英尺。这段城墙曾向北延伸，由于风蚀现已完全消失了，这可以从图 92 所示窣堵波以东的全景中看到。但是再向南约 220 英尺，就到了此城墙的另一段残壁。这段残墙形状如较小的台地，顶 ◁发现东城墙遗迹

① 参见本书第二十六章第二节。
② 类似的经历，参见本书第十七章第一节。

上照样铺着红柳枝,铺放范围长约 24 英尺。从图 93 中也可看到这块台地,它离城东南角很近。用罗盘仔细测量后发现,这两段残墙的走向是北偏西 330°至南偏东 150°,这几乎刚好与以前确定的南墙、北墙的走向呈直角。第一段残墙以北约 80 英尺的侵蚀地上有一堆粗重的木头,正在残墙的延伸线上,很可能就是此古城东门的最后遗迹。

方形城▷ 由于东城墙的确定,整座古城的测量工作得以在 1914 年完成。测量得出的结论是这个古城几乎是正方形,内宽约 1 020英尺。甚至到今天,这种方形还是中国大多数有墙城的典型形状。我后来旅经甘肃西北时,经过许多筑有防御墙的村镇,看到无论是古老的还是现代的,情形大抵如此。这种方形城起源很早是肯定的,但它的正式启用年代到底可以追溯到多远,我必须留待从事汉学研究的文物家们去确定。在中国人的传统观念中,合适的城墙方向应指向罗盘上的基点方位无疑是有道理的,我在甘肃西北观察到,那些城的方向一般都是这样。因此,L.A 这座中国古代城堡的城墙采用不同的方向就有了特殊意义。我们知道,后者可清楚找到的“南”和“北”城墙的走向,完全与盛行的东—北东风向一致,正是这个原因它们才保存得比较完好。而另两面城墙,方向与此盛行风向垂直。不得不承认,为适应这里躲避盛行风的需要,对传统的设计着意做了修正。在漫长的史前地质年代,这种盛行风与现在一样,也曾是罗布地区大气状况中的决定性因素。我们曾观察过遗址中的单个建筑物,它们都采用这种特殊的朝向,因此我们不可能怀疑,决定其采用这个朝向的原因完全相同。

城墙方向适应风向▷

第五节　L.A 废弃的窣堵波

城堡内值得一记的只剩下东北角附近废弃的窣堵波 L.A.X(图 96)了。它耸立于一座孤台上,周围地面因风蚀而降低,有些地方深达 8 英尺。这种情形,加上窣堵波本身残高约有 33 英尺,使之在整个遗址中最为显眼(图 94、95)。正如它的第一位发现者所猜测的,它是一个窣堵波而非烽燧,熟悉这种废墟的人一望便知。[①] 但由于侵蚀,更多的是人为的严重破坏,要测得此建筑物精确的尺寸并不容易,因为这意味着必须再现其原貌。人为破坏是指早期"寻宝人"的挖掘和赫定博士率民工的发掘活动。[②] 无论如何,经过对废墟,特别是对其遭受损害不彻底的西南面进行仔细考察后,我终于确定了它的基本尺寸和建筑细节(附图 26)。

◁城堡内窣堵波的位置

该窣堵波的主要特征与我第一次探险期间考察过的窣堵波相同。由于在《古代和田》中已充分讨论了这些特征的起源与性质,因此这里没有必要再作详细解释。[③] L.A 废墟群的窣堵波也显示出传统的布局,方形基座分为三层,其上是鼓形塔身,再上面盖着穹隆形塔顶。最底层只有 1 英尺高,上面铺红柳枝层。以此为基础,再上面是其余各层,见图 96 中左边那人的下面。此层底部,在自然地面上砌有一层土坯,构成一种底座,这种结构在西南角附近还能找到约 6 英尺。第二层,内缩 4 英尺,高 3 英尺。此层上面是第三层,高 12 英尺 6 英寸。

◁窣堵波的结构特点

① 参见赫定《中亚》,第二卷,637 页以下,附图 64、69。那些精美的照片足以打消有关废墟性质问题的任何疑虑,从而消除可能产生的对与考古事实毫无关联的其他细节进行无谓而冗长的争论。

② 关于这些活动,包括在中心挖掘的一个深坑和对塔身东面的摧毁,参见赫定《中亚与西藏》,第二卷,118 页等;赫定《中亚》,第二卷,638 页。

③ 参见斯坦因《古代和田》,第一卷,81 页以下、339 页以下,等等。

似乎附设有约 1 英尺宽的双级阶梯，从南面切入塔身。但这些楼梯的准确布置，和在西南角找到的那些显然是用来通往第二层顶部的阶梯的准确布置，不能完全辨认出来。第三层的顶部，见图 96 中右边那人所在。这连续三层的尺寸分别约为 51 英尺、44 英尺和 33 英尺见方。

窣堵波的鼓形▷塔身和穹隆顶

基座的第三层上面是规则的八角形塔身，高 7 英尺，其顶上有圆形底座，高 1.5 英尺。再往上就是圆柱形穹隆顶，毁坏严重，甚至保护较好的西南边高度也只有约 7 英尺，直径约 21 英尺。在八角形鼓身的土坯建筑中插入了两束厚层红柳，这从图 96 中可以看得出来。赫定博士和早期“寻宝人”在鼓身和穹隆顶中所挖的洞穴暴露出部分大而重的木头框架，它们由横梁和支柱组成，曾经安置在鼓身和穹隆顶之中，以使建筑物牢固。从圆形底座开始，穹隆顶破裂开来，由于失去了原来的灰泥涂层，变弯曲的横梁暴露在外。塔基的各层好像是分别建造的，一层比一层大，如同同轴的正方形，在新疆其他窣堵波中也见有这种方法。[①] 因此在东北角，风蚀已将建筑物的内部暴露出来，涂有灰泥的第三层基座的外表面可从第二层的土坯后面看到。由于窣堵波的穹隆顶已严重毁坏，所以不能确定它是否包含有一根中心轴或中心室。各处用的土坯非常坚硬，尺寸与在 L.A 所测相同，即长 18 英寸，宽 12 英寸，厚 4 英寸。它们有些地方的外观略带红色，可能是由于一场大火所致，大火可能曾从窣堵波的底部将此建筑物烧毁，或由于寺庙变成废墟以后在其顶上点着的营火所致。基座四边的朝向与有墙城堡及其内部废弃的住宅一致。所以上面所说的词语

① 参见斯坦因《古代和田》，第一卷，339 页，尼雅遗址窣堵波有类似结构。

"南面""东北角"等并不十分精确,只是为方便起见临时用用而已。

◁表面的变迁

这里要提一下对窣堵波附近地区的观察,因为它可以说明遗址废弃以后地表所发生的变迁。我在窣堵波所在侵蚀台地的北坡上发现了一厚层死红柳丛,它们曾生长于此,覆盖着无疑是从上面废墟掉下来的一些加工过的木头。此死红柳丛所处的位置比上文所述在窣堵波基座下方的红柳枝底座所示的原始地面低 6 英尺。显然,遗址被废弃之后,风蚀一定先已将地面降低,然后有一次临时水源回归,促使红柳丛之类植物重又生长。

◁影响地表高度的各种因素

与此完全相同,我发现无论在哪里,窣堵波附近长有死红柳的雅丹,顶部都低于窣堵波底座所示的原地面高度 5~6 英尺。[1] 我在别的地方也注意到相同的高差,例如,城堡的城墙以南存有死红柳的雅丹顶比城墙所在地低 6 英尺。显然,自遗址从公元 4 世纪某个时期废弃以来,剥蚀和侵蚀过程并不是一直延续着。再者,从风蚀地的任何高度测量的结果,都不能得出有关早期地貌的可靠结论,例如赫定博士在 L.A 遗址以南高程线经过的风蚀地。因为侵蚀过程既不是一成不变地发展,也不是整个地区必然一律,因此只有考古学上可确定年代和性质的建筑遗迹,才能提供有关特定历史时期土地表面所处高度的可靠标志。考虑到有一种理论仅根据一条等高线就推断城堡 L.A 位于"古罗布淖尔"实际的湖岸[2],有必要强调一下我们对于早期地表高度方面知识的局限。

① 雅丹顶上生长的这种红柳,见图 98 前景左侧。
② 参见赫定《中亚》,第二卷,635 页及书中各处。

废弃的窣堵波▷L.A.XI

在城堡的城墙外找到的最近和最出众的建筑遗迹，是用土坯砌的废弃的大土墩L.A.XI（图98），位于窣堵波东—南东约400码处。大土墩位于风蚀台地顶上，南面的泥土已被挖到约15英尺深（图98）。详细调查表明，此土墩是一座窣堵波，其圆柱形或穹隆形顶部分已完全毁坏，人类作用可能加强了风的侵蚀力。塔基方向似乎与城堡内的窣堵波相似，但由于外面的建筑毁坏得更严重，所以它的四边的情况不能确定。从比其他面遭受毁坏少一些的北面判断，塔基平面可能呈方形，边长43~44英尺。看不出有分层的布局。但在最低的土坯下方，底座清晰可辨（图98中，站在较下面的那人的脚所示）。它由两层6英寸厚的红柳枝组成，间隔以一层3英寸厚的夯土。残存部分东北角的高度约9英尺，中心部位约13英尺。与L.A.X一样，窣堵波的基座似乎建成同轴方形的连续层，西北角附近和东南角附近残破后形成的大切面中，都可见到在两块土坯的核心之间有裂缝。所用的土坯尺寸略有变化，流行的为18英寸×12英寸×4英寸，与L.A.II、X中的一样。

“寻宝人”的盗▷洞

“寻宝人”曾正确地认出了废墟的性质，并有效地尽力到达推测存放在塔基中心的文物，这已由从西面正中挖入塔基的约5英尺宽、6英尺高的一条坑道所证实。它直通中心。我第二次踏访楼兰时，当清出填于其中的厚沙后，发现它足有26英尺长，似乎已到达了放存放物（如果有的话）的地方。此坑道中有许多鸟巢，这个事实证明它一定是当动物还能在此地区找到食物时被挖进废墟的。

城堡东北废弃▷的土墩

到达的第二天，我偶然检查了在废城堡附近区域能够看见的其他建筑遗迹（附图22）。在东北大约0.5英里发现一个小土墩，是一个完全被毁坏了的硬砖砌的建筑，硬砖显系烧制，建筑物已被侵蚀分解成金字塔形（图88）。它似乎是一个窣堵波基座的废墟，量得其基部最好的即朝向北—北西的那边长约35英尺。土墩实际高度从最底层砖起大约是10英尺。暴露的砖17英寸见方，厚3英寸。土墩所在台地的附近地区已被风吹扫到16英尺深，只见有很少的几块陶片。

◁标示废弃寺庙(?)的土墩

自此向正北方向走，越过约1.75英里可怕的雅丹和深沟地段，来到另一个损毁严重的土墩，它位于一块比附近风蚀洼地高约16英尺的台地上。除土墩的西面能量得为约36英尺外，坚实的土坯堆因风蚀作用已失去其原来的轮廓。高约8英尺的下层或基座上有一小堆破土坯建筑物，宽约20英尺，高7英尺，位于基座的北面。虽然表面特征都已被完全抹去，但我想我能看出其原样与米兰的废寺M.II相似，下文我将描述这座废寺。[①] 土墩的上部显示有插入土坯建筑之中的木柱，而可能曾属于某上层建筑物的大梁则掉落在土墩的脚下。风的侵蚀力已将土墩附近的松土或土块一扫而尽，因此已无发掘的机会。土坯平均长19英寸，宽11英寸，厚3~4英寸。也有一些硬砖，显然是烧制砖，掉落在土墩的脚部。它们长12英寸，宽8英寸，厚2英寸。附近少有陶片，这说明它是较某居住建筑物为晚的一座寺庙废墟。西北约110码，光秃的土台地上散落着大梁，大梁长20英尺，表明是一处完全被侵蚀毁坏的建筑物。

◁光地上的木料

风蚀对另一组小废墟的毁灭同样彻底，它位于最后所讲废墟的西—北西近2英里。我们在这里发现一个毁坏严重的土坯小墩，高约8英尺，西南面长14英尺，在它的东面发现一堆木料，似乎标示此地曾建有一个至少60英尺长的建筑物。粗重但严重破裂的横梁现在躺在坚硬的地上，周围全无任何

① 参见本书第十三章第一节。

其他遗迹。小墩建在一层红柳枝底座上，其土坯被两层间隔1英尺插入的芦苇加强加实。西北约45码有另一小块地，放置了大块木料，这些木料一定曾属于一座用木头和编栅筑的大型住宅。现在它们放置在光光的泥地上，风蚀已将泥地削减到比附近墩基所示高度低约10英尺。

遗址中的古河床▷

就在从这个最后的小塔提返回途中，我特别注意到将要穿过一条清可辨的老河床，河床边死胡杨和红柳丘排列成行，显出河岸线。弯曲的河床深15~20英尺，宽150~180英尺。河岸很陡，保护得非常完好。河床的总方向指向东北，如附图22所示，因此与盛行风方向接近一致，这个事实可能有助于保护它。像我在其他地方一再观察到的一样，我注意到有一点很奇怪，那就是虽然任一边河岸上地面都被切割成雅丹与深沟，构成完美的迷宫，平坦的河床底却很少有任何风蚀的迹象。此河床似乎与我们12月17日从南面接近遗址区时所经过的河床相连。

L.A周围塔提上的遗物▷

在刚描述过的不多的遗迹和废城堡南面之间，以及在后者其他各面约1英里距离内，地面上到处散布着陶片，总体类型与有墙城堡内流行的陶片相同。坚实的建筑物在风动流沙不断侵蚀下尚且如此，我在若羌最后见到的泥墙建筑或阿布旦那样的草屋组成的粗陋住所消失得只剩下小塔提上的陶片也就不难理解了。因为这里曾是生活区，交通路线也曾一度经过这里，因此在无遮蔽的风蚀地上留下了许多石质、金属和其他硬质小文物。那是测量员的厨子、忠诚的贾斯范特·辛格(Jasvant Singh)和暂不忙于挖掘的民工们快乐狩猎场，他们带给我的“发现物”非常可观，见下文的器物表(L.A.001~00177)。有些较重要的发现物，这里还是需要简单提一下。

在陶片标本中，灰色席纹陶片L.A.002、00146（图版XXXVI），可能与发现于敦煌边境沿线的中国汉代陶器极其相似。[①] 有深青绿色釉的陶片L.A.003、007、00100更像是当地物品，占主导地位的打磨较差的陶器标本L.A.001、009、0010，包括灯L.A.006（图版XXXVI），都是当地物品。此遗址小件青铜器的数量非常引人注目，比属于同一时期的尼雅遗址的要多得多。[②] 我认为从中以及从发现的数量异常多的钱币中，我们可以看到伟大的中国贸易之路给这座古代城堡带来了多么繁忙的交通。图版XXIX中的青铜箭头L.A.0017、0069、0082与在边境烽燧发现的中国古代“军火”是同一类型。发现的大量中国青铜镜残片L.A.0027~0029（图版XXIX）、0078、0084等，说明从东方极易得到。L.A.00113（图版XXIX）上浮雕中的翼龙与N.009（《古代和田》，第二卷，图LXXIV）号装饰品上的极为相似。青铜戒指L.A.0094、00107、00111、00118（都在图版XXIX中）等，以及青铜扣子、环、带环和其他盔甲装置（见例如图版XXXVI中的L.A.0013、0050、0051、0053、0089），如此等等在本书中都被大量描述。这里还想特别提一提一把青铜匕首残块L.A.0014（图版XXXVI），青铜钮扣L.A.00106（图版XXXVI）和青铜大装饰浮雕L.A.0020（图版XXXVI），此浮雕好像固定在盾上。“格雷洛特”（Grelot）型小铜铃L.A.00103~00105（图版XXIX）、00164与在尼雅发现的相似。[③] 特别有意思的是一大块青铜透雕L.A.0066（图版XXXVI），上面有卷花装饰，并覆盖着密密麻麻的小凸点，可能用来保持上面的涂层。

◁绳纹或釉陶片

◁青铜小件

---

① 参见本章第三节。

② 参见斯坦因《古代和田》，第一卷，414页以下。

③ 参见图版XIX中的N.0010；斯坦因《古代和田》，第二卷，图版LXXIV，N.004.e、0012.a。

其他金属块▷ 铁质小工具如 L.A.0042、0077、0090~0093 等的数量很多，这与尼雅遗址罕见此类金属形成鲜明对比。铅纺轮的情形与此相同，数量很多（L.A.0068、0097、0098 等，图版 XXIX），而尼雅遗址却似乎没有发现一个金属纺轮标本。无论如何，在这里发现的不同颜色的玻璃珠和玻璃器皿残片（见图版 XXIX 中的 L.A.00132、00139、00165、00173）[①]，与在尼雅遗址发现的一样多。这充分证明我们从汉文史籍得知的玻璃是晚到公元 5 世纪上半叶晚期才从西方输入到中国的货物，当时生活在“印度西北边境即大致在奥克苏斯河中游的大月氏国”商人最先将玻璃品传入中国。[②] 考虑到这个记载，L.A.00128 这件残破的小绿玻璃块如果真的被证明是熔渣，就显得特别重要了。因为这样我们就可作出如下推测：在公元 4 世纪中叶以前，玻璃在当地制造的范围已向东扩展到罗布地区。无论如何都可以认出，镀金玻璃珠 L.A.00171.a、d（图版 XXIX）是来自遥远西方的舶来品。根据伍利先生提供的资料，这些玻璃珠与古代埃及常见的一种极为相似。[③] 粘贴珠也很可能源自西方，其中有两个显示有镶嵌的白条带装饰，见 L.A.00132、00135（图版 XXIX）。最后可以提提年代更古老的一把古物磨制绿玉斧 L.A.00145（图版 XXX），它是我的罗布里克向导木拉在探察废城堡以东地区时发现的。它属于新石器时代似乎是肯定的。较早的还有小碧玉叶 L.A.00153~00159 和碧玉尖状器 L.A.00160（图版 XXX），它可能属于旧石器时代晚期。[④]

丰富的玻璃▷

---

① 关于上述玻璃珠及 L.A.00136、00139~00141、00165~00167、00169~00172，见器物描述表；关于玻璃器皿残片，见 L.A.0062、0070~0075、00126~00128、00168、00172。

② 参见赫尔斯《中国与罗马以东诸国》，230 页以下。

③ 参见本章第十二节；本书第六章第六节中 N.XII.0010 下。

④ 由于一张标签有些部分字迹模糊，L.A.00153~00160 到底是从 L.A 附近还是从 L.B 西南侵蚀地上捡到的不能确定。这点并不重要，因为在史前时期整个此古代三角洲有人居住是肯定的。

第六节　一处佛寺遗迹

到 12 月 22 日傍晚，古城堡的所有废墟已清理完毕。我曾将木拉和其他人派出去寻找更多的废墟，并许诺如有新的发现将付给优厚报酬。但就像我自己在北方的探察一样，他们在 L.A 附近没有发现任何有待发掘的建筑遗迹。我 1914 年的重新调查表明，就东北方更远一些的地方而言，这个报告并不完全正确。然而当时我几乎感到有理由宽慰了，因为我们冰的供给正迅速减少，而且测量员从西组废墟（附图 22，我标为 L.B）回来时带给我的消息告诉我，有好几天的工作正在那里等着我。当带着骆驼到库鲁克塔格山脚的“英布拉克”泉去的托乎提阿訇 12 月 22 日傍晚回来报告说那里的水是如此之咸，以致实际上还没有结冰时，我对是否还有足够的余裕时间来发掘西组废墟深感焦虑。更何况天气如此寒冷，我最小的温度计记录到那天早晨的温度是华氏零下 46 度。因为同样原因，甚至连已经 10 天没喝过水的骆驼也拒绝触及那里的水。因此，随着从那口泉水获取冰块希望的破灭，加上对坚持了如此长时间的骆驼的担心，我对托乎提阿訇在遗址西面的两天探察没有发现更多的废墟并不感到十分遗憾。

◁未再找到建筑遗迹

◁咸泉无冰

当晚，我派去中转库取储备的冰和补给品的骆驼恰好回来了。由于它们的帮助，第二天将营地迁到西组废墟成为可能。由于距离不过 8 英里，我得以利用整个上午来仔细检查和测量上文描述过的那座废窣堵波，并让大家将我们已经清理过的遗迹回填，以利于保护。

◁前往 L.B 遗址

步行去新营地的路上，大家都背负着重物，被几乎是横亘在前面的连续雅丹的陡脊和垄沟弄得很苦。路上我得以考察

◁途中的废窣堵波

了曾指引我们来到遗址的第一个路标——废弃的窣堵波(图97)。它已被风蚀严重破坏,但方形塔基的上两层和圆柱形穹隆顶的基脚还能清楚看出(附图26)。最底层只能从东南角艰难地找到,因为下方的泥土已被风蚀掉,大部分建筑已滑落了。塔基底部大约40英尺见方;包括残余的圆柱形穹隆顶,从基座的第一层顶部量起,废墟总高约34英尺。与L.A.X、XI一样,这里基座的各层也是围着一个核心,建成分离的同心层。这相当于圆柱形上部构造,直径17英尺,在这里可从暴露的北角清楚辨认出来。建筑的中心插着一个加固木框。土坯的平均尺寸与在L.A发现的相同。

L.B.I~L.B.III ▷ 废墟群

12月24日一早,工作就从一小组废墟L.B.I~L.B.III(附图27)开始。这组废墟包括一座小佛寺,赫定博士队伍中的一个人在1900年3月偶然发现了它,他自己第二年从那里带走了许多精美的木雕。[①] 他当时从设在L.A的营地出发对它进行考察,因此时间非常有限。这就留下了在这里有进一步发现的希望,而结果也并没有使我失望。除了被侵蚀严重毁坏的寺庙遗迹L.B.II,还有两个较大的建筑物,分别是L.B.I和L.B.III,它们在寺庙东北和西南两边,显然是住宅(图103)。整组废墟如附图27所示,位于一块岛形台地的顶上。台地长约250英尺,高出脚下的风蚀洼地足有28英尺。

L.B.I的木料▷ 与编栅墙

清理东北面住宅L.B.I的主要意义在于能够研究其木料和编栅墙的详细构造。在尺寸为36英尺×20英尺的大房中,西北和西南墙只剩下约1英尺高。但东北和东南墙在早些时候向外坍塌了,平瘫在地上,因此没有被侵蚀。墙体有一个用木柱构成的框架,基木上每隔15~21英寸插入一根柱子。柱

① 参见赫定《中亚与西藏》,第一卷,383页以下;《中亚》,第二卷,641页以下,附图76。

子上固定着制作很好的编栅。编栅由水平放置的芦苇捆构成,两面敷以一层灰泥,总厚达 8 英寸。在同一室中发现一根直径 1 英尺 5 英寸的粗大木台柱,它们表明此房的高度曾有约 10 英尺,这个建筑物在被遗弃后曾彻底清扫过,因为尽管塌墙提供了良好的覆盖,但在这里什么也没发现。

◁废住宅 L.B. III 中的发现物

清理废墟 L.B.III(图 103)的结果稍好一些。这处废墟位于西南约 90 英尺,只有三个房间,用木头和编栅筑成,在一层很薄的覆沙下还能辨识出来。但在东面侵蚀坡上有一些粗重的基木,表明此建筑物原来比较大。这里的编栅由下面水平放置的芦苇捆和上部呈斜角织成的红柳席子构成。大房中有一根八角形木柱曾支撑着屋顶。除了一些小青铜器和料器,许多丝、毛和毡(L.B.III.004、007)织物碎片和三枚中国汉式铜钱外,这里还发现有许多残木片,它们属于同一个大木衣柜或碗柜 L.B.III.i(图版 XLVII)。此柜有四条高腿,装饰以浮雕。对这些木片及其组合样子的详细描述将在以后的器物描述表上看到。在总的结构、风格和尺寸方面,此碗柜和尼雅遗址出土的保存完好但很普通的碗柜很相似①,而且无疑是用来存放食物的。有四朵花瓣的蔷薇结形成装饰性的菱形图案,这种图案雕刻成浅浮雕。这种装饰我认为也和尼雅遗址装饰木雕上的一种图案相似。②

◁寺庙 L.B. II 的装饰木制品

我发现其他具有艺术意义制品的希望在我一开始清理一堆木头时就实现了。这堆木料覆盖在小风蚀台地的中央,标

① 参见本书第六章第三节和附图 11,图 57;斯坦因《古代和田》,第一卷,377 页、379 页。

② 参见斯坦因《古代和田》,第二卷,图版 LXVIII 中的古椅 N.vii.4;图版 LXIX。1906 年发掘的其他雕刻品,参见本书图版 XVIII、XIX。相同的装饰主题,在纪元初期的"科普特"雕刻品中经常出现,见史特拉兹高斯基的《科普特艺术》,图版 XI~XIII,172 页以下,公元 3—4 世纪的阴刻骨嵌板。

出了上文提到的寺庙 L.B.II 的位置(图 103)。在台地顶上的木制品实际上没有任何沙子的保护,仍保持着赫定博士的人留下的样子。其中有雕版和柱子,至少还部分保留着其设计很好的浮雕花卉装饰。由于完全暴露在外和长期的风吹日晒,其他木头的表面变成白色且破裂严重。但即使在如此变形了的雕刻品中,我还是看到有些花形装饰品与尼雅或犍陀罗雕塑相似。

台地(图 104)东南面风蚀斜坡上覆盖了 3~4 英尺高的沙子,当这堆沙子废弃物中露出大量精细的装饰木雕片时,我感到心满意足。其中有些横梁或柱子,从其不一般的尺寸就能马上认出是寺庙的墙壁装饰。从大量透雕木板块推断,该寺庙一定主要由木料建成。许多透雕木板上显示有优美粗犷的图案,它们曾装在墙体上用来透光的地方。

L.B.II 的建筑▷遗迹

东南和东北边的基木(附图 27,图 103)还保持在台地顶上原来的位置,分别为 19.5 英尺和 18.5 英尺。它们表明这座寺庙大致呈方形,规模不大。两根基木在角上用鸠尾榫接合。在东南基木的前面,支撑墙体的木框尚在,部分伸出风蚀坡外,好像经过数世纪的暴露后被风吹倒的样子。图 104 的前景中将它显示了出来。曾托着屋顶的横梁长 17.5 英尺,仍然完好无损,用暗榫与柱子接合。横梁东头的两根木柱仍接合在它们的暗榫中,并用水平连木结合在原来的位置(图 104 和附图 27 中按比例画成的框架立面图)上。横梁两侧的两个暗榫相隔 5 英尺 8 英寸,显现出了其侧旁一扇门的门框位置,与保护得很好的精致横木 L.B.II.0037(图版 XXXI)一样,也有斜接头,上面有涡卷形雕饰。这两个暗榫长度与门的宽度完全相合。因此这根横木很可能曾用作门上面的过梁。

◁雕塑品

我未能找到寺庙内部任何的建筑构件，原因之一是遗迹被严重扰乱了。[①] 无论如何，可以推测用车床旋制的精细的栏杆 L.B.II.0010、0038～0045（图版 XXXIII）和它们先前支撑的扶手 L.B.II.0046～51（图版 XXXIII）是用来围绕寺庙内部的某部分空间的，很可能就是围绕崇拜物。寺庙内一定曾有肖像可以认为是肯定的，无论如何还是有几件文物可以证明。这些文物是：一条雕刻成圆雕或高浮雕的木手臂 L.B.II.0052（图版 XXXIV）和两小块灰泥浮雕。其中一块即 L.B.II.6 可能是一大型灰泥像的部分头饰，而另一块即 L.B.II.7 可能属于一大型浮雕光轮的火焰边，从和田到敦煌唐代的佛像背后常见这种光轮。木手臂的表面由于暴露在外遭受了严重毁坏，不能确定它原来是否涂有或覆盖着灰泥。但是如果作出推测，这个紧握着的手竟奇异地与常见的天王（Lokapālas）手势相似。在敦煌千佛洞灰泥像群中，这种天王像常与佛或菩萨同在一起。[②]

如果有必要证明废墟 L.B.II 是一座佛寺的话，那么只要提一提其中的两件窣堵波形的木尖顶饰 L.B.II.0033、0034（图版 XXXII）就够了。它们高分别约 20 英寸和 30 英寸，精确表现出典型窣堵波建筑特征，而且可与尼雅遗址发现的小窣堵波模型 N.v.xvi.001（见本书第六章第六节）形成对照。它们底部有一个方形基座，基座上是一个圆形鼓身，上立一穹隆顶，

① 如果对所有遗迹进行过仔细检查，而且在它们被赫定博士的人扰乱以前被某个有考古知识的人标出它们的位置，测量它们的尺寸，那么也许能够确定其他一些建筑细节，这是可能的。赫定博士对此废墟的说明，参见《中亚》，第二卷，624 页以下，关于遗址平面图，只提到存在四根宽大的基梁（赫定《中亚》，第二卷，645 页）。附图 76 表现出了人们正在搜寻遗迹的情形。（关于所用的赫定博士的示意图“楼兰最西北的村庄”，见同书，附图 75，应该注意的是，由于疏忽所致，其中的南北方向被弄反了。）

② 参见下文图 207、227、228。

穹隆顶上支持着一个向上展开的方形顶盖，就像在保护得很好的犍陀罗窣堵波和在小石雕模型 Yo.00121（图版 VI）中常见的那种一样。顶盖上方顶着一系列“伞”，很像印度窣堵波总是托着的那种，要么是木的，要么是石的。基座中用来连接的榫眼说明这些小窣堵波模型是用作建筑物的尖顶饰。但它们的准确位置不得而知。还有一件雕刻匀称的小尖顶饰 L.B.II.009（图版 XXXV），仍然保存着镀金的痕迹，说明它们像经常见到的那些更小的泥窣堵波模型一样，可能是有意用作还愿的窣堵波模型的。①

有雕饰的横梁▷

我们现在可以谈那些单独的装饰木雕。它们可以分为两组。第一组是一些不同尺寸的木料，从其浮雕特征或其他迹象可以推测它们曾用作横梁，否则就是沿墙的外或内侧水平放置的横木。我前面已经提到过有斜接头的精致横木 L.B.II.0037（图版 XXXI），似乎是门上的过梁。它装饰着优美的涡卷花纹，清楚地表明起源于古代。这说明这个涡卷花纹与纪元初期的“科普特”（Coptic）雕饰之间有惊人的相似之处，以后的器物描述表中还有详细介绍。弯曲的茎和六瓣蔷薇花饰的空间填充着的优美三连叶，希腊风格的主题特别突出。这些三连叶实际上似乎也与犍陀罗浮雕装饰中的样式和布局完全相同。② 木雕 L.B.II.0036（图版 XXXI）显示有相同的图案，但没有中间交织或斜榫头，可能曾处在墙的一定高度上，相当于过梁的延续装饰带。L.B.II.0036、0037 这两块木雕的尺寸与墙的总长有关，表明这个推测是可能的。

---

① 参见本书第五章第一节和第二十六章第三节。

② 参见例如富歇《犍陀罗艺术》，第一卷，337 页，图 174。

◁装饰主题

四件大型横梁即 L.B.II.0015.a～d（图版 XXXI）无疑是水平墙饰的组成部分，可能位于刚才推测的雕带之下。它们的主要装饰特征是一系列由直束带连在一起的悬挂着的圆环，每一个圆环包含一朵八瓣花（莲花或蔷薇花）。这样形成的卷形装饰与我 1901 年发掘的尼雅遗址废墟 N.III 大厅墙上所画的那种非常相像，那里的这种卷形花饰位于墙顶之下约 3 英尺 8 英寸。[①] 涡卷纹和花这两者无疑都源自犍陀罗浮雕中常见的花饰主题。[②] 上下拱肩填着同类型的半蔷薇花，横梁的一端也用对角交叉带隔出四个三角形。L.B.II.0013（图版 XXXI）中的椭圆形空间中可看到相同的蔷薇花。这种椭圆形空间是由交织带形成的。这种装饰图案在"科普特"雕带中同样有发现。窄梁 L.B.II.0035a、b（图版 XXXI、XXXIII）上观察到一种由简单却有效的菱形花纹构成的浮雕带，浮雕带以古典式木棒形花板条镶边。

◁人物与动物图案

意义明确但保存不佳的是木横梁 L. B. II. 0027（图版 XXXII）。它的浮雕显示有八个人物形象的上身，好像是佛或菩萨像，明显位于拱廊之下，列成一排。这种装饰图案在犍陀罗浮雕中也有完全一样的例子。[③] 另一块毁坏严重的横梁或嵌板 L.B.II.0032（图版 XXXII）上的浮雕图案中有两只动物，面对一个中心人物作奔跑状，惜因模糊不可复制。横梁或嵌板残块 L.B.II.007（图版 XXXII）上随意雕刻的叶和卷须状浮雕装饰值得注意。两件长雕版 L. B. II. 0025、0026（图版 XXXI）上的图案较简单，其两端的倾斜状态也标明它们是

① 参见斯坦因《古代和田》，第一卷，333 页；第二卷，图版 VII。

② 参见富歇《犍陀罗艺术》，第一卷，218 页，图 96、213；格伦威德尔、伯吉斯《佛教艺术》，图 48。

③ 参见富歇《犍陀罗艺术》，第一卷，图 77、134～136；现在或参见第二卷，329 页以下，图 457；或参见我的论文《沙赫里—巴合娄尔之发掘》中的灰泥饰带，载《印度考古调查局 1911—1912 年度报告》，图版 XLIV、L。

横梁。它们的装饰由简单的交织带组成,交织带形成菱形格,格中填充四瓣蔷薇花。

透雕版▷ 第二组木雕是大量透雕版残块。上文我们已经解释过这些透雕版曾位于墙中的重要部位,并用来采光和透空气。[①] 图案最简单的是 L.B.II.0028(图版 XXXIII),显示有巨大的格,中有菱形透孔;残片 L.B.II.0023、0024,斜条构成的这些空格在每一个交叉点周围连着圆轮。图案风格较有特色的是大透雕版 L.B.II.0016、0017(图版 XXXI),雕版中方形素边框内是一朵带有萼片的四瓣莲花。类似的嵌板残片是 L.B.II.005、0030(图版 XXXII)。这种类型的其他嵌板一定包含雕成浮雕的怪兽像,如有趣的残片 L.B.II.0011~0013、0053(图版 XXXIII)和 L.B.II.0021(图版 XXXIV)所示。

印度—科林斯式柱头▷ 在以上两组不同的木雕中,最有趣的是 L.B.II.0014(图版 XXXII)。这是一块印度—科林斯(Indo-Corinthian)式柱头残片,富丽地雕刻着叶形装饰和涡形花样。顶部八瓣叶形轮廓连着一个次级圆形轮廓。雕刻方法非常有特色,这一点安德鲁斯先生已在下表的描述中指出来。这个柱头的图案风格和雕刻方法又都在拜占庭式柱头中看到。考虑到最近的研究已经证明拜占庭艺术依赖于希腊艺术的向东发展,这个楼兰柱头的早期年代(一定不晚于公元 3 世纪)及其在这条通往远东的特别大道上的发现,可能具有特别的意味。其他木雕中,可以提一下大木板 L.B.II.0014(图版 XXXII),上有一个圆形八瓣莲花或蔷薇花,参照米兰寺庙所发现的嵌板 M.v.0012[②],

① 赫定《中亚》,第二卷中的图 294 表明了来自 L.B.II 的这些嵌板原来是怎样构成的。

② 参见本书第十三章第五节和图版 XLVII。

此板可能是过梁的一部分。此外还有三重木花蕾(L.B.II.004,图版XXXIV)和一个莲花圈残片(L.B.II.006),它们被刻成圆雕。

◁建筑装饰用的木轴钉

奇特的木棒L.B.II.002(图版XXXV)一头略作锥形,另一头有一个大球状物,类似于后来在相邻的废墟中发现的木棒L.B.IV.i.2、iv.001、002(图版XXXV)、v.0010,这种木棒很让我迷惑了一阵子。它们都是用来将横梁或嵌板固定到木框架上的木轴钉,它们的球形头不管是圆球或圆锥形还是类似于倒蓟头,都是用作建筑装饰的,这最先是由我的建筑师朋友J.H.莱昂为我弄清楚的。它们的作用与用作装饰的仍在木结构器物中使用的类似金属大头钉是一样的。所有这些轴钉钉部适当的尺寸都充分证明了这个解释。它们的长度为9英寸或10英寸,而这与我在L.B.I~III和相邻废墟的基木中量得其厚度通常为10英寸,而那可能也就是墙的厚度。它们的切面都是$\frac{7}{8}$英寸到1英寸见方,这与我在大厅中发掘出的两根基木两端实际发现的洞完全相合。①

◁古代小笤帚

草制的小笤帚L.B.II.0054(图版LII)是从保护小寺中的这些罕见建筑遗迹的沙子中发现的。它使我不禁有所感伤,因为就像我1901年在丹丹乌里克的一座佛殿中发现的扫帚一样②,它一定曾被最后一位侍者拿着在这里尽力清扫崇拜物身上的尘埃和沙子。这件粗陋的家庭工具构造原理与后来在敦煌古代边境上的一座烽燧发现的扫帚相同,而与在丹丹乌里克和尼雅遗址发现的扫帚迥异,也许说明在经楼兰的这条古道上中国的影响十分广泛。

① 参见本章第十节。

② 参见斯坦因《古代和田》,第一卷,251页。

垃圾堆出土的▷文物

作为适当的补充，寺庙西南面基木以下2~3英尺有一个小垃圾堆。除了一枚汉文木简残片和破碎的汉文纸文书L.B.II.2、3（《文书》Nos.893、939）外，还发现有大量织物片，有丝的、毛的和棉的，它们是L.B.II.0018、0019和一块结实的棉帆布L.B.II.0020，这件棉帆布用作某些灰泥浮雕的衬背。

有墙的院落遗▷迹

寺庙东南地面上少有遗物，风蚀已将那里降低到原地面高度以下约9英尺。足有60英尺长，并由两根长度相同的木接头连接起来的基木，可以说明这个地方曾是一个大敞院。这些基木就在L.B.I东南墙延线外的侵蚀地上面，距L.B.II约50英尺（附图27）。基木上有许多立小柱子用的洞，但由于附近没有其他遗物，似乎有可能只是承托着院落围篱。L.B.I～L.B.III附近找到的其他遗迹是在西南约100码发现的延续很短的灯芯草篱笆，可能曾属于某个围篱。它们得以残存下来显然是由于它们与盛行风方向一致。

被风蚀了的窣▷堵波土墩

L.B.I～L.B.III东—南东约0.33英里的地方有一座用土坯砌成的塔形小墩，清楚表明了这个遗址区风蚀的破坏力。如图105所示，原来是一座窣堵波，由于风蚀作用，现在只剩下这些了。东西长约26英尺，最宽处约18英尺。红柳枝底基所示原地面以上建筑物的残高似为10英尺。照片前景中站着的木拉的头顶大致就是此底基的高度。量得土坯的尺寸是20英寸×10英寸，平均厚度约为3.5英寸。建筑物的各面皆已破损，任何一处建筑轮廓都不能弄清。废墟南面冲刷出来的洼地底部如图所示，低于由红柳枝构成的底基所示原地面高度足有24英尺。

第七节　废墟 L.B.IV~L.B.VI 中发现的遗物

◁废住宅的位置

12 月 25 日下午，我开始清理西组废墟中两座紧挨在一起的建筑物，立即就发现那是一个贮藏着大量“发现物”的宝库。它们位于先前提到的那处佛寺的东—南东约 1 英里，是赫定博士第一次探访该遗址时发现的。① 1900 年 3 月 29 日，他在那里花了一天时间，但由于时间和人力所限，没有对两处更大和更重要的建筑物进行任何详细调查。L.B.IV 这个废墟位于土台的顶上，土台从东北向西南延伸约 170 英尺，比周围地面高 8~15 英尺，由于风蚀作用，土台周围地面低于原地面高度。全景照片即复制的图 74 是发掘后从东面拍摄的情景。附近地区看起来格外开阔，好像这里的风沙侵蚀作用是一致的。这里没有与 L.A 雅丹那种密集的晕线，而且各处洼坑中积聚着沙子。向东 0.25 英里可以清楚追踪到一条老河床蜿蜒于死胡杨和红柳丘之间。向南约 0.5 英里我又碰到了它。河床宽逾 170 码，河床底只比死红柳丘底脚低约 6 英尺，显然很浅。

另一处废弃的建筑物 L.B.V 位于东面约 30 码，其所在地几近侵蚀地。建筑已被瓦解为一堆破裂的木头，如图 112 所示，只有一根粗大的基木还保持在原位。较大的建筑物L.B.IV的有些部分也遭受了相同原因的严重破坏，特别是东北边，如粗重的基木和其他木料所示，从图 74 可看到，它们散落在全景

① 参见赫定《中亚》，第二卷，620 页以下；上面标有 L.B.IV 草图的附图 67，其中因失察而将南北方向弄反了。比较发掘后所绘的平面图（附图 28）是有益的。

图 105　楼兰遗址 L.B.II 寺庙和 125 号营地之间的小佛塔遗迹

图 106　经楼兰遗址 L.B.IV 居住遗迹的 iv 号大厅望向 L.B.V 遗迹,发掘前

图 107　楼兰遗址 L.B.IV 居住遗迹的北面，自东南望，发掘后

图 108　楼兰遗址 L.B.IV 的 vii、viii 号房屋遗迹，自南望，清理中

图 109　经楼兰遗址 L.B.IV 的 iv 号房屋遗迹，望向西北，发掘后

图 110　楼兰遗址 L.B.IV 的 iv 号房屋遗迹，向西望，发掘后

照片的右边和中间部位的侵蚀坡上。幸运的是这所大型住宅所在土台的其他部分(因为我第一次调查时很容易就认出是这样)没有受到太大的侵蚀影响,尽管覆沙层没有一个地方超过3英尺高。当发掘继续进行,我立即认识到此地所受到的保护主要归因于这个古代住宅中间和四周堆积的一层厚实的羊粪。显然,该住宅的最后一位居住者将其废弃之后的许多年里,这处建筑物曾用作牧羊人的羊栏。我在尼雅遗址最南废墟中也观察到这种现象①,以后还将提到在米兰见到的相同情况。②

◁L.B.IV 的木雕

发掘从该建筑物西南角的小室 L.B.IV.i 开始。它的墙壁与其他建筑物一样,用水平芦苇编条固定在普通型木柱框架上建成。与用木板覆盖着的坐台连接的隔墙,从西南墙突出来,横过此室的大部分,只留下约3英尺6英寸宽的狭窄通道可以进入东南面的邻厅 iv。这个小房间很可能用作侍者的候见室。里面积聚的羊粪比坐台还高,从地面算起约有1.5英尺。紧贴着地面发现几块雕刻得很好的透雕木板块,即L.B.IV.i.001、002(图版 XXXIV),上面的图案是用交织带串连起来的圆轮。另一块 L.B.IV.i.005(图版 XXXIV)显现一根设计优美的树枝,树枝上长着树叶和浆果。由于后来在此废墟另一头的室 vii 和 viii 中发现相同透雕版残片(L.B.IV.vii.001、003、004,见图版 XXXIV),我们可推断一些木雕的位置在透雕版破烂之后被移动过。我无法确定这种散布情况是在古代发生的,还是赫定博士的人挖掘时造成的。但可以肯定的是它们上面的花形装饰与其他透雕品一样,古典色彩十分浓厚。

---

① 参见本书第六章第五节。

② 参见本书第十三章第一节。

L.B.IV.i 发现▷的佉卢文木简

在小室发现的其他文物中有一枚矩形底简和一枚盖简 L.B.IV.i.6、7（图版 XXXVIII），它们都保存得很好，上面的佉卢文字迹整洁清晰。值得注意的是这两枚木简好像是用栽植的杨树木料做的。然而在 L.A 发现的全部佉卢文书都是用胡杨木料制作，从这一点我们可以推断出后一种材料是当地用作写信的“纸”。两枚木简都是在坐台的脚下发现的，受到厚层羊粪保护。这里发现的建筑用长木轴钉 L.B.IV.i.2 上文已作过解释。① 还有一根木针 L.B.IV.i.006 和一把浅角匙L.B.IV.i.003（两件都复制在图版 XXXV 中），也可简单地提一下。

L.B.IV.ii 发现▷的文书

相邻的东北室 ii 较大，长 20 英尺，宽 17 英尺。三面墙间的坐台高约 1 英尺，隔着一道障壁，障壁由仔细结合在一起的大梁构成。这里也出土了许多有趣的器物。除了一枚保存完好的写有佉卢文住址的楔形盖简 L.B.IV.ii.1，还发现一枚罕见类型的木简 L.B.IV.ii.002，长约 $3\frac{1}{2}$ 英寸，宽 3 英寸。它的周边突起，形成窄凸缘，中间部分内凹，就像是用来装蜡或类似的涂层，这使人明显地想到罗马的蜡封木简。背面四边切成斜面，似乎是用来和另一枚同样制作的木简拴紧用的。发现的三个印盒 L.B.IV.ii.0010～0012 类型与尼雅遗址所出相似，进一步证明这个房间是文书室。磨成长菱形的白色石英片 L.B.IV.ii.003 根据中国人的使用方法可能是用来调制墨汁的。

有装饰的纺织▷品

一块织造很好的红蓝毛毯即 L.B.IV.ii.0013（图版 XXXVII），织法奇特。但更有意思的是保存完好的编织鞋 L.B.IV.ii.0016（图版 XXXVII），因为其“鞋帮”有精细装饰。鞋面是由一整块织有彩色图案的毛织物构成。类似织锦的图案沿着鞋口向

① 参见本章第六节。

下延伸到趾部，上面前部附着新月形的连续饰带，饰带上显示有雅致的几何图案，精巧地配以各种颜色。它们总的风格让人联想到从埃及墓中出土的织物所示科普特作品。①

◁各种工具

工具中值得一提的是一把铁刀残片 L.B.IV.ii.001（图版 XXXVI），一件角质刀柄 L.B.IV.006（图版 XXXV），一根木棒 L.B.IV.ii.0015（图版 XXXV），可能是弓柄。奇特的卷线杆形器 L.B.IV.ii.005 将近 11 英寸长，是一根一头渐渐增大成圆形球凸的轴，与从这个废墟所出的另两件标本 L.B.IV.005（图版 XXXV）和 L.B.IV.v.006 相似。T.A.乔伊斯先生认为是木质鸟箭，它用来射杀鸟而不会让血弄脏了羽毛。小木十字架 L.B.IV.ii.009（图版 XXXV）像新疆现在仍在使用的去鲁克一样，是用来拴缚小羊的，可能是当此建筑物成为羊栏时的一件很好的文物。该建筑物及附近围院 iii 发现的其他各种小器物包括大量毛织物、丝织物和毡织物残片，参照一下下表中 L.B.IV.ii~v 和 IV.iii 下的条目即可明了。② 这里我也可以顺便提一下两件陶器标本 L.B.IV.001 和 IV.ii~v.006（都在图版 XXXVI 中）。它们代表两种类型很明确的陶制品，在该遗址很常见，代表中国之路从这里通过时的特征。第一件是典型的上乘当地泥质红陶器，另一件是深灰色的席纹陶器，我在敦煌边境调查时证明它与中国汉代的占领有关。③

◁陶器标本

◁大室中堆积的废物

该建筑物南角大室 iv 的内部长 28 英尺，宽 26 英尺，木和编栅墙壁几乎每一处都保存有约 3 英尺高。图 106 显示出它发掘前的范围，图 109、110 显示的是发掘后的情况。最初看起来像地面的东西，结果是一堆从羊栏和牛栏扔过来的废物，

① 例如，见福里尔 *Seidentextilien von Achmim und Panopolis* 中的图版上的例子。

② 参见本章第十二节。

③ 参见本章第三节；本书第十五章第四、五节。

堆在原地面，超过 1.5 英尺高。四根巨大的圆柱曾支撑着房顶，现在仍直立着，体现了这堆废物所提供的良好的保护作用。从地面起约 3 英尺的部分保存完好，由于上部木柱被沙磨损和晒裂，用车床加工出的造型线条越来越难以辨识，如图 110所示。木柱的矩形柱础状况良好。通往室 i、vi 的门的门框也可在照片中看到。

L.B.IV.iv 中的▷发现物

厅中发现有一小片佉卢文纸文书 L.B.IV.iv.004，车床加工的一条木碗柜的腿 L.B.IV.iv.003（图版 XXXIII）和 14 根用来固定木板的装饰性大型木轴钉，这些上文已经讨论过。[①] 如带回来的两件标本 L.B.IV.iv.001、002（图版 XXXV）所示，这里轴钉的球突呈圆锥形且为车床轮制。因为我发现，这些轴钉安装在两条窄梁一头的孔中，这两根梁是在此室中发现的。它使我立即想到，它们可能曾用来固定并装饰支撑屋顶小梁的顶部，在屋顶处它们连接着大梁或支承的框架。靠近北柱发现羊粪中插着一个水槽，像是喂家畜用的，用一根树干粗糙地挖成。这个水槽和一个制作同样粗糙的餐盘（18 英寸×11 英寸）清楚表明了建筑物原来的特征和当古居址变成原始的牧民点时使用之间的差别。

L.B.IV.v 中的▷建筑遗迹

东北边紧邻的室 vi 保存很差，那里的唯一发现物是一件楔形底简 L.B.IV.vi.1，后来在室 v 中发现了它的盖简。比较起来，还是后一室发现的东西多。如附图 28 所示，它大约是 25 英尺×28 英尺，三面墙间有坐台，宽 3～4 英尺。粗梁厚足有 1 英尺，用作障壁（图 107）。中心区的地面覆盖着一层羊粪，厚足有 2 英尺。它肯定是在此建筑物或多或少还完整但已用作羊栏和牛栏时积蓄起来的。精致的圆柱高 11.5 英尺，

① 参见本章第六节。

周长 4 英尺 7 英寸，曾支承着屋顶，图 107 中是将它重新竖立在圆形基柱上的情形。基柱是用一块木料雕刻而成，有长方形的柱础。圆柱放在这堆废物上。这根圆柱曾托着无图案装饰的方形柱头，柱头上放着大双托架（图 107 右面），它靠近东北面，就像是塌落在羊粪层上的。附图 28 中的插图展示出的是柱、双托架等按比例缩小的情形。废物堆顶上，就在中心柱南面，有一张斜纹红柳席子和一个结实的木框，木框 3 英尺 2 英寸见方，用截面为 7 英寸见方的木板做成。二者都像是当此建筑还被牧人使用时的屋顶上的东西。对坚硬的羊粪层的清理比在沙子中挖掘花的时间多得多，且更仔细。但也得到了报偿，获得了大量各种各样的发现物。如果说文书只有两枚佉卢文木简和一枚汉文木简（不可识读），这里发现的精美木雕就更加重要。保存最好也最具艺术价值的是两个雕刻的上过漆的木椅垂杆，可能是腿或扶手。它们生动地显示出当地古代艺术和遥远西方密切而复杂的关系。L.B.IV.v.0013（图版 XXXIV）雕刻成一种半圆形，状似一种组合型怪兽，特征和图案与我 1901 年在尼雅遗址发掘的椅腿 N.xii.3 上的样式极为相似。[①] 姿态与处理明显地使我想起帕塞波利斯的雕塑风格，按照遥远的亚述人的祖先的样式，雕刻出多彩的螺旋形，象征头上的头发和爪上的爪毛。这件作品比尼雅遗址发现的类似作品更精细，漆色保存得更好。L.B.IV.v.0023（图版 XXXIV）较大几乎雕刻成圆形，也表现出一种组合型图案。但无论如何在一定程度上像人，与上文提到的尼雅遗址椅腿上发现的另一对怪兽（男和女，N.xii.3）相似。几乎所有细节在设计上都明显相似，如图版 XXXIV 和《古代和田》的图

◁上漆的木雕

◁组合怪兽的雕刻

① 参见斯坦因《古代和田》，第一卷，336 页；第二卷，图版 LXX。

版LXX所示，尺寸上的相近也增强了这种相似性，每一件的长和宽分别是13.5英寸和2.5英寸。我们楼兰的图形显示有女性的头和胸，面部呈现波斯人特征，竖直拳曲的小翅膀依附在胸部的后面，很像希腊斯芬克斯（希腊神话人物——译者）的翅膀，好像在强调承袭了古典艺术中常见的怪兽。图案的人形部分位于一半开的莲花上，通过莲花转换到下部，变成马腿和蹄。漆面色彩光亮夺目，极大地增强了木雕的艺术效果。在讨论尼雅遗址的图案时（我们的这些几乎可以被称为它们的复制品）我就指出，这种组合型怪兽的理念和形状已经被源自古典西方犍陀罗佛教雕塑所借用，如被那些将人头和胸与这种不相干的部位如鸟的翅膀、马的腿和蛇形鱼尾组合而成的“鱼形半人半马怪物”中常见的外观所证实的。[①] 现在很难解释在人头背后安装在榫眼中的黑漆棒和它的木枢头的确切目的。尼雅遗址出土的许多木雕中也发现有相同的榫眼。L.B.IV.v的这两根立木雕曾属于同一件家具，无论如何这似乎很有可能，考虑到在N.xii中动物和半人兽两种类型的雕像也发现于同一室中，且事实上在同一地点。

准古典式装饰▷雕刻品

室v中发现的其他木雕，装饰风格同样清楚地源自古典艺术。两块嵌板L.B.IV.v.0012、0030（图版XXXIV）特别有趣。第一块显示有非常优美的棕榈叶形浮雕装饰，很容易被误认为正统的拜占庭式作品。第二块长约16英寸，看起来像是嵌板上的木壁柱的一部分。柱身上装饰着雕刻成浅浮雕并以丝带束住的四个悬挂着的花环，含有一种古怪的晚期罗马式外观，而且可能恰好就是罗马帝国家具的一个样品。较小的残片见L.B.IV.v.002、004（图版XXXIV）。

① 参见斯坦因《古代和田》，第一卷，336页等；富歇《犍陀罗艺术》，第一卷，241页等。

漆木家具或用具残片发现很多(L.B.IV.v.008、009、0014~0016、0022、0027),其中有些从技法或竹质材料看,明显是中国制造。L.B.IV.v.0029 属于一只漆碗,类型与在敦煌边境废弃的烽燧中发现的相同。大型象牙骰子L.B.IV.v.0034(图版 XXXVI),长 4.5 英寸,很有意思,因为它的形状和印记在印度用来占卜的骰子中仍很常见。我 1901 年在尼雅遗址发现一件有类似印记的骰子,但小得多。[①] 一个青铜杯的座子L.B.IV.v.0031(图版 XXXVI)形状奇特,用途不明。各种木件中,我只提一提刀鞘 L. B. IV. v. 007 和半截栏杆支柱L.B.IV.v.0026,它说明这个房间曾有一块装饰板,风格类似于相邻小废墟L.B.V 的那件。一种在其他地方没有见过的织物是黄色小毡片L.B.IV.v.0032、0033,遮光涂料面上绘有各种色彩的花和几何图案。

◁各种漆、象牙等器物

室 v、vi 东北面隔着一条 8 英尺多宽的过道,能找到一个较大的房间 vii 和一个小窄室 viii。它们的木构和编栅墙由于羊粪层的保护,有些部分还有几英尺高,图 108 显示的是清除羊粪后的情形。这所住宅所遗留下的一切好像就只有这些房间了,住宅东北面被风蚀毁坏了。这里的“发现物”很少,但有精美的装饰透雕木板残片 L.B.IV.vii.003,viii.001、002(均在图版 XXXIV 中),带有古典式浆果状月桂树叶和棕榈叶图案,上文已经对此作了讨论。[②]

◁室 L. B. IV. vii、viii 中的发现物

东约 30 码有一块孤立的土台,顶上的遗迹 L.B.IV.v 前面已经提及,很明显曾是一处寺庙,与 L.B.II 极其相似,尺寸也相当(图 112)。大量木块散布在侵蚀坡上,但都已破裂,只有

◁寺庙出土的木雕

① 参见斯坦因《古代和田》,第一卷,374 页、411 页;第二卷,图版 LXXIV。

② 参见本章本节。

一根约21英尺长的基木仍大致保持在原位。① 其他大基木的性质不能确定。但是从中捡到的雕刻木块明确显示,建筑物墙的结构特征和装饰一定与L.B.II属于同一类型。这些木雕中有一根梁L.B.V.0013(图版XXXI)装饰成浮雕,有与在L.B.II.0036中发现的相同的花形涡卷纹。一块透雕版L.B.V.009(图版XXXII)显示有与在L.B.II.0016、0017中见过的相同的开放的四瓣莲花。一片粗大的菱形格构L.B.V.0012(图版XXXIII)类型与L.B.II.0028相同。另一块透雕版有对角线条和轮L.B.V.0018(图版XXXIII),类似于L.B.II.0023、0024。也有一系列用车床加工的栏杆支柱L.B.V.008(图版XXXIII)、L.B.V.0010、0014~0018,与在L.B.II发现的那些不同的是有七个而不是五个球状物,此外还有一些其他不重要的细节。另外还发现有这种栏杆的一种木扶手L.B.V.0019。②

古代耕作的证明▷

结构和风格上的完全一致,使得这个孤立废墟很有可能是与L.B.II同时期的一处佛寺。这又出现一个问题:建造得很好的相邻大住宅L.B.IV及其相对宽敞的房间原来是否用来保护庙宇设施?③ 遗憾的是,我们没有确凿的证据来确定它。但是值得注意的是,这里是楼兰遗址唯一能够在地表清楚发现古代耕作证据的地方。东北边可看到一条很长的灯芯草篱笆,半埋着,并被沙保护着,沙子沿着篱笆堆积成一条低沙脊。它先从L.B.IV向正北延伸,然后转向东边,将曾经是一个大果园或耕地的地方围起来。篱笆线内靠近篱笆处,我们发现了塌落下来的枯桑树和沙枣树树干。L.B.IV西约80

① 赫定博士似乎发现曾有四根基木连成一体,并从它们推断出墙的尺寸分别为5.6米和6.6米(约18.5英尺和21.5英尺);见赫定《中亚》,第二卷,620页。

② 这些木块中的一些发现时躺在L.B.IV.iv的地表,显然是赫定博士的人拿过来放在那里的。

③ 参见本章第九节,在L.B.IV发现的写给一个Guśura的佉卢文书信。

码有一排8棵栽植的铁热克或杨树枯萎的树干，它们是我在此遗址见到的唯一的标本。其中一棵长47英尺，周长6英尺。它们的尺寸清楚表明，无论如何，这个地点在遗址被废弃以前一定曾耕作了很长时间。

◁L.B.VI的遗迹

12月28日，通过赫定博士的参考资料，我踏访了在L.B.Ⅳ～L.B.V与我们走近遗址时第一次看到的窣堵波之间找到的废墟。① 我发现它们位于L.B.Ⅳ东—南东直线距离约2.25英里（附图22），遗迹很少。一条死胡杨林带附近有一条风蚀山脊，呈东北至西南走向，上面有严重毁坏的两处建筑物遗迹。建筑物部分用烧砖砌，部分用常用的木和编栅筑成。东北边的一处为L.B.VI，有一间砖砌的小室，约15.5英尺见方，被厚3英尺的墙环绕，高2英尺多，底基为红柳枝束。东北墙下方的地面没有被风蚀下切。砖16英寸，宽10英寸，厚2英寸，墙上一层砖，一层夯土。西南墙邻接一堵木和编栅墙，残长约11英尺，其一头基木悬在风蚀坡上。

◁佛寺中的文物

清理内殿的内部时，在南角发现了几块非常易碎的小片壁画残块，泥石膏面上涂以蛋白。其中最大的壁画残块L.B.VI.002由于运输的磨损，现在已从6英寸宽分解为3英寸宽，在纯绿色背景上显示有白叶，扇贝状边。此角外面的风蚀坡上，除一些未经装饰的木雕外，还有两块格构板L.B.V.0019.a、b（图版XXXIII），上有斜条和圆轮组成的屏风图案，与从L.B.II和V发现的类似嵌板上的图案相似。另一块木板L.B.VI.001（图版XXXII）装饰成一朵八瓣莲花浮雕。这种图案与从米兰佛寺M.V（图134，见本书第十三章第五、六节）内殿门出土的雕花M.V.0012图案（图版XLVII），以及M.V饰带中的宫门过

① 参见赫定《中亚》，第二卷，627页等。

梁上的其他图案很相似。这些发现物虽然很少，却使得这个建筑物曾包含一座小佛寺变得十分确切。其他建筑物位于同一风蚀土台的西南端，相距约 20 码，似乎大一些，但毁坏得更厉害。只在西南边能够辨别出一堵长约 27 英尺的墙，这堵墙只有一层作为墙基的烧砖。附近乱堆着的木头中有巨大的木梁，长 25 英尺，厚 14 英寸，宽 10 英寸。

古砖窑▷ 这两处建筑的附近地区散布大量当地型的陶片，直到更东约 1 弗隆（英国长度单位——译者）处发现土坯构成的土墩。这个土墩是一座完全被毁坏的窣堵波。基部从东北至西南长约 30 英尺，宽 18 英尺。其顶约高于原地面 11 英尺。窣堵波遗迹西南约 0.5 英里有一个地方陶片丰富。我在那里发现了另一个土墩，直径约 35 英尺，周围露出层层烧焦的红柳木和砖块，明显是一个古砖窑。其最大高度比原地面高约 8 英尺。但后者现在呈土台状，根据风蚀深度，西南面足有 16 英尺高。这种土墩我在北印度的老城附近经常见到，如拉合尔周围，这种砖窑通常形成郊外一个显著的特征。但在塔里木盆地，极度干旱的气候使得土坯的使用更流行，这种砖窑实在非常少。① 因此我倾向于把楼兰遗址的这个老砖窑看作是另一个重要的迹象，那就是中国对这里的占领所产生的重要影响。

离开楼兰遗址▷ 随着这些调查的完成，现在在此遗址所能做的一切结束了。我在此以前曾派奈克·拉姆·辛格和两名罗布里克猎人出去探察，在搜索范围内没有发现任何其他建筑遗迹值得发掘，这使我能够安排活动计划。12 月 28 日傍晚，回填好废墟 L.B.I~L.B.V 后，从西北方盐泉返回的骆驼也按时到达，我感

① 和田地区从热瓦克到安迪尔，我没有见到一个老遗址有任何砖窑的痕迹。但在所有这些遗址中，燃料在古代一定很丰富。

到一阵轻松。在如此艰苦的环境中连续11天不停地忙碌，刚好完成我们的工作任务，但也几乎达到了所有人的承受力极限。回想起他们所患疾病的情形，整日整日地暴露在冰冷的寒风之中，白天干着繁重的工作，夜间无以避寒，定量供应的水不足以解渴，这一切是怎样影响着他们啊。我们指望从盐泉获得供水，结果希望落空了，而我们贮存的冰也所剩无几，仅此一项就足以迫使我不情愿地放弃任何扩大调查的希望。我不得不暂且放下沿我推测曾通往东方的中国之路进行调查的计划。是返回到有水的地的时候了，进一步调查的计划留给将来去实现。1914年冬，带着这个愿望，我又回到了这个死一般的沙漠地区。

第八节　楼兰遗址的汉文文书

在这一章的前面部分，我已努力记述了所有有关我在楼兰遗址现场发掘和调查的情况，以及后来对所出文物的考证。我还要回顾一下从此古代居址发现的汉文文书中所能搜集到的有关此古代居址的资料，并阐明汉文史料可能提供的有关其性质和起源的证据。

◁沙畹先生阐述的汉文文书

首先"衙门"L.A附近古代垃圾堆发现的大量汉文文书及文书发现的地点，点燃了从中可能搜集到具有重要历史意义资料的希望。这个期待被沙畹先生的翻译证实了。他仔细、清楚地翻译了除最破碎和最模糊的文书之外的所有文书，从而使非汉学家也能理解它们。[①] 我对此项很有价值的帮助和对沙畹先生甚至在出版前就慷慨地交给我随便使用而深表感

① 参见沙畹《文书》，155~198页，Nos.721~939。

激。因为这些文书十分古老，且通常是用非常潦草的手写体书写的，不仅大多保存得很差，而且太过碎小，内容充满难懂的行政琐事，这一切都使判读成为一件非常艰难的工作。只有在沙畹先生对这些文书进行详尽处理后，我才能尝试了解一下它们透露出来的有关该遗址的历史性质和当地情况。

中国的要塞位▷于 L.A

首先，大量文书的性质确定地支持这个由考古证据得出的观点，即最重要的废墟 L.A 是一个军事基地，由中国军队驻守，以守卫从甘肃西缘的敦煌到塔里木河以北主要绿洲线上的重要古道。上文我们已经讨论过汉文正史上的记载[①]，从中看出汉朝首次西征中亚就是沿这样一条路线进行，它大约开通于公元前 110 年，通过敦煌以西沙漠到楼兰或罗布地区，而且这条路线在汉代都在使用。但重新回顾一下这些话，我们现在将看到文献本身不足以确定这条路线的确切走向。尽管考古证据充分表明"楼兰遗址"位于此沙漠路线的西端，但文书证据的确认对解决如下重要的疑问还是特别必要的：更东面极端荒凉的沙漠景观，必定令人对古道从此通过这个认识的正确性生疑。

重要的丝绸古▷道

从汉文史料告诉我们的一切，以及至今尚未改变的广泛的地理事实表明，在中原王朝对塔里木盆地有效治理时期，对中国商人、官员和士兵而言，最为重要的总是这条沿天山南麓从库尔勒往西到喀什噶尔的大道。就是通过这条道路，即北路，也就是史书中的"北道"，最初随着中国政治和军事力量进入中亚，大量丝绸输送到费尔干纳或大宛，然后进入古代索格迪亚那和巴克特里亚。[②] 保护这条伟大的贸易之路，抵御匈奴

① 参见本书第九章第四节。

② 参见金斯米尔《中国与新疆的交往》，载《皇家亚洲学会会刊》，4 页以下，1882。

及其天山以北游牧部族的侵袭，是古代中国控制塔里木盆地的主要目的，也是中国在西域设立行政机构的主要目的。

看一下地图就会明白，到那条绿洲道路最短的路线，就是从中国甘肃边境上的最西部农业区敦煌，沿库鲁克塔格山脚，经罗布沙漠过“楼兰遗址”，然后到达塔里木河转向东南流的拐弯处。但现在从塔里木河的这个拐弯处到敦煌—若羌商道上最近的井之间，即使是按最直的路线走，也要穿过 240 多英里完全无水的沙漠。而这种情况即使对于今天的商队而言，要完全利用这条古道也是不可能的。 ◁最短的路线经过楼兰遗址

在汉代及其以后的一个世纪，库鲁克达里雅（Kuruk-daryā）的存在，就像它解释了“楼兰”遗址的存在一样，消除了此道路西半段用水和放牧的困难，这是事实 。因为在那里，古道无疑是沿着这条当时有水的“干河”的河床通到营盘。1915 年我在那里找到了同时期的废墟，从孔雀河（Konche-daryā）很容易到达那里。但对于这条古道的东半段，在“楼兰”废墟和敦煌商道上的库木库都克井之间有 120 多英里完全无水，像现在一样，在古代这段地方必定是一道严重的屏障。只有到 1914 年我调查时才发现确凿的考古证据，证明这条古道事实上的确通过这个最可怕的、全无生命的盐碱沙漠。同时，假使这个事实没有被从楼兰遗址发现的文书如此清楚地证明，我们将难以相信，使中国的贸易和影响远达西方的先驱们，竟是使用这样一条通道。 ◁古沙漠道路的艰难

曾经有水和生命的三角洲后来变得干涸起来，导致古楼兰遗址所在地区的自然环境发生变迁。这种变迁是如此显著，而且如此具有广泛的地理学意义，以至于我们很有理由要对大量署有精确日期的文书深表感激。这些文书使我们能够准确地确定此遗址居住的年代下限。沙畹先生分析过的文书 ◁文书证明公元263—270 年有人居住

中,有不少于15件署有年代,相当于公元263—270年,而且都在L.B.II或这个衙门边的垃圾堆中发现。只有两件,《文书》Nos.738、721,分别相当于公元263年和264年,上面的年号是魏朝末代皇帝的,其余的都属于公元265—270年,即西晋开国皇帝晋武帝在位初期,即泰始年间。① 我们从《晋书》知道,他在三国时期(公元221—265年)的帝国内部纷争结束之后,在西域建立了中国的最高统治权。② 至于赫定博士发现的文书,根据赫尔·希姆利的初步报告,上面的日期似乎也在公元264—270年之间③,我们可以可靠地作出结论,这是沙漠道路和守卫其西头的军事基地交通特别频繁与活跃的时期。

年代最晚的文书是公元312年和313年▷

《晋书》的记载表明,晋武帝在位期间(公元265—290年),中原都与西域保持着持续的政治关系。书中多次提到在公元270—287年间,有大量使节从中亚各国甚至远达大宛(费尔干纳)和康居(撒玛尔罕)前来朝贡。我们还从书中知道,公元283年鄯善或罗布王遣子入侍。④ 晋武帝之后,这种关系据说就完全终止了。⑤ 但中国对楼兰遗址的占有并未随着晋武帝统治的结束而终止,我们的文书中有两件(Nos.910、886)记载的年代相当于公元312年和330年。所说的最后那件是块木简,发现于L.A.I,记载着给某位胡人付钱之事。(标题中的313年当为原书之误,应为330年——译者)

---

① 参见沙畹《文书》Nos.722~727、730、739(公元265—269年);Nos.733、735、736、748、896(均为公元270年)。

② 参见沙畹先生关于晋武帝时期中国与中亚的政治关系的注解。斯坦因《古代和田》,第二卷,537页。

③ 参见赫尔·希姆利的注解,引自《彼德曼报告》,288~290页,1902,载赫定《中亚与西藏》,第一卷,144页。

④ 参见沙畹先生的注解,《古代和田》,第一卷,537页。

⑤ 参见沙畹先生的评论,显然基于《晋书》,见上注引文中。

◁使用过时的年号

值得注意的是,最后那个年代的记法很重要,它传达出一个清楚的信号,那就是遗址的最后废弃离它不远。这年是建兴十八年,建兴年号的使用始自公元 313 年。但由于这个年号与晋代最后一位影响中国北方的皇帝的统治一起结束于公元 316 年,显然,如沙畹先生所正确指出的[①],这个小军事基地到那时已完全与帝国中央政府断绝了联系,是完全靠自己来维持的。只有这样,在隔绝的状态下,这个哨所才会继续使用这个过时的年号,却根本没注意到这个年号已被废弃了 16 年之久。[②]

◁提及西域长史的文书

然而,处于行政隔绝状态中的并非只此一地。大量重要观察表明,这种隔绝也影响到塔里木盆地尚存的其他中国军事驻地。楼兰遗址不只是一个偏远的哨所,它位于一条重要的交通线上,因为"衙门"附近的垃圾堆提供了四件文书残件,它们是直接从西域长史发出或发往西域长史的。西域长史是中原王朝政权在塔里木盆地的最高代表。文书 No.752 写着长史得到并转寄一个命令,让某官员于指定之日出发,前往某个地方。这个地方我们可以认出,它位于甘肃。遗憾的是年号缺失了,木简也不完整。因此,不能确定这个命令是源自帝国的中央政府,还是源于公元 4 世纪实际作为独立诸侯统治甘肃西部的张氏家族的某地方首领。[③] 另一件木简残片 No.885,只是一块薄片,它任命一位官员为"西域长史文书事郎中"。第三件 No.887 提到"大将军右长史(名)关"。我在

---

① 参见沙畹《文书》,182 页等。

② 由于类似情况而使用过时的年号的类似例子,参见斯坦因《古代和田》,第一卷,275 页、533 页。

③ 参见沙畹《古代和田》第一卷 543 等下关于这个汉人家族的注解,这个家族在西晋末年(公元 316 年)以后统治凉州地区及附属于凉州的西达敦煌或沙州的地区。沙畹先生所译《晋书》有关段落,《古代和田》提到于公元 345 和 384 年,有两位这样的国君成功地远征新疆。但没有事实证明这些远征是通过楼兰而不是沿经哈密和吐鲁番的北道。

上文已经提到[1],写板 No.751 具有考古意义,它肯定曾盖着一个装有官方报告或诉状的小盒,上面以通常方式写着:“因王督致西域长史,张君坐前,元言疏。”从盖的形状和大小判断,文书本身很可能是写在木片上,且可能已被此高官大臣拿走了。但这个盖子被扔进了“废纸篓”,上面写着过时的年号,留以向我们证明该官员从此通过。

L.A.II 发现李柏的信▷

另一件重要得多的文书很可能是因类似原因而残存下来。上文已经提到,这件文书是桔瑞超先生 1910 年从小室 L.A.II.iv的墙中幸运地发现的。[2] 除一些木简外,这个发现还包含一份起皱但完整的纸文书,包含西域长史李柏寄给焉耆或喀拉协亥尔王的草拟信稿。《晋书》在有关公元 324 年发生的几个事件中,提到了同一个人物。信的要义是安排与焉耆王的一次会面,这表明李柏是在前往塔里木盆地途中写的。除了与后者有关的一些残片,在同一地点还发现了该信稿的一个副本,这表明李柏的信很可能就是从楼兰驻地发出。因此,可以有把握地作出结论,穿过沙漠和经楼兰遗址的古道在那时仍在使用。

其他官方信件▷

木简 No.768 上的内容,显然是从某长史发出的报告某战况的官方通讯,可惜这块木简不完整。保存得较好一点的是一封纸信,即文书 No.928,信中以准半官方的形式报告了解决某些高官的调动这类行政事务。残文书 No.902 中提到一条王法,No.878b 中提到一位官员升官。文书 No.895 是给某高

① 参见本书本章第三节。

② 参见本书第九章第四节。根据沙畹先生的注解,载《文书》,162 页,Haneda 先生对这件文书作了临摹,载 *Tōyō gakuhō*,摹本二,54 页。在佩里的文章中也有描述,载《法国远东学院通讯》,第 10 期,652 页。

我把我对它的性质和内容的知识,归功于 1910 年沙畹先生看过桔瑞超先生爽快地交给我这件文书的照片后全部传达给我的翻译和注释。这个翻译已复制在附录 A 中,是沙畹先生参考了上文引用的 M.佩里先生的文章校订后的译文。

级军官的正式报告残件，提到了库车，很有意义。在文书Nos.725、821、921 中，也有一些告示和其他官方通信，因残损严重，内容不明。

◁琐碎的行政记录

文书 No.765 提到某次军事行动，报告一支军队调到可能很远但现在还不明确的地方，文书 No.920 报告从某烽燧顶上观看到的一场战斗。但大多数官方记录只是些从办公室扔到垃圾堆中的“废纸”（即木片），所记只是说明了那些人的职责范围和性质。我们清楚看到，他们的工作主要与某个中国军事基地的食品供应、军队和可耕地的维持有关。这个军事基地是用来守护和保持某段最早连接中国和中亚的大道畅通的前哨基地。然而记录的这些非常琐碎的行政事务却表明它们具有显著的历史意义。因为它们详细反映出了实际的组织机构，这个机构在中国越过中亚的政治扩张过程中起过重要作用，并显然曾有助于使这种扩张在广阔而巨大的自然障碍面前维持数世纪。

◁有关谷仓的叙述

大多数文书是当地谷仓官员关于谷类的储藏和发放的报告和命令。我们在文书 No.759 中读到“监仓谨条正领杂谷簿状”。大量木简提到主簿人员和其他官员（见文书 Nos.728、731～746），它们表明了有关此仓物资供应的对象和相关物资的供应量。它们也表明采用了详尽的管理制度，如必须出示要核对的存货清单和确认发给的序号或收据的那些人的名单。详细叙述中，如文书 Nos.728、729、731、734、739～741 等，记录着给每个士兵、小职员等，或小分队的配给。据此，我们得知批准给每人每天的谷类定额。文书 No.928 内容很长，介绍了保存和核对粮食配给账目的方法。文书 No.798 特别有意义，它提到发给于田或和田邮差的定量。文书 Nos.749、766 提到谷物的借贷交易。

有关供给命令▷

除当地要塞的供应品外，还提到给过往官员和其他人员提供供给。因为这个拓居地位于并不适于持久耕作的三角洲，资源有限，供给方面遇到了困难。关于这一点，我们在文书 No.826 中得到了明确的证明，在这件文书中领受者被指示"今权复减省督将吏兵所食条所减"。另一枚残木简，即文书 No.830，命令"宜渐节省使相周接"。

农业活动的命令▷

沿贸易大道的交通提出的供给要求，一定使最初意在使当地这个军事基地保持自给倍加重要。我们从《汉书》知道，从最初中国军队进入塔里木盆地起，军队不仅要保证控制其掌握着的要地，还要变成屯田士兵，以使他们能够在那里坚持下来，这就是中国采取的基本政策。① 我们在楼兰遗址出土的有关农业活动的文书中，发现了明确的证明，表明了为此目的所作的有系统的努力。保存完好的木简 No.753，记录着不管是已经灌溉或待灌溉的，还是尚待开垦的土地的分配情况，这件文书所记，是某指定屯田部队的耕作情况。文书 No.925 包含有关播种等的特别命令。在文书 No.882 中，提到一位主管农业劳工的官员，即督田掾。文书 No.760 是特令某部长官给北河的一顷田进行灌溉。② 文书 No.774 是命令大量种菜以作冬储。文书 Nos.779～781、787、791、891 中包含锄头、铲刀、锯子（即臿、大钻、斧、锯——译者）等的存货清单，明确证明进行这些活动所用的农具是从一个中心仓库发给士兵的。文书 No.779 中的名称"胡锄"（即胡臿——译者），很可能是叫作"砍土曼"（ketmans）的广肩锄，这种工具现在被塔里木盆地的当地农民所使用，汉族农民对此却很陌生。

---

① 参见怀利《西域记》，载《大不列颠及爱尔兰人类学学会会刊》，第 10 期，22 页、27 页等。

② 北河，按字面上的意思，是"北边的河"，很可能是古库鲁克达里雅某北支上的一个耕作区的地名。

拓居地必须对灌溉用渠道和堤堰进行适当的维护，这个重要性不必特别强调。我们在好几件文书中发现了有关这方面的证据。在文书 No.888 中，提到水曹请绳。水曹，相当于今新疆绿洲中的“米拉卜伯克”（Mīrāb Bēg）。文书No.761 很重要，很遗憾已残缺，它报告一条渠堤的情况说，这条渠堤有六处缺口，渠水溢出。这个报告恰当地说明了总是威胁着新疆河流下游三角洲农业的危险。另一方面，提到有 501 人正在对渠堤进行修复，这表明应付这次危机的劳力资源不是完全无关紧要。在文书 No.754 中，记载着将负责监视某堤坝的某士兵请回。在文书 No.750 中，我们看到了与同一块三角洲情况有关的另一次危机，其性质和缘由与这次完全相反。在这封信中，自称为水曹助理（即从掾位——译者）的赵辩（Chao Pien）报告说，大队保护人当夜已过城南，并报告说于某日找到了水。情形似乎是那时因为河道转移，水源干涸，某地区的河岸丛林变得不能用来放牧，因此不得不将这些人派出去到一定距离去寻找充足的水源。

◁有关灌溉的记录

文书表明，主管这个拓居地的那些人虽然采取了和平优先原则，但并没有完全放弃军事性质。以文书 Nos.758、775~777、794 为例，它们包含有关于武器的报告，例如弩或刀剑不能再用了，以及关于备作甲胄和头盔用的皮件，关于用来铸牢战俘用的黄铜铸的报告。大量存货清单的记录等，提到药品，文书Nos.782~785、790、795、796，似乎来自某军用品店店主的办公室，后来的发现物则表明了敦煌边境沿线士兵实行着医疗保健制度。[1] 值得注意的是，在大量指明单个士兵的实例中，我们发现他们被描述为“胡”（见文书 Nos.763、804、844~

◁军事报告等

① 参见本书第二十章第六节。

846、892)，所有那些精确指明族别的士兵，族名都说成是[大月]氏，即印度—斯基泰人(Indo-Scythians)[①]，这些具有一定的历史意义。我们可以有把握地推断，这个军事基地和可能也在其他更重要的西域要塞的中国军官雇用的雇佣兵，相当比例是外族人，在中国人看来，他们的优点在于他们是匈奴世仇的后裔。

中国雇用的大月氏兵▷

《汉书》的一条著名记录告诉我们，“大月氏”即印度—斯基泰人，是怎样被匈奴在公元前2世纪从南山平原先驱赶到索格迪亚那，然后又驱赶到奥克苏斯河中游的古巴克特里亚，最后到吐火罗斯坦(Tokhāristān)。[②]《后汉书》记载他们势力范围的主要位置就是这些地方，而事实上他们建立贵霜王朝之后又征服扩张到兴都库什以南并进入印度西北部。[③] 我们对大月氏统治奥克苏斯河中游直到白匈奴或埃夫塔里特(Ephthalites)公元5世纪初期来到这段时期的情况知之甚少，因而对公元3—4世纪中国人继续以半过时的方式称为大月氏的那个地方的民族的种族组成，不能作出明确的评价。无论如何，有些事情则是很清楚的，那就是，只要天山北部匈奴的侵入还在不断危及塔里木盆地北缘绿洲和通往那里的大道，中国人以其政治上的睿智就不会认识不到从因同样受到匈奴威胁而显得可靠的强大西邻招募军队的好处。考虑到塔里木盆地的人似乎具有不好战的性格，然后和现在一样，考虑到好像源于《后汉书》证明在“西域”是如此频繁的那些国内的阴谋和对抗的复杂情况，这个权宜之计事实上自然就形成

① 参见沙畹先生的注释，《文书》，178页，文书No.846的注释。

② 参见施佩希特《亚洲学刊》，1883年第2期，320页以下。

③ 参见沙畹《后汉书》，载《通报》，189页注释，1907。

了。[①] 这种制度建立起的传统似乎一直持续到晋代，甚至到来自匈奴的危险被削弱以后，并充分解释为什么会在如此遥远的东方出现印度—斯基泰人的雇佣军。应该注意的是，我们在尼雅遗址发现的大致属于同一时期的汉文文书中，也见到"大月氏"出身的人。[②]

◁关于士兵事务的报告

在楼兰基地残存下来的文书中，只能间接地追踪到中国中亚政策的一些证据。它们提到的军事事件主要是关于个别士兵的小事。如文书 No.764 就属于这一类，文书报告一位军官严重失职而遭受惩罚，因他未与某不幸的士兵相伴，使该士兵落水溺亡。文书 No.763 写的是收到一名胡兵带来的口信，以作为预先的通知。其他文书中，我们得知有人途中逃跑（文书 No.815），有关于某胡兵装备的详细报告，包括一件毡衣等，如有迹象表明曾系于一包裹上的木简上所载（文书 Nos.804、832）。

◁很少提到贸易

无论如何解释，我们发现那时几乎没有经此基地进行贸易的迹象。文书 No.903 中详列有某胡人送的丝绸贡品，文书 Nos.805、812、814 中提到织物，可能与同一原料商品有关。文书 Nos.839～841 似乎暗示出用骆驼和驴子运输；文书 No.755 中提到在营前测试犁与牛。

◁私人信件

保存下来的私人信件提供了有关向东和向西持续交往的证据，这在某种程度上补偿了贸易文书的缺乏。值得一提的是，所有能够可靠地被认出为私人信件的文书似乎都写在纸上，出现这种情况，一方面是因为这种新的书写材料用起来更方便，另一方面是因为私人信件不必像公函那样需要长期保

---

① 文书 No.928 提到"三个来自高昌或吐鲁番的当地士兵"。但这些人可能是被吐鲁番的当地统治者派来的某种使节。

② 参见沙畹先生翻译的 N.XV.53、191。《古代和田》，第一卷，540 页。

存。在文书No.912中,一封署为公元312年的信,写信人提到从玉门关出发。玉门关位于前往敦煌的道上,我们将看到这一点。文书No.918是一封从敦煌寄出的信,文书No.914是另一信的残片,提到敦煌的贸易。在文书No.923中,有一封残信,是留在东边的某人写给前往"西域"的旅行者的。

提到焉耆的信▷

当我们再转向显然是写自西方的信件时,有趣地发现它们一再提到焉耆的事情。在文书No.930中,一个叫玄(Hsüan)的焉耆土人,给两位做官的朋友带来非常详细的消息,消息说出了某些高级官员包括长史的行踪。文书Nos.931、932似乎是写给同一人的,他就是"督邮"王彦时(Wang Yen-shih)。文书No.934报告了一些牵涉到焉耆王臧(Ts'ang)的政治事件,也提到了龟兹。在文书No.935中,我们得知一则开战宣言。纯属个人内容的私人信件中,文书No.904特别有意思,因为它很完整,发现时还保持其原形,卷起来准备寄出。信中,一位西行旅途中的未婚年轻女士,给留在后面,也许是在楼兰遗址的叔父寄去消息和祝愿。文书No.26是一封信较大的残片,信中表达了一种更可怜的情绪,它包含一位妻子流露出对不忠诚的丈夫放荡行为的抱怨。

文书中所称的▷楼兰

我之所以将包含有楼兰之名的文书留到最后才谈,是因为它们对下一章要讨论的有关遗址原名的这个问题具有重要意义。文书No.754特别重要,因为它表明楼兰之名在公元3—4世纪很有可能用于废墟L.A所代表的军事基地,虽然不是绝对决定性的。在此木简(L.A.III.i.16)中,一位下级军官谦恭地向上级报告道:"文书前至楼兰拜还守堤兵廉(Lien)。"①显然,我们在这件文书中得知一种半正式的"暗示",藏存那件

① 参见附录中L.C.霍普金斯先生对这一段话的翻译的注释。

文书的地方可能相当于楼兰，即那封公函所寄往的地方。文书 No.922 对这个结论给予了一定的支持。它是一份申请，显然是一个叫白疏恽（Pai Su-yün）的楼兰土人提交给某会计张（Chang）的，在 L.A.VI.ii 发现的其他文书中似乎也写有这个名字。① 文书No.907是一块小残片，是第三次提到这个地名的文书，但其内容不确。另外必须加上赫定博士从 L.A.II 发现的提到楼兰的四件文书，这四件文书赫尔·希姆利的论文作过简要论述。② 其中两件，似乎是将楼兰作为收信的地名。

第九节　楼兰遗址出土的佉卢文文书

◁重要的佉卢文文书

在描述从楼兰遗址数目众多的废墟发掘出的佉卢文木简和纸文书时，我已经有机会提及这种发现所具有的特殊历史意义。这些发现物的出现频率，和我当场对它们的外观和显然性质所作的观察，似乎证明了我当时作出的重要结论，即从尼雅遗址文书中发现的同一种印度语言，在那个早期年代同样也被罗布地区的政府机关和商人正式使用。

考虑到从和田到罗布淖尔的距离遥远，这种印度文字和语言一并传播到塔里木盆地最东端的这个推测就产生了新的问题。在和田地区，官方使用这种印度语言和文字似乎是可能的，因为当地的传说至少是部分地证明了这一点。在玄奘《大唐西域记》和吐蕃文《李域史》（*Annals of Li-yul*）中，都记载了当地的这些古老传说。《李域史》还提到早期印度移民是

① 参见文书 Nos.742~744。

② 参见《彼德曼报告》，288~290 页，1902，被赫定引用，《中亚与西藏》，第二卷，143 页等。

当地人口的一个重要组成部分。[①] 但在如此遥远的东方，在中国这个特别的门户，同样使用一种外来语，这个解释的充分性可能尚有疑问。

塔里木盆地使▷用印度俗语

在现有历史资料不足的情况下，不可能断言对这个问题较好的解答，是否可以从佛教的传播中找到。佛教的传播可能将流行于印度西北部的语言和文字一起带过来，在塔里木盆地广泛应用。也不可能断言，之所以采用与贵霜时期印度河流域所流通语言密切相关的印度俗语，我们是否应该认为是由于印度—斯基泰势力那次临时越过帕米尔而扩张到这里时所留下的影响所致。我们从中国的佛教传说中，模模糊糊地捕捉到有关印度—斯基泰人那次扩张的一些情况。[②] 但鉴于所提问题的重要性，我觉得对如下事实更感满意：拉普森教授从我 1909 年回来后，已对楼兰遗址出土的佉卢文文书做了仔细考证，完全证实了我当场首次对这些文书的语言和特点所提出的推论。

语言与尼雅文▷书中的相同

拉普森教授非常热情地向我提供了这些文书的内容摘要，具体展示了他到 1916 年 12 月所释读的主要成果，证实了它们在特征、语言、措辞和其他方面与从尼雅遗址的废墟中大量发现的佉卢文文书完全一致。正如在尼雅遗址一样，我们在楼兰遗址发现有各种契约、信函、官方命令、清单之类，用相同的早期印度俗语方言表达，抬头的颂语中混合着奇怪的梵语词汇。风格、语音和拼写方面的特性表明，两个遗址文书所属的那个时期，从和田到罗布的大臣无疑遵循完全相同的标

① 参见斯坦因《古代和田》，第一卷，156 页以下记载的这个传说；它涉及的文字和语言上，尼雅文书已经证明在和田地区被正式使用，见斯坦因《古代和田》，第一卷，368 页等。

② 参见斯坦因《古代和田》，第一卷，55 页等；本书第六章第五节；S. 利瓦伊 *Notes sur les Indo-Scythes*（重印自《亚洲学刊》，1896—1897），63 页。

准。如果不是大多数的话，我们在楼兰遗址的文书中碰到的许多人名，也在尼雅文书系列中存在，虽然这当然不是意味着个体的相同。就像在尼雅系列中，我们发现许多人名明显源自佛教或印度，例如阿难陀犀那、跋提沙摩、毗摩耶、菩达迷多罗、达没那钵啰、Kumudvati、布没那德伐、凯罗伽、Rutra、苏迦陀、伐苏德伐，与其他似乎是当地的名字并行出现，例如卡利耶、迦波吉耶、迦利、吉波沙、元老、啰波弗多、马提那耶、波蹉耶、波卡耶、尸伽那耶、祭司、耽未凯、伐比耶。官衔都伯（Cojhbo，州长）、古斯拉（Guśura，军侯）、御牧（Kori）、司土（Vasu）在楼兰和尼雅文书中都很常见。

◁人名

矩形双简 L.A.IV.ii.1、2、3（Nos.676、677、678）包含契约，它与从正式文书中观察到的统一惯例一致，准确地以帝王的年号署明日期。但只在 L.A.IV.ii.2（图版 XXXVIII）中，在位的帝王名字能够确切地辨认出来。这件木简涉及一桩土地转让，是一个叫施伽伊陀（Sigayita）的人将土地转让给一名叫柯犀那耶的妇女。这位统治者被称呼为“大王安归迦天子”（Maharaya Aṃgoka Devaputra）。他的名字和称呼使人联想到尼雅遗址发现的两件矩形木简日期中提到大王侍中安没瞿迦天子。这两件木简的编号为 N.xxi.6.a，7+4，全部转写是由拉普森教授进行的，收在他以及梅瑟·塞纳特与博耶合写的正文中，现在已由出版社出版。考虑到上述关于以尼雅为中心的精绝并属鄯善或罗布版图①，这促使我假定，两个遗址文书中提到的那个统治者可能是同一个人。

◁以帝王的年号纪年

① 参见本书第六章第二节。精绝并属鄯善得到成书于公元 239—265 年间的《魏略》的证明。这个时期就在楼兰遗址纪年文书所涵盖年代之前。

克罗来那的位置▷

在 L.A.IV.ii.3 中,在位国王的年号和名字虽然不再能够清楚地读出,但这件文书还是非常重要。它包含一份契约,记录着一个居住在卡尔马丹那(Calmadana 且末——译者)、名叫凯摩伽的克罗来那(楼兰——译者)人①,将一块地及其全部所有权出售给买主耶钵笈(Yapǵu)②和他的儿子们:啰没弗多、布没那德伐、达没尼啰和达没那钵啰。该地被描述为位于克罗来那,“在大城之南”。这个地名,在该遗址出土的另外两件文书中又被提到,只是拼写略有不同。这两件文书中,我相信有一件中的地名可以认为就是克罗来那。L.A.VI.ii.0234(即文书 No.696)几乎是件完整的纸文书,复制在图版 XXXIX 中,如拉普森教授的摘要所表明的,它是一封私人信件,是伐苏德伐(Vasudeva)写给他的父亲“大军侯跋提伽(Bhatiǵa)”的。信中,写信人在写完通常的问候语后说他来到某个地方,然后提到从克罗来伊那带来一峰骆驼和一些其他还没有确认的财产到“此集市”。“迄今为止,我还未做任何买卖。我现在希望回到克罗来伊那。”撇开其余尚未被完全解读的内容不论,我们能准确无误地推论,如拉普森教授自己已充分认识到的,这里的克罗来伊那或克罗来那就是发现信件的地方,即楼兰遗址。

L.B.IV 文书中▷称呼的 Kroraina

这个名称并不局限于废弃的基地 L.A,也同样用于周围地区,第三件写有此名的文书说明这是很有可能的。这件文书就是楔形双简 L.B.IV.v.i+vi.1。这是写给御牧马提那耶

---

① 关于卡尔马丹那相当于且末,参见斯坦因《古代和田》,第一卷,311 页注;本书第八章第一节。

② 似乎不难将Yapǵu这个名字与古代突厥侯爵头衔 jabgu 联系起来。Yapǵu也在尼雅遗址木简中作为人名出现,如木简 N.xviii.1,N.iv.3、6、29.a。jabǵu这个头衔在汉文史籍中称为翎侯 his-hou(*yap-hou)。这个头衔(希尔特教授最先认出它的源起)公元前 2 世纪时已在匈奴人中使用,也被证明在大月氏定居奥克苏斯河地区时用于称呼大月氏的头领。参见沙畹《通报》,189 页,注③,1907;马夸特《伊兰考》,204 页。类似的这种给人名加上尊衔的用法,在印度很普遍。

(Maldraya)和沙门(Śramaṇa)阿难陀犀那(Anaṃdasena或Ānandasena)的,传达国王关于将克罗来姆那(Kroraiṃna)的左罗伽(Caraka)的农田以及属于那里的一名女子交给某迦拉施达(Kalaṣḍha)的命令。最后这件文书发现于废墟L.B.IV,而这个废墟离古基地L.A足有7英里远。仅此事实,就足以说明克罗来那(Kroraina)[①]有一种更为广泛的用法,并且包括了整个废弃的聚落。从同一房子发现的另一件文书间接地加深了我的这个印象。这件文书的内容是,沙门阿难陀犀那必须在L.B实际居留一段时间,大概是在执行国王的命令。矩形双简L.B.IV.i.6+7(图版XXXVIII)中包含的是一封信,这封信本身也很有价值,是监察(Cuvalayina)和他的妻子阿檀史耶(Atamsiyae)写给他的父亲军侯列施梵那(Le śvaṃna)和他的母亲鸠韦丹若(Bhuvidanoe)的。在信中他们告诉父母好消息说,阿檀史耶已安全生下一子,并在提到某波尼迦那(Poniǵana)送来的几条消息后,告诉他们沙门阿难陀犀那打算去看望他们,他到时,请予以特别关照。考虑到这封私信和委托沙门阿难陀犀那在克罗来那执行国王正式命令的楔形双简是从同一废住宅L.B.IV发现的,似乎可以可靠地推断,古聚落西面的这个地方也包含在克罗来那里面。

◁楼兰转写成Kroraina?

前文记录的证据表明,在L.A发现的汉语文书中,废弃的军事基地称作"楼兰"。另一方面,上文第九章和下文讨论的中文史料已完全清楚地表明,这个名称也有一个较广义的用法,原指位于塔里木河末端沼泽以北古道上的罗布地区。[②] 显

---

① Kroraiṃna这个形式只是Kroraina书写上的一种变异。插入的辅音Anusvāra并没有任何语音上的原因,元音Akṣara后面紧跟一个鼻音,这在整个文书中经常出现;如用Khotaṃna代替Khotana,jaṃna代替jana等。

② 参见本书第九章第四节;本章第十节。

然,“楼兰”这个名称,在张骞的报告(有关塔里木盆地的最早的中文报告)中已经出现,一定是对固有地名的音译。考虑到所指地方与克罗来那(Kroraina)所指相同,我试图认为这个名称的原形是佉卢文文书的克罗来那(Kroraina)或克罗来伊那(Krorayina)。鉴于半元音 r——在汉语语音体系中无此发音——通常被替换为 l,如果我们考虑到所有外语名称翻译成汉语读音时的困难和唐代所做尝试以前完全没有任何转写原则,用“楼”(Lou-)代替“克罗”(Kro-)是所能想到的最接近的一个音了。同样地,“兰”(-lan)的发音可以认为与“来那”(-raina)或“来伊那”(-rayina)是十分接近的。

第十节 汉文史料中的楼兰遗址

罗布地区的历史▷

现在我们该去考虑汉文史料中的那些记载了。这些史料要么能说明楼兰遗址的起源与性质,要么其本身可从调查获得的考古证据得到说明。与这些记载有关的资料,第九章中已充分讨论过了。它们关系到罗布地区的历史概貌,通过罗布地区的古道对于早期中国的贸易和政治势力扩展到塔里木盆地所具有的重要性,我们将不必重新回顾。但是,有必要考虑到它所产生的结果①,如果我们准备合适地解释与此遗址直接相关的历史记载的话。我们看到《汉书》最早记载的楼兰和从公元前 77 年以后的鄯善,所表示的地方是整个罗布地区。它的政治中心似乎位于南边,至少从刚才提到的年代起位于南边。而对中国贸易和政策最重要的地区则是北边,即库鲁克塔格山麓和末端塔里木河沼泽之间。从敦煌到塔里木盆地

① 参见本书第九章第五节。

北缘绿洲的最直接路线通过这一地区。

◁通过楼兰的古道

《汉书》尽管非常详细地阐述了有关楼兰及其所发生政治事件的情况，但并没有给我们提供任何有关经楼兰东北部重要古道的精确路线的线索。因此，直到我 1914 年的探险确定“白龙堆”的位置，并第一次接触到古道最早开通始建于干盐湖西可居地的中国兵营时[①]，才证明它最初是通过楼兰遗址所示的地区。但不能说残存于那里的任何遗迹都属于西汉时期。

◁建议在楼兰屯田

《后汉书》中关于鄯善的报告，已在第九章作了充分的分析[②]，但该书也缺乏有关楼兰遗址和通过那里的古道的详细资料。但班勇（班超之子）的传叙述说，大约公元 119 年这位著名的中国将军向朝廷提出一个建议，上文我们已经有机会对此建议进行过讨论。从此建议中我们发现在楼兰建立中国屯田，起码在某种程度上预示着，它表示的位置很清楚，相当于废弃基地 L.A.。[③] 遣西域长史将 500 人屯楼兰，我们被告知，这将“西当焉耆、龟兹径路，南疆鄯善、于阗心胆，北扞匈奴，东近敦煌”。建议屯田的目的是为了保护从敦煌经罗布沼泽以北到喀拉协亥尔的干道，保护它不受当时占有北边吐鲁番的匈奴的袭击，同时对鄯善或罗布地区的统治者进行必要的控制。看一下地图便知，这段话所表明的位置，与楼兰遗址所处的位置是多么精确地一致。

◁地名楼兰的出现

与屯田有关的这个建议中，有两点值得在此特别一提。一方面，我们看到准备屯田的地点位于鄯善北部但仍在鄯善范围以内，因为后面有一句话特别提及鄯善王将得到那支中

① 参见斯坦因《第三次探险》，载《地理学刊》，1916 年第 48 期，124 页。

② 参见本书第九章第三节。

③ 参见沙畹先生的翻译，载《通报》，248 页，1906；本书第九章第三节。

国驻军的保护和鼓励。[①] 另一方面，很有趣很重要地发现“楼兰”一名，在它更名为“鄯善”后近两个世纪在汉文史料中再次出现时，是以一个地名形式出现的，即为罗布地区的称号。楼兰遗址发现的文书，特别是佉卢文文书，提供了充分的解释。楼兰，克罗来那是古库鲁克达里雅三角洲最东面可居地原来本土的名称，班勇的屯田就设在那里。在中国将其更名为“鄯善”后很长一段时期，它仍然被当地用作整个罗布地区的名称。考虑到楼兰即克罗来那是罗布地区最东面的有人居住区，“最近汉”[②]，以及后来对西去的大道具有最重要的意义，就很容易理解，为什么中国最早使用此名时是指整个罗布地区。

班勇在楼兰▷

班勇的建议并未立即执行。但四年后当他被任命为西域长史时，他就是在楼兰于公元124年得到鄯善王的服从，接着又得到龟兹王和其他各王的服从。[③] 以楼兰为基地，他后来征服了吐鲁番并在鲁克沁(Lukchun)设立屯田。我们没有被告知是否这种屯田也在楼兰设立。但考虑到它处在最短和最安全的交通线上的重要位置，很难令人相信掌控楼兰的中国人能在东汉这么长的时间里放松在塔里木盆地保持一定的政治影响。

东汉衰亡之后，三国(公元221—265年)将我们带到残存的楼兰文书和其他遗物所属的时期。汉晋时期的史料中发现的有关楼兰的资料，可能因此具有特别的意义。它们被包含在《魏略》有关“西域”的残卷中。《魏略》是公元239—265年鱼豢编著的一部著作，涉及的事件属于魏朝(公元220—239

---

① 参见《通报》，249页，1906；本书第九章第三节。
② 参见怀利《西域记》，载《大不列颠及爱尔兰人类学学会会刊》，第10期，26页。
③ 参见《通报》，252页，1906。

年)最先两个君主执政时期。[①] 我们已经重复了利用该书提供的有价值的地理学资料的理由,沙畹先生决定性的附有注解的翻译使我们得以很方便地利用这些材料。

《魏略》所载为我们的探索展现了特别意义,它努力地对那时认为从敦煌到西域的三条路线作出明确的地形学指示。因为我们还将重复地提到这段重要的话,将沙畹先生的译文全部抄录于此是合适的[②],虽然我必须将我在这里的评论限于与经楼兰的古道直接有关的那些点上。 ◁《魏略》的记载

从敦煌玉门关入西域,前有二道,今有三道。从玉门关西出,经婼羌转西,越葱岭,经悬度,入大月氏,为南道。 ◁南道

从玉门关西出,发都护井[③],回三陇沙北头,经居卢仓,从沙西井转西北,过龙堆,到故楼兰,转西诣龟兹,至葱岭,为中道。 ◁中道

从玉门关西北出,经横坑,辟三陇沙及龙堆,出五船北,到车师界……高昌(喀拉霍加 Kara-khōja),转西与中道合龟兹(库车),为新道。 ◁新道

在这里,我简要报告一下对《魏略》所述的南道、北道,以及对描写为南道、北道始发地和中道始发地的玉门关的调查情况。我后来的调查表明,这个著名的边防关口,当涉及影响 ◁“玉门关”的位置

---

① 参见沙畹《西域诸国》,载《通报》,519 页以下,1905。

② 参见沙畹《西域诸国》,载《通报》,528 页以下,1905。

③ 关于“Puits du Protecteur”读作“Puits du Protecteur général”,沙畹先生口头上向我作了订正。参见沙畹《通报》,153 页及 154 页注①,1907。

西域的事件时在中国史书中常常被提到。汉代时它位于敦煌以西沙漠中边境上的某个地点，就是废弃的烽燧 T.XIV 所示、我在那里发现的文书所证实的那个地点。[①]《魏略》所述的南道就是仍从敦煌沿昆仑山的最北部主山脉——阿尔金山至若羌，然后经塔里木盆地南缘若羌的绿洲这样一条路线。若羌是一个游牧部落，居于敦煌和且末或车尔臣之间的山中，这在《汉书》中已记载得十分清楚。[②] 我们已经看到，《魏略》的下一段话给出南道所经地区是，自鄯善始，依次是且末国、小宛国、精绝（尼雅）国和楼兰国，它们都被描述成鄯善的属国。[③]我们不必再考证这个名单，像现在这样它主要是基于《汉书》中记载的南道诸国的名单形成的，也不必追踪《魏略》中至帕米尔（葱岭）和兴都库什以南大月氏国的那段遥远的延续部分。

找到南道路线▷

新（北）道线▷

北新道没有分散我们太多的注意力，因为它离我们现在所谈地区很远，而且我们将在第十九章进一步详细叙述它，在那里我希望证明似乎是从古玉门到吐鲁番的大致路线。[④] 沙畹先生已经说明，它就是这样一条路线：《汉书》中被描述为从

---

① 参见本书第十九章第一、二节。

② 参见沙畹先生对这段话的翻译，以及对其他有关若羌的资料的注释，载《通报》，526 页，注⑧，1905；关于《汉书》这段话的上下文情况，参见怀利《大不列颠及爱尔兰人类学学会会刊》，第 10 期，23 页。这里值得注意的是，《汉书》对"南道"准确的起点的描写更精确，它说道："出阳关，自近者始，曰婼羌。"本书第十四章第四节我们将看到，"阳关"位于今敦煌西南的南湖，以烽燧的一支南翼与玉门关相连（本书第十九章第三节）。

③ 参见本书第九章第二节。《魏略》所列表中的这些小国的顺序的明显的倒置，连同一些较小的错误和不相符之处，均已被沙畹先生清楚指出来。载《通报》，535~536 页，注③，1905。

很难决定是否在并属于鄯善的小国中分别提到的楼兰只是由于一种双重写法，即指改为鄯善的较早的楼兰名称，如《汉书》所载；或者是否我们应该认为是指鄯善地区北部，那里保留了楼兰这个老名称，如楼兰遗址的文书所证明的，而且也许它可能也享有地方自治权。

④ 关于北"新道"详细的考证，参见本书第十九章第六节。

车师后国(相当于今古城,古城子)至玉门关。[①] 这条路线是公元 2 年新开通的。

◁中道上所提到地方

《魏略》记载的中道对我们的特别意义在于如下事实:它明确提到了楼兰遗址,几乎与发现于那里的文书属于同一时期,被称为"故楼兰";它还详细描述了从玉门和长城最西延伸部分到楼兰遗址这条沙漠路线上的一些主要阶段。这些阶段的最后位置龙堆,《汉书》称为"白龙堆"[②],是我在 1914 年考察途中首次确定的。当时我正在寻找中国故道的路线,结果发现了这个龙堆,它位于 L.A 基地西北约 40 英里。[③] 经白龙堆这条路线穿过结成盐壳的古罗布海。我对《魏略》关于古道的报告中提到龙堆之前的那些阶段的位置"都护井""三陇沙"、居卢仓和沙西井作出的推断,最好在下文谈到我 1906 年二三月间前往敦煌烽燧最西端的旅行时再作讨论。[④]

◁《魏略》的中"故楼兰"

根据上文所述遗迹和汉语与佉卢文文书所表明的,不用详细讨论就能证明《魏略》中的"故楼兰"就是指楼兰遗址。由于在《魏略》的编纂时期楼兰仍有人居住,我们可以假定"故"字被用于此名是为了将这个地方与一度也称为"楼兰"的罗布地区南部加以区分,上文引用的《魏略》南道上诸国的名单中,那个楼兰很可能就是指罗布地区的南部。[⑤] 仅仅要再指出的是,从"故楼兰"向西前往库车的旅人将会发现,不管是选择经库尔勒还是顺着塔里木河道上行,沿库鲁克达里雅河床前行都将是最近的路线,这正是《魏略》所描述的中道。

---

① 参见沙畹载于《通报》的文章,533 页,注①,1905;怀利《大不列颠及爱尔兰人类学学会会刊》,第 11 期,109 页。

② 关于这个白龙堆,参见本书第九章第五节。

③ 参见第九章第五节;斯坦因《第三次探险》,载《地理学刊》,第 48 期,128 页。

④ 参见第十四章第二节;第十七章第一节。

⑤ 参见本书第九章第二节。

郦道元提到楼兰▷

《魏略》以后的汉文文献我只接触到一本，现在能够找到里面单独提到了在楼兰遗址设立中国军事基地的记载。那就是郦道元于公元527年逝世以前某个时候编著的《水经注》，它具体表达了早期的情报，上文已经以沙畹先生的译文为基础讨论了对罗布地区古代地理有重要意义的摘录。[①] 在以前分析过的《水经注》中的那些句子中，我们找到南河的河道，即推想源自和田的塔里木河的支流，和与它汇合的车尔臣河的河道，注入牢兰海。然后该注有很长一段话沙畹先生没有译出来，论及“北河”，即喀什噶尔河和叶尔羌河，接着告诉我们：

> 河水[即(北)河]又东径墨山国南，(此国)治墨山城，西至尉犁二百四十里。河水以东径注宾城南，又东径楼兰城南而东注，盖墢田士所屯，故城禅国名耳。河水又东注于泑泽，即《水经》所谓蒲昌海者也。水积鄯善之东北、龙城之西南。[②]

墨山、尉犁的位置▷

我认为，如果我们注意到最近调查和探险确立的事实，这里提供的地理名称就可以得到充分解释。墨山国，沙畹先生已经指出，一个早期的注释家认为就是山国，《汉书》说山国与鄯善接壤。前面我们已看到，山国位于库鲁克塔格以西[③]，所记相对于尉犁的方向和距离充分支持这个位置的说法。下文将要讨论的《汉书》关于这个地区的记载表明，尉犁就是库尔勒西南的孔雀河地区。[④] 看一下地图就会很清楚，塔里木河与

① 参见本书第九章第二节；沙畹《通报》，566页以下，1905。

② 参见沙畹《通报》，570页，1905。

③ 参见沙畹《通报》，552页，注⑦，1905；本书第九章第四节。

④ 参见本书第三十章第一节；怀利《西域记》，载《大不列颠及爱尔兰人类学学会会刊》，第11期，101页；另参见沙畹《通报》，552页，1905。

孔雀河河床之间的地方（文献显然没有区分这两条河），位于最西部库鲁克塔格以南。

◁注宾城

河水又东“径注宾城南”，很容易令人想到它就是废弃的要塞营盘。营盘位于今孔雀河东去的支流北岸附近，那是库鲁克达里雅开始的大干河床。1915 年我对该遗址的调查证明，在营盘发现的佛寺遗迹和一座古城遗迹，年代都在纪元初的几个世纪，它们属于中国的一处防御要塞，这处要塞一直延续到与楼兰遗址大约相同的时期。[①] 由宏伟的烽燧连成的线，从营盘向西北通往库尔勒，考古证据表明这些烽燧可以归属到汉代早期。这条烽燧连线十分确定地表明，从楼兰遗址开始的中国官道通过这里。这处要塞无疑是用来保护这条路与从车尔臣和若羌而来的那条路的重要交叉点的[②]，而且我认为它很可能就是“注宾城”。

◁郦道元记载的楼兰城

紧靠营盘南面，是库鲁克达里雅明确的古河床，该河床向东延伸。我们分明看到了郦道元告诉我们的情形：“（河水）又东径楼兰城南而东注。”前一章解释表明，我们从南边来时在到达楼兰遗址以前，经过了连续的古河床即库鲁克达里雅所有的三角洲支流。而它的北面，1914 年考察时只碰到几条干河床，没有一条是很宽的。因此，郦道元提供的信息的准确性在这里也得到了地理证据的证实。

◁楼兰的农垦

郦道元正文中的下一句话告诉我们“楼兰城”的情况对我们特别重要：“盖墢田士所屯，故城禅国名耳。”为便于理解这句话，我们必须回到郦道元在其注中前面部分叙述的一则轶

① 关于初步的注释，见斯坦因《第三次探险》，载《地理学刊》，1916 年第 48 期，208 页。此处废墟最初是由科兹洛夫（Kozloff）上校和赫定博士发现的；参见赫定《中亚》，第二卷，30 页以下。

② 废弃的小要塞麦得克提木（Merdek-tim）的位置表明，这条路通往今塔里木河主河床以东。麦得克提木的年代也追溯到汉代。参见本书第十二章第一节。

事,涉及南河经鄯善北之后的河道。[①] 这则轶事的起源已不可考,沙畹先生引述的《水经》校刊者之一全祖望已经指出有确实的理由表明,这则轶事的可靠性值得怀疑。[②] 但从历史学观点看,无论它的起源和它的价值是什么,如下事实绝无疑问:它一定源于楼兰遗址废弃以前的某个时期,并为我们保存了有关那里中国屯田的情况和至少有关其建立时流行的传说的证据。

关于索劢屯田的轶事▷

以下是沙畹先生所译郦道元故事的一则摘要:

敦煌索劢,字彦义,有才略。刺史毛奕表行贰师将军。将酒泉、敦煌兵千人,至楼兰屯田,起白屋。召鄯善、焉耆(喀拉协亥尔)、龟兹(库车)三国兵各千,横断注滨河。河断之日,水奋势激,波陵冒堤。劢厉声曰:"王尊建节,河堤不溢;王霸精诚,呼沱不流;水德神明,古今一也。"劢躬祷祀,水犹未减。乃列阵被杖,鼓噪欢叫,且刺且射,大战三日,水乃回减。灌浸沃衍,胡人称神。(索劢)大田三年,积粟百万,威服外国。

索劢断河▷

我认为区分此故事中显然的事实与人为的想象并不太难。很清楚该传说知晓中国在无疑相当于楼兰遗址的地方建立屯田这件事,也知晓它的建立依赖于一项工作方案的成功,这就是通过拦河筑坝,以使楼兰地区获得足够的灌溉。郦道元所述故事称为注滨的这条河,是否就是指曾注入干涸的库鲁克达里雅河床的那条河,或是指塔里木河的一条主支流,来自那条支流的河水可能通过孔雀河或开都河补充到库鲁克达

① 参见沙畹《通报》,567 页等,1905;本书第九章第二节,我们在那里分析了这段正文。
② 参见沙畹《通报》,568 页,注①,1905。

里雅，这是一个我们在这里不必试图考证的问题。考虑到在与罗布洼地一样高差很小的末端河盆中水文条件发生的巨大变迁，也考虑到历史和考古资料的缺乏，依我看来不能指望找到令人信服的答案。

◁筑拦河坝以灌溉

但是，可以断言的是，郦道元所载关于那座拦河坝建设的传说，精确地描述了至今仍在全塔里木盆地用来保证灌溉的方法。这个方法就是依靠从平坦的冲积平原通过的河流，来保证河边地区的灌溉。巴楚大绿洲的主要灌溉用水，就是通过在上游两站地的叶尔羌河中修建这样一种拦河坝而提供的，每年夏季洪水期后，这个大坝还需要大量人力进行重建。[①]在曾流到楼兰的古河床源头附近，我们发现了完全相同的情况，那里新近形成了铁干里克（Tikkenlik）农业聚落，该聚落的存在完全依靠每年在任何一个可能是塔里木河主河道上修建的拦河坝或图格（Tugh）。[②]

◁建坝的困难

鉴于冬季冰雪融化和春洪来临之间有限的可用时间和由于使用的原始建筑材料仅仅是泥土和柴枝，这种拦河坝的修建是一项重大的工程，要求同时雇用大量劳力，它通常超出了当地资源，特别是当拓居地还在初期的时候。因此，比较一下自阿古柏统治垮台以后中国现政府建立以来塔里木盆地实现的现代灌溉工程就会很容易说明，索励对邻近的鄯善、焉耆和

---

① 参见赫定博士对这个坝所作的图解和详细说明（《中亚之旅》，225 页等）。每年在此坝最后合龙时表演的吵闹的场面和与之有关的故意的人祭经历，使我不禁想起索励拦河筑坝的传奇故事。

② 参见亨廷顿《亚洲脉搏》，265 页以下。亨廷顿教授正确地指出，铁干里克“本质上是当代的楼兰”，但对其不远的将来持过于悲观的态度。1915 年我收集的情况表明，虽然塔里木河的末端主河道频繁变迁产生了困难，而且这一点比河水中所含盐度所产生的困难严重得多，但铁干里克仍保持着繁荣。1914 年，我听到阿布旦的罗布人抱怨在铁干里克上游新修建的大坝使塔里木河的夏季洪水不能流到他们的湖沼。

龟兹的民工需求有多大。① 任何熟悉现代新疆"大众心理状态"的人,都不会对郦道元故事描述的当时大众把索劢的工程学壮举的成功,归于奇迹这个普遍性的想象力感到惊奇。沙畹先生早就吁请注意,它与《伊利亚特》中叙述的阿喀琉斯(Achilles)和赞瑟斯河(River Xanthus)之间的战斗惊人地相似。②

屯田的年代▷

郦道元的记载没有给出楼兰屯田建立的日期。但我认为有迹象表明他或他的资料来源将这个事件放在东汉时期。首先应该注意,我们上文已经提到的校注人全祖望提出,此故事真实性值得怀疑的理由之一,就是东汉不存在"贰师将军"这个称号。③ 显然,他一定有某种根据才假定这个故事所指或所暗示的年代。其次,作为一个非汉学家,我可以有保留地指出,索劢这个名字和有关他的主要事实,与《后汉书·班勇传》的一段话告诉我们的这个著名中国将军的一个前锋很相似。④在沙畹先生翻译的这个传中,我们读到在相当于公元 119 年的那一年,敦煌太守曹宗遣长史索班将一千余人屯伊吾,即哈密。车师(吐鲁番)前王和鄯善王皆前来向索班表示臣服。但是,数月后索班在匈奴与车师后部(古城地区)的合击中丧生。索班和索劢这两个名字的第一个字是一样的,同样他们都是从敦煌派出,带领一千人去建立屯田。所指屯田的地方的确不同,但每个故事中,屯田地点都分别位于敦煌以远北道和中道的第一个可耕区。有可能是某个历史人物的名字被编入了

① 如此,我在马拉尔巴什被告知,前面提到的那座拦河坝的第一次修建能够成功,只是有来自喀什噶尔(喀什)和叶尔羌(莎车)绿洲的汉人带来的大队被强迫劳动的劳力的帮助。和田地区的一个类似的例子,参见本书第五章第五节。

② 参见《通报》,568 页,注⑤,1905。

③ 参见《通报》,568 页,注①,1905。

④ 参见沙畹《三将》,载《通报》,246 页,1906。

关于大概同一时期在楼兰建立屯田的当地传奇中，而这个屯田的建立者的名字却已不再为人所知。这个问题必须留给他人去澄清。

◁涉及楼兰遗址的故事

无论如何，我们对郦道元关于"楼兰城"和他关于楼兰城建立的故事的考证，已经清楚表明，他的信息来源知道有中国屯田的存在，位置就在我们发现楼兰遗址的地方，名称与从那里发现的文书证实为那个地方的名称是同一个。我们的考古证据证明，这个情报的大致年代距楼兰遗址的居住年代不会很远。

◁郦道元记载的"泑泽"

上文引证的郦道元的那段话，结束语中说到了河，即库鲁克达里雅的最后河道，只有这一点还有待我们去简单地考虑一下。那条河在经过楼兰城后，据说"注于泑泽，即《水经》所谓蒲昌海者也。水积鄯善之东北、龙城之西南"。1914—1915年我的探险明确证明，绕楼兰遗址而过的古河床，结束于更东面结有盐壳的大湖床西岸边的沼泽。这条大湖床在《水经注》和《汉书》中分别称为蒲昌和"盐泽"。①

◁郦道元记载的"龙城"

我那时的调查是怎样完全证实我们最早的汉文史料有关这个古代"盐泽"的范围和性质的，需留待我的详细探险报告去表明。这里我只提一提那些地理事实，它们有助于解释郦道元对蒲昌海的记载。如果我们考虑一下刚才引述的那段话末尾的那句"水积鄯善之东北、龙城之西南"，就会立刻发现其地理事实的重要。1914 年我对楼兰遗址东北面所进行的调查，在我的《第三次探险》中作了概述。这次调查证明，传说的龙城毋庸置疑指的就是我发现从古代的汉人兵营（L. E.）附

① 参见怀利《西域记》，载《大不列颠及爱尔兰人类学学会会刊》，第 10 期，21 页。

近向东北延伸近30英里的、由风蚀土垄或台地组成的高大地带。[①] 这些台地侧壁陡峭，高达100多英尺，虽然造成这种地形的自然力相同，即都是风蚀造成的，但外观与常见的雅丹垄脊完全不同，且形成于更早的地质年代。龙城险峻的形状和奇妙的轮廓，不变地呈现出城堡、具备棱堡的城墙、窣堵波之类的景象。[②]

“龙城”指的是▷台地区

上文引用的那段话，指明了龙城相对于鄯善和接纳河水的“泽”的位置，接下来的那段话又对龙城作了描述，它们都证明这块台地区就是龙城。关于第一点，我可以指出，如果“水积鄯善之东北、龙城之西南”，那么后者必定位于鄯善即若羌—米兰地区的东北面。现在看一眼粗糙的小比例示意图就足以明白，这正是从若羌—米兰地区到延展在楼兰东北的台地带的方向。这份示意图实际上附在我前面提到过的论文中，它表明了我在1913—1915年的探险过程。我们能够找到的、代表库鲁克达里雅支流的各老河床的末端，正是沿着结有盐壳的湖床，向西南延伸到柴鲁特库勒(Chainut-köl)浅湖附近。郦道元提到的河流的终端沼泽就位于这个地区。

接下来的那段话中对龙城进行了描述，这段话同样使人信服：

---

① 参见斯坦因《第三次探险》，载《地理学刊》，1916年第48期，127页等，图14。照片中显示有一块台地(L.F)。关于在台地带西南端附近发现的古代兵营，参见同书124页。在附于此论文的临时示意图上，这个地带的位置可能大致在表示罗布沙漠的DE两个字母的南面。这个地区的详细图将在1∶500 000的中亚考察地图上看到。这套地图现在正在绘制中。

② 在干涸的大盐湖南岸边商道上的阿奇其克库都克井和库木库都克井之间碰到的台地，类型相同，但却又窄又矮，参见斯坦因《沙漠契丹》，第一卷，522页以下。该书对“龙城”的鉴定，被我第三次旅行的考查证明是错误的。更东面另一处标示为疏勒河的一条古湖床，正形成着更大的这种高土台，关于这个区域，见同书533页以下。

龙城,故姜赖之墟,胡之大国也。蒲昌海溢,汤覆其国。城基尚存而至大,晨发西门,暮达东门。浍其崖岸,余溜风吹,稍成龙形。西面向海,因名龙城。①

◁对"龙城"的描述

这里我们清楚地看到,"龙城"一名并非源自真正的城池的遗迹,而是源自一种醒目的自然构造。上文已经提到过,那是一种巨大的、排列着的高台地,这种土台地古代时必定给远行人以城的印象,就像 1914 年 2 月我们经过这里时它留给我们的印象一样。许多世纪以来,我们是第一批通过这个荒凉的、黏土和盐构成的荒野的旅行人,发现它们看起来的确像是某个极大的废城的城墙和宅邸。在郦道元的描述中,它的范围非常大,从一个城门到另一个城门要走一整天。这或者可能看起来像是想象的夸大之词,却充分证实了我们的这个认识。因为,1914 年 2 月 27 日,我们花了一整天才走完中国古道穿过的台地带。我当时正确地找到了这条古道。② 我不能确定到底是因为哪一条黏土垄脊(如果有这么一条垄的话),才产生了所谓"龙城"之名。但奇怪的是我注意到,在这种地形的形成过程中,风蚀作用扮演了主要角色,倒像是一个正确的理解。

◁"龙城"之名的源起

接下来,郦道元对龙城附近地区的自然特征进行了描述。这些描述使我们确信,郦道元所借用的有关楼兰地形学的原始材料,对当地的了解非常精确。"地广千里,皆为盐而刚坚也。行人所径畜产皆布毡卧之。掘发其下,有大盐方如巨枕。以次相累,类雾起云浮,寡见星日。少禽多鬼怪。"

◁描述有大盐块的荒地

① 参见沙畹《通报》,571 页,1905。

② 参见斯坦因《第三次探险》,载《地理学刊》,1916 年第 48 期,127 页。

古道穿过结有▷盐壳的老湖床

由于方向和测量界限没有明确指明①,要核对郦道元所述这个地区的范围是不可能的。如果我们抛开郦道元的这句话不管,并适当考虑中国人现在仍像过去一样坚定地相信"鬼怪"的存在,那么这段描述的每一点,都得到我1914年10天艰苦旅行所做调查的支持。在那10天中,我沿着中国古道来到楼兰,其间我们穿过或绕过宽广的结着盐壳的湖床。② 我们看到,坚硬的、起皱的盐壳,覆盖干涸的古罗布湖的整个湖底,中国通往楼兰的古道就从此干湖床穿过或绕过。郦道元对此的描述完全准确。大的硬盐块和圆丘构成这块广大的、凄凉的宽阔区域的地表,下面是数不清的裂缝。这些硬盐块和盐丘正像中国古代文献对此所作的形象描述。③ 过去在这种地区赶路到天黑的旅行者,显然习惯于采取在地面铺毡这种办法过夜,没有铺毡这种预防措施,即使强壮的骆驼,休息时也不能得到片刻安逸,更不用说其他什么牲畜了。不变的风吹过这些大荒野,特别是东—北东方向的风,携带着因侵蚀而产生的尘埃,使天空几乎全年都处在迷蒙之中,2月和3月我们曾在那里见识了这种景象。春末和夏季,带着浓厚尘云的冷风一定时常光顾这里。结盐壳的干湖床及其周围绝无生命,这甚至对我们这些从楼兰绝地而来的人来说,都留下了惊人的深刻印象。

① 如果我们可以假定,1 000里的范围是指从楼兰地区可居地的最东缘,到古道所经的"三沙"最北端(我认为三沙就是《魏略》的"三陇沙",见本章本节和本书第十四章第二节),那么这个数字是十分精确的。从我设于在楼兰遗址找到的最后一处废墟(L.J.)附近的营地XCIX,到我认为是"三陇沙"的拜什托格拉克东北的多沙地带中的营地CXII,我沿中国古道所走的行程,按计程器量得总计达230英里。这与1 000里非常吻合(以每英里相当于5里计,我发现这在平坦的沙漠上通常是一个正确的估计)。

② 参见斯坦因《第三次探险》,载《地理学刊》,1916年第48期,127页以下。

③ 关于亨廷顿教授从更南面穿过结着盐壳的湖底,他对那里的形象描述,参见亨廷顿《亚洲脉搏》,251页等,以及该书扉页上的照片。

郦道元的注以如下有益的评论作结："（龙城之地）西接鄯善，东连三沙，为海之北隘矣。故蒲昌（海）亦有盐泽之称也。"我已经在一条注中指出，"三沙"显然相当于"三陇沙"。《魏略》提到中道从三陇沙的北缘通过。[1] 三沙所指的地方，就是从敦煌出发的商道所穿过的高沙丘地带，位于拜什托格拉克（Bēsh-toghrak）东北不远。从这里向西到楼兰，明显是大罗布洼地的一部分，所见尽是由干盐湖和裸露的黏土构成的荒原，边上是库鲁克塔格缓坡。这个地区在郦道元的注中被正确地描述为蒲昌海的北缘，即古罗布淖尔沼泽的北缘。在郦道元所收集到的情报所属的时期，罗布淖尔沼泽还保持有水，至少是部分地方有水。这个沼泽地区在历史时期由于干旱的加剧而发生了很大的萎缩，这是我与亨廷顿教授共同的观点，但这个问题不在此讨论之列。

◁龙城所在的地区

第十一节　楼兰的废弃

关于郦道元以后的楼兰屯田，我没有找到任何中文记载。我们知道东晋（公元 317—420 年）结束和帝国进入南北朝分立以后，两个多世纪里中国在西域维持主导势力的全部尝试都停止了。当进入隋朝（公元 589—618 年），中国对遥远的西域重又产生兴趣，帝国官员裴矩（P'ei Chü）在今称为甘州的地方收集情报，于公元 608 年写成《西域图志》一书。但他所记录的当时入西域的三条路线清楚表明，到那时《魏略》的经

◁以后未提到楼兰屯田

① 参见本章本节；沙畹《通报》，529 页，1905。

蒲昌海北过楼兰的中道已不再为人所知。[①]

楼兰基地废弃于公元4世纪

这个否定的史料证据不能告诉我们这条路线的实际废弃时间。但我们可以可靠地假定,这个事件不会距楼兰遗址的废弃时间很远。我们幸运地得到明确的考古证据,使我们能够大致地确定楼兰遗址废弃的年代。中国在楼兰所建立的军事基地的废弃,发生在公元4世纪的某个时期,而且可能是在公元4世纪的第一个三分之一世纪以后不久,这个看法已得到如下事实的证明:在废弃基地L.A发现的大量有纪年的汉语文书中,只有三件属于公元4世纪,而且这三件中没有一件晚于公元330年。[②] 与此相反,在我搜集的文书中,有不少于15件的年代属于公元263—270年,另外赫定先生至少有六件属于这一时期的文书。[③] 同样令人信服的证据是钱币。在1906年和1914年的探险中,我从整个楼兰地区发现总计500多枚钱币。[④] 然而在这么多的钱币中,没有一枚是汉代和西晋以后所发行的。

楼兰道废弃的原因

尽管楼兰遗址废弃的时间和一度很重要的楼兰道的废弃时间可以认为由此大致确定下来,但我们现在不能够对废弃的直接原因作出可靠的论断。由于年代上的巧合,乍一看很容易把我们吸引到仅从中原王朝对西域的政治控制停止中来寻找这废弃的原因(中原王朝停止对西域的控制发生在公元4世纪),以及从似乎伴随着中原王朝停止对西域的控制而发

① 参见沙畹《通报》,534页,注③,1905;李希霍芬《中国》,第一卷,529页等。裴矩的中道是经吐鲁番、喀拉协亥尔和龟兹,因此毫无疑问,所到的第一个地方,与现在中国大路所到的第一个地方一样是哈密。他的南道是沿鄯善、于阗(和田)等这条线。裴矩所提到的这几条路线,如《唐书》中所提到的、中原王朝重新治理西域后一直使用的路线是一样的。

② 参见本章第八节。除分别为公元312年和330年的这两件文书外,必须加上赫定博士收集的第三件,它属于公元310年。参见赫尔·希姆利的论文,载赫定《中亚与西藏》,第二卷,144页。

③ 参见赫尔·希姆利的论文,载赫定《中亚与西藏》。

④ 关于1906年在楼兰发现的钱币的大致情况,参见本书附录B。

生的、中原与西域贸易交往的大量减少中寻找原因。但是，这个假设本身就不足以解释，为什么当唐朝于公元 7 世纪中叶以前重新在塔里木盆地获得控制权时，没有尝试重开楼兰道。敦煌和天山南麓沿线绿洲间最短的交通线，当然就是楼兰道。而且正如郦道元《水经注》所表明的，直到仅约一个世纪以前，中国人还清楚地回想起这条路线。

◁楼兰道的废弃与自然变迁有关

因此我们得出结论，楼兰道的废弃，一定与足够的供水消失这个自然大变迁有关。由于供水的消失，从而使现存的罗布沼泽和库鲁克塔格之间曾经的可居地，变成了现在在那里所看到的由风蚀土、盐和沙构成的生机全无的荒野。上文我们已经看到，用水困难在楼兰尚为中国要塞所占据时就已非常严重，因为在从遗址出土的一件文书和在郦道元的故事告诉我们的有关索励屯田的事件中，都有用水困难的证据。[①]

◁库鲁克达里雅的干涸

甚至现在也很容易认识到，库鲁克达里雅和依靠库鲁克达里雅供水渠道的干涸一定会给楼兰地区带来什么样的变化。但我们没有足够的材料能够确定导致干涸的直接原因是什么和干涸是以何种方式进行的。总的或地区性变干的加剧，即从所有注入孔雀河与塔里木河的水源供水的减少；由于某些自然的原因对所有三角洲产生着影响，使原先注入库鲁克达里雅的河水逐渐转移到塔里木河的南支；由于失去有效的管理、内部的动乱等，以前保证库鲁克达里雅有充分的水源的拦河坝等失去维护，所有这些和其他各种情况都可能足以导致楼兰地区发生巨大的自然变迁。但它们中实际发生作用的到底是哪一个还是一个问题，由于完全缺乏明确的记载，严谨的学者不能作出哪怕是或然性的回答。

---

① 参见本章第八、十节。

后来遗址被放▷过牧

无论如何,我对该废墟所做的一次观察表明,不管引起变迁的直接原因是什么,变迁并不是突然降临到这个不幸的居址。建筑得很好的大住宅L.B.IV①,得益于已板结的厚层垃圾的覆盖和保护。这一厚层垃圾说明,这个可能曾是当地显要人物宅第的建筑物,曾作为羊棚使用了许多年。这个使用情况表明,当时似乎还有人往来于此。这很好地说明了如下推测,即该遗址虽然不再适于耕作或长期居住,但是还保留着足够的植物和最少的供水,可以用作牧场。在尼雅遗址和米兰居址被废弃以后,有的废墟也有被牧民用作羊棚的迹象,这明显地支持上述推论。② 但生活的这种最后的延续,似乎也在唐代以前就从楼兰遗址消失了(如果发现的否定证据钱币和其他古物是可信的)。

第十二节　楼兰遗址器物表

楼兰遗址 L.A 发现的各种器物

L.A.001.　**陶片**。手制,夹砂,淡红胎,敞炉闷(?)烧。器表原有黑色,阴刻线纹和圆圈纹。沙磨严重。$2\frac{1}{4}$英寸×2 英寸×$\frac{3}{16}$英寸。

L.A.002.　**陶片**。手制,泥质,灰胎,敞炉烧制。器表起皱如 L.A.00146、vi.ii0024、L.B.IV.ii~v.006;可能以灯芯草席贴制成形。这种席制法在中国的早期陶器中有发现,在日本史前墓中发现的陶器也常见这种制法。$1\frac{7}{8}$英寸×

① 参见本章第七节。

② 参见本书第六章节六节,第十三章第一节。

$1\frac{9}{16}$英寸×$\frac{1}{4}$英寸。

L.A.003　**陶片**。质硬，红胎，内外皆覆盖深青绿色釉。可能是中国陶器。$1\frac{11}{16}$英寸×$1\frac{9}{16}$英寸×$\frac{1}{4}$英寸。

L.A.004.　**陶片**。加工成圆形，钻孔，用作纺轮。直径$1\frac{3}{16}$英寸，厚$\frac{1}{4}$英寸。

L.A.005(L.A 南 0.5 英里).　**陶片**。红瓷瓶座。轮制，窑烧。泥色胎，表面血红，剥落严重。可能是中国陶器。直径$2\frac{1}{8}$英寸。

L.A.006.　**陶灯**。手制，夹砂，半球形，边外突以安放灯芯。参见 L.A.II.001。直径$2\frac{5}{8}$英寸，高$1\frac{1}{8}$英寸，图版 XXXVI。

L.A.007a、b.　**两块陶片**。可能属同一容器，黄胎。表面覆盖一层很厚的深青绿色釉，大部分已剥落。器腹造型比中国陶器柔和。可能是当地制造，受西方影响。3 英寸×$2\frac{1}{2}$英寸；$4\frac{1}{8}$英寸×$3\frac{3}{8}$英寸，厚$\frac{3}{16}$英寸。

L.A.008.　**陶片**。原为手制罐，球腹，敞口。唇近方形，短颈。夹砂，质极硬，呈封蜡色，器表黑色，"闷烧"器。$2\frac{3}{4}$英寸×3 英寸×$\frac{3}{8}$英寸。

L.A.009.　**陶片**。属瓶颈，手制，夹砂，敞炉"闷"烧。阴刻 V 形图案。$2\frac{1}{2}$英寸×$2\frac{1}{2}$英寸×$\frac{3}{8}$英寸。图版 XXXVI。

L.A.0010.　**陶片**。容器肩，手制，夹砂，黑胎，质硬而匀。肩上阴刻内填斜面纹的方框，下面是齿状线。器耳残。3 英寸×3 英寸×$\frac{3}{8}$英寸。

L.A.0011.　**陶片**。手制，夹砂，黑胎，质硬而匀。$1\frac{3}{4}$英寸×$1\frac{3}{8}$英寸×$\frac{3}{8}$英寸。

L.A.0012 灰泥块。印有浮雕图案，为蔷薇花，叶曲成涡轮臂状。背面平，前面偶尔烧过。灰胎。2 英寸×$1\frac{1}{2}$英寸。图版 XXXVI。

L.A.0013. 青铜带扣。铰合部上有舌。铸铜，圆形，带两个椭圆形的窗。1906 年 12 月 17 日发现。$1\frac{7}{8}$英寸×$1\frac{3}{4}$英寸。图版 XXXVI。

L.A.0014. 青铜匕首或刀刃。柄处和尖部残，中部起肋，附有横档。1906 年 12 月 17 日发现。长 $2\frac{1}{8}$英寸，柄处宽 $1\frac{3}{4}$英寸，尖头宽 $1\frac{1}{8}$英寸。图版 XXXVI。

L.A.0015. 青铜铆钉头。钉头光滑，圆形，中凸；钉残存部分。1906 年 12 月 17 日发现。直径约$\frac{1}{2}$英寸。

L.A.0016. 石灰石磨石。残，截面透镜状，一面使用过，通体磨光。1906 年 12 月 17 日发现。长 $2\frac{1}{2}$英寸。

L.A.0017（L.A 西）. 青铜箭头。截面三角形，每面略作叶状。铤六角形，将镞头的边角切成方形而形成。有铁柄残迹。一边有三角形凹坑。参见 N.of C.123.001、T.007。保存良好。1906 年 12 月 17 日发现。长 $1\frac{1}{8}$英寸。图版 XXIX。其他类似的箭头，参见 L.A.0069、0082，III.001。

L.A.0018（西）. 碧玉叶。褐色，一面平，有疤，其他面有明显的横向脊。1906 年 12 月 17 日发现。长 1 英寸。

L.A.0019（西）. 碧玉叶。杂褐色，一面有脊，两侧刃经加工。1906 年 12 月 17 日发现。长 $1\frac{1}{2}$英寸。

L.A.0020（北）. 圆形青铜凸饰。中心以铁螺钉固定有一朵四叶花，状态很好，可能是盾或甲胄上的凸饰。1906 年 12 月 17 日发现。直径 $3\frac{3}{4}$英寸。

图版 XXXVI。

L.A.0021.　**青铜棒**。保存得很好。1906 年 12 月 18 日发现。$5\frac{1}{4}$英寸×$\frac{1}{4}$英寸×$\frac{3}{16}$英寸。图版 XXXVI。

L.A.0022 **铁螺钉**。尖头,截面矩形。1906 年 12 月 18 日发现。$1\frac{9}{16}$英寸×$\frac{5}{16}$英寸。

L.A.0023.　**青铜钩残部**。两头残,外部圆,内略空,保存良好。1906 年 12 月 18 日发现。长 5 英寸,直头宽$\frac{3}{8}$英寸,曲头宽$\frac{1}{4}$英寸。图版 XXXVI。

L.A.0024.　**青铜钉**。扁圆头,杆截面长方形,保存得很好。1906 年 12 月 18 日发现。长$\frac{7}{8}$英寸,头径$\frac{3}{8}$英寸。

L.A.0025.　**青铜钉**。同 L.A.0024。残,保存差。1906 年 12 月 22 日发现。长$\frac{3}{8}$英寸,头径$\frac{3}{8}$英寸。

L.A.0026.　**青铜铆钉板**。长方形,每头都钻孔,一孔中还有一颗铆钉,保存得很好。1906 年 12 月 22 日发现。1 英寸×$\frac{3}{8}$英寸。

L.A.0027.　**青铜镜残片**。曲缘,背面有宽素缘,缘内有一排尖头向外的射线,再往里是一排直条纹,最后是素地。保存良好。1906 年 12 月 22 日发现。最大处 $1\frac{5}{16}$英寸,缘厚$\frac{1}{8}$英寸,内厚$\frac{1}{32}$英寸。图版 XXIX。

L.A.0028 .　**青铜镜残片**。参见 L.A.0027,宽厚缘,无装饰,保存良好。1906 年 12 月 22 日发现。最大处 $1\frac{3}{16}$英寸,缘厚$\frac{3}{32}$英寸,内厚$\frac{1}{32}$英寸。

L.A.0029.　**青铜镜残片**。参见 L.A.0027。宽厚缘被自中心而来的刻痕分隔，无装饰，保存良好。1906 年 12 月 22 日发现。最大处 $1\frac{1}{8}$英寸，缘厚$\frac{1}{8}$英寸，内厚$\frac{1}{32}$英寸。图版 XXIX。

L.A.0030.　**青铜针残块或为铆钉**。针鼻有圆形凹坑，截面长方形，分裂成两部分。1906 年 12 月 22 日发现。长$\frac{7}{16}$英寸，头径$\frac{1}{4}$英寸。

L.A.0038.　**青铜条**。截面长方形，保存差，1906 年 12 月 22 日发现。1 英寸×$\frac{1}{4}$英寸×$\frac{3}{16}$英寸。

L.A.0039.　**青铜刮勺**。将小棒的一头弯曲，并打成方头，作碗状而成刮勺，保存良好。参见 L.A.0048 和 00120。1906 年 12 月 22 日发现。长$1\frac{1}{16}$英寸，棒径$\frac{1}{16}$英寸，碗部宽$\frac{1}{4}$英寸。

L.A.0040.　**青铜条**。截面长方形，弯成 V 形，并弯出一个环头，末端打扁。保存良好。1906 年 12 月 22 日发现。V 形臂长皆 $1\frac{1}{2}$英寸。图版 XXIX。

L.A.0041.　**青铜条**。截面长方形，一头打成一个环，保存良好。1906 年 12 月 22 日发现。$1\frac{1}{4}$英寸×$\frac{1}{8}$英寸×$\frac{1}{16}$英寸。

L.A.0042.　**铁棒**。一头比另一头略厚，保存差。可能是工具，例如钻子。1906 年 12 月 22 日发现。$1\frac{7}{8}$英寸×$\frac{1}{8}$英寸×$\frac{1}{16}$英寸。

L.A.0043.　**扁尖头青铜条**。宽头残，里面靠近一边缘有一条阴刻线，另有一排压印点纹呈对角地斜向另一边缘，另一面平。保存良好。1906 年 12 月 22 日发现。$\frac{7}{8}$英寸×$\frac{3}{8}$～$\frac{7}{32}$英寸×$\frac{1}{32}$英寸。

L.A.0044.　**长方形青铜片**。未钻孔，保存良好。参见 L.A.0026。1906

年 12 月 22 日发现。$\frac{9}{16}$英寸×$\frac{1}{4}$英寸×$\frac{1}{32}$英寸。

L.A.0045.　青铜铆钉板。长方形，一头残。参见 L.A.0026。只有一孔，无铆钉，保存良好。1906 年 12 月 22 日发现。$\frac{11}{16}$英寸×$\frac{5}{16}$英寸×$\frac{1}{32}$英寸。

L.A.0046.　椭圆形青铜环。扁条弯成，两头没有完全相接，保存良好。1906 年 12 月 22 日发现。直径$\frac{7}{16}$英寸×$\frac{1}{4}$英寸，宽$\frac{1}{8}$英寸。

L.A.0047.　青铜熔渣。直径$\frac{3}{8}$英寸。

L.A.0048.　青铜刮勺。同 L.A.0039，但较小且弯曲，保存较差。1906 年 12 月 22 日发现。长约 $1\frac{1}{4}$英寸，直径$\frac{1}{16}$英寸，勺宽$\frac{1}{8}$英寸。

L.A.0049.　青铜戒指。扁椭圆形表面（残）上阴刻箭头记号，保存得很好。1906 年 12 月 22 日发现。直径约$\frac{3}{4}$英寸，宽$\frac{3}{32}$英寸，宽$\frac{3}{8}$英寸。

L.A.0050.　青铜甲胄扣或拉手。方头有铁附件（或舌?），侧边内曲，另一头尖，截面方形，仅上缘成斜角，保存良好。参见《古代和田》，第二卷，图版 M.001.g。1906 年 12 月 22 日发现。$1\frac{15}{16}$英寸×$\frac{3}{4}$英寸。图版 XXXVI。

L.A.0051.　青铜链环(?)。可能为甲胄的组件，形如 Cha.0018，但略束腰两边近头部外敞，保存得很好。1906 年 12 月 22 日发现。长 $3\frac{1}{8}$英寸，宽约$\frac{1}{2}$英寸。图版 XXXVI。

L.A.0052.　青铜刮勺。透镜状，从一边中心突出一条长扁舌，并在其下面对折。铆钉孔位于勺的中心和舌头，相互对应。参见 L.A.VIII ~ IX.004、006。1906 年 12 月 22 日发现。勺 $1\frac{1}{16}$英寸×$\frac{1}{2}$英寸。图版 XXIX。

L.A.0053. **青铜环**。甲胄组件,截面三角形,保存很好,附有部分小铁环。1906 年 12 月 22 日发现。宽$\frac{1}{8}$英寸,直径 $1\frac{1}{16}$英寸。图版 XXXVI。

L.A.0054. **青铜铆钉板**。一头完整,为圆头,有一孔;另一头残。参见 L.A.0026、0045。$\frac{9}{16}$英寸×$\frac{3}{8}$英寸×$\frac{1}{32}$英寸。

L.A.0055. **青铜丝**。截面方形,弯成环,保存良好。参见 L.A.0046。1906 年 12 月 22 日发现。丝宽$\frac{1}{16}$英寸,环径$\frac{5}{16}$英寸×$\frac{7}{16}$英寸。

L.A.0056. **青铜环柄**。属于镜的部件(?),柄端短柄的端头有一椭圆形环,突缘间中空;附牌为实心的盾形,向上突起两颗铆钉。保存得很好。1906 年 12 月 18 日发现。通长 $2\frac{1}{8}$英寸,无附牌柄长 $1\frac{1}{2}$英寸。图版 XXXVI。

L.A.0057. **青铜环**。截面圆形,保存良好。1906 年 12 月 18 日发现。直径$\frac{7}{8}$英寸。图版 XXIX。

L.A.0058. **模铸青铜饰品**。环形,有空的中心突和扁扇贝形的边。参见 V.S.0035。保存得很好。1906 年 12 月 18 日发现。最大 1 英寸。

L.A.0059. **青铜熔渣块**。从一棒上裂下残块,1906 年 12 月 18 日发现。$\frac{1}{2}$英寸×$\frac{3}{8}$英寸×$\frac{3}{16}$英寸。

L.A.0060. **2 块青铜戒指残片**。外面阴刻十字线。1906 年 12 月 18 日发现。直径约$\frac{3}{4}$英寸,厚$\frac{1}{16}$英寸。

L.A.0061. **楔形盖简**。有封泥槽($1\frac{1}{2}$英寸×1 英寸),槽已空。无字,发白并有裂缝,尖头腐烂。北城墙附近的侵蚀废墟处发现。10 英寸×2 英寸×$\frac{11}{16}$英寸。

L.A.0062.　**吹制玻璃器皿残片**。壁厚，淡黄白色透明玻璃质，器表面用轮磨出椭圆形凹穴。1906 年 12 月 22 日发现。最大 $1\frac{1}{4}$英寸，厚$\frac{3}{16}$英寸。

L.A.0063.　**水晶片**。大致呈立方体，淡黄色。1906 年 12 月 22 日发现。$\frac{5}{8}$英寸×$\frac{5}{8}$英寸×$\frac{5}{16}$英寸。

L.A.0064.　**吹制玻璃片**。泛绿的白色，透明。1906 年 12 月 22 日发现。$\frac{7}{8}$英寸×$\frac{1}{4}$英寸×$\frac{1}{8}$英寸。

L.A.0065.　**黄色红玉髓片**。1906 年 12 月 22 日发现。$\frac{7}{16}$英寸×$\frac{1}{4}$英寸。

L.A.0066.　**（南 0.5 英里）浇铸透雕块**。有似花的漩涡形装饰图案，但不能分辨清楚。两面有数不清的凸点，可能是用来保持住珐琅，但珐琅现已全都看不到，一面被沙磨蚀。$3\frac{1}{8}$英寸×2 英寸×$\frac{1}{8}$英寸。图版 XXXVI。

L.A.0067.　**青铜钩和环**。心形环，有方形孔，扁钩从中通过，钩的另一头穿孔并残。1906 年 12 月 20 日发现。环长 1 英寸，钩长$\frac{3}{4}$英寸。图版 XXIX。

L.A.0068.　**铅纺轮**。扁圆盘形，钻孔。1906 年 12 月 20 日发现。其余见 L.A.0097、0098、00108、00109、00114、00117、00137。直径$\frac{5}{8}$英寸，厚$\frac{1}{8}$英寸。

L.A.0069.　**青铜箭头**。L.A.0017 型，但边上无凹陷，尖头扁，保存良好。1906 年 12 月 20 日发现。长 $1\frac{1}{16}$英寸。图版 XXIX。

L.A.0070.　**吹制玻璃残块**。淡绿色，透明，外面有两个旋磨而成的椭圆凹，为局部。1906 年 12 月 20 日发现。最大$\frac{7}{8}$英寸，厚$\frac{3}{16}$英寸。

L.A.0071～0075.　**五块吹制玻璃**。0074 是淡绿色，其他为微黄的白色，半透明。0071、0072、0074 被琢成旋磨面。0073 有一组水平雕刻带。0075

(缘)素面。1906 年 12 月 20 日发现。最大 $1\sim\frac{1}{4}$英寸,厚$\frac{1}{16}\sim\frac{1}{4}$英寸。

L.A.0076. **陶灯残片**。同 L.A.006、II.001。直径 3 英寸,高 1 英寸。

L.A.0077. **铁凿刃(?)**。截面为方形的铁杆做成,两面渐细变成宽扁刃,另一头突出一细长柄脚,柄脚截面方形。$3\frac{1}{4}$英寸×$\frac{1}{4}$英寸。

L.A.0078. **青铜镜残片**。无装饰,缘加厚,保存良好。参见 L.A.0027。最大 $1\frac{1}{2}$英寸,厚$\frac{1}{32}$英寸,缘厚$\frac{1}{8}$英寸。

L.A.0079. **青铜熔渣块**。$1\frac{1}{2}$英寸×$\frac{1}{2}$英寸×$\frac{1}{8}$英寸。

L.A.0080. **青铜条**。截面长方形,弯成粗糙的环。参见 L.A.0046。保存良好。直径$\frac{1}{2}$英寸,宽$\frac{1}{8}$英寸。

L.A.0081. **薄青铜板残片**。保存不佳。1906 年 12 月 18 日发现。$2\frac{1}{2}$英寸×$2\frac{1}{4}$英寸×$\frac{1}{32}$英寸。

L.A.0082. **青铜箭头**。L.A.0017 型,一边有三角形凹陷,头很尖锐,另一头残有铁铤,保存不佳。连铤长 $1\frac{7}{8}$英寸,不带铤长 $1\frac{3}{8}$英寸。图版 XXIX。

L.A.0083. **青铜条**。两边上弯形成槽形,曲成直径约 1 英寸的圆弧,保存不佳。头残(?)。长 1 英尺$\frac{7}{8}$英寸,厚约$\frac{1}{8}$英寸。图版 XXXVI。

L.A.0084. **青铜镜残片**。类似 L.A.0029,保存得很好。最大 1 英寸,厚$\frac{1}{8}\sim\frac{1}{16}$英寸。

L.A.0085. **青铜镜残片**。参见 L.A.0027。最大$\frac{7}{8}$英寸,厚$\frac{1}{32}$英寸。

L.A.0086.　**青铜棒。**沿其长度的一半作螺旋形扭曲，保存得很好。长 $2\frac{7}{8}$英寸，直径$\frac{5}{32}$~$\frac{3}{32}$英寸。图版 XXIX。

L.A.0087.　**青铜丝。**弯成椭圆形带环，残，截面菱形，保存状况差。最大直径 $1\frac{1}{16}$英寸。

L.A.0088.　**青铜丝。**弯成长 U 字形，丝的一头打出中凸，但近弯处是扁的且装饰着一对阴刻斜线。弯处窄厚，另一头打薄打宽。每一头对应的孔处残，有一个铆钉通过这些孔将青铜圈固定到一个结实的棒(?)上，使圈可在端头上自如活动。至弯处长 $1\frac{1}{2}$英寸，宽约$\frac{3}{16}$英寸。图版 XXXVI。

L.A.0089.　**青铜带圈。**中间闭合。参见 L.A.VI.ii.0010。$1\frac{9}{16}$英寸×$\frac{1}{2}$英寸，厚$\frac{1}{8}$~$\frac{1}{16}$英寸。图版 XXXVI。

L.A.0090.　**铁棒块。**带柄脚，尖残，截面方形。参见 L.A.0077。长$1\frac{5}{8}$英寸，直径$\frac{1}{8}$英寸。

L.A.0091.　**铁工具残块。**一头扁宽，可能是凿。参见 L.A.0077。长$1\frac{7}{8}$英寸，刃宽$\frac{1}{4}$英寸。

L.A.0092.　**铁工具。**似乎是完整的，但柄残失，柄脚长薄，刃短，向楔形尖的一头加宽。参见 L.A.0077 和 0091。长 $2\frac{3}{16}$英寸，柄脚钉长 $1\frac{1}{8}$英寸，刃宽$\frac{5}{16}$英寸。

L.A.0093.　**铁条。**截面长方形，弯成 V 形，一头向侧面对折，先在一边上，然后在另一边上做成宽圈顶。可能是马嚼子的一头。是托乎提阿訇带来的。$1\frac{3}{4}$英寸×$\frac{1}{4}$英寸×$\frac{1}{8}$英寸。图版 XXXVI。

L.A.0094. **青铜戒指**。戒面上阴刻直线图案，不清楚。直径$\frac{3}{4}$英寸，宽$\frac{1}{4}$~$\frac{3}{32}$英寸。图版 XXIX。

L.A.0095. **粗铅条**。弯曲。$1\frac{1}{8}$英寸×$\frac{1}{4}$英寸×$\frac{1}{8}$英寸。

L.A.0096. **扁铁环**。保存状况差，是托乎提阿訇带来的。直径$1\frac{1}{16}$英寸，宽约$\frac{3}{16}$英寸。

L.A.0097、0098. **两件铅纺轮**。同 L.A.0068，是托乎提阿訇带来的。直径$\frac{5}{8}$和$\frac{1}{2}$英寸，厚$\frac{1}{8}$和$\frac{1}{32}$英寸。0097 见图版 XXIX。

L.A.0099. **铁棒**。截面方形，破裂且残。长 $1\frac{3}{4}$英寸，厚（最大）$\frac{3}{16}$英寸。

L.A.00100. **陶瓶残块**。手制，灰胎，显示有白颗粒。器表有带绿色斑点的釉，釉的光泽模糊。1906 年 12 月 18 日发现。最大 $2\frac{1}{4}$英寸，厚$\frac{1}{4}$英寸。

L.A.00101. **碧玉叶**。深灰色，一面有疤，另一面起脊，两边刃经加工。1906 年 12 月 18 日发现。长 $1\frac{4}{5}$英寸。

L.A.00102. **碧玉叶**。灰褐色，一面有疤，另一面起脊，两边刃经加工。1906 年 12 月 18 日发现。长 $1\frac{7}{10}$英寸。

L.A.00103~00105. **三个小青铜铃**。半球形，同 N.0010。空球裂口朝下，带有散珠形铃锤和悬环。00103 被锈蚀且裂口合上了。直径$\frac{1}{2}$英寸。图版 XXIX。

L.A.00106.　圆青铜扣。中间突，内侧空，且从中突出一根长柄，柄上有扣眼。1906 年 12 月 18 日发现。直径$\frac{15}{16}$英寸，柄长$\frac{11}{16}$英寸。图版 XXXVI。

L.A.00107.　青铜戒指。戒面上阴刻线状图案。保存状况良好。1906 年 12 月 18 日发现。直径$\frac{3}{4}$英寸×$\frac{7}{8}$英寸，宽$\frac{9}{16}$英寸×$\frac{1}{8}$英寸。图版 XXIX。

L.A.00108、00109.　两件铅纺轮。00108 呈扁球果形，00109 扁饼形，钻孔。参见 L.A.0068。1906 年 12 月 18 日发现。00108 直径$\frac{13}{16}$英寸，厚$\frac{1}{4}$英寸。图版 XXIX。00109 直径$\frac{3}{4}$英寸，厚$\frac{1}{8}$英寸。

L.A.00110.　方形青铜铆钉板或垫圈。中心穿孔，略凹。1906 年 12 月 18 日发现。$\frac{1}{2}$英寸×$\frac{1}{2}$英寸。

L.A.00111.　青铜带环。D 形，表面一边扁，另一边圆，保存状况好。1906 年 12 月 18 日发现。直径$\frac{3}{4}$英寸×$\frac{7}{8}$英寸，厚$\frac{1}{16}$～$\frac{5}{32}$英寸。图版 XXIX。

L.A.00112.　金丝环。截面几乎为方形。直径$\frac{3}{4}$英寸。

L.A.00113.　青铜镜残片。背面上方是一部分辐射线边缘图案。参见 L.A.0027。下面是翼龙的头和前部的浮雕，龙口张开，现出牙齿和舌头，颈上有大鳞片，圆形翼与约特干发现的红陶把手上的图案相似。中国风格。最大$1\frac{3}{4}$英寸，厚$\frac{1}{8}$～$\frac{3}{16}$英寸。图版 XXIX。

L.A.00114.　铅纺轮。似 L.A.0068。直径$\frac{1}{2}$英寸，厚$\frac{3}{16}$英寸。

L.A.00115.　青铜铆钉。带有空金字塔形头，保存良好。侧面长$\frac{1}{2}$英寸，头高$\frac{1}{4}$英寸。

L.A.00116. **青铜戒指**。扁戒面上有阴刻图案痕迹,不可辨。直径$\frac{7}{8}$英寸×1 英寸,宽$\frac{1}{8}$英寸。

L.A.00117 **铅纺轮**。似 L.A.0068。直径$\frac{3}{8}$英寸,厚$\frac{1}{16}$英寸。

L.A.00118. **青铜戒指**。有装圆形宝石的沟琢,保存良好。直径$\frac{3}{4}$英寸,宽$\frac{1}{2}$~$\frac{1}{8}$英寸。图版 XXIX。

L.A.00119. **青铜戒指**。将一根两头变细成尖的扁铜条弯成圆形而成,保存良好。直径$\frac{1}{2}$英寸×$\frac{5}{8}$英寸,宽$\frac{1}{8}$~$\frac{5}{16}$英寸。图版 XXIX。

L.A.00120. **青铜棒**。加宽成弯曲的刮勺头,柄头残(参见 L.A.0039),保存良好。长 $1\frac{15}{16}$英寸,直径$\frac{1}{16}$英寸,刮勺宽$\frac{3}{16}$英寸。

L.A.00121. **青铜棒**。截面方形,长钉从一头突出来,保存良好。直径$\frac{1}{8}$英寸,棒长 $1\frac{3}{8}$英寸,钉长$\frac{1}{8}$英寸。

L.A.00122. **青铜铆钉头**。圆形,中空。参见 L.A.0025。保存不佳。直径$\frac{1}{2}$英寸。

L.A.00123. **青铜铆钉板**。铆钉从一头穿过,另一头断处有方形孔痕迹。参见 L.A.0026。$\frac{7}{8}$英寸×$\frac{3}{8}$英寸。

L.A.00124. **青铜棒残块**。截面椭圆形。长$\frac{5}{8}$英寸,直径$\frac{1}{8}$英寸。

L.A.00125.　**青铜块**。大致呈球形，一边钻有孔，也许是铆钉的头。直径$\frac{3}{16}$英寸。

L.A.00126.　**吹制玻璃块**。为一容器的口部，泛黄的白色，透明，素方唇。最大$\frac{7}{8}$英寸，厚$\frac{3}{32}$英寸，原口径约 5 英寸。

L.A.00127.　**仿宝石的玻璃**。切成“弧面形宝石”，淡绿色，浑浊，可能用作玻璃上的贴花。$\frac{3}{8}$英寸×$\frac{5}{16}$英寸×$\frac{3}{32}$英寸。

L.A.00128.　**圆形玻璃块**。绿色，透明，残，可能是熔渣。$\frac{3}{8}$英寸×$\frac{3}{16}$英寸。

L.A.00129.　**小麦粒**。已碳化。

L.A.00130.　**料珠**。圆筒形，不透明，绿色。1906 年 12 月 18 日发现。$\frac{5}{16}$英寸×$\frac{1}{4}$英寸。

L.A.00131.　**树脂环**。一面扁平粗糙，另一面圆形且经加工而光滑。外径 1 英寸，内径$\frac{7}{16}$英寸。

L.A.00132.　**一串 25 粒珠子**。一颗带白亚麻秸的黑料珠，五颗扁球体透明的深蓝色玻璃珠，两颗“旱金莲属籽”形透明泛绿的白玻璃珠，一颗双球形琥珀色玻璃珠，两颗圆盘状透明的半玻璃珠，两颗方形不透明的蓝玻璃珠，一颗三角形透明的绿玻璃珠，一颗“旱金莲属籽”形不透明蓝色料珠，一颗有小面的立方体蓝色上釉的玻璃珠，一颗球形蓝、黄和红色花玻璃珠，一颗球形不透明的淡蓝色玻璃珠，三颗不透明的淡黄色料珠，一颗三环式透明的蓝色玻璃珠，一颗不透明的绿色料珠，一颗环形有刻痕的不透明蓝色玻璃珠，一颗大致呈有小面的球形不透明深蓝色玻璃珠。1906 年 12 月 22 日发现。最大直径$\frac{1}{2}$英寸，最长$\frac{13}{16}$英寸。图版 XXIX。

L.A.00133.　**角(?)盘**。横切而成,中心钻孔,孔径$\frac{1}{4}$~$\frac{1}{2}$英寸。1906年12月22日发现。直径$1\frac{1}{8}$英寸。

L.A.00134.　**褐煤印**。顶上有宽圆的环柄,长方形印的一边略切,圆角。图样是对称的螺线,略呈卍形。$\frac{13}{16}$英寸×$\frac{11}{16}$英寸×$\frac{3}{4}$英寸。1906年12月18日发现。图版XXIX。

L.A.00135.　**料珠**。瓶形,纵向钻孔但横断,黑色,带有白色螺纹带。1906年12月22日发现。直径$\frac{5}{16}$~$\frac{5}{8}$英寸,长$\frac{7}{16}$英寸。图版XXIX。

L.A.00136.　**一串八颗珠子**。一颗略作球形的红玉髓珠,一颗透镜状有小面的淡绿色透明玻璃珠,三颗扁球形不透明蓝色玻璃珠,一颗圆盘状透明深蓝色玻璃珠,两颗球形淡绿色料珠,一颗蓝灰色皂石环。最大直径$\frac{1}{2}$英寸,最长$\frac{3}{8}$英寸。

L.A.00137.　**铅纺轮**。扁圆盘形,钻孔,似L.A.0068。1906年12月22日发现。直径$\frac{3}{4}$英寸,厚$\frac{1}{8}$英寸。

L.A.00138.　**(南0.5英里)鞋底**。硬而紧密,结有沙壳,脆。1906年12月20日发现。$3\frac{3}{4}$英寸×$1\frac{1}{4}$英寸。

L.A.00139.a~e.　**一串五颗珠子**。a为浅蓝色,有龙骨的平底玻璃杯形,图版XXIX;b为紫色,有小面的透镜状;c为透明蓝色,球形;d为琥珀似的黄色,有三个小面呈喇叭形;e为琥珀似的黄色,双球形。最大直径$\frac{1}{2}$英寸,最长$\frac{1}{2}$英寸。

L.A.00140.　**玻璃珠**。蓝色球形。直径$\frac{1}{4}$英寸。

L.A.00141.　**一串五颗珠子**。一颗圆盘形深蓝色透明玻璃珠，两颗球形暗草绿色料珠，两颗环形、两颗球形蓝灰色不透明玻璃珠。最大直径$\frac{1}{2}$英寸，最长$\frac{5}{16}$英寸。

L.A.00142.　**圆盘形白石**。直径$\frac{1}{2}$英寸，厚$\frac{1}{8}$英寸。

L.A.00143.　**贝壳**。钻孔，直径$\frac{3}{16}$英寸。长$\frac{9}{16}$英寸。

L.A.00144.　**红玉髓珠**。半球形，加工粗糙。直径$\frac{3}{8}$英寸。

L.A.00145.　**（东 2~3 英里）玉斧**。绿色，表面磨光，两侧粗糙，口缘直。木拉发现于 1906 年 12 月 20 日。参见 R.A.史密斯《人类》，第十一卷，第 6 期，第 52 号。长 2 英寸。图版 XXX。

L.A.00146.　**陶片**。手制，泥质，深灰色胎，烧制均匀，显然是在柳条编的篮子中成形的，同 L.A.002。$1\frac{15}{16}$英寸×$1\frac{3}{4}$英寸×约$\frac{1}{8}$英寸。图版 XXXVI。

L.A.00147.　**暗黄色丝缝的衣服（?）片**。三或四层厚，最大片有缝合线，缝合相互平行，相距$\frac{1}{4}$~$\frac{3}{4}$英寸，破烂且脆。参见 L.A.IV.xi.001。约 1 英尺 8 英寸×$11\frac{1}{2}$英寸。

L.A.00148.　**贝壳**。属“林奈耳状报春花”型，发现土坯墩 L.A.XI 以下 10 英尺的土（硬沉淀物）中（戈登温·奥滕上校鉴定）。

L.A.00149.　**棉布片**。粗糙，白色，平纹（哈诺塞克博士分析）。$6\frac{1}{2}$英寸×5 英寸。

L.A.00153. **碧玉叶**。略带紫色的黑色，一面有疤坑，另一面有脊，一边刃经加工。长 $1\frac{3}{10}$ 英寸。

L.A.00154. **碧玉叶**。呈褐色的深灰色，一面有疤，另一面有脊，双边刃经加工。长 $2\frac{2}{5}$ 英寸。

L.A.00155. **碧玉叶**。深灰色，一面有疤，另一面有脊，一边刃经加工。长 1 英寸。

L.A.00156. **碧玉叶**。黑色，一面有疤，另一面有脊，双边刃经加工。长 $1\frac{2}{5}$ 英寸。

L.A.00157. **碧玉叶**。深灰色，一面有疤，另一面有中脊，边刃经加工。长 1 英寸。

L.A.00158. **碧玉叶**。深灰色，一面有疤，另一面有脊，双边刃经加工。长 $1\frac{1}{10}$ 英寸。

L.A.00159. **碧玉叶**。绿色，一面有脊，沙磨。长 $1\frac{1}{10}$ 英寸。

L.A.00160. **碧玉尖状器**。黑色，有剥裂面和经加工的边刃，粗大的一头最厚，尖头钝，通体沙磨。参见 R. A. 史密斯《人类》，第十一卷，第 6 期，第 52 号。长 $1\frac{3}{10}$ 英寸。图版 XXX。

L.A.00161. **青铜棒残块**。$\frac{11}{16}$ 英寸 × $\frac{5}{16}$ 英寸 × $\frac{3}{16}$ 英寸。

L.A.00162. **铅熔渣**。长 $1\frac{1}{8}$ 英寸。

L.A.00163. **青铜镜(?)残片**。无装饰。参见 L. A. 0027。最大处 $1\frac{1}{8}$ 英寸。

L.A.00164.　青铜铃。球形，铃锤已失，悬挂环残。参见 L.A.00104。直径$\frac{3}{8}$英寸。

L.A.00165.a～e.　五颗玻璃珠。扁透镜状，透明，褐色。1906 年 12 月 18 日发现。$\frac{5}{8}$英寸×$\frac{3}{8}$英寸×$\frac{1}{4}$英寸。a、b 见图版 XXIX。

L.A.00166.a～h.　八颗玻璃珠。深蓝色，半透明：一颗三角喇叭形，一颗环形，三颗扁球形，两颗有小面的球形和一颗"旱金莲属籽"形。1906 年 12 月 18 日发现。最大径$\frac{1}{2}$英寸。

L.A.00167.a～d.　四颗玻璃珠。镀金：一颗双球形，两颗球形，一颗圆柱形。参见 L.A.00171。1906 年 12 月 18 日发现。最大径$\frac{3}{16}$英寸。

L.A.00168.a～d.　四块吹制玻璃片。泛黄的白色，透明；一片的外表面上附着一片同样的玻璃，可能是玻璃丝末梢。1906 年 12 月 18 日发现。最大 1 英寸。

L.A.00169.　10 颗珠子。三颗不规则球形，红宝石（残）和红玉髓质；两颗不规则球形，白玉髓质；一颗球形，水晶质；两颗哑铃形，黄色人造宝石质；一颗哑铃形，蓝色人造宝石质；一颗有肋的球形，透明的淡绿色玻璃质。1906 年 12 月 18 日发现。最大$\frac{1}{2}$英寸。

L.A.00170.　十颗玻璃珠。一颗球形，透明，绿色玻璃质和三颗蓝色玻璃质；一颗有肋的球形，浅蓝色，透明的玻璃质；两颗扁球形，不透明，淡蓝色玻璃质；三颗环形（两颗合在一起），不透明，黑色人造宝石质。最大$\frac{1}{2}$英寸。

L.A.00171.a～d.　四颗玻璃珠。镀金：a 为三球形，b 为双球形，c 为单球形，d 为延长的球茎状。参见 A.基莎《古代玻璃器》（*Das Glas im Altertume*），834 页，怀利和麦基弗（MacIver）的 *Karanog*.75 页。d 见图版 XXIX。

L.A.00172. **七颗珠子**。一颗球形,水晶质;两颗红玉髓残片;两颗褐色玻璃质,截面一扁形,一方形;一颗喇叭形,黄色人造宝石质,残片;一颗绿玻璃质。贾斯旺·辛格 1906 年 12 月 18 日在窣堵波附近发现。最大$\frac{1}{2}$英寸。

L.A.00173.a~c. **三块吹制玻璃**。黄白色,透明。一块有边,截面圆形,坚硬,显然是碗;另一块有模制浮雕图案。最大 $1\frac{1}{4}$英寸。a 见图版 XXIX。

L.A.00174.a~e. **各种青铜块**。a 为箭头的尖,参见 L.A.0069;b 为小块熔渣;c、d、e 做成环的丝;f 为青铜板中的部分装饰,残,但有三叶草形图案。1906 年 12 月 18 日发现。最大$\frac{1}{2}$英寸。

L.A.00177.a~h. **各种青铜块**。a 为钉子,金字塔形头,图版 XXIX;b 为钉子,犁形头,图版 XXIX;c 为钉子,圆形头;d 为装饰钮扣,班卓琴形,图版 XXIX;e 为截面为方形的棒残块;f 为青铜熔渣块;g 为耳环残块;h 为一串小"鹅眼"铜钱,约 16 枚,锈成直径约$\frac{1}{4}$英寸的实心管子。图版 XXIX。1906 年 12 月 18 日发现于风蚀地上。最大 $1\frac{1}{2}$英寸。

废墟 L.A.I 内和附近出土的器物

L.A.I.001. **青铜戒指**。有棱,饰以突起的索形图案带,末端在接合部变扁,有深绿色铜锈。直径$\frac{3}{4}$英寸,宽$\frac{1}{4}$英寸。图版 XXIX。

L.A.I.002. **一卷黄色丝织物**。未用过,干而脆,断成两部分,平纹,发现于完全风蚀的地上,位于窣堵波 L.A 以南靠近 L.A.I。长度完整,为 1 英尺$6\frac{3}{4}$英寸,直径 $2\frac{1}{4}$英寸×1 英寸。参见本书第十一章第一节以下。图版 XXXVII。

L.A.I.ii.1. **长条形木简**。从两长边裂开,正面无字,背面有四行佉卢文,字迹模糊。$4\frac{5}{8}$英寸×$1\frac{1}{2}$英寸×$\frac{1}{4}$英寸。

L.A.I.ii.2.　长条形木简。正面无字，一边有刻痕，背面有五行佉卢文，字迹模糊。$4\frac{9}{16}$英寸×$1\frac{5}{8}$英寸×$\frac{5}{16}$英寸。

L.A.I.ii.001.　短绒毛毯块（成两片）。结构似 L.A.vI.ii.0046，但密度较细，背面的毛绒束纵向靠拢，较短，图案绒很短且紧密。所用色彩：深紫红色地上有鲜艳的亮蓝色、深褐色（自然色）、淡褐色和暗黄色。图案无法了解，很破旧，但色彩明亮。1 英尺 $8\frac{1}{2}$英寸×1 英寸（不规则）和 8 英寸×$5\frac{1}{2}$英寸。图版 XXXVII。

L.A.I.iii.001.　短木棒。扁，中心加宽并有一直径 1 英寸的孔，连着皮以防止被在其中旋转的物体摩擦。两头方形，每头有一直径$\frac{3}{8}$英寸的孔。可能是一支柱，例如支撑搅乳器，固定在桶的任一边，并承放轴顶，这个轴上有转动手柄。保存良好。参见 L.A.IV.iii.001。长 1 英尺 $3\frac{3}{4}$英寸，中心宽$\frac{15}{16}$~$2\frac{1}{8}$英寸，厚$\frac{5}{8}$英寸。

L.A.I.iv.5.　红柳木片。连着树皮，内侧完整的一头有两行佉卢文，字迹不清，残头有佉卢文字迹，外面有很厚的沙壳。10 英寸×2 英寸×$\frac{5}{16}$英寸。

L.A.I.iv.6.　楔形盖简。正面离头 $1\frac{3}{8}$英寸有封泥槽（$1\frac{1}{2}$英寸×1 英寸），已空。简正面、背面均无字。$9\frac{1}{8}$英寸×$1\frac{3}{4}$英寸×$\frac{3}{4}$~$\frac{3}{16}$英寸。

L.A.I.iv.7.　三片纸写卷残页。沾有沙子，一面有五行佉卢文字迹，字迹散乱，非常模糊。最大者约 4 英寸×5 英寸。

L.A.I.iv.11.a、b.　两套木甲胄片（?）。a 套有六片，b 套有五片。头扁而方，尖楔形。方头钻两孔，每头皆凹缘。做工精细，孔的尺寸和位置不一致。平均尺寸 3 英寸×1 英寸×$\frac{1}{4}$英寸。a 见图版 XXXV。

L.A.I.iv.001. **陶片**。质细密，烧制坚硬，覆以深绿色釉，饰以阴刻涡卷或花形图案。为浅碟的残部，可能是当地造，釉有受西方影响的痕迹。$3\frac{1}{2}$英寸×$2\frac{1}{2}$英寸×约$\frac{3}{8}$英寸。图版 IV。

L.A.I.iv.002. **陶片**。灰胎硬而厚，两面有很细的冰裂纹叶绿釉。中国造。1 英寸×$1\frac{1}{8}$英寸×$\frac{1}{4}$英寸。

L.A.I.iv.003. **云母片**。$1\frac{3}{8}$英寸×$1\frac{3}{4}$英寸×$\frac{1}{16}$英寸。

L.A.I.iv.004. **陶片**。扁饼形，略凹，磨光并钻孔形成纺轮，凸面打磨粗糙，泥胎粗而黑，手制。直径 $1\frac{3}{4}$英寸，厚$\frac{1}{4}$英寸。图版 XXXVI。

L.A.I.iv.005. **青铜盘（？）口缘**。扭曲，保存良好。2 英寸×$\frac{7}{8}$英寸。

L.A.I.iv.006、007. **一对木棍**。圆形，渐尖细，结有沙壳，宽头削切粗糙，齐平，可能是筷子。参见 M.Tagh.a.0019。长 $8\frac{1}{2}$英寸，直径$\frac{1}{8}$~$\frac{1}{4}$英寸。

L.A.I.iv.008. **木匙的勺碗**。参见 L.A.VI.ii.0017，但这个勺碗略凹，柄残。勺碗宽 $1\frac{7}{16}$英寸，厚$\frac{1}{8}$英寸，柄$\frac{3}{16}$英寸×$\frac{3}{8}$英寸。

L.A.I.iv.009. **木"去鲁克"（当地土语意为拴骆驼嘴的工具）**。加工成精致的圆形棒，一头大致变尖，尖头附近刻一圈凹档。削出一块带"锤头"或扁横档的木块，背面加厚以安装此棒，见 L.B.IV.ii.009、N.XIII.i.002、Ka.I.008。长 $4\frac{5}{8}$英寸，直径$\frac{7}{16}$英寸，横档长 $2\frac{1}{8}$英寸，宽$\frac{11}{16}$英寸。图版 XXXV。

L.A.I.iv.0010.　**编织绳**。粗山羊毛编成。$8\frac{1}{2}$英寸×$1\frac{1}{16}$英寸。

L.A.I.iv.0011.　**织物块**。褐色和暗黄色毛和绢,带有皮和黄、红及鲜红色的毡片(哈诺塞克分析)。平均长约 5 英寸,宽约 3 英寸。

L.A.I.iv.0012.a、b.　**两片云母**。最大 2 英寸。

L.A.I.iv.0013.　**胼胝部的皮肤**。最大 1 英寸。

L.A.I.iv.0014.　**小木板**。截面方形,一面有等距(相隔$\frac{1}{2}$英寸)的粗阴刻线,与木板的长边成直角,另一面的等距阴刻线则与长边成锐角。也许是木匠的粗尺和安装鸠尾榫接合用的导向装置。$2\frac{1}{2}$英寸×$\frac{7}{16}$平方英寸。图版 XXXV。

L.A.I.iv.0015.　**漆木碗残片**。平底;两面漆成黑色。最大$4\frac{1}{2}$英寸。

L.A.I.iv.0016.　**两页厚纸片**。对折且黏合,一页上有两或三个佉卢文字(?)。最大$4\frac{3}{4}$英寸×$3\frac{1}{2}$英寸。

废墟 L.A.II 出土的器物

L.A.II.001.　**陶灯**。手制,夹砂,微红胎。口缘仅捏出来一点,没有固定的底座。参见 L.A.006。直径$2\frac{5}{8}$英寸,高$1\frac{1}{4}$英寸。

L.A.II.002.　**织物块**。暗黄色麻和棉料帆布似的结构,带有暗黄色丝绸和皮块以及用山羊毛线织的褐色粗麻袋片。“棉类似于作丝光处理的棉,且可能在碱溶液中浸过”。参见哈诺塞克和温顿《工业品的显微观察》,纽约,66 页(哈诺塞克分析),1907。最大 1 英尺 2 英寸×9 英寸。

L.A.II.i.001.　**楔形盖简**。部分简尖被切去,正面有封泥槽($1\frac{3}{16}$英寸×

1 英寸），已空，距方头$\frac{3}{8}$英寸。正、背面均无字。4 英寸×1$\frac{3}{8}$英寸×$\frac{5}{16}$英寸。

L.A.II.ii.001.a、b.　**两块丝片**。a 白色，很新，平纹，$\frac{1}{8}$英寸宽带的一部分，1$\frac{5}{8}$英寸×$\frac{1}{2}$英寸。b 浅青蓝色，略起罗纹，破碎，约 3$\frac{1}{8}$英寸×2$\frac{1}{4}$英寸。

L.A.II.ii.002.　**干肉条**（？疑为干筋条——译者）。打成结的带子，显然在缝合皮子时被磨损。长约 9 英寸。

L.A.II.ii.003.　**楔形底简**。正面有一行佉卢文，模糊。背面有一行佉卢文，模糊。结有沙壳，腐烂。5$\frac{3}{4}$英寸×2$\frac{1}{2}$英寸×1$\frac{1}{16}$英寸。

L.A.II.V.5.　**椭圆简**。一头残，发现时插在坐台下的地上。正面一头有三行佉卢文，另一头有一行佉卢文，很模糊，背面一头有两行佉卢文字迹。完全腐朽，表面几乎毁坏。8$\frac{1}{4}$英寸×1$\frac{1}{2}$英寸×$\frac{3}{4}$英寸。

L.A.II.V.001.　**碗（?）残片**。有水平棱。质硬，石板灰色胎，轮制，窑烧，器表有深叶绿色釉。可能是中国汉代造。3 英寸×1$\frac{3}{8}$英寸×$\frac{1}{4}$英寸。

L.A.II.V.002.　**圆形青铜螺栓**。一头钻孔，另一头是方头，保存良好。长 2$\frac{5}{8}$英寸，直径$\frac{7}{16}$英寸。图版 XXXVI。

L.A.II.VI.001.　**刻有"寸"刻度的木尺**。扁木片形，一面阴刻九条横线，横线间隔 1$\frac{3}{16}$英寸，中心线又用斜线交叉，使用的是十进制，变形。11$\frac{7}{8}$英寸（0.302 米）×$\frac{13}{16}$~$\frac{11}{16}$英寸×$\frac{3}{8}$英寸。参见本书第十一章第一节。图版 XXXV。

废弃建筑物 L.A.III 内或附近发掘的器物

L.A.III.001. **青铜箭头**。L.A.0017 型,保存不佳。长 $1\frac{1}{8}$ 英寸。图版 XXIX。

L.A.III.002. **陶片**。盘的口缘,泥质,粉红色,质硬,表面有光泽不明显的浅绿色泥釉,釉中带有深绿色大斑点(锰?),可能是中国汉代造。长 $1\frac{1}{4}$ 英寸。

L.A.III.003. **青铜铆钉**。扁三角形头,顶上的边缘成斜面,保存良好。参见 L.A.VI.ii.009。长 $1\frac{1}{8}$ 英寸。图版 XXIX。

L.A.III.004. **木碗耳**。有漆,耳黑色,碗内黑色上面施红色。参见 L.A.VIII.002)。4 英寸×$\frac{7}{8}$英寸×$\frac{5}{8}$英寸。

L.A.III.005. **织物片**。包括小片淡黄色粗毛织物,平纹,有磨损的红毛线和少量打结的深蓝色毛绳,织成军用的穗带状,截面方形(哈诺塞克分析)。织物 10 英寸×$1\frac{1}{2}$英寸,绳 4 英寸×$\frac{1}{10}$英寸。

L.A.III.006. **吹制玻璃器残片**。外表面顶部有两条轮磨的凹槽。泛黄的白色透明玻璃。最大 $1\frac{1}{8}$英寸,厚$\frac{3}{32}$英寸。

L.A.III.007. **席(?)残片**。四根大翎毛织成,羽毛修剪掉了,钻有二孔,用一根线串起来。$1\frac{3}{8}$(原长)英寸×$\frac{3}{8}$英寸。

L.A.III.i.001. **扁长方形木片**。圆头,四边向内刻有 V 形槽,也许用来卷线(?),但似乎不够宽。参见 M.Tagh.a.iv.00176。$1\frac{5}{8}$英寸×$1\frac{1}{4}$英寸×$\frac{1}{4}$英寸。图版 XXXV。

L.A.III.i.002. **木笔(?)。**渐尖细的木棍，经加工，截面为不规则的八边形，漆成黑色，离端头 $1\frac{1}{4}$英寸起黑漆，上覆有一层红漆衣。长 5 英寸，直径$\frac{3}{8}$～$\frac{3}{16}$英寸。

L.A.III.i.003. **削下的薄木片。**正面有两行佉卢文，模糊。$1\frac{1}{8}$英寸×$\frac{5}{8}$英寸×$\frac{1}{16}$英寸。

L.A.III.ii.3. **削下的薄木片。**正面有一行佉卢文。很清楚。$1\frac{1}{2}$英寸×$\frac{1}{2}$英寸×$\frac{1}{16}$英寸。

住宅 L.A.IV 发掘的器物

L.A.IV.001. **楔形底简。**尖头残且发白，正面有四行佉卢文，背面方头有一个佉卢文字。软，发白，破裂。在东北边垃圾中捡到。$9\frac{1}{4}$英寸×$2\frac{5}{8}$英寸×$\frac{3}{16}$英寸。

L.A.IV.002. **三段粗绳。**草搓成。最长约 2 英尺 7 英寸。

L.A.IV.003. **织物片。**很粗，深褐色毛料。经线很紧，纬线压得很密，有罗纹感，结构结实而均匀。装有木简 L.A.IV.ii.1～3。约 2 英寸×1 英尺。

L.A.IV.004. **两块粗毛料。**经线很细，褐色，很密；纬纱红和赭黄色，交替以蓝和白色的带，所有纬线都是双股，通体缎织。许多经线浮于背面，因为有些地方的纬线腐蚀掉了。图案：满地菱形花纹，菱形是空的，红色，$\frac{3}{4}$英寸宽的边，边结合部矩形，混合有红色和黄色。每一个菱形填有一中心茎，从一个钝角长出，分成两片叶子，并在顶部支承着一朵花。一条蓝与黄和白与黄色交织的窄带横穿菱形，将叶与花分开；这条带被红与黄色的矩形隔断。质密而规则，色彩保存完好。1 英寸×8 英寸和 5 英寸×$1\frac{1}{2}$英寸。图版 XXXVII。

L.A.IV.ii.1.　**矩形双简**。盖简：$7\frac{3}{8}$英寸×$2\frac{3}{4}$英寸，正面有封泥槽（$1\frac{1}{4}$英寸×$1\frac{3}{4}$英寸），槽中缠有线，但封泥失。槽上方有两行佉卢文，下方有一行佉卢文，模糊但可读。背面无字。底简：正面有七行佉卢文，黑色，清楚；背面无字。保存良好。$7\frac{5}{16}$英寸×$2\frac{3}{4}$英寸×1 英寸（最大）。

L.A.IV.ii.2.　**矩形双简**。盖简：$6\frac{1}{4}$英寸×$2\frac{3}{4}$英寸，正面有空封泥槽（$1\frac{1}{4}$英寸×2 英寸）。无字。背面有三行佉卢文，第一行模糊，余皆清楚。底简：正面有七行佉卢文，除第一行和第七行外均黑色，清楚。背面无字。保存完好，简下部裂缝。$6\frac{1}{8}$英寸×$2\frac{5}{8}$英寸×$\frac{13}{16}$英寸。图版 XXXVIII。

L.A.IV.ii.3.　**矩形双简**。完整。盖简：$7\frac{7}{8}$英寸×$4\frac{3}{4}$英寸，正面有封泥槽（$3\frac{1}{4}$英寸×$1\frac{3}{8}$英寸），带有断线和红色封泥痕迹，无字。背面有一行佉卢文字迹，几乎在简上成对角线排列。底简：正面有七行佉卢文，除了较下和左端的字，其余的都很清楚，背面无字。保存完好，但两头弯曲且有裂缝。$11\frac{3}{4}$英寸×$4\frac{3}{4}$英寸×$1\frac{1}{8}$英寸（最大）。

L.A.IV.ii.001.　**两块厚棉织物**。呈褐色，很脏，包着佉卢文木简L.A.IV.ii.1、2。结构很密且很结实。每隔$\frac{1}{4}$~$\frac{3}{8}$英寸横过一条突起的绒束。在绒束所穿过处,同样穿过两或三条额外的厚纬线,以加强绒束排的支撑力。可能是穿在甲胄里面的衣物,宛如一件中世纪的缝布盔甲。参见 L.A.00147(哈诺塞克分析)。最大块 10 英寸×5$\frac{1}{2}$英寸。

L.A.IV.iii.001. **木棒**。中间和两头加宽,这些地方有孔。可能是搅乳器轴的支撑柱,同 L.A.I.iii.001。磨光匀整,边成斜角。保存状态良好,但曾断成半截,后又修补好。长 10 英寸,厚$\frac{9}{16}$英寸,宽$\frac{1}{2}$~1$\frac{1}{8}$英寸,中孔径$\frac{3}{4}$英寸,头孔径$\frac{3}{8}$英寸。图版 XXXV。

L.A.IV.iv.1. **矩形底简残块**。正面有两行佉卢文的一部分,背面无字。2$\frac{7}{8}$英寸×1$\frac{1}{4}$英寸×$\frac{3}{8}$英寸(最大)。

L.A.IV.v.1. **楔形盖简**。有空封泥槽(1$\frac{3}{8}$英寸×$\frac{7}{8}$英寸)。正面无字,背面靠近边缘有一行很模糊的佉卢文字迹。发白且破裂。1 英尺1$\frac{3}{4}$英寸×2 英寸×$\frac{3}{4}$英寸(最大)。

L.A.IV.v.2. **矩形盖简**。有空封泥槽(1 英寸×1$\frac{3}{8}$英寸)。无字,坚硬,但发白且有裂缝。8$\frac{3}{8}$英寸×3$\frac{5}{8}$英寸×$\frac{9}{16}$英寸(最大)。

L.A.IV.v.3. **长条形盖简**。正面有四栏佉卢文。第一栏,模糊,至少有三行 佉卢文;第二栏有五行佉卢文;第三栏有五行佉卢文;第四栏有三行佉卢文。背面无字。发白,边缘起皮。11$\frac{1}{8}$英寸×2$\frac{5}{8}$英寸×$\frac{5}{16}$英寸。

L.A.IV.v.5. **楔形盖简**。木腐烂,尖头残。封泥槽(1$\frac{1}{2}$英寸×1$\frac{3}{8}$英寸)

空，但保留有线。正面方头有佉卢文字迹，背面有一行不完整的佉卢文。$7\frac{3}{4}$英寸×$2\frac{1}{2}$英寸×$\frac{1}{2}$英寸。

L.A.IV.v.6.　**木简残块**。正面有四行佉卢文，不很明显，背面有四行不明显的佉卢文痕迹。严重腐朽。5 英寸×$5\frac{1}{2}$英寸×$\frac{1}{2}$英寸。

L.A.IV.v.7.　**长条形木简**。几乎扭曲成半圆形，正面有六行佉卢文痕迹，只有部分清楚；背面有四栏佉卢文字迹，每栏四五行，很清楚。木板发白腐烂。$11\frac{9}{16}$英寸×$5\frac{1}{5}$英寸×$\frac{7}{16}$英寸。

L.A.IV.v.8.　**楔形盖简**。尖头裂开，正面有空封泥槽。背面有一行佉卢文的残迹。表面腐朽起壳。8 英寸×$2\frac{1}{2}$英寸。

L.A.IV.v.9.　**楔形底简**。正面有七行佉卢文，六行为一栏，第七行是一单行；清晰，黑色。背面无字，发白。尖头残裂且起皮。$11\frac{3}{4}$英寸×$3\frac{1}{4}$英寸×$\frac{1}{4}$英寸。

L.A.IV.v.10.　**长条形木简**。无字，两面有裂缝且起皮。$7\frac{1}{2}$英寸×$2\frac{1}{16}$英寸×$\frac{1}{4}$英寸。

L.A.IV.v.11.　**长条形木简**。一头圆，无字，硬，但严重损坏。1 英尺 3 英寸×$2\frac{7}{8}$英寸×$\frac{1}{2}$英寸（最大）。

L.A.IV.v.12.　**椭圆形头木简**。正面有两栏不规则的佉卢文，一栏九行，一栏七行，已褪色，但大部分清楚。背面无字。保存完好。背面发白。$6\frac{1}{2}$英寸×$3\frac{7}{8}$英寸×$\frac{5}{8}$英寸。图版 XXXVIII。

L.A.IV.v.001.　**木片**。略弯曲；中心截面方形，圆头较宽而薄。一垂直孔贯通两端，孔外缘有一皮带的痕迹，中心有一方形孔，水平。把的凸面有一凹槽，好像是被一圆形面不断从纵向磨出的。凹面通体磨光。可能是驮畜的索具的一部分。长 9 英寸，厚$\frac{3}{4}$~1 英寸，宽 1~1$\frac{7}{8}$英寸，端孔直径 1 英寸，中孔直径$\frac{1}{2}$~$\frac{3}{4}$英寸。图版 XXXV。

L.A.IV.v.002.　**织物片**。包括几片很破的毛“达里”（Darri）。毛达里的结构：细经线上两股纬线。图案显然是横向的带，图案如下：(1)若干排深蓝色连环蔷薇花，带有四个心形花瓣和暗黄色蕊，蕊和瓣之间的暗黄色分隔线从暗黄色地上斜伸出来。此带（未定行数）的边是纯蓝色半菱形，钝角指向外，锐角相连。(2)暗黄色地上有一单排双轮廓菱形，红色，角对角。(3)一单排如(1)藏红色地上中那样的深蓝色蔷薇花。(4)与(2)同。然后又是(1)的样式。做工精美，色彩艳丽，线已腐朽。最大片 5$\frac{3}{4}$英寸×4$\frac{1}{4}$英寸。图版 XXXVII、XLIX。

也有几块暗黄色毛织物，组织疏松，织线很细，有些粗糙地缝合在一起。可能是用绳织成的鞋的残片和暗黄色的毡片。最长 10$\frac{1}{2}$英寸。

L.A.V.001.　**木梳残块**。弓背，两侧残，保存很差。高 2$\frac{1}{4}$英寸，齿长 1 英寸，四齿约长至$\frac{1}{4}$英寸。

L.A.V.i.5.　**长条形木简**。从长木片上劈出来的。正面无字，背面有一行佉卢文，模糊，质硬。8$\frac{1}{4}$英寸×$\frac{3}{4}$英寸×$\frac{3}{16}$英寸。

L.A.V.i.6.　**楔形盖简**。正面有空封泥槽（1$\frac{1}{2}$英寸×$\frac{15}{16}$英寸），离方头$\frac{1}{4}$英寸，钻有一孔，无字。背面有一短行佉卢文（？），很模糊。发白。4$\frac{7}{8}$英寸×

$1\frac{1}{4}$英寸×$\frac{3}{8}$英寸。

L.A.V.i.7.　**矩形盖简**。正面有封泥槽（$1\frac{1}{4}$英寸×$\frac{7}{8}$英寸），已空，正背面均无字。发白且有裂缝。最大$7\frac{1}{4}$英寸×$4\frac{1}{2}$英寸×$\frac{5}{8}$英寸。

L.A.V.ii.1.　**木取火棒**。"雌"板，截面矩形，靠近一边有四个"凹坑"，并刻出凹口。中间有一孔，一条短皮条从孔中穿过，系到尖头短棒上。另一头圆锥形，并有火烧痕迹。原来可能是一根古"雄"取火棒，残后切下用作木钉。参见乔伊斯的论文，载《人类》，第十一卷，第 3 期，第 24 号，5 号照片。棒长$3\frac{3}{4}$英寸，钉长$2\frac{13}{16}$英寸。图版 XXXV。

L.A.V.ii.2.　**长条形木简**。正面有 4 行佉卢文字痕迹，很模糊。背面情况相同。木质硬，但表面腐朽。$3\frac{1}{8}$英寸×$1\frac{3}{4}$英寸×$\frac{3}{16}$英寸。

L.A.V.ii.4.　**矩形盖简**。部分边被切掉，一头切有 V 形槽。正面有封泥槽（$1\frac{1}{2}$英寸×$1\frac{3}{8}$英寸），空的，无字。背面有一行佉卢文。最大$6\frac{3}{8}$英寸×$1\frac{1}{2}$英寸×$\frac{1}{2}$英寸。

L.A.VI.001.　**青铜端饰**。也许原是家具曲横杆上的东西，轮廓近似半环形，端头呈雌狮的头形，铸造粗糙。断面为半环形，下面开口，以装在木杆（?）的曲面上。后部残。长 2 英寸，直径$\frac{5}{8}$英寸。图版 XXXVI。

L.A.VI.002.　**家具的木腿**。斜面环形座；圆形腿，开始小，增大到与足的直径相同，然后迅速变细。上部残有凸榫块。不是旋制的，而是用刀修整成圆形。显示有绿油漆的痕迹。也许是叶形图案的一部分。高$5\frac{1}{4}$英寸，足高$\frac{3}{4}$

英寸，直径$\frac{7}{8}$~$1\frac{1}{2}$英寸。图版 XXXV。

L.A.VI.003. **塔里格(稷)粒**。出土自垃圾堆。

L.A.VI.006. **青铜铃**。“格里罗特”(Grelot，一种铃)型，同 L.A.00103，有悬挂环。最大$\frac{1}{2}$英寸。图版 XXXVI。

L.A.VI.007. **陶片**。手制，夹砂，敞炉烧制，并“闷”黑，质硬。顶上饰以泥条带，此带被刻出凹痕；其下是一排相隔一定距离的单压印环，再下是阴刻装饰。$2\frac{3}{4}$英寸×$2\frac{1}{4}$英寸×$\frac{1}{4}$英寸。图版 XXXVI。

L.A.VI.i.1. **矩形盖简**。正面有封泥槽($1\frac{9}{16}$英寸×$1\frac{1}{16}$英寸)，空，无字。背面，无字，发白，有裂缝。最大 $7\frac{5}{16}$英寸×$4\frac{3}{16}$英寸×$\frac{7}{16}$英寸。

从垃圾堆 L.A.VI.ii 发掘的器物

L.A.VI.ii.1. **陶片**。手制，泥质，器表饰以三条梳画水“波”纹，每条之间隔以阴刻线带。$4\frac{3}{16}$英寸×$3\frac{1}{2}$英寸×$\frac{5}{16}$英寸。图版 XXXVI。

L.A.VI.ii.010. **长条形木简**。正面无字，边缘削成斜面，三边的中间切有 V 形槽。背面有七行佉卢文，模糊。4 英寸×2 英寸×$\frac{1}{4}$英寸。

L.A.VI.ii.061. **木简残部**。后来切成椭圆形，有锯出的三根线槽。正面一头有两行佉卢文，背面同一头有三行佉卢文，字迹模糊。$3\frac{1}{2}$英寸×$2\frac{1}{8}$英寸×$\frac{1}{8}$英寸。

L.A.VI.ii.062. **楔形盖简**。残部，封泥槽残。正面方头有一行佉卢文，模糊。背面无字。3 英寸×$1\frac{9}{16}$英寸×$\frac{1}{4}$英寸。

L.A.VI.ii.064.　**盖简残块。**正面有一部分空的封泥槽，背面有一行佉卢文，模糊。$2\frac{1}{16}$英寸×$\frac{3}{8}$英寸×$\frac{1}{4}$英寸。

L.A.VI.ii.0102.　**纸写卷残页。**一面有七行佉卢文的一部分。$3\frac{1}{2}$英寸×$1\frac{1}{2}$英寸。图版 XXXVIII。

L.A.VI.ii.0103.　**纸写卷残页。**一面有两行佉卢文，接近完整。1 英寸×$9\frac{3}{4}$英寸。图版 XXXVIII。

L.A.VI.ii.0104.　**纸写卷残页。**除一边外，其余三边都破，一面有四行粟特写卷文残部。参见考利《新疆的另一种未知语言》，载《皇家亚洲学会会刊》，1911 年 1 月号。最大约 $4\frac{1}{2}$英寸。图版 CLIII。

L.A.VI.ii.0234.　**纸写卷（完整）。**正面有七行清楚的佉卢文，黑色，背面有两斜行佉卢文，字体较大。$9\frac{3}{8}$英寸×$2\frac{3}{4}$英寸。图版 XXXIX。

L.A.VI.ii.0235.　**一条绢。**平纹，未染色，一面有两行佉卢文，不完整。4 英寸×$\frac{5}{8}$英寸。图版 XXXIX。

L.A.VI.ii.0236.　**纸写卷残页。**很破，一面有六行佉卢文字迹，模糊，潦草。$6\frac{3}{4}$英寸×2 英寸。

L.A.VI.ii.001.a.　**漆木容器口缘。**残片，器表黑色，里面深红色，顶部有一圈$\frac{3}{4}$英寸宽的黑带，边缘圆。高 $1\frac{1}{2}$英寸，长$\frac{7}{8}$英寸，厚$\frac{13}{16}$英寸。

L.A.VI.ii.001.b.　**陶片。**属器腹，手制，泥质，质硬，淡灰色胎，烧制均匀。

饰以阴刻水波纹，其上面是一系列浅阴刻线。$1\frac{3}{4}$英寸×$2\frac{1}{2}$英寸×$\frac{1}{4}$英寸。图版 XXXVI。

L.A.VI.ii.002. **陶片**。轮制，胎红褐色，带暗黄色条纹，窑烧。水平耳，外面饰以系列竖画线纹，并钻竖直穿绳圆孔。$2\frac{1}{8}$英寸×$2\frac{3}{8}$英寸×$\frac{1}{4}$~$\frac{5}{8}$英寸。图版 XXXVI。

L.A.VI.ii.003. **料珠**。周围开槽，使一个大球与两个小球相接，砖红色。长$\frac{5}{8}$英寸，直径$\frac{5}{16}$~$\frac{1}{2}$英寸。

L.A.VI.ii.004. **陶片**。手制，泥质，黑胎，质硬，烧制均匀。装饰：不规则的阴刻平行直线纹。最大$2\frac{7}{8}$英寸，厚$\frac{3}{16}$英寸。图版 XXXVI。

L.A.VI.ii.005. **青铜熔渣块**。最大$1\frac{3}{4}$英寸。

L.A.VI.ii.006. **青铜容器(?)的颈部**。缘加厚，锯齿状，颈直而矮，肩处残。高 1 英寸，长 2 英寸，原颈径$3\frac{1}{2}$英寸。

L.A.VI.ii.007. **青铜棒**。截面方形，略曲，一头有锚爪，其下为长锥形身。顶上是刻痕和阴刻斜线装饰。保存状况良好。长$2\frac{1}{16}$英寸，宽$\frac{3}{16}$英寸。图版 XXXVI。

L.A.VI.ii.008. **铁环残块**。属于马具，截面方形，保存不佳。直径$1\frac{1}{2}$英寸。

L.A.VI.ii.009. **青铜铆钉**。有三角形头，类似 L.A.III.003，保存完好。长 1 英寸。

L.A.VI.ii.0010. **青铜带环**。弯丝，截面菱形，略呈 8 字形，但中间敞开，一头平，以便缝合到皮带中去。$1\frac{3}{8}$英寸×$\frac{3}{4}$英寸，铜丝直径$\frac{1}{8}$英寸。图版 XXXVI。

L.A.VI.ii.0011.　**椭圆形青铜皮带环**。属于挽具，内圆，外面做成斜面，内口中有$\frac{1}{16}$英寸×$\frac{3}{8}$英寸的放皮带的方形凹口。保存完好。直径$\frac{7}{8}$英寸×$\frac{11}{16}$英寸，厚约$\frac{1}{8}$英寸。图版 XXIX。

L.A.VI.ii.0012.　**浇铸的透雕青铜板**。花形装饰，保存完好，可能是带子上的装饰品。$\frac{7}{8}$英寸×$\frac{3}{4}$英寸×$\frac{1}{32}$英寸。图版 XXIX。

L.A.VI.ii.0013、0014.　**两把木梳**。弓背。0013 只是一块残片，0014 状况好。0013 高（不完整）$1\frac{5}{8}$英寸，两齿宽$\frac{1}{8}$英寸。0014 高 2 英寸，宽 $1\frac{7}{8}$英寸，齿长 1 英寸，四齿宽$\frac{1}{8}$英寸。

L.A.VI.ii.0015.　**皂石圆盘**。除一边外皆圆形，非圆形的一边两个表面形成一个尖。中心钻孔。参见 L.A.VIII～IX.002。直径 $1\frac{1}{8}$英寸，孔径$\frac{5}{16}$英寸，厚$\frac{3}{16}$英寸。

L.A.VI.ii.0016.　**木柄**。“棒击木片”游戏用的小木橛形，两头大致呈圆形并渐尖细。中心做成深凹槽，有很粗的斜面，以系绳用。长 $4\frac{3}{4}$英寸，直径 1 英寸，槽$\frac{3}{16}$英寸×约$\frac{1}{2}$英寸。图版 XXXV。

L.A.VI.ii.0017、0018.　**两把木匙**。直，手柄截面大致方形，逐渐变成薄扁的圆匙碗，削制粗糙。0017 长 8 英寸，柄$\frac{3}{8}$见方，碗厚$\frac{1}{8}$英寸，宽$1\frac{3}{8}$英寸。

0018 长 9 英寸，柄截面$\frac{7}{16}$英寸×$\frac{5}{16}$英寸，碗厚$\frac{1}{8}$英寸，宽$1\frac{1}{2}$英寸。0017 见图版 XXXV。

L.A.VI.ii.0019.　**木封泥槽**。长条形，除顶上外，边缘作圆形。三条线槽，一孔钻穿槽底。槽的一边残。保存良好。2 英寸×$1\frac{7}{16}$英寸×$\frac{7}{8}$英寸。

L.A.VI.ii.0020.　**木封泥槽**。同前，但只有两个线槽，在一边切槽，并穿过两头。一孔水平钻穿中心。$1\frac{3}{8}$英寸见方×1 英寸。

L.A.VI.ii.0021.　**大致呈圆形的木棒**。每一头都有一个把手，一头在把手前变尖。可能是连接柄。长 $5\frac{1}{2}$英寸，直径$\frac{7}{16}$~$\frac{1}{4}$英寸。图版 XXXV。

L.A.VI.ii.0022.　**木棒**。仔细地加工成圆形但不是旋制的。一头粗糙，尖；另一头细了 $2\frac{1}{2}$英寸，但没有磨光，很清楚是为了插入到某种支持物的洞中的。离未磨部$\frac{11}{16}$英寸处，周围涂以一条黑线条。木笔(?)。长$7\frac{5}{8}$英寸，磨光部 5 英寸，磨光部直径$\frac{3}{8}$英寸，未磨光部$\frac{1}{4}$~$\frac{1}{8}$英寸。

L.A.VI.ii.0023.　**木工具(?)残块**。有类似 L.A.I.iv.009 那样的带钮的头。长 $2\frac{3}{4}$英寸，直径$\frac{1}{4}$英寸。图版 XXXV。

L.A.VI.ii.0024.　**陶圆盘**。从深灰色容器切下，手制，泥质，敞炉烧制，有席纹(参见 L.A.002)。直径 $1\frac{1}{4}$英寸，厚$\frac{3}{16}$英寸。

L.A.VI.ii.0025.　**细绳织的凉鞋(左)**。鞋底是用粗编绳织的，然后将编绳盘成扁平形，并用一根线横向通过鞋底扎在一起。这根线可能在边上折回，但鞋底因穿的缘故而被压得很紧，不可能清楚地看到它。鞋底的圆边由一系列短绳组成。每一条都对折，然后拧成缆绳，在顶部做出一个环。绳头向下穿进鞋底的边中，在那里终结，但显然没有打结。

这些线绳密集地排列在一起，平均突出鞋底边 $1\frac{5}{8}$ 英寸。这些线绳不是四周连续的，而是组成最必要的四或五组：即在外侧，在脚跟和脚边上有三组，还有一组在小脚趾的外边；在内侧，在脚跟的内边有两组，一组在脚背（这里的绳子长 3~$3\frac{1}{2}$ 英寸，将脚趾盖住），一组在大脚趾头的旁边。鞋底尖部有另一组三根线绳子组成，它们用绳子绑牢以增加强度。另有一根粗绳穿过所有这些绳子顶部结的环，横过足的前部，通过这根粗绳子，将各组短绳结牢，如此鞋子便被很结实地做成了。鞋底尖上的那一组短绳附着一条散绳，可能也是用来加强鞋的强度。鞋底的脚跟和趾部之下，用皮带隐缝着几块补缀。长 $10\frac{1}{4}$ 英寸，最宽 $3\frac{7}{8}$ 英寸。图版 XXXVII。

L.A.VI.ii.0026.　**皮质鞋底（左）**。带有部分鞋面，鞋后跟失。鞋底双层，鞋面用细线缝合到鞋底上。很破旧，小脚趾处有补丁，鞋内有干果子。$7\frac{1}{8}$ 英寸×$4\frac{1}{8}$ 英寸。

L.A.VI.ii.0027.　**织物块**。淡黄色粗毛料，结构与外形类似于 L.A. IV.003。另一块是暗红色精细毛（?）织品小块。黄色织物 1 英尺 6 英寸×10 英寸，红毛织物 2 英寸见方。

L.A.VI.ii.0028.　**丝织物残片**。褐黄色，用线精巧地将织物的短边扎在一根粗糙的木棒上，缝合线纵向通过丝织物。一面旗帜（?）。丝约 1 英尺 $5\frac{1}{2}$ 英寸×6 英寸，木棒（残）$2\frac{9}{16}$ 英寸。

L.A.VI.ii.0029.　**皮片**。薄，鞣革。最大 $4\frac{1}{8}$ 英寸。

L.A.VI.ii.0030.a、b.　**两只皮鞋**。a 为右鞋,完整。鞋面做成两片,一片形成趾片,另一片是后跟片。两片交会于足外侧的中部。脚背和足外侧中部被剪切到鞋底,留下一很宽的 V 形口。沿顶边有缝合的针迹。残破。单层底。$9\frac{7}{8}$英寸×3 英寸(残)。b 为左凉鞋的鞋底。从第一和第二脚趾的孔间伸出两条皮带,在下面打结固定。类似的带孔在每一边的中部和脚后跟的两侧也有。单层皮。10 英寸×$4\frac{1}{8}$英寸。

L.A.VI.ii.0031.　**皮鞋片**。鞋底的后跟部,边上缝合着鞋帮。下面为紫红色。$3\frac{3}{4}$英寸×$3\frac{1}{4}$英寸。

L.A.VI.ii.0032.　**绳织鞋底**。残部,结构紧密,被泥土凝固得很硬。$6\frac{1}{4}$英寸×$3\frac{1}{8}$英寸。

L.A.VI.ii.0033.a、b.　**草和皮绳**。残断。a 为草编绳,本身对折搓成,每隔约 1 英寸打一结;头残。长约 2 英尺 4 英寸。b 为皮带编的绳;一条皮带对折成两股,另一条皮带(扎在弯曲部)成为第三股,扎成结;在另一头又打了一个结。三股长 7 英寸。

L.A.VI.ii.0034.　**麻线(?)网**。残,猎网。网眼约 2 英寸见方。

L.A.VI.ii.0035.　**织物片**。破布,包括一片砖红色细毛料,组织疏松,缝合着一条类似黄色的织物。两片暗黄色粗麻料布,结构整齐。还有两块暗黄绢片,易碎。皆平纹(哈诺塞克博士分析)。最长 1 英尺 3 英寸。

L.A.VI.ii.0036.　**织物块**。主要是暗黄色麻和丝料,有两块深蓝色丝和褐色毡,一根绳子和红色的细毛线。一条暗黄色丝片的组织极细。破片,平纹(哈诺塞克博士分析)。最长的织物 8 英寸。

L.A.VI.ii.0037.　**毡片**。淡黄色,大多被虫蛀。最大 7 英寸。

L.A.VI.ii.0038.　**两片粗毛织物**。黄色,一片单层,折边缝合,另一片折叠成四层，磨损严重（哈诺塞克博士分析）。最长 $9\frac{1}{2}$ 英寸。

L.A.VI.ii.0039.　**白石珠**。香肠形，纵向钻孔，切割粗糙。$1\frac{5}{8}$ 英寸 × $\frac{11}{16}$ 英寸。

L.A.VI.ii.0040.　**小木匙突**。带有扁尖刃。$2\frac{3}{4}$ 英寸 × $\frac{3}{16}$ ~ $\frac{7}{16}$ 英寸。图版 XXXV。

L.A.VI.ii.0041.　**鹅毛**。土褐色。长 4 英寸。

L.A.VI.ii.0042.　**毡片**。巧克力色，面上有用深蓝色的毛缝上去的毛织物的残迹。毛织物的经线为暗黄色，纬线红色。很破旧。最大 3 英寸。

L.A.VI.ii.0043.　**两块马毛纱布**。经线和纬线都是“双股搓成”，一片暗紫色的丝被拧成绳子。纱布也见 L. A. VI. ii. 0060。纱布最大 $2\frac{1}{2}$ 英寸，绳长 1 英尺 1 英寸。图版 XXXVII。

L.A.VI.ii.0044.　**干小花**。藏红花（?）的雄蕊等，扎在一小片粗毛布上。

L.A.VI.ii.0045.a、b.　**织物块**。a 为带状细毛达里（darri），织成缎子一样的斜纹织物，色彩带按如下顺序排列：深红、深绿、黄绿、鲜黄、藏红、紫罗兰色；经线为浅蓝色的纱线。$1\frac{7}{8}$ 英寸 × $1\frac{7}{16}$ 英寸。b 为精美的有图案装饰的丝织物，在浓厚的红地上有不同圆心的白曲线，偶尔出现绿、蓝和黄色的花叶形斑点；经线深红色，一种很细的光滑的斜纹织物。$1\frac{1}{8}$ 英寸 × $1\frac{3}{4}$ 英寸。图版 CXI。

L.A.VI.ii.0046.　**绒面粗毛毯**。细褐色经线，纬线由四股捻得松散的纬纱很好地扎成。绒：一种软毛纱，四股，约 1 英寸长，围绕经线的每“头”折回两次，形成一个非常结实的结。绒长有时超过 $\frac{1}{2}$ 英寸。1 英寸大约有四排（垂直），每英寸约有八个结（横向），1 平方英寸 32 个结。背面，每隔五根纬纱有一排长的毛束。每排毛束由两根软毛纱组成。毛纱略微捻了一下,约有5英寸长,每到第十个经线头的下面,不打结,且毛束的两头自由地露着。这些东西可能是用来防止地毯在光滑的地板上滑动的。

所用的颜色是黑、灰白、红、粉红、暗黄、黄和亮蓝色。有一种纯绿色,可能是因潮湿和加热偶然影响了蓝色而形成的。底色是红、粉红色,带有不明确的其他颜色的线条图案,有时直,有时曲折。一条带似乎是地毯的边带,其中的颜色顺序是:红、粉红、白、暗黄、蓝、黑和红。织法与现在便宜的日本地毯很相似。背面上的毛束现在已没有了,绒结更简单而且不是如此结实。毛(或纤维)的品质也比现在的地毯差。保存完好,色彩鲜艳,毛非常脆。$8\frac{1}{2}$英寸×$9\frac{1}{2}$英寸。图版XXXVII。

L.A.VI.ii.0050.a~g.　**七块木写板**。无字。a、b完整,其余残。除f外,都保存良好。最长(完整)$9\frac{7}{8}$英寸。

L.A.VI.ii.0051.　**矩形木标签**。无字,每条边上的凹槽都绑着线,保存良好。$4\frac{3}{8}$英寸×$1\frac{5}{16}$英寸。

L.A.VI.ii.0052.　**木匙凸**。有扁窄的刃保存完好。$6\frac{7}{8}$英寸×$\frac{9}{16}$~$\frac{3}{8}$英寸。刃长$3\frac{1}{2}$英寸。

L.A.VI.ii.0053.　**木棒**。截面方形,带有圆头,筷子(?),保存状况良好。$8\frac{3}{8}$英寸×$\frac{1}{4}$英寸。

L.A.VI.ii.0054.　**木写板**。为较下的一头,正面头部有一个汉字,背面无字。保存状况良好。$3\frac{1}{8}$英寸×$\frac{1}{2}$英寸。

L.A.VI.ii.0056 .　**木写板**。局部,正面有六个汉字,难以清楚辨认,背面无字，表面腐朽。保存得很好。$4\frac{1}{2}$英寸×$\frac{1}{2}$英寸。

L.A.VI.ii.0057. **木匙突**。从一块汉语木简上切下，匙碗的背面遗有汉字（难辨认）的痕迹。5 英寸×$1\frac{1}{2}$～$\frac{1}{2}$英寸×$\frac{1}{8}$英寸。

L.A.VI.ii.0058. **木匙**。匙碗微凹，粗糙，碗部裂开。长 $7\frac{1}{8}$英寸，碗$\frac{5}{8}$英寸×$2\frac{1}{4}$英寸。

L.A.VI.ii.0059. **纸写卷残页**。脏且碎，正面显示有三行汉字，背面有三行佉卢文的一部分。参见沙畹《汉语文书》，189 页，No.918 和图版 XXVIII。5 英寸×3 英寸。

L.A.VI.ii.0060. **马毛纱布或筛子**。开放式结构，"双股缠织"。黄毡作边，中心部缚有圆形的毡片。边缘和中心也连着一条厚毡。两面都应用了毡子。纱布残，以褐色毛线缝补。纱布参见 L. A. VI. ii. 0043，边缘参见 N.XII.0018。（图版 XXVIII）。最大 $9\frac{5}{8}$英寸×$6\frac{1}{2}$英寸。

废墟 L.A.VII、VIII、IX 发掘或其附近发现的器物

L.A.VII.002. a～e. **各种铅和青铜残块**。a、b、c 为钻孔铅圆盘，为织布机的铅锤（?），直径$\frac{5}{8}$英寸。d 为一个中凸的凹钉头，青铜质，直径$\frac{3}{4}$英寸。e 为耳环残块，从裂形的环中悬下的青铜丝上有一部分绿色料珠装饰，直径$\frac{1}{2}$英寸。图版 XXIX。

L.A.VII.i. 1. **长条形木简**。粗糙，正面的表面被虫蛀，无字。背面有两栏佉卢文（七行和两行），很模糊。质硬但裂开。$8\frac{1}{4}$英寸×5 英寸×$\frac{3}{4}$英寸。

L.A.VIII. 001. **木梳。**弓背，如 L.A.VI.ii. 0014，状态良好。高 2 英寸，宽 $\frac{1}{4}$英寸，齿长$\frac{3}{4}$英寸，两齿宽$\frac{3}{16}$英寸。

L.A.VIII. 002. **木碗的耳。**上漆，同 L.A.III. 004。耳外侧黑，内侧黑上深红。耳下碗壁钻有铆孔(?)。状态良好。$2\frac{3}{4}$英寸×$\frac{1}{2}$英寸×$\frac{3}{8}$英寸。

L.A.VIII. 003. **各种丝、毛和皮残块。**包括黄毡片、精致的小羊皮(?)、暗黄色丝绸、精美的罗纹李子色丝绸和少量泛白的黄色丝边或丝缨，是从一整片丝上剪断的。最大 7 英寸。

L.A.VIII. 004.a~c. **各种铅和青铜块。**a 为一块铅圆盘片，钻孔，织布机的铅锤(?)，直径$\frac{1}{2}$英寸。b 为三个青铜丝链环(一残)，长 $1\frac{1}{2}$英寸。c 为青铜扣，铁舌残，$\frac{3}{4}$英寸。

L.A.VIII~IX.001. **褐煤印。**透镜状，水平钻孔。正面显示有面朝左面的头像，佩戴精细的头饰。背面为面朝左的动物像。粗糙的作品。1 英寸×$\frac{13}{16}$英寸×$\frac{1}{4}$英寸。图版 XXIX。

L.A.VIII~IX.002. **皂石圆盘片。**页岩色，不规则，圆形穿孔不在中心，沙磨。参见 L.A.VI.ii.0015。直径 $1\frac{1}{4}$英寸。图版 XXXVI。

L.A.VIII~IX.003. **青铜熔渣块。**最大 $1\frac{1}{2}$英寸。

L.A.VIII~IX.004. **青铜饰板。**长条形，中心有铆孔。一头有两附属物，弯曲且残，可能挂着一个铰链，另一头楔形。可能是与 L.A.0052 一样的连接物。$1\frac{1}{4}$英寸×$\frac{3}{4}$英寸×$\frac{1}{2}$英寸。

L.A.VIII～IX.005.　**青铜箭头**。尖头锐利。参见 L.A.0069。长 $1\frac{1}{8}$英寸，连矩形铤长 $1\frac{5}{16}$英寸。图版 XXIX。

L.A.VIII～IX.006.　**青铜饰板**。常春藤叶形，舌曾弯成圆形并用铆钉固定在板的中心，参见 L.A.0052。$\frac{7}{8}$英寸×$\frac{3}{4}$英寸×$\frac{1}{32}$英寸。图版 XXIX。

L.A.VIII～IX.007.　**很窄的青铜尖舌**。钝的一头有孔，孔中穿着一条青铜带，带两头弯成圆形并用铆钉铆合在一起。可能是皮盔甲和甲胄上的金属边。参见 N.XIV.009。$1\frac{3}{8}$英寸×$\frac{3}{16}$英寸×$\frac{1}{16}$英寸。带约$\frac{1}{2}$英寸×$\frac{1}{8}$英寸。图版 XXIX。

L.A.VIII～IX.008.　**铁箭头**。带长铤，头截面三角形，边缘锈蚀。长$3\frac{5}{16}$英寸，铤长 $1\frac{1}{2}$英寸。图版 XXIX。

L.A.VIII～IX.009.　**吹制玻璃容器残片**。泛黄的白色透明玻璃质，外面有轮磨的椭圆形凹饰。最大 1 英寸，厚$\frac{1}{8}$英寸。

L.A.VIII～IX.0010.　**黄石锥**。尖被砍掉了。$\frac{7}{8}$英寸×$\frac{9}{16}$～$\frac{5}{16}$英寸。

L.A.VIII～IX.0011.　**玻璃片**。透明，黄色，一边光滑而圆，其余残。$\frac{3}{4}$英寸×$\frac{3}{8}$英寸×$\frac{1}{8}$英寸。

L.A.VIII～IX.0012.　**水晶块**。有缺口，淡黄色，同 L.A.0063。最大$\frac{13}{16}$英寸。

L.A.VIII～IX.0013、0014.　**两块吹制玻璃片**。泛黄的白色，透明。外面轮磨成凹菱形图案。最大 $1\frac{1}{2}$ 英寸,厚 $\frac{1}{8}$ 英寸。

L.A.VIII~IX.0015. **青铜板**。铸有浮雕装饰,中国风格。残,用途不能确定。$\frac{5}{8}$ 英寸× $\frac{1}{2}$ 英寸× $\frac{1}{16}$ 英寸。图版 XXIX。

L.A.VIII~IX.0016. **青铜打眼锥(?)**。细铜丝做成,一头尖,另一头弯成环但残失。长 $2\frac{7}{8}$ 英寸,直径 $\frac{1}{16}$ 英寸。图版 XXIX。

L.A.VIII~IX.0017. **红玛瑙珠**。残缺,球状体。直径约 $\frac{1}{2}$ 英寸。

L.A.VIII~IX.0018. **玻璃珠**。有棱的喇叭形,深绿色,透明。$\frac{3}{8}$ 英寸× $\frac{3}{16}$ 英寸。

L.A.VIII~IX.0019. **玻璃珠残块**。淡绿的白色,透明,球形。直径约 $\frac{3}{4}$ 英寸。

L.A.VIII~IX.0020. **黄色的红玉髓块**。珠残部(?)。$\frac{7}{16}$ 英寸× $\frac{5}{16}$ 英寸× $\frac{1}{4}$ 英寸。

L.A.VIII~IX.0021. **白石质护符(?)**。一边凹,另一扁边切成四个圆坑,从长缘向长缘钻两个 $\frac{1}{16}$ 英寸的孔。$\frac{1}{2}$ 英寸× $\frac{3}{8}$ 英寸× $\frac{1}{8}$ 英寸。

L.A.VIII~IX.0022. **三块丝织物**。红色、桃色和蓝色;结构细密,破且脆。红和蓝色织物为罗纹,桃色织物为平纹。最大 5 英寸。

L.A.VIII~IX.0023. **绿假宝石质垂饰**。大致呈蛇(?)形。最大 $\frac{3}{8}$ 英寸。

L.A.VIII~IX.0024. **玻璃珠**。粗糙的三边形喇叭状,透明,褐色。$\frac{3}{8}$ 英寸× $\frac{3}{16}$ 英寸。

L.A.VIII~IX.0025. **白石英岩小鹅卵石**。直径$\frac{1}{2}$英寸。

L.A.IX.i.1. **长条形木简**。粗糙,正面有七栏佉卢文(每栏有7行),很模糊,表面腐朽。背面有10栏佉卢文,模糊。木质硬但裂开。1英尺$3\frac{1}{2}$英寸×$4\frac{1}{4}$英寸×$\frac{1}{2}$英寸。图版XXXVIII。

楼兰遗址L.B发现的各种器物

L.B.001和003.(北2英里) **两块吹制玻璃盘残片**。透明,黄色。凸棱朝下,凸棱和残边被沙侵蚀。最大处$1\frac{5}{8}$英寸,厚$\frac{1}{16}$~$\frac{1}{8}$英寸。001见图版XXXVI。

L.B.002.(北2英里) **吹制玻璃器残片**。透明,白色发黄。平行带状玻璃线嵌花图案。A.基莎认为属于公元3世纪式。最大$1\frac{3}{16}$英寸,厚$\frac{1}{16}$英寸。

L.B.004.(北2英里) **青铜带环**。楔形。参见L.A.VI.ii.0010。保存良好。长$1\frac{1}{2}$英寸,座长$\frac{9}{16}$英寸,青铜直径$\frac{1}{8}$英寸。图版XXXVI。

L.B.005.(北2英里) **中间有孔的青铜凸饰**。圆锥形,无尖。高约$\frac{3}{8}$英寸,直径约1英寸。图版XXIX。

L.B.006.(北2英里) **青铜箭头**。干粗,有插箭杆用的槽。三个倒钩,厚,且几乎不能从浅凹槽中与干区分开,因此截面实际上呈圆角三角形。参见C.123.001。长2英寸。图版XXXVI。

L.B.007.(北2英里) **玉石片**。深灰色,一面平,另一面有不规则棱纹,沙磨。长$1\frac{1}{5}$英寸。

L.B.008.(北2英里) 青铜丝。几乎弯成环。环径$\frac{5}{8}$英寸×$\frac{1}{2}$英寸，丝径$\frac{1}{16}$英寸。

L.B.009.(北2英里) 青铜浮雕饰品。后面有固定舌，饰以花形图案(?)，保存良好。$1\frac{1}{16}$英寸×$\frac{3}{4}$英寸。图版XXIX。

L.B.0010. 木棒。一头大致呈圆形，另一头修扁，并切成尖。笔(?)。长$3\frac{3}{4}$英寸，宽$\frac{3}{8}$英寸，厚$\frac{3}{8}$~$\frac{1}{16}$英寸。

*****L.B.0011. 木棒。**一头突然变细，另一头逐渐变细。后者钻有一孔。可能是织毯的针。其余见N.XXIV.viii.007、008、0010，XVI.i.001、XXXVIII.i.001，M.I.vii.005、viii.008~0010，L.B.IV.i.006、IV.v.0019，M.Tagh.a.009、Ka.I.004。长11英寸，直径$\frac{3}{8}$~$\frac{3}{16}$英寸。

L.B.0012. 木笔(?)。带有树皮的粗木棍，开裂到中心，尖头。长7英寸，直径$\frac{3}{8}$英寸。

L.B.0013. 木横梁(发现于L.B.II)。一侧雕有浮雕。素边缘之间有两支连续的棕榈(?)枝交织着，且在椭圆空间中形成八瓣蔷薇花。边上的三角形损伤严重，但保留有半朵蔷薇花的痕迹。在一边中，离端头1英尺7英寸处，有一榫眼，尺寸为$5\frac{1}{4}$英寸×$1\frac{1}{2}$英寸×$1\frac{1}{4}$英寸。保存完好。参见史特拉兹高斯基《科普特艺术》，66页，照片86号。3英尺11英寸×$6\frac{3}{4}$英寸×$2\frac{1}{2}$英寸。图版XXXI。

L.B.0014. 木雕柱头。残存约四分之一，发现于L.B.II。顶部设计：在一个方形之中有一个八叶形图案。位于方形角上的叶很尖，与直径一致的那些叶为方头。柱颈为圆形。

从一普通的被削成角的半圆饰伸出两锐利的锯齿状叶形装饰的螺旋状物。下面的螺旋,四片叶子相会于它们的基部,有柱头的一半那么高,其顶在斜切面上陡曲,从而充满木块的整个方切面。第二个螺旋的叶与第一个的相互交错,螺旋从这些叶迅速岔开的边缘之间升达柱头顶部。这些叶的叶梢也锐利地向后弯曲并下垂,居方形轮廓的边的中间。从其后面,向左和右、上和下,伸出弯曲的涡形花样,在木块的上角向下曲合成对;一排尖顶的籽状物紧靠在涡形花样的喇叭形下缘上。

柱头总的特征为印度—科林斯式。这些叶子都无“眼”,并从中肋到锯齿尖挖出 V 形槽。经济的加工方式和保持着立方体木块原来的表面,这再现了拜占庭雕塑的特征。上面八叶形设计和下面圆形设计,又在威尼斯的圣・索菲娅、君士坦丁堡和圣・马可的拜占庭式柱头上见到。顶部直径 9 英寸,基座直径 7 英寸,高 $7\frac{1}{4}$英寸。图版 XXXII。

L.B.0015.　(发现于窣堵波)大型吹制玻璃容器残片。淡黄的白色,透明;外表面饰以磨凹的圆形。最大 2 英寸,厚$\frac{3}{8}$英寸。

L.B.0018.　木透雕版局部。图案为斜木条组成的透雕格构,每一交点周围有大圆圈。这些圆圈沿斜线相连,但不是垂直或水平相连,相连处连着竖十字。没有浮雕。木雕版顶部和底部有榫头。保存状况良好。1 英尺 $7\frac{1}{2}$英寸×$6\frac{1}{2}$英寸×$1\frac{1}{8}$英寸。图版 XXXIII。

L.B.0019.a、b.　两块木透雕版(连在一起)。发现于 L.B.VI。斜格构的交点周围的圆圈图案同 L.B.0018,但较小且没有竖直的十字。保存状况良好。见 L.B.II. 0024。2 英尺 $2\frac{1}{2}$英寸×11(合在一起)英寸×$\frac{3}{4}$英寸。图版 XXXIII。

L.B.0020.　透雕木板。从一块木板上雕刻出;图案同 L.B.0018,腐朽且有许多裂缝。$8\frac{1}{2}$英寸×7 英寸×$1\frac{1}{2}$英寸。

废墟 L.B.I~L.B.III 中发掘的器物

L.B.I~III.001. **青铜环。**素面,扁条做成。直径$\frac{11}{16}$英寸,宽$\frac{1}{4}$英寸。

L.B.I~III.002. **青铜镜残片。**类似 L.A.0029,保存状况良好。最大$1\frac{1}{8}$英寸,厚$\frac{1}{8}$~$\frac{1}{32}$英寸。图版 XXIX。

L.B.I~III.003. **青铜箭头。**参见 L.A.0069,每面都有一个三角形凹部,很尖,残有铁柄。保存状态良好,但有残缺。长 $2\frac{3}{16}$英寸。

L.B.I~III.004. **青铜扣(?)局部。**矩形,有长条形带或连接他物用的环。保存状态良好。长(不完整)1 英寸,宽 1 英寸。

L.B.I~III.005. **银戒指。**有放圆宝石的空。直径 1 英寸,宽$\frac{1}{2}$~$\frac{1}{8}$英寸。图版 XXIX。

L.B.I~III.006. **青铜条。**弯成环。参见 L.A.0046。保存状态差。直径$\frac{3}{8}$英寸,宽$\frac{1}{8}$英寸。

L.B.I~III.007. **云母棒。**$1\frac{7}{8}$英寸×$\frac{1}{2}$英寸×$\frac{3}{16}$英寸。

L.B.I~III.008. **皂石纺轮。**圆锥形,但无尖。高$\frac{7}{16}$英寸,直径$\frac{3}{4}$英寸。

L.B.II.4. **白石膏棒。**残,一边扁。发现于东坡。$2\frac{1}{2}$英寸×$\frac{3}{8}$英寸。

L.B.II.6. **灰泥浮雕块。**为涂在曲棒上的半圆凸板。板中心是圆形珠宝浮雕,周围环绕圆环。圆环外是一排按顺时针方向弯曲的小火焰,火焰之间是填有珠子的凹孔。再外边又是一排更小的环形浮雕，和心形物交替出现，心形物钝的一头指向中心。这种装饰（敷上的）大多已残失。灰泥白色。可能是大型灰泥像的头饰。直径约4英寸。

L.B.II.7.　**灰泥浮雕块**。火焰的边缘，很大。白灰泥，烧过。$6\frac{1}{4}$英寸×$3\frac{3}{8}$英寸。

L.B.II.001.a、b.　**两块云母**。大块$2\frac{1}{8}$英寸×$\frac{1}{2}$英寸。

L.B.II.002.　**逐渐尖细的木钉**。截面方形，粗头有一大球。整体以一块木头做成，球不是旋制的。可能是用来固定木框架并作为建筑装饰的木钉。见L.B.IV.i.2和IV.iv.001、002。杆9英寸×$\frac{7}{8}$~$\frac{3}{8}$英寸见方，球直径$2\frac{3}{4}$英寸×3英寸。图版XXXV。

L.B.II.004.　**木雕花蕾**。三瓣，加长。一面（微凹的）有一放灰泥的孔。可能是木叶的边。$4\frac{1}{2}$英寸×$1\frac{1}{2}$英寸×1英寸。图版XXXIV。

L.B.II.005.　**木雕版局部**。浮雕，为叶头或莲花的花瓣，完整时可能类似于L.B.II.0016，有很多裂缝。7英寸×$3\frac{1}{2}$英寸×$1\frac{1}{4}$英寸。图版XXXII。

L.B.II.006.　**木雕莲花花环局部**。圆雕，与灰泥花环Kha.ii.002一样，花瓣聚合成一条带形，朝向交替不同。雕刻得很粗糙，但保存状况良好。直径$6\frac{1}{2}$英寸，厚$1\frac{1}{2}$英寸。

L.B.II.007.　**木横梁或镶板局部**。浮雕，一头残，另一头切成斜面。斜面的一头边缘素面，做成方形面的$\frac{1}{2}$英寸边都是如此。另一面做成斜面。里面的叶和卷须状物加工得很好。腐朽。5英寸×9英寸×$1\frac{1}{4}$英寸。图版XXXII。

L.B.II.008. **木雕尖顶饰(?)的顶**。扁平,边缘切成三把叠加的伞形,上面是一个圆盘。$1\frac{1}{2}$英寸×$\frac{1}{2}$英寸×$\frac{3}{16}$英寸。

L.B.II.009. **木窣堵波(?)模型的尖顶饰**。由 14 把“伞”组成,顶为两个圆盘在直径处竖直相交呈 T 字形。整个顶饰是用一块木头做出来,头顶上有镀金的痕迹。底部呈半圆形有安装孔。高 $3\frac{7}{8}$英寸,底直径$\frac{7}{8}$英寸。图版 XXXV(反转)。

*L.B.II.0010. **木栏杆的竖杆**。车床旋制,有五个球,被隔以尖缘双环。最底下的球形物有时适当切得短些。切掉的一头为方形,带有圆形凸榫。状态良好。相同的式样,见 L.B.II.0031 和 0038~0045(属于横杆 L.B.II.0046~0051)(参见 L.B.V.008、0010)。长 1 英尺 $7\frac{3}{4}$英寸,直径 3 英寸。0010、0039、0040、0044 见图版 XXXIII。

L.B.II.0011~0013. **三块木雕镶板**。浮雕,可能是属于一体的,虽然没有连在一起。左边立一怪兽,长体几乎弓成圆形,头向右回望。只能见到其一只角和一只耳(0011)。在 0012 中,显示有两只山羊式的后腿,前腿不清楚。0011 的上部和 0012 的下部有素边与凸榫痕迹,0011 的边向下延伸到左面。参见 L.B.II.0053。被晒得很白并有裂缝。1 英尺 11 英寸×6 英寸×1 英寸;1 英尺6 英寸×$5\frac{1}{2}$英寸×1 英寸;$6\frac{3}{4}$英寸×$\frac{3}{4}$英寸×$\frac{3}{4}$英寸。0011(颠倒了)和 0012,见图版 XXXIII。

L.B.II.0014.a、b. **木块**。浮雕,破成两块,还合在一起。雕刻部分是一个正方形,正方形中雕刻着一朵圆形的莲花或蔷薇花,八瓣八萼片。未雕刻部分低于正方形面,且无装饰。蔷薇花的中心是排成一线的三个孔,全都包含有木钉,但没有一个钻穿到背后,显然是用来固定单独做好的花冠的。可能是过梁的局部。参见 M.V.0012,图版 XLVII。表面磨损。1 英尺 3 英寸×$10\frac{1}{2}$英寸×

$3\frac{1}{2}$～2 英寸。图版 XXXII。

L.B.II.0015.a～d.　**四根木梁**。一面雕刻成浮雕；a、b、d 被切成两截以便于运输，c 古代时即已被斜切掉。a、b 及其他类似物，可能是墙壁饰的组成部分，a 为是墙饰一面的外缘，b 为是另一面上的外缘。

每一根的一头，是由在两个长条斜交，斜交带形成的三角形中，刻有半蔷薇花。往下，是一系列悬挂的圆圈，以直带竖直连接成一体，并在两侧交织以较小的圆圈。每个大圆圈包含一朵普通的八瓣和八萼莲花或蔷薇花。木梁两侧边缘与连接圆圈竖直带相对处，是较小的二等分八瓣蔷薇花。在 a 中，图案靠左边，在 b 中图案靠右边；在 b 中，左面素边是完整的，宽达 $2\frac{1}{2}$英寸，但在 a 中右面素边是不完整的（$\frac{1}{2}$英寸宽）。内侧通体被切掉。这些梁的任何一头都有长方形榫眼，表明这些边曾安装有另外的木构件（无疑是图案的组成部分）。a 的外（左）侧，边不完整，也发现有这种榫眼。保存完好。c、d 的图案相同，但规格略大些，保护得不那么好。c 的左侧边，d 的右侧边，图案被部分切割。6 英尺 11 英寸×$8\frac{3}{8}$英寸×$2\frac{1}{4}$英寸；7 英尺×$7\frac{3}{4}$英寸×$2\frac{1}{2}$英寸；3 英尺 5 英寸×10 英寸×2 英寸；7 英尺×9 英寸×$2\frac{1}{4}$英寸。图版 XXXI。

L.B.II.0016、0017.　**木雕镶板**。浮雕，几乎是完整的两半。素边（可能是方形）之内是四瓣莲花，花瓣之间有花萼。花瓣和花萼被刻出凹痕并刻出花脉，带有一条弯曲的中肋，花瓣的梢延长至充满所有的角。边外上下有榫头，可以安装到毗连的木件中。参见 L.B.II.0030，V.009。1 英尺 9 英寸×9 英寸和 $8\frac{1}{2}$（0017）英寸×$1\frac{5}{8}$英寸。图版 XXXI。

L.B.II.0018.　**织物块**。包括一片粗棉布料，淡黄色，结有沙壳，疏平纹。另一片稍精致一些，还有一块微小的深红色丝片（哈诺塞克博士分析）。最大

6英寸。

L.B.II.0019. **一捆暗黄色棉织物残片**。组织粗,有小块黄毡片和红丝片,也有一片褐色粗毛织物,类似于 L.A.IV.003,但破旧得多且结有沙壳(哈诺塞克博士分析)。最大9英寸。

L.B.II.0020. **用作灰泥衬背的粗棉织物残片**。织物类似于 L.B.II.0018。硬,结沙壳。最大7英寸。

L.B.II.0021. **木雕镶板**。浮雕,图案可能与 L.B.II.0011~0013 相似。左侧,是带有榫头的无装饰的边,然后是怪兽的头和伸长的颈,张开的嘴,巨大的牙齿,短而尖的耳和显然很短的呈螺旋形的角。这些都紧靠着颈背,仅以切口来表现,末端可能已残失。状况差。1英尺$\frac{1}{4}$英寸×3$\frac{1}{2}$英寸×1$\frac{1}{2}$英寸。图版 XXXIV。

L.B.II.0022. **木镶板(?)框局部**。装饰以菱形图案,由雕刻的斜槽构成。背面有榫眼和木钉孔。10$\frac{3}{4}$英寸×2$\frac{1}{4}$英寸×2$\frac{1}{8}$英寸。图版 XXXIII。

L.B.II.0023. **木雕镶板的一角**。图案显然是一种带轮子的斜格子构,与 L.B.0019 类似但结构更结实。下面是榫头部分。木头有各个方向虫蛀的孔。11$\frac{3}{4}$英寸×2$\frac{1}{4}$英寸×1$\frac{1}{2}$英寸。

L.B.II.0024. **木雕镶板一角**。一面略雕刻成浮雕,一边缘有窄边,另一边缘有榫头,完整。其余的边缘残缺。图案是:一种用斜条构成的宽格构,在交点周围有轮子,同 L.B.0019。但这里的斜条是从轮圈的上和下轮流通过的,以浅浮雕的方式表现出来。参见 L.B.IV.i.001。木板发白且有裂缝。1英尺4$\frac{1}{4}$英寸(连榫头1英尺5$\frac{1}{2}$英寸)×6$\frac{1}{2}$英寸×1$\frac{1}{4}$英寸。

L.B.II.0025、0026. **两根木梁**。一面雕刻成浮雕,在无装饰的边缘之间有两个无装饰的带状物交织成角,形成菱形。这些菱形中填有开放的四瓣蔷薇,中心带有方形钮。侧边的三角形填有类似半蔷薇花图案。0025的两头和

0026的一头切成斜面；0025严重被虫蛀，但表面尚好；0026没有蛀洞，但表面不太好。两根梁都被切成两截，而且背面被切薄，以利于运输。6英尺$4\frac{1}{2}$（完整）英寸×$5\frac{1}{4}$英寸×2英寸（原$4\frac{3}{4}$英寸）；7英尺1（完整）英寸×$5\frac{1}{2}$英寸×$1\frac{7}{8}$英寸（原5英寸）。图版XXXI。

L.B.II.0027.　**木横梁**。一面雕刻成浮雕，上部显然为人形，下部为拱廊；有八个佛的形象痕迹，柱础达到他们手肘的附近。毁坏得太厉害，不能看出任何细节。3英尺9英寸×5英寸×2~$2\frac{3}{4}$英寸。图版XXXII。

L.B.II.0028.　**木透雕镶板局部**。每头都有$1\frac{1}{4}$英寸的榫头；粗格构带有方形孔，组成菱形格。参见L.B.V.0012。1英尺10英寸×1英尺$\frac{1}{4}$英寸×$1\frac{1}{4}$英寸。图版XXXIII。

L.B.II.0029.　**木镶板局部**。一头圆，另一头切成短斜面，左面的圆头残，边缘内部填着菱形图案，图案阴刻，阴刻线呈条形式相交呈格形。1英尺6英寸×6英寸×$1\frac{1}{2}$英寸。图版XXXI。

L.B.II.0030.　**半块木雕镶板**。雕刻成莲花浮雕，同L.B.II.0016、0017。变形，发白，有裂缝。2英尺×$8\frac{3}{4}$英寸×$1\frac{3}{16}$英寸。图版XXXII。

L.B.II.0032.　**木横梁局部**。一面浮雕，磨蚀严重并腐朽。图案为两只面朝中心人物的奔兽，很不清楚。2英尺$8\frac{1}{2}$英寸×$3\frac{3}{4}$英寸×2英寸。

L. B. II. 0033、0034.　**窣堵波的两件模型**。样式基本相同，但不是一对。底为矩形座，然后是鼓形部分，略束腰，其下刻圆环。然后鼓形顶部为覆盆。

0033 中，上面立着五层“伞”盖和一个球顶，0034 中，立着七层“伞”盖。底座中有安装用的方形榫眼。状况良好，但木头已有裂隙。高 1 英尺 $8\frac{1}{2}$英寸，底座 $4\frac{1}{2}$英寸×$\frac{1}{2}$英寸；高 2 英尺 $5\frac{3}{4}$英寸，底座 $5\frac{1}{2}$英寸×4 英寸。图版 XXXII。

L.B.II.0035.a、b.　**两块木梁**。一面刻成浮雕，在中心突起的素塑造物之间，是菱形图案；素塑造物之外，沿每条边，是被$\frac{1}{2}$英寸长的小方块分成 2 英寸长的木棒形塑造物，并被两侧的槽划分出来。2 英尺 $8\frac{1}{2}$英寸和 3 英尺×3 英寸×$2\frac{1}{2}$英寸。a 见图版 XXXI。

L.B.II.0036、0037.　**两根木横梁**。一面刻成浮雕。0037（完整）的两头做成斜接面。图案：上面浮雕一种横向连续的卷花。从它们交织的中心开始，两根茎以同一方式延伸到木梁的两头。从每一条茎上长出三朵三瓣叶，填充在凹穴之中，每一条茎上，都是两朵在下面，一朵在上面。中心，交织处的任一侧，都有一朵小六瓣形蔷薇花，在两头的三角形中，也各有一朵同样的蔷薇花。下面是圆雕菱形图案。上下两组图案之上下有边栏相隔。保存状况良好。0036 不同的只是花卷是连续的，且没有蔷薇花。只有一头原来切成方形。表面有些裂缝，且残缺一部分。为了运输方便，两根横梁的背都被我切薄了。参见L.B.V.0013。5 英尺 $5\frac{1}{2}$英寸×$7\frac{1}{2}$英寸×$2\frac{1}{2}$英寸（原来为 $4\frac{1}{2}$英寸）；5 英尺 $7\frac{1}{2}$英寸×$7\frac{1}{2}$英寸×2 英寸（原来为 5 英寸）。图版 XXXI。

关于类似的卷花图案及附加的蔷薇花，参见史特拉兹高斯基的《科普特艺术》第 37 页照片 44 号及照片 76 号。

L.B.II.0038～0045.　**八根竖式木栏杆**。参见*L. B. II. 0010、0039、0040、0044，图版 XXXIII。

L.B.II.0046～0051.　**六根横式木栏杆构件。**竖的见 L.B.II.0038～0045。截面方形，上面和侧面为素面。下面雕成四个方座，两边斜杀，中心有圆榫眼。方座之间以双凸棱相隔。状况良好。2 英尺 1 英寸×3～$2\frac{3}{4}$英寸×$\frac{3}{4}$英寸。0047、0048、0051 见图版 XXXIII。

L.B.II.0052.　**木人的右臂。**圆或高浮雕，自肩处残落。肩处方形，有两个$\frac{1}{2}$英寸的固定木钉。宽松的袖子的袖口止于肘部，除腕上的手镯以外，前臂什么都没有。手紧握，太残损，无法看出手指。做工粗糙，木质发白且有裂缝。长 1 英尺 $1\frac{1}{2}$英寸，手指到肘长 $6\frac{1}{2}$英寸，厚 1～$1\frac{1}{2}$英寸。图版 XXXIV。

L.B.II.0053.　**木雕镶板残块。**浮雕，有如 L.B.II.0011～0013 那样的怪兽图案，但木质腐朽得太厉害，无法看到细节。无论如何，可以看到头上有类似公狗的口鼻，突出的眼睛和弯曲的小角。下面有凸榫。1 英尺 11 英寸×$8\frac{1}{2}$英寸×$1\frac{1}{2}$英寸。图版 XXXIII。

L.B.II.0054.　**扫帚。**草制，制法同 T.XIII.iii.001(q.v.)，但保存得长一些。手把里插有棒心。长 1 英尺 1 英寸。图版 LII。

L.B.III.1.a～h.　**四腿木碗柜。**长方形，浮雕。现存部分：a 为左前腿，b 为右前腿(上半截)的左半侧板，c 为左后腿，d 为右后腿，e 为前镶板的上板，f 为前镶板的中板，g 为左镶板的下板，h 为左镶板的上板。四条腿形制相同，中间三道凸棱将腿分成上下两部分。下腿曲，蹄足。腿上部截面长方形四条腿相对面内侧各有两个榫眼，以安装侧板。对着每个榫眼；a、c、d 有三个木钉孔(直径$\frac{1}{4}$英寸)；a 上现存有五个木钉孔，c 上有三个，d 上有一个；b 上有四个木钉孔。窄面上的榫眼比宽面的向下扩大(分别为 1 英尺$2\frac{1}{2}$和 1 英尺$1\frac{1}{2}$英寸)；宽面上第二个榫眼(约$1\frac{1}{4}$英寸×$\frac{3}{4}$英寸)的上缘与窄面上榫眼的底缘平齐。这个榫眼安放着支撑碗柜底的横板。腿 c、d 的上部是平的，但 a、b 的宽面刻成浮雕，图案是在平坦的方形格构中雕刻出两竖排方形四瓣蔷薇花，每排七个（类似的装饰参见史特拉兹高斯基的《科普特艺术》，图版 XI、XII、XIII 中的阴刻象牙饰板）。镶板（约 $1\frac{1}{4}$英寸厚）的两头做出榫头，厚$\frac{3}{4}$英寸。侧板（g、h）素面。前板（e、f）雕刻成浅浮雕，图案是成排的大小不等的四瓣蔷薇花。

离左侧 3 英寸且离顶 $2\frac{1}{2}$英寸处是门孔的上部，$8\frac{1}{2}$英寸宽。顶、底、背、右侧和大部分右前腿已残失。上板边缘有安装盖子的木钉孔。碗柜（重修后）2 英尺 $10\frac{1}{4}$英寸×2 英尺 $1\frac{1}{4}$英寸×1 英尺 4 英寸，总高 3 英尺。图版 XLVII。

L.B.III.001.　**云母块**。1 英寸×$\frac{3}{4}$英寸。

L.B.III.002.　**陶片**。手制，粗泥质，“熏”黑，有阴刻装饰图案痕迹，可能是棕榈叶纹。陶片为器耳以下的部分。$1\frac{15}{16}$英寸×$1\frac{5}{8}$英寸×约$\frac{3}{16}$英寸。

L.B.III.003.　**杏仁（?）壳残片**。长$\frac{15}{16}$英寸。

L.B.III.004.　**织物块**。包括暗黄色毛（?）织物、毡和严重腐烂的丝片，属于通常的组织结构；也有几根扁绳编带，由四根粗绳并排（边缘两根深黄色，中间两根淡黄色）构成，用深褐色横线束在一起。参见 N.XXIX.001。也有部分毡鞋底（?），接缝向下延至中间，遗有鞋的一侧片和脚趾片，沿边缘缝合。绳带约 8 英寸×1 英寸，鞋底长 $9\frac{3}{8}$英寸，宽 2~3 英寸。

L.B.III.007.a~c.　**各种青铜和料珠残块**。a 为青铜箭头，截面三角形，钝尖同 L.A.0069。长 1 英寸。b 为青铜针（?）局部，尖与眼残。长 3 英寸。c 为料珠残块，方格图案，红、白、黑、蓝和黄色。直径约$\frac{1}{2}$英寸，见图版XXIX。

废墟L.B.IV、V出土器物

L.B.IV.001.　**大罐口缘残片**。方唇，斜折缘。手制，很精致，细泥质，敞炉烧，质硬，被“熏”黑。$5\frac{7}{8}$英寸×$3\frac{1}{16}$英寸×$\frac{1}{4}$英寸。图版XXXVI。

L.B.IV.002.　**空青铜棒头**。头实心，圆形，装饰以两个突出的环。保存不佳。长1英寸，直径$\frac{5}{16}$英寸。

L.B.IV.003.　**青铜块**。可能是容器的口缘，边缘用两条带加厚，保存完好。长$3\frac{1}{8}$英寸，厚$\frac{1}{16}$~$\frac{1}{8}$英寸。

L.B.IV.004.　**木雕残块**。长方形，两侧扁平，前面上部雕悬垂的顶(?)弯曲，背面残。侧面有两个木钉孔从嵌线下穿过，下面还有一个木钉孔从前面穿到后面。透雕招牌(?)。$2\frac{1}{2}$英寸×$\frac{3}{4}$英寸×$\frac{5}{8}$英寸。

L.B.IV.005.　**木鸟箭**。头完整，另一端残。箭杆从残端起至$2\frac{3}{4}$英寸处，向上为顶呈球状下为圆锥体的箭头。大体从球顶向下$\frac{5}{16}$英寸时直径缩至$\frac{1}{4}$英寸，下接$1\frac{7}{16}$英寸长的圆锥体。(1)圆锥体逐渐变细，以与箭杆精确相接。(2)箭杆纵贯箭头，圆形顶部可看见箭杆头。各部分都做得很仔细，各部之间很协调；箭杆上缠绕着线绳。参见L.B.Iii.005、V.006。

根据T.A.乔伊斯对这种器物的正确解释，这种箭头是用来射杀鸟类而不致让血弄脏了羽毛的，它们发现于印度(奥里萨)和北美等地；见大英博物馆人种部中陈列的标本。通长$4\frac{1}{2}$英寸，头长$1\frac{1}{2}$英寸，杆径$\frac{5}{16}$英寸，头最大径

$1\frac{1}{8}$英寸。图版 XXXV。

L.B.IV.006.　有芒的麦穗和塔里格(粟)穗。

L.B.IV.007.　页岩磨石。一头穿孔,一面磨光。1906 年 12 月 26 日发现。长 $1\frac{1}{2}$英寸。

L.B.IV.0010.　易曲的小木棍。槌头向一头渐细,可能用来敲小铃和某种由薄木和金属键组成的类似现在木琴的乐器。参见附录 H。棍直径 $6\frac{1}{2}$英寸×$\frac{1}{8}$英寸,头直径 $2\frac{3}{16}$英寸×$\frac{1}{2}$~$\frac{1}{4}$英寸。

L.B.IV.0011.　青铜耳环残部。装饰以附加的铜丝缠结。环径$\frac{5}{8}$英寸,丝径$\frac{1}{16}$英寸。

L.B.IV.i.2.　带旋钮的逐渐变细的木钉。类似于 L.B.II.002,IV.iv.001、002,但这个旋钮形如颠倒的蓟头。参见 L.B.IV.v.0010。旋制,原来绘有红色。保存良好。杆 $9\frac{1}{2}$英寸×约$\frac{7}{8}$英寸×$\frac{7}{8}$英寸;钮高$2\frac{5}{8}$英寸,基部直径 $2\frac{1}{4}$英寸。

L.B.IV.i.7.　木矩形底简。正面有七行佉卢文,黑而清楚;背面有一行佉卢文,模糊。保存良好,一角被虫蛀。$7\frac{3}{8}$英寸×$3\frac{3}{8}$英寸×$\frac{3}{16}$英寸。图版 XXXVIII。

L.B.IV.i.7.　木矩形盖简。有空封泥槽($1\frac{1}{8}$英寸×$\frac{7}{8}$英寸)。正面槽一侧有两行佉卢文,笔迹细而清楚;靠近印槽有两行分开的佉卢文。背面有六行佉卢文,字迹黑而清楚。木质坚硬,保存特别好。$5\frac{5}{8}$英寸×$2\frac{7}{8}$英寸×$\frac{5}{8}$(最大)英寸。图版 XXXVIII。

***L.B.IV.i.001.　木雕镶板局部。**上部为边缘,深 $2\frac{7}{8}$英寸,与L.B.IV.v.0030~

viii.001一样，被斜刻槽水平地分成三条带。下面是轮形图案部分，轮子被串在交错的垂直和水平带上，竖带和水平带相互在中心交错，并交替地从上面和下面通过轮圈。背面也有这种交错带，但背面的边缘是平坦的。边缘的一头钻有一个直径为$\frac{1}{2}$英寸的钉孔。保存状况良好。同图案和同规格的透雕版。参见L.B.IV.i.002，vii.001、004，并L.B.II.0024。高$8\frac{3}{4}$英寸，轮直径$3\frac{1}{2}\sim3\frac{5}{8}$英寸，厚$\frac{13}{16}\sim\frac{9}{16}$英寸。图版XXXIV。

L.B.IV.i.002.　**木雕镶板**。有与L.B.IV.i.001相同的轮形图案。一面雕刻成相似的交错情形，另一面齐平，但轮子与带条用很淡的黑漆镶边，以示交替的交错关系。一侧有若干暗销，是用来将此板钉到邻接的木板上的，长$2\frac{5}{8}$英寸，厚$\frac{1}{8}$英寸，另一侧有两个较小的暗销，呈十字状安置，厚$\frac{3}{32}$英寸。保存完好。轮直径4英寸，厚$\frac{5}{8}$英寸。图版XXXIV。

L.B.IV.i.003.　**扁角匙**。曲柄，从直的角切割出来然后弄弯而成。长$7\frac{7}{8}$英寸，匙碗$1\frac{1}{2}$英寸×$2\frac{1}{4}$英寸×$\frac{1}{8}$英寸。图版XXXV。

L.B.IV.i.004.　**木棒**。光滑地加工成圆形，一头切成斜面，另一头削出短尖。尖头$1\frac{3}{8}$英寸长被削扁，只留下棒的中心，一侧的木头被削掉了。长$10\frac{5}{8}$英寸，直径$\frac{3}{8}$英寸。

L.B.IV.i.005.　**木雕镶板残块**。一面雕成浮雕。原属于L.B.IV.vii.003、viii.001。两面都有弯曲的树枝、肋状的茎和尖叶，并与另一类似的树枝头相接，那根树枝上有三个浆果。另一头显示有第三根树枝。保存状况好。长8

英寸，厚$\frac{7}{8}$英寸。图版 XXXIV。

L.B.IV.i.006. **木棒**。仔细地削成圆形但没有打磨；向一头（残）迅速变细，向另一头逐渐变细；可能是织毯用的针。参见 L.B.0011。长 $7\frac{7}{8}$英寸，直径$\frac{3}{8}$~$\frac{3}{16}$英寸。图版 XXXV。

L.B.IV.i.007. **直边木片**。微凹，侧面中间起凸，头为钝楔形，离每一头$\frac{1}{4}$英寸有一凹槽（$\frac{1}{4}$英寸×$\frac{1}{8}$英寸），切入每一侧面。$6\frac{3}{4}$英寸×$\frac{7}{8}$英寸×$\frac{1}{8}$英寸。图版 XXXV。

L.B.IV.ii.1. **楔形盖简**。有空封泥槽（$1\frac{1}{2}$英寸×$1\frac{1}{4}$英寸）。正面方头附近有一行佉卢文，尖头有佉卢文痕迹。背面有很模糊的佉卢文字迹。保存完好。$9\frac{3}{4}$英寸×$1\frac{1}{2}$英寸×$\frac{3}{4}$英寸（最大）。

L.B.IV.ii.001. **铁刀残块**。素柄圆形，实心。刀略曲背，严重锈蚀。长 $5\frac{1}{2}$英寸，柄长约 $3\frac{1}{2}$英寸，柄直径$\frac{9}{16}$英寸，刀宽$\frac{15}{16}$英寸，刀厚$\frac{1}{8}$英寸。图版 XXXVI。

L.B.IV.ii.002. **木板**。几乎是正方形，边突起$\frac{1}{16}$英寸高，顶和底宽$\frac{1}{2}$英寸，侧面$\frac{1}{4}$英寸宽。后面每一侧的中部，在一斜面上切出方形边缘，约$\frac{1}{4}$英寸宽。一条边缘残。类似于罗马上蜡的平板。$3\frac{5}{8}$英寸×3 英寸×$\frac{1}{4}$英寸。

L.B.IV.ii.003. **一块白石英**。磨成长菱形。$2\frac{3}{16}$英寸×$1\frac{3}{16}$英寸×$1\frac{1}{8}$英寸。

L.B.IV.ii.004.　**扁木片**。削成粗糙的新月形,圆头略薄。中心钻一孔,孔在新月形凹面比在凸面大。边缘圆形,顶上磨损严重。凹面和每一扁侧有黑漆痕迹。可能是钻的手柄。$2\frac{3}{4}$英寸×$1\frac{3}{8}$英寸×$\frac{5}{8}$~$\frac{1}{2}$英寸。

L.B.IV.ii.005.　**木鸟箭的箭杆**。一根木料做成。先为8英寸长的素面,然后增大成一个圆形球凸,1英寸后又削小至原来的直径。再往外箭杆突出1英寸,以安装箭头。参见L.B.IV.005。长$10\frac{3}{4}$英寸,直径$\frac{3}{8}$~$\frac{7}{8}$英寸。

L.B.IV.ii.006.　**角刀柄**。截面扁椭圆形,两头切成方形。厚的一头,在前缘上有一排共六个孔,三个钻穿,两个刚开始钻,一个钻了一半深。$5\frac{3}{8}$英寸×$\frac{7}{8}$~$\frac{11}{16}$英寸×$\frac{1}{2}$~$\frac{5}{16}$英寸。图版XXXV。

L.B.IV.ii.007.　**角匙**。柄细长,匙碗几乎是扁的,腐蚀得很厉害。长8英寸,匙碗$2\frac{1}{4}$英寸×$1\frac{1}{4}$英寸×约$\frac{1}{16}$英寸。

L.B.IV.ii.008.　**山羊毛(?)绳编的马绊子**。绊马用。绳有四股,后来又对折绞缠,这样就在一头形成一个环。参见《古代和田》,第一卷,348页,b。同时,另一头系到一块木横档上。木横档形如小木橛,同L.A. VI.ii.0016。绳长2英尺6英寸,直径约1英寸,横档长$2\frac{1}{4}$英寸。

L.B.IV.ii.009.　**木"去鲁克"**。用来固定小羊的颈圈,同L.A. I.iv.009。横档磨损,且好像刻出绑绳子的凹槽,粗绳直径$\frac{3}{16}$英寸,缠拴在直棒一头的凹槽上。横档2英寸×$\frac{1}{2}$英寸,直棒$3\frac{1}{4}$英寸×$\frac{3}{8}$英寸。图版XXXV。

L.B.IV.ii.0010~0012.　**三个木印盒**。形如L.A. VI.ii.0024等。0010有一孔穿透盒底,有三条缚绳用的凹槽。保存状况良好。0012(最大),

$1\frac{7}{8}$英寸×$1\frac{7}{16}$英寸×$\frac{7}{8}$英寸。

L.B.IV.ii.0013. **毛毯残片**。蓝和红色。结构类似于普通的印度达里(darri)。经线是一种捻得很紧的麻线,缎织。色彩不是完全横过织物,而是在它们的交会处相互交织,在交会处,两种色彩被隔断了。这件标本的新特征是,在背面附加了成排的毛绒束,每隔约15根纬纱出现一排毛绒束,并相互侧向连接,每一毛绒束都被经线的两个环束成三个分离的"头",如此越过中间的三个"头";同时,每一个束着的"头"都持有邻近的两个毛绒束的末端。毛绒束有四股,系着时长约1英寸,加上用来打结的$\frac{3}{4}$英寸,长$2\frac{3}{4}$英寸。每四排毛绒束中不止一次地出现同一根经线,所有经线都被相同地扎紧,因而织物没有走样。这些毛绒束的使用与L.A. VI.ii.0046完全相同。

残存的图案,有宽$\frac{1}{2}$英寸的红色边缘,边缘中,红地上有蓝色成阶梯状的城垛图案。色彩和织物保存完好。6英寸×3英寸。图版XXXVII。

L.B.IV.ii.0014. **毛织物残片**。经线可能是麻的,已腐烂。双股缠织,精而匀。有暗黄、蓝和深红色锯齿形花饰带的痕迹。可能是鞋面的一部分。1英尺4英寸×$1\frac{1}{2}$英寸。

L.B.IV.ii.0015. **木棒**。截面半圆形,两头方形,离两头不远刻有宽而浅的扎带槽,可能是弓。$4\frac{11}{16}$英寸×$1\frac{5}{16}$英寸×$\frac{9}{16}$英寸。图版XXXV。

L.B.IV.ii.0016. **编织的便鞋(左)**。鞋底以绳子织成,很粗,上面钉有一块成形的皮做后跟。用结构像绳子似的粗帆布做衬里,织成鞋形,成为一整片,在后跟的右侧和小趾上面缝有三角形布片。上部覆盖着有图案的多色织物,织成一片,不加缝其他的布料或线缝。它的顶部仔细地翻卷至帆布衬里上面,底部则缝到绳子编的鞋底上。一块不成形的粗皮鞋头被缝在鞋前部的上面。鞋面上部的多色织物的经线(圆形后片、两侧边和脚趾部分的下部)有粗糙的短麻纤维，纬线是暗黄和白色毛、丝，织成图案，是一种扁平的连续S形曲线，曲线在弯曲部加粗，曲线之间有扁形的点。为了做鞋头，经线有一个共同的中心。

多面图案的狭窄连续部和顶缘的狭窄部之间，织有一片新月形，最宽处有五个区，从新月形的内侧起，依次是：(1)红带，上面是白线组成的波形图案；在下方隔以椭圆形的点，在上方是传统的植物图案；(2)开始是蓝色窄条，带有红边，然后是通过两只红、黑和白色眼变为黄带，其中心是蓝色十字花；(3)纯白色带；前面，下缘被五根蓝线组成的断带突出来；(4)红带，上有排列很密的黄色菱形；(5)白带，上面有暗黄色直菱形茎，带有成对的三角形叶。保存完好；色彩很艳。长9$\frac{1}{2}$英寸。图版XXXVII。

L.B.IV.ii~v.001. **直象牙棒**。圆形，两头残，一头磨损严重。长3英寸，直径$\frac{3}{16}$英寸。图版XXXVI。

L.B.IV.ii~v.002. **一捆毡片**。黄、白和灰色，有些被虫蛀。最大10$\frac{1}{4}$英寸。

L.B.IV.ii~v.003. **织物残块**。破，包括一块通常的暗黄色丝织物，严重腐蚀，底纹或深或浅；一块砖红色毛织物，组织疏松；另一块为暗黄色毛(?)纱，很脆。最大10英寸。

L.B.IV.ii~v.004. **一捆皮片**。包括下面缝有一块皮的鞋底的后跟部，一块皮片，一片毡片；一块部分地方还带有毛兽皮，以及一块鞋形皮片(残且里边被切掉)。鞋形皮片每边都施以深灰色，离头3英寸处有一孔，一根皮条从孔中穿过。残鞋约6英寸×2$\frac{1}{2}$英寸。

L.B.IV.ii~v.005. **青铜钉头**。凹圆形，有扁缘。直径$\frac{9}{16}$英寸。图版XXIX。

L.B.IV.ii~v.006. **陶片**。深灰色，手制，泥质，质硬，烧制均匀，外表有席纹。参见 L.A.002。$2\frac{3}{4}$英寸×$2\frac{1}{4}$英寸×$\frac{1}{4}$英寸。图版 XXXVI。

L.B.IV.iii.001. **圆形木钉**。一头变细成尖头,另一头切成方形。方形头突出一枚较小的钉,小钉一头逐渐变细,形成截面为方形的尖头,并用细毛线缠绕。可能是绕线轴。长钉 $4\frac{1}{4}$英寸×$\frac{5}{8}$(最大径)英寸,短钉$1\frac{1}{4}$英寸×$\frac{5}{16}$(最大径)英寸。图版 XXXV。

L.B.IV.iii.002. **木雕块**。可能是家具腿,如碗柜。一头有凸榫,榫上带有三个木钉孔。截面长方形,轮廓像一个粗陋的未完成的腿和脚。有一个结节孔,孔中塞着少量的泥(?)。高 $2\frac{1}{2}$英寸(连榫 3 英寸)。

L.B.IV.iii.003. **塔里格(粟)粒**。

L.B.IV.iv.001、002. **两根带球凸的木钉**。类似于 L.B.II.002、IV.i.2,但这个球凸为圆锥形,尖头被砍平,且为轮旋制。钉截面大致方形。001 的一头固定在灰泥中,用作建筑装饰。木质有很多裂缝。001,杆$9\frac{3}{4}$英寸×$1\frac{1}{4}$英寸×$1\frac{1}{4}$英寸,圆锥体高 4 英寸,基部直径 $3\frac{1}{4}$英寸;002,杆 10 英寸×1 英寸×1 英寸,圆锥体高 4 英寸,基部直径 $2\frac{3}{4}$英寸。图版 XXXV。

L.B.IV.iv.003. **小木碗柜(?)腿**。车床旋制。上面五分之二处和顶部有成对的榫眼,榫眼互相垂直,用来安装镶板或横档的凸榫。木钉或木钉孔还残留在这些榫眼中,下面的两个榫眼中还残有凸榫的残片。造型:环形足,其上为素面圆柱体,再上为两个圆形凸棱,其上是腿上部的圆柱体。该圆柱体的顶和底部附近,在木钉孔上面,凹刻有浅槽,宽 3 英寸,可能是装饰金属条以盖住木钉头(?)的。状况良好。参见 N.XIV.iii.0037。高 1 英尺 $5\frac{1}{2}$英寸,最大径约 2 英寸。图版 XXXIII。

L.B.IV.iv.004.　**纸写卷残页**。纸页细小，一面有两行佉卢文的残迹，字体大，模糊。$1\frac{1}{2}$英寸×$1\frac{1}{8}$英寸。

L.B.IV.v.1.　**楔形盖简**。有空封泥槽（$1\frac{1}{2}$英寸见方）。正面，在槽的每一边各有一行佉卢文字迹。背面无字。表面不太好。$8\frac{5}{8}$英寸×$2\frac{1}{16}$英寸×$\frac{5}{8}$（最大）英寸。

L.B.IV.v.3.　**长条形木简**。每边的中间有绑绳槽。正面有一行模糊的佉卢文字迹。背面有一行不清楚的佉卢文。木质硬但已褪色。4英寸×$2\frac{1}{8}$英寸×$\frac{3}{16}$英寸。

L.B.IV.v.001.　**木雕版**。柱头（？）的一角，有叶形装饰痕迹，腐朽且有裂纹，后面脱落。高8英寸，厚$2\sim\frac{7}{8}$英寸。

L.B.IV.v.002.　**木雕版**。扁条，沿一边的三分之二有突起的素面边缘，$\frac{5}{16}$英寸宽。雕刻着低浮雕窄锯齿状叶形图案。叶形图案达到素面边缘所在木板一侧的另三分之一的缘部，说明雕塑延续到此部分突起边缘之外。可能是碗柜的门边，突起的边缘是它一侧的门框。8英寸×$1\frac{1}{8}$英寸×$\frac{7}{16}\sim\frac{3}{16}$英寸。图版XXXIV。

L.B.IV.v.003.　**象牙棒**。两头残，大致呈圆形并逐渐变细。参见L.B.IV.ii~v.001。长$3\frac{1}{8}$英寸，直径$\frac{1}{4}\sim\frac{3}{16}$英寸。图版XXXVI。

L.B.IV.v.004.　**木雕版残块**。可能是家具的竖板，两侧看起来是磨光的，实际未磨光。一侧有横档残块，木质相同。一头方形，另一头残且烧焦，残有与横档平行的木钉孔。背面素面。前面是两排类似国际象棋棋盘的图案，方块交替下凹$\frac{1}{16}$英寸。4英寸×约$\frac{7}{8}$英寸×$\frac{5}{8}$英寸。图版XXXIV。

L.B.IV.v.005. **木针**。眼的一头截面扁长方形，尖头圆形，钝的一头刻有一条凹槽。眼孔圆形，直径为$\frac{1}{8}$英寸。$9\frac{1}{8}$英寸×$\frac{3}{8}$英寸×$\frac{1}{4}$英寸。

L.B.IV.v.006. **木鸟箭箭杆**。曾连接着木箭头(残)。一头刻有系线的槽，箭杆下部边缘有插羽毛的缝。缝中残有黏胶，但羽毛已失，有捆绑的痕迹。另一头削成长V形尖，胶接在另一根长木杆中，可能是头端。参见L.B.IV.005。可能是用树胶固定的，因为没有捆绑的迹象。长$7\frac{1}{2}$英寸，直径$\frac{5}{16}$~$\frac{1}{2}$英寸。

L.B.IV.v.007. **木刀鞘的一半**。内侧扁，但外侧斜成半八边形。内侧挖空，在一头成为一个粗尖。尖头的鞘后来磨掉了，另一头切掉了一部分，部分残。7英寸×$\frac{7}{8}$英寸×$\frac{9}{16}$英寸。

L.B.IV.v.008. **漆木片**。两侧边和一角构成方形角，其余残。短的一侧有两个小钉孔，同一角附近的长侧也有一个钉孔。有一个销子钉在长边中，方向与短边平行。每一边的木头重叠着纤维布，布上涂有漆。严重毁坏，一侧黑，另一侧红。参见L.B.IV.v.002。$10\frac{1}{4}$英寸×$2\frac{1}{4}$英寸×$\frac{3}{8}$英寸。

L.B.IV.v.009. **漆木片**。直，截面方形或长方形，但背面开裂。一头有凸榫，另一头有残孔，直径为$\frac{3}{16}$英寸，从正面向背面钻。三个磨光面漆成黑色。10英寸×$\frac{5}{8}$英寸×约$\frac{3}{8}$英寸。

L.B.IV.v.0010. **木把手残块**。车床旋制，形如蓟头，原来涂成红色，与L.B.IV.i.2的把手相似。高3英寸。

L.B.IV.v.0011. **一捆白毡片**。扎在一起的窄毡条。最长约7英寸，最宽$\frac{7}{8}$英寸。

L.B.IV.v.0012.　**木镶板或棒残部。**浮雕。图案：一条起伏的茎，在每一个转弯处形成茎节；一条钉头线装饰沿茎的中心线纵贯全茎。每一个茎节长出三片长百合形叶。在突出的一侧，只长有一片小叶。整个作品充满活力，设计完美，很有希腊风格。背景凹陷，一条边缘塑成方形边框。两条边都经打磨，两头残。一头有穿入厚度方向的横向榫眼的一部分，宽$\frac{9}{16}$英寸，且在背面（表面已劈掉了）有两个固定凸榫的木钉孔。在同一头但在另一边，有一个穿过宽度方向的榫眼的一部分。在残边有横向的木钉孔。1 英尺 2 英寸×3$\frac{3}{16}$英寸×1$\frac{5}{16}$英寸。图版 XXXIV。

L.B.IV.v.0013.　**（东南角）木立柱。**家具残块，可能是椅子上的，雕刻成怪兽形，怪兽立着，大头下垂在胸部，漆成红、黑和黄色。总的形状类似于 N.xii.3（雕刻的动物，《古代和田》，第二卷，图版 LXX），这种图案很容易令人想到珀塞波利斯的图案。怪兽有圆形的口和鼻，鳄鱼的颚和牙齿，直立的小角。

上部后面的细节不清楚，但背是扁平的，顶部附近有一个安装横杆（$\frac{15}{16}$英寸×$\frac{7}{16}$英寸）的榫眼，顶上的角削成钩形，钩朝向背部，可能是用来固定垫子的。角后也向旁侧切出一个三角形开口。下面，身体和腿缩成一团，较下部分大致作腿形，并在竖直方向分成两条，但蹄部是稳固的，并且向后突出。

漆成红色，但口和鼻、头的两侧和两角之间的空间除外，那些地方是黄色，带有黑色和红色印记以表示鬃毛或粗浓的毛发。蹄子也刻圆环形，在黄地上装饰着黑和红色螺旋形以表现爪子周围的毛，爪子是黑色的。头的空穴之内和两腿之间上有漆。但前足间竖刻的凹槽，显示有系缚的痕迹，胸部的木钉没有上漆，已残断。上部前面大多仔细磨光，下部在后面磨光。做工精美，略受腐蚀。参见 L.B.IV.v.0023。9$\frac{3}{4}$英寸×1$\frac{3}{4}$英寸×1$\frac{1}{8}$英寸。图版 XXXIV。

L.B.IV.v.0014～0016.　**三个残漆木环**。一个截面方形，其余的截面扁形，易曲，漆下盖着帆布，可能是盘或碟的口缘（方形者）和边（扁者）。口缘是单独使用的，而且破碎。漆：里边是黑色上面施红彩；口缘顶部是黑色，沿每一条边有一条细红线，沿中心有红色菱形；口缘外边是黑色，有红线。明显的直径约 1 英尺。

L.B.IV.v.0017.　**木碗的边**。两面施黑漆，严重腐朽。最大$4\frac{3}{8}$英寸，厚$\frac{1}{8}$英寸。

L.B.IV.v.0018.　**漆木块**。方形立柱的角条。黑漆，带有红色花（?）形图案。长$7\frac{1}{2}$英寸，宽$\frac{3}{8}$（残）英寸。

L.B.IV.v.0019.　**木棒**。很仔细地削圆，向一头（残）迅速变细，向另一头逐渐变细。逐渐变细的这一头穿有一个小孔（直径仅$\frac{1}{16}$英寸），一边被削薄。可能是织毯用的针。参见 L.B.0011，IV.i.006。长$7\frac{1}{4}$英寸，直径$\frac{5}{16}$～$\frac{1}{8}$英寸。

L.B.IV.v.0020、0021.　**两个木封泥槽**。同 L.B.IV.ii.0010 等。有三条线槽。0021 底上有一个方形孔。$1\frac{15}{16}$英寸×$1\frac{3}{8}$英寸×$1\frac{1}{8}$英寸；$1\frac{13}{16}$英寸×1 英寸×$\frac{13}{16}$英寸。

L.B.IV.v.0022.　**扁形漆木片**。可能是碗底，所有边缘都已残失。漆涂成油画状，一面黑，另一面红色。状况差。最大 7 英寸，厚$\frac{3}{8}$英寸。

L.B.IV.v.0023.　**木立柱和横杆**。属于一把椅子，雕刻和上漆的方式类似于 L.B.IV.v.0013，图案同 N.xii.3（人物雕刻，《古代和田》，第二卷，图版 LXX），但状况好得多。上部人头形，人物具波斯（?）人特征，从胸部圆形轮廓线看，显然是一个女子。

这之下，是半开的莲花（其上立着人形像），往下变成结实的马腿和马蹄。头上有大而黑的眼睛和眉毛，黑发呈缕状垂悬于颈后，额上环绕着以直叶和花构成的花环。花环上面立着一个木角，漆成朱红色，木角的边缘修成斜面，漆呈黑色，木角做成向后的钩形。面漆成灰色，唇朱红色，两个脸颊和耳朵漆有朱红色的点，前额和下巴有一条类似颜色的条纹。长颈出现于红袍的黄领之上，背后是垂直的小曲翼，使人想起希腊斯芬克斯（希腊神话人物）的翅膀，尽管弯曲的方向正好相反；小翼漆成黄和黑色。莲花有一片褐色花瓣和两片黄色花瓣，花瓣之间显示有内瓣朱红色的尖。马腿是朱红色，马蹄黑色。

头后的榫眼仍插着杆，木杆漆成黑色，向后伸出去。它的另一头做成圆形，并有一个横向凹槽，槽上有木钉连接槽中的长方形扁木块。此木块的角是圆的，在更靠近末端处有一个孔，用来安装另一颗木钉。这根棒显然是用作枢纽的。这是一件很精美夺目的作品，色彩依旧鲜艳。立木 1 英尺$1\frac{1}{2}$英寸×$1\frac{7}{8}$英寸×$2\frac{1}{2}$英寸；横棒 10 英寸×$1\frac{3}{8}$英寸×$1\frac{1}{4}$英寸。图版 XXXIV。

L.B.IV.v.0024.　**织物残片**。包括：一捆白毡片（$2\frac{3}{4}$英寸~$6\frac{1}{4}$英寸长×$\frac{1}{8}$~$2\frac{1}{4}$英寸宽）；普通的暗黄色棉（？）、丝和毡块；很薄的红丝带和深蓝色毛片。

L.B.IV.v.0025.　**皮残片**。不规则形，扎在圆形物的顶上，好像扎在果酱罐的盖子上，边缘粗糙。质硬，里面色彩为灰到淡红色。加工过的一面朝下。最大 $5\frac{3}{4}$英寸，扎着时直径 $3\frac{1}{2}$英寸。

L.B.IV.v.0026.　**不完整木柱**。车床旋制，有凸榫，背向扁的一面。完整地保存有顶和基的脊以及 10 个球环。参见 L.B.V.008、M.II.009。长 8 英寸（连残榫 $8\frac{3}{4}$英寸），直径 $1\frac{1}{4}$英寸。

L.B.IV.v.0027.　**漆木棒**。家具（？）的横档，截面方形，两头有圆形凸榫，向前突出$\frac{5}{8}$英寸。每头的凸榫附近有一铁钉钉在窄面。铁钉锈蚀，并使木头裂开。通体漆成黑色，一个扁面和两个窄面有红色卷花形花纹。1 英尺 $9\frac{1}{4}$英寸×$1\frac{1}{2}$英寸×$\frac{3}{4}$英寸。

L.B.IV.v.0028.　**木碗**。一块木块挖空而成，器表有九条车床旋出的凹槽，槽间的脊稍有画痕。子母口，可以放盖子。底上有硬褐色的沉淀物。因经常要刮出盛在里面的东西，所以里面被刮得很粗糙，并被磨到$2\frac{1}{2}$英寸深。高$3\frac{1}{2}$英寸，直径 $4\frac{3}{4}$英寸，边厚$\frac{1}{2}$英寸。

L.B.IV.v.0029.　**漆木碗底残块**。与 T.VI.b.ii.001 相似。中心部平，碗里面中心部外缘有旋槽，槽外侧略突起。表面和里面平坦部分的漆为黑色，碗立壁里面的为红色。状况差。3 英寸×$1\frac{3}{4}$英寸×$\frac{1}{4}$英寸。

L.B.IV.v.0030.　**木雕壁柱残块**，或为镶板的边缘，下端残。顶的左面被切掉，右面残，被两条切成斜背面的凹槽水平地分成三个面。参见 L.B.IV.i.001、IV.viii.001。暗榫孔从残的一头水平地穿过。柱面雕刻出四个悬挂的花环，花环被刻有槽的束带连接在一起，花环两侧垂有狭窄的缘饰。1 英尺 $4\frac{1}{2}$英寸×$2\frac{3}{4}$~$3\frac{5}{8}$英寸×$\frac{7}{8}$英寸。图版 XXXIV。

L.B.IV.v.0031.　**青铜杯座和部分空柄**。杯座空心，张开很大。柄残，外圆内方。通高 $2\frac{7}{8}$英寸，柄高 $1\frac{5}{8}$英寸，基座直径 $3\frac{7}{8}$英寸。图版 XXXVI。

L.B.IV.v.0032.　**五块黄毡片**。薄，画有（显然是几何形）图案，画成深灰、暗黄和浅蓝色。很脆，仿刺绣品。最大 4 英寸×3 英寸。

L.B.IV.v.0033.　**四块黄毡片**。用蛋白画成红、暗黄、褐和灰色。红地上画蓝瓣莲花这种传统的花形图案,上部有褐色条带夹杂白色点。最大 $2\frac{1}{2}$英寸×$2\frac{1}{2}$英寸。

L.B.IV.v.0034. **象牙骰子。** 截面为方形的长棒。数目(1~4 连续)用阴刻的宽圆圈表示,圆圈直径与棒面同宽,圆圈中心有一个点。保存良好。$4\frac{1}{2}$英寸×$\frac{9}{16}$英寸见方。图版 XXXVI。

L.B.IV.vi.1. **楔形底简。** 正面有四行佉卢文,字迹模糊,结壳。背面靠近方头有一行佉卢文,模糊。保存完好但结壳。$8\frac{5}{8}$英寸×2 英寸×$\frac{1}{4}$英寸。

L.B.IV.vii.001、004. **两块木雕镶板上的轮子残块。** 图案与规格同 L.B.IV.i.001。实际直径 $3\frac{3}{4}$英寸和 $3\frac{7}{8}$英寸。

L.B.IV.vii.002. **织布用的木梳。** 同 N.XXII.i.001,但较小;表面粗糙;边缘切成方形但两面向边缘倾斜,也向梳齿倾斜。参见《古代和田》,第二卷,图版 LXXIII,N.XX.05。高 4 英寸(连柄 6 英寸),宽 $2\frac{3}{4}$英寸,齿长$\frac{3}{16}$英寸,6 齿宽 1 英寸。

L.B.IV.vii.003. **透木雕镶板残块。** 原属于 L.B.IV.i.005、viii.001 的一部分。顶上是一根结浆果的月桂树枝的末端,月桂枝伸延的方向与 L.B.IV.i.005 上面的相反。下面是茎的基部和横向带,带上有棕榈叶浮雕,与 L.B.IV.v.0012 相似,但并非相同。有两根木钉从一头通过横带穿到另一头。钉残。

这件透雕版并不是每一处都已完工,有一个孔才刚开始做了一点。保存良好。9 英寸×3 英寸×$\frac{7}{8}$英寸。图版 XXXIV。

L.B.IV.viii.001. **木雕镶板的边缘。** 原为 L.B.IV.i.005、vii.003 的一部分。边框 3 英寸深,被 L.B.IV.i.001、v.0030 那样的斜槽水平地切成三条带。一个

木钉孔横穿边框，木钉尚在孔中。下面是连叶树枝浮雕，与上面引述的那些相似。右边残，其余边缘呈方形。$5\frac{1}{4}$英寸×$1\frac{3}{4}$英寸×$\frac{7}{8}$英寸。图版 XXXIV。

L.B.IV.viii.002. **木雕版残块**。家具(?)残块。两侧面残，其余方形。沿方形的两侧，边框突起，约$\frac{1}{4}$英寸见方，沿另两侧有较小的边框(残)痕迹，约$\frac{1}{8}$英寸宽。边框之间，是一条曲带，雕成鳞片图案，宽度为三个鳞片。从图案看，此木板当很长，但如果如此，则上述认识有些可能就错了。$2\frac{3}{4}$英寸×2 英寸×$\frac{7}{8}$英寸。图版 XXXIV。

L.B.IV~V.002.a、b. **两块青铜片**。a 为装饰铆钉板，菱形，两头三叶形，有固定用铆钉。保存良好。长 $1\frac{1}{4}$英寸。图版 XXIX。b 为钉残部，有圆形凸头。直径$\frac{3}{4}$英寸。

L.B.V.001. **铅纺轮**。扁圆片形，钻孔，同 L.A.0068 等。直径$\frac{11}{16}$英寸，厚$\frac{3}{16}$英寸。

L.B.V.002. **青铜铆钉板**。素面长方形，边略突起。边内顶和底有两个安装用的钉孔，中间刻出两个$\frac{5}{16}$英寸见方的方形孔。保存良好。$1\frac{1}{2}$英寸×$1\frac{1}{4}$英寸×$\frac{1}{32}$英寸。图版 XXXVI。

L.B.V.003. **青铜薄片**。可能是容器的口缘。最大 $1\frac{1}{2}$英寸，厚$\frac{1}{16}$英寸。

L.B.V.004. **铅丝**。几乎弯成直角。长约 $2\frac{1}{2}$英寸，直径$\frac{3}{32}$英寸。

L.B.V.005.　**青铜舌片**。两头尖,按扁的方向弯过来,并压在一起,参见 L.A.0052。保存状况良好。$\frac{15}{16}$英寸×$\frac{1}{4}$英寸×$\frac{1}{16}$英寸。

L.B.V.006.　**青铜镜残片**。背面有很浅的浮雕图案,几何形和植物形,位于方格之内,中国风格。参见 L.A.00113。最大 1$\frac{7}{8}$英寸,厚$\frac{1}{16}$英寸。图版 XXIX。

L.B.V.007.　**小块褐煤**。切割粗糙。$\frac{1}{2}$英寸见方×$\frac{1}{4}$英寸。

*L.B.V.008.　**木栏杆的立柱**。车床旋制,塑有七个球形物,各球形物之间隔以单环,素颈,两头都有凸榫。保存状况良好。长 1 英尺 5$\frac{5}{8}$英寸,直径 2$\frac{1}{2}$英寸,榫$\frac{3}{4}$英寸。

同样的图案见 L.B.V.0010(在 1 英尺 1$\frac{1}{4}$英寸高度上残)和 0014~0018(与横杆 L.B.V.0019 合在一起),但后者两头都有颈。参见*L.B.II.0010。L.B.V.008见图版 XXXIII。

L.B.V.009.　**木雕镶板残块**。雕刻成浮雕,图案为莲花,同 L.B.II.0016、0017,但较小。木头破裂厉害。1 英尺 7$\frac{1}{2}$英寸×6 英寸×1$\frac{1}{4}$英寸。图版 XXXII。

L.B.V.0012.　**透雕木镶板残块**。两头有榫,粗菱形格构同 L.B.II.0028,表面有裂缝。1 英尺 9 英寸×6$\frac{1}{4}$英寸×1 英寸。图版 XXXIII。

L.B.V.0013.　**木梁**。一面刻成浮雕,连续的花卷形图案同 L.B.II.0036,菱形带下面是一排破旧的犬牙形装饰图案,为运输方便,被切成两块即 a 和 b。5 英尺 8 英寸×7$\frac{1}{2}$英寸×3 英寸。图版 XXXI。

L.B.V.0014～0018. **木栏杆的立柱**。参见 * L.B.V.008。0017 见图版 XXXIII。

L.B.V.0019. **木栏杆的横杆**。立柱见 * L.B.V.008。图案同 L.B.II.0046～0051，只是此杆有五个榫眼且较窄。2 英尺 $1\frac{1}{2}$英寸×2 英寸×$2\frac{3}{4}$英寸。

废墟 L.B.VI 出土的器物

L.B.VI.001. **方形木块**。浮雕，为八瓣莲花图案，莲花位于突起的素边框之内。花瓣中间有叶脉，环绕球形中心有 12 朵小花瓣。木块有很大的裂隙。$9\frac{1}{2}$英寸×$9\frac{1}{2}$英寸×$3\frac{1}{2}$英寸，榫眼 $1\frac{7}{8}$英寸×$\frac{7}{8}$英寸×$2\frac{1}{4}$英寸深。图版 XXXII。

L.B.VI.002. **湿壁画残块**。浅绿色边缘上有圆形白叶，叶缘扇贝状，中心绿色，茎短卷须形，此外的地方为白色，整块湿壁画损坏得很厉害。最大$3\frac{1}{4}$英寸。

第十二章　重返米兰遗址

第一节　前往车尔臣河三角洲

1906年12月29日早上，我们离开楼兰废墟重回有水和有生命的地方。我将探险队分为两个独立的小组。大队民工由于长期的劳作和生活必需品的缺乏，早已疲惫不堪，按原路返回阿布旦，与他们一道的还有那些显得筋疲力尽的骆驼。测量员奈克·拉姆·辛格还在忍受着严重风湿病的折磨，不适于新的测量工作。我原想让他从事东面沙漠的测量，现已是不可能，因此我让他管理这支队伍。我自己则带上10峰最适宜的骆驼和一小队人马向西南出发，以便穿过库鲁克达里雅干三角洲以远未知的沙漠区，到塔里木河的末端河去。我的目标是小废址麦尔德克梯木（Merdek-tim），1896年赫定博士访问过该遗址，当时他沿着塔里木河的支流依来克（Ilek）河来到这里。我希望在返回米兰废墟工作之前先调查这个遗址。 ◁离开楼兰遗址

我在《沙漠契丹废墟记》第三十六章[①]中对7天艰难的长途跋涉作了一番说明。在这7天中，我们安全地穿过了茫茫的荒漠和高大的沙丘，最后到达由伊勒克河床连成一串的淡 ◁库鲁克达里雅古三角洲

① 参见斯坦因《沙漠契丹》，第一卷，415页以下。

水湖边。因为那段说明和地图中已有详细参考资料，所以这里只提一下几个具有准古物意义的显著的地形学事实就够了。前两天半所走的直线距离将近30英里，我用罗盘导引方向，向西南方前进，跨过一连串干河床，它们都是古库鲁克达里雅三角洲的组成部分。它们的方向，从东和西逐渐转向西北和东南，这表明它们是从主库鲁克达里雅源头分流出来的。我们1914年的调查表明，这个源头大致位于楼兰遗址的西边。再向东和东南，这些河床我们将从地图上看到，与我们前往楼兰遗址途中穿过的、1914年更清楚地找到的古河道相连。最先的两条河床位于光秃秃的风蚀地上，非常清楚，弯弯曲曲。但当我们走过这两条河床，从我们在L.B的营地才走了6英里远，低沙丘地上都铺满了沙子，使得这些河床洼地难以分辨。不过，还保持有熟悉的狭窄的古河岸林带，相隔一定距离就见有平行排列的死胡杨和红柳丘，它们的连线清楚地显出一度散布于这块三角洲地区的干河支流的方向。

历史时期的文物▷

最初几天所经之地没有一处发现有建筑遗迹或任何其他居住的迹象。此外，光秃秃的风蚀地十分稀少，这当然也就减少了发现哪怕是游牧生活或过往交通所遗留下来的文物的机会。但在那里还是有一些发现，它们证明这一河岸地区在楼兰居住期曾被访问过，可能是被当作牧场。是这样的，在我们的营地126号附近，捡到一枚保存完好的五铢钱，从那往前约9英里，捡到一块中国铜镜残片，有装饰浮雕，编号为C.126.002。这是发现的最后一件金属器，以后只发现过一块铜矛头残片C.128.001。这块铜矛头片是在过了营地128号后约8英里、离营地127号约4英里处不期而遇的，那时最后的古代树木遗迹已被抛在身后很远了。它可能是某个流浪到此沙漠寻觅野味的猎人带到那儿的，因为那个地方甚至在我们今天所能追踪到的最早的历史时期也一定全无植物。

◁史前遗迹

在史前时期，人类的居住地延伸到了包含还能找到的干河床的区域范围之外。因为与在我们前往楼兰遗址途中发现的那些原始的石器相同的石器，和可能是新石器时代的粗陶片，不仅在三角洲地区，也在127号营地和130号营地之间经过的荒凉的地上接连发现。然而，我们在那里极少见到木头，即便偶尔碰到一两件也已完全腐朽。据此判断，这个地区一定在早期历史时期就已变成了荒地。在125号营地和129号营地之间发现的这些石器时代的遗物标本，已在上文器物表中描述过了。[①] 图版XXX中展示有一件保存完好的石斧C.126.001，以及玉髓和碧玉质的石叶C.127~128.002、003。

◁南北方向的达坂

一过最后一道有死胡杨林的河边地带，距营地127号约4英里，就越来越频繁地碰到堆积沙丘的大沙脊，或称达坂。光秃秃的侵蚀地带很少见了，甚至它们之间宽广的沙谷也很难见到。如果说这些巨大的流沙堆中几乎没有留下发现史前遗迹的机会，那么它们还是有其准古物方面的意义的。它们不变地从北向南延伸，我以前从消失于塔克拉玛干沙漠的河流中获得了经验，认识到去辨识这种规则的方向的重要性。这种沙脊总是平行于深入这些流沙区的河道。在自然因素作用下，这些沙脊在方向上与阻挡沙丘移动的河流的方向保持一致，沙脊本身的形成间接地归因于此。[②] 很容易明白，尽管我们仍远离塔里木河，但决定我们碰到的高达坂方向的，就是

① 参见本书第十章第四节。

② 在塔克拉玛干沙漠中，我从一条河道走向另一条河道，总是垂直横过这种河岸达坂。参见斯坦因《古代和田》，第一卷，309页、418页以下、444页、453页、483页；本书第六章第五节和下文第十二章第一节。我附于《古代和田》中的和田地区的地图，生动地表明了这些观察。虽然促使形成这些沙达坂的力量是风，它们的外形却不是由盛行风的方向决定的。这在位于车尔臣河道边的高沙脊中清楚看到，在那里，沙脊正对着从罗布沙漠吹来的占主导地位的东北风。只有在个别沙丘的形成中，风向起到决定性作用。

它的河道。塔里木河在铁干里克(Tikkenlik)与车尔臣河汇合,在这个地方,这些河道大致从北向南延伸。

达坂平行于塔里木河▷

这些观察值得在这里一记,因为它关系到赫定博士提出的某些见解。铁干里克以南塔里木河现在的河道是一条古老的河道,抑或只是库鲁克塔格断水以后才出现的新河道?这里不是详细讨论这个问题的地方。但我可以指出,我们斜穿过一条南北方向的达坂,直线长逾46英里。就其在所述地段的总方向而言,这清楚表明现在的塔里木河道十分古老。我认为如果塔里木河现在向南的河道若起源于最近,那么它的影响力似乎不可能在如此遥远的东边形成如此正规的达坂。

标出古河床的死杨树▷

当然,我们没有办法去精确计量这些沙子形成的年代。但1907年1月2日,当在一条大达坂脚下扎下130号营地,我在其西脚观察到的现象,极大地加强了我刚才表明的印象。我在那里碰到了从营地127号以来的第一处死胡杨林,值得注意的是,我发现它们也明确排列成行,从北向南延伸。我以前曾有机会提到,塔里木盆地的野杨树有种不变的趋势,那就是成行地生长,且平行于最近的开阔水道,或平行于延续到它们那里的地下水沟。[①] 这里的死胡杨大多非常高大,全都倒伏在地,虽然它们的树干和主枝已经发白萎缩,但仍然显现出清楚可辨的特征。我能够看出它们死去的时间一定比大约从公元4世纪尼雅遗址废弃以来在那里生长并死去的胡杨长很多。这片小胡杨树林可能标志着塔里木河的一条古河道,它的位置离现在依来克支流河道直线距离不过16英里。

我们当然可以提出这样一种观点:刚才讨论的自然现象可以追溯到摇摆不定的塔里木河三角洲以前的某次摆动,这

① 参见本书第十章第三节。

次摆动可能发生在一个很早的时期，也许是在库鲁克达里雅形成之前的史前时期，那时整个塔里木河在进入罗布湖盆之前向南流。我们现在就要调查的考古证据却不支持这一点。

◁前往麦尔德克梯木

1907 年 1 月 4 日晚上，在沙丘中艰难跋涉了 7 天后，我们终于见到了冰封的阔台克里克库勒（Köteklik-köl）湖，它是依来克河形成的一连串浅湖之一。[①] 为尽力避免翻越连绵的达坂的最高处，我们原定的直线前进方向不得不作出许多偏斜，结果竟意外地在麦尔德克梯木遗址以南沿依来克河走了一整天。1 月 5 日，沿着冰冻的依来克河北行，全天的路程很好走。第二天早上，我们在库拉恰（Kulacha）横过宽广、多沼地的河床，并找得一位老罗布里克渔民做向导。在他的带领下，我们向东北方行约 2.5 英里，翻过高高的沙丘和有盐池的洼地，最后抵达他称之为“麦尔德克梯木”的废墟。废墟不大，是一座圆形小戍堡，防御土墙主要是用夯土筑成的，长满了繁茂的芦苇（图 89）。紧靠遗址南面有一条干河床，据说三年前还有水。西北面是称作“麦尔德克库勒”（Merdek-köl）的浅湖，湖里的水是从依来克河上的巴依尔库勒（Bāyir-köl）沼泽流过来的。在此小戍堡旁一扎下营寨，我当天就投入工作，仔细调查它的遗迹，立即就发现了其起源很早的证据。

◁圆形戍堡废墟

圆堡由防御土墙组成，土墙虽然因潮湿而被严重毁坏，但仍能看出其大部分地方比现地面高出 10 英尺。土墙的结构很特别，似很古老。下面夯筑，每隔约 1 英尺插入一薄层红柳枝。这种墙基比现地面高 5 英尺，但由于它的墙脚不能被确定，原高度很可能要大一些。墙基的上面是土坯墙，高 2 英尺，然后是夯土墙，仍有约 3 英尺高，二者都用插入红柳枝层

① 参见斯坦因《沙漠契丹》，第一卷，422 页以下。

和胡杨木框的方法加固。防御土墙的宽度，顶部是 14 英尺，基部现在大部分覆盖着沙子，厚约 29 英尺。从土墙中心线量起，小堡垒的直径大约 132 英尺。堡垒的门位于南面，因为那里有一个门道，宽 6 英尺，立着两排粗大的胡杨木柱，标示出门道来（它们是在我们清理土墙的南段时暴露出来的）。这些柱子每边四根，想必曾用来托着大门的门顶，也可能是用来固定其两侧的木头护墙。[1] 护墙的顶部宽 3~4 英尺，保存完好，只有烧焦的墙头除外。烧焦现象表明这里曾起过一场火。但再低一些的地方，由于潮湿的影响，木头已经腐烂。按柱子的位置所示，通过防御墙的门道长至少 23 英尺。

防御墙上的红柳丘▷

城墙内部几乎没有沙子。靠近中心部位，恰在地表之下发现有一些枯萎的胡杨木横梁。但由于在其下方挖到约 4 英尺深时，就碰到了潮湿的沙子，显然，曾位于此的任何可能有的建筑物遗迹都被完全毁掉了。城墙的东北段，部分地被一红柳丘的斜坡覆盖着，红柳丘比其现在的顶部高约 15 英尺（图 89）。在安迪尔遗址，我们发现其南面古堡上也叠压着红柳丘，上文已对出现这种现象的原因作过解释[2]，根据那个解释我们可以推测麦尔德克梯木的这个高于城堡所依托的地面至少 25 英尺的红柳包，可证明该城堡的年代十分久远。

发现汉代钱币▷

在更彻底地搜索城墙之后，立即就发现了更明确的证据，证明它的确很古老。清走覆盖在土坯建筑物部位表面的沙子，我发现它是用大型土坯砌成的，土坯的尺寸与我们在楼兰遗址废弃的建筑物中看到的那些大多数土坯类似。我辨别出

① 建造这种门的方法，当时就从一个类似但保存较好一些的门得到充分说明。那个门开在我 1914 年发现的废弃的戍堡 L.C 的夯筑墙中，该戍堡位于楼兰遗址西南，二者年代相同。另一个类似的但更精致的门，发现于喀拉墩坚固的要塞或萨拉依（Sarai），参见斯坦因《古代和田》，第一卷，447 页等，图 53。

② 参见本书第七章第三节。

有两种尺寸不同的土坯，一种是长 18 英寸，宽 11 英寸，厚 4 英寸；另一种是长 14 英寸，宽 10 英寸，厚 3.5 英寸。鉴于两者相差不大，本身就暗示出大致属于同一年代，而且这个结论被接连在城墙顶上各个地方捡到的中国钱币所完全证实。这些钱币都属于东汉时期流通的钱币类型，两枚上有铭文，为货泉（Huo-ch'üan），最先由王莽发行（公元 9—22 年），其余四枚是剪轮五铢钱。

◁缺乏塔提碎屑

因为底土潮湿，城堡内和周围都没有残存常见的易腐坏的材料。同样的原因（靠近水源），解释了为什么在废墟附近完全缺乏风蚀地和为什么我们后来没有找到任何常见的硬质碎块，如陶片、小金属器等。当天和第二天早上也没有搜索到任何其他建筑遗迹。不过已经获得的证据使我们没有理由怀疑，这个小哨所属于纪元初期几个世纪，也许延续到与楼兰遗址相同的时期。

◁麦尔德克梯木附近的塔里木河道

尽管废墟本身无关紧要，但大致确定了它的年代，赋予了它明显的古物和地理学方面的意义。它在此地区的存在证明塔里木河有一条支流（我们没办法确定它是大还是小），在中原王朝治理塔里木盆地的最初阶段，一定曾流到现在的依来克河一线附近，还证明这里一定有过一条需要保护的古道。考虑到已经讨论很多的理论，一定还要强调这个事实的重要性。这个理论最先由赫定博士提出（我们在上文已多次提到），它推测整个塔里木河的排水，在那时都先经库鲁克达里雅河床，然后才进入楼兰遗址正南的早期罗布淖尔。[①] 这个理论与郦道元《水经注》告诉我们的塔里木河与车尔臣河汇流东

① 参见本书第十章第三节。

注打泥以北沼泽这个详细报告不相符[①],而且麦尔德克梯木提供的年代证据,也不允许我们再作这种尝试。

干涸的证据▷ 它证明当楼兰遗址还有人居住、库鲁克达里雅还“存在”时,就像目前这样在流入现在米兰地区以北叫作“喀拉库顺湖”的古罗布湖床之前,塔里木河有一条支流向南流入车尔臣河。考虑到缺乏史料记载和考古资料,以及三角洲地区平坦的自然条件(那里水、风和沙永远在不遗余力地消除地表上的遗迹),我们的确不能指望能回答它们当时的交汇点在什么地方、塔里木河的这条南支和库鲁克达里雅当时的相对水量是多少,以及类似的问题。不过我认为似乎可以得出这样一个推论,即如果在楼兰遗址废弃以前(郦道元的情报无疑追溯到那时),来自塔里木盆地的河水同时注入库鲁克达里雅和那条南支(然而现在它还不足以同时注入两条河),那么我们就一定能推断,大约在过去的15个世纪中,河流的总水量一定在不断减少,即在变干,无论导致这些变迁的原因是什么,过程怎么样。

走向塔里木河下游▷ 1月7日我离开麦尔德克梯木,再次沿塔里木河向南前往若羌和米兰。虽然我急于赶到米兰遗址去发掘,但不能放弃顺路访问罗博罗夫斯基调查过的那个废址的机会。这个遗址在俄罗斯地形测量局的亚洲各国疆域图[②]中标为“科特克协尔”(Ketek-sher),即阔台克协亥尔,靠近车尔臣达里雅的末端河道。[③] 我花了6天时间才赶到那里,这在我的《沙漠契丹废

---

① 参见本书第九章第二节。

② 参见第21幅,比例为40俄里比1英寸。

③ “阔台克协亥尔”一词,按照字面上的意思,是“死树城”,在塔里木盆地被广泛用于大流沙沙漠中或周围的遗址,在那里,真实地或想象中存在着古代居住遗迹。在《拉施德史集》中,还发现写成协亥尔阔台克;见本书第九章第一节。

墟记》中已作了描述。[1] 这里有必要详解一下，因为最初是紧靠塔里木河的主河道而行，众所周知，这条道将若羌与铁干里克、库尔勒和北边其他绿洲相连。繁茂的野杨树形成天然的林荫路，我们在塔里木河主河床边一直就在这种林荫路中前行直到希尔格恰普干（Shirghe-chapkan）。这种野杨树像是在遥远的年代形成的，我们在库鲁克达里雅的支流边经常发现这种成行的、倒下的胡杨茂盛依然。

形成鲜明对照的是更醒目的、裸露的大平原，平原上生长着不多的芦苇和红柳。这条道就从这块平原通往荒凉的罗布军事基地。附近密如蛛网的浅湖和沼泽中，现在车尔臣河的末端河道消失了，完成了与塔里木河的汇合。水草环绕之中，叫作“罗布”的渔民小村适时出现在眼前，呈现出沉闷的罗布地区所有的典型特征。就我收集到的资料而言，古地名罗布限用于这个特别的地方并非最近之事。从某种意义上讲，也许与如下事实有关：这个原本无足轻重的地方，竟是离若羌，即马可·波罗的“罗布城”最近的、真正的罗布里克式的、半游牧的渔民和牧民的定居地。 ◁罗布村

1月11日，我们向罗布东南行，直穿车尔臣河三角洲。这一天所见，除在罗布基地以南通过的主支流外，车尔臣河三角洲实际上已完全干涸。大量羊群在吃着野草。一切就像当楼兰遗址附近的古道还在使用时楼兰遗址以南地区一定常见的情形。经过第二天的长途旅行，我们到达三角洲的源头，从此沿宽广、冰封的主河床右岸继续上行，来到吉格代里克乌格勒（Jigdalik-öghil）牧羊人的住地附近。次日晨，从夏合托合塔库勒（Shāh-tokhtaning-köli）的干浅湖附近我们的营地出发，由向 ◁沿车尔臣河上行

[1] 参见斯坦因《沙漠契丹》，第一卷，427页以下。

导带着向南—南西方向前进。这个向导是我派人从若羌找到的。走约1英里,经过一片干浅湖,湖周围芦苇茂盛。然后我们来到绵延的沙山旁。沙山高达30英尺,像通常一样,走向与河道平行。胡杨和红柳多已死亡,它们标示出一条宽约0.5英里的早期河床。对面是冲积黄土形成的大平原,开阔但被风蚀,发育着4~6英尺高矮不等的许多低土台。土台与河道平行,宽1~1.5英里。

塔提上的陶片▷ 这个地区可以捡到大量手制粗陶片,但没有一处密集到清楚表明那以前是个固定的居址。由于淘洗很差,陶片中含有沙砾,显得粗糙,这与我熟悉的新石器时代陶器相像。无论如何,有几片像釉陶,编号为Shāh-t.004,也有刻着装饰花纹的纺轮,编号为Shah-t.006,在下文器物表中有描述,它们显然属于较晚期的遗物。我试图寻找到一些建筑遗迹,甚或一枚钱币或一片加工过的金属器,但一无所获。除陶片外,唯一的发现物就是几块石头,显然是石磨。最后,根据陶片散布范围之广,却分布之薄的情况,我倾向于推断此遗址延续到历史时期。虽然稀稀落落,但要么延续很久,要么在不同时期恢复过。沿车尔臣河,在河道没有发生大变迁的其他地方,似乎有可能残存类似的遗迹,但由于流沙或植物的遮蔽,我们无法看到。

在若羌休整▷ 次日,我回到了若羌。如我在《沙漠契丹废墟记》中所描写的,那里有种种工作等着我去做,疲惫不堪的随从者也要休整一下。筹集新的补给品,为将来长途旅行准备运输工具,以及寻找民工以便在米兰进行发掘,这些工作使我在这个罗布总部从1月17日耽搁到21日。这些日子尽管体力上得到了恢复,精神上却一点儿也不轻松。若羌县的按办廖大老爷(Liao Ta-lao-yeh)全力地帮助我。他是个有学者风度的人,对我的楼兰发现真的很感兴趣，为了我未来的工作，他想尽办法帮我从不到 100 户人家中，找尽了所能提供的资源。一年后当我听到他竟客死于这个沉闷的异地他乡，不禁深感惋惜。

1 月 22 日早上，我和挖掘人员带着新的补给品开始返回米兰。第二天深夜，我满意地回到了米兰河边。现在，米兰河已冻成坚冰。这天夜里，我还与我深爱的中国助手蒋师爷重逢了。除永远活跃的他本人外，他还从阿布旦带来了有用的援军——罗布人——来帮助挖掘。这样，一切都已就绪，只等着对米兰废墟重新开始认真调查。 ◁回到米兰

夏合托合塔库勒遗址发现的器物

Shāh-tokhtaning-köli 001～003.　**三块陶片**。手制粗陶，胎泥淘洗差，敞炉烧制，质硬；红到深灰色。大小均约为 $2\frac{1}{4}$英寸×$1\frac{1}{2}$英寸×$\frac{1}{4}$英寸～$\frac{3}{8}$英寸。

Shāh-tokhtaning-köli 004.　**陶片**。手制粗陶，黑色胎泥，淘洗差，外壁（腐蚀）覆绿釉。$2\frac{1}{2}$英寸×$1\frac{11}{16}$英寸×$\frac{5}{16}$英寸。

Shāh-tokhtaning-köli 005.　**陶片**。手制，似 001～003，但沾有少量沙。$1\frac{7}{8}$英寸×$1\frac{9}{16}$英寸×约$\frac{1}{4}$英寸。

Shāh-tokhtaning-köli 006.　**红陶纺轮**。外圈两边线间饰刻画的单线，下面孔的圆边上交替饰刻画小三角形和圆圈；近一半残失。直径 $1\frac{1}{16}$英寸，厚$\frac{11}{16}$英寸。

第二节　米兰废堡

发掘重新开始▷ 在第十章我已记述了第一次对米兰遗址的快速调查，并提到了在废堡开始的试掘中所获得的有趣发现。1月23日早上，我出发前往此遗址，就在其城墙底下扎下营帐，以便离工作地点近一些，且可利用它来挡避寒风。因为在这个荒芜的沙漠缓冲地区，这个季节很少没有寒风的时候。接着我迅速安排好近50个民工的工作，让他们从一个半月前第一次发掘停下来的地方继续系统地清理。不多一会儿就获得了证据，表明此废堡好像实践了我们前次试掘坚持的诺言。但在开始描述这次重新开始的操作及丰富的收获以前，我要顺便对废墟发掘前的结构特征作一说明。

废堡的位置▷ 米兰废堡，在附图29遗址平面图中标号为M.I，矗立卵石平原上。平原总宽约3英里，从米兰河现在河道边的植物带向东延伸到已完全干涸的古河床。古河床从废堡以东不到0.5英里的地方通过，当时好像有水。北边不远就是红柳丘和矮树丛，为古遗址那一侧的边缘，延伸达数英里远。图114展现的是废堡内北面的情形，背景就是这种红柳丘和矮树丛。

废堡的围墙▷ 废堡看上去宏伟壮观，围墙高耸，不过形状和结构不规则。这一开始就引起我的注意，因为这些特征是非中国式的，而且比较晚。如附图30所示，它的平面图是一种不规则四边形，分别大致朝东—北东和西北的两面墙较长，另两面大致面向西—南西和南—南东。为了方便，以后我将以东墙、北墙、西墙和南墙称呼它们。第一组的两面墙，长均约240英尺（以相邻的胸墙外部墙基为准）。西墙和南墙相对较短，长168英尺和200英尺。保护城四角的长方形棱堡形状不规则，尺寸

图 111　米兰遗址 M.III～M.VI 塔寺遗迹，自西望

图 112　楼兰遗址 L.B.V 遗迹，自西南望

图 113　米兰遗址吐蕃城堡的南面，有中央棱堡

图 114　米兰遗址吐蕃城堡内部，发掘中，望向东北角

不一(见平面图)。它们已严重损坏,不可能量得任何精确的尺寸。西南和东南角的棱堡(图 113),高约 22 英尺和 24 英尺。东北角的棱堡高 28~29 英尺。

此外,从每一面墙的中部还各突出一座棱堡。但这些中间棱堡的精确位置变化很大,比它们的尺寸还要大。朝南的那个显然是最大的,保存得也非常完好(图 113),显然相当于城堡的主楼。它由结实的夯块筑成,各处还可清楚辨出黏土夯块的轮廓,每一块夯块高 4 英尺,长 6~7 英尺。南棱堡上坚固的部位还保持原来的高度,为 41 英尺,上面有高 7 英尺和厚 2 英尺 4 英寸的胸墙。胸墙用一层层夯块建造,每隔 5~6 英寸用红柳柴枝加固,这说明了它为何保存得较好和在照片中为什么显得较黑(图 113)。其他棱堡毁坏严重,虽然它们的结构中好像都插入了红柳层,但不能同样确定其结构特征。

◁棱堡的结构

胸墙采用了不同的建筑技术,这可以部分地解释它们呈现出的不同保护状态。南墙和西墙下面部分似乎是夯土墙,上接以非常粗的土坯和间隔很密的红柳层建成的厚胸墙。南墙上很少有这种胸墙残存下来,西城墙上更少,由于风蚀作用胸墙被严重破坏了。防御土城墙的顶部厚约 12 英尺,上面有胸墙相接。由于它各处都明显外斜,所以基部的厚度似乎更大,增加到约 16 英尺。但基部的大部分地方被残骸和流沙覆盖了,很难量出精确的尺寸。南城墙实高 18~20 英尺。北墙毁坏严重,崩溃到只比地面高出 10~15 英尺。[①] 这可能部分地归结为制作很粗的土坯之间没有红柳层,土坯和硬土块似乎是这边所用的仅有的材料。这里的土坯平均长 15 英寸,宽

◁戍堡的胸墙

① 北墙部分见图 114 和斯坦因《沙漠契丹》中的图 135。

10英寸，厚4英寸。

东墙的结构▷　东墙很奇特，虽然这面墙正对着盛行风，总体遭受风蚀的程度却比其他墙面轻，部分地方高度还达到24英尺或更高（图114~116、118）。它的胸墙有些已破裂，胸墙用土坯和黏土筑成，每两层间铺一层红柳枝，非常坚固，故得以残存下来。其厚度很一致，约为6英尺，但原高不能确定。墙下面部分的结构与众不同，非常特殊，可能曾被特别加固过或修补过。城墙里面厚约3英尺或4英尺，由黏土和土坯层组成，间隔约10英寸有一层红柳枝，也如胸墙所见（图115、116）。每层都包含有一层土坯，长16英寸，宽8英寸或9英寸，厚4英寸，且上下各有一层夯土。向外有第二重土坯墙，厚约2英尺，用相同尺寸的土坯筑成。这重之外是一重厚实的夯土护墙，用粗而紧束着的红柳或胡杨枝加固。由于风沙的侵蚀，这些木头的末端已伸到外墙面以外，好像是梯子的梯磴。

风蚀在继续▷　东墙外被盛行的东—北东风堆积出一道细沙砾和流沙构成的斜坡，达到胸墙基部所处的高度。这种侵蚀物质向前缓慢移动，使胸墙的好些地方遭到破坏。我后来可以说是亲自体验了这种侵蚀过程，只感到它太剧烈了：当时我站在靠近东南角的缺口（图116）中观看在那里进行的发掘。寒风扫过防御土墙，不断将细沙砾和粗沙子吹过来，任何人都难以在那里坚持很久，甚至连勇敢的罗布里克挖掘者都得不停地轮流换班。突破胸墙之后，侵蚀没有再进一步发生，也没有继续削薄墙壁，我不禁大为惊讶。紧靠东墙后面，我发掘出一些填满垃圾的房间，从中我找到了对此最清楚的解释，了解到它为何能抵御烈风侵袭千余年而不被破坏的原委。

正如第十章所描述的，当我第一次访问这个废堡在对西墙里面进行调查时就深刻感受到了风蚀的力量。那里与北墙后面最低层的垃圾相比，地面已被冲刷出足有 10 英尺深。这显然是盛行风通过东墙吹来的细沙砾和沙子的作用所致。这次正式发掘就在东墙下进行。似乎可以有把握地推断，围墙西边的这一部分没有住宅，否则它可能会保护这里的土地免受侵蚀。这个问题的明确解释，就是任何沿此西墙修建的住舍，都将比东墙掩护下的那些要更多地遭到东—北东风的侵蚀。那里的风蚀力也说明了西墙中间棱堡和守卫在西北角的棱堡之间的那段西墙为什么被破坏得如此严重。残破的防御土墙有一个完整的缺口，显然是通往戍堡里面的门。旁边的地面上还立着一排三根大柱的残桩。其他一切都被慢慢磨碎，然后被吹走。

◁西墙附近内部的风蚀

这里要记述一下对废堡外表的几次总观察。我注意到许多地方，特别是南大棱堡，防御土墙的夯土包含有大量陶片，它们是建造的时候加进去的。大部分陶片的胎泥淘洗得很好，而且制作精良。这表明附近地区在某一较早的历史时期曾有人居住。建筑戍堡的城墙和棱堡时，为了节省劳力和运输，显然是从那里取土。对于这个重要事实，我以后将有机会再次提到。

◁早期居住的证据

另一次调查也得到某种准年代学方面的收获。墙基外没有一处见到有风蚀的影响，只有西北角除外，那里紧邻角堡的地方风蚀最深处达 6 英尺。我注意到在米兰的其他一些废墟中，西北角的风蚀程度也加深了。这可能与扫过大致平行于它本身方向的墙头的风所产生的回旋有关。不知何故，这种由风的回旋所产生的凹坑似乎状如漏斗。在戍堡周围没有发

◁戍堡附近地面

图 115　米兰遗址吐蕃城堡沿东墙的 viii、ix 号房屋遗迹，发掘后

图 116　米兰遗址吐蕃城堡东南角的 xii～xv 号房屋遗迹，发掘中

A

B

图 117　米兰遗址吐蕃城堡的中央棱堡和东面,自内侧向外望

A

B

图 118　米兰遗址吐蕃城堡的东面,自中心部位望

现任何表示地面总高度降低的迹象，开始我以为这说明废墟起源得较晚。但更彻底地观察时，我发现事实似乎并非如此。因为我发现遗址区地表特征十分奇特，即戍堡周围地面覆盖着一层薄薄的沙砾，这层由以前风蚀作用形成的沙砾层覆盖着冲积表土，从而起到了很好的保护作用。如果考虑到在戍堡以南不到 0.25 英里远的地方竟然有成群的小雅丹土台，其中有些地方甚至比风蚀沟高出 17 英尺，那么对没有迹象表明总地表高度降低这一点更加令人感到奇怪。图 132 显示有这些土台之一，废墟 M.X 就位于那块土台上。

戍堡墙上贮存▷的石头

还有一个较小的难题，就是沿墙基散布着大量大石头，特别是沿南大棱堡的墙基。无论如何，这个问题很快就解决了。我在所有地方都没有找到任何证据，可以表明这种石头（无疑是从上游充满粗石的河床中带来的）曾是构筑城墙的建筑材料。因此我得出结论，这些石头原来可能被保存在胸墙上，后来在进行攻击时，被防卫者抛了下来。这个猜测成为一种早期的证明，因为我后来在访问甘肃的途中，看到不仅敦煌边境古代烽火台的脚下常有这种大石“弹药”，而且在现代城墙和最后一次东干人叛乱以来修建的村堡胸墙上，也规则地贮存着这种大石头以作防卫之用。

第三节　米兰戍堡中的发掘

东墙下发掘的▷住舍

戍堡东墙的背风面积聚着细沙砾和沙子，形成斜坡。正是在此沙坡下，12 月 8 日的试掘第一次揭露了一系列建造粗糙的小住舍遗迹。由于东墙挡住了刺骨的东北风，这些住舍才没有受到侵蚀。在报告中我对这次发掘作了叙述[①],描述了这些房间中除其他遗物外,还从堆积的厚层垃圾中发掘出了大量吐蕃文书。这些文书清楚表明这座废堡在吐蕃取得对塔里木盆地的优势地位期间使用了很长时间,即大致在公元8世纪后半叶和整个9世纪。

◁填满垃圾的房间

1月24日,发掘重新开始。在令人难受的气候条件下连续发掘了5天,有望发现更多那一时期的文物。以前清理过的房间M.I.i~vii,在东南角不规则地连成一行,如附图30的平面图和当时拍摄的照片(图114)所示,距堡垒的东墙不远。就在两者中间宽不到17英尺的空地上,很快挖掘出了另一排小房间,它们是M.I.viii~xi。后来证明这排小房间继续沿东墙延伸,直到东南棱堡(即城内东南角)。前一排房屋只有最先两个房间i和ii被沙砾和沙子斜坡完全覆盖,所以只有它们的屋顶被保存下来。房间viii~xi的屋顶由于后面的防御土墙提供了保护,也被保存了下来。这些房间中,垃圾块一直填到由粗胡杨木梁和芦苇草层构成的房顶。直到将这些垃圾挖到地面时,我才意识到,这些垃圾堆是多么有助于加强墙本身防御风蚀的能力。

◁房间结构简陋

房间本身建造得非常粗糙且不规则,以粗糙的土坯和黏土筑就,墙体厚薄不匀。如房间viii、ix的照片(图115)所示,有些部分墙体还保存着熏脏的灰泥墙面。这两间房之间的隔墙厚只有9英寸,第二个房间的地面比第一个房间的地面高将近3英尺。在相邻房间中也常见类似的高差,表明是出于不同原因随便建筑的。只有少数几间,如xi、xiv,能够找到低矮的泥砌壁炉。由于当填于室内的垃圾被清理出去时,易碎

① 参见本书第十章第一节。

的黏土和土坯墙易于崩溃，通常难以确定它们的入口位于何处。至于其他房间，当它们被完全填满而不再有用，甚至是不能再作为“垃圾箱”时，入口似乎就被用泥巴堵塞了。

污秽的存放▷

与东墙相邻的房间很粗陋，最显著的特征是它们中的许多房间，特别是室 viii、ix、xiii、xiv，发现被填满了废物，几达残存的屋顶。废物中包括芦草、红柳木破片和扫掉的炉灰，形成很厚的垃圾。其中还混有一些弃物，我们简称为“废纸篓”中倒出的废物，另外还有所有能够想象得到的污垢，包括沾有污秽的破布、动物骨片和一种更加令人讨厌的残渣。到处弥漫着氨水味，这使我深刻认识到，这些小房间的每一间在不可能使用，甚至是不能为异常坚强的吐蕃士兵所使用后，一定也或长或短地被用作厕所。沉积很厚的污秽中少见细小的流沙，而在塔里木盆地其他地方，那些成为我命运转折点的古垃圾堆沾有的细流沙就要多一些。由于缺少这种有效的干燥和消毒物质，所以当我在米兰戍堡开展工作时，总是闻到一种罕见的陈年腐臭味。

房间中积聚的废物▷

对我来说，更难以理解的是，在用来住人的房间中竟会堆积着如此厚的垃圾堆，更何况它们离其他实际尚在住人的房间很近。幸好后来的旅行中清楚见到了“现成的”相同过程。从甘肃到新疆绿洲的大路沿线，有一些当客栈用的简陋小屋就变成了这种状况，而紧邻的房子却仍正式地用作庇护所。这个情况很好地说明了这种现象。有许多例子表明，建造新的泥屋，比清理掉填满垃圾的老屋更容易，花费也更少。这个吐蕃要塞中的情形大概也是如此。在遥远的西方，我也看到过还处在废物积聚时刻的建筑物，从而联想到米兰戍堡内部的景象。那是 1915 年 11 月，我走过霍拉桑（Khorāsān）最东段的时候，发现古老而没落的塔巴斯玛西那（Tabas Masīnān）小镇挤满了平常的波斯式穹隆顶泥屋，它们都靠着高围墙成层修建。泥屋中仍在居住的房子，只有从其他由于长期居住而完全填满垃圾的房子的屋顶上才能爬进去。而这些填有垃圾的房子甚至连小镇中低下的种田人都不屑一顾。

◁发现大量的吐蕃文书

但是，这些垃圾并没有给戍堡中那些简陋的房子带来特别的古物学意义。不过从这些垃圾中发现了大量的木简和纸文书，写的几乎都是吐蕃文；此外还有反映当时当地日常生活的小物品。虽然附图30的平面图用数目标出的所有房间都提供了文书和各种物品，但这种发现物的数量很不一致，而且并非总是与每个房间中堆积的垃圾总量成比例。参考一下弗兰克博士准备好的吐蕃文书详细目录，以及下文中的器物表就会充分看到这一点。显然，"发现物"最丰富的是室 i、ii、iv、vii、viii、xiv 中清理出的废物层。看一看平面图便知，所有这些房间都并排紧靠东墙分布。考虑到东墙显然的保护作用，我们可以可靠地假设，"废纸篓"中书写遗物最丰富的房间都位于东墙那边。至于各房间原来的用途，不可能更确定地断言。最多只能说像室 i、ii、iv、viii 那样垃圾填满到它们全高（室 viii 高约8英尺6英寸）的那些房间，好像比其余的更早一些腾空改为"垃圾箱"。事实是室 x～xii 和室 xii 南面的邻室，地面高度较室 xiii 和室 xiv 明显要高。这个事实意味着它们可能是较晚的建筑。最后所说的那个房间，即室 xiv（图116的中心），有些部分像暗炮台那样建在与东南棱堡相交处的防御墙之中。虽然它的上部墙壁已被风蚀夺去，但残存其中的垃圾高达6英尺，出土文书200多件，其中有几件还特别大且保存良好。

◁中心部的小屋群

发掘进一步沿北墙向围墙内的中心部发展（图117、118），在那里发现了一组小屋，它们大多很小，从结构和地面高度看，都比东边的那些更不规则。由于墙壁大部分都很薄，仅用泥或最粗糙的土坯建成，加上严重的风蚀，不同小屋和地窖形小房间的布置就像养兔场一样，难以追踪出来。因为工作在不同地方同时进行，发现物不断迅速出现，我的注意力必然分散，平面图中建筑遗迹的记录不能完全精确，有些部分只能是个大概。戍堡区中心到南大棱堡间房屋残墙起建位置的高度最不规则，表明它们是不同时期所建，一个建在另一个的上面。室 xl、xlii、xliv 出土了众多的文书。

北边的房间和▷储藏室

北墙附近发掘出的房间布局上多少要整齐一些，通常保存状况也较好，因而有可能弄清楚。大部分小房间没有入口，且明显是从上面进入。有些房间的地面比其余房间深 4～5 英尺，可能是用来贮藏供给品和保存不同时期居住在堡垒中的士兵和小官员收集的杂物。这种使用将说明这些地下室为什么有些（如室 xxvi）在角落上建有古怪的坐台，有些室内只有小麦、大麦和小米捆，混合有大量沙子和废物①，而书写遗物则完全没有。其他房间如 xxiv、xxvii、xxviii，似乎是简陋的起居室，在这些房间中靠近地面部位，发现有大量的吐蕃文书。室 xxxi 附近有一排小房间切入北防御墙墙体，从这些房间中发现几张吐蕃文书残片。室 xxxii 很简陋，覆盖着 2 英尺厚的垃圾和沙子，清理时却有重要发现，即从地面上发现了三大张残纸片，纸片上写有如尼文突厥语，这是我在塔里木盆地遗址中发现的唯一用此种字迹书写的文书。我将进一步重新来讲它们。室 xxxii 西边的马粪保护层很稀薄，由于受到侵蚀，只留下最少的小建筑痕迹，这些小建筑曾延伸到戍堡的大门。戍堡区中心附近的那一群泥屋，因某个时期堆积起一层黏合

① 标本见 M.I.xxvii～xxviii.001；其他谷物标本见下文器物表中的 M.001，I.0060。

的羊粪壳提供保护而免遭同样的命运。

保存于废堡中的大量垃圾层中,安全贮藏了大量富有考古价值的文物,其中最丰富的显然是吐蕃文木简和纸文书。除种种原因而难以辨认的之外,这种文书的总数达到千余件。这些遗物与在用墙围成的垃圾箱中发现的大量腐败的动植物实体粘连在了一起,因而许多文书上的字迹完全消退了。文书外面通常结有厚壳,要非常仔细才能发现和费力地取出,后来对它们的清洗也同样如此。

◁吐蕃文书的状况

从木简和纸文书的表面看,它们大多数属于公函或私人信件。相当数量的窄木片(此遗址的全部木信件实际上都是那种样式)正面左头有突起的长方形印槽,如M.I.vii.35、viii.22(图版 CLXXI)所示。这些印槽往往还保留有灰色的封泥。刻痕一般在印槽较长的边框中,可能是用来固定布或其他软质材料做成的束绳,这种束绳可能是用来从木片的两头将其捆绑好以在运送过程中保护泥封。我发现这种木简没有任何用以防止信中内容被偷看的设计,比如它们既没有木盖简,也没有用来装木简的封套。在这一点上,和其他方面一样,米兰戍堡出土木简所体现的技术水平比尼雅与楼兰遗址的明显要差得多。另一方面,它们与后来在麻扎塔格(Mazār-tāgh)戍堡发现的同为吐蕃统治时期的文具和其他遗物明显相似。

◁吐蕃文木简

大多数木简的完整长度平均在 6~8 英寸不等,它们的宽均不超过 2 英寸。图版 CLXXI 中展示的标本将充分表明这种木简在尺寸、形状和字迹方面的变化情况。M.I.xxx.iii.5 是通过绳孔绑在一起的三枚标签形小木简。也发现有相当比例的有绳孔木简是单独分开的,好像它们原是一个系列的一部分或曾归档在一起。绳孔一律出现在大量只包含地址的短木标签中,图版 CLXXI 收录着这种标本,它们是 M.I.xxvii.8、xxviii.006。

◁木文书的形状等

少数木简形状和长度有所不同，如 M.I.001、ix.1、xiii.11、xvi.3 长 22 英寸，有的三面或四面写字。木简几乎都有记账棒的性质，就像弗兰克博士详细目录上所显示的。图版 CLXXI 中的 M.I.xxviii.6 有助于说明它们的外观。这些记账棒和许多木简的木料看起来是红柳，如垃圾堆中的大量碎片表明，它们是这个地区附近最容易找到的材料。但在所发现的米兰木简中，似乎也有用胡杨和栽植的杨树木料做成的木简。

吐蕃纸文书▷ 米兰戍堡的发现证明，在吐蕃占领期，“木信件”的使用占了主要地位。在如此晚的年代大量使用“木信件”令人感到奇怪。据此我们可以推论出当时纸张很难获得，当地不能提供。关于这一点，在那里发现的纸文书和经卷作了进一步证明。它们的总数为木简总数的四分之一略多一些。大多数信和文书写在长方形纸上，如图版 CLXX 中的标本所示。大量盖有红印章的纸文书表明它们属于官方性质。纸的尺寸非常大，最大的是 M.I.xxviii.002 长 16 英寸，宽 11 英寸，而另一件 M.I.xliv.6密密麻麻写有不少于 16 行文字，长逾 11 英寸。这些文书的大多数纸张质地脆而粗糙，没有一件是树叶制的，没有一件可以两面书写。

吐蕃文菩提页▷ 与上述情况形成鲜明对照的是，用不同材料制作得很好的、结实的纸页和纸片却很少见。这种少见的好纸，从两面清楚规整的字迹、规范的行距和绳孔来看，当场就可认出是佛经的菩提。弗兰克博士后来的考证证实了这一推测，并证明像 M.I.ix.9，xiii.6、13，xix.7、8、10、11、13，xxviii.004，xliv.0014（图版 CLXX）这种纸页和纸片，包含的是大乘佛经的某些部分。其中最大的 M.I.xiii.6 有 2 英尺多长。1901 年我在安迪尔戍堡佛寺中也发现类似的纸页，也是吐蕃占领时期的文物。J.冯·威斯纳的显微观察证明，这种纸是用月桂树植物纤维制造的，当

时塔里木盆地还不知道这种材料。[1] 两个遗址同时出现完全相似的这种好纸，说明这些为生活在米兰戍堡或经过那里的人所喜爱的文物，都是从遥远的南方寺院翻越西藏高原被带到那里的。最后应该注意，相当一部分纸文书发现时是卷起来的，虽然并不总是如 M.I.ii.40（图版 CLXXI）那样精巧。此外还应注意，我认为我能认出有一种狭窄的竖写式文书，就像是仿照汉语文书惯用的那种纵栏书写格式书写的。

第四节　米兰戍堡中的各种发现物

◁日常生活用品

我们在清理米兰废堡时发现的文书是如此众多，我知道对它们的详细解读和翻译将被证明是一项费时又费力的工作。我也知道，甚至当这一工作完成时，也难以希望像对它的残存环境所作的仔细观察那样，清楚地阐明吐蕃占领时期该遗址中的日常生活。在前几节中，我已尽力精确地描述了一度被驻军居住的简陋的房间及其所处环境。从文书中没有收集到任何堪与当场感受到的肮脏和不适直接相比的信息。这个孤独的边防哨卡中的吐蕃官员和士兵必须在那种肮脏和难受的环境中苦度时光。但是积聚的垃圾则至少对对古物感兴趣的后人来说是一种富有思想内容的物品。戍堡中的吐蕃官员和士兵眼看着垃圾在他们周围一步一步地堆积起来，却对这些污垢漠不关心。我在其他地方从未发掘过这种污垢。里面保存下来的工具、衣服、武器和其他日用品使我们得以重构其各个方面的生活画面。所有这些器物制作得都很简陋，而且十分陈旧。但考虑到堆积物一定经过很长时期才达到现在

① 参见斯坦因《古代和田》，第一卷，426 页和冯·威斯纳教授的论文，载《维也纳皇家科学院》，第 148 辑，14~21 页，1904，重印本。

这个高度，这种一致性可能刚好可以作为一个补充的证据，证明它们忠实地反映了当时当地的情况。

皮甲片▷ 在发现的文物中，首先值得一提的是皮甲片。因为这种东西不仅在技术和材料上具有意义，而且数量庞大。事实上它们是从不同房间中成套挖掘出来的，这是一个重要证据，证明生活在戍堡中并将其穿旧的装备“脱”在那里的主要是军人。最先发现的是 M.I.0068~0071（图版 L），它们全是散片，长方形，涂漆，尺寸和装饰变化多样。如下文器物表中的详注所示，没有任何明确的迹象表明其原来的用途和联系。尽管如此，我还是立即就认出了它们的真正性质。六年前我从尼雅遗址一处垃圾堆中发现了一小块“绿色”的硬皮片 N.xv.005，我正确地断定它就是甲胄的鳞片。[①] 这次发现可以说是对我那个正确判断的赏报。那个推测后来得到明确证实。1904 年安德鲁斯先生从大英博物馆藏的一组从拉萨带回的盔甲中发现，其甲片完全是按照上述那块皮甲片所示的方式编织的。[②]

编织皮甲片的方法▷ 米兰戍堡内出土了相当数量的涂漆皮质盔甲片，如下所示：M.I.i.002（3 片）、003（3 片），iv.0011，vi.001，ix.002（20 片）、003（24 片）、004，x.006，xiii.001.c，xiv.0074，xv-xvi.004，xxiv.0040（11 片）。值得注意的是，从形状与编织方法看，这些甲片中没有一件和尼雅遗址所出盔甲标本类型一致。尼雅遗址类型的甲片，上端呈圆形，沿两条长边和一条顶边有三个连接孔。米兰戍堡的甲片则都呈长方形，编结方法也不同，从

---

① 参见斯坦因《古代和田》，第一卷，411 页。1906 年从那里发现的其他标本，见本书第六章第六节，N.v.xv.004~006。

② 参见斯坦因《古代和田》，第一卷，xvi 页（补遗）中的注。这里我必须提到，由于安德鲁斯关于行政管理的评论中的一个错误的解释，我在那里假定拉萨那套盔甲的鳞片是圆头的。事实上它们的形状是长方形。见本书第十二章第四节。

关于更早的中文参考资料和类似物，参见劳弗《中国泥俑》，第一卷，195 页以下、292 页。

某种意义上讲，更复杂一些。幸运的是我们发现有一些成套的甲片，仍用原来的窄皮条互相系在一起，从中可以研究出这些甲片的编结方法来，如图版 L（M.I.ix.003，xxiv.0040）所示。

◁甲片上的漆和装饰

从器物表记录的几个条目的详细描述中可以看到，许多甲片属于不同盔甲，尺寸与装饰也各不相同。然而，我们同时也注意到，有一些甲片风格、制作方法和编结方式相同。那些"绿色"硬皮甲片可能是用骆驼皮做的，尺寸很不一致，从平均 $2\frac{3}{4}$ 英寸×2 英寸到约 $4\frac{1}{4}$ 英寸×$2\frac{1}{16}$ 英寸不等（参见 M.I.ix.002、003），但总是呈长方形，并略向外弯曲。它们原来两面都有很厚很光亮的漆，一般涂成连续漆面，这种类型甲片的孔数有的多达七个（M.I.xxiv.0040）。所用的颜色中，鲜红和黑色最为流行，但也见到一种深棕红色和黄色（如 M.I.xiv.0074，图版 L）。各甲片的装饰是刮出的小图案，如同心圆、椭圆、类似于逗号或反写的 S 等图形，模仿五彩拉毛粉饰作品通体涂漆。在有些甲片组中（如 M.I.ix.003，图版 L），发现有仅仅用作装饰的青铜铆钉。

◁皮甲片的编结

在有些甲片组中发现孔的数量和位置有所不同，这说明不同盔甲甲片的编结方法细节上有所区别。然而，将这些仍按原来样子编结在一起的甲片组（M.I.ix.002、003，xxiv.0040，图版 L）作一对比就会发现基本方式很相似。侧面编结法是，甲片的长边相叠，然后将皮条穿过甲片组边缘附近的孔，用这种方法紧系在一起。垂直连接法很巧妙，用两根皮条并排穿过成对的孔，然后绕过一根从甲片后面水平通过而从不在前面露出的皮条。

甲片的重叠▷ 甲片成行相互重叠,而且很可能是向上重叠,重叠的方式与欧洲古典的、中世纪的样式不一样,但与中亚和希腊化佛教艺术中的甲胄、尼雅遗址甲胄,以及上文提到的古吐蕃套装盔甲标本相似。① 的确,上述这些标本中,除最后所说的那件吐蕃套装盔甲外,重叠的甲片都不是长方形,而是圆头形的。这些甲胄标本的下部或下摆部有长方形甲片的地方,不管是向上重叠,还是向下重叠,甲片都没有任何重叠。但应该注意的是,从拉萨获得的那套古吐蕃盔甲的甲片全是长方形,而且甲片向上重叠。此外还要注意的是,凡敦煌千佛洞佛教绘画中所见的甲胄(通常穿在表示天王的人物身上),自腰部以下均由长方形甲片组成,且总是向上重叠。② 长方形甲片的这种重叠方向更应引起注意,因为在敦煌的所有这种绘画中,甲胄的上部或胸部都描绘着圆头甲片,彼此向下重叠。

长方形甲片的布置▷ 据我所知,中亚或希腊化佛教艺术中的大多数浮雕和绘画中穿有盔甲的图像,其盔甲的圆头甲片皆出现在胸部,长方形甲片仅限于下摆。但值得注意的是,米兰戍堡的所有涂漆皮甲片中,没有发现一片是圆头形的。这表明吐蕃士兵的皮盔甲是由长方形甲片组成。事实上,我们从拉萨就得到过这样一件古吐蕃人的盔甲,它的布置就是这样,长方形甲片向上重叠。从喀拉协亥尔的“明屋”遗址出土有一件着类似盔甲的武士灰泥小浮雕 Mi.xii.0015、0017(图版 CXXXV),武士盔甲的甲片都是长方形,虽然它们的确切布置不能辨认出来。同

---

① 参见本书第十二章第四节;斯坦因《古代和田》,第一卷,252 页;第二卷,图版 II。关于拉合尔博物馆著名浮雕中两个代表玛拉(Māra)军队的人物穿着的那种甲胄,参见富歇《犍陀罗艺术》,第一卷,405 页,图 202。

② 参见图版 LXXXIV、LXXXV、XC 中这种穿鳞片甲胄的天王像。那里复制的 10 个人像,除一个外,其鳞片甲胄都有苏格兰式短裙形的下摆,由长方形鳞片组成,这些鳞片表现成向上重叠。在 Ch.0010,图版 LXXXIV 中,盔甲的下摆以鳞片构成,鳞片圆头,向下重叠,就像人像的上部或胸部的那些鳞片一样。

样在天王像 Ch.lv.0020 中,我们发现腰部上下都有长方形甲片,很清楚是向上重叠。为支持刚才所论的观点,也可以提一提皮甲胄残块 M.I.vi.001,从其弯曲的形状和不一般的厚度可知它原来处在肩部。另一件精心制作的盔甲残块 M.I.viii.001(图版 L)尺寸较大,似乎用来保护喉咙,也可能属于一个皮头盔,装饰风格堪与涂漆盔甲媲美。有一块陶片 M.I.0056(图版 LI)很奇怪地阴刻着一个由鳞甲片构成的头盔,戴在一个阴刻的武士头上。它精美的构图与陶片材料和制作上的粗糙形成鲜明的对照。

◁笔、刻印等

戍堡的居住者中,除军队之外一定还有一支庞大的文职人员队伍,这不仅被大量文书也被发现的木笔和芦苇笔(M.viii.0012,xxi.1,xxiv.009,xl.0014,xlii.003,图版 LI)所证明。奇怪的是,相比之下,戍堡内外发现的武器却很少。除了一根保存完好的山羊毛做的结实的投石索 M.I.0081(图版 L),只有几枚残箭矢(M.I.0059,图版 LI;ii.0026;ix.009)。遗址中一种无疑与吐蕃习惯有关的特产是削成尖状的角印,其中三件 M.I.vii.31、003、004(图版 LI)发现于同一个房间。[1]在许多吐蕃文纸文书上发现盖着红色的官印,从其形状判断一定是用类似的印章盖上去的。这些角印中有一枚 M.I.vii.31 上面的吐蕃文刻字应当引起注意,因为巴尼特博士倾向于认为它包含有"非吐蕃语音节"(āṅ-tōnē),并相信"它们可能是试图用来表示西方的'安东尼'(Anthony)"。如果这个解释证明是成立的,那么我们完全可以认为该印的主人是一个聂斯托里教派的基督徒,定居于米兰,受吐蕃人雇用。在吐鲁番的遗址中发现有基督教经文残卷,以另一种方式为我们了解

◁刻有非吐蕃语名字(?)的印章

① M.I.vii.003、004 的印记,我很抱歉,由于疏忽,在图版 LI 中被弄倒了。

到聂斯托里教派的基督教大约在这个时期传播到中国新疆地区提供了明确的考古学证据。①

各种工具等▷ 与纺织有关的各种工具,如 M.I.iv.009(图版 LI)、0012、0013,vii.005.a、b(图版 LI),viii.008~0010,xxiv.005、0037,证明戍堡存在过家庭生活。大量结实的渔网,标本如 M.I.iv.0027(图版 L),xiv.0037,xx~xxi.004,说明米兰河中的渔业比今天更兴旺,或者末端塔里木河所形成的浅湖(相当于今之喀拉库顺湖)比现在更靠近遗址。骨琴拨 M.I.iv.0026 和一件乐器的木桥 M.I.viii.0013(两件均参见附录 H)表明这个沉闷的兵营的居住者对音乐并不是门外汉。其他生活设施在这些拥挤的、污秽环绕的房间中并非完全不见,下列发现证明了这一点:它们是木托盘、碗和用漆装饰的箱子残片(M.I.ii.0029、0039,iv.0030,viii.0014,xxi.001)。但一个用毡修补的葫芦器残片 M.I.ii.0038(图版 LI)明白地告诉我们他们的确很贫穷。在 M.I.iv 发现一根非常污秽的、很粗的扎着的黑发辫,看起来其原来的主人不像曾很仔细地使用过木梳和角梳,我们发现有不少这种梳子(M.0017,I.i.004、0011、0014,iii.003,iv.0028、0029)。发现的三把木钥匙 M.I.0090(图版 LI),iii.005、007,与我们曾在喀达里克与和田地区别的地方见到的很相似。②

丰富的织物遗存▷ 除了写有文字的文案,遗物中最丰富的是粗糙的织物,大多是毛的,但有些也是棉和毡的,它们主要是士兵的个人服装。这些织物的组织各式各样,种类繁多(如图版 XLVIII 中的标本所示),但都织得很结实很精致,它们的色彩保存得很好,流行暗褐色和红色。值得注意的是,这些织物没有一件被

① 参见冯·勒柯克(Von Le Coq)*S.B.A.W.*,1908 年第 19 期,1202 页;斯坦因《古代和田》,第一卷,71 页、87 页等。

② 参见本书第五章第三节;第三十章第三节。

扔进垃圾中,即使不想再用的时候也是这样。相同的情况还有精巧地织成的地毯残片,我挑选了其中的一块刊布在图版 XLIX 中。它们的图案,M.I.xxvi.001、002 中的那些特别有意思。它们采用了传统的但轮廓鲜明的动物形设计,在较早的尼雅和楼兰遗址的类似文物中不曾见过这种图案。这似乎说明在大半是以游牧为生的民族中,随着其原始手工业条件的进步,纺织艺术有了明显的发展。现在对如吉尔吉斯人、土库曼人和俾路支人等部落的观察都证明了这一点。一种少见的材料是 M.I.iv.0010(图版 L)和 xii.007,它们是分别用马毛和棉花纺织得很好的薄纱,如哈诺塞克博士所分析的那样。

◁罕见的丝织物

与在楼兰和敦煌边境废墟中发现的相比,米兰戍堡的垃圾中破丝绸片很稀罕。这清楚地说明在公元 8 世纪的最后四分之一世纪里,由于吐蕃对塔里木盆地和甘肃边境地区的征服,中国的贸易受到了损害。尽管如此,我们还是从中找到了几片丝花缎,M.I.0094(图版 CXXI),i.009,ii.0035,xii.005,它们无疑都源自中国内地。也有一块有图案的丝绸 M.I.viii.0017(图版 CXI),风格与从敦煌千佛洞发现的大量有图案的丝绸相似。它的图案也与从和田以北麻扎塔格遗址出土的一块织锦 M.Tagh.a.iv.00177 上的图案相似。这块织锦属于吐蕃占领的同一时期。①

◁刺绣品等遗物

在 M.I.xxvii.001 中,我们发现一方质密的织锦,织有中国风格的细致优雅的图案,缝成三角形小袋。较大的袋子 M.I.xxvii.009用细毛料做成,上面的长条形花纹色彩富丽。比这两件保存得好一些的是红色的丝袋 M.0019(图版 CX),刺

① 参见本书第三十二章第一节。

绣出一种精细的链式针迹图样,这种图样几乎布满整个背景。它的风格令人奇异地联想到新疆当代的刺绣作品。其他制成的织品我可以简略地提一下,有保存得很好的毡袋 M.I.xiii.001.a(图版 L),它可能是一件士兵服的残块;皮袋 M.I.0076(图版 L);缝制的布鞋 M.I.ii.0025(图版 L),装饰着精细的缝出的图案和绣成的手掌状的叶形图案。最后,随便提一下一些着色块M.I.xix.005,用途不明。它们的材料是桦树树皮,很值得注意,因为它显然源自印度。

第五节　米兰戍堡中发现的吐蕃文书

吐蕃文书的特征▷

从米兰戍堡的垃圾堆中发现了大量吐蕃文书,这对当时在艰苦的自然环境下从事挖掘工作的人而言,似乎是一种鼓励和补偿。但当第一次触摸到包裹着污垢的文书,或晚上在我的小帐篷试着用半麻木的手指清理它们时,我多少预见到以后解读它们时的困难。且不说大量木简和纸的残碎情况,它们大多表面磨损,字迹潦草,更加重了将来解读的困难。尽管我一点儿也不懂吐蕃文,但我知道虽然在佛经和其他信仰性作品中大量存在吐蕃文学,早期世俗著作却非常少。然而从一开始就很明显,米兰出土的大量吐蕃语文书是各种各样的"公文"(往往是很小的报告、申请和契约之类),可能全都用日常生活用语表达。

弗兰克博士考证文书▷

很明显,对这种文书进行详尽解释将需要文献学的敏锐,以及基本的吐蕃生活语言和习惯知识。1910 年,A.H.弗兰克博士(得到认可的古物和现代西藏生活语言权威)愿意承担我从米兰和大致属于同一时期的麻扎塔格遗址发现搜集的吐蕃语写卷的考证时,我有理由感到特别满意。但他自己最近的考古旅行,文书数量的庞大,这些实际原因使弗兰克博士不得不有所局限,就现版著作而言,他只能准备一份上述材料完整的详细目录。[①] 在我的要求下,弗兰克博士于 1913 年给这个重要稿件加上了非常有价值的一般性注解,简洁地论述了他从不同方面(语言学和古物学)对文书所作初步检查的主要成果,并将它作为简报发表在《皇家亚洲学会会刊》上。[②]

◁弗兰克博士的详细目录和注解

参看一下弗兰克博士详细目录的米兰部分就会明白,从对这些文书特别是对它们中保存较好的那些文字的详细分析,还可望新发现更多直接的考古价值和历史价值。我曾希望从这位最出色的专家那里得到这些文书的译文,或至少是较完整的摘要,但这个希望因战争落空了。从详细目录中的条目判断,它们有望用来解答当地的古物学问题,要不然其本身就能够得到实际考古调查和发现的证明。

1910 年,弗兰克博士和另一位博学的合作者 F.W.托马斯(印度部的图书馆馆长)欣然接受我的安排,对这些文书的一部分开始注解工作。我很高兴获准在我的《沙漠契丹废墟记》中利用其注解来评论米兰文书。[③] 但也由于战争的原因,我甚至现在都没能接触到这些文书的简注。目前不可能确定弗兰克博士后来对这些材料进行更仔细考证时,对这些临时公布的注解内容证实到了什么程度。因此我以为,为便于参考,只复制上文提到的弗兰克博士后来的一般性注解,似乎是比较

① 原打算将此目录放在本部书的附录 G 中。但由于各种原因这个想法未能实现。作为替代,遂决定将此详细目录的木简的原始目录和一套用打字机打出的副本,存放在印度事务部图书馆(India Office Library)中,在那里,它们将很便于参考和进一步研究。

② 参见斯坦《论奥雷尔·斯坦因爵士从中国新疆搜集的吐蕃文书》,载《皇家亚洲学会会刊》,37~59 页,1914;另见本书附录 G。

③ 参见斯坦因《沙漠契丹》,第一卷,447 页等。

可靠的做法。[1] 它们之中没有对米兰文书和麻扎塔格文书加以区分。[2] 但这个状况不比初见时的状况更重要,因为两种情况中,提供文书的两座废堡能够得到独立的考古证据证明是属于相同的时期,并用作相似的目的,即吐蕃边界哨所。弗兰克博士所采用的这个共同处理的方式,最好地证明了不管是在语言还是在内容方面,两个遗址的文书没有明显的差别。

Nob 一名是指▷罗布地区

弗兰克博士的注解表明,米兰戍堡发现的文书在语言学上和古物学上的意义很广泛,也表明大量问题需要懂得这些吐蕃文书渊源的专家进行彻底调查。我缺乏这个资格,不能试图在这里阐明哪怕是直接与我所探险的古物学和历史地理学有关系的这几方面问题。但是有一个例外,这些文书中出现了表示米兰遗址本身和米兰遗址所在地区的吐蕃语名称。在前面一章中我已经说明了得出如下结论的理由,即我认为这些文书中常出现的地名 Nob,是我们熟悉的罗布(Lop)的一个早期形式,而且是 Lop 与玄奘的纳缚波之间语音上的连结。[3] 无论如何,由于弗兰克博士详细目录的帮助,它还是提供了文书证据,证明了这个名词的使用,特别是文书中最常见的"小罗布"(Little Nob)和"大罗布"(Great Nob)形式的使用。

文书中提到的▷小罗布

一个重要的事实是,尽管只在三块全都是残片(M.I.ii.28,xiv.0043,xxi.10)的木简中发现过单名罗布,却在不少于 30 件文书中提到了"小罗布"(Nob-chung),而"大罗布"(Nob-chen)

① 参见本书附录 G。在附录 G 中,有关纯语言学意义方面的所有句子都被忽略了。
② 关于麻扎塔格遗址,参见本书第三十二章第一节。
③ 参见本书第九章第一节。

则在 14 件文书中被提到。[①] 此外,有 5 件文书(M.I.vii.27,xix.002,xxviii.002,xliv.2、0013)同时提到大罗布和小罗布。提到小罗布的文书中,相当数量似乎证明如下结论:所指地方就是文书的实际发现地,即米兰遗址。这样的文书有M.I.vii.76、99木简,简略提到了可能通过带信人口头递送给小罗布的节儿(rTse-rje,一种官职)的通信[②],木简 M.I.xxvi.13上的地址与此类似。纸信 M.I.xxvii.18(图版 CLXX)似乎提供了特别有力的证据,它也是寄给"小罗布的节儿"的,传达一个病危的人关于他自己和他财产的处理的请求。M.I.xxxii.13 可能也很重要,其中两位高级军官传达战胜"小罗布的节儿和其他人"的消息。M.I.iv.138 是一件木简信函,大概是写给小罗布的某些人的。M.I.i.13、14 两件都是木简信函,写信人表示希望于某个时节到小罗布来。M.I.xix.001(图版 CLXXI)是一封完整的木简信函,谈到一个受到处罚的人"现在在小罗布"。

◁小罗布可能是米兰的名称

M.I.xliv.7(图版 CLXX)为一件完整的纸文书,是一份有关某奴隶出售的判决记录。从此文书(记录着小罗布法庭的诉讼程序)看,似乎有理由认为"小罗布法庭"是遗址所在地的法庭。完整的纸文书 M.I.iv.93.b 与之相同,记录的是小罗布主要田地的分配情况。特别有意思的是这里展现了"田地图"和陈述了一个参照物:"无论是谁破坏协议,将按照'前(或第一个)城堡的法律'起诉。"因为如果我们关于小罗布就是米兰这个推测是正确的,那么我们将极有可能也认为"前城

---

① 我们在 M.I.i.13、14、27,ii.005,iii.7,iv.3、93.b、132、138,vii.76、99,viii.49、63.b,x.7,xiv.77、108.d、0027,xix.9、001,xxi.9,xxvi.13,xxvii.18,xxviii.0036,xxxii.13,xl.001,xlii.1,xliv.6、7、109、005 中读到"小罗布 Nob"。"大罗布 Nob"在 i.0028,iv.101、106,vii.30、32,viii.18,ix.10,x.2、3、6,xiii.12,xiv.62.b,xvi.22,xliv.4 中被提到。

② 关于这个官名,参见本书附录 G 中弗兰克博士的评论。

堡”是以吐蕃语表示的传统的名称“（东）故城”。根据《水经》最初的注释家郦道元的证言，“东故城”源自鄯善的故都扜泥。我已在上文表明，有充分的理由将扜泥放在米兰遗址。①

从弗兰克博士的摘要判断，其余出现小罗布之名的文书没有提供任何明确的位置证据。无论如何，有一枚木简（M.I.viii.63.b）乍一看似乎表明小罗布不可能是米兰。它是某人给“大臣钵心（dPal-sum）寄给小罗布（Nob-chungu）的一封信的回信”，涉及以货款的形式支付薪水。但有一个可能性是这件木简只是一份草稿，而不是回信本身。为支持这一推论，可以指出虽然文书末尾提到了几个证明印章，从木简上面却没有发现这种印章。其他提到小罗布的文书不明确，然而应该注意其中三件（M.I.iv.132，x.7，xliv.005）文中提到小罗布城堡，从而证明这个地方受到某吐蕃要塞的保卫。

大罗布位于若▷羌

我已解释过，自然的优势一定在各个时期确保若羌成为罗布地区的主要可耕区。② 由此可以得出，如果小罗布的位置在米兰是正确的，那么大罗布一定就是现在的若羌绿洲。上文指出的全部 14 件提到大罗布的文书都与这个认识一致。但是，只有两件能够说是给予它以支持，而且还是间接的。M.I.vii.30是一枚木简，是大罗布的节儿寄给鲁赞（Klu-bzang）的，称呼为“内务主管”。显然，最简单的假定就是写信的地方是若羌而不是这件文书的发现地米兰。M.I.xiii.12 是一封完整的纸信，我们从中读到大罗布的一位官员“从我们自己的贡物”中送来一年的贡物苏打。M.I.xliv.4 也提到大罗布的一个城以及田地，M.I.iv.106 中说到田地的分配问题。

① 参见本书第九章第二、四节。
② 参见本书第九章第四节。

◁“罗布的三座城”

几乎没什么疑问,大罗布城和小罗布城被计算在“罗布的三座城”之内,完整的纸文书 M.I.ii.40(图版 CLXXI 显示出它原来整齐折叠的样子)和残木文书 M.I.viii.10 都说到“罗布三城”。“罗布三城”这个表达形式很可能一般是用来总称罗布地区,最后说到的那件文书后来提到“城的各个地区”。虽然第三个城的位置没有确指,但的确值得注意的是还有第三个地方的地名中含有“罗布”二字,那就是“下罗布”(Nob-shod)。有两件纸文书 M.I.xiv.108.f、xxx.8 的内容中写有这个名称,但无助于我们更清楚地确定它的位置。我们在 M.I.i.12 和 iv.89.a 两件木文书中读到“君主”或“四城之长”。但是没有迹象表明“罗布三城”被包括在它们之中,而 M.I.xiv.109 中提到小罗布时并提到“四城”,这似乎反对将其包括在它们之中。

◁文书中的其他地名

由于文书摘要告诉我们最多的事情似乎是琐碎的事,因此可以有把握地推论,多数地方的名称定可在罗布地区之内或附近找到。但是由于这些吐蕃地名出现的方式奇怪,加上显然的非吐蕃名称的转写所示不确定的语音学含义,对这些地名身份的推测现在肯定是冒险的。只有一例形式上几乎完全相同,就是地名 Cer-cen(见 M.I.xxviii.2)。如果它真的是指某个地方,那么显然就是指现在的车尔臣(即今且末——译者)。[①] 还有许多极为罕见的其他地名,现在不可能确定下来,令人深感遗憾。那些文书甚至是现在仅可利用的摘录部分,却让我们得以一瞥地名背景中的真实色彩。因此,在 M.I.xxviii.005 中作者说“他旅行到 Byeu-ling”,显然是跟随一支商队,“他们迟到了,处于极度缺水的状态”。Byeu-ling 到底是什么地方,毫无线索可寻,其他文书中也提到过这个地

① 参见本书第九章第二节。

名,例如 M.I.xxvii.19、xxxi.001。但它的位置很奇怪,暗示出一段旅行经历,这段经历与今天试图在冬末通过沙漠到敦煌去的商队可能有的经历相似。比如当干涸的罗布泊以南盐泉中的冰融化时,在那里旅行将产生饮用水方面的严重困难。另一封信 M.I.i.41 提到 *Shod-brog*,即“下 Brog”,我们发现信中报告的内容与上述提到极度缺水的那件木简所报告的内容多少有点类似,信中说一队人显然陷于缺乏生活必需品的严重困境之中。

提到军事事务▷

像 M.I.iv.4、71,vii.001,x.3、xxi.009 这类讨论军事的文书,其中提到的地名不可能认出来。同样遗憾的是,我们也不能明了像文书 M.I.xiv.7 中提到的边境,或索巴(so-pa),即边防哨所所在的兵营。[①] 但是粗略考证一下这些全部吐蕃文书摘录,也能弄清楚它们大多数提到了这个占领区中小吐蕃要塞的许多琐碎事务及其小绿洲的民政事务。

吐蕃的行政官员▷

关于文书中提到的吐蕃官员的职务和权力,鉴于这些文书的琐碎性,我们不要去把听起来很高的头衔看得过于重要。那些“臣”“君主”等头衔,很可能只拥有很小的权力。同时,如果米兰文书让我们看到的那些事务本身非常一般,那么整个文书反映的政治情况就被赋予了十分重要的历史意义。它们清楚地证明吐蕃在米兰戍堡居住或建设时期,在罗布地区不仅保持着军事要塞,而且还保持着有效的民政。这只有吐蕃在塔里木盆地取得全面的主导地位的时期才有可能,尽管我们缺乏历史资料,但还是知道这个时期是从公元 8 世纪的最后 30 多年唐朝势力的衰退和最后的衰败延续到大约公元

① 参见弗兰克博士在本书附录 G 中的评论。

9世纪中叶。①

由于缺乏关于新疆历史中上述时期的知识,所以米兰文书提供的有关吐蕃居住的性质和范围的证据对我们很有价值。造成这种结果的直接原因是那时新疆与中原王朝的政治关系被完全断绝了,而这种断绝是由吐蕃对塔里木盆地和东邻地区的征服造成的。吐蕃势力的揳入,使中国编年史作者对中亚事务的记载中断了一个多世纪。这次政治大变动所产生的彻底而深远的影响得到下述事实的证实:从米兰戍堡垃圾堆中发现的所有文书中我没有找到一件汉语文书残片。

◁米兰缺乏汉语文书

第六节　用如尼文字书写的一件突厥语写卷

由吐蕃征服所致的彻底变迁,米兰戍堡唯一非吐蕃语文书的发现因而具有特殊意义。该文书在小房间M.I.xxxii中发现,由于风蚀作用,这个房间的薄土坯墙和积聚其间的垃圾只保存高约2英尺。靠近地面,就在散布着一些吐蕃文纸和木文书,其中发现一小包已变形的褐色粗纸。打开时发现是一大张约1英尺见方保存完好的纸张和两小张保存状况较差的破纸片,它们是M.I.xxxii.006.a~c(图版CLIX)。大纸页正面有类碑文体字迹,b页上正反两面也都有这种字迹,我立即就认出它们是突厥语如尼文写卷。这种字体最初是在最古老的突厥语石碑中发现的,那是公元8世纪初期的双语碑铭,发现于鄂尔浑(Orkhon)和叶尼塞(Yenissei)河流域。令我特感满

◁如尼文突厥文书的发现

① 参见斯坦因《古代和田》,第一卷,65页;戈厄纳的论文,载《亚洲学刊》,1900年1—2月号,24页以下;本书第二十一章第二节。

中国史料提供的有关公元766—790年导致唐朝对西域的治理完全被吐蕃势力取代的资料,已由沙畹先生透彻地阐明,见斯坦因《古代和田》,第一卷,533页以下。

意的是,这些著名的蒙古和西伯利亚碑铭的第一解读人维尔赫姆·汤姆森(Vilhelm Thomsen)教授非常愿意出版和翻译米兰文书以及我后来发现的突厥语如尼文写卷。汤姆森教授已在他的论文中讨论了这些发现物①,如下有关其内容和含义的观察全都以此论文为基础。

通行证中的人名▷

汤姆森教授相信,“我们的这些写卷是一份名册,据推测所列之人要么是在要塞住了一段时间后正准备离开,要么只是从一个或另一个方向经过要塞,因而授之以下一步旅行的通行证或给予援助”。他的翻译表明,提到的为数众多的名字都是突厥语,而且大多属于军人。有趣的是,“其中有几个来自别的地方,特别是来自蒙古和西伯利亚。但除此之外,我们所知的古突厥语命名风格中,还加入有许多新的捐税”。如果我们看一下汤姆森教授译文中关于30多个分别命名的人的叙述,就会看到他们主要关系到不是发给 yarlïg 就是发给 yarïq 的规定。

yarlïg 的意思▷

关于前面的那个词,我们可以肯定,因为从别的地方我们知道突厥语 yarlïg 是波斯语 farmān 的近义词,意即“介绍信”。给旅行者、官方使者等发放这种证明(在现代印度为 parwāna,在波斯为 rāhdārī,在中国新疆地区为 yol-khat)的习惯在所有东方国家仍然流行,我在旅行中经常见到。我在和田地区和其他地方发现的许多汉文、佉卢文与和田文等文书无疑具有这个性质。②

① 参见V.汤姆森《M.A.斯坦因博士从米兰和敦煌发现的突厥语“如尼文”写卷》(*Dr. M. A. Stein's manuscripts in Turkish 'Runic' script from Miran and Tun-huang*),载《皇家亚洲学会会刊》,181页以下,1912。

② 参见沙畹先生翻译的尼雅遗址汉文木简,斯坦因《古代和田》,第一卷,541页以下。

◁单词 Yarïq

另一方面，yarïq 迄今还是一个未知单词。但是撇开汤姆森教授所指出的词源学的出处（词根 yar-字面上的意思是“所遣之人”）不论，该词条本身似乎有足够的迹象支持这位丹麦大学者的推测：yarïq 在这里是“上级军官指派下级军官（？）做某事”，或者在其他条目中是“卫兵”。事实上，据我在东方旅行和对东方行政了解的长期实践经验，我强烈地倾向于相信汤姆森教授在这里指明的功能就是如下这些：他们是被召集起来去定期轮班值勤的、每级政权中卑下却普遍存在的下层官吏，即现代印度的 Chaprassī 或传令兵，新疆的 Darōgha（跑腿的人——译者），汉语也称作“衙役”（Ya-yeh），波斯的 Ghulām。

◁文书的大致年代

我不必去详细分析这件古突厥语文书的内容，也不必去说明上文对两个最常出现的词的解释与它们有多么吻合。但是从中发现的其他词语和名称这里必须予以注意。因为它们对这些米兰文书的起源和年代有着确切的意义，所以也具有历史意义和考古意义。在讨论有关写卷年代这个问题时①，汤姆森教授已经指出，大纸张 a 上第一行中给出的年代只提到“4 月 29 日”，没有说到年。同时，他强调如下事实的年代很重要：文书是“在某突厥或本来是突厥要塞担任某职的突厥书记员所写”，以汉语头衔（和名称）论及几个人，如三公（Sangun）、知事（Chigshi）等等。② 从这些头衔中，他推论出此戍堡

① 参见《皇家亚洲学会会刊》，185 页；本书第十一章第十二节，1912。

② 这一类，我已在 a 中提到 Yarïqs Urungu Tudun 知事和 Chik Bilgä 知事，还有一位 Kül 知事。在 a 中，头衔三公 Sangun 在三个人名中发现，他们是 Äd[ch?]ü 三公，Tirä Bars Khan 三公和 Urungu 三公。在 b 的正面，我们读到 Külüg 三公和 Küräbir Urungu 三公，也在 b 的背面读到 Ut 三公和一个[.]ärkin 三公 Tir[-]。

和此地区当时受中原王朝统治。因为“另一方面,米兰写卷中似乎没有任何吐蕃的迹象”,所以得出如下结论:它不能晚于公元8世纪中叶,因为大致在那个时候吐蕃人自己已在这里确立下来。“如果有什么区别的话,那就是它的年代也许多少更早一些,且信的格式和纸的结构正好与此推测相符。”

源自汉人的头衔▷

我怀疑那些源自中国的头衔的使用,其本身是否能够确证该戍堡和该地区当时必然处于中原王朝的统治之下。因为在公元6世纪40—60年代,唐朝成功地建立了对北突厥和西突厥严密的、持续的政治控制,从而使唐朝能够继续统治西域一个多世纪。[①] 这种控制的结果,连同中原文明所产生的巨大影响,很可能比中原王朝实际对那些地区的统治时间更持久一些。但我相信,米兰文书提供的其他依据明确支持汤姆森所定的大致年代。

提到“Sugchu”▷即肃州

首先,我认为提到许多“yariqs 来自 Sugchu 城”[②]的那一条款很重要。如汤姆森教授所充分认识的,此城无疑是现在的肃州,甘肃著名的重镇,位于后期长城最西端的弯曲部。马可·波罗的 Succiu,就像 Sugchu 一样,保留着第一个音节 su 的较古老发音,即 suk。[③] 现在中国的史料显示,如沙畹先生的摘录和分析已经完全地表明的,公元756—758年吐蕃逐渐侵占整个甘肃,公元766年以后当他们在那里建立政权,完全阻断了唐朝和西域的交往。而在西域的那些地区,唐朝建立

① 参见沙畹《突厥语文书》,第六至九章,259~299页,公元7—8世纪唐朝与突厥各部关系的恢复。

② 参见a上的正文第14行,载《皇家亚洲学会会刊》,186页、188页,1912。

③ 参见尤尔《马可·波罗》,第一卷,217页等。如亨利·尤尔爵士指出的,这个名称仍被拉史德丁(Rashīd-ud-dīn)和沙鲁克的大使写成 Suk-chū。关于肃州的报告,见本书第二十七章第三节。

起的军事要塞仍在坚持抵抗吐蕃的入侵。[①] 从那年以后，似乎再无突厥士兵从肃州来到罗布。

◁巴依尔去斯部落

至于这些人的部落或民族亲缘，我们从表中紧接于下的陈述中得到有价值的证据，来自肃州的 yariqs"有 6 名给予 Bayirqus"。如汤姆森教授注释中所指出的，Bayirqus"是一支与维吾尔（Uigurs）密切相关的突厥部落，生活在漠北"。有关维吾尔或回纥（Hui-ho）的摘录，沙畹先生已从《唐书》翻译过来，并作了充分注解。事实上在列举的组成维吾尔民族的各不同部落中，就有 Bayirqus 或称为"拔野古"（Pa-yeh-ku）[②]。在汤姆森教授首先译解的奥克霍恩的某如尼文突厥碑铭中[③]，也提到了他们。显然，问题中的人们是维吾尔族的一支。

◁作为唐朝支持者的维吾尔族

从沙畹先生翻译的可以用来研究且与唐朝对西域的治理的最后衰落以前事件有关的重要汉文史料来看[④]，天山南北要塞中的唐朝政治官员和军官，虽然约自公元 766 年以后便与帝国失去了联系，但他们仍继续保持抗击入侵的吐蕃将近 25 年，而维吾尔族自始至终都与唐朝并肩作战。其部落居住地后来迁至北庭（Pei-t'ing）附近，即吐鲁番盆地以北今古城附近。关于这一点应该注意在米兰文书纸张 b 的条款中，有一条涉及发给某 Küräbir Urungu 三公可前往 Qochu 城的一份 yarlïg。如汤姆森教授所指出的，此城相当于高昌（Kao-ch'ang），

① 参见沙畹先生的评论，载斯坦因《古代和田》，第一卷，534 页以下，特别是 534 页的注②。

② 参见沙畹《西突厥》，88 页等。

③ 参见汤姆森《鄂尔浑碑文》（*Inscriptions de l'Orkhon déchiffrées*），109 页（我从上引沙畹一书得出此推论）。

④ 参见沙畹先生的摘录，载《古代和田》，第一卷，534 页以下。

唐代吐鲁番的都城，现在的喀拉霍加（Kara-khōja）古城遗址。[①]

古突厥文书可能的年代

我倾向于将我们的米兰古突厥文书的年代定在安西（Anhis），龟兹（Kuchā）和北庭都护府下的中国要塞孤立之前。我们知道吐蕃于公元670—692年间一度征服了塔里木盆地，大约从公元717年开始，继续从南面再三侵犯威胁"四镇"。[②]关于玄宗帝在位期间（公元712—756年）所做的全部维护其中亚统治、抗击西方阿拉伯和南方吐蕃的攻击的努力，我们的汉语史料表明，中国的治国之才很依赖于他们政治上控制着的各突厥部落的帮助。这些雇为辅助者的部落中，我们发现再三提到卡尔鲁克人（Karluk，葛罗禄——译者），我们知道他们依附于回纥。[③] 然而，重要的是当到公元790年吐蕃成功地夺取北庭，在帮助他们攻陷这座天山北部唐朝势力的最后根据地的部落中，提到了卡尔鲁克及一些其他突厥部落。[④]

不能确定起源的文书

对我们来说，在千余件吐蕃文书中，米兰戍堡这件突厥文书的出现应归于什么事件，任何肯定的解答都是不可能的。它可能是一次胜利的唯一纪念物，这次胜利使唐朝雇用的一支突厥辅助者的分遣队进驻到一座临时占有的戍堡，这座戍堡是吐蕃以前建立并派兵驻守的，后来被唐朝军队夺了过来。或者就是这件如尼文突厥文书可能根本就不是在米兰写的，

① 参见《皇家亚洲学会会刊》，187页，纸文书b正面上的正文第11行，1912。译文中，高昌（Qochu）城的陈述因疏忽被遗漏了。参见《皇家亚洲学会会刊》，189页。

② 关于新疆历史中这一时期的概况斯坦因《古代和田》第一卷61页以下内容可以很方便地查阅到。我们所知的那些事件主要基于的《唐书》和其他汉语文献都放到了那里的沙畹先生的摘录中。

③ 参见沙畹先生《西突厥》，142页注②；297页；另见同上注文，94页、286页。

④ 参见沙畹的摘录，《古代和田》，第一卷，536页。

而可能是从那些由突厥人驻守的或在敦煌或安西周围的某哨所带到那里的。强调废堡提供的考古证据展示给我们的东西,而不是讨论这种目前只能是纯推测的解释将更有意义。它们都一致证明,戍堡建于并应用于吐蕃统治时期,这段时期始于公元8世纪下半叶,终结于约一个世纪以后。

由戍堡的不规则设计和构造,以及完全缺乏任何汉语文书,绝不能作出如下推测:它可以追溯到中原王朝仍在政治上控制、文化上影响着罗布地区的时期。吐蕃文书的总数和统一的性质,以及文书埋于其中的垃圾堆,决定性地证明吐蕃士兵和官员曾长期居住在那里。同样重要的是,戍堡或其附近发现的九枚铜钱中,除两枚外几乎都显示有铭文,为开元通宝(K'ai-yüan-t'ung-pao)。这种钱币为唐开国皇帝高祖(Kao-tsu,618—627年)所发行,并被其继承人继续发行了一个多世纪。至于剩余的两枚钱币,一枚显示有年号政和(Chêng-ho,1111—1117年),另一枚为当朝皇帝光绪(Kuang Hsü)的年号(1875—1908年)。两枚钱币都是在戍堡的中心区地表发现的,可能是废墟的某个访问者掉在那里的。最后必须注意的是,我在米兰戍堡里面和周围都没有找到任何证据,证明此遗址在回鹘统治时期(回鹘大约于公元860年取代吐蕃而成为塔里木盆地的主导势力),或在继回鹘时期之后的伊斯兰教时期被长期居住。

◁戍堡源于吐蕃

一切都表明,此遗址在吐蕃占领之后不久就迅速废弃了。当然没有明显的理由认为这个废弃是由于干旱,即供水的缺乏。无论怎么变迁,累进的干旱可能那时就已在这个地区存在了许多世纪。甚至现在从废堡以西3英里流过的河流就足够这种耕作区的灌溉,从而为包括小戍堡所能占据的无论什

◁戍堡废弃于吐蕃占领之后

么要塞和为众多农业聚落提供必要的食物。① 相同的陈述是否将适用于较早且远更重要的居住阶段——将进一步描述的遗迹证明米兰遗址在那一阶段的确被居住过,这个问题我们在这里不必去关心。但是,要了解吐蕃离开以后米兰完全废弃的情形,记住那些使这片位置变得对他们,也只对他们如此重要的地理事实就够了。

---

① 1907年和1914年两年的冬天我都曾来到米兰,并停留较长时间。其间,河流冰冷,河床中所有的水结成宽广的冰面,这我在《沙漠契丹》第一卷438页中已作了解释。因此,我那时不能对米兰河的水量作任何测量。对它的灌溉容量,虽然1906年12月我可以确定水量,但也不能提供任何实际的指导。因为江罕萨依——米兰河的上游,从山中流出——主要是接纳高大的祁曼塔格山上常年的冰雪融水,而它的泉水——晚秋和冬季唯一有泉水的河——非常有限。幸运的是,我1914年第二次访问时,发现以前在米兰断断续续地耕种的阿布旦的罗布人,在他们田园附近新建起了固定家园,并在小村安顿下来,耕地也有了很大的扩展。

阿布旦的罗布人直到一两代以前还都是渔民和牧羊人,他们这次定居所带来的变化,在许多方面是惊人的。这也使我得以比较容易地获得有关这个地方的农业资源和可能性的可靠的信息。我发现,从事耕作的家庭的总数超过两打。但是必须承认,他们能够提供的劳力,远远不足以开垦供水可以灌溉的肥沃的土地。

按照阿布旦的老伯克努尔·穆罕默德(Nūr Muḥammad)和他聪明的儿子尼亚孜伯克当时告诉我的情况,在米兰河只能依靠泉水(喀拉苏 Kara-su)补给的、河流水量最小的季节,即秋季和春末,到达米兰拓居地的水量估计是3塔什(tāsh)或"石"。这个标准是根据使水磨转一圈所需的水量而定的,根据在新疆其他绿洲中大致估算的平均值,水流量大约为90立方英尺/秒。早春,到2月末和3月,那时河床中的冰和低山上的雪开始融化,与昆仑山北坡其他河沟一样,产生短暂的洪水,这时水量据说临时增加到约15塔什。以后水量减少,直到6月末夏季大洪水来临。那时高山上的冰雪开始融化,河流中的水量极大超出所有可能的灌溉的需要,就像和田河、克里雅河等一样。

现在定居于米兰并称拥有那里的全部可耕地的罗布人,由于各种显然的原因,急于防止新迁来的移民进入西面耕作区的主要中心。那里曾使中国政府能够在最后两代人中,建造和开发出十分重要的若羌绿洲(见上文,第八章第四节)。因此,我没有理由假定,上述关于其灌溉资源的叙述会是大大的夸张。一个独立的可靠证据,证实了我这个观点。我三次旅行中忠实的随从,即于田的伊布拉音(Ibrāhīm)老伯克,多亏他给我提供了这个证据。除了跟随我一起访问,1908年4—5月他在米兰还待了很长时间,当时他陪着奈克·拉姆·辛格在那里执行不幸的任务。作为地主,而且特别精通浇灌事务——在我第二次探险前后很多年,他是策勒绿洲主管水渠的"米那布伯克"(Mīrāb Bēg),如斯坦因《沙漠契丹》第一卷236页所载——他自然对米兰的灌溉感兴趣,并就此题目亲自进行了调查。伊布拉音伯克的观点是,米兰河可利用的供水,不比若羌差,而且,虽然由于移动的河床、多石的土壤等所构成的地面情况对修建灌溉渠道而言不如若羌便利,但是米兰的灌溉资源如果能有策勒那样多的劳力条件,则将足以满足达500家的移民队所需,而不是目前的两打。它们到底是否会被充分利用,以及这样一个拓居地是否会成功地应付河床的大变迁所带来的困难,只有等将来才能看到。

看一下地图就会明白，米兰的吐蕃人正守卫着对他们而言战略上最重要的地方。这片小绿洲是从塔里木盆地南缘绿洲、伊朗、印度及其以远的边区通往敦煌和甘肃的径道的关键。在米兰东面不远的阿其克布拉克(Achchik-bulak)或墩里克(Donglik)，这条道分为两支：一支沿干涸的大罗布盐湖南岸；另一支沿阿尔金山最北缘，向东相会于敦煌。与中国的中道(上文我们曾多次提到这条道，它一度经过楼兰)一样，这条南道是从公元前的最后一个世纪以来通往中国内地的一条主要交通线。它的重要在楼兰居址被废弃于约公元4世纪和供水的缺乏永久地关闭了古中道以后，一定极大地增加了。 ◁米兰战略上的重要

但检查一下任何一张当代的吐蕃地图，将发现一个更使人信服的地理事实，这个地理事实迫使吐蕃在其政治与军事野心转向新疆时要坚定地控制米兰。① 就是在这片小绿洲，最便捷最实用的两条道出现了，它们从西藏中部和拉萨通往塔里木盆地。其一，直接自拉萨而来，商人以及从北面前往西藏朝圣的虔诚香客仍在走这条道，它穿过祁曼塔格山，然后下出江罕萨依河谷。没有其他穿过西藏高原和昆仑山脉的路能够为吐蕃的侵入直出塔里木盆地的主要绿洲以及天山边缘主要的中国交通线提供类似的便利。② 刚才提到的两条吐蕃道的第二条，经过最西面的柴达木富饶的牧场，在巴什库尔干(Bāsh-kurghān)并入从敦煌而来的山路，然后下出阿其克布拉克和米兰。因此，在米兰戍堡设立的吐蕃要塞，很方便地就守 ◁通往拉萨之路

---

① 参见皇家地理学学会1906年出版的地图《西藏及其周围地区》(第二版)。

② 从西藏高原穿过昆仑山主脉的其他可能的路线：出且末、喀拉米兰(Kara-muran)和喀拉萨依(Kara-sai)河，都更长而且困难得多。出普鲁(Polur)峡谷且距和田最近的那一条路，据我1908年的经验，可以认为是不能为商人和军队所通行的。

卫住这两条道,以及那些来自甘肃的道路。①

废弃米兰的原因

但是从刚才考证的地理事实看,很清楚只要米兰十字路口还是基地远在南面的吐蕃军队的安全屏障,在米兰遗址设立的军事戍堡就将保持其特别的战略价值。吐蕃势力一旦从将塔里木盆地和吐蕃居住地分隔开来的那些不适于居住的大山以北消失,米兰就迅速变得无关紧要。因为沿古代南道从和田和其他绿洲到敦煌以至中国内地的无论什么交通,在回鹘、早期伊斯兰教时期和蒙古时期,若羌提供了更加便利和更好的补给休整处。因此,我们能够很容易地明白,为什么马可·波罗的报告中没有提到米兰。我们已经知道,他所说的"罗布城",位于若羌。当这支威尼斯人的商队从此走进"罗布沙漠"时,废堡崩溃中的城墙俯视着他们远去,但无疑它们与现在一样是静寂的、废弃的。

第七节 米兰戍堡器物表

米兰戍堡内和附近发现的各种器物

M.001. 谷类标本。粟(?)。

M.007. 青铜残片。角上有孔,可能是甲胄鳞片。贾斯旺·辛格 1907 年 1 月 30 日采集。$1\frac{5}{8}$英寸×$1\frac{1}{8}$英寸×$\frac{1}{32}$英寸。

---

① 最近年代的一座废墟使我深刻认识到米兰对于自西藏高原而出的道路在军事上的重要性。当我 1906 年 12 月 8 日第一次访问这个遗址时,从河岸上的营地,我沿所走的商道向东走约 1 英里后,我经过一建造得很粗糙的大建筑,墙以木料和苇草筑成,环绕以一粗陋的木栅,坐落在一覆盖着矮树而多沙的平原上。它建于约 10 年以前,是为驻扎于此的中国军队的一支分队修建的兵营。当时一伙东干叛乱分子从西宁逃到柴达木,在山中穷困潦倒,伤亡惨重之后,于是想流窜到罗布淖尔。这支中国军队正是前来拦截这伙流寇的。我后来于 1907 年在哈密遇到了米兰戍堡的这位当代司令官,并听他讲他和他的战士们在这里整整阻击了一个夏天,经受了难以想象的困难。

M.008. **青铜圆片**。微凹,背面中心有钮,一扣。贾斯旺·辛格 1907 年 1 月 30 日采集。直径 1 英寸,厚约$\frac{1}{32}$英寸。

M.009. **作成四边的铁锥**。两端残,锈蚀重;箭头(?)。贾斯旺·辛格 1907 年 1 月 30 日采集。长 1$\frac{3}{16}$英寸,最宽$\frac{3}{8}$英寸。

M.0010. **青铜片**。折叠两次。1907 年 2 月2 日 发现。$\frac{3}{8}$英寸×$\frac{7}{16}$英寸,厚(四重)约$\frac{1}{8}$英寸。

M.0011. **弯曲的青铜片**。可能是匙的盛物部。1907 年 2 月2 日 发现。长 1$\frac{1}{2}$英寸,最宽$\frac{9}{16}$英寸。

M.0012. **白色长方形扁皂石**。一头圆,另一头切成方形。1907 年 2 月 2 日发现。长$\frac{3}{4}$英寸,宽$\frac{1}{4}$~$\frac{7}{16}$英寸。

M.0013.a、b. **两颗珠子**。a 为大致呈扁球状体,红玉髓。直径$\frac{5}{16}$英寸。b 为玻璃珠,绿色、黄色和红色。直径$\frac{5}{16}$英寸。

M.0017. **残角梳**。齿和部分手柄失。长 2$\frac{1}{2}$英寸,高 1$\frac{1}{4}$英寸。图版 XXXVI。

M.0018. **硬木条**。一头穿孔。用途存疑。比一般木简厚。9$\frac{9}{16}$英寸×$\frac{1}{2}$英寸×$\frac{1}{4}$英寸。

M.0019. **红丝袋**。细线织,饰成浅黑和淡蓝、浅黑和淡绿色、白色、巧克力色、粉红色、暗黄色、黄色,链式针迹紧密。图案显然是一种传统的带眼的翅膀,类似于孔雀羽毛上的图案,几乎完全覆盖了背景。整个是从一大块刺绣剪下来的，折成双层，将边缝合而成袋子。顶部未缝边。刺绣中每英寸约30针。4英寸×3英寸。图版CX。

吐蕃戍堡M.I出土器物

M.I.0056. **陶片**。手制，胎泥淘洗很粗糙，质坚硬，敞炉烧制。器表红褐色，剖面黑色。外壁烧前阴刻戴盔武士头，头盔显然为鳞甲胄，带羽毛(残)和颊带。嘴以下残。线画，中国风格。表明手制粗陶的制造延续到高级文明时期。$2\frac{5}{8}$英寸×$1\frac{3}{4}$英寸。图版LI。

M.I.0057. **小麦粒**。

M.I.0058. **薄青铜板**。裂开且满是孔，可能原属于甲胄。贾斯旺·辛格发现于戍堡外面。最大$2\frac{1}{2}$英寸，厚约$\frac{1}{64}$英寸。

M.I.0059. **铁箭头**。扁，长心形。肋棱不完全，残留部分铤，保存状况差。贾斯旺·辛格发现于戍堡外面。总长$2\frac{3}{4}$英寸，头长2英寸，最宽$1\frac{1}{4}$英寸。图版LI。

M.I.0060. **小麦粒**。

M.I.0063. **大陶容器残块**。手制，红胎，泥质，烧制均匀(见本书第十章第一节)。残存部分五六条阴刻线组成的弦纹带，其上下刻有五条梳画花彩带，刻纹浅而粗糙。上面有一处于烧前阴刻较深的符号，可能为吐蕃文字，也可能是容量的量度，但未识别。最长1英寸，最宽$5\frac{1}{2}$英寸。

M.I.0064、0065. **两件木写板**。空白，头部烧焦。$5\frac{3}{4}$英寸和5英寸×$\frac{7}{8}$英寸。

M.I.0066. **木标签**。(纵的一半)空白。$3\frac{1}{16}$英寸×$\frac{5}{8}$英寸。

M.I.0067.　**扁木片**。一头削成钝尖，附近有小孔；另一头残。离残头 $1\frac{1}{4}$ 英寸处有刻痕。钥匙柄。$3\frac{1}{2}$英寸×$1\frac{1}{16}$英寸×$\frac{1}{4}$～$\frac{3}{8}$英寸。

M.I.0068.　**皮甲片**。长方形（样式见《古代和田》，第一卷，16 页、374 页、411 页）。里面漆成红色，外面红色带一薄层黑色。侧面系带，在长边，每头的孔在角上。在另一边，两对孔靠近中间。垂直的系带，一对孔平行于端头，相距$\frac{1}{2}$英寸。未遗下皮带。保存状况良好。$3\frac{1}{8}$（弯）×2 英寸。

M.I.0069.　**五块皮甲片**。分散（一般样式见 M.I.0068 和《古代和田》第一卷，16 页、374 页、411 页）。带孔一般像 M.I.ix.002，但用作垂直系带的不规则。背面上漆，红上黑（但有一块为深红色，有类似于 M.I.xxiv.0040 的图案）。前面，很薄的黑或黑红色，上面是红色，再上面是黑色，使表面呈深红色。沿一重叠边和顶饰以红线，向一长边饰以两个形符号，一个在另一个上面。这些之外，三块甲片显示有红椭圆，心为黑色。全部漆衣使用后，装饰被刮掉了，因此表面下面的那些显示为同心圆，直到装饰的底部。最大的甲片 $3\frac{1}{2}$英寸×$3\frac{1}{4}$英寸。图版 L。

M.I.0070.　**皮甲片**。背面漆红，前面红上黑，留有红线，平行于端头。角上两个系带孔。最大 $3\frac{1}{2}$英寸×$1\frac{3}{4}$英寸。

M.I.0071.　**皮甲片**。似 M.I.ix.002。大部分漆已消失。$2\frac{1}{4}$英寸×$2\frac{1}{16}$英寸。

M.I.0072.　**青铜板**。带两个青铜铆钉。方棍鞘。约 $1\frac{1}{2}$英寸×$1\frac{1}{2}$英寸（弯）。

M.I.0073.　**青铜片**。方形，每个角都有孔，削出长方形口子，与边平行，搭扣的眼，例如皮带上的。$1\frac{1}{16}$英寸×$\frac{15}{16}$英寸。

M.I.0074、0075. **井桶的木支柱(?)**。刻痕的下角加深,向外削,以更好地控制线绳。参见 Kha.ix.0015;M.Tagh.b.001。长 $4\frac{1}{8}$英寸和$\frac{5}{8}$英寸。0074 见图版 LI。

M.I.0076. **小皮袋**。拇指形,扇形口,以绳拉住。皮整理得很好,外表染成浅黑色。一块皮制成,折叠然后缝合,底圆,一条直边。深 $2\frac{5}{8}$英寸,口宽 $2\frac{1}{4}$英寸。图版 L。

M.I.0080. **毡垫**。暗黄色毡条制成,圆边双层缝合。内填木炭粉。可能是印花粉袋(?),在绘或刺绣之前用来摹绘织物花纹。4 英寸×约 3 英寸。

M.I.0081. **粗山羊毛索**。有椭圆盛石毡袋。绳索为 7 股紧密编织。分成两根以形成毡袋之缘,然后又合成一根。残。长 2 英尺 5 英寸。图版 L。

M.I.0082. **棉织物片**。靛青,平纹组织,松散但整齐。质次。$11\frac{1}{2}$英寸×$4\frac{1}{2}$英寸。(哈诺塞克博士分析)

M.I.0083.a~c. **三片粗毛织物**。缝在一起。a 质密,深红色原料,退成微红的褐色;平纹,结实整齐;经纬线为双股走线;英格兰席纹尼结构。1 英尺×$3\frac{3}{8}$英寸。b 为末尾部,斜纹料子,右边退成砖红色,较 a 细密;纬线从两根经线上穿过,然后从两根经线下穿过,如此以往。5 英寸×$3\frac{1}{2}$英寸。a、b 的底边缝着灰纱 c,结构类似 a 但略细;纬线也较疏,表面不甚光滑;色如 b。6 英寸×4 英寸。b、c 见图版 XLVIII。

M.I.0084. **粗毛织物(达里 darri)**。平纹,粗糙;经线(表面可见)为暗褐色纱;纬线单股织成杂色的带子。情况如下:i 为赤土色带,纵长 $1\frac{5}{8}$英寸。ii 为暗植物绿色带,纵长 $2\frac{1}{4}$英寸;就在这条绿带的边缘之间,沿中间是一条暗黄色（纵长$\frac{3}{8}$英寸）夹有褐色的线。iii 为赤土色带，纵长 1 英寸。iv 为一系列线条，纵长约$\frac{1}{8}$英寸，接着是：植物绿、暗黄、赤土色、褐色和暗黄色。v 为赤土色带，纵长$\frac{1}{2}$英寸，形成镶边。i 和 ii 交替构成图案，如 i 外的破边显示的线条和 ii 中的一样。色彩保存得很好。11 英寸×$6\frac{1}{2}$英寸。图版 XLVIII。

M.I.0085. **一把山羊毛**。混有麦管。

M.I.0086. **圆毡索**。橙红色，许多松纺的纱线编成。长（打结）$5\frac{1}{2}$英寸。

M.I.0087. **丝绢**。暗赤土色；类似开放式的薄细棉布结构，不均匀的平纹；用旧了。参见 M.I.xxi.006。$12\frac{1}{2}$英寸×7 英寸。（哈诺塞克博士分析）

M.I.0088. **三块粗毛织物**。经褐色，纬纱亮红色（已褪色）和深绿色。花纹：基调色为红色，轮廓为绿色，以覆盖着锯齿状绿色图案的红带相隔；细滑。最大 6 英寸×$2\frac{1}{2}$英寸。

M.I.0089. **木梳残块**。背略呈弓形。$2\frac{1}{2}$英寸×$2\frac{1}{4}$英寸×$\frac{3}{8}$英寸。

M.I.0090. **木钥匙**。Ka.I.001 型；两个钉栓，手柄穿孔。$3\frac{1}{8}$英寸（连柄$5\frac{3}{4}$英寸）×$\frac{1}{2}$英寸×$\frac{3}{8}$英寸。图版 LI。

M.I.0093. **漆木碗座（部分）**。圆形，一面红，另一面黑。直径$4\frac{1}{4}$英寸，厚$\frac{3}{16}$英寸。

M.I.0094. **两片丝缎**。暗鼠尾草属植物绿，精致，平整；残破；素地，织成斜纹图案。花纹：六边形的蜂巢形菱形图案，以三行点形成的饰带构成；每一六边形中是四个小菱形组成的十字花菱形。参见千佛洞的花缎,例如 Ch.00336。1 英尺 10 英寸×1 英尺 7 英寸和 1 英尺 1 英寸×7 英寸。(花纹)图版 CXXI。

M.I.0095. **花玻璃块**。淡绿色;似乎是球茎容器的厚"公牛眼"座;内部略含粒状物,但半透明。圆形。直径 $1\frac{3}{8}$英寸。

M.I.i.4. **木印盒**。空穴(削工粗糙)$1\frac{1}{16}$英寸×$\frac{1}{2}$英寸。每一边一线槽。$2\frac{3}{8}$英寸×$\frac{13}{16}$英寸。

M.I.i.002. **三块皮甲片**。图案同 M.I.ix.002,但残且腐败,漆也几乎全没了。平均尺寸 $2\frac{3}{4}$英寸×$2\frac{1}{16}$英寸。

M.I.i.003. **三块皮甲片**。图案同 M.I.ix.003,但残且腐朽。一块比普通的长($4\frac{1}{4}$英寸×$1\frac{7}{8}$英寸),漆几乎掉光了。绳孔多少有点不规则,可能是甲胄用旧时加上去的。青铜铆钉带有圆形扁头,可能用于装饰。背面上漆,无图案。

M.I.i.004. **木梳残部**。弓背。参见 M.I.i.0011。$2\frac{3}{8}$英寸(残)×2 英寸,厚$\frac{1}{2}$英寸,11 齿,达 1 英寸。

M.I.i.005. **木写板残片**。类似于 M.I.iv.0014;空白。$2\frac{7}{8}$英寸(残)×$\frac{11}{16}$英寸。

M.I.i.006. **木条**。一面平,另一面中间突出,中间刻束绳槽,槽上捆着皮条,腐朽。$4\frac{3}{8}$英寸×$\frac{13}{16}$英寸。

M.I.i.007. **皮带扣和皮条**。扣由双片构成,中间开口,皮绳通过口孔,打结以止滑。外表面深红色,虫蛀。皮带扣 $1\frac{1}{4}$英寸×$\frac{15}{16}$英寸;皮条

$2\frac{3}{8}$英寸×$\frac{3}{8}$英寸。

M.I.i.008.　**杏树叶**。长$2\frac{1}{8}$英寸。

M.I.i.009.　**细丝缎带**。暗黄色。图案,成行的小双同心菱形,隔以锯齿形线。素地,斜纹图案。柔软,虫蛀。1英尺$9\frac{1}{2}$英寸×$5\frac{1}{4}$英寸。

M.I.i.0010.　**两块晒成棕褐色的兽皮**。小羊皮(?)。长1英尺3英寸和6英寸。

M.I.i.0011.　**残木梳**。参见L.A.VIII.001。背略弓。$3\frac{1}{2}$英寸×$2\frac{1}{8}$英寸×$\frac{3}{8}$英寸。

M.I.i.0012.a~c.　**三块织物**。a为柔软的丝缎,鼠尾草绿,微小的双同心菱形图案;地有细微的罗纹;图案织成斜纹;精细;很脏。2英寸×1英寸。b和c缠在一起。素面丝织物,组织工整但十分疏松;绿松石色。约2英寸×$1\frac{3}{8}$英寸。c为精细的淡黄色丝纱,织成透孔织物格子图案;斜纹织。约$1\frac{1}{2}$英寸×$1\frac{1}{2}$英寸。

M.I.i.0014.　**木梳残件**。扁弓背。参见M.I.i.0011。$2\frac{3}{4}$英寸×$1\frac{7}{8}$英寸×$\frac{1}{4}$英寸。

M.I.i.0015.　**车旋木环,边圆**。$\frac{7}{16}$英寸×$\frac{1}{4}$英寸。

M.I.ii.003.　**记数木棒**。有两排刻痕(10和8)。树皮尚在;但绕棒切入浅凹槽,直到两头,螺旋形线将这些凹柄连接起来(刻痕之前所切)。长$4\frac{5}{16}$英寸。图版LI。

M.I.ii.0025. **编织的布鞋**。暗黄色棉(?)疏松地织成。鞋底已失;鞋面切成三部分。一部分为长带,作脚后跟的背和侧边,从两侧边向前延至足中间;另两部分形成鞋面的两侧面,会于脚趾部。脚后跟片由五层布组成,边缘内翻并下折。以格子纹加固,整个底子以暗黄色双股线缝合,以两排绕着鞋边的走线针法(分针法)加边。脚后跟的背面已完全穿旧,脚后跟片立高 $2\frac{1}{2}$英寸。前面,其下角与脚趾片的下角缝合。

这些盖着足前半段和两侧,它们的边在趾端合成 $3\frac{1}{4}$英寸的空间,也是这种剪法,在其端点形成一个翘点。在此结合部之上,每一边都被剪去,成为曲形,以在足前留出一椭圆开口,上角以暗黄色布带相系。趾上合成的边缝有结实的 V 形针脚,这种针脚在缝合线上形成一条突带,同一种针脚也被用来绑合长方形开口的边。

环绕每一片,与脚后跟片上一样,有两排针脚,每一片的底子绣着三片手掌状的叶子,用暗黄线加工成缎纹刺绣针迹(刺绣是在鞋面片完成之后才做的,与在脚步后跟的那片一样)。长 $8\frac{1}{2}$英寸。图版 L。

M.I.ii.0026. **芦苇箭杆**。一端有标识和黏合迹;没有漆。长 10 英寸。

M.I.ii.0027. **半个果类的壳(葫芦?)**。向外曲。最大$2\frac{1}{8}$英寸。

M.I.ii.0028. **破皮片**。极软,可能是小羊皮,部分沾有卷毛。大致作矩形,狭长裂口从一角附近几乎向反面倾斜。三条边和裂口边规则的针脚标记;四边皆破。约 $5\frac{1}{2}$英寸见方。

M.I.ii.0029. **弯曲的木漆片(画上漆)**。外面黑,里面红;浅盘的残边(参见 M.I.iv.0030)。长 $5\frac{7}{8}$英寸,宽$\frac{13}{16}$英寸。

M.I. ii. 0030. **木匙或匙突**。削制粗糙;盛物部平而呈长方形。长

$4\frac{3}{4}$英寸，盛物部$1\frac{3}{4}$英寸×$\frac{3}{4}$英寸。图版 LI。

M.I.ii.0031.　**木井桶座**。同 M.I.0074。长$3\frac{3}{16}$英寸。

M.I.ii.0032.　**直边木杯**。壁残块；内面漆（画上）成红色，外面黑色，但后者的漆几乎全已脱落；四个小孔，排列不规则，两个中有青铜铆钉。最大$2\frac{1}{4}$英寸。

M.I.ii.0033.　**角杯（?）残片**。形状如前；三个孔在原来的边排成三角形，另一个孔在残边附近；其中一个插有木片。最大$2\frac{1}{2}$英寸。

M.I.ii.0035.　**丝缎片**。柔软，薄；图案为同心菱形；原来绿色，严重褪色，旧。约$11\frac{1}{2}$英寸×$10\frac{1}{2}$英寸。

M.I.ii.0036.　**微红的褐色毛织物**。疏斜纹（鲱鱼骨）组织；脏且褪色。最大$7\frac{1}{2}$英寸×6 英寸。

M.I.ii.0037.　**黄毛线**。多为短块。最长$2\frac{1}{2}$英寸。

M.I.ii.0038.　**葫芦器残片**。残，以毡补。厚暗黄色毡条，$8\frac{1}{2}$英寸长，缝合葫芦上，现只存残片。沿原来的残边，每隔约$\frac{1}{2}$英寸规则地穿孔，毡片以山羊毛线仔细地紧密地缝合。这些孔当时插有短木钉以防泄漏。葫芦片最大宽度$2\frac{5}{8}$英寸，厚$\frac{5}{16}$英寸。图 LI。

M.I.ii.0039.a～d.　**四块木漆碗残片**。外面黑，里面红。最大$3\frac{1}{4}$英寸×$\frac{3}{4}$英寸×$\frac{1}{16}$英寸。

M.I.ii.0040. **扁木片**。大致削成长方形,每一边有 V 形缺口;一头穿孔。标签(?)。$1\frac{7}{8}$英寸×$\frac{7}{8}$英寸×$\frac{1}{8}$英寸。

M.I.ii.0041. **弯曲的青铜片**。折层间有小木块,盖着暗黄色毡;腐蚀重。最大 $1\frac{3}{8}$英寸。

M.I.iii.002. **粟头**。籽,发现于 M.I.iii 的隔壁小室。

M.I.iii.003. **木梳残块**。类 M.I.i.0011。$1\frac{7}{8}$英寸×$1\frac{1}{4}$英寸×$\frac{3}{8}$英寸。

M.I.iii.004. **立方体的骨骰子**。各边所钻表示数的孔,布局如下:6 和 3 相对,4 和 2 相对,5 和 1 相对。参见 M. Tagh. a. 0031, a. iv. 00172; i.007。$\frac{1}{2}$立方英寸。图版 LI。

M.I.iv.006. **小麦粒标本**。

M.I.iv.007. **刀**。单刃铁刀身,直,尖头,严重锈蚀,装于素角柄中,柄切面椭圆形。(全)长 6 英寸,柄长 3 英寸。图版 LI。

M.I.iv.008. **皮绳**。双股,顶部留环。环下斜编紧密均匀,形成一条长柔韧的绳子;从环起,设计了一方形皮舌,可能用来绑物。鞭子(?)。长 $11\frac{1}{4}$英寸。图版 LI。

M.I.iv.009. **红陶纺轮**。扁圆形,钻孔,以陶片磨出。参见 M.I.iv.0012。直径 $1\frac{1}{4}$英寸,孔径$\frac{7}{16}$英寸,厚$\frac{5}{16}$英寸。图版 LI。

M.I.iv.0010. **马毛纱布**。可能用作筛子;交织。参见 L.A.VI.ii.0043。最大 $3\frac{1}{4}$英寸。图版 L。

M.I.iv.0011. **皮甲片**。图案同 M.I.ix.002。状况差。3 英寸×(弯)$2\frac{1}{8}$英寸。

M.I.iv.0012、0013.　**两件纺轮**。红色，泥质，不纯。扁圆形，钻孔。直径1英寸。

M.I.iv.0014～0016.　**木写板**。空白；斜边，矩形。0015、0016端头残。0014尺寸$2\frac{1}{4}$英寸×$\frac{5}{8}$英寸。

M.I.iv.0017.　**青铜片**。残有铆钉孔。最大$1\frac{3}{16}$英寸。

M.I.iv.0020.　**淡黄的圆柱形磨光石英杆**。长2英寸（残），直径$\frac{5}{8}$英寸。

M.I.iv.0021.　**小陶碗**。红胎，泥质，手制，圆形。口径$1\frac{1}{4}$英寸，高$\frac{5}{8}$英寸。

M.I.iv.0022.　**空腹圆木筒**。一头有$\frac{5}{8}$英寸外表面变细（这一头残）。用旧，腐朽。外表面直径$1\frac{1}{16}$英寸，变细的一头直径$\frac{3}{4}$英寸，孔径$\frac{1}{2}$英寸，长$1\frac{7}{8}$英寸。

M.I.iv.0023.　**软毛织物片**。平滑的斜纹组织，淡黄色，结有沙块。最大9英寸×7英寸。

M.I.iv.0026.　**骨琴拔**。飞去归来器形，用来拨乐器的弦。一边光滑，另一边显示有骨内的粗海绵状纹理；边缘有手持所致的耗损，头部破损；磨光的边装饰着成组的雕刻点。粗大的一头，有两穿线孔（一残）；可能系于演奏者的手腕或演奏的乐器上。参见附录H。长$7\frac{3}{4}$英寸，最厚约$\frac{1}{4}$英寸。

M.I.iv.0027.　**大麻线织的渔网**。网孔约1英寸见方。破。最长2英寸。图版L。

M.I.iv.0028、0029.　**两块木梳片**。微弓背，同M.I.i.0011。$2\frac{3}{4}$英寸×1英寸×$\frac{3}{8}$英寸；$2\frac{1}{2}$英寸×$2\frac{1}{4}$英寸×$\frac{1}{4}$英寸。

M.I.iv.0030.　漆木框或盘底。扁圆形，一面漆（画上）黑，另一面红，黑面上有不规则红漆标记；圆边敷着柔韧的薄木条，为面的一部分。直径 $6\frac{5}{8}$ 英寸，厚 $\frac{3}{16}$ 英寸。

M.I.vi.001.　皮甲片。绿皮，厚 $\frac{5}{16}$ 英寸，里面漆成黑色，外面不规则的黑色和红色；一角有两开口，一开口各边下降一半，以连接另一片；上半部也有一行三个圆孔。较一般者大且厚，弯曲；可能是肩膀上的背片。最大处 $4\frac{5}{8}$ 英寸。

M.I.vii.31.　角尖做的印。钻悬挂孔；头上雕刻出盛开的莲花，莲花上是卍（Svastika，"万"字符号——译者）和吐蕃文字。L.D.巴尼特（Barnett）博士将后者读作非吐蕃音节 āń（？）-tōnē，并相信它们可能是西方"安东尼"的译音。长 $2\frac{7}{16}$ 英寸，头的直径 $\frac{9}{16}$ 英寸。图版 LI。

M.I.vii.003.　角印。类似于 M.I.vii.31。图案是一个大 Svastika，其折线之间是四个吐蕃文字，读作gños k'al brtsan。Gños 是吐蕃一个部落的名称；k'al的意思是装载；意思无法了解（L.D.巴尼特博士）。长 2 英寸，头的直径 $\frac{9}{16}$ 英寸。图版 LI（印记印倒了）。

M.I.vii.004.　角印。类似于 M.I.vi.31。图案是一朵开放的莲花，莲花上面是两行吐蕃文字，上行两头各一 Svastika 和"上卷"字样。文字 L.D.巴尼特博士读作 onala gñan lha；gñan lha 可以译为"瘟神"或"凶神"。长 $2\frac{1}{2}$ 英寸，头的直径 $\frac{9}{16}$ 英寸。图版 LI（印记印倒了）。

M.I.vii.005.a、b.　木纺轮杆和纺轮。a 为木杆，一头迅速变细，另一头逐渐变细，但较尖。参见 L.B.0011 等。$9\frac{1}{2}$ 英寸 × $\frac{7}{16}$ ~ $\frac{1}{8}$ 英寸。b 为木纺轮，钻

孔,背面略凸,正面平,装饰以三个阴刻的同心圆。直径$1\frac{3}{4}$英寸,厚$\frac{5}{8}$英寸。图版 LI。

M.I.viii.001. **皮盔(?)块**。下缘向颈部内曲,然后向外至边。里面漆红;外面漆黑(于红、黑层之上),沿边有窄红带,且上面遗有两条红带。平行于边的是一条裸露带(宽$\frac{1}{4}$英寸),漆被除去了;两个系绳孔,里面现有两根丝线穿入。丝线暗黄色和藤黄色,结在一起。下缘和上边是盔块的原边,侧边被切去。长(弦)5 英寸,最高$3\frac{1}{8}$英寸。图版 L。

M.I.viii.005. **木钥匙**。三个挂齿(一失)排成等边三角形;柄钻穿线孔。参见 Ka.I.001。$3\frac{3}{4}$英寸(连柄$5\frac{1}{8}$英寸)×1 英寸×$\frac{1}{4}$英寸。

M.I.viii.006. **角印**。类似于 M.I.vii.31。中部钻孔,头部光滑,但图案没有刻出。长$2\frac{1}{8}$英寸,最大径$\frac{1}{2}$英寸。

M.I.viii.007. **木钥匙**。两个挂齿;这些挂齿将木头分开,以便以线和草纤维在挂齿任一边将钥匙束住。柄(整个钥匙的延续部)钻有二孔,也分开;孔间距与挂齿间距相同。显然,制造者切开一头后,试图切开另一头,当切开时,将其捆住。参见 Ka.I.001。2 英寸(连柄$5\frac{3}{4}$英寸)×$\frac{5}{8}$英寸×$\frac{5}{16}$英寸。

M.I.viii.008~0010. **三根纺轮杆**。类似于 M.I.vii.005.a。009 不同,厚的一头截面更方一些。最长 8 英寸,厚$\frac{1}{2}$~$\frac{1}{8}$英寸。

M.I.viii.0011. **木写板**。空白,每一头都有一孔,每一边有树皮。$8\frac{1}{2}$英寸×$\frac{7}{16}$英寸×$\frac{1}{4}$英寸。

M.I.viii.0012. **木笔**。劈开的小树枝做成,一头修成尖。4 英寸×$\frac{5}{16}$~$\frac{1}{12}$

英寸。

M.I.viii.0013. 乐器的木琴马(局部)。用来使琴弦产生共振。边有锯齿状刻痕,刻痕间距约$\frac{1}{16}$英寸。截面三角形(参见附录 H)。5 英寸×$\frac{3}{4}$英寸×$\frac{1}{2}$英寸。

M.I.viii.0014. 圆筒形漆木盒。部分面外黑内红;两头修成尖缘,用途不明。3$\frac{3}{8}$英寸×$\frac{3}{4}$英寸×$\frac{1}{4}$英寸。

M.I.viii.0015. 木棒。两头修整成突出的扣,中间好像被绳索磨损,可能用来紧绳结。5$\frac{3}{4}$英寸×$\frac{5}{16}$英寸。图版 LI。

M.I.viii.0016. 芦苇段。中空。2$\frac{3}{4}$英寸×$\frac{3}{8}$英寸。

M.I.viii.0017. 织锦块。地暗黄,蔷薇花饰和六角形的涡卷饰(?)图案,青绿色、黄色和其他退掉的现已不可识的颜色。双层组织,类似于织锦 Ch.009 等;表面明显的斜纹,织品的前后牢固地结合在一起。图案似乎类似于 M.Tagh.a.iv.00177 的那种。3$\frac{1}{2}$英寸×3 英寸。图案 CXI。

M.I.viii.0018. 鸟(?)的部分脊椎。1$\frac{1}{2}$英寸×$\frac{1}{2}$英寸。

M.I.viii.0019. 肋骨,可能是兔骨。长 3$\frac{1}{2}$英寸。

M.I.viii.0020. 扁角片。弯成新月形;中间有方形孔,可能用来系皮条。3$\frac{1}{8}$英寸×$\frac{1}{2}$英寸×$\frac{5}{16}$英寸。图版 LI。

M.I.ix.002. 皮甲片。20 片,除两对长边还接在一起外,全都散开。参见 M.I.0068、0069 等。里面漆以黑上红薄漆衣;外面为黑色、红色、再黑色。尚可见到后者的漆衣,但装饰被刮掉了,如 M.I.0069 等。这里,装饰由两(或三)个逗点形符号组成,它们一个压着一个,距一条长边约$\frac{1}{2}$英寸。每一角有一对孔,与长边平行，作为侧部系带子用。另一对（或一个大孔）平行于短缘，下距短缘约三分之一远，用来系垂直方向的带子。与后者不同，四个较长的甲片有两个孔，分别距两头$\frac{1}{3}$远。甲片（平均）为 $2\frac{3}{4}$英寸×2 英寸。

长边的重叠接法如下：前一片顶部皮条从背后穿过顶角附近的两孔的下面一孔，下穿到前面，然后又通过底角的下孔穿至背面；接着从后面上穿，通过顶角孔的上孔穿到前面，最后通过其第一次穿出的顶角的下孔穿至背面。然后，皮条沿后面系下片甲片。

这个系法，没有使用底角孔中的上孔，因此可能不是原来采用的方法。保存状况良好。

M.I.ix.003.　**皮甲片**。24 片，6 片是平常大小（平均 $2\frac{3}{4}$英寸×$2\frac{1}{4}$英寸），其中 3 片的长边还接在一起。7 片较长（平均$3\frac{1}{8}$英寸×$1\frac{15}{16}$英寸），其中两片接在一起。7 片更长的（平均$4\frac{1}{4}$英寸×$2\frac{1}{16}$英寸），其中 3 片接在一起。其余的是残片。参见 M.I.0069、xxiv.0040 等。

较小的甲片与 M.I.ix.002 相似，但只有一层漆衣（黑），有两凹入黑漆的浅椭圆环装饰，环心较高，漆成红色。三个均匀相隔的孔用来系侧皮条，装饰环之间的中间部位有一个青铜铆钉（显然是作装饰的）。长边的系带也已脱节，但显示出所采用的系法。

较长的甲片与此相似。但沿顶头有一（或两）对孔，甲片中间有另一孔或一对孔与之平行，它们是用来从垂直方向系皮条的。最长的甲片根据其长度相应增加有铆钉、装饰和穿孔。保存状况良好。图版 L。

M.I.ix.004.　**皮甲片**。相似于 M.I.ix.003 等。装饰（凹入黑漆表，中心红）由一个椭圆和一个新月形组成，新月形的末端转向椭圆。新月形可能是一个较大装饰图案的一部分。最大 $1\frac{3}{4}$英寸。

M.I.ix.008.　**结实的毛织物残块**。退去的红色（鲱鱼骨）斜纹织物。参见

M.I.0083.b。破且补缀。1 英尺 6 英寸×1 英尺 5 英寸。图版 XLVIII。

M.I.ix.009. **木棒**。一头修扁,并以纤维制品束着。另一头切开,端头刻一凹槽,有两处也束着。可能是一把箭的残部。参见 M.Tagh.b.007。$7\frac{5}{8}$英寸×$\frac{1}{4}$英寸。

M.I.x.006. **皮甲片**。图案同 M.I.ix.002,但前面大部分黑漆已脱落。中间也有一个大方孔。$2\frac{11}{16}$英寸×(残)$1\frac{15}{16}$英寸。

M.I.xii.002. **暗黄色绢片**。密度均匀,外沾很多沙,平纹。$10\frac{3}{4}$英寸×8 英寸。

M.I.xii.003. **暗黄色丝绸片**。很皱,沾大量沙,有靛蓝色印染图案痕迹。平纹。脏且腐朽。最大 $5\frac{1}{2}$英寸。

M.I.xii.004. **暗黄色丝绸片**。柔软,角上打结。平纹,精细地用绳子捆扎。$7\frac{3}{8}$英寸×约 7 英寸。

M.I.xii.005. **微红的褐色丝缎**。素底,斜纹织图案,组织疏松。图案为重复的六角形轮廓,每一个包含六瓣蔷薇花。腐烂厉害。9 英寸×$4\frac{1}{2}$英寸。

M.I.xii.006. **一捆毡索**。类似于 M.I.0086,但更细。以二或三股暗黄色的绳并排编成,并加入一股红毡料。平均长 2 英尺 6 英寸。

M.I.xii.007. **薄棉纱带**。暗黄色,斜纹,有空隙但规则。经线成对,每过三排纬线,每对经线即相互交叉,右线变成左线。到过另一个三排纬线后,又交叉到原来的位置。交叉处的间隙中,没有纬线。腐烂。(T.F.哈诺塞克分析)4 英寸×约 $3\frac{1}{4}$英寸。

M.I.xii.008. **青绿色薄丝绸**。平纹,密度均匀。腐蚀严重。$2\frac{3}{8}$英寸×$1\frac{3}{8}$

英寸。

M.I.xiii.001.a.　**黄色长方形扁毡袋**。裁剪出四片——前、后、盖和形成底和侧边的长条——用暗黄线缝合。盖剪成尖三叶草形，并在尖上以红线与另根系于袋底前面的线相系。另一（粉红色）绳索系在袋的顶角，形成提手。口的前缘和盖缘包着暗黄色的丝绸，缝以红色针脚，盖也装饰以一排红针脚。带条上留的耳形成保护顶角的侧边。高 $3\frac{1}{4}$ 英寸，连盖 7 英寸，宽 $5\frac{3}{8}$ 英寸，深 $\frac{3}{4}$ 英寸（后至前）。图版 L。

M.I.xiii.001.b.　**一束山羊毛线**。暗褐色，卷绕在棒上。长 $4\frac{1}{2}$ 英寸。

M.I. xiii. 001. c.　**一块皮甲片**。可能与 M. I. ix. 002 属同一套盔甲。$2\frac{3}{4}$ 英寸×$2\frac{1}{4}$ 英寸。

M.I.xiv.0073.　**粗线织成的渔网**。网孔（平均）$1\frac{1}{2}$ 英寸×$1\frac{5}{8}$ 英寸。缠结，很破烂。约 4 英尺见方。

M.I.xiv.0074.　**一块皮甲片**。里面漆成暗红褐色，外面鲜红色。装饰着类似反 S 形的符号，上下有分离的短条。图案是挖成的，如 M.I.0069 等一样，显示有在下面的漆衣（红褐色和黄色）。中心线突起，也是红色。两条长边各三个孔，顶头两孔。还有一对孔与后者平行，但距边缘 $\frac{5}{8}$ 英寸。与另一甲片重叠处的边上没有漆衣。保存较好。$3\frac{3}{8}$ 英寸×$2\frac{15}{16}$ 英寸。图版 L。

M.I.xv~xvi.001.　**三块粗毛织物**。平纹，红至暗黄色，结构疏松，有些不规则。最大约 $6\frac{1}{2}$ 英寸见方。砖红色斜纹织物（双层织物），大多被虫蛀，最大 $4\frac{1}{2}$ 英寸；一根麻绳（两股），打结，长约 $5\frac{1}{2}$ 英寸。

M.I.xv~xvi.002.　**一块青铜片，薄，锈蚀**。$1\frac{3}{8}$ 英寸×1 英寸。

M.I.xv～xvi.003. **青铜熔渣**。不规则团块。$1\frac{7}{16}$英寸×$\frac{7}{8}$英寸×$\frac{1}{8}$～$\frac{1}{4}$英寸。

M.I.xv～xvi.004. **一块皮甲片**。绿色皮，里外漆黑。孔与 M.I.xxiv.0040 一样。一边附近有一青铜铆钉。状况良好。$2\frac{15}{16}$英寸×$2\frac{1}{16}$英寸。

M.I.xvi.001. **角棒**。断面中三角形，顶扁平。两头呈斜面。表面修成斜面，边倾斜，表面之下有细斜线，好像是锉刀。长 $4\frac{7}{8}$英寸，高$\frac{1}{2}$英寸，基宽$\frac{9}{16}$英寸。

M.I.xvi.0014. **一块红毛织物**。松散的平纹。有淡黄色线头小球和同种材料缠结线团。织物长约 1 英尺 2 英寸。小球见图版 LI。

M.I.xix.005. **桦树皮**。表面染深蓝色并漆成红色。最大 $1\frac{1}{4}$英寸×$1\frac{1}{4}$英寸。

M.I.xx～xxi.001. **粗暗黄色毛织物**。规则的双线织，一边和末端里折并缝合。后面有毡衬里。也许是脚后跟布和鞋边的一部分。$6\frac{1}{2}$英寸×3 英寸。图版 XLVIII。

M.I.xx～xxi.002. **桃黄色毛织物**。松散的斜纹组织，脏且褪色。6 英寸×5 英寸。

M.I.xx～xxi.003. **三块橙红色毛织物**。用暗黄线缝合，均匀地织成，组织疏松。破烂，虫蛀，褪色。8 英寸×6 英寸。

M.I.xx～xxi.004. **线网**。同 M.I.xiv.0073。长 1 英尺 8 英寸，网眼 $1\frac{1}{2}$英寸见方。

M.I.xx～xxi.005. **暗黄色扁形毛编织带**。打结，鞋带(?)。$6\frac{3}{4}$英寸×约$\frac{3}{8}$英寸。

M.I.xx~xxi.006. **非常粗的暗黄色毛织物。**边内折,有针脚线。鞋的衬里(?)。纬线密,经线几乎看不见。$5\frac{1}{2}$英寸×$3\frac{1}{2}$英寸。图版 XLVIII。

M.I.xx~xxi.007. **暗黄色毛织物。**平纹,双层织物。很柔软,腐朽。最大4英寸。

M.I.xxi.1. **芦苇笔。**有裂口笔尖。长$3\frac{7}{8}$英寸。

M.I.xxi.001. **漆木盒的底板。**同 M.I.iv.0030。5英寸×$1\frac{7}{8}$英寸。

M.I.xxi.004. **两块毛织物。**风格同 M.I.0088。经线深褐色,纬线红色(底色)、黄、深绿和蓝色。图案:各种图形,用绿和黄带描画轮廓。最大6英寸。图版 XLIX。

M.I.xxi.005. **粗红毛织物。**织得粗糙。长$4\frac{1}{2}$英寸。

M.I.xxi.006. **类似薄棉布的丝(?)织物。**类似于 M.I.0087。橙红色。约3英寸×$2\frac{3}{4}$英寸。

M.I.xxi.007. **红毛线。**一捆散线,染色不匀。长8英寸。

M.I. xxiii. 0022. **一捆织物块。**包括一条红色的粗平纹毛织物(长9英寸),一条腐朽的深褐灰色丝绸(长$10\frac{1}{2}$英寸),一片淡黄的褐色丝缎,非常软(5英寸×$4\frac{1}{4}$英寸)。和一捆鬃毛(平均长4英寸),卷绕着蓝青色毛,和淡黄色断线。红色织物见图版 XLVIII。

M.I.xxiv.001. **毛线球。**双层,淡蓝到白色。

M.I.xxiv.005. **木纺轮杆。**类似于 M.I.vii.005.a。靠近窄头绕有草纤维物。11英寸×$\frac{7}{16}$~$\frac{1}{8}$英寸。

M.I.xxiv.006. **木井桶座。**类似于 M.I.0074。长$3\frac{3}{4}$英寸。

M.I.xxiv.009. **芦苇笔**。粗头的木髓已除去。$4\frac{3}{4}$英寸×$\frac{3}{8}$英寸。

M.I.xxiv.0037. **木针**。眼径$\frac{5}{16}$英寸,钻于距头1英寸处,此处的棒径为$\frac{1}{2}$英寸,然后削尖至针头。长$5\frac{3}{16}$英寸。

M.I.xxiv.0040. **皮甲片**。三块,一块由六片甲片(一排四片,另一排两片)组成,一块由三片组成,一片由两片组成。样式与M.I.0068、0069等相同。

里面漆暗红色,外面漆暗红色和黑色,这两种颜色交替七次,顶漆衣为红色。每片甲片饰以三个浅杯形凹穴,并成一行,与重叠的长边平行,离长边$\frac{1}{2}$英寸。与M.I.0069等一样是挖出来的。

沿着长边,向每个角,钻一对侧系皮条孔。与端头平行的有两对孔(一对离顶部约$\frac{1}{4}$英寸,另一对位于下面的中间),用来穿垂直的皮条。这些甲片可能是向上重叠。参见《古代和田》,第一卷,16页。

系法如下:侧系。甲片先让长边重叠,所以下面的孔刚好对应于上面的孔。皮条从背面通过底角孔的下孔穿过来,向上通过底角孔的上孔回穿到背面;然后从后面向上通过顶角的一对孔穿到前面再回到背后。接着从后面横到对面的顶角孔穿出至前面并反穿到背面(向下),如此至第二排底角孔。再横到下一个底角并向上到刚才所述的孔。

垂直系:此法有两条皮条,采用并排下行到刚才描述的几对孔。顶部开始或结束的系法不明,因为头现在散落在后面。皮条被往下拿到甲片的前面,并通过中间的那对孔向下穿回去;缠绕一条皮条(这条皮条水平地从这些孔的后面沿整套甲片穿行,从不出现在前面),然后又通过相同的孔穿到前面。在前面继续向下,它们从后面通过下一片甲的重叠顶,经其顶上的一对孔带至前面,继续按上面所述方法往下做,最后通过它们到达的最后的甲片的两个上孔向侧面穿插出去。甲片(平均)3英寸×$2\frac{5}{16}$英寸。图版L。

M.I.xxvi.001.　**三块粗毛织物**。边分开织，然后缝到主织物上；后者有红地和带蓝和黄或蓝和绿双轮廓的网状图案。图案类似于一系列 T 形格，呈 45 度倾斜，相互接触—— 一个 T 的横条与另一个 T 的身中部相接，布置成垂直线。这使织物的地产生相反的变化，使地也组成 T 形纹。T 形图案的每一条边都有齿状格，与一缘相接并向内突出。接到一缘的边不足 1 英寸宽，织成蓝和黄色，图案由传统的奔跑的动物组成，例如可能是在古克里特人（Cretan）、希腊人和波斯人的艺术中见到过的那种；边的末尾是几条成对缠绕编织的窄带，外观呈辫形，使边缘的强度大大加强。

整个经线是深灰色毛线。红地交替织成略为不同的底纹（如 M.I.xxvi.004）。总的组织是一种虚的斜纹织物，织工很好。色彩保存良好。织物很破并被虫蛀。最大 $11\frac{1}{4}$英寸×$4\frac{3}{4}$英寸。

M.I.xxvi.002.　**三块粗毛织**。边与 M.I.xxvi.001 的相似，但织工粗些，且与主片未分开。奔跑的动物更草率，可能打算表现出公牛的形象。它们呈纯蓝色，靛蓝色的地。

辫子形镶边是红、黄、绿、淡蓝和深蓝（外缘）色平行窄带组成。很浓的红地上的纹底显示有明显的不规则布置的网状饰物和绿、淡与深蓝、赭黄的点。色彩保存良好；织物很破。最大 11 英寸×$2\frac{3}{4}$英寸。图版 XLIX。

M.I.xxvi.003.　**木计数棒**。保留有树皮。向一头（残）排列有一排八条刻痕，两条以上并列。每一条用新月形标示。长 1 英尺 3 英寸。

M.I.xxvi.004.　**粗毛织物**。样式与 M.I.xxi.004 同。在织成深绿和暗黄色交替带的地上，是各种暗红和紫红色的钥匙形图案。经线（暗黄色）偶然露出表面，形成钥匙臂的轮廓。组织松。一条长缘显示有镶边，其余残损。色彩很淡。$11\frac{1}{2}$英寸×$3\frac{1}{2}$英寸。图版 XLIX。

M.I.xxvii.001.　**一方厚织锦**。缝合成三角形小袋。地暗黄，有深和淡蓝色、紫色、淡绿色和橙红色图案。破旧，图案不明确但显然是中国风格。织物胡乱地保存在一起，图形纱线只稍稍被非常细致优雅的结合纬线控制在织物的背面。有柔软的绿丝衬里。参见 Ha.i.0031，图版 CXII。

袋中有锯屑，可能是檀香木，这件东西可能是香囊。形状是当代的“阿塔尔丹”（atar-dān）的形状。袋长 $5\frac{3}{4}$ 英寸，底宽 $3\frac{1}{2}$ 英寸。

M.I.xxvii.009. **有斑纹的毛料袋。** 地，金黄色；斑纹，相距 $\frac{3}{4}$ 英寸，宽 $\frac{1}{4}$ 英寸，以小暗黄线分开的亮红带和暗绿带组成，外边以靛蓝色线为缘。在粗经线上很规则地织成，给出淡淡的罗纹感。

袋以一长条毛料对折做成，以蓝纱线将长边缝合。口上有折边，原有束带。现在折边中点的左右有一部分被切去，两条带条因此编织到一起，且显然用作提带。底角加有粗糙的补丁，另一块补丁加在口上。底边的中间系有作为一种流苏的方形“军用”带。显系钱袋之属。严重褪色，有些地方残裂。$10\frac{1}{2}$ 英寸×6 英寸。

M.I.xxvii 和 xxviii.001. **有须的麦或大麦穗。**

M.I.xxxii.005. **毛线球。** 残块，明显 $3\frac{1}{2}$~4 英寸长，淡黄色。

M.I.xxxii.006.a~c. **如尼文突厥语文书。** 写于三张灰褐色“直纹”纸上，纸很薄，不匀，只写在一面，但 b 除外。字迹大部分清楚。a 正面 22 行；b 正面 9 行，背面 13 行；c 正面 9 行。参见 V.汤姆森《皇家亚洲学会会刊》1912 年第 1 期，图版 I，181 页以下；本书本章第六节。1 英尺 $\frac{1}{2}$ 英寸×$10\frac{1}{2}$ 英寸；$8\frac{1}{2}$ 英寸×$10\frac{1}{2}$ 英寸；6 英寸×$10\frac{1}{2}$ 英寸。图版 CLIX。

M.I.xl.0014. **木笔。** 修整成尖的棒做成，皮尚在。参见《古代和田》，第二卷，图版 CV，N.x.05。长 $5\frac{1}{4}$ 英寸。

M.I.xlii.003.　**芦苇笔**。同 M.I.xxi.1。长 5 英寸。图版 LI。

M.I.xliv.0010.　**纸标本**。空白，很脏。6 英寸×5 英寸。

M.I.xlviii.002.　**不规则角条**。长 $6\frac{5}{8}$ 英寸，宽（平均）$\frac{7}{8}$ 英寸，厚 $\frac{1}{8}$ 英寸。

第十三章　米兰古代佛寺

第一节　废址 M.II 的雕塑残片

在废堡垒发现了证明该遗址后来被占领的大量遗物使我备感鼓舞，挖掘工作的进展又足以让我抽出一部分民工派往佛寺废址M.II亦令我高兴。这座佛寺废址是12月8日首次被清理的，当时进行试探性清理就发现了一些外观明显古老的雕塑碎片，令我觉得有希望进一步找到可将该废址的历史回溯得更远的遗物。

废址的状况▷ 这个废址位于堡垒东北方约1.5英里处，距离荒芜的戈壁萨依与北面浓密的红柳树林分开的那条线有数百码。M.II废址附近地面仍旧十分开阔，地表的黏土层上覆盖着一层细沙，正经历着风化过程。在一个显然是这座佛寺主要建筑物的表面，风蚀留下了深深的痕迹。这是一个土坯砌成的结实的长方体，从外表很难辨认出是何物。不过一下就可以看出它有两层，后来清理丈量，其底层的长边为46英尺，短边为36英尺，如附图31中的平面图所示。其高出原始地面的部分有9英尺。在这一块结实的平台或基座之上是第二层，同样呈长方形，但毁坏得更严重（如图120所示）。其勉强可以画出的平面图边长分别为17.5英尺和15英尺。尽管由于盗墓者的挖凿,第二层已十分破败,但其高度仍有 11 英尺。该建筑物的四角分别大致朝向东、南、西、北四个方向。

因为风蚀的破坏,第一层表面的灰泥涂层和装饰早已荡然无存,基座的西北、西南面也裸露着。但是沿着东北面及东南面一部分壁脚,堆积的碎泥块中露出残存的泥塑浮雕上露了出来。将这些碎泥块清除之后可以看出,在这两面突起的墙面之间均匀地装饰着成排壁龛,表面抹了厚厚的灰泥。壁龛深约 8 英尺,宽度略有差异,平均宽度约 2 英尺,壁龛两侧的凸柱间距大约同宽,其下是宽约 1 英尺 4 英寸、高近 1 英尺的柱基。第一层平台残存的灰泥表层没有一处的高度超过 4 英尺,但已足以清晰地显现建筑的设计和浮雕装饰的风格。 ◁装饰壁龛

在这些壁龛内曾一度有浮雕泥塑像,其尺寸可能略小于真人,其中东北面中央的壁龛内尚存有一高约 2.5 英尺的披衣男像的腿部(图 120),残存的衣襟有很多褶,从髋部两侧垂下来。其余壁龛中的雕像只有从残存的脚部尚可约略辨出。不过,从碎泥堆中找出了一些泥塑块,大多很小且破坏严重,大概就是这些雕像的残物,如 M.II.002 是左肩部,还连着胸部和颈部的一部分。从其大小即可得出上述推断,这些雕像代表立佛,其样式与我在和田附近发现的沿热瓦克寺院(Rawak Vihāra)外墙排列的大量巨型雕像相仿[1],后来发掘出的头像 M.II.006 验证了这一点。这个头像属于这些雕像中的一个。[2] ◁泥塑浮雕

最令我吃惊的是,饰以浮雕的壁柱突起的表面装饰毋庸置疑受到了珀塞波利斯(Persepolitan)式的影响。这令我觉 ◁泥壁柱的风格

① 参见斯坦因《古代和田》,第一卷,489 页以下;第二卷,图版 XIII 以下。

② 参见本章本节。

得这个建筑物的年代十分久远，此后进行的深入检查完全证实了这一点，因为这些装饰的形状与印度—波斯风格的壁柱装饰惟妙惟肖，而后者是犍陀罗浮雕装饰艺术最流行的组成成分。如果将图 120 所示的壁柱与富歇先生在探讨希腊化佛教雕像所吸收的印度—波斯风格时提到的浮雕作品进行比较，这一点更是显而易见。[①] 壁柱自柱基开始呈圆形向上逐渐变细，最先是一个突起的碗状球形，其上是两道依次变小的装饰圈，柱体由此开始变细。然后是一个钟状物覆盖其上，在其上又是一副双耳托架，其尺寸不固定，但托架两端一律以一个下弯的涡形收尾。壁柱的顶端是一块狭窄的顶板，尽管排列方式会有变化，但上述所有特点不仅在寺院建筑物的许多浮雕作品中可以发现，在富歇《犍陀罗艺术》一书图 101、102、103、180 上也可看到，这些照片拍摄的就是可能出自小窣堵波样式的装饰性雕塑。[②]

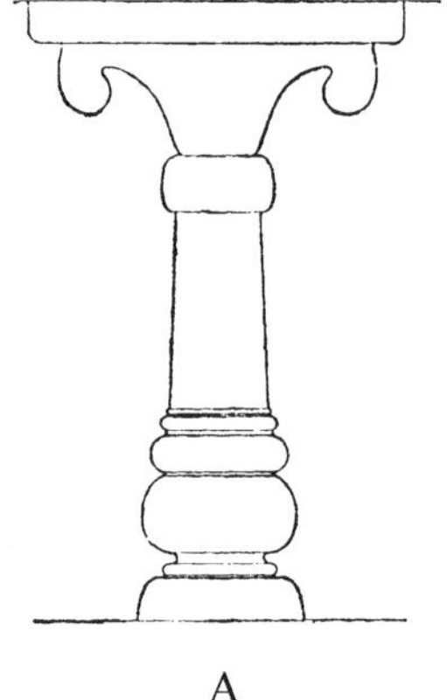

A. 米兰M. II佛殿遗址的细灰泥壁柱立视图

B. 楼兰L. K遗址的木制双底座支架

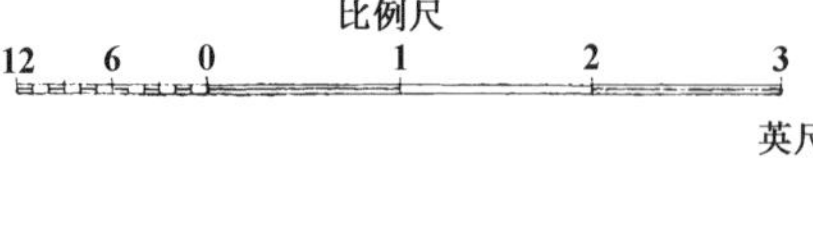

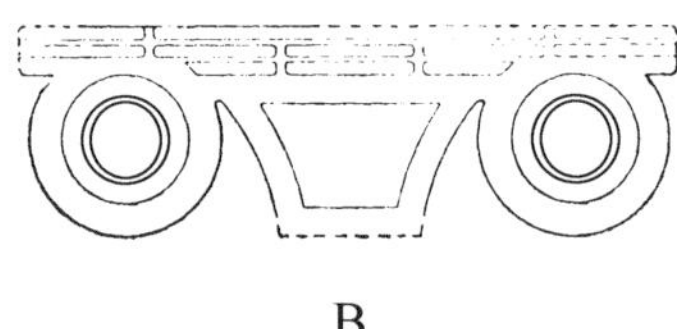

A　　B

---

① 参见富歇《犍陀罗艺术》，第一卷，226 页以下，那里对这些早期印度建筑中印度—波斯式立柱的实例以及它们在古波斯建筑中的原型提出了详细的参考。另见格伦威德尔、伯吉斯《佛教艺术》，16 页等。

② 参见富歇上述引文，图 76~78、149；格伦威德尔、伯吉斯《佛教艺术》，图 1、81；《考古调查年鉴》（*Archaeol. Survey Annual*），图版 XLVII［出自我在沙里巴洛尔（Sahri-bahlōl）的挖掘物］，1911—1912。

图 119　米兰遗址 M.III 废寺遗迹，发掘后，自东望

图 120　米兰遗址 M.II 废寺遗迹东北面，发掘后，自东望

图 121　米兰遗址 M.II 废寺东北围廊中发掘出的泥塑大佛头像(ii、v)

图 122　米兰遗址 M.II 废寺东北围廊中发掘出的泥塑大佛头像

(ii、v)

图 123　米兰遗址 M.II 佛寺遗迹东北围廊中发掘出的巨型泥塑坐佛像碎块(i～iv)

图 124　米兰遗址 M.II 佛寺遗迹东北围廊中发掘出的巨型泥塑坐佛像碎块(iv～vi)

犍陀罗雕塑中▷的类似装饰

将我们在 M.II 基座的泥塑装饰与上文提及的犍陀罗雕饰相比较,在如下两方面非常具有启发性:首先,它清楚地证明这种装饰的建筑设计(即浮雕塑像位于壁龛内,壁龛两侧以印度—波斯风格的壁柱分隔),是直接从希腊化佛教艺术借鉴而来的。在那些雕饰上可以看到壁柱通常位于壁龛两侧,其上往往覆以印度马蹄形拱顶,拱顶上雕有反映佛教崇拜的小浮雕像。在印度西北边境希腊化佛教艺术发源地发掘的大量寺庙遗址证明[①],这样的设计在窣堵波的实际塔基与寺院的墙壁装饰中十分常见。其次,米兰废址壁柱顶端双耳托架的形状蕴涵着独特的考古学价值[②],它精确地复制了在一些犍陀罗浮雕中取代了原始珀塞波利斯式双托架的那种简洁形式,后者由一对动物形象构成,通常是两头背向伏踞的公牛。[③] 在米兰壁柱双托架上,两个下弯的涡形端头是一个突出的特征,在犍陀罗作品中也表现得同样鲜明。楼兰遗址出土的木质双托架则为我们提供了实例。其中两个标本出自中国要塞 L.A(如图 99 所示)。另外两个标本是 1914 年我在 L.K 与 L.M 废墟中发现的,二者年代相同,它们的涡状端头有了更彻底的发展。关于犍陀罗与楼兰雕塑的这些相似的特点会如何有助于确定米兰佛寺的近似年代,我们将找机会作进一步探讨。

---

① 参见富歇《犍陀罗艺术》,第一卷,图 80、81,在塔克提巴赫(Takht-i-bāhī)显示一个寺院的墙壁,在阿里玛斯基得(Ali-masjid)显示一个窣堵波的基座;斯坦因《沙赫里—巴合娄尔之发掘》(*Excavations at Sahri-bahlōl*),载《考古调查年鉴》,图版 XLIV、L,1911—1912。

② 见本章本节图 A,根据精确的制图绘制。

③ 参见富歇《犍陀罗艺术》,第一卷,图 101、103、180,227 页以下。例如,在那些图中,两只伏踞的牛的原型被犍陀罗浮雕的雕塑者保存了下来,见富歇《犍陀罗艺术》,第一卷,图 102、76、77;斯坦因的报告,载《考古调查年鉴》,图版 XLVII,1911—1912。在我看来,两端的涡状垂饰可能是对动物的前腿所作的习惯性演变,悬垂在这些印度—波斯式双托架的原型及其变形在同一幅浮雕的建筑图案中有所表现。

基座表面上部原有的泥塑装饰现已荡然无存，但是从东北面一个壁龛内遗存的立像的大小可以看出，这些壁龛原先要更高一些。从尚存约 5 英尺的高度看，壁龛两侧突出的墙壁上似乎还有第二排泥塑壁柱。这种排列方式与犍陀罗现存窣堵波基座及寺院墙壁的双重壁柱相吻合。[①] 不过目前我尚未能在犍陀罗找到这样的实例，即在单排壁龛两侧没有这种双层壁柱。第二层上已严重毁坏的建筑究竟是何物则更难以猜测。不论其呈长方形平面及位于基座一侧的位置，还是其尚存一定高度的长方形外观，都无法让人看出这是一座窣堵波的底座。它更像是一块平台，紧靠着塑有主要寺院泥像的那堵墙，这些塑像的风格与安迪尔寺庙及敦煌千佛洞的是一致的。[②] 除了一根木梁（图 120），对第二层的清理未发现其他任何东西。这根木梁原先一定是嵌在第二层的上部建筑中，但此时被埋在盗墓者挖出的松软土堆里。

◁基座上部

◁第二层上的遗存

我们对堆积在基座东北面的黏土泥块的清理工作要幸运得多。那里出土的遗物完全证明了这个废墟是一个年代久远的寺院。我第一次去那里时，曾对那一侧靠近中间的堆积物进行过清理，结果找到了一个用软泥制成的巨型头像。尽管毁坏得很厉害，但还是可看出其制模比例受到希腊化佛教的影响（图 121 右边头像），与 1901 年在热瓦克窣堵波内出土的大批浮雕情况相似。彻底清除完全占据寺庙中部的一条通道西北边的大量堆积物后，我们很快就在其北面角落发现巨佛

◁巨型泥头像

① 参见富歇《犍陀罗艺术》，第一卷，图 80（塔克提巴赫的藏经洞的墙壁）、81（阿里玛斯基得的窣堵波基座）；斯坦因《考古调查年鉴》，图版 L（沙里巴洛尔藏经洞的平台），1911—1912。

② 参见斯坦因《古代和田》，第一卷，423 页，图 49；本书第二十五章第一节，我于 1912 年在沙赫里—巴合娄尔发掘的废址 E 中两层平台长方形底层的平面图提供了一个奇特的相似参照物，这个平台似乎最初属于一座佛教寺院；《考古调查年鉴》，114 页以下，1911—1912；图版 XXXIV。但是废址在后来的变迁中毁坏得太厉害，无法提供任何可靠证据。

头像 M.II.007（见图版 XLVI 及图 121 左边）。头像所在位置高出原始地表 3 英尺，面部朝下，落在一层沙子和碎泥块上，所以破损较少。其面部尚残存条状的白色表皮，以及用以代表头发的黑色小螺纹。除了头发的惯常表现形式，这个头像的风格与热瓦克出土的泥塑佛头像十分相似。[①]

头像的泥质材料▷ 头像从下巴至残存的头顶部的尺寸是 19 英寸。由于这个头像及寺庙中其他塑像都只用粗黏土拌麦秆制成，所以搬移这个沉重而易碎的泥团颇费周折。好在其木质内核虽已腐坏，但仍被裹在里面，其表面的灰泥尽管也很松软，可能掺了大量毛发，倒还结实。这个原因，再加上认真细致的包装，才使得头像安全运抵伦敦。随后在坐像 iv 面前又发现了第三个头像，虽然它与其余塑像属同一类型，但这个面部朝上埋在硬土堆里的头像破损严重，面目全非。

巨型坐佛▷ 对寺庙东北走廊的彻底清理确定了这些巨佛头像的来源问题。这条走廊宽 10 英尺多，其外侧墙壁有一排巨型佛像，盘腿而坐，从其手部的姿态及躯干部残存的衣饰可断定是佛像。图 123 所示为这排佛像的北半部（躯干 i ~ iv），图 124 所示为南半部（躯干 iv ~ vi）。虽然尚存的佛像基座共有 8 个，但只有 6 个上面还存有塑像的躯干（在附图 31 中标为 i ~ vi），而所有这 6 个塑像除了盘着的腿和合掌的手，再无他物留存。这些佛像两膝间的尺寸在 7 英尺至 7 英尺 3 英寸，膝部在脚的上方向外伸出。塑像躯干所置身的基座长约7 英尺 6 英寸，宽 2 英尺 4 英寸，高 1 英尺 4 英寸。基座间的距离前面仅 6~7英寸，后面靠墙部分稍宽。

① 参见斯坦因《古代和田》，第二卷，图版 LXXXI ~ LXXXIV。

这些巨型坐佛像原先的姿势是“dhyāna-mudrā”即“禅定印”，但只有躯干 iii～v 尚保留有叠放在膝上的手部来作为佐证。衣饰是按照我们在犍陀罗雕像已见过的“禅定印”姿势的特定方式来布置的，这种布置方式在热瓦克出土的佛像中也十分普遍。[①] 所有躯干上衣饰的中央部分都垂在手部以下，呈三个同心的、在犍陀罗与热瓦克浮雕中都可见到的垂花式褶痕，不过，在 i 和 ii 褶痕呈宽约 1 英寸的阳线，而在 iii～v 则以狭窄的双阴线代替。在这些中央褶痕之下僧袍的边缘都表现为卷曲的波纹状线条，与热瓦克窣堵波庭院某些浮雕像衣饰的边缘相同[②]，臂部与膝部的褶痕全都以常见的多少有些平行的双阴线表示。这种以浅阴线表现褶痕的倾向在某些热瓦克雕像及其他地方也可见到。[③] 这些躯干裸露的表层灰泥中掺有大量植物纤维或毛发的混合物，在 iii 与 iv 表面的泥层上尚残留着在热瓦克雕像中常见的淡淡的红色。

◁垂衣的布置

回想起在热瓦克窣堵波庭院，我曾在大型立佛泥像间发现留给小泥像的空墙，所以在清理大塑像基座之间的空处时我格外小心。但我只在 i 与 ii 之间发现了一个小塑像的基座，残存的脚部与衣饰表明这可能是一座高约 3 英尺的浮雕像。ii 与 iii 之间是一个空当，不过它对那个曾属于第三座塑像的大型头像起很好的保护作用。如图 122 所示，这个头像被发现牢牢地嵌在该塑像与右边塑像的基座之间，依然直立着，其面部几乎未受损。其表情与某些造型细节，如分开的下

◁雕像基座间的发现物

① 参见富歇《犍陀罗艺术》，第一卷，图 242、246、247 等；格伦威德尔、伯吉斯《佛教艺术》，图 112、116；斯坦因《考古调查年鉴》，1911—1912，图版 XLIV、XLVII、XLVIII 等；斯坦因《古代和田》，第二卷，图版 LXXXII，LXXXIII。

② 参见斯坦因《古代和田》，第二卷，图版 XVI（xlix-liii），图版 XVII（lvii-lxiii）。

③ 参见斯坦因《古代和田》，第二卷，图版 LXXXVI，LXXXVII；还有出自克格勒里克（Kighillik）的浮雕，斯坦因《古代和田》，第二卷，图版 LXXX。

颏与其他三个头像不同。根据发现的地点，这三个头像分别属于塑像 ii、iv、v。

其他泥塑残存塑像 iv 的头像仰面落在其躯干之前，如前所述，它被发现时已严重损坏。不过，奇怪的是我们在这座塑像的左膝发现了另一尊尺寸与真人相仿的佛陀头像 M.II.006。除表面略有剥落，基本上保存完好。从大小看，它极可能属于对面通道墙壁上壁龛内的一个塑像。根据我在热瓦克窣堵波发掘过程中的观察，这个头像可能是被最后一位参拜者因为担心它要落下来而搬到现在这个位置的。[①] 另两个与真人大小一样的头像，一个发现于东北通道，一个发现于东南通道，似乎也是从壁龛内的塑像上掉下来的，但因为破损太严重，已不值得搬走。泥塑碎片 M.II. 0012、0013 来自小塑像，但它们原为何物已难以断定。同样，M.II.009、0010 两件半截木柱作何用途也无法猜测，它们是从东北通道的堆积物中与一些不知为何物的碎木头一同被发现的。这里值得注意的情况是，在这座寺庙废址中没有任何因失火而遭破坏的痕迹，同时，一块壁画的小碎片 M.II.004 证明寺庙的墙壁曾涂过颜色。

棕榈菩提文书▷碎片

在清理塑像 iv 基座前的堆积物时找到了废址中最重要的小“发现物”。这是一件支离破碎的对折棕榈菩提残页及另一页的碎片 M.II.0011（图版 CXLIII），用梵文书写。我当时就认出上面的婆罗谜文字母是一种早期笈多字体。那张残页长 6.5 英寸，宽 2 英寸，每一面各书五行字，它距塑像基座很近，显然是被从残破塑像上剥落的泥屑堆积物埋在下面。发现的位置表明它原先是作为还愿的供品放基座上的。我在初次考察丹丹乌里克寺庙废址与安迪尔城堡时就曾发现过这种情

① 参见斯坦因《古代和田》，第一卷，492 页等。

况，后来从喀达里克寺庙出土的大量手写文书也证明了这种情况。[①] 根据霍恩雷博士的报告[②]，这页棕菩提上书写的是一段话，其材质表明它书于印度。从浅淡的字迹判断，它的年代要早于库车的鲍尔(Bower)文书，霍恩雷博士倾向于将其年代定于公元400年前后。没有什么特殊的理由让人相信这个文书在当时存放时就已十分古旧，而这么易碎的材质也不大可能使这页文书在堆积物落下并掩埋它之前经受长期暴露。

◁围绕通道的遗物

这一发现所提供的年代证据与这座寺庙被废弃的时间问题有密切关系。不过在考虑这个问题之前，我先要完成对残存建筑的特点的描述。在西南、西北面，地基结实的土坯壁上原有的泥塑装饰几乎已消失殆尽，紧挨它的地面因为风蚀比原始地面低了4英尺多。对于围绕寺院的通道，则无法探知任何事。在东南面，一堵外墙只剩下数英寸高的少许遗迹，表明这一面通道的宽度只有3英尺8英寸。这座建筑的东北面曾饱受风蚀破坏，这一面通道的泥塑装饰为何能保存下来颇令人费解。不过，随后的挖掘很快消除了这个疑团，在这条通道厚3英尺6英寸的外墙旁，还有一道平行的厚土墙，间距不到5英尺。

◁东北面外侧环绕

这堵墙及两墙间隔中的堆积物起到了防止风蚀的作用。不过，与被它挡住的建筑物一样，这堵土墙也破损得很厉害，已无法判定其用途。它可能曾是一个僧院建筑或小礼拜堂的庭院。奇怪的是，上述两堵墙之间的空当以及大型塑像躯干iii与iv后面砌了近7英尺长的结实的土坯墙壁。我无法解释其用途，除非它可能是用来支撑通向寺庙第二层的台阶。因

① 参见斯坦因《古代和田》，第一卷，261页、424页等；本书第五章第一节。
② 参见本书附录F。

为我尚未发现从其他地方登上第二层的迹象。不过，关于第二层建筑的所有问题显然都是猜测。

在附图31的平面图上可以看到，外边的这堵土墙向右折向东北方，与之毗邻是另一个较小的厚建筑物，其一边的墙壁仍有4~5英尺高。该建筑物约19英尺见方，围着一个直径约13英尺的圆形房间，其上可能曾有圆顶。在我看来，这些严重毁坏的遗迹令人清楚地想起那些外方内圆、带圆形房顶的寺庙或寺院，我在斯瓦特河谷至克什米尔之间就已见到很多。① 遗憾的是在坍塌的墙内侧已找不到任何考古遗物，在东北方约6码开外的一个毁坏得更严重但地基幸免于风蚀的内殿中我也一无所获。

成为牧人落脚▷点的废址

随后当我对寺庙主建筑东北通道后面两堵平行墙壁的南端夹着的狭窄空地进行清理时，发现这里堆积了7英尺厚的羊粪和马粪。不过唯一的发现物是一块用山羊毛编织的粗厚结实的物品。另一块相似的畜粪结成的硬块构成了紧挨着的破墙的上部，这表明在寺庙破败很久以后，其废址被牧人和其他人当作落脚点，附近地面遗存的植物则与喂养牲畜这件事相吻合。在尼雅遗址和楼兰遗址，我都曾注意到这种完全相同的情况，即一个曾有人居住的地方都要经过一个过渡期，才最终变成不毛之地。②

建造与废弃的▷年代

由此引出了一个尚待探究的重要问题，即这座寺庙建造与废弃的大致年代分别为何时。前文所述对现存遗物的观察，我认为足以证明寺庙建造的年代早于吐蕃人占领此处的时间。而在此未找到任何具有吐蕃色彩的遗物则说明，这座

① 对此类寺庙的描绘，以及对其作为佛教寺院或印度教寺庙的建筑特点的启发性探讨，参见富歇《犍陀罗艺术》，第一卷，120页以下、142页等，特别是图49、50、54。

② 参见本书第六章第五节，第十一章第七节。

寺庙的废弃年代很可能也早于吐蕃人占领此地的时间。不过,如果将已得到的各种迹象综合在一起进行简短的回顾,会有助于我们得出更准确的年代。

◁建筑装饰的年代顺序

首先,从寺院基座的建筑装饰我们得出一些确凿的线索。我们已经看到,印度—波斯式壁柱使其与犍陀罗的希腊化佛教样式密切相关。尤其应该强调的是,从塔里木盆地其他遗址,以及似乎可以证明米兰壁柱确切年代的上下限的标本中,都可以找到这一建筑成分的踪影。关于废址年代的上限,前文曾提及的出自楼兰三个不同废址,带下弯涡形的木质双托架提供了重要证据。它们证明这种形状,如 M.II 壁柱所示,早在公元 3 世纪就已在整个罗布地区的实际装饰应用中流行。考虑到新疆佛教艺术对希腊化佛教样式所采取的极其保守的处理方式,我们很有理由怀疑,这种印度—波斯式双托架的特殊形状流行的末期,对于那些出自安迪尔和达玛沟一带的发现物而言情况是否也是如此。因为它们证明,到唐代末期,这种双托架及支撑它的印度—波斯式立柱已经发生了明显的变化。

◁双耳托架的演变

先来看看双耳托架,从喀达里克西北—北方向数十英里外的法哈特伯克亚依拉克(Farhād Bēg-yailaki)遗址出土的双耳托架 F.II.ii.01 为我们提供了非常有趣的木质样本,如图版 XVII所示。这里,我们得到的无疑是一件晚期变形体。在它变了形但仍清晰可辨地带涡状端头的印度—波斯式双耳托架之上,顶着第二个与尼雅遗址的双托架几乎一模一样的托架,其样本在图版 XVIII 及《古代和田》图版 LXIX 中都有绘图。[①] 我们在喀达里克寺庙废址中一对木质双耳托架 Kha.v.003.a、b(图版 XVII)上,也看到同样的组合。在此,托架下半部表现为印度—波斯式双耳托架的晚期变形,涡状双耳成为顶部与底部非常醒目的特征。其上半部为一个尼雅遗址式的双耳托架,处理得非常简洁,两个端头向下的表面没有雕花纹。对照法哈特伯克亚依拉克与喀达里克的样本,似乎给我这样的印象,喀达里克遗址是在唐代被废弃的,约在公元 8 世纪末。[②] 至于法哈特伯克亚依拉克废址,后文将指出它们很可能属于唐代以前的年代。[③]

印度—波斯式▷立柱

在法哈特伯克亚依拉克和喀达里克都未找到支撑这两种双耳托架的柱子。不过,在喀达里克遗址至少从 Kha.ix 出土的带螺旋纹的木柱(图 42)提供了一个反映这些柱子大概外观的样本。[④] 其圆锥形外形、丰满的球形底座十分明显是出自犍陀罗浮雕中的印度—波斯样式。不过同样明显的是,它代表了比米兰泥壁柱更晚的印度—波斯样式的晚期变体。对我在安迪尔城堡(E.III.iv)主厅进行重新挖掘时发现的两根精美木柱(图 70) 进行同样的考察[⑤],我们看到,在柱体上端附加了圆缘线,标志着晚期的精细,但从柱基和鼓形柱顶我们可以更加清楚地看出印度—波斯样式的本质延续。

作为证据的安▷迪尔木柱

这些安迪尔木柱所提供的考古学证据对于确定米兰寺庙的年代具有特殊价值,因为我们已确知,它们所在的建筑物建

---

① 关于这些尼雅遗址双托架完整而清晰的分析,应该参考安德鲁斯先生在《古代和田》第一卷第 413 页对 N.xx.002,003 的描述。

② 参见本书第五章第一节。

③ 参见本书第十一章第二节。

④ 参见本书第五章第一节。

⑤ 参见本书第七章第二节。

造于公元 645 年与公元 719 年之间，可能更接近前一个年代。[1] 如果我们充分估计从仍明显具有犍陀罗原型全部基本特点的米兰木柱演变为安迪尔和喀达里克这种晚期形式所经历的时间，结论可能就是，米兰寺院 M.II 的建造年代不可能晚于公元 5 世纪。

◁作为证据的雕塑遗存

对年代下限作这样的推断，则雕塑遗物所提供的证据就很吻合了，因为这些遗物的图案在风格或技巧上与热瓦克窣堵波浮雕大量存在的图案（其年代很可能处于公元 4—7 世纪）没有本质上的区别。[2] 不过，必须牢记的是：其一，很遗憾 M.II 的雕塑残片所存很少；其二，对源自希腊化佛教艺术样式的因循自始至终都在新疆的佛教雕像上留下深深的印记，因而雕像的样式对确定寺庙的建造年代并无特殊意义。

◁寺庙的遗弃

有一点很明显，那就是必须将这个问题与寺庙被废弃并沦为废墟的时间问题严格区别开。现存的唯一确凿证据就是前文提及的梵文棕榈叶菩提残片，因为它属于公元 4 世纪到 5 世纪，所以就提供了一个可靠的年代上限。至于年代下限问题，我认为要充分重视未找到一件书吐蕃文的遗物这个事实，并倾向于由此得出的这样一个推论，即（寺庙的）废弃发生在吐蕃占领之前的某个时期，大约在公元 8 世纪中叶。有关这个问题的证据都属于纯粹的否定式证据，情况确实如此。不过，在我看来，下面这些事实具有格外的重要性，即喀达里克和安迪尔的寺庙废址中出土的婆罗谜文书明显晚于 M.II 的菩提文书，与这些文书一同发现的大量吐蕃文文书和残片则证明，在吐蕃统治下，佛教崇拜仍在这些寺庙中得到延续。

---

① 参见本书第七章第二节以下。
② 参见本书第四章第四节。

对这个米兰废址的清理因而使我充分相信,该遗址的历史要古老得多,而且它以某种方式为我在后来的挖掘中发现的、证明上述看法的更令人震惊的证据做了预备。

第二节　窣堵波内殿 M.III 及其壁画

护壁废墟 M.III▷

1 月 31 日,当大多数民工还在忙于重新掩埋从吐蕃堡垒中挖出的营房等地方时,我已经在堡垒西—北西方向约 1 英里的戈壁萨依上矗立的一组低矮的土墩上开始工作了(图 111)。我一到这个遗址就对在一条古代水渠留下的土丘东侧发现的一组五个土墩进行粗略的检查。我的印象是,这些土墩就是破坏严重的普通的窣堵波遗迹。尽管土坯结构的硬度表明了它们的年代古老,但找到令人感兴趣的考古遗物的希望十分渺茫。不过,当时我的注意力就被最小的土墩 M.III(右边第三个如挖掘后图 111 所示)的古怪外观所吸引。不合比例的大台座最上面的碎片中露出保存完好的小圆屋顶的冠顶轮廓。

寺庙的发现▷

当我开始清理这个土墩脚部及东面更厚的碎片时,很快就发现一条宽约 2 英尺 6 英寸的狭窄过道遗迹,好像曾围绕在约 29 英尺 6 英寸见方的主台座四面(见附图 32 中的平面图)。东面中部破坏最少,仍然可见,如图 119 所示。稍做清理后东面的结构就显现了出来。地面高出地平面约 2 英尺,似乎未受到任何可察觉的风蚀。等外面坍塌的土坯碎片清理完毕,我立刻意识到,此刻清理出来的坚固的建筑物根本不是什么台座,而是一座外方内圆的寺庙墙壁的一部分。其上曾有一个圆顶中心围绕着一座小窣堵波。第一次快速检查时吸引了我的目光的就是这座窣堵波结实的圆顶的冠顶。此刻,

它对寺庙内部建筑设计所给予的启发极大地促进了系统的清理工作。从穹顶及墙壁上部落下的大量碎片已经填满了围在窣堵波台座左边宽约 6 英尺的环形过道。窣堵波的台座同样呈圆形,直径约 9 英尺。堆积的碎片在原生地面之上仍有 8 英尺多高,对窣堵波起到了保护作用,使其灰泥表面及台座精致的装饰花纹保存得非常完好。不过,在西侧,“寻宝人”(可能是老手)在内殿墙壁上原来的入口处挖了一个大洞,穿过内外墙之间的堆积层一直挖到窣堵波的基座(如我们立即发现的)。

◁废址的结构特点

清理工作完成后,对显露出来的废址的其余结构特点就比较容易描述了。圆形内殿内部是由开在边墙中央的窗户提供采光,它们分别大致朝向南、东、北三个方向。窗子宽约 2 英尺 3 英寸,尚存的底部向下延伸到距地面 2 英尺 8 英寸处。因为前面提到的那个洞,原来开在西墙上的门洞的尺寸已无法确定。围绕着圆顶内殿的墙壁在开有窗户处厚仅 4 英尺,到四角处逐渐变厚到 10 英尺,墙壁由晒干的土坯砌成,土坯掺了大量麦秆,非常结实。土坯长 16 英寸,宽 10 英寸,厚 5 英寸。原来覆在内殿上的圆顶的结构已无法确定,因为支撑它的墙从弯拱开始处以下已全部坍塌。环绕在四方形内殿外侧的过道地面的残存物也没有提供任何有关过道宽度、过道顶高度等问题的证据。不过我们可以有把握地猜测,如果这个过道有外墙,而且不仅仅是作为一种环形走廊而建造,那么在与内殿墙壁上窗户相对应的地方,也应该开有窗户,以使寺庙内部得到充足的光亮。

◁圆形窣堵波基座

位于内殿中央位置的小窣堵波(图 125)总的来说保存完好,仅基座被“寻宝人”挖出一个洞,圆顶南侧遭到破坏。如附图 32 中绘制的正视图所示,这个窣堵波现存高度是内殿地面以上近 13 英尺。根据图 119 所见的残迹判断,这座窣堵波原来好像要高大很多。我认为这个残迹原来是一个四方形的基座,与前面探讨吉德拉尔窣堵波石刻相关问题提到的那个相呼应。① 这座窣堵波的特殊之处在于其基座是圆形的,而不是我在塔里木盆地其他地方考察的窣堵波遗址中常见的方形。这也许可以这样解释:之所以选择这种在印度及西北边境窣堵波中常见的圆形基座,是因为考虑到狭小的圆形内殿中空间很有限。

窣堵波基座的▷排列

基座的底部直径 9 英尺,高 9 英寸,上面是内收的鼓形,高1 英尺6 英寸,上下两端分别饰以相同的塑边造型。接着是平坦的另一级,高 9 英寸,与最低一级直径相同。再上面是一组连续的小阶梯状的塑边造型,总高不到 6 英寸,在此之上是一个高约 2 英尺 3 英寸的圆柱体鼓形塔身,用来支撑圆顶,它和圆顶的直径都是 6 英尺 8 英寸。在鼓形塔身与圆顶之间是一条突起约4 英寸类似饰带的塑边造型装饰,这个特点在帕克托里迪尼(Pakhtōridīnī)窣堵波雕塑、尼雅和楼兰的木质窣堵波上都可以同样清楚地看到。② 至于这种处理方式是否以某种方式表现三层基座的布置(我们有理由认为基座的这种布置是塔里木盆地窣堵波的惯例),就很难搞清楚了。③ 不过,值得指出的是,相邻寺庙 M.V 中窣堵波的圆形基座对这个意图表现得更为明显。基座表面的灰泥层非常坚硬,而且在那条突起的塑边造型装饰的土坯垛里有一层树枝进行加固。鼓形体灰泥层表面的浅浮雕(附图 32)表现的是菩提树和三宝(Triratna)符号,这些浮雕也是窣堵波上仅存的装饰。

---

① 参见本书第二章第二节、附图 2。

② 参见本书第二章第二节,第六章第六节,附图 2、图版 XXXII。

③ 参见斯坦因《古代和田》,第一卷,83 页等;本书第二章第二节。

图 125　米兰遗址 M.III 佛寺遗迹的佛塔和圆形围廊遗迹，自西南望

图 126　米兰遗址 M.X 的穹隆顶建筑遗迹，自西南望

图 127　米兰遗址 M.III 佛寺垮落下来的壁画碎片，出土自方形围廊的东北面

图 128　米兰遗址 M.V 废寺，自东南望，发掘前

图 129　米兰遗址 M.V 佛寺的佛塔和圆形围廊遗迹

图 130 米兰遗址 M.VII 佛塔遗迹,自南望

图 131 米兰遗址 M.VI 佛塔遗迹,自西南望

绘图护壁的首次发现▷

当天下午,在环形过道清理过程中,不断从它东北和东南段的堆积物中发现着色的灰泥壁面碎片,它与内殿内侧墙的区别也愈发确定。清理工作仍在继续,从寺庙 M.III 东北和东南段环形过道的碎块中,很快不断露出一些着色的灰泥壁面断片,当挖掘到距地面约 4 英尺时,发现了绘画护壁(图版 XL、XLI),护壁上展现出精美的有翼天使半身像,我吃惊得几乎不敢相信自己的眼睛。我没有想到,在靠近荒凉的罗布淖尔盐碱大漠的地方,在似乎是佛教从中亚通往中国的最后要塞的废墟上,能见到古典天使像的晚期作品。这些优雅的头像让人回想起早期基督教艺术中的相似形象,它们出现在这个佛教寺院的建筑物上,究竟做何用途?

带翼天使半身像▷

为防止损坏,在顺着东北和东南壁的残存护壁,我赤手逐个精心清理这些"天使"像。这时我不能再怀疑,这些壁画中的古典影响远比我迄今为止在昆仑和兴都库什山之南北所见或所闻的任何古代绘画艺术遗存更为显著。在我看来,这些有翼"天使"半身像那充分睁开的大眼睛上露出的愉快神色,微敛的小嘴和轻微内钩的鼻子所蕴含的神态,有许多因素使我忆起多年以前在极远的西方收集到的那些精美的、具有地中海东部及爱琴海沿岸国家和岛屿中的居民相貌特征的头像。我们保存有这些属于希腊化时期的法尤姆木乃伊的头的画版,其中有些呈现出不甚明显的闪族血统特征的痕迹,这似乎支持了这样的观点,即与希腊化的近东存在直接的联系。图案形式相近,细节表现简洁熟练,这也表明,在图式和布局结构上,装饰者都是在重复一种远源的图案。然而,生动率直的眼神和身体的姿势中似乎还有一种灵活与富于变化的艺术感的表现,以及甚至在短鼓翼优雅向上弯曲简洁流畅的轮廓线之中。当我最初被迅速检查中所显露出来的许多现象弄得非常困惑时，我至少还能够感觉到这种风格的作品不可能产生于吐蕃人占领期间或紧接于其前的中原王朝控制时期，这是十分确切的。但我还想知道如何解释这些“天使”在处理上的独特的古典风格，以及如何理解这些好像是借自早期基督教肖像的图案的意义。这里的一个幸运发现提供了明确的古文书学证据，可以弄清其年代问题。

◁丝幡上的佉卢文题铭

环形过道的西南段填满了破碎的砖块和业已分解的灰泥，我们从这些碎块中成功抢救出三件编织得非常好的浅黄色丝织品，编号为 M.III.0015（图版 XXXIX），后来证明属于还愿标志或旗幡的局部；现残长约 4 英尺，原宽 1 英尺多。这三件丝幡饰有窄线条组成的两组编织带，它们红绿色彩和谐一致，纵贯整个丝幡；介于两者之间的空间，以一条红线分开；沿着这条线且在线上，用佉卢文写着九条短语，其中有五条是完整的，这些佉卢文的书写手笔非常整洁，与尼雅遗址的皮革和木简中发现的大多数佉卢文文书，或楼兰的书写得更为仔细的佉卢文记录中的没有什么不同。结果似乎证明，这块写有题记的旗幡被掩埋的时间，可追溯到接近于那些文书所属时期，即公元 3 世纪和 4 世纪初。从一开始我就对此种事实非常吃惊，墨迹色泽纯正鲜明，甚至无须那样的保护（对皮革文书来说是精心折叠，而对木简来说是木盒所提供的），结合丝织物未残处的优良状况，表明写有题记的这块丝幡的抛弃，未见得先于寺院的废弃有多长时间。而这又使我立即推断，作为对这些显然具有早期特点的壁画最简要的解释是寺庙 M.III 属于一个较古老的遗址，这个遗址大概在与尼雅、安迪尔和楼兰遗址相同的时期里变成了沙漠。后来米兰有一段时期为吐蕃人再占领，就此而论，在安迪尔所做的勘察为此提供了一个精确的对比。

佉卢文题记的▷解读

每段短小的佉卢文题记末尾都反复出现相同的词，刚发现时我就想到，这些题记具有许愿的特点。这一点已经被我博学的同事阿贝·博耶（Abbé Boyer）先生对题词的解读完全证实。他已于1911年刊布了解读的结果。① 结果证明，每一段短题记都包含一个用印度俗语表达祈求某人健康的祝愿，有的是为其家人的健康。文中使用的一个短语 arughadachinae bhavadu，即梵文 ārogyadakṣiṇāyai bhavatu，与在贵霜（Kuṣana）时代印度碑铭中常见的相同，其意是虔诚的供养人希望其供奉得到回报。保存下来的七个人名中，有三个已被博耶认出是普通印度姓名，即Asagoṣa、Caroka、Ṣamanaya，与其对应的梵文形式是Aśvaghoṣa、Cāruka、Śramaṇaka。我相信他认为两个女性的名字 Friyāna 和 Firina 源自伊朗文，Fryana 则是众所周知的《阿维斯塔》的一个都兰语族的称号，这个看法也是正确的。② Mitraka 既可能是印度语名字也可能是伊朗语名字，这取决于我们拼读的轻重。第七个名字K'ibhilaa目前尚未可知。

碎片中发现的▷杂物

临近黄昏，就在我准备结束过道东段的挖掘时，碎片中露出大大小小的灰泥壁画断片。它们显然是从小圆厅墙壁的上部剥落下来，紧挨绘图护壁堆着，如反映下一步清理情况的图127所示。要解救这些剥落的壁画断片显然需要付出更多精力和时间。但是过道的西段和西南段“寻宝人”的破坏行为使壁画没有留下任何遗物，因此在这里可以毫无顾忌地进行清

---

① 参见博耶《米兰题记》（*Inscriptions de Miran*），载《亚洲学刊》，1911年5—6月号，418页以下。

② 参见贾斯蒂（Justi）《伊朗人名手册》（*Iranisches Namenbuch*），106页，该词条之下。

理，天黑之前已经发现了大量有趣的遗物，有编织精美的深红色丝绸长条 M.III.0064、0065。从其附近发现的泥块判断，这些长条原来是黏在塑像——比如放在寺庙门口处的——基座上的花纹上，木雕 M.III.021（图版 XLVII）细小的顶部可能也出自此处，它的叶状纹令人想起“科普特”（Coptic）样本。圆形木块 M.III.0024（图版 XLVII）看似轮毂，其用途不明，它可能属于窣堵波顶的伞形顶饰。

最奇怪的遗物是那些可能是该寺庙最后一批参拜者留下的供奉品。我们发现了一些人工制作的花，M.III.0013、0027是用各种颜色的棉织物和丝织物熟练地剪出来的，而且很聪明地以木钉代表茎，以线丝代表花蕊。通过几片结实的带花纹的棉织物碎片，弄清了这些花的使用方法，这些棉织物原先是用来固定花的背衬的。最大一块 M.III.0026（图版 XLVIII）表面抹了一层涂成深蓝色的灰泥，仍有人造花被用小木钉固定在上面，用相似织物做的叶子和花蕊直接固定在灰泥表层。整个这一块明显是一个浮着莲花和水生植物的圣湖。其他残片如 M.III.0025.a～c、0028 的背景直接涂在结实的棉织物或丝织物上，别花的小孔依然还在。 ◁人造花

这个遗址第一天卓有成效的工作出乎意料因而也是极其迷人地揭示出古典绘画艺术的影响甚至到了罗布淖尔之滨。这是一个富有启发性的发现，同时也提出了许多新问题。其中一个就必须立刻面对，也具有实践性。对就要从土坑中挖出的这些精美壁画根本没有机会进行全面研究和保护，只能运走。而要把它们运走并安全地经过长途运输是一个重大的技术难题。壁画的残片要么还位于原处，要么成为大小不一的碎片散落在堆积物中，它们都是用蛋白调和颜料涂在底衬 ◁壁画的材料

上，底衬只是一层掺了短芦苇草秆的易碎的灰泥。[1]即便是仍粘在墙上的部分也出现了碎裂的迹象，而且已经变得非常松脆，已经剥落的碎片尤其如此，尽管它们的泥层要更厚一些。剥下和搬运这些松脆的灰泥块都要求全神贯注，而如何安全地处置它们也需要视实地情况而定。

对壁画的清理▷等

2月1日整整一天都用于从米兰的树林里采集大树，并将它们制成木板、木条等——艰难的搬运工作一开始就急需这些材料。不过，在试图抢救这些遗物前，完成对环形过道的清理以及将壁画残片出土的位置和状况进行详细记录也是必要的。我在《沙漠契丹废墟记》中已经描述了我在进行记录、拍照这些初步工作以及其他后续工作时不得不面对的艰难状况，刺骨的东北风不停地刮着，因为空间狭小，人只能长时间蹲着。[2] 现在，我立刻要对在清理过程中及之后进行的详细检查所揭示的壁画遗存物的处置以及整体装饰方案的特点进行记录。

绘图护壁的排▷列

如上所述，除了现已完全毁坏的那个穿过西墙的门洞，圆厅中的环形回廊还有三个窗户采光。窗户几乎分别朝正北、正东和正南开，距厅内地面高2英尺8英寸，宽2英尺3英寸；窗户与门洞环形墙壁分成四段，其下饰以一条彩色横饰带或护壁。只有东北和东南段墙壁保存有足够高度的灰泥面，这里的护壁有六个新月形空间，每个新月形凹弧中露出一个与真人大小相近的有翼男性肖像的头部和肩部（图版XL、XLI）。西南段几乎没有留下什么护壁画；但西北段靠近朝北

① 关于阿瑟·丘奇爵士对M.III与M.V的绘图泥块样本所作的化学分析表明在帕里斯色泥层外表涂有一层蛋彩颜料，见附录D。

② 参见斯坦因《沙漠契丹》，第一卷，462页以下。

的窗户却保留着两个包含有“天使”头像的半圆形画版，只是已经被涂抹得极差。因此可以肯定地认为，圆厅内壁上各段护壁的装饰设计是相同的。现存各段护壁据此分别在窗户的左面和右面用数字i-xxiv按顺序标在平面图上（图片32）。

◁护壁上的半圆形

有一条黑带将这一连串的半圆形连成一体。这条黑带宽近1英寸，贯穿整个护壁，并将半圆形画版和上部主墙上的壁画分开。以此作为护壁的顶部，其高度从室内地面算起达3英尺10英寸。沿顶线或弦线测量，每一个半圆形的长度约2英尺2英寸，而且表面略微弧曲。包括镶下曲边的系列条带，各半圆形的平均高度约1英尺6英寸。在这些连续的半圆形下面，伸展着一条宽约9英寸的水平条带，内填八九条黑色波浪线，就从已损坏的灰泥面上能判断的部分而论，它曾向上伸入到两个半圆形之间的三角形壁中。在大多数地方，这条条带保存欠佳，却使人奇异地联想到海洋。其下面的灰泥画毁坏严重，不能显示出任何壁画的痕迹，即使曾经有过。

◁护壁之上的壁画残存

暂且将护壁上的“天使”形象及所有有关这些形象绘画处理的风格与技巧问题撇开，留待进一步探讨，下面我要描述的是曾用来装饰墙壁上部表面的壁画遗存。只有极少的这类壁画（用一个合适的但此处在技术上并不准确的简短术语）残迹还留在它们原来的位置上。护壁的半圆形上方，残留有少量灰泥壁画，只能看出几个小画像的足部及其外袍的下摆。如图127，在掩盖了半圆形v的剥落壁画断片上，以及图版XL中的天使ii之上尚可看见上述遗存物，我在笔记中还对半圆形iv、ix、x之上的此类遗存物作了记录。无论如何，这些毁坏的泥块都无法搬运了。

◁上部壁画剥落的断片

从堆在过道东北段和东南段墙角的碎片中，而不是在破损严重的墙上，我找到了一些蛋彩画断片，它们使我们对墙壁

上部的装饰有所了解。最大的也是保存最完好的断片发现紧叠为三层斜倚在带有半圆形 iv ~ vi 的那段护壁上。图 127 的照片拍摄的就是它们在清理完小碎片后搬运之前的情况。它们得以保存下来的原因极有可能是在它们滑落下来之前过道内已经堆积了足够多的沙土和松软的碎片,阻止了因这样那样的原因从墙上剥离的壁画块跌落下来。似乎有理由这样认为,即最里边的壁画断片(见 M.III.003,图版 XLII)是最先被阻止而未跌落的,它也是饰带中离护壁最近的部分。几乎无须指出的是,这些壁画断片滑落下来的墙壁在此之后仍直立了一段时间,否则它的坍倒必定会将它脚下脆弱的壁画断片砸得粉碎,可能是拱顶上剥落的碎片在墙壁坍倒之前将这些断片安全地埋起来了。

几条绘图饰带▷

不仅从随后在相邻圆厅 M.V 中发现了几条壁画饰带可以类推,而且就 M.III 中起码存在两条饰带的现存断片而言,可以断定,在墙壁的护壁之上部分的装饰中,包含有超过一条的绘图饰带。沿我们现在就应该讨论的大壁画块 M.III.003(图版 XLII)的顶端,有一条黑色饰带,其上还有一条灰色饰带的残迹。现在在断片 M.III.0018(图版 XLIV)上,我们看到一个人像的脚踩在一条白色饰带上,其下有一条灰色饰带和一条黑色饰带。在 M. III. 0036(图版 XLV)上也出现了一条白色饰带和一条灰色饰带,位于两个人像的脚下,再向下的边缘已经残破。很明显,在上述三个断片中,都存在相同的三条饰带的残迹,这三条饰带将位于它们上面的两条饰带分隔开来。

搬运坍落的壁画断片▷

在《沙漠契丹废墟记》中我已经详尽记录了在极其小心和努力之后才得以成功的高难度操作,即将一度属于这些壁画饰带的易碎的绘图泥块断片抢救出来,再将它们安全地包扎好,使它们在经历了几千英里大漠高山间的跋涉后依然完好,

没有再出现新的明显损伤。[1] 在当时，我对能否在这样的路程和地表情况下将这些易碎的泥块安全运抵并保持尚可仔细布置和研究的状况，没有抱太大希望。直到三年后，在我的第二个助手德鲁普(Droop)先生的帮助下——安德鲁斯先生得以将这些如此之大而又保存完好的残画版(图版 XLII、XLIII)及一批相当数量的小画版(部分如图版 XLIV 和 XLV 所示)拼到一起，我才有充分的理由对我的努力感到欣慰。

◁壁画断片的重要性

这些断片的成功抢救，使安德鲁斯先生和富歇先生这样的专家得以对中亚佛教艺术史的许多重要问题进行审视，而仅凭我在即使较从容的情况下所记的笔记和拍摄的照片则不可能保存足够的资料。同样，如果不是从寺庙发现的相似的壁画饰带提供了确凿证据，以及其中对故事的处理方式如此明显地表现出与希腊化佛教艺术(如我们在犍陀罗塑像所见)的联系，我就不可能立即开始对绘图饰带的少量残存物进行研究。假如我们先对这些壁画断片进行考察，就可能更易于我们随后确定这些护壁上迷人“天使”的真正世系和重要性，否则，它们就会令我们感到困惑。

◁失落的犍陀罗绘画艺术

正是这种与佛教艺术的联系，使得米兰佛寺的壁画残片备受关注，不管它们有多么破碎。在印度还没有出土一件与犍陀罗佛教塑像在年代和来源上相应的绘画艺术作品遗物，而且，除非巴米扬(Bāmiān)石窟寺或巴克特里亚(Bactria)出土文物中有这种遗物存在，否则，一个注定要对中亚及远东绘画史产生深远影响的艺术发展早期阶段就永远与我们失之交臂了。我们目前拥有的任何考古学证据似乎都证明，从米兰的壁画中我们找到了与猜想中的中亚佛教艺术原型最为相似

---

① 参见斯坦因《沙漠契丹》，第一卷，463 页以下。

的样本，而这在其发源地已了无踪迹。正是基于这一点，我们要认真地探究这些碎片究竟能告诉我们什么。我认为，更加值得重视的是，我们从中可以发现它们与更西边的古希腊艺术东方化形式之间的联系。

壁画的技法▷ 下面对这些壁画的技巧作一个概要分析。这些壁画都是以蛋彩绘在薄薄一层帕里斯(Paris)泥上(据阿瑟·丘奇先生的化学分析)，这层泥被娴熟地铺在黄土背衬上。① 在白色的帕里斯泥表面，涂有用氧化铁制成的浅红色颜料，是在泥层未干时涂上的，以充作底色。底色之上注意各种颜料中是否有胶料不好断定，不过看起来很可能有。应该的是，这种以薄薄一层涂有氧化铁颜料的帕里斯泥作为背衬的方法，在和田地区一直沿用至唐代。阿瑟·丘奇先生的分析证明喀达里克的“壁画”也是如此。②

画版 M.III.003 ▷ 我已经举出的理由证明，墙壁装饰包括我在这里发现的护壁之上环绕圆厅的至少两条饰带。我们可以有较大把握地认为画版 M.III.003 属于这两条饰带中低处那条(图版 XLII 绘制了色彩保存完好的这块画版)。由于其较大的尺寸及由其主题、细节所显示出的重要性，这块画版为我们重新考究这些解救出来的壁画残存提供了有益启发。这块画版由两片碎块拼接而成，长 3 英尺 3 英寸，高 1 英尺 10 英寸多，出土时是断开的，发现于半圆形 iv 和 v 之下的护壁脚，距离墙壁很近，在另两层绘图泥块碎片(包括 M.III.002、004)后面，如图 127 所示。这个位置极有可能表明它们是从紧挨着天使之上的墙上剥落下来的。沿现存背衬上端有一条黑色宽带，旁边有一

① 参见本书附录 D。

② 参见本书附录 D。

条灰带的残迹。如前文所述，这条黑带属于分隔上述两条饰带的第三条饰带。下面的注释详细记录了把这块破损严重的画版碎块拼接起来所使用的方法。① 在保存米兰其他壁画残片时也使用了这一方法。这种方法的起源及其成功应用要归于安德鲁斯先生的高超技艺和悉心投入。为了说明安德鲁斯先生用这种方法达到的上佳效果，我引用下面两个例子来进行对比，一块是画版 M.III.003 中主要塑像（图 127）从墙脚下发现时的状况，另一块是图版 XLII 中绘制的这块画版拼合后的情况。在反映泥块发现时状况的照片中，大的破裂清晰可见，但在拼合后的画版上，这些破裂处被修复得十分完好，几乎难以看出，原始的绘图表层全部恢复原样。

◁饰带的高度和底色

知道这块画版的初始位置，为得出这条饰带的尺寸提供了一个极为有用的启示，正如通过画版的主题可了解其装饰构图可能的特点一样。从塑像的大小及残存的边缘碎片，可以有把握地断定，这条饰带的高度与我在毗邻圆厅 M.V.viz 的墙壁上尚存的护壁一旁的饰带极相近，为 3～4 英尺。我们在

---

① 为了保护这些易碎的绘图泥块不遭受进一步破坏，同时也为了保证其安全修复和处理，有必要更换其平整的表层背后易碎的黏土和麦秸，在表层上涂一层帕里斯泥衬底的重彩。作为一个初步保护措施，将原来粗糙的背层去除掉是绝对必要的，否则，与这些废址中所有黏土残存物一样，已经大量渗入的盐分在受潮后就会侵蚀着色的表面，这种潮湿是将帕里斯泥黏合在一起所必需的。不过，没有这一预备措施，也不可能精确地把散开的表层碎片拼接起来，或者使一些大裂纹合拢。这些极其精细的工作即先将同一画版断开的几个碎片背面的黏土层剥离，然后将其表层在正确的位置紧紧拼合在一起，这是由安德鲁斯先生与受他艺术慧眼指导的我的第二个助手德鲁普先生以万分的小心和技巧完成的。

对下述准确的技术方法进行记录是十分有用的。将绘图断片正面朝下放在一块结实的厚玻璃板上。小心地慢慢刮去背面的黏土和麦秸，直到只剩下表面的帕里斯泥，然后根据图案的指示把同属一个版的几个碎片置于正确的位置。在厚玻璃板下适当的位置放着一面镜子，用来反射图案。对于较大的画版，要将玻璃极小心地弯到一定的弧度，与根据圆厅的直径得出的、原先画版表面所在墙壁的弧度完全一样。将碎片正确地拼合之后，在背面涂满一层帕里斯泥，成为一个新的背层。然后，用一个张在木框里的格网加固背面，最后，涂上一层厚帕里斯泥，把格网包在里面。用这种方法处理之后，这块画版就可以十分轻松而又安全地搬移了。

应该明确注明的是，任何对绘图表面遗失的小片进行增补的企图以及其他形式的“修补”是被严格避免的。

M.III.003看到的朱红色底色，即一种庞培(Pompeian)红，在两处寺庙中的饰带上是相同的。对于这些相同点，我立即可以再举出另两个重要之处，它们现在已被证明得清清楚楚了：两处饰带的网格极其相似，其表现的情景均出自佛教肖像。将所有这些迹象综合起来，足以得出这样一个假设，即这两处饰带的基本构图方式，似乎已经揭示出这两处护壁的装饰体系也十分相似，对此，我们将作进一步的探究。

M.V 绘图饰带▷的相似性

现在，关于圆厅 M.V 的饰带(图 134~140)，下述两点是明确的。其一，它描绘的场景呈一条连续带状环绕着墙壁，仅在墙上留有两个洞口。一个洞用来采光，另一个洞则是通向内殿环形过道的入口。其二，这些场景表现的是同一个本生故事中的某些情节。在寺庙 M.III，根据平面图(M.V 的几乎与之相同)，其内侧的环形墙壁被一扇门和三扇窗户分隔成相同的四段，如我们此前所见。只有东北、东南两段墙壁护壁上方的饰带残存物得以抢救。不过，这足以揭示以下两个重要问题。首先，它们表明每一段墙内的图案是相连的。其次，对这些残存物的进一步考察表明，至少处于下方的饰带所表现的情节很可能都出自相同的佛教故事，要么是乔达摩的生平，要么是有关佛陀前生的一段本生故事。

未破损的图案▷

第一种观点得到的虽然是否定的结果但似乎仍具有结论性的证据的支持。在从环形过道堆积物出土的饰带的绘图泥块断片(下文的“文物目录”中有记录)之中①，没有一块断片表明壁画的某一段在装饰建筑花纹或其他方面与其他的不同。这与 M.V 内殿墙壁南半圈上饰带的残存部情况完全相同。在那段饰带上，一组相互独立但前后连贯的情景组合成

① 参见本章第九节。

一幅完整的图案,表现须达摩(Vessantara)王本生故事。

◁几幅情景的组合

有两条理由使得上述这一点十分有趣而且值得重视。第一个理由是壁画中连贯的图案与犍陀罗造型艺术对相同故事的表现方式大相径庭。在犍陀罗艺术中我们发现以浮雕形式表现的同一故事的情景,至少在大多数情况下被分隔成不相连的图版或隔档,尽管它们以普通饰带形式排列。① 这里,我们不考虑犍陀罗雕塑饰带花纹中这一特殊现象的起源和解释。遗憾的是由于没有一件希腊化佛教绘画艺术的遗物,因而无法确定上述方法是否也被应用于壁画中。不过有一点值得注意(这也是我提请注意的第二条理由),即数幅情景被组合成一个连续的系列。根据希腊近东地区极有说服力的证据,这在后来的古典艺术中十分常见。② M.V 的饰带甚至对在上述地区有迹可循、用以阐明在这种方式下以简短题铭方法描绘的不同情景的体系也提供了一个精确的比较。

◁饰带中重复出现的相同形象

与 M.V 饰带进行比较也有助于说明我上文提到的有趣的第二点。无论如何,M.III 低处的饰带很可能包含了取材于佛教故事的情节。对此,即将谈到的大断片 M.III.003(图版 XLII)以及画版 M.III.002(图版 XLIII)的特征提供了基本线索。它们表现的形象被画成同样大小,因而可以推测同属于一条饰带。现在,具有重要意义的是在被抢救的碎片中,有一些是对出现在大断片上的形象的复制品。由此,我们在 M.III.003 上就看到了成排的代表佛家弟子的和尚,完全是对 M.III.005(图版 XLIV)处理方式的准确复制。出现在

① 参见富歇《犍陀罗艺术》,第一卷,182 页、266 页以下,在那里可看到关于说明上述观察结果的大量浮雕饰带的参考。关于连续构图的极少例证,见同书第一卷,603 页。这样安排格档内浮雕场景的主要原因(因为它是“排档间饰”),并不是所要雕刻的石材的尺寸引起的技术要求,这一点,在装饰极小的佛塔基座以及雕刻在单块石板上的饰带中表现得很明显;见同书,图 70~72。

② 参见史特拉兹高斯基《东方或罗马》,39 页。

M.III.002(图版 XLIII)右方的王子模样崇拜者的头部,以相同的风格、处理方式和头饰被准确地复制不少于五次(M.III.006、0031、0032、0037、0056;图版 XLIV,XLV)。我们从M.III.0033、0034(图版 XLV)两块断片上可以看到明显的对M.III.009、0010(图版 XLV)上一个衣着华丽人物形象的头部的复制。显然,在同一个故事的情节中,需要对一个主要角色进行反复介绍,并以重复的风格、处理方式等来表明其身份。我们发现,M.V 饰带的须达摩本生故事引人注目地体现了这种需要。由此,M.III 饰带中也出现的复制品(如上述断片所表现的)就可以被认为是一个间接证据,证明此处的主题也是出自佛陀前生或化身的生平故事。

第三节 内殿 M.III 的绘图饰带的残存物

画版 M.III003▷上的立佛像

上一节我们讨论了寺庙 M.III 中壁画装饰的总体特点,现在则对我从寺庙中带回的遗物和断片进行考察。画版 M.III.003(图版 XLII)是我们开场白的起点。在它上面,我们看见一尊立佛身着一件无肩的深紫红偏棕色外袍,其颜色差不多就是袈裟(kaṣāya)色,在印度传统中很久以前就专用于苦行僧和托钵僧法师。根据头上的光环和略有破损的发髻的特征,可以确定这个法师代表佛陀。但是除非搞清楚饰带描写的是什么故事,否则不可能确定所指的是释迦牟尼佛还是一些早期的"解脱者"。佛像的右手举起,我最先认为是"施无畏"手印,但是正如文尼斯(Venis)博士指出的那样,它的拇指并没有像这种手印通常那样向上直立,而是弯曲着,搭在无名指的第二个关节,也即搭在这只手的第八个关节,似乎表示法师正在讲述八度波罗蜜(the eight-fold way 或 the eight

Pāramitas)。左手垂在前面，显然在提着衣袍。

在佛陀之后及左边是六个弟子，排成两排，身着僧袍，颜色从鲜绿到深红不一。他们的光头表明他们过着僧侣生活。前排最左边离法师最近的那个弟子裸着肩，右手举起，执一柄白色牦牛扇，在印度肖像画中它是最高权力的传统象征。正如富歇先生首先向我指出的，如果那个头上有光环的法师代表佛陀，那么这个形象就可能代表阿难陀(Ānanda)，他是释迦牟尼最得意的弟子。在弟子们的右边可以看见黑色圆锥形，点缀着红色和白色花朵以及灰绿色罂粟花样的叶子，用以表示一棵树，与图 136~138 所示 M.V 的饰带中出现的树一样。以这棵树为背景，是一个弟子举起的右手，另一只手不见。这只手握着一把白色的花蕾或花朵，显然是在抛掷它们。这棵树以及相对应的另一棵在佛陀右手后边尚存一部分树叶描绘精细的树，清楚地表明这幅画的故事和其他大量关于佛陀生平的故事或本生故事一样，是以花园或树林为背景的。

◁佛陀弟子形象

这个撒花形象很可能有助于我们确定这条饰带所描写的是哪一段故事，我们所讨论的这段壁画反映的显然是这段故事中的一个情节。不管是这块断片还是其他断片都未提供线索来辨别这段故事。但不管怎样，不是肖像学意义(不论其被证明为何种)，而是构图的艺术处理、花纹以及绘画风格给这块破损的壁画画版赋予了特殊的价值和意义。毫无疑问，这是一段佛教故事。但是，这幅壁画并不像以犍陀罗希腊化佛教浮雕表现同一故事情节的壁画那样，所有基本细节都没有像应该的那样取自其古典样式。佛陀的头部清楚地表现出西方风格，鼻部略带闪米特人(Semitic)特征。绘画者和犍陀罗的雕塑者一样，在将头部的肉髻(uṣṇīṣa)与穿有孔洞、耳垂很长的耳部的结合中没有遇到什么困难，而头部总体的轮廓来

◁希腊化佛教艺术处理佛陀的方式

自近东地区的古希腊艺术。他们都遵从了久远的印度佛教传统的强制性要求。① 我们发现,佛陀头部的肉髻被掩盖在一个大量鬈发形成的发饰之下,和所有希腊化佛教艺术所描绘的佛陀形象一样。特别值得注意的是垂于耳前的一缕波状鬈发和细小的胡须。它们都明显有别于印度传统,在一些并非毫无意义的犍陀罗佛陀塑像上亦有所体现。②

众弟子的头部▷

两眉间省略了白毫相(ūrṇā)是另一个与印度传统所规定的勒叉那(lakṣaṇas)(法相)的不同之处,值得注意的是,这种情况虽然很少见,可在犍陀罗塑像中存在。但法师及其弟子直视的充分睁开的大眼睛提供了明确的更令人吃惊的证据,证明了古典样式或者更准确地说是古希腊样式在此的主导地位。拉长的斜视的形态没有什么意义,即使在希腊化佛教塑像中也常常是半睁的眼睛,在从和田到日本的描绘佛教圣人的绘画中,都一致地表现为美感的一个特殊标志。尽管弟子们的头都完全按照佛教对和尚的戒条而彻底剃光,但仍表现出西方风格,而且更为强烈。他们的头部比佛陀的要圆,如果不是其明显下勾的鼻子,就没有迹象表明其具有闪米特人或印度人的特征。绘画者机智地用皱纹、脸部的丰满程度和表情的微小变化来表现因年龄等不同而有所区别的不同人物的特征。

源自古希腊绘画的细节▷

不过,这些大眼睛及其明显的欧罗巴人神态在所有的头上都相同,而右边低处一排最后一位弟子左手的奇特姿势则打消了对其出处的任何疑虑。这只手弯曲的手指从衣袍内露出,在衣袍边缘消失,和成百尊古希腊、罗马雕像上从外袍中

① 参见格伦威德尔、伯吉斯《佛教艺术》,163 页以下,认真分析了犍陀罗雕刻者所表现的佛陀形象所具有的古典和印度成分。

② 参见格伦威德尔、伯吉斯《佛教艺术》,166 页、168 页等。

露出的手一样。这些细节如此令人吃惊地证明了古典样式的主导地位，我们可以毫不犹豫地断定，这种通过有意变换视线以打破这队弟子头部的单调性的娴熟技巧也是源自西方。排在左边及最近的弟子注视着法师，其余弟子直视前方，或直视观看者。在护壁“天使”头部的处理上，我们应可看到一种与此相对应的艺术手法，因而感觉出（在此处辨别得更为确切）在我们拥有的近东地区古希腊绘画的少量遗存上明显可见的一种手法的再现。资深权威J.史特拉兹高斯基教授在讨论公元259年的巴尔米拉（Palmyra）墓室墙壁上的圆形人像浮雕时，提醒人们注意视线的这种有意的交替，并且在法尤姆（Fayyûm）墓地出土的蜡画肖像版上寻找这种现象。[①] 上述这些地方大多属基督教纪年的早期，这种年代关系证实了米兰壁画中这一特点的来源。

◁对西方艺术技法的依赖

犍陀罗雕塑家、装饰家直接从希腊化的近东地区的古典样式中借鉴了大部分为自己所惯用的手法，如姿势、衣袍、相似的造型细节等，这一点很久以前即得到承认，现在又被这么多实例所证实。但是，对于犍陀罗绘画艺术都没有任何遗物来提供相似的证据。直到从塔里木盆地最偏僻的角落这些早期佛教寺庙中出土的壁画断片，才提供了结论性的证据，证明在绘画方面这种对西方艺术方法与风格的依赖从最初起就十分紧密，而且向我们显示出这种依赖甚至延伸到纯粹的技术层面。对于后一点我们不能希望有更令人吃惊的证据，除了在这些壁画上描绘人体时经常被运用的“光与影”的技法。在此之前，我在印度、中亚或远东的佛教绘画中都不知道古典绘画中常见的明暗处理法（chiaroscuro）的运用。米兰壁画在所

① 参见史特拉兹高斯基《东方或罗马》，30页。

有的身体裸露部位都运用了这一技法。

明暗处理法的▷运用

我们在护壁“天使”M.III.i~ix 像上(图版 XL)可以看到画版 M.III.003 弟子头像及饰带的大量小碎片上普遍使用这种技法,即在肌肤的粉红色之上施以浓淡不等的灰色阴影,用以表现脸部周围、眼下及颈下或其他地方的阴影。不过除了灰色,我们有时发现浅红色被用来表现粗略的阴影,就如画版上的佛陀头像及将要描述的 M. III. 002(图版 XLIII)的两个人像所表现的。为了获得高光效果,有时还运用了一种娴熟的技法:让表现肌肤的浅色彩透过涂成深粉红色的唇部(图版 XL、XLII)或相似部位的轮廓线,从下方的适当位置呈现出来,从而保证这一效果的实现。在别处,如图版 XLII 中众弟子的眼睛,M.III.0035(图版 XLV)中的手指头与指甲等,都巧妙地以白色的粗笔触表现“高光”效果。[①] 一些地方的白色颜料厚得足以获得真正的“高光”效果,如 M.III.003 (图版 XLII) 和 M.III.006(图版 XLV) 中弟子们的眼部。

“高光”效果的▷方法

这种技法让人联想到非常适合于蜡画的处理方式,埃及出土的实例证明了古希腊及基督教早期的蜡画实际就应用了这一技法。[②] 这些及其他技术细节(对它们,安德鲁斯先生艺术家的慧眼所作的专业观察,以及下文器物表的具体记述都可作为参考)都充分印证了这一结论,即这些米兰壁画的绘画者们(只是简单的装饰者)已经从其先师手中继承了以如此简练的手法(因为经常要应用)来产生一种完整效果的成熟技法。同样可以确定的是,这些绘画所表现出的技艺也来自向

---

① 参见本书器物描述表中对 M.III.006、008、009、0010、0033、0038、é 0039 的描述,在图版 XLIV、XLV 中有它们的照片。

② 参见 A.J.赖纳奇(A. J. Reinach)《希腊—埃及画像》(*Les Portraits Gréco-Egyptiens*),载《考古杂志》,第四卷,第 24 册,47~53 页。

希腊化佛教塑像提供其风格和大部分艺术技巧的希腊化的近东地区。[1]

◁坐佛画版 M.III.002

将出自古希腊的艺术形式应用于表现佛教故事的作品中也很好地体现在图版 XLIII 的壁画断片 M.III.002 上。它被发现断成几块,紧挨在一起落在前文描述的画版之前(图 127)。这似乎表明它是前述画版之上的那条饰带的一部分。不过这一点不能绝对确定,而且值得注意的是,根据其大小与比例,其结构与 M.III.003 所属的饰带十分吻合。我们看到,一位法师坐在一个矮宝座上,右手以生动的姿势举起。描绘精致的头部没有光环,这可能表明如果这个形象代表释迦牟尼,那么此处表现的是他成佛之前的形象。一件深黑色下装从臀部垂到脚部之上,脚则踏在脚台上。一件浅黄色斗篷如披肩般搭在左肩,留下上半身的大部分裸露着。这种布置在希腊化佛教艺术以及其他印度佛教雕塑流派中,尤其是在表现释迦牟尼坐在宝座上时,都很常见。[2] 这很可能是基于印度早期佛教传统中固定下来的对佛陀外表的描绘。不过,在这里,与一向在相应的希腊化佛教塑像作品中一样,垂衣的处理采用的是一种古典方法。

◁王室崇拜者形象

法师脚下右方出现的是一个较小的人像,双手合掌上举,呈拜谒姿势。其垂衣在布置上与前者相似,表现样式与古典式相同。但是,上部饰以红圈、下部有两个半圆形深红色垂边的奇怪的尖顶圆帽或头巾明显地表明了这个崇拜者的王子身份。我们在圆厅 M.V 壁画中再次看到这个奇怪的头饰——它当然也标志着王室身份。无论是在犍陀罗塑像中还是在新

① 富歇先生对这一题目富有启发性的观察,参见富歇《犍陀罗艺术》,第一卷,601 页等。

② 参见格伦威德尔、伯吉斯《佛教艺术》,172 页。

疆晚期佛教寺庙的壁画或造型作品遗物中,我都无法找到其踪迹,所以其起源迄今为止尚未确定。它会不会是更西边的地区之一,如巴克特里亚或索格底亚那(Sogdiana)(希腊化佛教艺术在中亚的这一应用正是经此处传入塔里木盆地)一度使用的王子徽章的相似物?不管答案如何,我们对使得这位绘画者不管这个人的王子身份而将他描绘为不成比例的小人像的肖像画惯例的起源不再有任何疑虑。正是这一惯例,使得犍陀罗的雕塑者常常在描绘释迦牟尼作为菩萨或佛与小人像出现在同一个故事情节中时,把他画大一些。关于这一点,晚期的古希腊艺术在描绘皇帝或基督教故事里的中心人物时也常常如此。[①] 左边那个随从的形象也很小,断片只保存左臂与膝部的一部分。前景所描绘的两个水池或者可能是两个围着栏杆的平台给人留下的印象是,这幅画表现的是宫殿中或王室花园里的情景。

女性人像的头部▷

对大壁画断片的考究使得我们可以从一些细节上讨论绘图饰带的主要特点。而对于小碎片,对一些具有特殊意义的问题进行简短记录就足够了。这些碎片中最奇怪的一块可能就是M.III.0019(图版XLIV)。它上面出现了呈拜谒姿势的两名女性人像的头部和胸部。她们的脸部仔细地以明暗法描绘,其表情与我们现在应注意的令护壁上"天使"头像栩栩如生的个性化的活泼表情相同。杏仁状的大眼睛隐约唤起一种波斯式的美和精致的丹丹乌里克画版D.x.4上公主头像所明确表现出的一样。[②] 发型与画版中公主及其侍女发型也一模一样,长鬈发垂于耳后,波状鬈发悬附于耳前,表明这并非当

① 参见富歇《犍陀罗艺术》,第一卷,603页;格伦威德尔、伯吉斯《佛教艺术》,138页。

② 参见斯坦因《古代和田》,第一卷,259页、300页等;第二卷,图版LXIII。

地及当时的发型，而是外来并被艺术传统所保持的风格。装饰 M.V 护壁的女子头像上也出现了同样的发型，只是略作变动（图 138～140、143）。

◁高处饰带的小断片

另一块有趣的碎片 M.III.009、0010（图版 XLV）为我们提供了一个半身人像，可能是女性，身着新奇的文艺复兴时期样式的精致服装，胸部戴着花朵。人像的头部破损严重，不过在其他碎片如 M.III.0033、0034（图版 XLV）上有其复制品，使我们可以更好地认识其独特类型。因为这些头像均接近真人大小，我们确定这些碎片属于一条较高处的饰带中的人像，这条饰带可能一直延伸到墙壁的穹隆部。破损的男性头像 M.III.008（图版 XLV）代表了一种不同的类型，因为其简洁生动的绘画而颇值得一提。其绘画手法显然是器物描述表中记录的那种。其他碎片，诸如出现一只描绘得非常精致的手的 M.III.0035（图版 XLV）以及 M. III. 0039、0040、0052、0063 也证明，在墙饰的较高部分中出现了真人大小的人像。碎片 M.III.0055、0062 证明在所描绘的故事情节中也出现了动物形象，但是残存物太碎小，已难以辨认。M.III.0058 中所见的建筑具有特殊的意义，因为我们在其中见到如下细节，例如铃形柱头与柱子以及塑有镶板并饰以蔷薇花和鳞形重叠瓦的壁柱。它们对米兰寺庙出土的少量遗物提供的有关当地流行的建筑装饰风格的信息给予了有益补充，而且有助于更加清楚地表现这种风格对希腊化佛教艺术与纯粹的古希腊样式的依赖。①

① 关于鳞形重叠瓦，比较史特拉兹高斯基在《阿弥达》一书中的图 78 和图版 IX 中所示古代迪亚贝克大清真寺（Great Mosque of Diarbekr）的正面，以及图 81、84 所示埃及巴维特（Bawit）与沙卡拉（Sakara）的早期基督教堂（可能属于公元 5 世纪初期）；大朵重叠的蔷薇花饰亦见 M. III. 007，参见同书图 77。

第四节　内殿 M.III 中的天使护壁

护壁的有翼人像▷

我希望前面对 M.III 残存湿壁画饰带的分析，能使我们更易于充分领会护壁上的那些精美有翼人像所表现出的艺术情趣以及正确理解其图像学意义。这些有翼人像刚一出现，就使我这考古学家的眼睛为之一亮，而当我能够在安全且不那么难受的情况下观察它们时，其魅力依然不减。我在上文已解释过这些天使像在圆形墙护壁中的排列情况：门和窗将墙壁分成四段或四个圆弧，每一段或每个圆弧面绘一组天使像，每一组共由六身天使像组成。①

湿壁画版的保护▷

在东北和东南段，包含这些天使像的半圆壁面都还在，至少是部分地保存下来。但在紧靠东窗的半圆壁面 vi 和 vii 以及在半圆壁面 x～xii 中，画面中天使的头像不是被落下的土坯块完全毁坏就是被严重抹去，只有翼和肩部残存下来，说明那里曾经也有天使像。西北段的半圆壁面 xxiii 和 xxiv 的情况与此相同，这一段还保留着一些石膏面。正是因为这个原因，我只抢救出七幅护壁天使像。关于这些半圆形护壁，i～v 形成一个连续的系列，其中 ii 做成彩版，展现在图版 XL 中，其余部分则放在图版 XLI 中。至于东南段的那两幅半圆画版，viii 制成彩版（图版 XL），ix 只制成黑白版（图版 XLI）。抢救出的这七幅画版经过艰难的长途跋涉之后，仍完好无损。事实上，照片中可见的所有损坏，都是这些护壁画版还在墙上时造成的。《沙漠契丹》彩版 IV 展现了其中的两幅，即 viii 和 ix，表现的是它们被运到大英博物馆用石膏替代易碎的草拌泥衬背之前的情形。将画版 viii 较早的照片与现呈现在图版 XL

① 参见附图 32 及本章第二节。

中的照片作一对比，就会发现在替换着色面的衬背时是多么谨慎，也可看到那些早在佛寺墙壁上就已产生的裂缝，在修复过程中粘接得有多么的好。

◁相似的循环效果

如果我们从总体上检查一下图版 XL 和 XLI 中展现的这套天使般的人像，那么在确定其艺术结果时，有两个总的特征首先需要引起我们的注意。第一，我们清楚认识到，与护壁的装饰目的一样，一切外表，如头型、翅膀以及简洁而优雅的服饰，其目的显然是在表现一种天国博爱的效果。第二，画家希望通过在面部营造一种不同的个性化因素，以使他的这套作品产生适当的变化，这同样是明显的。先回顾一下那些表达出一种和谐目的的细节是合适的。在每一个画版中，我们看到，都绘有浅青蓝色半圆形，半圆形中出现的无疑是一个有翼年轻男子像的头和双肩。从画版 iv、v 和 viii 保留下来的原色来看，这种浅青蓝色半圆形似乎很可能是用来象征蓝天。与半圆形顶部相连并将护壁上的“天使”从上部饰带的笔直黑带分隔开。半圆形的下曲边画有一条黑线，黑线的外侧饰以一条较宽的淡黄色条带和一条红线，但较宽的淡黄色带和红线多已变得十分暗淡。下面的背景为浅红黄色，上文已经提过有深色波浪线横贯其中。在画版 ix 的底角还可见到这些波浪线的痕迹。

◁“天使”头的特征

所有“天使”像都向右或向左倾，同时头转向四分之三反方向，双肩微斜，这在画版 ii、v、viii 和 ix 中清楚可见。头部的总体特征都相同，无疑是西方人，但带有闪米特人的意味。头骨显得窄而高，头顶呈圆形。面部一律很年轻，面颊和下巴丰满圆润。眼睛大而完美，平直，睁开很大。他们的表情一律富有生气，同时，画家巧妙地使他们的凝视方向略加改变，以此增添活泼的气氛。鼻子的特征甚至更加一致，长而且在鼻头处明显弯曲,形成钩形。耳略微有点长,并穿有孔,嘴小巧,嘴角上翘。上唇绘成红色月牙形。颈和双肩很丰满,颈上的褶纹更使其显得圆胖,同时也表现出头是转向一侧的。眉毛总是浓密而适当弯曲,但在画版 i 和 ii 中,两条眉毛几乎在鼻子的上面合而为一,而在画版 iv 中,两条眉毛则完全连成一条。头的前额剃光,只在顶部留有一小缕头发,奇妙地做成类似于带有缕状茎的双叶形,茎形体有时向左前伸,有时右前突,而有时则又向前额的中间突出来。在画版 ii、iii 和 viii 中,耳前各悬垂着一长缕波形鬈发。

天使的翅膀和▷衣服

在这些人像中,翅膀很短,是一个最为显著的特征,但风格与早期基督教艺术中的天使所带翅膀一样,很清楚是起源于古典时期。它们从双肩向外向上有力地张开,产生一种向上升腾的动感,我们会看到,这种姿态正好适合其所处的位置。翅膀由三种羽毛线构成,在画版 ii 中看得最清楚:里面的羽毛线很短,由一条平行于翅膀边缘的单线表示;第二种羽毛线由一排花瓣形状组成;第三种羽毛线为翎管羽毛,长,逐渐变细,尖部朝上并分开,形成鼓翼而飞的姿势。他们的长羽毛通常(但并非总是)绘以红和暗黄色两种色彩,这在画版 i、v 和 viii 中特别清楚,一种色彩绘于羽毛的上缘,另一种则绘于下缘。伸开的翅膀的尖,高度几乎与"天使"的头顶齐平。人像所穿的长袍,虽然颜色不同(白色、暗黄色和不同色度的红及粉红色),但样式类似。所有长袍都从两肩中每一肩的中间切出领口,领口几乎前曲于胸前。衣服一般用单色带表示,没有褶痕,但在画版 iii 和 ix 中,则画出褶痕。除画版 viii 中的以外,衣边均用一条红线或黑线在肌肤上画出轮廓线。

绘画技法▷

上文多数述评中,我也引用了安德鲁斯先生爽快提供的注解,根据他的注解,对似乎是在绘画中所追求的技法,我要加上如下充分的观察。首先,用淡红色画出人物的轮廓,在画版 ii 和 iii 等,翅膀的最后轮廓线下还残留着一些痕迹。其次,在将肌肤洗成略带桃色的暗黄色后,将胸部涂成十分清淡的淡红色,这种颜色现几乎已经消失了。然后,用浅灰色表示鼻子与颈部一侧阴影、眼窝和下唇。接着用刷子将脸廓与面孔随意画成不同色度的红褐色。双唇的分隔线也常绘成这种红褐色。多数人像中,这条线是曲的,但在画版 viii 和 ix 中,则是直的。唇本身后来绘成鲜红色,在下面暗黄色中巧妙地留有“高光”,或大胆地将“高光”涂成白色。最后,黑色常用来表现头发以及翅膀、双肩及长袍的轮廓线。也用在褐色轮廓线上以突出眉毛、睫毛、鼻孔和嘴角以及显示下颌的凹陷与接合部。但更多的是用来表示眼睛的瞳孔和眼球中虹膜的轮廓。虹膜本身绘成肌肤轮廓线所用的那种栗色,并做成垂直的椭圆形而不是圆形,以示当眼睛转向一边时,虹膜缩短。至于眼球,有时是采用常规厚涂颜料的绘画法,在灰色上加很厚的白色来表达。整个画面一气呵成,轮廓鲜明。但安德鲁斯先生及时提醒我们,要注意各个人物之间的差别,比如画版 i、ii 和 ix 中的轻灵活泼;画版 viii 中的凝重而精确;而画版 v 中,则明显有仓促与草率之嫌。

◁姿势与表情中的差异

但和这种由个体因素中半无意识的变化所产生的区别相比,可以很容易注意到,人像姿势和表情中的差异明显得多。这种差异显然是源于试图创造一种适当的变化这个愿望。而从这个愿望本身,我认为,我们完全可以看出一种源自希腊艺术风格的继承关系,那就是明确而不变的写实性个体处理趋势。艺术家着意让其所画人像的头转向不同方向,这明确表达了刚才所述之目的。如果有一位访问者来到寺院做右绕(pradakṣiṇā),他会看到这些天使画版,我们按照他见到天使画版的顺序，自左至右逐个浏览这些天使像，那么就会发现，他们的头通常是交替转向右和左。由于眼睛总的方向大致与头的方向一致，而且视线也多少有点上仰，所以在从环形过道宽度所限距离通过的观看者看来，自然产生这样的印象：这些天使相互连成组，但每一个体都在注视着他。如东北段弧壁面中的人像 i 和 ii、iii 和 iv，东南段的 viii 和 ix，都两两成对，每对天使的视线又分别朝向右和左，似乎都在凝视着立于他们两人前面中间部位的某个人。我们可以设想，窗子两侧的画版 vi、vii 虽已不存，但其原来天使头的布置应该与此相同。

法尤姆人像等▷中的类似设计

这里所采用的艺术设计具有重要意义，因为我们发现，这种设计在不多的希腊式绘画艺术中存在完全相当的实例。它们发现于近东，年代也大致相当。例如，J.史特拉兹高斯基教授曾深刻谈论过，巴尔米拉地下墓室的壁画中（约公元 259 年），有一种类似于大奖牌设计的人头像，装饰着每一面墓壁，这些人头像都被描绘成面向一个想象从中间面对他们的观看者。[①] 他观察到，头式中有种相似的变化，那种变化是法尤姆墓中蜡画人像画版所特有的。那里人像的眼睛也表现为专注于观看者。

面部的个性化▷处理

我们发现，米兰人像中很巧妙地加入了一种新的变化因素。几乎所有人像的眼睛都专注地凝视着右方或左方，而勾勒人像的线条则一律向相反方向倾斜，从而使画面获得一种平衡感。这样就产生了一种动感，因而使整个画面明显富有活泼的特质，这在画版 ii、v、viii、ix 中显而易见。但是，这组天使像的描绘者具有足够的艺术技能，即使不利用布局的变化，

① 参见史特拉兹高斯基《东方或罗马》第 30 页：与许多巴尔米拉浮雕像不同的是，这些正视图严肃的头像被用一种方法表现为在墙中央站立思考的观看者。并因此产生动感，与带釉层的涂蜡法画像近似。这些画像男人均右向，女人左向，目光与巴尔米拉画像一样探询地射向观察者。

也可以使其所绘人像富有个性。如果我们更严密地观察这些人像的面部,就会清楚发现这一点。只要看一下图版 XL,比较上面所展示的两幅天使像,我们就会感到吃惊,画版 ii 的头像中,运用高光技法,使面部表情栩栩如生,他的眼神和嘴角都挂着的笑意,看起来十分生动形象。再看画版 viii 中的天使像,同样是圆圆的脸盘,热切凝视着的大眼,鹰钩般的鼻梁,等等。但只一瞥便足以认明,将上下两片弯曲的嘴唇分隔的那条直线,使嘴部产生了特有的坚定神态;而适度弯曲且完全分开的双眉,则更使面部有了一种严肃的表情。这种严肃的表情,又因波浪形黑色鬈发而加强。因为这束黑发垂于耳前,使脸庞看起来不再那么圆胖。再看复制于图版 XLI 中的“天使”像,其面部有着类似的个性化处理。这种个性化处理是,在画版 i 中,精心描画的双眼有着朦胧的眼神;在画版 iii 中,长长的鼻子使丰腴毋宁说成熟的脸庞再现出闪米特人的容貌。画版 iv 中的头像描绘粗犷,小巧的鼻与嘴使这张肖像看起来要年轻得多。在画版 v 中,出神的双眼因面部浅淡的轮廓而更显深邃。至于画版 ix,眼神的天真率直和颈与双肩的强烈倾斜,给画面营造出一种特别的勃勃生气,就像是在活泼地运动。

◁姿势适应于位置

这些护壁天使像的总体效果与轮廓均描绘得十分清晰,线条粗犷,尤其完全适合它们所处的弱光环境,这个明确的目的是不可能弄错的。正因为“天使”像本身,我们将看到,还从遥远的东方化的希腊式艺术中心继承了那么多的东西,我们才更应该为米兰佛寺墙壁的装饰者所具备的艺术感和艺术技能而给予其应得的荣誉。他们凭借着对艺术的感知和娴熟的技巧,设法让自己十分拿手的图案适应了特别的建筑条件。从如下事实我们找到了证明这一点的确凿证据。护壁中有翼半身像的整个姿势,是根据它们位于狭窄的环形过道墙壁上且离地面仅约 3 英尺的位置而设计的。天使的头无论是向右还是向左,或者是正向前方,都刚好达到能够仰视通过窣堵波回廊的礼拜者的眼睛。正是出于同一目的,这些天使像都被绘成向礼拜者飞来的样子。我们发现,这个姿势是靠使双肩倾斜和翅膀优雅地向上弯曲来表达的。翅膀向上弯曲,长羽毛的尖部分开,这些都使人联想到鼓翼而飞的天使。

装饰设计的起▷源

还有两个有趣的问题需要我们考虑:在这里一个佛寺墙壁上出现如此奇怪的“天使”,其肖像学起源和意义是什么?护壁画的这种装饰设计来自何处?第二个问题由于发现有其他类似的绘画遗迹,因而可能更易于考证,而这个问题的解决,可能有助于指导我们找到第一个问题的正确答案。如果我们将这些护壁与我在邻近圆形建筑 M.V 发现的装饰其环形回廊的护壁作一比较,那么我以为几乎不能怀疑,其半身像所处连续的半圆形,就是以一种简化形式再现 M. V 中一种连续的花彩所呈现出的设计。在 M. V 中,这种花彩被披在天使像的肩上,同时在花彩的下垂半圆环中,包含有男子和女子半身像(图 134~140)。在犍陀罗雕塑中,这种肩扛花环的小爱神(amorini)图样很常见,常常以之作为窣堵波基座和其他地方的浮雕饰带装饰,而且有成百个实例可以说明这一点。①这些雕刻饰带中的绝大部分,它们花彩下垂部上面留出的空间,都绘有年轻的人像,通常(但不总是)这些人像被认为是有翼的伎乐,且向下展现到胸部。②

① 参见富歇《犍陀罗艺术》,第一卷,240 页等;图 116~118 和图 72、75、76、136。另见本书图版 XLI,图版可用空间中复制了三块这种类型的浮雕断块,这些浮雕断块现藏于伦敦。

② 关于花环上面这样出现的有翼人像,参见富歇《犍陀罗艺术》,第一卷,图 117、118;另见图版 XLI 中心大英博物馆藏浮雕。T. W.阿诺德(Arnold)博士的浮雕[可能得自撒里·巴洛尔(Sahri-bahlōl)],放在同一版面的左侧,是这种类型无翼人像浮雕的一个很好的例子。

◁犍陀罗艺术中的花彩饰带

显然，M.V 环形回廊中护壁的组成，准确地表明这种装饰设计（如我们必定假定的）曾用于现已失传的希腊化佛教绘画艺术。我们同样很容易看到，M.III 中半圆形画版的排列直接源自同样的设计，只是略去了肩扛花彩的人，而保留了其下垂部上方的有翼人像。镶于半圆形下边，为“天使”构成一种边框的半圆形宽带，只是用来代替惯用的花彩下垂的曲部，比较一下曾装饰 M.V 方形外侧过道的护壁遗迹，就会特别看清这一点（图 133，图版 XLV）。我们看到，那里一条弦月形带的凹穴中，也有一尊有翼半身人像。其弦月带的宽度及其显明的涡卷装饰图案，毫无疑问，本来是要表现部分花彩。目前，在由这种饰带图式的一种类似发展而形成的希腊化佛教浮雕中，我没能找到一个例子，可以说明花彩的最上部连同肩扛它们的小爱神都被略去而只留下弦月形带饰。但我可以提到一块犍陀罗饰带残块，这块饰带残块现在复制在图版 XLI 的右下角，它是这种设计的一种反向变形。在这块饰带残块中，花彩下垂部的宽度被大大缩小，以至于没有留下安放半身人像的地方，而只够雕塑一种如花的小装饰。无论如何，这种小花饰的形状，仍然令人不由自主地想到被它所替代的有翼人像的翅膀。

◁犍陀罗饰带中的有翼人像

前面的观察已在米兰佛寺装饰护壁所用图案和犍陀罗浮雕花彩饰带之间建立起紧密的联系。这种联系有助于我们找到 M.III 墙壁上出现的有翼人像的真正图像学发展脉络。这些有翼人像太近似于我们在那么多的犍陀罗饰带的花彩空间中看到的年轻有翼人像了，因而不可能相信它们还有任何其他直接起源。犍陀罗的这些有翼人像都雕刻得太小，再加上复制品的比例缩小得太多,因而常常难以分辨其性别。[①] 但有翼人像的形体几乎都像小孩,而这再结合立于有翼人像两侧的扛花彩天使不变的男性模样,很可能就表明,这些有翼人像是犍陀罗的雕塑家们依照自己通常的习惯,利用所掌握的古典风格,仿效希腊神话中年轻的有翼埃罗斯(爱神)塑造的。富歇先生已经透彻地证明了这些雕塑家是如何惯于利用不管是有翼还是无翼的古典丘比特来表现他们欲表现的装饰人物,也明晰地说明了所呈现的风格与古典传说是多么一致。[②] 这也不难发现他们为什么比较喜欢用有翼的形式插入到花彩上方的空间中。对于美妙地填充如此创造的半圆形逐渐尖细的两侧空间而言,再没有比这些翅膀优美的尖梢更合适的了。

“天使”源自有▷翼丘比特

刚才讨论的犍陀罗浮雕证据似乎足以证明这样一个结论:米兰护壁上的这些有翼人像,就其最初的图像学原型而言,一定可以追溯到古典的爱神。但也有迹象警告我们,这个发展脉络在中期阶段可能更多地受到东方理念的影响。我们面前的这些人像中,他们年轻却非孩子似的面容,他们领口开得很低的朴素的衣服和他们类似无性别之分的特征,隐约有种很朦胧的安琪儿(天使)的影子。这种安琪儿像我们或许不是在佛寺,而是在东方某早期基督教教堂中看到的。对于获得研究用的时间抑或材料我都无能为力,而这种研究对于检验和最后解释这一印象却非常重要。也许有年代学或其他方面的理由,可以完全撇开早期基督教图像学产生影响的可能性。但应该记住,远在基督教发展其图像学之前,天使是天国

① 富歇《犍陀罗艺术》一书中,在图117、118复制的饰带中,有翼的乐师看来像男孩,与图75、76、116、136中复制的缩小很多的浮雕中的那些相似。另一方面,本书图版XLI中心展现的大英博物馆藏一浮雕残块中的有翼人像无疑是女性。这种区别很有意思,但这里不能进一步探究下去。

② 参见富歇《犍陀罗艺术》,第一卷,241页。

有翼的使者,这个概念已为西亚不止一个宗教体系所熟悉;还应记住,弗纳瓦西(Fravashis)的袄教教义曾特地为它在古代伊朗的辽阔地域内准备了一席之地,那是古典艺术影响和佛教崇拜到达塔里木盆地之前的必经之地。在希腊化的东方,似乎没有存留下足够早的图像可以帮助我们弄清楚古典神话中的丘比特于何时何地摇身一变而成为 M.III 护壁画家似乎用作佛寺装饰的那种有翼人像。① 在这些人像中,绝大部分人像的面部具有明显的闪米特人特征,这使我们本能地想到美索不达米亚和西伊朗这样的地方,把那里看作是有可能产生这样一种改编的地方。

◁人像与佛教无关

无论如何,在佛教崇拜地区的湿壁画装饰中,出现与佛教无关的这种奇怪的人像,我们不必感到惊奇。就印度地区的希腊化佛教艺术为佛寺装饰而使用与佛教崇拜或佛教传统完全无关的人物和整个场面而言,先前提到的犍陀罗窣堵波基座上的雕塑饰带和大量其他浮雕,向我们表明了一个多么熟悉的发展过程。我在发掘邻寺 M.V 时,发现一条彩绘饰带,绘着虔诚的宗教场面,反映出一则著名的佛教传说;在这条饰带的下方,佛殿内壁装饰着一种护壁,护壁上清楚绘着完全世俗的西方人特征的人物。这一发现表明,这种装饰习惯最初为中亚早期佛教艺术所继承,然后传播到中国实际控制的最西部边境。最后,应该记住,如果曾有一位中亚的希罗多德访问米兰这座佛寺,并着意询问看管这些重要有翼人的僧侣,问他们以前他似乎在佛教从未涉足过的地方见过的这些有翼人

---

① 我知道,我们在拜占庭式艺术中碰到的天使像是以古典胜利女神尼斯的样式为基础,参见迪尔(Diehl)《拜占庭艺术手册》(*Manuel de l'art byzantin*),8 页;史特拉兹高斯基《东方或罗马》,26 页。然而早期的实例中,天使被表现为明显具男性特征的青年,具体地说,是噗潞啪(Cherubim)的形象。这些例子表明,这些有翼人像还有另一种灵感之源,那就是有翼的埃罗斯。这里我不能更深入地讨论这个问题。

到底是什么，这个当地的保护人断不会为一个名字而困惑，他很可能叫他们乾闼婆（Gandharvas）。尽管事实上并非必要，但这将是一个可以接受的称号，因为有大量证据表明，这类天国的侍者，与他们变化后的形象一样，在中亚和远东的佛教中很流行。

第五节　发掘寺庙 M.V

废墟性质的确定▷

我们正在为从寺庙 M.III 出土的湿壁画版进行打包时，从附近其他废堆中又发现了一小块画有颜色的灰泥，就是从覆盖在方形废墟南面的碎块中发现的。方形废墟从坐落在东北方约 60 码（图 111），在遗址平面图上标为 M.V（附图 29）。那是一堆毁坏严重的土坯建筑物（图 128），从地面算起高约 15 英尺，附近地面略有风蚀的迹象。废墟大致呈方形，顶部平坦，最初这些特征令人想到，像附近其他一些废堆一样，它不可能是结实的窣堵波遗迹。发掘从 2 月 4 日开始，我很快就意识到，这堆废墟是一座寺庙，就是平面图上标出的最后清理的那一座，它包含着一座建在环形内殿内部的窣堵波。

结构图▷

如附图 32 中的平面图所见，围着内殿的墙壁外面构成一个 40 余英尺见方的方形。大致坐西朝东，侧面从南北方向看，大约为北偏西 10 度。墙壁用土坯精心砌成，土坯长 16 英寸，宽 9 英寸，厚约 5 英寸。这些墙没有一处厚度小于 7 英尺，这么坚实的结构无疑是为了承受曾建于圆形建筑上面的圆顶所产生的压力。不久就在内殿墙壁的外面露出一条方形过道遗迹，从损坏最少的南边残存的地面判断（图 128），过道宽约 5 英尺。这个地面用结实的土坯铺成，高出原地面约 4.5 英尺。曾围着过道的墙现已荡然无存，甚至北面和西面的地面也已几乎完全消失。只在南面过道内墙还保留着足够的灰泥面,上面显示有一小部分一度装饰着它的用蛋白画法画出的壁画。从图 133 中可以看到,在下面一面高约 1 英尺 8 英寸的护壁中,画着一个醒目的有翼半身人像,与 M.III 的“天使”极为相似;在上面有点窄的饰带中,画着一个男性武士像,武士正与一个明显为古典复合型怪兽搏斗。我们将进一步观察其细节。这里提一下这幅画在风格及图案上与 M.III 湿壁画之间存在着紧密的联系就够了,这种密切关系一开始就使我确信,这座寺庙的年代可以追溯到与 M.III 相同的时期。

◁墙壁与内殿的内部

同样是在南面,围着内殿的墙壁比其他任何地方所遭受的毁坏都轻。那里的墙壁仍比内殿的地面高约 10 英尺,而内殿的地面又比外面方形回廊的地面高约 0.5 英尺。其他地方破坏严重,特别是西面,那里有一个很宽的缺口,无疑是以前“寻宝”时挖掘出来的,将内殿的一段墙壁连脚毁坏,甚至连那个部位的外回廊也完全消失了。在东面,我发现那里原来有一道门,门两侧的墙壁只残存下 4~5 英尺高。墙的北头高约 8 英尺。位于内殿中心的窣堵波残高约 10 英尺多(图 129,附图 32)。环绕着窣堵波的环形过道宽 7 英尺,已被从上部墙壁和拱顶建筑落下的粗大土坯块堵塞。尽管从阿布旦培养的每一个可用的人都在帮忙,但大家还是辛苦工作了两天才把这些碎砖块清理干净。第一天傍晚,清理出了窣堵波基座的范围和装饰,并证明环形过道的墙壁装饰着湿壁画饰带和护壁。

◁窣堵波和内殿的圆顶

这座窣堵波(图 129)用土坯砌成,土坯的尺寸与用来砌墙的土坯相同。窣堵波的表面覆盖着一层又厚又硬的白灰泥。其圆形基座的立面图见附图 32,量得它地面上的直径为 12.5 英尺。到接近 7 英尺高度时,精心塑造出一些造型,其中两个最为突出。连同直边底座在内,窣堵波基座可能有三层,

显然是传统式的。窣堵波底基的东面早年就已被挖掘,无疑是有人想从那里寻得财宝,因为从拱顶塌落下来的粗大碎块堵塞了进入这个盗洞的入口。窣堵波严重的毁坏状况使我们无法估计其原来的高度,也是由于同样的原因,我们没有找到有关圆顶高度的任何线索,但它肯定曾耸立于其上并覆盖着内殿。无论如何,窣堵波的大小和环绕着它的环形过道的尺寸表明,这个圆形顶的跨度曾有 26.5 英尺。遗憾的是我们无法判断圆顶建筑的修筑方法。将其与叙利亚和西亚其他地区现存同一时期的建筑所采用的建筑方法作一对比,将很有意思。在窣堵波顶部遗迹近旁的碎块中发现有彩绘灰泥小块,从这一事实我们或许可以推断圆顶的内部也像内殿墙壁一样,装饰有用蛋白画法画出的壁画。

木雕遗迹▷ 环形过道中填满了各种碎块,从顶层碎块中发现几块精美木雕,这些木雕有趣地证明,内殿拱形圆顶的高度一定不仅为窣堵波本身,而且也为一个 T 形顶饰或上部构造留有空间。这个 T 形顶饰或上部构造显然是木质的,支撑着连续的恰特拉(Chattras,即伞状顶饰,伞盖),在犍陀罗窣堵波的顶上总是安装着这种恰特拉,就像我们仍可在缅甸和其他佛教地区的宝塔上看到安装着的恰特拉一样。[①] 我认为,从环形过道东面离地面高约 5 英尺的地方发现的一块粗厚、严重破裂的木块,就是这种恰特拉的杆形支撑物。中间穿有两个方形孔,互相形成直角,明显是用来安装支撑伞状顶饰的木横档,横档可能用灰泥做模型。发现的一根雕刻精美的小木柱轴和柱头残块,我认为可能是窣堵波圆顶和本身的 T 之间的方形基座或

① 参见富歇《犍陀罗艺术》,第一卷,74 页以下;本书第二章第二节。

柱顶的装饰，如在犍陀罗的许多小窣堵波中所见。[①] 这个柱头可能属于壁柱 M.V.001，壁柱复制于图版 XXXIV。装饰在柱头前面和侧面的叶形装饰，显然具有希腊风格，在犍陀罗浮雕中经常见到。[②] 环形过道东南面饰带中所绘的门楣上，也画有这种叶形装饰（134）。

◁彩绘装饰

比较一下这块有趣的木雕与同一图版复制的楼兰遗址 L.B的装饰木雕残块，将有助于证明两处废墟的年代很相近。这块木雕和一小块类似雕刻的柱头残块 M.V.003，都残留有彩绘装饰。从窣堵波残存部分顶部附近发现的莲花木雕 M.V.006（图版XLVII），似乎也是用来装饰某种上部构造的。有些花瓣还保留着镀金痕迹。雕花装饰的中心斜穿有铁柄脚，可能用来固定这块莲花木雕。在略低一些的高度，但离环形过道的地面还有数英尺，发现一块雕刻成浮雕的大型木雕蔷薇花 M.V.008，还有两个莲花形圆盘片M.V.009、0010，这两块木件上都有不同颜色的绘画痕迹。

◁通往内殿的东门

在清理寺庙门时，发掘出其他一些有趣的遗物。这扇门宽约5 英尺1 英寸的木门，直通方形回廊的东面，它曾用来关闭回廊，通往内殿。此外还发现一些凹画版，曾绘有画，但已毁坏得无法辨识，其中有标本 M.V.0011。雕刻得很好的木块 M.V.0012（图版 XLVII），可能是门楣的左端。这件木块上雕刻着一大朵莲花形粗浮雕花，有一部分放在一如花的造型物里面，可与木雕L.B.II.0014、VI.001（图版 XXXII）相比较，三者的作用似乎很相似。上文提到，饰带（图 134）中画着一扇门，门楣上画着一大朵 L.B.II.001 式的花纹，此花纹所在，当是安

① 参见富歇《犍陀罗艺术》，第一卷，图 20、70、71；本书第二章第二节及图版 II。
② 参见富歇《犍陀罗艺术》，第一卷，图 118。

置这几块木雕的位置。

灰泥塑像遗迹▷ 通内殿门的低台阶两侧各有一个月台,高约6英寸,宽2英尺8英寸,沿过道的内墙延伸。这些月台上一定曾经立着灰泥塑像,但现在只有一对木桩残存下来,显然是腿的木骨或骨架的残余物;再就是一块易碎的灰泥断块,长约16英寸,曾属于北月台上的塑像,但其性质已不能确定。它的表面显示有菱形花纹痕迹,花纹画成明亮的黄色和绿色,可能代表一部分锦衣。过道东面的宽度已无法精确测量,从那里也发现有长方形木块 M.V.007。木块上钻有九个孔,显然是用来插香或小蜡烛的,整个木块都保留有灰泥和涂料装饰痕迹,无疑是作礼拜之用。

方形回廊的壁画▷ 现在最好结束对环绕着寺庙内殿的方形回廊的描述,接下来要说明曾装饰着其内壁的壁画。上文已经提到,只有面南的一小部分墙保留着足够的装饰,可以确定其一般特点。但即使在那里,现还保留有壁画的墙面,没有一处总高度高于地面3.5英尺。图133显示的是这面墙唯一仍清楚可辨的部分,长约3英尺,半圆形组成的护壁和其上部的窄饰带中,湿壁画装饰的布置十分清晰。即使是在没有被完全毁掉之处,来自后面残毁砖砌建筑的压力,也已引起承托饰带的绘画灰泥面向前突出并悬垂于空中。由于当时一刻也不停地刮着猛烈的寒风,残存的饰带由于连续暴露了几天,也从墙上剥裂下来,遭到了毁坏。

青年与复合型怪兽的搏斗▷ 上文所说的那张照片,记录着其毁坏前的情况,这令我感到很高兴,因为这块壁画残块中,展现的主题和装饰图案具有好几方面的意义。我们看到,其中有一个青年男子像,他长得十分强壮,肌肉发达,裸体,右手持一棒,正与一怪兽搏斗。怪兽则作势向他扑去。遗憾的是,由于灰泥剥落,怪兽的头完全

被毁掉了。但怪兽的躯体很清楚,为狮身,轮廓完美,尾巴和翅膀弯曲,毫无疑问,这是一头古典翼狮像型怪兽。我们现在知道,这种怪兽自早期以来就是西亚希腊艺术所喜爱的题材。犍陀罗浮雕中,有大量装饰主题就是直接从其借鉴而来,虽然那里喜欢的形式是特里同(海神,下半身像鱼,有一个海螺壳)、半人半鱼怪物和其他更为怪诞的动物。① 它后面细长的脖子和扇贝形饰毛暗示出残失的头应该是一个鹰头,就像是一个古典的翼狮像。但可以特别提到,在大英博物馆现有一尊青铜小雕像,表现的是一个与此相似的怪物。最近出版的一本书中,赫尔克里士·里德(Hercules Read)爵士对其作过描述,他还善意地要我注意这个小雕像②,雕像中的身体与我们饰带中的这个狮身极为相似,它的头甚为怪诞,而且肯定不是鸟头。这个小雕像据说发现于赫曼德(Helmand)河附近,我 1915 年的探险已经说明,那是个受希腊艺术影响十分强烈的地方。③

◁装饰花卉的主题

上部饰带的底色是明亮的庞培(意大利古城)红色,上面清楚露出翼狮像淡紫色的身体,它的翅膀为深蓝灰色,羽毛的内线为红陶色。除怪兽外,左边还有一条精心描绘的绿色叶形装饰痕迹,叶形装饰附近是一片悬垂着的棕榈叶,叶形装饰的下面是暗红褐色大水果形物体。人像右上方也见类似的叶形装饰痕迹。饰带上散落的单个小蔷薇花和叶,除填充空白

---

① 参见富歇《犍陀罗艺术》,第一卷,241 页以下。

② 参见《献给威廉·里奇韦——评论与研究》(*Essays and Studies presented to William Ridgeway*),261 页,1913。

③ 希腊式翼狮似乎向东传播到米兰以东很远,因为根据有关出版物介绍,从河南发现有两尊怪兽雕塑,从对怪兽的描述看,似乎与此不无关系,其年代认为大致属于公元 6 世纪。参见彼得鲁奇《沙畹之行所得的文书》(*Les documents de la Mission Chavannes*),载《布鲁塞尔大学学报》(*Revue de l'Université de Bruxelles*),507 页,注①,1910。但我目前无法查阅到该书,因而不能将那些雕塑拍摄并复制到这本书上来。

处外，没什么明显的目的，这些单个小蔷薇花和叶的样式，似乎与我们所熟悉的近东晚期希腊艺术风格相近。

外面回廊护壁▷上的有翼人像

在这条饰带的下方，是上文已经提到过的护壁。护壁一直延伸到地面，与上方的饰带之间隔着一条三色带，分别为白色、黑色和浅蓝色，总宽约 8 英寸。护壁沿顶线分成宽约 2 英尺9 英寸的半圆形。其中一个半圆形即M.V.004（图 133），几乎完整，但已有严重裂缝，只要移动，就会遭到更进一步的损坏。尽管如此，包含于其中的有翼人像和形成半圆形的花彩形带饰却存留下不少，足可拍成照片，放在图版 XLV 中，至于详细描述见下文器物表。左侧的半圆形中，有一个类似的人像M.V.004，但只有一部分翅膀可以复原。头部损毁严重，不能移动，但我注意到其特征略有不同，而且头发装饰成我们前面在M.III护壁“天使”头上观察到的那种奇特的双叶形发式。我已经提到过的花彩形宽黑带，它宽约 7 英寸，有效地装饰以红色和白色粗卷云纹，这种宽黑带构成半圆形。[①] 它清楚地表明这种装饰设计是如何从花彩设计发展而来，在犍陀罗雕塑浮雕饰带中，这种花彩甚为常见。花彩之下的背景为黄色，装饰以红色和黑色波浪线。由于在面向南的过道墙基和东与北面过道墙脚的不同地方，发现有相同背景的断块，它们还处在其原来的位置上，最高达 6 英寸，因此可以推断，方形回廊的整个内墙都曾绘成类似的样子。

半圆形和人像▷画

由于下文器物表中将对画版 M.V.004 作详细描述，所以这里提请注意该画版所展现的半圆形和有翼人像与 M.III 护壁上的不同这个基本点就够了。关于半圆形，我可以特别指出，它明显比较扁平。鲜红色的空间，可能适合于绘制较粗犷

① 参见本书第十三章第四节。

型的壁画，但也表明，M.III 中看起来是如此适合"天使"飞升的天空的意味，已经从画家的视野中消失了。虽然从半圆形中升起的有翼人像的头和双肩，特征与姿势跟 M.III 的"天使"极其相似，然而显示出的设计和技法则明显要低劣一筹。这尤其表现在双眼的描绘和着色以及在肌肤微妙的阴影的完全缺乏上。明暗的效果与和谐色彩的效果不见了，代之以鲜明的轮廓和粗犷的色彩。翅膀中也较少技巧性描绘。从这一切可以得出一个结论，那就是缺少活力。这使人难以相信这些壁画是出自描绘里面内殿墙壁上的精美护壁和饰带的画家之手，或者是出自描画 M.III 内部形象化的装饰的画家之手。

◁内殿湿壁画的首次清理

就在清理离门两侧最近的内殿里面环形过道的那部分墙壁时，我所盼望的内部湿壁画装饰第一次显露出来。门边的土坯结构已破坏到只剩下距地面高 4~5 英尺，而且大部分灰泥面已毁坏。不过凭着一线运气，就在那里几乎是我一揭露出连续的壁画，就在人像的上方显露出两则用佉卢文写成的短题字，它们立即就被证明是一条上部饰带的组成部分。其一为一行，写在门上，可在图 134、135 中见到，我们将在下文讨论。另一则由几个字组成，写在骑马人像的旁边（图 141），离门的北侧很近。虽然当时只能解读一或两个单独的单词，但毫无疑问，其语言和文字与尼雅和楼兰木简上所写完全相同。我不能指望有更好的证据来证明已经由我以前的发现而得出的结论，即这些寺庙和壁画的年代，可以追溯到尼雅和楼兰遗址的繁荣时期。

◁护壁上的花彩装饰

但即使这样，当在冰冷的狂风和回旋的尘云中挖掘了两天，我终于得以清理和仔细检查那里的壁画时，我有充分的理由对绘有湿壁画的内殿墙壁所呈现在眼前的景象发出满足的惊叹。上文我已提到过，早期"寻宝人"在这里进行过挖掘，由于他们的行为，西面环形墙壁的相当一段已经夷为平地。那里是否曾包含有另外一个门或者窗户，我不能确定。但无论如何，由于这种毁坏，现发现的湿壁画被分成了两个分开的半圆形或半弧面，东面被 5 英尺宽的门分断，西面被一个 15 英尺宽的缺口分开。在北弧面，墙面较高的部分，即使那里的土坯结构尚存，也由于某种原因遭到了严重破坏，以致一度装饰着它的上部饰带，除分离的半褪色的成组小人像外，什么也看不出来了。这以下的湿壁画护壁中，尽管色彩已经淡化，灰泥出现大量裂缝，但是很容易认出其中非常优雅的构图，设计和细节上与希腊式原型很接近。整个构图富有特色的装饰特征中，古典影响占有优势地位。青年人像带着真正帕提（有翼天使像）所特有的那种轻快表情，用双肩扛着的就是一条由花环和花组成的波浪形宽花彩，花彩的凹部连续露出男子和少女的头部和胸部，显示出不同的特征。这个主题在犍陀罗雕塑的花彩饰带中是如此熟悉，这我在上文已经讨论过了，一见就能看出，常见的古典根源正是这里创作的灵感之源。

第六节　内殿 M.V 中的佛传壁画

南半圆壁上的▷湿壁画

出于两方面的原因，我认为对 M.V 内殿整个墙壁装饰的描述，最好从最后提到的南半圆壁或弧壁开始。第一，那里特别是靠近东南面，残存下来的环形墙面保存得较好，除护壁外还保留着相当重要的一部分上部主饰带，其上方还有第三条饰带的痕迹。第二，考虑到上文已解释过的右绕习俗的影响，整个壁画的起点很有可能在内殿门的左侧，也就是在东南段。如南弧壁中现存壁画的照片（图 134～140）所示，墙脚装饰着护壁，护壁上画着一套扛花彩的人像和他们之间半圆形中出现的其他人像。护壁的高度自地面到将护壁与上部饰带分隔开的三重边的下缘为2英尺6英寸。然后是一条由三种颜色组成的边，三色为黑色、石板绿色和奶油色，每一种色带宽约1.5英寸。这条边在紧接于护壁上方的饰带顶上重复出现，但它连续的色带顺序则依次倒转。饰带有长约14英尺的片断几乎完整无损。饰带涂成明亮的庞培红，宽近3英尺，上面画着连续的图画场面，比我迄今为止探险过程中所见到的都更醒目。画面中有大量人像自左向右前进，一看就知是在表现某种列队行进的凯旋仪式。

◁顶部饰带遗迹

东南段有一小部分，内殿的墙壁还有近10英尺高，那里可辨识出在上部饰带上方，至少保存着三个衣饰华丽的男子像的腿和足部，显然为真人大小，立成一排。他们所属的绘画饰带似乎延伸到拱形圆顶开始的墙面处。但湿壁画遗迹太少，对所采用的总的装饰设计不能作出任何推测，由于同样的原因，我们在此不必耽搁得太久。与下面的护壁和饰带相比，这些人像画得非常呆板拙劣。所有人物似乎都穿着长及膝盖的外套，并画成浓厚的黄色和绿色。外套之下，见有鼓胀的深紫色和褐色裤脚。腿上穿着看似长筒袜的东西，但也可能是长靴或软帮鞋。其中有一个人像，长靴的上部为深红色，脚上为绿色；另一个人像上部为黑色，下部为红色，直达脚踝，脚上为黄色。但这个腿足的装备中最奇特的特征是它富丽的深红色、暗绿色和黄色阿拉伯式花纹装饰。花饰中有大量怪诞的涡卷图案，让人联想到中国刺绣中的波浪线。由于角度问题，我没能拍到任何满意的照片，但考虑到这种最顶部湿壁画带所存甚少，因此也没什么可后悔的。画着这些壁画的灰泥面太容易碎裂了，没有办法将它们移走。1914年我回到这里时，发现它们已完全被毁坏。可以顺便提一下，从环形过道的碎块中带走的小块壁画中，有两块即 M.V.0014（图版 XLV）和 0017，从其大小可以推断曾属于那条最顶部的饰带。

护壁上方的饰带▷ 幸运的是，仁慈的命运之神为我们在护壁的上方保留下了湿壁画饰带，从其主题和处理两方面看，这条饰带都特别重要。我从图 134～140 以及现场所作的详细记录开始描述这些壁画。从以门南侧为标志的最左面开始，我发现一块长约 3 英尺的饰带，由于其背后的墙壁腐化，饰带已残，所剩部分高度不到其原来的一半。这块壁画的右面可在图 134 中看到，上面能够辨别出的只有一个木栏杆式建筑，建筑的上方是一个印度伽提（gadī）式低矮王座，王座上悬着帏帐。坐在上面的似乎是一个人像的下半身，他的双脚放在一个脚凳上，穿着肉色长袍，长袍上有大量古典式褶皱。此坐像的左面，残有一个着红袍人像的双腿，右面有两个着绿色和红色长袍的小侍者臀部以下的身体。这些侍者的右面，从已淡化的轮廓，刚好能辨别出一双光着的腿，它们属于一个略大些的立像。

骑马王子像▷ 接着就到了饰带的完整部分（图 134），展现出一个显然位于宫门外的骑马王子像。立柱和横梁构成门两侧墙体的木骨架，他们都被画成淡褐色，用红色描画轮廓。骑马人上方的门楣上写着一行佉卢文字，黑色，约有 0.75 英寸长（图 142），下文我们还将进一步讨论这些文字。门楣的上方有一块很长的装饰性凹画版，画着叶形装饰的叶和棕榈叶，门楣的右边是一大朵雕花。上文已提到，这朵雕花与从内殿门里（实际发现于门廊）发现的木雕 M.V.0012（图版 XLVII）很相似，与从楼兰遗址 L.B 发现的类似木雕也很相似。[①] 骑马者的特征和服饰很像接着出现的王子，这个王子也出现在饰带下方护壁的

① 参见本书第十一章第七节，第十三章第五节。

半圆形中。三个人像的脸都具有一种奇特的东方人特征，表现的显然是印度人，且与护壁中出现的男子头像特征差别很大。这里的“王子”披深红色斗篷，斗篷穿过左肩，垂至腰部，风格与湿壁画 M.III.002（图版 XLIII）中首要人像的斗篷类似。身体的下部盖着一件绿衣服，这件绿衣让人想起印度人的腰布（Dhōtī）。饰以珠宝的华丽臂环、宽体式项链和三重手镯，全都画成红色，一切都是为了表示这个骑马人的高贵身份。在另外两个相同的人像身上，也发现有这些装饰品。三个人的头饰事实上相同，是一种无檐帽，环绕一个圆锥形帽尖，画有白色环形褶，轮廓为红色（骑马人头上左面是白色，其他地方为黑色），说明那是高帽的顶部，类似现代帕坦人所戴之库拉（kulla）。无檐帽的边缘上卷，作扇形，就像在犍陀罗雕塑中王子和其他人像的头饰中经常见到的那样。后者唯一明显的不同之处是两个上翻的红色半圆形帽边片。这种帽边片立在贴身的头饰缘上，就像图版 XLIII 和 XLIV 中 M.III 的湿壁画上那几个帽子上的一样，这些帽边片表示的显然是外翻的尖顶帽的衬垫。

他的马画得很好，为白色，头很小。马勒和马笼头用圆形红饰穗装饰，从骑马人座下露出的鞍褥为褐色，带有黑边。横过马的胸部且显然固定到马鞍上的是一条由三根细绳或带子组成的宽带，带上固定着圆形和方形牌饰，显然是金属的。在这个装饰马具和晚期古典雕塑中所见的马具二者间寻找联系当然会非常有趣，这个马具有好几点似乎与古典雕塑中所见的马具有关联。但对此我既无时间，亦无材料去证实。在犍陀罗浮雕中，悉达多王子的马犍陟（Kaṇṭhaka，释尊出迦昆罗王宫向苦行林时所乘之马名——译者）的肩上，在同一位置也

◁马鞍和马具

发现有圆形大牌饰或浮凸饰，提一下这一点就足够了。[①]

驾四马二轮战▷车的贵夫人

在骑马者的前面，画着一辆由四匹白马拉着的二轮马车，横过马胸部的马具，特征正是刚才所描述的那种。这里的马也画得很健壮，快跑的动作表现得很轻松（图135、136）。另一方面，二轮马车的透视感却画得很粗陋，目的显然是要表现轮子和两个侧面。轮子画成黑色，轮辐为深红色，车身为紫色，顶部的边缘很宽，为黄色，并显示有精细的红色和黑色装饰线条。中部上方露出一位美丽而修饰富态的女子的头和双肩。女子显然手拿着缰绳，左手放在车前。她的头发束成发缕，垂在颈下，垂肩发披散在耳前，两条刘海横于额上。脸具"天堂女神"特征，表明是从某种受伊朗影响的希腊原型发展而来。她头巾形的头饰与下面护壁中第二个女子像所戴近乎相同，因此将放在那里进行详细描述，并用较大比例表现出来。头发上的两串红珠子隐约用环形大珠宝装饰固定在额中间。她的衣服是一件淡紫色的紧身上衣，前面开襟，在衣服上面从颈的一侧垂下两串淡黄色珠子，一件暗绿色斗篷或披肩披在左肩，显出很粗的褶皱。立于这个美丽的马车驾驶员身后的似乎是两个孩子，画得很粗糙，头不合比例，显得太大。额上的头发很奇特，类似于连茎的双叶，从M.III护壁"天使"像上我们已经见过这种发式，因而对此已很熟悉。这缕头发使他们看起来像男孩。右边的一个着黄色背心，另一个着淡蓝色背心，两件背心的边缘都很整齐，为红色。左边男孩的一条手臂饰以珠宝臂环和一只手镯。

---

① 参见富歇《犍陀罗艺术》，第一卷，图182~184。

图 132　米兰遗址 M.X 穹隆顶建筑遗迹，自南望，清理后

图 133　米兰遗址 M.V 佛寺南围廊内墙上的蛋彩墙裙部分

图 134　米兰遗址 M.V 佛寺圆形围廊东南墙上蛋彩的中楣和墙裙

图 135　米兰遗址 M.V 佛寺圆形围廊东南墙上蛋彩的中楣和墙裙

图 136　米兰遗址 M.V 佛寺圆形围廊南墙上蛋彩的中楣和墙裙

图 137　米兰遗址 M.V 佛寺圆形围廊南墙上蛋彩的中楣和墙裙

图 138　米兰遗址 M.V 佛寺圆形围廊南墙上蛋彩的中楣和墙裙

◁林中的白象

马车前面画有一棵树，明显要表明画面背景为森林，就像接下来的背景中出现的树叶和树。在某种意义上，两棵树都画得与上文已讨论过的湿壁画版 M.III.003 所展示的那种树相似。树冠画成圆锥形，深绿色，几乎接近黑色，意思是从整体上表现一团成荫的树叶，圆锥形树冠上面画着黄色的叶和花，混杂着一些浅绿色叶子。树枝表现成很暗的深红色，树干为褐色，带有疤，表示那里的树枝被砍掉了。两棵树之间，靠着暗背景，有一头行进中的雄性白象，装饰得十分华丽。暗背景中还能辨认出画有树叶（图 136、137）。白象画得很逼真，在残存的饰带中，它看起来是最主要的，塑造得也最好。白象的眼和面部特征以及腿的动作，都被熟练地捕捉到了，而且显然是出于个人的观察。装饰着额和象鼻的圆形大凸饰画成黄色，用红色勾勒轮廓，可能要表示它们是金饰品。它们用细黑带系着。大象右耳上悬着三串大环形物，黄色，红缘。额上环绕着一个用黄叶做成的花环，用红色勾勒轮廓，显然是表示金子。盖在背上的覆盖物同样很华丽。鞍褥可能是用毡做的，边缘有红黑相间的流苏。鞍褥上铺一块地毯形织物，黄色，可能表示金布。上面的小圈，轮廓为粉红色，构成一种菱形图案，它们是织或绣出来的。每一个小圈里面，填着一朵五瓣蔷薇花，蔷薇花的颜色交替为深红色和淡蓝色。鞍褥的角上悬挂着大金属铃，画成暗红色。铃附近的右后腿上，在白色背景上写有一则短题字（图 144），为三行小而清晰的佉卢文，行长 2.5 英寸多。关于这些佉卢文题字，我们将进一步讨论。

◁牵象王子

白象前有一人牵着象鼻前行（图 137），其头饰和衣服的特征（除色彩有所变化外）跟骑马人和下面护壁半圆形中的人像完全相似，颈、耳、手臂和手腕上戴着大量珠宝，这一切清楚表明，他是一位印度王子。披肩似的斗篷披在左肩上，为淡绿色。臀部以下所穿腰布形衣服为黄色，显出许多褶皱，明显是源自古典形象，衣服的轮廓线表示成红色。镶以宝石的宽项链、花形大耳环、中心镶有珠宝的臂环和三重手镯都画成黄色，以示他们都是金子做的，边缘线为红色。他左手牵着象鼻，右手提一形状奇特的水壶。水壶画成黄褐色，显然是要表示其金属质地。它的底座很细，流很直，以此推断，这件水壶与北印度一种叫“恒河海”（Gangā-sāgar）的容器极为相似，印度人习惯上用这种容器来装献祭用的水。

印度苦行者▷

往前见有一行四人，取同样的姿势，向王子走去，他们穿着朴素（图 138）。从其浓密的头发和胡须、从其左手拿着的长棒和小水碗（梵语为kamaṇḍalu），很容易看出他们是典型的印度苦行者的形象。他们的脸色都很红润，说明他们经常生活在开阔的丛林。他们袒露着变成褐色的胸膛，穿着简单的衣服。衣服形状类似，但颜色不同。左边的白胡子老人头上扎着一小块白色的薄头巾。他臀部以下系着黄色腰布，双肩披着一件绿色的斗篷，正是其他地方僧伽（Saṅghāti）所采用的样子（图版 XLIII），斗篷的尾部下垂至膝部以下。他旁边的中年人留着粗黑的胡须和上髭，披一件紫色斗篷和围着黄色腰布。下一个是无胡须的青年，几缕头发垂至耳下，其余的头发已部分淡去，在头顶上扎起来，看上去像是一个发髻。他的衣服是一件亮绿色腰布和一件黄色斗篷。右边最后一个人像保存得较好，又是一个中年人，光着头，长着卷曲的胡须和上髭，都为黑色。他穿一件紫色斗篷和围着一块绿色腰布。

饰带的其余部分▷

这最后一个人像之外，背景中可见到一棵树，树叶为绿色宽叶，叶缘为白花组成的小曲线。前景中还残存有另一辆马车（图 140）的局部，其余部分由于内殿的墙壁靠近上文提到过的缺口，遭到了破坏，因而没有保存下来。这辆马车的轮廓和颜色与饰带左侧那辆马车一模一样，但手拿缰绳的人像的右臂和胸部，清楚显示是一个男子。再往前是一些残块饰带，只保留有另两辆马车的车轮痕迹，两辆马车之间有一个披着衣服的大型人像，此人正向前行走，右手持一扇形物。

◁北弧壁上的饰带残块

环形过道的北面弧形墙壁中，大缺口之外，我们已经说过，内殿墙壁的上部，遭到了严重破坏，只保留有曾装饰其表面的零碎饰带残块，即使是这些，也仅仅是因为处在最低处才得以保存。它们中没有一块高度超过 1 英尺。从左起第一块中，将饰带与护壁分隔的边线上方，有一些可辨的东西，在图 143 中可隐约看出来。可以看出，有一只毛发蓬乱的狮子，头部已被抹去，尾巴拖在两条后腿之间，面向三个动物而坐，三个动物只有腿和分开的蹄子残存下来。其右有一些遗迹，可以辨识出两个站立着的人像的腿和一些类似垂有门帘的门的东西。接下来是两个小型男子像的局部，类似于图 141 中之所见。其一着红褐色背心和绿色内衣，右臂以及腹部的短裙上又有一种由小方格构成的衣服，显然是表示盔甲。右手似乎抓着可能是一根长矛的中部。

◁武装的人、动物等形象

接着是一些几乎被完全抹去的动物形象，其中可看出有一匹奔马的腿、一只黄皮肤上带有黑点的短尾兽和一只蹲伏着的兽。接着就是从图 141 中看到的那块小断块了。这块断块上也有两个男子像，长着上髭，特征和服饰一如刚才所述的人像。他们的头部保存得很好，包着印度人所用的轻薄头巾，样子就像亚历山大著名的庞培摩西战役中大流士的头饰。两个人都穿着紧身的上衣，左边的穿绿色上衣，右边的穿肉色上衣。左肩披斗篷，但颜色的顺序刚好相反，左边的为肉色，右边的为绿色。从照片中也可看到臀部和腹部上穿着盔甲裙。左边的人像右臂戴手镯，似乎面向动物，同时另一个人像左手上抬，明显表现出厌恶或怜悯的表情。这个人像的肩上，有三个模糊的佉卢文字，我暂时将其读作 ṭha mi tra(?)。在最右面紧靠着墙边还保留着一根木质门侧柱，那里有一个年轻的小人像，跨着一只飞驰的动物。动物的身体看上去像是一只有黑斑点的黄色兽，但从头和颈上看则是一匹马(图 141)。骑兽人穿着轻便，好像是穿一件背心和"短裤"，手臂抱着动物的脖子。在他胸部附近，我只辨认出两个佉卢文字符，似乎读作eṣe，类似于此饰带开始部分门楣上所写的头两个字符。

饰带的解释▷ 我不能奢望北半圆壁上这些少得可怜的饰带遗迹会有助于解释所展现出的场景。它与现存南半圆壁上令人着迷的饰带不同，在南半圆壁的饰带上，打开在我面前的是活泼的队列行进图。由于背景中奇怪地出现遥远希腊化西方的痕迹和图画中精美的庞培红和大量细节，因此毋庸置疑，饰带的主题是选自某个佛教故事。然而我对佛教圣徒传所知甚少，因而当时没能认出它来，后来甚至是在找到了可利用的必要书籍之时，也没有时间对它进行系统研究。因此，这个饰带的主题之谜 1901 年夏被我的朋友富歇先生解开时，我感到特别高兴。他根据我提供的照片和描述，立刻就认出饰带上的场面，就是选自须达摩(Viśvantara或 Vessantara)王传，这个故事是成百个本生故事(Jātakas)中著名的一个。

须达摩本生▷ 这个传说包含在巴利文本生故事中，在各种梵文本本生故事中也有发现，因此肯定特别流行，还因为不仅在用来装饰桑奇(Sānchi)和阿马拉瓦蒂(Amarāvatī)的窣堵波的古印度教雕塑中表现有这个传说，而且它也是迄今为止在犍陀罗地区的浮雕中所发现的少数几个本生故事之一。考虑到这个传说确定的起源是在犍陀罗一个著名的圣地，即今沙泊斯伽梨(Shāhbāzgaṛhi，此即《大唐西域记》卷二之"跋虏沙城"，在今白沙瓦东北65公里处——译者)附近,因此,在希腊化佛教雕塑中,仅有三个关于它的图像化实例,这当然是很奇怪的。这三个实例是从曾用来装饰杰马勒格里(Jamālgaṛhi)楼梯侧面的浮雕凹画版中发现的,它们现藏大英博物馆。①在早期巴利文版本的本生故事中,这个故事描述得非常详细,而且关于这个故事的译本非常多,很容易找到,加之它又特别著名,因此这里最简略地说一下它的梗概就够了。②

◁须达摩王子的流放

故事讲道,须达摩王子是佛生前的化身,是皇室的继承人,他乐善好施,将具有降雨之能的神奇白象和极贵重的装饰品施舍给婆罗门。国人恐其国因失此神像而遭劫难,多有怨言。国王即其父,遂依此等人之意,将须达摩驱逐林中。须达摩于是带着坚持要跟他一起放逐的妻子玛德利(Maddī 或 Madrī)和两个孩子,乘一辆二轮马车离开王城,离城之时,他舍弃了装载的贵重物品。他"倾其所有,施舍于乞丐",然后离城而去,遇四个未赶上大布施的婆罗门托钵僧,要他施舍驾车之马。须达摩遂将马施舍之,四个假扮成红鹿的神替代四马拉车前行,这时须达摩又遇到另一个婆罗门,要他将马车施舍于他,须达摩依言照办。须达摩王子和他的妻子携子前行,然后隐居于山中一座偏僻小寺。在那里,他最后又按神的意愿先将两个孩子当作虔诚的礼物布施给了神,然后连他忠诚的妻子也布施了出去。通过这些严酷的考验,证明了他无尽的仁慈之心后,神最后将其妻儿归还于他,并让来林中找他的父亲将他加冕为王。这样一切都按古老的民间故事方式,以美满的结局作为结尾。

---

① 参见富歇《犍陀罗艺术》,第一卷,270页等,283页以下。在说到这个传说的其他雕塑图及正文对它进行陈述时,也参考了后一点。

② 参见E. B.考埃尔(Cowell)和W. H. D.劳斯(Rouse)《本生故事》(*The Jātaka*),第六卷,246~305页。

饰带场面的确认▷

这个故事一旦被确定下来，对所拍现存饰带部分照片中所表现场景的认识就容易多了。在最左端（图 134、135），我们看到穿王子服的须达摩正骑马走出王城的城门，前面是妻子玛德利和两个孩子，他们乘一辆“由四匹信德（Sindh）马拉的华丽马车”，正是本生故事所描写的样子。[①] 画家将两个孩子表现为男孩这特别重要，因为本生故事中存在着明显的矛盾，在有些地方，说他们一个是男孩耶利（Jāli），一个是女孩罽拏延（Kanhājinā），而在另一些地方又说他们是两个儿子，在可能是较古老的散文和韵文体经文中，都发现有这种明显的不一致说法。[②] 下一个场面，画着具有魔力的白象和在前面牵着白象的王子（图 136、137）。他提着献祭用的水壶，表明了准备布施礼物。按照一个与接下来发生的类似事件有关的本生故事明确提到的古印度布施仪式，祭水将必须从此壶流出。[③]

事件顺序的表现▷

这里有一个时间先后方面的错误，推测其理由将没什么裨益，因为尽管整个饰带保存下来的只是一小部分，但很容易从其他圣传图画中举出对比的材料。由于这个错误，用来布施的神奇白象，作为须达摩本生最显著的事件之一，被放到了须达摩王子被放逐出王城之后的行程之中，虽然根据本生故事所载，这个事件事实上是发生在他离开王城和接着发生的所有事件之前。其中发生最早的事件之一，是遇到四个婆罗门，他将马布施给了他们。毫无疑问，饰带上在林中与王子相遇的四个托钵僧，表示的就是这四个婆罗门。那么，是这个传说还有另一种版本呢，还是仅仅是艺术的变通，将他们处理成

---

① 参见考埃尔、劳斯《本生故事》，第六卷，264 页。

② 关于提到男孩和女孩的材料，参见考埃尔、劳斯《本生故事》，252 页、264 页等。关于提到两个儿子的材料，参见考埃尔、劳斯《本生故事》，257 页、264 页。我不能再花时间来查寻其他版本中关于这个传说细节上的这种变化。

③ 参见考埃尔、劳斯《本生故事》，第六卷，283 页。

与牵白象的王子面面相对？目前似乎不可能有肯定的答案。我们也不可能希望知道，西边大缺口前的饰带残部紧接着出现的二轮马车和四马二轮马车，是否与本生故事中告诉我们的向另一个婆罗门布施马车的事件有关。

◁画家坚持传说中的细节

无论艺术家在选择和安排构图中的场面时采取什么样的灵活方式，我还是注意到在几个典型细节中，他是完全按照传说来进行处理的。这就是每一个场景中王子都被设计成修饰以珠宝的形象，这显然是为了强调“他身上带着贵重的装饰品”，就如本生故事告诉我们的，同时也表明他离开王城时向乞丐布施。画家描画出神奇白象似乎也是出于同样的意图，它很可能用来代表本生故事中记载得如此啰唆的奇异的装饰品。故事中的描述太长，不可能全部引述过来。[①] 我们只要从这个神话故事所数出的详细清单中，注意如下内容就够了：“它的背上有珍珠网、黄金网和宝石网，三张网值三十万；双耳中的值二十万；背上的一块小地毯值十万，额球上的装饰品值十万……象牙上的装饰品值二十万，象鼻上的装饰品值十万。”王子所提献祭用的水壶，其细节同样重要，这我们已经在上文提到。

◁北半圆壁上的场景遗迹

北半圆壁上的饰带几被尽毁，这更让人感到遗憾，因为这使我们不能看到艺术家曾是如何处理须达摩王子本生后面特别戏剧性的事件。比较他对他们的处理和宋云留给我们的关于其形象的描述将很有意义。宋云所述的形象可能是画出来的，他在沙泊斯伽梨（Shāhbāzgaṛhi）附近的圣地看到它们，这个传说就是在那里被犍陀罗佛教传统地方化的。他告诉我们，那里寺内所画须达摩本生图十分动人，连胡人见到也莫不

① 参见考埃尔、劳斯《本生故事》，第六卷，253 页。

悲泣。[1] 事实上,富歇先生对此壁画的确认的确令人高兴,它使我们能够识别并解释这些富有特色的人像,甚至是饰带最下部所剩无几且损害严重的遗迹中的那些图像。对此我们一定感到很满意。这样图 143 中所见之狮子,即黄皮肤上带有黑点的动物和另一只蹲伏着的兽,如此等等,似乎是表示狮、虎和豹,它们代表三个神,目的是要阻延玛德利返回偏僻小寺的时间并在邪恶的婆罗门从王子那儿带走其孩子时保护她不被林中野兽吃掉。图 141 右边的青年,跨着一只飞驰的头像马、身体像图 143 中面对着狮子的那些兽的动物,可能是表示两个小王子之一正在林中怪兽间玩耍。同一块饰带中所见穿盔甲的两个男子也在另一块饰带中出现,可能是用来象征大批武装的军队,因为本生故事告诉我们,国王即须达摩的父亲曾带着他们前往森林召回其圣子并授予其王位。[2]

第七节　内殿 M.V 的绘画护壁

花彩装饰▷

对饰带完好处保存下来的短题字我们先将其放下,暂不作进一步的解释,现在可以去欣赏一下那一组迷人的人像。这组人像构成绘画内殿墙壁足部的护壁,与这些人像相连的波形花彩构成人像画版的边框。从起源和特征上看,这种花彩显然是希腊式的。上文提及,在犍陀罗浮雕版的装饰中,这种主题十分常见。我也曾指出,我们所见护壁中修饰丰富的人像与犍陀罗浮雕版中的人像之间,总体上存在着相似性。但是,在开始回顾这些人像所表现出的明显的变化之前,我想

① 参见富歇《犍陀罗艺术》,第一卷,285 页;沙畹《宋云行纪》,413 页、419 页等。
② 参见考埃尔、劳斯《本生故事》,第六卷,299 页以下。

顺便记录一下与花彩本身有关的几个细节。

◁花彩布置

从图134~140中可清楚地看到,花彩由一个绘成黑色的花环组成,宽约5.5英寸,处理成交替升高和下垂的波状曲线。包括花环的宽度,花彩最高约1英尺8英寸。下垂的曲部作半圆形,半圆形中间填以连续的半身人像。上升的曲部被年轻的人像扛在肩上支撑着。下垂的曲部比上升的略宽一些。这说明扛着花彩的人像所画的比例多少要比曲部上方出现的半身人像小。两个上曲部中心之间的距离平均为2英尺7英寸。如果我们假定,所观察到的所有半圆形都是这个尺寸,并从内殿确定的直径26.5英尺计算出环形过道墙壁的周长大致为83.26英尺,那么我们将推论出,除门宽约5英尺1英寸外,可用作护壁的有效墙面能容纳总共30个半圆形和相应数目的半身人像。因为我们发现过道西墙已完全残毁,所以假设那里也曾有一扇门或一扇低窗,如果真是这样,那么半圆形和半身人像的总数将限于28个。我们将看到,我们还能找到其中的20个,虽然有些半圆形只剩下很不完整的轮廓。

◁花彩的装饰

起支撑作用的人像两侧各有一个花环,花环的突起部系着一根缎带,缎带通常为双层,黄绿色。每条缎带的上方和下方装饰着代表花的小球,三个为一组,交替为粉红色和白色。缎带的位置,与在犍陀罗浮雕花彩上所见完全相同①,如果更仔细地察看就会发现,那些花被安置在花环中。花彩垂曲的底部总是画着一个奇怪的椭圆形物体,类似倒过来的大罐,有一部分花彩还被其覆盖。在图134、135中能够看到它的局部,但普遍已因磨损而严重毁坏。尚能辨别的部分色彩变化

① 参见富歇《犍陀罗艺术》,第一卷,图118。

很大。有的有纯黑色的边,带有小花般的粉红色小点。有的为深红色,有的为白色,有的为鲜红色,有的为石板一样的灰色。还有一个为粉红色,上面填着种子形的黑色小点。对于这一点,将其与犍陀罗浮雕中的花彩作一对比,就会得到正确的解释,在犍陀罗浮雕花彩中,我们常常看到,花彩的下垂部被葫芦或甜瓜之类大型的水果向下压弯。[①] 护壁的背景为浅黄色。在半圆形中,头两侧和头与花彩之间的地方画一朵蔷薇花,六瓣或七瓣,具有晚期希腊化艺术中流行的那种传统型蔷薇花的特征(见图版 XLIV 中的 M.V.vi)。这朵蔷薇花的色彩总是一边为绿色,另一边为粉红色或白色。

小爱神和其他▷扛花彩的人

肩扛花彩的年轻人总是立像,露出身高的四分之三,体现出两种不同的特征。从源流和图案上看,两种特征无疑都是古典式的。这些人像被处理得逼真自然,富于个性,具有希腊化艺术的明显印记。一种特征是无翼的阿莫里尼(amorini,小爱神——译者),标本见图 134、138、140。另一种以披垂衣戴弗里几亚帽的人像为代表,尽管其面部看起来像少女,但仍使我联想起年轻的密特拉神(古波斯光明之神)的肖像,对这种神的崇拜,从希腊化的东方伊朗边界一直传播到罗马帝国最边远的省。具有这种特征的标本见图 135、136、137、143,还有一件特别好的标本,虽然保存状况较差,但人像的头部可以在湿壁画版 M.V.x(图版 XLIV)中看到。我们有趣地注意到,在犍陀罗浮雕上,肩扛花彩的无翼小爱神中,着垂衣的孩子像并非完全没有。[②] 与这些浮雕版的布置有关联的另一点,就是对护壁上的那些扛花彩人像的处理方式,这些人像通常被处理

---

① 参见下文图版 XLI;富歇《犍陀罗艺术》,第一卷,图 117、118。

② 参见图版 XLI 左面的浮雕版。

图 139　米兰遗址 M.V 佛寺圆形围廊东南墙上蛋彩的中楣和墙裙

图 140　米兰遗址 M.V 佛寺圆形围廊西南墙上蛋彩的中楣和墙裙

图 141　米兰遗址 M.V 佛寺圆形围廊东北墙上蛋彩的中楣碎块

图 142　米兰遗址 M.V 佛寺圆形围廊东南墙上蛋彩的中楣，在骑马王子像上面有题记

图 143　米兰遗址 M.V 佛寺圆形围廊北墙上蛋彩的中楣和墙裙

图 144　米兰遗址 M.V 佛寺圆形围廊南墙上蛋彩的中楣,在大象腿上有题记

成两两相向①，其功能必然意味着某种姿势的限制。然而不仅在面部特征和双眼的表情上，而且在手臂和手的位置上显然努力引入了一种令人喜爱的变化。这就是，有些帕提（putti，丘比特式的儿童形象）表现为双臂从花彩后面穿过来，并将手指放在花彩的边缘上（图 138）；有些则只用一个肩膀扛花彩，通常是用左肩（图 134、135、140、143），同时他们中有一两个，右手持一种适当的小物品，如葡萄或帕特拉（patera，碗或钵——译者）（图版 XLIV）。阿莫里尼和戴弗里几亚帽的青年都处理成轮流出现，不然就是将他们处理成对时，总是让其互相面对面，这无疑也是出于要引入同样可爱的变化这个目的。

一整套少女和▷青年

无翼厄洛特（Erote）和孩子似的密特拉神像的这种恰当结合，似乎是一个象征，说明其受到两种主要的影响，这两种影响通过波浪形花彩凹部上方引人注目的连续半身人像反映出来。每个凹部上方都画着一个男人或少女的头部和胸部，每个半身像都自然地表现出独特的表情，这种自由处理的个性化表情使这一效果显得最为显著，尽管常常已褪色。在画面和绘画技法方面，就像犍陀罗希腊式佛教雕塑中的一样，希腊化艺术的影响表现得十分突出。但其中似乎混合了复活的古伊朗艺术风格的影响，尽管没那么明显。这些半身像中只有一个例外，即从上部饰带借用来的印度王子半身像，使人想起创造他们表情的艺术有些印度特征。只要一瞥就会看得很清楚，混合在这套迷人的奇怪护壁画中的人像，没有一个与佛教崇拜有关系，而这座寺庙却是专为佛教崇拜而设。希腊化佛教艺术的纯粹装饰浮雕是如此之多，但即使没有它们提供的证明，我们也不可能认识不到，整个护壁画的目的其实是为

① 参见图 135～136、138～140；富歇《犍陀罗艺术》，第一卷，240 页。

了看起来能够赏心悦目。这些快乐的人像表现出的差别,使我一开始就把设计这些人像,看作是为了使生活中的各种快乐人格化,从我的《沙漠契丹废墟记》中读到那里的艰难条件的人对此也许不会感到惊奇,我就是在那种艰难条件下,在该遗址坚持工作了数月。

◁南护壁上的第一组人像

像上部饰带一样,对残存护壁的详细描述,最好从南半圆形的左端开始。当虔诚的访问者开始沿着窣堵波绕行,护壁就是从那里开始将自己展现在访问者的眼前。在紧靠着环形过道入口的墙壁上,开始画出花彩,开始部分为一个上曲部的中间部位,那里用通常的缎带固定着一个花环,缎带呈绯红色,像围巾一样向下垂着。第一个半圆形中画着一大朵深红色的花,宽接近1英尺,花瓣和萼片为传统型,中心呈圆形,暗黄色,上面画着表示种子或雄蕊的红色小圆环。花彩的下一个上曲部,由一个阿莫里尼扛着,从图134中可看到,这个小爱神的右手放在他的胸部,砖红色的腰布垂在臀部周围。他额上的头发装饰成双叶形发缕,与M.III"天使"额上的发式类似。在护壁的这个人像和所有其他人像中,对肌肤"光与影"的处理,由于比例较大,可以观察得清清楚楚,它与对M.III湿壁画版的描述中介绍得非常详细的那种相同。

◁演奏曼陀林的少女

在接下来的一个半圆形中,画着一个少女优美的半身像(图134、135、139),少女正弹奏着四弦曼陀林,她的双眼娴静地看向下方。她长着浓密的黑发,额上的头发装饰成上文已述湿壁画断块M.III.0019(图版XLIV)中的那种发式,颈后的头发用深红色缎带扎成一束。额上的头发上戴着一个用红珠子装配成的花冠,花冠的中心镶着大小各两颗红宝石。头上环绕着一个用白玫瑰编织的大花环,玫瑰花的中心绽放出粉红色雄蕊。每一只耳前都垂悬着一缕卷曲的垂肩发,耳下垂着一朵深红色的花。充满性感的双唇与这个成熟美人的精心装扮相得益彰,浓厚的深红色斗篷披覆在她的左肩,将其一部分石板色的背心遮盖,这增强了其充分发育的效果。她右边的花彩由一个戴弗里几亚帽的青年扛着,青年的双手抱着花彩,一件贴身的绿衣从颈部垂至膝上,暗黄色帽子的长垂片遮住了双耳和部分脖子。

长胡须的男性▷头像

在接下来的凹部中画着一个长着胡须的男性半身像(图135、139),他面对着刚才描述的少女,容貌和服装特征很明显。浓密而卷曲的黑发,浓髭长须,本身就足以清楚表明,这个头像与其他半身像中所表现的古典男子头像不同。双眼、相交于阔鼻上方的浓眉、低额和厚唇,它们表现出的特征,似乎与古典艺术中表现出的北方野蛮人有某种联系,比如斯基泰人或高卢人。上抬并靠在胸部的右手持一高脚杯,无疑是玻璃质,因为杯后面衣服的颜色透了过来,产生特有的光泽。浅蓝灰色外套用一条宽领带交叉于胸前,领带上显示有轮廓鲜明的阿拉伯式花饰,花饰的底色为奶油色,花纹为红色和黑色。面部、姿势和服饰各个方面似乎都传达出对人世美好事物的真诚热爱,从早期中文记载和其他证据判断,这似乎总是居住于新疆绿洲的民族品格中占主导地位的特征,就像今天一样。好像是得到某种启发,画家让支撑右边花彩的戴弗里几亚帽的青年手持一串深红色葡萄。遗憾的是,图136没有将此细节表现出来。精心描画的人像有着一双梦幻般的大眼,他穿着一件带袖的紧身绿背心,戴淡紫色帽或兜帽,帽下有一小缕头发露出在额前。

印度王子半身像▷

花彩的下一个凹部画着一个男性半身像,一看便知是从上部饰带中复制过来的须达摩王子像(Prince Vessantara)。半身像的位置就在表现王子施舍白象的情景之下,这显然不

只是偶然。如果这套引人注目的半身像中也要包括一个印度人,那么出现白象这个动物的地方,当是其最合适的位置,因为白象是印度的象征。面部全部剃光,只留有卷曲的小髭,就像希腊化佛教雕塑家可能曾从属于同一时期的印度那里借来表现其喜爱的乔答摩菩萨的那种。面部特征和梦幻般的双眼传达出一种显然是印度式柔和的表情。黑色发缕垂于耳下,有助于使面部产生一种加长感。头饰在所有细节上都与须达摩像所戴头饰相同,此不赘述。淡绿色斗篷大多披在左肩,这样胸部的大部分就袒露出来,对照这套湿壁画中另一幅半身像全身着垂衣的外表,似乎要表明这是一个从遥远的南方引入的陌生人。耳中的大型装饰,环绕在颈部的饰以珠宝的宽带和粗大的手镯,全都画成暗红色,从饰带上我们对此已很熟悉。但这里由于这个印度人像与完全世俗的人像在一起出现,因此它们也许可以被解释为一种象征,表示其喜爱珠光宝气,印度上流社会的成年男子总是特别有此爱好,这已为大量证据所证明,包括犍陀罗雕塑。右手似乎举着一个水果,很清楚为暗黄色,带有红边,从形状和颜色看,可能是一个石榴。

◁持细颈瓶的少女

右面是一个阿莫里尼,额上有一缕叶形发束,臀部着淡红褐色腰布。阿莫里尼的右边是又一个半圆形,里面画一位美少女半身像,少女姿态优雅,左肩承一细颈瓶,右手持一白色帕特拉(图138、140)。她的一双大眼充满生气,半转向左方,略微上视,似乎是以传统的方式向从门口进入的访问者致意。她细致优雅、精心描绘的面庞,显然是一个希腊人,但似乎混合了其他民族的特征,因而看上去像是一位地中海东部或切尔克斯型美女。浓密乌黑的头发上戴着的白色头巾又表明她是近东或伊朗人。一条红色装饰品横贯至右边,那里用一条红带扎着一个黑色球形物。长鬈发垂于耳前,发梢上曲,额上露出的头发范围很宽,装饰着三串红珠子,可能是珊瑚。长而优美的粉红色垂饰自双耳垂下,相同颜色的手镯套在手腕上。胸部和双肩着深红褐色紧身衣,于胸前交错,并有袖子。颈部袒露。一条美丽的浅绿色面纱自头饰垂下,落至左肩上,然后通过左胸而下悬。

具西方人特征▷的男子头像

右面的阿莫里尼(图 140)以温文尔雅的方式扛着花彩,他的右手放在臀部,臀部覆盖着一条绿色围巾。他圆胖的脸庞看上去完全是西方人,画得非常出色。他看起来像是专心地注视着身旁美丽的女士。我的双眼也感觉到这个美与仁慈化身的迷人的魅力,觉得这座废墟和周围沙漠的荒凉也显得美丽起来。但是,这个美丽的半身像以对面一个显然是西方人的男子头像来获得平衡,这令人感到奇怪。这个男子头像有点罗马人的痕迹(图 140)。这是一个青年人的头,短而方,额头宽而低,头顶平,颚方形。这些特征的细节,仍可从现存壁画(M.V.vi,图版 XLIV)中清楚看到。尽管这块壁画已被严重毁坏,但我还是设法带了回来,下文将要解释这一点。眼睛大,布置得很直,眼的上方画着弓形眉。健壮的脸庞剃得精光,修剪得很短的黑发延伸到耳前。肤色用高光和阴影进行处理,与 M.III 护壁上的头像的处理相同。衣服由暗红色外套或宽外袍和披在上面的浅绿色斗篷组成,颜色已极度淡化。斗篷搭在右肩上。右臂上抬横过胸部,在原湿壁画中,我能清楚辨识出手的这个特别的姿势,但在照片中已不再能够看出来。这个姿势让人想起古典莫拉(Mora,划拳——译者)游戏的表演者,食指和小指伸开,中间的两根手指向下弯曲。

半圆壁的最后▷一个半圆形

在这个半身像之后,墙的绘画面达到的护壁高度虽然足以容纳三个半圆形,但因从上面落下的土坯块而毁坏严重,没有留下任何人像痕迹。紧靠西墙裂口开始的地方,保存有一

度填于花彩凹部的罕见的少女半身像痕迹，其右面是一个戴弗里几亚帽的青年，他支撑着花环（M.V.x，图版 XLIV）。人像还在墙上时，颈部以下便已严重毁坏，我可以说是试验性地设法移走的部分，由于灰泥非常脆弱，又遭受了一些损害。然而即使如此，还是可以看出，这个美人脸部特征细致优雅，椭圆形脸庞优美动人，张大的双眼活泼可爱，巧妙画出阴影的肤色更是明艳悦目。发白的暗黄色帽子下面，可见窄窄的黑色发际，也保留着部分红色衣服的痕迹。右手手指形状完美，举着一个口缘为褐色的碗靠在胸前，宛如在饮水一般。接下来的一个半身像只可认出为一个男子的轮廓，他右手持一个帕特拉。其余墙壁被完全毁坏。

◁北段弧壁上半圆形中的人像

北半段弧壁左端环形过道的墙壁上，表面的灰泥发现已严重毁坏。所以在那里见到的第一个人像，只能确定他是一名男子，长着胡须，头发飘垂，着黑色背心和绿色上衣。下一个人像，头画得非常完美，肩负着花彩，头戴弗里几亚帽，身着绿色服装。这个人像与另一个年轻密特拉神（古波斯光明之神）式天使像之间的凹部状况很差，保存着一个少女的头部和胸部。虽然大部分地方已被抹去，但还是可看出她一双水灵灵的大眼直视着前方，发辫垂至描绘得十分完美的颈部。衣服是一件红褐色的背心和一块黑色披肩。右手似乎握着一把三弦乐器的尾部。至于下一个半圆形中的男子头像，双眼上方的部位已被抹去，下方显示有很粗的黑发缕，浓密的上髭和变尖的下曲须。衣服为绿色，颈上开有领口，领口的边缘置一条红褐色宽围巾，形成一个三角形。

◁少女半身像侧面的阿莫里尼

接下来的两个半圆形（图 143），侧侍于第一个半圆形两侧的两个阿莫里尼互相面对着面，左边的那个描画成嬉戏的姿势，用右手抓住跷起的左脚。两个阿莫里尼剃光的额上都有奇特的叶形发缕。他们之间的花彩凹部有一个美丽的少女,少女快乐地看向左方,脸上带着笑容。她浓密的黑发显然扎成一束,置于颈后,头上戴一个白色花冠,花冠边上织着绯红色的花边。垂肩长发悬垂于耳前,上面挂着红色装饰品。外套暗黄色,有许多褶皱,上面的披风披在左肩上。下一个半圆形中有一个青年的头部和胸部,他的特征似乎是对近东的回忆。他有着卷曲的黑发,额头很低,额头上的头发被剪得很齐整,细长的发缕半垂于耳前。下巴和颚部长着稀疏的汗毛。右手(由于错误的润色,照片中的右手受到一些损害,但 1914 年拍摄的照片很清楚)上抬作“玩莫拉”姿势,这个姿势上文已经说过,食指和小指伸开,其余手指内曲。他的衣服是一件绿色无袖背心,里面穿有一件肉色内衣,背心的右臂上画有古典式褶皱。右边扛花彩人像的粉红色上衣显示有很粗的褶皱,这个人像戴一淡紫色弗里几亚帽,着绿色裙子。

其余半圆形中▷的人像

靠近东头的护壁上剩余的人像或多或少表面都遭受到一些损坏,有些地方灰泥面起皮脱落,有些颜色已失。剩余部分由于现已难以解释清楚,我不能对其加以举例说明,对他们的描述必定十分简略。下一个半圆形包含着一个少女美丽的头像,黑发扎成宽松的发辫垂悬于颈下,发冠上面环绕着深红色匍匐植物。她穿一身绿色内衣,双肩和局部胸部上罩着淡粉色斗篷。右手手指从此斗篷下面露出来,紧握着斗篷的边缘,姿势在着宽外袍的古典雕像中很常见。旁边是一个戴弗里几亚帽的扛花彩人像,他戴粉红色帽子,着绿色汗衫,面对着他的垂饰。他以外是一个长胡须的男子头像,几乎完全毁坏了。一顶圆锥形暗黄色帽子和一块黑色围巾斜穿于双肩和胸部之上(图 139),让人想到是要表现一个“野蛮人”。最后,在两个淡化到几乎不能辨识的阿莫里尼之间,出现另一名男子头像的残迹，这名男子的头发很长，黑色，留有帝须，尖髭向上弯曲。这个人像也戴宽围巾，红褐色，交叉于胸部，显然是“野蛮人”风格。所有半圆形中的最后一个，花彩在那里结束于门口的北侧，就像在其对面标志着花彩开始的半圆形中一样，这里也有一朵类似的深红色大蔷薇花。

◁护壁人像中的西方艺术精神

对护壁的详细检查现已完成，它使我较易于解释当我实际面对这些壁画时便引起我注意并令我迷惑了很长时间的一点。这就是上部饰带组成的艺术处理和护壁中人像的艺术处理之间的差别。这个差别清清楚楚地存在，却难以定义。在护壁人像的艺术处理中，总的装饰设计，图案风格，着色技巧及其使人产生错觉的明暗对照画法的使用，每一个人像处理中采用的醒目的自由化手法，几乎一切都强烈表明，这件作品的画家主要是在复制从东方化希腊艺术充分发展起来的风格，可是他对其精神的熟悉，对其技法知识的直接掌握，又为他画出的每一个半身人像赋予了一种个性化的氛围。看着他的这套护壁作品，我觉得没有必要再去考虑这些扛着花彩装饰并使其富有趣味的明艳的人像指的是什么。在西方人看来，感觉到几乎所有这些人像都充满着生活的美和快乐，并由此而感到心里洋溢出欢乐的情怀，这就足够了。

◁饰带中传说的处理

当我的视线停在护壁上时，我常常感到自己好像要被那上面的绘画艺术所感染，几乎要相信自己与其说是站在赛里斯（Seres，中国——译者）这个特别边境上的佛教圣所（指教堂、寺院等）废墟中，不如说是置身于罗马帝国末期叙利亚或其他某个东北方省的一个别墅废墟之中。当我审视着饰带，印象又有很大不同。印度王子像的身份、技法等方面的许多相似点也已证明是出自同一人之手。然而虽然有许多特征，例如垂衣和四马二轮战车，可能显然直接源自晚期古典艺术，但也有许多特征证明这种印象,即这个画家在这里所依据的原型,已经被改编和确定为一种明显是印度传统的生硬得多的模式。

希腊化佛教艺术的惯用手法▷

尽管目前还有许多难解之处,许多结论是推测性的,但饰带中所绘佛教传说的识别被认为可以解释那个印象。在这个饰带中,不论画家的原住地在何处,他都不得不受到装饰主题神圣性质的约束,而必须完全坚持传统表示法。与印度西北边界所建立的一样,希腊化佛教艺术可能在数世纪前就已采用这种传统手法来表现那个喜爱的传说。另一方面,关于护壁,我们试图假定,作品的纯装饰和明白世俗的性质使他可以自由地接受更直接更新的西方艺术的影响。如果要我简明地表达我的解释,我会毫不犹豫地奉上如下这个推测性的回答:印度的希腊化佛教风格在饰带中打下了烙印,而希腊化的近东同一时期的艺术,则从伊朗传播过来,在护壁上产生了影响。

第八节　M.V 发现佉卢文题记以及米兰的遗迹

仅用中楣和墙裙艺术处理手法上所显示出来的不同来作的解释,后来又明显地而且是不期然地受到了其他材料的支持。这个支持来自对已经提到的两条短佉卢文题记之一的解读,这两条题记发现于中楣的保存良好的南面部分。我对它们做了认真的摹写,从少数几个在现场就作了解读的字上来看,我觉得有把握作出下述判断:它们的语言与尼雅、安迪尔和楼兰遗址出土文书上所书写的语言是一样的,都是同一印度俗语。

大象腿上的题记▷

引起我特别注意的是,在大象的右大腿上用黑墨清楚地书写的题记(图 144)。它由三行组成,短而略微弯曲。虽然

书写的文字高0.3~0.5英寸，但大象皮肤的白色背景仍使字体显得非常清晰可辨。这样一来，我就很容易看出它们的写法来了。实际上这些字的写法无论在方向上还是间隔上都让人难以捉摸，明显地与写在宫门上方的那些较大的、直而规则的题记不同，后者一看就是出自一个训练有素的誊写员之手。这个样子像准碑文的题记，可能指的就是它下面紧邻的那幅骑马王子像。在大象后腿上的这段书写，看上去如果是用来作诸如命名所表现的场景或演员之类的记载，但又显得过长了。而另一方面它也不像是某些过客偶尔留下来的像"到此一游"一类的粗率题词，尤其是在这么一种经过精心选择的部位上。因此将这些蛛丝马迹点点滴滴串联起来，我就形成了一个模糊的猜测：这一小段题记很可能是一段简要的记载，而它的目的又是与画师本人有关的。

◁博耶先生的阐释

我几乎忘记了这一猜测，但令我感到吃惊的是三年多以后。当时阿贝·博耶先生从我拍的照片和做的摹写上，对这些题记做了进一步的检查，结果证实我的猜测是正确的。根据博耶先生的详细观察（在他的论文《米兰题记》[①]中，他提供了对这一记载的解读和翻译），这三行题记可以作如下转写：

titaṣa eṣā ghali
hastakrica[bhaṃma]ka
3 1000

它们可以翻译成下列意思："本绘画系提它[之作品]，该人[为此]接受了3 000巴玛卡(Bhaṃmakas)。"可能影响到这一解读的唯一的可疑之处在于灰泥墙壁的剥裂，它正从[bhaṃma]ka一词的头两个字处经过，所缺的字母可以从印度

① 参见阿贝·博耶《米兰题记》，载《亚洲学刊》，1911年5—6月号。

编纂的词典中的梵文词“bharman”来补足。该词是一种钱币名称,而看上去本题记中的这个词代表的应是它的语音上的派生词。但是正如博耶先生所及时指出的那样,从接下来的清楚的数字以及前一个词“hastakrica”(意即梵文的 haste kṛtya,意为“已接受”)上来看,这个词的意思是可以确定的,即使它被读作其他词,也仍是用来指称某种币值的。

画师的名字▷“提它”,即梯忒尤斯

然而这个奇怪的小题记的真正意义,可能并不在于它提到了画师得到的报酬。因为如果我们接受博耶先生的翻译(对我来讲其正确性是毫无疑问的),我无须犹豫即可以感觉到对“tita”一词的辨认实则是画师名字的一种所有格,而它与“Titus”的西方名字是相似的。关于“Tita”一词,我们不能从词源学上和语音学上把它释为在米兰废寺所代表的年代里,任何印度语或伊朗语在当地生长出的一种名词形式。另一方面,在很多希腊语与古代印度自西方借用过来的外来语名称之间的相似性,证明“Tita”一词就是我们推测的“Titus”一名的一种特定形式。这种形式被用在一个远离印度边界的中亚地区所采用作官方和宗教文字的梵文或印度俗文字之中。[①]

在印度发现的▷古典名字

有足够的证据表明“梯忒尤斯”(Titus)在公元初期的罗马帝国远东诸省包括叙利亚及其他靠近波斯的边境地区之中,是一个很常用的名字。[②] 最近在印度的考古学发现也揭示了这一现象,有一些取有优美的古典名字的人,如题写在迦腻

① 必须考虑到的是,在这种情况下,这种自“Titus”向“Tita”的转写不可能是从一个操印度语地区介绍进来的,但是它被这样一支人群所采用:对该人群来讲,对齿音和脑音之间的明确区分就像对欧洲人来讲一样,也是不相干的。甚至在西北边境地区操印度语人群之中,我们发现那些毫无疑问是转借过来的名字也被不分青红皂白地用ṭ来代替希腊语的 t。例如可参照“达德”语中那种在齿音和脑音之间的混乱现象。

② 例如参见 *C.I.L.*,III.2415 页(索引)。关于早期基督教时期的巴勒斯坦的名称,考利博士向我指出了 Jerusalem Talmud。

色伽的白沙瓦首饰盒上的阿基西剌奥斯(Agesilaos),还有泰奥多罗斯(Theodoros)和海里奥多罗斯(Heliodoros)①,他们都被雇用作印度河地区直至印度半岛的王室艺术家和佣人,这种情况一直持续到了贵霜统治时期。我们有把握作出的推测是,这种状况(不管其早期的年代可能有多么模糊)一直扩展到了印度和伊朗的边境地区,直至公元3世纪(如果不是更晚的话)。米兰寺院的年代不会离这一时期的末尾有多远,这个观点已经被所有上面讨论过的考古学的和题铭方面的证据充分证实。

◁近东希腊化艺术的影响

这些寺庙中的壁画具有特别的说服力,它们表明了近东希腊化艺术的影响甚至在中亚这个偏远的角落里也是很强和直接的。因此被雇佣的艺术家中,有一个人拥有一个在那个时代从地中海岸到底格里斯(Tigris)河的罗马或拜占庭(Byzantium)的东方题材中很常用的名字,这并不令人惊奇。正是作为一种罗马欧亚人(大量带有东方血统却又具有希腊化的传统),我想象出了这个绘画—装饰家,他的称号无疑经过浸透了佛教的东伊朗地区,被带到了中国的极边远地方。

◁近东艺术在巴克特里亚的影响

在他之前很久,还有同样来源的人曾经旅行到了“赛里斯国”,这一事实很幸运地被托勒密《地理志》一书中的一段记载所证明。在该书中,他记载了与连接着叙利亚和赛里斯首都的大贸易路有关的信息。该信息是地理学者提尔的马里纽斯(Marinus of Tyre,约公元100年)通过“一个叫马埃斯(Maës)亦称作提提亚纽斯(Titianus)的马其顿人,以及一个像其父辈一样的商人”那里得到的,那人经此路而派遣他的代理

① 参见J.马歇尔爵士(Sir J.Marshall)的文章《在印度的考古学考察》(1908—1909),载《皇家亚洲学会会刊》,1058页,1909,《印度文物收藏家》(1908)第66页认为Thaïdōra是Theodoros一名的模仿。

人。①按照托勒密的记述，我们可以寻见他们的路线，那就是从幼发拉底河（Euphrates）和底格里斯河出发向东北行，直至他们那个织造丝绸的赛里斯的遥远目的地。我们发现这条路会带着我们经过波斯一直到巴克特里亚地区，在后一个地方佛教曾建立起其在中亚的最古老的基地，而且多少个世纪以来它一直在持续繁荣着。有很多证据可以令我们作这样的推论，即米兰壁画的画师可能学会了将他们的技能运用于各个方面，以装饰佛教的寺庙。但是不到巴尔卡（Balkh）附近的废弃土墩以及南面兴都库什河谷里的洞窟进行系统的调查，我们是不能指望清楚地确定希腊化佛教艺术在向中国传播过程中所接受的伊朗影响的主要阶段的。

有关外来画师本人▷

在没有对这个小题记（如果其解读是正确的话）所透露给我们的内陆亚洲艺术史作更进一步的探讨的情况下，我在此可以适当地提到的是一个有趣的题铭方面的结论，这个结论是我第一次将我推测的 Tita 即 Titus 向博耶先生请教时所提出来的。在此我最好是用这位杰出的印度学家的话来表述："关于此我注意到，所谓 Tita = Titus 之对应，这里面在文字的运用上或许更不规范，我是指与字母 ca 和［bdaṃ］的痕迹有关的方面：题记的作者毫无疑问就是壁画本身的作者，它们都是由一个外国人留下的，该人同时也是一个艺术家。"②

在殿门上的佉卢文题记▷

接下来我要提到的是博耶先生对第二行题记所作的解读，这行题记我在上文中已经提到，它写在殿门上方的楣上，看上去出自一个规范的誊写员之手（图 142）。我作的摹写非常清楚，它可以作如下解读：

① 参见托勒密《地理志》（C.穆勒编）I.xi.6；另见亨利·尤尔爵士的译文《契丹》，第一卷，187 页以下。

② 参见《亚洲学刊》，1911 年 5—6 月号，417 页。

eṣe iṣidate bujhamiputre

其意为:“此是伊斯大它(Iṣidata),卜吉哈弥(Bujhami)之子。”正如博耶先生正确指出的以及题记的位置所显出的,这段简要的题记指的是它下面所绘的骑马王子魏珊闼剌(Vessantara)。他在这里被称作“伊斯大它”(来自梵文*Ṛṣidatta*),这一事实很有趣,但我们也无须惊讶,因为这不过是在各种各样的名字“苏达拏”(*Su-ta-na*,梵文作 *Sudāna*)、“须大拏”(*Hsü-ta-na*)和Sudaṃṣtra中又增加了一个而已,由此看来,Vessantara(Viśvantara)一名在佛教传说中是很著名的。[①] 其他一个未知的名字 *Bujhami* 指的是否就是 Vessantara 的父亲 Sañjaya 或其的母亲 Phusatī——正如在 Jātaka 文本中所分别指称的那样,这尚无法确定。在我们的写卷发现物之中,关于这些名字的新形式,可以从有关传说的一件粟特文或其他中亚版本中寻找到。

◁拍摄壁画的难度

这些题记可以很容易地通过摹写的办法来获得副本,但是对于壁画来说就不同了。我发现要想对壁画做一种具有艺术和考古学价值的摹写,实际上是不可能的。甚至一个在特别的感光板和设备下工作的职业摄影师,也可能会发现他竭尽其技术来确保这些壁画色彩的和谐(它们在通行的环境下常常是被刮擦过或局部损毁过),但也常常是事与愿违。而对像我这样的业余爱好者来说,我对它们几乎是束手无策。在萧瑟寒风中,我拘束在一个低矮的角落里,为的是给绘在地面以上和一条曲折的围廊墙上的墙裙拍照,而那条围廊才 7 英尺宽。强烈的风刮着,整日整日地使拍照变得不可能;要么就是厚厚的尘埃,弄得光线很暗,以至于必须延长曝光时间,而

① 参见沙畹《法国远东学院通讯》,第 3 期,413 页,n.7;沃特斯《玄奘》,第一卷,217 页。

这又进一步增加了我的照相机的风险，使它在寒风中摇动着，从而影响了拍摄效果。严寒使得拍到令人满意的底片的难度极大增加了，寒冷还使得在夜间冲洗底片变得不可能，除非我冒着底版在帐篷里被冻住的危险。为了减少失败风险，我在拍摄壁画时尽可能地用不同的光圈和曝光多拍摄几张。但当四个月后可以冲洗底版时，我发现要拍摄的照片还远远不够。作为这一局部失败的结果，必须在通过"照相铜版"复制出令人满意的照片以前，在印制图 134～143 中的那些照片时作进一步处理。我将这一细致工作托付给我的朋友安德鲁斯先生，他在这方面极为称职。由于将艺术家的眼睛与考古学家的精确结合在了一起，安德鲁斯先生的帮助和"润色"使这些照片的成功复制得到了极大的保证。

移走壁画的风▷险

我感到很遗憾的是，我没有办法用彩色照片的方式将那些优美的壁画复制出来。可替换的办法就是将那些壁画从墙上取下来。不管有多么的勉强，我觉得这种将一块中楣之类的壁画按某种易掌握的尺寸切割下来，是准汪达尔人式的文化破坏者行为，我应该限制自己去做这样的尝试，而且我也没有这方面的经验以及适当的方法和时间。这些因素加起来，使得我要实行这么一项实际上是破坏性的行为会冒严重的风险。这里殿堂墙壁上的灰泥从材料上来讲与 M.III 不同，它由两个不同的层组成，其中外层处置得很好，而且还打磨得很光滑。但是这一层厚仅约 0.25 英寸，很脆弱。内层厚约 1 英寸，更酥脆，仅混有一点点草，因此也比 M.III 的灰泥表面更容易破裂。后者在表层上很单一，混合有大量的碎芦苇，因此更具黏合力。当我在奈克·拉姆·辛格的帮助下，小心翼翼地移走墙裙上戴弗里几亚帽的头像 M.V.x 以及男子头像 M.V.vi（图版 XLIV）时，我发现我们是不可能阻止那些灰泥的外表层部分破裂成碎块的,因为其内壁的疏松黏土已变得很松动了。

◁因不能移动壁画而造成的延误

我勉强才认识到,除非我一开始就采用挖坑道的办法,将表层后面的砖墙系统地挖掉,并使用一些特殊的器械先把弯曲的黏土质拉毛泥墁壁面加固,然后再取出它们,否则我别指望能获得任何较大一点的壁画块。确实的,即使在某种程度上我成功地在我那缺乏各种条件的沙漠营帐里即席制造出一些设备,也仍需要花费几个星期的时间来实践这些艰难的行动,并保证将这些壁画安全地包装好,以作长距离的运输。考虑到从穿越罗布沙漠到敦煌的路途中所面临的自然方面的障碍,以及还有工作等在前面,从实际情况出发我对我的计划作了调整。显然,我不能延迟我的探险队的启程时间,因为我对此举没有把握,而到2月下半月之后,在东面的远处还有新的工作在等待着我。在我的个人探险记中,我已经详细地解释了做这些观察的理由。[①] 但是我又感到非常遗憾,我不得不离开壁画现场,而听凭它们再一次被置于该寺庙所能够接收到的任何填充物的保护之下。我曾尽可能地将壁画揭露在光线之下,而它们已有数世纪未接触过这些光线了,同时我又忙于对这古代聚落的其他散布遗迹的调查之中。对殿堂的回填工作直到2月11日才完成。这是一件令人悲哀的事——当我目睹那些精美的画像慢慢消失在沙子和黏土碎屑之中,在冬日沙漠的荒凉之中,这些画像在我的眼中却充满了生机。更令人悲哀的是,如果我能够预见到15个月以后这些遗迹注定要目睹苦涩的人间悲剧以及我那勇敢的"手艺人"奈克·拉姆·辛格注定要成为牺牲品的话就好了。[②] 另一件接踵而来

① 参见斯坦因《沙漠契丹》,第一卷,495页。

② 参见本书第三十三章第一节。

的事可在下一个注释中找到有关的记载。①

M. IV 废土墩▷ 对我而言,剩下的事就是描述一下那些分散的属于米兰遗址的较早期聚落的废墟。我对它们的描述很简要。它们中的大部分都是一种倾颓的佛塔堆,其类型很常见,不带那种围绕着的带圆顶的圆形建筑物。由于很久以前就遭到"寻宝人"的挖掘,因此没有什么遗迹能提供出一些值得发掘的地方。从平面图上来看它们之中最大的是 M.IV,它是一座颓毁得很严重的长方形黏土建筑,位于 M.III 西面大约 40 码(见附图 29,图 111 最右面)。其最长一面在南面,约 46 英尺。靠近西南角部分的土坯已被风力侵蚀成了碎块,但仍然高出原始地面约 12 英尺。从北面起,有人挖了一条坑道进去,经过土坯堆一直挖到了一座 32 英尺见方的方形实心基座中心附近。这基座的尺寸我做过认真的测量。它很可能是一座殿堂或佛塔的基座,在它的东面还有一些后加上去的晚期建筑物,可能曾做过小庙宇或者台阶。在其稀少的遗迹后面,仍到处可分辨出原始基座上的灰泥模制物。在这基座中心挖的一个坑一直通到了自然地面上,但除了少量的可能是人类的小骨头,什么

① 当 1914 年 1 月我重返米兰时(这件事我在其他地方已经讲述过了,见斯坦因《第三次探险》,载《地理学刊》,1916 年第 48 期,119 页),我发现 M.V 圆形围廊的南面部分已经暴露出来了,而南拱门上的大部分壁画已经剥落,其余的也因暴露而全部毁坏。根据罗布人(Lopliks)的说法,这些事都是三年多以前一个日本旅行者干的,那人在遗址里停留了好几天时间,是他在剥离壁画时将这些地方揭露开的。现在只得做这样的期待:不管这些事情是怎样子的,它们也许已平安地抵达了它们的目的地,并且在不久以后就被学者们所接受了。

遗憾的是,我有过多的理由来担心由于紧迫而敷衍了事的工作方法从而糟蹋了这些壁画。事实上我们有足够的证据显示出,那种切割壁画后面土坯墙的办法(我们发现这是安全地移动这些壁画的一种基本方法)并不曾被试过。幸运的是北拱门的墙裙,由于伊布拉音伯克的照料所提供的保护而尚未被扰乱。对这部分壁画的移动,在我的指导下由奈克·拉姆·辛格的很能干的后任奈克·夏姆苏丁(Naik Shamsuddīn)——他是第一流的坑道工兵和矿工——以及另一个印度助手成功地实施了。这项工作不管事先怎样认真地准备了一些设备,以及我们在高压下持续不断的工作,全部完成还是花去了 12 天时间,这就是我的结论性的证据:我第一次访问这里时就已经正确地估计到了其中所涉及的技术性难度。

也没有。土坯很硬，16 英寸见方，5 英寸厚。

在 M.III 以北大约 70 码的地方，有一个实心的土坯堆 M.VI（图 111、131），其高度将近 20 英尺，但表面颓毁严重，以致无法确定其原始形状和大小。它的北面看上去受损毁最少，约 46 英尺，据我推测这个废墟——毫无疑问它是一座佛塔——曾有过一座方形的基座。土坯的尺寸平均为 16 英寸×10 英寸×5 英寸。由“寻宝人”挖的一条坑道从南面一直通到了中心。最低的土坯层仅高出现在的地面约 1 英尺或 2 英尺。另一座废弃的佛塔土墩 M.VII（图 130）在东北大约 340 码处，尽管是用大约相同尺寸的土坯建造，但其表层同样也受到了毁坏。它的基座约 41 英尺见方，上面的上层建筑的布局和大小已经看不出来了。废墟的现存高度将近 24 英尺。在这里也有一条坑道，一直挖到佛塔的中心部位。从图 130 中我们可以看出，这条坑道在西面。值得注意的是，遗迹周围地面所受到的风力侵蚀出奇的小，加起来仅有 1 英尺。它与那一组废墟（M.III～VII）北、东、南三面所发现的稀少遗迹很不一样。在对地面的结构做认真检查后，我被引导着得出了这样一个结论：这遗迹脚下的土地之所以被风力侵蚀降低到目前这样轻微的程度（没有一处地方超过 3 英尺或 4 英尺），可能是由于其所处的凹地位置提供了一种遮蔽作用。

◁ M. VI、VII 佛塔废墟

有意义的是那种处于较高位置的裸露砾石平原，分布在这一组遗迹的东北面和南面，其间点缀着散落的雅丹似的黏土台地。这些台地的垂直高度就是风力侵蚀所达到的效果。在这平原的地面上，散布着大量的碎陶片。在这些台地之中，仅有一处风蚀地还存在有建筑物的遗迹，这块台地位于 M.III 东北约 700 码的地方。它们由一道东西走向的墙组成，墙长约 80 英尺，沿着一条雅丹的边缘分布，高 8～10 英尺，其右角

◁在雅丹上的建筑遗迹

上还附带有一道较短的墙。土坯堆厚约 3 英尺，没有一处地方高过 5 英尺或 6 英尺，它由 18 英寸×10 英寸×4 英寸的土坯构成。南面是一块壁立的黏土台地 M.IX，距 M.III 大约 450 码，带有高 15~16 英尺的陡坡，其上面曾被一座从内侧量起来有 6 英尺见方的小建筑的墙所占据。这些墙的高度现在还不足 5 英尺。对它的清理结果未出土任何遗物，却证实了其土坯的尺寸大致与 M.III 和 V 中相同。不管其特征如何，建筑物的年代也是大致相同的。

古代渠道线▷

这块台地的西面是一条明显的堤坝，其走向有一点曲折，但总的方向是南北向。它清楚地表明了一条古渠道线的遗迹。在东面可以看出其他两条轻微的分叉线，具有相同的特征，它们从附图 29 上可以看出来。在这里我可以提及的还有土坯堆 M.XI，它位于前面提到的渠道线西面的高台地上，在 M.III 西—北西方向大约 500 码处。其高度大约 15 英尺，看上去似有一座 17 英尺见方的基座，基座里也有挖掘的痕迹。它的土坯较大一些，有两种规格，分别为 21 英寸×14 英寸×$4\frac{1}{2}$ 英寸和 17 英寸×13 英寸×4 英寸。在 M.IX 东面分布着大量的小雅丹台地，此外在从 M.III~V 到吐蕃古堡的道路北面也发现有一些雅丹台地（附图 29），它们的上面都分布有一些古代小陶器碎片，但没有任何建筑物遗迹。在这些风蚀台地顶部曾可能占据过的以及使得它们的地平面得以逃脱被降低命运的任何遗迹，必定是被彻底吹蚀掉了。

穹隆顶房屋废墟 M.X▷

刚才提到的例外由一小组壁立的侵蚀台地组成，它们位于吐蕃古堡西南角之西南方向约 340 码处。这些台地中的一座可从图 132 上看到，高 11~12 英尺，上面遗存有一座塔似建筑（M.X）的垂直部分，虽然很小但具有别样的建筑情趣。正如在图126中所看到的那样，它的墙壁外侧受损毁严重，而且它的南面和东面一道消失在实心的基座之中。然而它的内侧保存状况良好，足以显示出其内部的结构状况。它由一间小房子组成，7英尺见方，上面有一个半球形的穹隆顶。这座建筑高约12英尺，它所依靠的基座是一种实心的土坯堆，高4英尺8英寸，用一种平均规格为16英寸×8英寸×4～5英寸的土坯建成，其间用厚6英寸的黏土层间隔。房间的边墙也是用同样的土坯建成，其高度一直到地面以上约4英尺2英寸，在那里它的平面图通过在角落放置突角拱的办法而变成一种八边形。穹隆形顶建在八角形上面，由梁托支撑的水平的成层土坯建成，其中最低的土坯层从地面以上6英尺4英寸处起建。穹隆顶和突角拱的拱顶所使用的土坯被焙烧过，其规格为16英寸×8英寸×3.5英寸。

◁在穹隆顶下使用突角拱

单独使用烧土坯的现象，足以使这座小寺庙在这处遗址中变得与众不同，但更有趣的发现是所使用的那种自方形向圆形的转变方法。将突角拱（在法语的建筑术语中称作trompe，意即突角拱）用作在“一种方形基座上安置穹庐形顶的方法”，已在公元4世纪以来的叙利亚、小亚细亚以及近东其他地区的建筑中得到了大量的验证。从那里开始，这种方法又通过拜占庭式建筑而带到了西方。但所有的权威们都同意这样一个观点，即这种建筑特征仅仅是拜占庭艺术自中东学来的东西之一，而这种突角拱又是起源于波斯以及一个更早的时期。[①] 在这里既没有地方也没有必要来讨论它的建筑特征以及功能。但我可以指出的是，像那种在突角拱面上安

① 参见迪尔《拜占庭艺术手册》160页等；史特拉兹高斯基《阿弥达》177页以下、183页以下；G.L.贝尔（Gertrude L. Bell）在其著作《一千零一座教堂》440页等所作的富于启发性的概括。

插窗子的做法——正如图126中所显示出的在M.X的穹庐形小房间上保存下来的那种窗子，它也在现存的看起来是最早期的波斯突角拱例子中得到了反映。后者的例子见于萨威斯坦(Sarvistān)的宫殿之中，而且很流行。[①]

突角拱里烧过▷的楔形砖拱

考虑到在我们这座朴素的罗布淖尔小遗址与那座可能是萨珊的宫殿[②]之间所存在的遥远的距离，在前者中的每一个细节都值得引起我们的注意，因其可能代表了与西部伊朗及近东建筑方式保持过接触的一个更遥远的地点。由此看来，我应该特别提到的是，M.X的突角拱顶是通过烧过的楔形拱砖方式来实现的。这些楔形烧砖被排成一种连续的尖弓形，每一个在高度和宽度上都逐渐减少。据我所知，它是中国新疆地区用楔形拱顶代替梁托的最早期的例子。同样有趣的还有突角拱以及它上面的穹隆顶，它们是用烧土坯建成的，而其余的建筑物部分则用土坯来建造。另一个相似的差别在于明显地根据建筑的缘由而采用的材料，它在早期波斯的穹庐形建筑(例如萨威斯坦的宫殿)中也很常见。在波斯的例子中，烧土坯的穹庐形顶是通过将突角拱建在用粗切割的石块建成的方形墙壁上的方式来实现的。[③]

西亚的圆形殿▷堂

在这里我应该顺便指出，这种在建筑方式上与公元初期西亚建筑物之间存在的相似性的联系(这我们在M.X的例子中已经看到)，还可以帮助我们来认识在M.III和M.V寺庙中观察到的建筑特征方面的真正意义以及相互关系。这些遗迹所显示出的圆形殿堂平面，同样也在近东的晚期异教徒和早

---

① 参见史特拉兹高斯基《阿弥达》180页。关于在西乌里·锡萨(Sivri Hissar)教堂里的同样布局的一种早期安纳托里亚(Anatolian)例子，参见G.L.贝尔《一千零一座教堂》381页图305。

② 萨威斯坦和菲鲁札巴德(Firūzābād)宫殿的年代从阿基美尼德(Achaemenidian, Dieulafoy)时期到萨珊时期[弗兰丁(Flandin)和科斯特(Coste)]。参见G.L.贝尔在《一千零一座教堂》中的注释(311页)。

③ 参见史特拉兹高斯基《阿弥达》180页及图。

期基督教的建筑中很常见。有大量的考古学证据来支持一个由很有才能的权威们得出的观点，即这种平面呈圆形的布局方式，最初起源于东方。[①] 可以肯定的是，在君士坦丁的大建筑活动将这种圆形布局连带那种密切相关的八角形结构介绍进拜占庭建筑以前，它对希腊化东方来讲就已经很熟悉。在那里，那种“中心化”的建筑形式是寺庙中特别受人喜欢的，这些寺庙中有一些很著名，例如亚历山大（Alexandria）的塞剌佩翁（Serapeion），它将被古典世界所采用的起源于亚洲的仪式融入其不同宗教信仰的潘提翁（Pantheon）之中。[②]

◁与伊朗及近东建筑的联系

关于在米兰的圆形寺庙与其犍陀罗总部及希腊化东方例子之间所存在的那种联系这一有趣的问题，在这里我已不能

---

① 参见G.L.贝尔在《一千零一座教堂》428页以下所作的富于启发性的观察，以及该处引述的与希腊和早期基督教建筑中的圆形寺庙有关的例子。

② 关于那种令人惊奇的相似性，我在这里忍不住要作一些简要的说明。米兰的两座寺庙中用来庇护小佛塔的圆形殿堂，表现出了流行于近东地区的早期基督教和拜占庭教堂中的圆形或八角形建筑的特征和目的。从G.L.贝尔在《一千零一座教堂》429页以下所作的透彻的分析上来看，这种类型的建筑（与此密切相关的是一种十字形带中央穹隆顶的建筑）尤其受到了基督教殉难者或纪念性教堂的特别垂爱。由君士坦丁和海伦（Helena）建在耶路撒冷（Jerusalem）的耶稣墓（the Holy Sepulchre）和奥里弗山（Mount of Olives）上的带圆顶的圆形建筑物，是其中最著名的例子，“君士坦丁将这种类型规定为基督教世界应该接受并仿效的榜样”（G.L.贝尔《一千零一座教堂》430页）。

在近东，这种圆形或八角形建筑方式看上去一度也被用于教区教堂之中。但是有意义的是，在欧洲它还例外地被保存在浸礼会以及殉教者的教堂之中。在后者以及佛教“纪念性寺庙”（如我们在犍陀罗以及塔里木盆地中所发现者）之间所存在的目的上的密切联系是足够明显的。贝尔小姐很恰当地指出了这一事实：这种类型的建筑在叙利亚和小亚细亚等地特别常见，那些地方极有可能在前基督教时期就被人们用来作崇拜的仪式（G.L.贝尔《一千零一座教堂》348页以下）。我们期待着我们中的某一个人能脱颖而出，该人熟悉为印度和中亚发现的大量遗址所证明的当地崇拜的延续情况[例如，读者可参见我在《皇家亚洲学会会刊》（1910）839页以下所发表的论文，以及本人所译的《拉加特》，第二卷，340页]。《一千零一座教堂》中很多在喀拉达格（Kara-dāgh）的教堂所占据的位置以及在小亚细亚的其他一些基督教教堂所占据的位置，可能都被印度崇拜者用作了“提尔它”（Tīrthas），或者被其他的佛教徒用作他们的圣地。

无须特别指明就可以看出，这种圆形平面布局从建筑角度来讲最适于那种可安置佛塔的寺庙，以及那种围绕着最早期的印度佛塔建筑物的圆形“佛教围廊”，后者在巴尔胡（Barhut）和山奇（Sānchi）可以看到。这种建筑方式可能就是在犍陀罗（参见富歇《犍陀罗艺术》，第一卷，68页、120页以下、134页、142页）和米兰所发现的那种圆形殿堂的原型。但是这种无疑是起源于古代印度的建筑原型是否就是唯一的，以及是否它使西方也感觉到了它的影响，这还是一个问题。要想得到一个明确的答案，必须等到我们知道更多的关于佛教向东伊朗传播以及它可能将其建筑方式也带到了那里的信息后，才能有所解答。

够继续讨论下去。我也无法对史特拉兹高斯基教授的重要观察作更多的关注，按照他的观点，就前伊斯兰教时期而言，在波斯发现的那种穹庐形顶主要是放置在方形建筑之上的，而在希腊化艺术之中则主要是放置在圆形或八角形建筑之上。[①]很清楚的是，不管这些问题对研究东方建筑史的学者来说具有多大的魅力，在找到从叙利亚和美索不达米亚到帕米尔高原的更多关系链之前，我们不可能期待得到有关这些问题的有把握的答案。我觉得要发现这种关系链，具有更大可能性的地方是在古代巴克特里亚及其邻近地区。我需要重申一下我的夙愿，即这些问题应该进入考古学的研究之中。

M.X遗址的遗物▷

土坯的碎屑连同芦苇草及粪便垃圾，充满了M.X小殿堂中保存下来的角落里，其高度将近4英尺。除了像M.X.003之类的陶器碎片，还出土了各种各样的小毛纺织品布片（M.X.002），以及一些与尼雅遗址中发现的相似的纺织品。除此之外，还出土了一卷软奶油色的丝绸M.X.001。从其末端已很残破的状况上看，这卷丝绸可能被用作一种腰带。其从织边到织边之间的宽度为1英尺10.5英寸，这种尺寸超出了东汉以及秦（Chin）朝时期丝绸的标准宽度——约2.5英寸。后者的例子在前文中已经谈到过了，其丝绸标本发现于楼兰遗址以及敦煌亭障遗址的烽燧T.XV.a之中。[②] 关于素织织物，就我们目前所掌握的知识状况来讲，无法作哪怕是大致的断代。但是从它的一般状况以及出土位置来看（发现于地面之上），我倾向于认为这个很残破的“腰带”是被某位后来的过客弃置在那里的遗物，那人或许曾在这里寻求遮蔽，而当时这房子的

① 参见了史特拉兹高斯基《阿弥达》184页等。

② 参见本书第十一章第一节。米兰出土的丝绸碎片的宽度与敦煌千佛洞藏经洞中出土的彩绘丝绸Ch.0067的宽度相一致，后者被封闭起来的年代在11世纪初期。见本书第二十五章第二节。

屋顶尚在。

◁M. X 的风力侵蚀台地

关于遗址的古老性,除了我们已经讨论过的建筑特征,还可以从其周围存在的风蚀"目击者"的深度上得到充分的证明(图 132)。深切的侵蚀沟将遗址与其南和东面邻近的其他三四条雅丹隔开了,这些都明显标志着一度被一组建筑物所占据的地面的原始范围。这些雅丹中的一条位于 M.X 以东约 80 英尺,上面遗存有一座用土坯建造的建筑物遗迹,16 英尺见方。土坯规格与 M.X 的土坯相同,其北面仍清楚可辨,厚 3 英尺。紧靠着它的风力侵蚀沟沟岸几乎壁立,其底部低于墙壁所代表的原始地平面 17 英尺。

◁在砾石表层之下的侵蚀土层

这一极度的侵蚀效应清楚地从图 132 上反映了出来,它一开始就令我感到惊讶,我看到它周围的"萨依"上几乎遍布小砾石。但当我对这些雅丹的斜坡上暴露出的土层做进一步观察时,我就看出这种小砾石表层其实很薄,而它下面的土层则是由软的河相沉积黏土所组成的,其间夹杂着少量的小砾石。那表层的砾石层并不足以有效地保护住它下面的土层,使其不受到被侵蚀。相反地,这个砾石层还扮演了一种侵蚀力的帮凶角色,它使得那些过多暴露在侵蚀力之下的地面构造更易于遭受到强烈的东北风的吹蚀。由占据在暴露位置上的建筑物所提供的抵抗性,也会产生出一种风力涡流效应,并因此而加强当地的风力侵蚀能量。

◁独特的地面

在宽阔的红柳沙丘覆盖的地带,其表层的土的状况亦很独特。从附图 29 中的平面图上我们可以看出,这些红柳沙丘一直扩展到了遗址区的北面。在那个地带,所有那些介于红柳沙丘之间的裸露地带上面,都覆盖着一层薄薄的小砾石。但紧接着砾石层下面,出现了一层厚厚的细尘土,看上去被河相的黏土所打破,人或牲畜的脚可以陷进去很深。这种现象很奇怪，它像那种被水所悬浮带来的流沙。在这里，距 M.II 北—北西方向约 1 英里，我那个罗布人向导托乎提阿訇指示给我看我们在这处遗址中所能够找到的最后一处废墟。那是一座“炮台”（P‘ao-t‘ai）似的塔（M.XII），其底座约 18 英尺见方，用长 18~19 英寸、宽 9~10 英寸、厚 4 英寸的土坯坚固地建筑而成。土坯堆略微向内侧倾斜，仍高出地面以上约 12 英尺。此处的地面极少受到任何的风力侵蚀破坏。当然，那座塔是建在其周围迷宫似的红柳沙丘形成以前。这里的红柳沙丘的高度可达到 16 英尺或更高，它们足以证明塔的古老。像 1914 年在更北面 0.67 英里处所发现的另一座相似的塔一样，这座塔也是被用来作守望之目的。

M. XII 塔▷

遗址的年代▷

显然，在这样一个极迷惑人的红柳丛地带，其他的一些遗迹会很容易地逃脱出人们的注意力。事实上，1914 年再访此遗址时，我在这个地带上发现还有两座更小的废墟。它们的被发现修改了我的关于这个遗址的一般性的结论，这些结论是从我上面描述过的发掘结果得出的，它们曾使我们描绘出关于这处废弃遗址的历史。在我看来，它们证明了所有这些被调查过的遗址，除了唯一的例外 M.I 古堡，它们的年代可追溯到一个大致与楼兰遗址所属相当的时期——公元 3 世纪和 4 世纪早期，而且它们还证明了它们被废弃的时间可能是人类在楼兰的占据终止之时。与这些佛教寺院和佛塔一起，曾相连着一些聚落，它们应是鄯善的“故东城”——扜泥。我相信通过对前一章中所检查过的中国史籍的分析，极可能会得出这一观点。①

古扜泥的聚落▷

① 参见本书第九章第二、三节。

当公元8世纪M.I古堡被兴建之时(可能接近唐朝在西域统治的末期),这些寺院都已经化作废墟。从现有的考古学资料来看,我们尚无法确定米兰的聚落在这个介入期期间持续存在到什么程度以及处在什么条件之下。没有发现任何可资确定那个时期的建筑物遗迹。所有属于那个时期的以及与吐蕃的占据同时期的聚落居住遗迹,或许已全部被埋藏在或者是仍能够进行灌溉的河流地带之下,或者是埋藏在现在仍从河流里接受地下水,而且上面长满了红柳沙丘的地带之下。没有迹象显示,在吐蕃时期之后这遗址还一直被人类占据着。我们可以有把握地作出的假设是:六个多世纪以前马可·波罗经过这里时,它也是那样一副孤立的废弃地的样子。这种状况一直持续到了我初访此地几年以后,那个小罗布拓殖点安置到这地方时为止。

◁未找到居住遗迹

第九节　米兰寺院器物表

寺庙M.II内出土或其附近发现器物

M.II.a.　**陶片**。手制,泥质红胎,敞炉烧制,质硬;两面均为深褐色。$1\frac{13}{16}$英寸×$1\frac{3}{8}$英寸。

M.II.b.　**陶片**。同M.II.a,但较厚;内表面暗褐色。$2\frac{3}{8}$英寸×$1\frac{5}{8}$英寸。

M.II.c.　**陶片**。手制,敞炉烧制;红胎,烧黑;器表装饰以不很明显的压印图案,显然是一系列短线条,相互间角度不同。$2\frac{11}{16}$英寸×$1\frac{7}{8}$英寸。

M.II.d、e.　**陶片**。手制，暗红色胎，泥质，敞炉烧制，质硬。最大2英寸。

M.II.001.　**涂漆的芦苇质箭杆**。同T.XIX.i.006；有羽毛和黏合剂痕迹；一头有线槽；发现于东北过道。长$5\frac{3}{4}$英寸。图版LI。

M.II.002.a、b.　**灰泥浮雕残块**。真人大小的人像的衣饰。a为右大腿顶部和腹下部；可能属于大型坐佛雕像（见M.II.007）；无浮雕，衣褶用阴线表示，单线和三线一组相互交替，同时，表面大致依从身体的形状。垂衣横过身体（参见《古代和田》，第二卷，图版LXXXVI，xxi.1右侧，但为背面），右侧衣褶几乎垂直下垂，横过身体的衣褶为曲线；最上部最平坦。做工粗糙；松软的泥中混合有大量毛发；涂成红色。1英尺7英寸×1英寸。b为左肩及部分颈与胸，可能属于真人大小的塑像（见M.II.006）；外面的垂衣用成对的阴线表现；颈的边缘突起成尖脊，辅以内褶；涂成红色；颈部可见部分内袍，浅黄色，无衣褶；肌肤显然是白色。泥同a。10英寸×$9\frac{1}{2}$英寸。

M.II.004.　**湿壁画残块**。涂成粉红色，带有暗黄色横线，也有绿色、暗黄色和黑色痕迹；色彩柔和。4英寸×$2\frac{5}{8}$英寸。

M.II.005.　**粗麻线残段**。最长1英尺9英寸。

M.II.006.　**灰泥浮雕头像**。真人大小，可能是佛，头顶上有肉髻（已残）；几乎整个表面都剥落。特征为传统的佛型，前额和两颊光滑，突出的大眼球连同眼睛几乎闭着，短而陡的鼻子，小而朝上的嘴；耳梢残，但可能较长。脸上只遗下白泥釉；头发用小蜗牛壳式鬈发表现，相互间隔很密，且（与裂缝一道）涂成黑色；质料为软泥，混合有大量纤维。下巴到头顶$7\frac{1}{2}$英寸。

M.II.007.　**灰泥浮雕块**。大佛头，背残失；面自右耳到左眼外侧完好，长而窄，鼻子突出且尖。双眼突出，与额在同一平面上；嘴小而深陷；头发用很密的螺纹形鬈发表示，涂成黑色，同M.II.006；有部分白色表面泥釉保存下来；软泥混合有大量毛发。从下巴至头顶约1英尺7英寸。图版XLVI。

M.II.009、0010.　**两块木半栏杆。**车床旋制，以平坦的表面相并而立；三个完整和两个半球形塑造物之间隔着成对的边缘很尖的带条；有红色颜料痕迹；两头都有一个凸榫。参见 L.B.IV.v.0026。1 英尺 $9\frac{1}{2}$英寸×$3\frac{3}{4}$英寸；1 英尺$9\frac{1}{4}$英寸×$4\frac{1}{4}$英寸。

M.II.0011.　**棕榈写卷对折页和残页。**为梵文和正体笈多文；笔迹属早期印度笈多体。对折页尺寸约为$6\frac{1}{2}$英寸×2 英寸，有五行字。在左顶部对折。离右端 4.5 英寸处有一线孔，似乎表明右端还有两个线孔，如果真是这样，这张纸的总长可能有约 18 英寸。残页约$1\frac{1}{2}$英寸×$\frac{3}{4}$英寸，有两行字迹。

正文显然属雅文；例如第四行的aṇṇa śleṣmikaṃ。见下文霍恩雷博士的注释，附录 F。图版 CXLIII。

M.II.0012.　**灰泥块。**头的后部；面部（单独塑造）残失；头顶覆盖着小螺纹鬈发，涂成黑色；泥未烧过。3 英寸×$2\frac{1}{2}$英寸。

M.II.0013.　**灰泥块。**浮雕像的左手，持衣角；无彩色，但保留下白泥釉；泥未烧过。4 英寸×$2\frac{1}{2}$英寸。

窣堵波佛殿 M.III 中出土湿壁残件和其他遗物

M.III.i.　**湿壁画残件。**“天使”护壁；残块。人像左倾，头向右四分之三，视线方向与头向同，但双眼有点不在焦点，产生梦幻般的表情；双眼突出，右眼中一条线从眼内角向外向下弯曲，强调下眼睑的饱满，从而使右眼的突出感增强。这个效果又被眼睑的灰色阴影映衬得更明显；在任何其他“天使”中都不见这种处理，在本“天使”像的左眼中也不见，因为左眼绘得没有这样仔细；鼻子右边的阴影也加重了鼻子的弯曲感。

长袍为浅洋红色，颈上的曲部画出黑色轮廓。翅膀只绘有两种羽毛线，但第三种是将翅膀的上缘留出一段暗黄色，而较短的羽毛线则绘成褐红色这个方法来表现的；长羽毛似乎是淡黄色，沿上缘一般有一条红斑纹。

在黑顶线上方露出一立像的双脚。下部和左端残缺；表面已磨损，但色彩基本上保存完好。2 英尺×1 英尺 5 英寸。图版 XLI。

M.III.ii.　**湿壁画残件**。“天使”护壁。人像有点向右倾，以示总体在移动；头向左四分之三，视线方向与头相同。长袍淡红色，颈上画出黑色弯曲的轮廓线，无褶痕。翅膀有三种线：最外一种为浅暗黄或白色，中间的一种线与前一种相同，但中心有表示羽根的黑线；最里面的一种为暗黄色，带有向外向上倾斜的黑色短线。脸的比例较 M.III.i 长，眼白厚涂，双眉弯曲，近于相连。表情活泼，嘴含笑意；双唇朱红，在底色中留有高光，就在红色上面，也有一条厚涂的高光线；头发呈双叶形，茎状小把向下伸向右方，从太阳穴起，长鬈发靠着左耳下垂。

黑带上方可见上部湿壁画中的人像的脚。表面变成碎片，其他保存完好。2 英尺 2 英寸×1 英尺 6 英寸。图版 XL。

M.III.iii.　**湿壁残件**。“天使”护壁。人像两肩向前伸，头向右四分之三，上仰，视线方向与头相同。面部轮廓十分丰满，额头低而圆，黑发卷曲，垂于右耳前，差不多与耳垂端头齐平；双眉很浓，适度弯曲并分开；双眼很完美，鼻子具闪米特人特征，鼻线长，向上直到鼻孔头；口的尺寸适度，略带笑意。

长袍暗黄色，用淡红色表示衣褶；这些衣褶从双肩上的两个支撑点下垂横过胸部，右肩直线下垂，在左臂上部环绕。翅膀有三种羽毛线：外线呈浅黄色偏红，中线和内线为白色；各处都有最初所绘红线痕迹。

在最右下角，有平行于半圆形曲边的黑线痕迹；顶部饰带上方见有立像的左脚。表面毁坏严重且多裂隙。2 英尺 $1\frac{3}{4}$ 英寸×1 英尺 $7\frac{1}{2}$ 英寸。图版 XLI。

M.III.iv.　**湿壁画残件**。“天使”护壁。人像略向右倾，头直立，转向左四分之三，视线方向相同。翅膀有三种羽毛线：内线和中线为浅黄色；外线为长羽毛，淡胭脂红色。长袍深红褐色，颈上画出黑色轮廓线。口与鼻小巧，口直；双眉适度弯曲，在下曲部相连。两颊粉红色，几已褪色；轮廓鲜明准确。2 英尺$\frac{1}{2}$英寸×1 英尺 4 英寸。图版 XLI。

M.III.v.　**湿壁画残件。**"天使"护壁。人像略向右倾，头向左四分之三，视线方向略向下，表情专注；面部轮廓自眼到口部高度平直，然后才变得丰圆；双眼过于靠近，且画得很粗糙，口和耳的情形与此同。长袍白色，颈上的黑色轮廓线比较高，形成一个小弯曲。翅膀只有两种羽毛线：外面的为长羽毛，淡黄色，每根羽毛的上缘各有一条红线；内线为花瓣形羽毛，白色或浅黄色。背景有明显的浅蓝色痕迹。整个作品十分粗糙，但保存完好。2 英尺 3 英寸×1 英尺 5$\frac{1}{2}$英寸。图版 XLI。

M.III.viii.　**湿壁画残件。**"天使"护壁（圆周的第二段弧壁）。人像略向左倾，头转向右四分之三，明显向上斜。面部轮廓圆润；双眉适度成弓形并完全分开；口很坚定，上下唇间的分隔线为直线，这种坚定因上下唇弯曲的红线和嘴角的颊窝而有所缓和。头顶上的头发部分残失；鬈发悬于左耳前。长袍用单一的朱红色宽带来表示，从两肩向下弯曲，且上缘没有轮廓线。翅膀有三种羽毛线：最外的羽毛线为长羽毛，黄色，每支羽毛的上半部为红色；中间的羽毛线可能为白色；最里边的羽毛线为白色。

半圆形的轮廓线和画面下部的颜色淡化；但上部的颜色为浅蓝色，边缘显然是白色，带有红色轮廓线。上部左角残缺；整个作品轮廓鲜明，色彩保存完好。1 英尺 9 英寸×1 英尺 5$\frac{1}{2}$英寸。图版 XL。

M.III.ix.　**湿壁画残件。**"天使"护壁。人像强烈向右倾，双肩略倾斜，右肩比左肩高；颈指向右，头近乎直立，但总的方向和颈一致。视线向左，使向右倾的人像产生一种平衡感，并给整体以特别活泼的特征。双眼表情率直，双眉向上向外倾斜。

长袍只剩下淡红色轮廓,胸部有横衣褶,双肩有下垂衣褶。翅膀有三种羽毛线:外面的一种为长羽毛,原为朱红色,现大部分已失;中间和里边的羽毛线为白色或浅暗黄色。背景为蓝色,大部分已失;半圆形的红色轮廓线痕迹同 M.III.viii。总体保存完好,但表面裂缝。2 英尺×1 英尺 5 英寸。图版 XLI。

M.III.002. 湿壁画残件。落在 M.III.iv~v 前面。中间有一男性人像,可能是乔答摩(释迦牟尼之俗姓),坐姿,面向右四分之三,双脚置于脚凳;宝座的背景装饰为深绿色线条构成的格子,在菱形格中有红色小点;双脚并拢,右脚直接朝前,左脚与右脚呈 90 度角。下衣深红色,褶皱自臀部至踝部;暗黄色披肩从左肩上部通过,向下悬至膝盖,右侧从肩后垂至地面,上体全部袒露。左臂的手放在大腿上;右手伸出,好像在教导什么;圆形面部有小胡子,大眼不平,钩鼻,曲部的位置高,而不是在鼻头上形成角状的钩;双耳根据现有证据来看很标准。

右边较低高度有一较小且类似的人像,向左四分之三而坐,双手合掌作膜拜状;戴圆锥形无檐高帽,白色,有红色环形线,至额部,形成贴额的边,从边上立起两个半圆形上翻的帽边。残件的左边露出第三个坐像的左膝和左臂,手上抬,拇指、食指和小指前伸,中间两个手指曲于掌中;膝以上的垂衣为鲜艳的粉红色。

中间人像上部的背景为浅绿色,可能是宝座的背;右边人像的背景为朱红色;前景为两个水池(?),池边为竖和水平栏杆形结构,淡蓝色,用较深的蓝色画出轮廓;两水池之间的地面为朱红色。

肌肤绘成粉红的肌肤色,用明亮的玫瑰红粗糙地画出阴影,两个人像的面颊都用粉红色表现;肌肤和暗黄色垂衣的轮廓线为呈褐色的印度红;其他轮廓线为黑色;头发、胡须、眉毛、眼睑的下线、虹膜的轮廓和瞳孔为黑色;虹膜为褐色。总的特征为西方人,有后期希腊化的影响。色彩保存完好。2 英尺 $9\frac{3}{4}$英寸×1 英尺 11 英寸。图版 XLIII。

M.III.003. 湿壁画残件(不完整)。落在 M.III.iv~v 前面。左边为佛的上半身,向左四分之三,右手上抬如施无畏印(abhaya-mudrā),但拇指向里弯,与无名指的第二关节相抵(手上的第八个关节)。维尼斯(Venis)博士认为这可能象征佛在解释"八重法"。左手位置较低,可能提着垂衣。他后面有六个弟子,分成两排,每排三人,一排在另一排上方;上排离他最近者,上抬的右手持一牦牛尾扇;六弟子的右面,伸出一支裸露的右臂,抓着一把白芽或花,显然是作散花状。手臂的背景为部分圆锥形(?)黑块,上面画着红和白花以及罂粟状呈绿色的灰叶;最左面是类似的黑块,上面散落着画得很好的灰蓝色叶;二者表现的都是树(图136~138)。其他各处的背景为朱红色,在佛和众弟子(颜料可能已失)之间变成浅暗黄色;沿顶部有一条黑带。

佛着深紫褐色长袍,通肩;轮廓线为黑色,并画有暗黄色线,在左肩上转过来。头为西方式,略带闪米特人特征,额头高而直,头顶有点圆;大而完全张开的平直布置的双眼,部分地盖着眼皮;鼻子钩状;上唇短;嘴小而曲,有髭;圆润的双颊和下颏;双耳加长并穿孔,一耳前有一小缕波状头发;双眉几乎在鼻子上相连;左眉强烈弯曲;头发弯曲于额上,收于太阳穴;肉髻部分已残;所有头发皆为黑色。

肌肤为浅暗黄色,面部颜色浅,但手臂上有灰色阴影;轮廓线用宽刷快绘成淡红色,并用红褐色在真正轮廓成问题的地方或者要求有很强的轮廓特征的地方加以强调;其他地方(沿鼻子两侧,靠着颈的颚线和头发下方的额头线,下颏的圆形前突部和颈中的皱纹),只用淡红色,产生很粗犷的阴影效果,但不如想象的那样好。双眼略下视,眼睑略下垂,并像"天使"那样在双眼球上涂白,虹膜上涂褐色,瞳孔和虹膜的轮廓涂成黑色;头后是一圆形头光,淡黄色,画有红边。

众弟子具强烈的西方人特征,明确的钩鼻,双眼较大和较突出。他们的头为较短圆形,绘画技法与绘佛的不同,但与护壁中"天使"和 M.III.002 的面部所采用技法同源;不过,色彩较后者强烈和粗糙得多。所有的头都剃光并亮出四分之三左侧;顶排左边人像右手持白色牦牛尾扇,上举于佛后,着明亮的绿袍,绿袍画有白轮廓线,袒右肩;旁边的那个着明亮的红袍,红袍画有白轮廓线，通肩；下排左边的人像着黄色袍，以红色表示衣褶（右肩残失）；这排另一头的人像着深红色袍，通肩；后者的一手从袍的胸内侧上缘露出，手指紧握衣缘；这个人像额头上也有两条横向的皱纹，双眉很粗，双曲形，于鼻上方相连；耳都穿有孔。头缺乏变化，但视线不一致，有些看向其右，另一些直视前方，还有一些更直接地看向观众并且眼睑向上。

肌肤本身涂成橙红色或粉红的肌肤色，用暖灰色作阴影，每个颊上都有高红色；所有轮廓为红褐色，修过脸的部分肌肤也表现为灰色。嘴唇为朱红色，处理和着色与眼睛一样，类似于“天使”M.III.i～v 等的那种（见 M.III.008）。厚涂的眼白特别厚，达到真正的高光效果。

绘画风格与护壁上的一样粗犷有力，证明技法相当成熟，用经济的方法产生一种完美的效果。色彩很鲜艳，表面保存完好。3 英尺 $3\frac{1}{2}$英寸×1 英尺 $10\frac{1}{2}$英寸。图版 XLII。

M.III.004. 湿壁画残块。落在 M.III.v 前面，为右行人像臂部至脚踝部的双腿，背景黑色；部分红褐色袍挽于大腿上，暗黄色披肩角位于右边；轮廓线鲜艳的粉红色。靠近边缘，右脚踝外有部分红色竖宽带。色彩保存完好。灰泥衬背粗糙，混合有草料（图 127）。1 英尺 1 英寸×1 英尺 $2\frac{1}{2}$英寸。

M.III.005. 湿壁画残块。落在 M.III.v～vi 前；三个弟子的部分头部（第四个弟子残失），向左四分之三看；处理同 M.III.003；背景朱红和白色；色彩保存完好。11 英寸×9 英寸。图版 XLIV。

M.III.006. 湿壁画残块。落在 M.III.v～vi 前；为一个头，向右四分之三，特征同 M.III.002 中王子形的弟子；圆锥形帽子几乎全残；残有一只眼，很饱满，眼白用最有效果的厚涂法描绘。色彩保存完好。$2\frac{3}{4}$英寸×3 英寸。图版 XLV。

M.III.007. 湿壁画残块。碎成五块（现已黏合），落在 M.III.v 前；为大型重叠蔷薇花彩，蔷薇花为红和白色，底色为深灰黑色；花中心为白色，在黄地上绘有表示雄蕊的红色辐射线；部分背景上有表示云彩的白色波浪线。色彩保存完好。1 英尺 3 英寸×1 英尺。

M.III.008.　湿壁画残块。头向右四分之三，西方人特征，黑发，黑髭须；双眼杏仁形，水平，饱满；鼻钩在鼻头部；口直而窄；上唇有光斑；右边背景朱红色和黑色。

绘得很粗糙，但画面简洁、直截，很好看，采用的技法是绘 M.III.003 中众弟子所用的那种，但这一块上显现得特别清楚。先涂抹肌肤色，然后在双颊上、鼻侧、口周围、眉毛下等涂粉红色；接着在这些地方画灰色阴影，在双眼中画珠灰色；面部的轮廓线和容貌绘成深红褐色，绘得很精确。这种红褐色也在黑色的眉毛、髭等的下面出现，也用来画眼睛的虹膜；然后加入黑色，再将双唇涂成红色，最后将高光施成白色。整个画面显示出一套完整的绘画程序，与其说发展，毋宁说颓废。色彩完好保存。4 $\frac{3}{8}$英寸×3 英寸。图版 XLV。

M.III.009、0010.　湿壁画残块。落在 M.III.v 前；为一人像的头残部和双肩；双肩前突，头略向左。保存有右颊、下巴、嘴巴和鼻尖，左耳尾部也保存了下来。肌肤为细致优雅的粉红色，贴有较艳的粉红色，轮廓线为印度红；双唇与 M.III.ii 那样处理成朱红色；颊两侧、鼻头、双唇上面和下巴上的高光施成白色。一缕头发悬于左耳前；面部特征类似于 M.III.0033。

垂衣多少有点与众不同；内袍绿色，呈褶皱状横于前面，有深灰色褶皱，颈孔处以一条横白带镶边。一条白色窄披肩垂于双肩，然后直接下垂于绿背心上，在人像的右侧结束于胸部高度；披肩外侧披于双肩上的是一条厚粉红色的带子，也结束于右侧胸部。这些带端的下面露出暗灰色的垂衣，可能为已褪色的绿束腰外衣的一部分；披肩以下松散地环绕着颈部的是一根绳索，绳头下垂于胸部中心。

耳中挂着黄色耳环，耳环由环上的一串三颗垂球组成，脸侧垂下一条白色头巾。残块的下缘有花，可能是前面人像手持着的。

右边是第二个人像的一部分面部和一把黑发或侧悬的头巾，右眼几乎保留完整。全部轮廓除一肩外皆为红色；背景为黄赭色，色彩鲜艳；画得很好，保存完好。$10\frac{1}{4}$英寸×1 英尺 $8\frac{1}{4}$英寸。图版 XLV。

M.III.0011.　**湿壁画残块**。掉落在 M.III.iv 前面，为半张脸的四分之三；总的特征使人想到 M.III.003 中的佛。肌肤为淡暗黄色，颜色很浅，耳和颚处有很深的淡红色阴影，下巴用红环表示；头发和最后的修饰为黑色；眉毛双曲，在鼻子处下凹，眉毛的外端很高而且强烈弯曲；左耳略为加长并穿孔。脸的整个右侧残失；背景淡黄色。画得很差，保存良好。$6\frac{1}{2}$英寸×$5\frac{1}{2}$英寸。

M.III.0012.　**一捆织物残片**。毛和棉质，包括三片暗色衬背，上面沾有涂上去的粉饰灰泥（暗黄色和黑色）块和三小块橙红织物片（由 T. F.哈诺塞克博士分析）。最大的一片 8 英寸×5 英寸。

M.III.0013.　**十朵假花**。属于布湖模型 M.III.0026。花杯，6~10 瓣，从一块浅红、暗黄或蓝色棉或织物剪出；中部插入一支带有尖尾的木销子，作为茎；销子头上有一簇代表雄蕊等的暗黄色线，用红、蓝和暗黄色线扎紧。（织物由 T. F.哈诺塞克博士分析）销子长 $2\frac{1}{4}$英寸，花直径 2~3 英寸。

M.III.0014.　**湿壁画残块**。掉落于 M.III.ix 前面，为袍的下部褶层和 M.III.0036中那样大步走的人像的部分腿与足；肌肤处理同 M.III.004；袍浅黄色，有红色轮廓；背景装饰以绿叶和红蔷薇，蔷薇处于绿环之中（同 M.III.0058）；色彩保存完好。6 英寸×5 英寸。

M.III.0015.　**有斑纹的丝片**。写有一行佉卢文字。为一整片（除从左下角破出两小块无字的以外），但边缘全残且大片残失。丝暗黄色，组织细，平纹织，有两条由很密的窄线织成的带子，深红和绿色相互交织，纵贯织物。每一条带子的宽度为 $2\frac{3}{4}$英尺，相互之间的空间为 $2\frac{1}{4}$英尺。后者的中间有一条红线，沿着这条线写有九短行佉卢文题字，其中五行完整。它们包含用印度俗语写成的祈祷,为虔诚的捐赠人祈福等。[①] 最长 4 英尺,最宽约 1 英尺 1 英寸。图版 XXXIX。

M.III.0016.　湿壁画残块。掉落在 M.III.iv 前面,为一着黑内袍立像的下部至下腿的中部残段;上部袍暗黄色,带有大红边,褶皱从上下垂至右边。右足可见,但部分脚趾被左边另一人像的左足遮住,左足则完全被右边的第三个人像的右足遮住。背景赭红色,几乎腐烂;中间和右边人像的肌肤为粉红色;左边人像的为淡黄色。第三个人像的轮廓为印度红;右边袍下有亮黄色痕迹。整个上部残失;保存良好。1 英尺 $1\frac{1}{2}$英寸×9 英寸。

M.III.0017.　湿壁画残块。得自东北过道;三个人像组的一部分,坐姿。袍挽于腿部,披肩在双肩上;双手合掌祈祷。人像转向左四分之三,双膝叉开很宽;足、头和上体残失。肌肤呈淡色,染有明亮的粉红色,阴影用灰色表示;双臂和前体袒露;左边的人像着红褐色袍,披鲜红色披肩;中间人像着淡绿色袍,披白色披肩;右边人像着浅黄色袍,披肩看不出来。

每一人像的垂衣都用适当的颜色标出阴影;红色的用黑线;绿色的用深灰色线;白色的用浅灰色线;黄色的用红色线。白色和绿色垂衣中,褶皱表示为阴影而非线条;肌肤轮廓为红褐色。背景在绿和黄色人像之间可以见到,为大红;保存完好。$8\frac{1}{2}$英寸×8 英寸。

M.III.0018.　湿壁画残件。从东北过道获得,显示有人像的右足。从姿势判断人像转向左四分之三,身体重心在左脚,右脚向相反方向,脚后跟上抬,脚趾保持稳定的姿势。虽然画得潦草,但画面整体良好;肌肤为粉红色,轮廓为印度红;脚趾所在处的地面为白色,下面有浅灰色,再下面为黑色。背景黑色,上部有一小块朱红色,可能是袍缘;保存完好。$4\frac{1}{2}$英寸×4 英寸。图版 XLIV。

---

① 参见博耶《米兰题记》,载《皇家亚洲学会会刊》,1911 年第 17 期,418 页;本书第十三章第二节。

M.III.0019.　湿壁画残块。掉落在 M.III.v～vi 前面，显示有两个人像的上身，显然是女性，双手合掌祈祷。两个头像几乎挨着，都转向右四分之三；面容姣好，两颊粉红色，并用很明显的明暗对照法绘成，阴影为珠灰色。眼睛杏仁形，直，靠得很近；表情活泼，略作喜色；口比通常的长，左边人像的口明显有笑意；唇为纯红色并有一定厚度；颈有很深的皱纹，横向，表示出丰满；鼻子有点钩状。头发黑长，发辫状的悬垂于耳后，波浪形鬓发悬于耳前。右边人像额头上的头发从中间分开，并向左向右做成波浪线，在眉毛上方每一边带有一个小尖，向中心弯回来。双眉分得很开，耳很标准，或很轻微地加长。发顶上戴着帽形的白带子，有点像大不列颠的女孩帽。

左边人像的头残损，鼻梁以上缺失，但脸的两侧有鲜艳的淡红色垂带，可能是帽子的一部分；此人像的长袍为黄色，轮廓为红色，颈部有 V 形领口，袖子到达手腕部，一肩上有深红色装饰纹样，可能是花。右人像的长袍与此类似，但为淡绿色，轮廓为深灰色。背景为朱红色；保存完好。$8\frac{1}{2}$英寸×8 英寸。图版 XLIV。

M.III.0020.　湿壁画残块。从东北过道获得，显示有很暗的粉红色垂衣，垂衣的轮廓为黑色；长袍的散边下垂至人像跨开的双腿中间。背景为鲜明的粉红色；作品较粗。$4\frac{1}{2}$英寸×$5\frac{1}{4}$英寸。

M.III.0021.　木雕柱头（一半）。圆形；上半部有塑出两个素面圈，下部为一排尖朝上的宽花瓣；花下为突出的茎，凸茎曾插在柱顶的凸缘里面；柱头挖有凹孔，以安装柱顶的凸榫。有深色颜料痕迹；多少有些类似科普特柱头。见奎贝尔（Quibell）*Saqqara*，1909，图版 XXVIII.5、6。$3\frac{1}{4}$英寸×$4\frac{3}{4}$～4 英寸。图版 XLVII。

M.III.0024.　圆柱形木块。很粗地挖空，外面削出一腰，时漏形，两头直。离两头各$\frac{3}{4}$英寸处，一排各$\frac{3}{4}$英寸见方的孔直达挖空的中心；每一头共有八个孔，交错布置；有一个孔中还残有方形木栓，木栓向外突出；没有磨损的痕迹；有粉饰灰泥和涂料的迹象；类似于轮毂（用来装旋轴），但对用于此目的而言，轮辐过于脆弱；有色彩痕迹。大约保存下三分之一；保存状况良好；长 $8\frac{3}{8}$ 英寸，两头直径 $4\frac{3}{4}$ 英寸。图版 XLVII。

M.III.0025.a～c.　三块暗黄粗棉布。为假花（M.III.0013）的地：a 显示有黑色颜料痕迹，施于线上；b 有深蓝和白色颜料痕迹，并且一块有金叶残片；c 显示有许多绿痕；插花的孔约相距 2 英寸（织物由 T. F.哈诺塞克博士分析）。最大 11 英寸。

M.III.0026.　粗棉布残片。上面覆盖着很薄的白灰泥衣，涂成深蓝。在湿灰泥上安装有成组人造树叶，树叶分别用红或蓝布剪成，并用糨糊粘在一起；茎上的假花（如 M.III.0013）被垂直粘在布和灰泥背景中。整个作品可能是要表现圣湖（Sukhāvatī），湖上漂浮着莲花和水生植物。另一块精细的棉织物也用作相同类型的花的背景；这件织物没有灰泥面，但涂有色彩，色彩现已淡化，这件织物被折叠成三或四层厚（织物由 T. F.哈诺塞克博士分析）。最大约 1 英尺 3 英寸×1 英尺。图版 XLVIII。

M.III.0027.　假花杯。同 M.III.0013，用精细的浅黄色丝做成，带有一较大片相同丝片，花明显就是从这块丝片上剪出的；丝绸很干净，但严重破裂。花的直径 $2\frac{1}{4}$ 英寸，丝绸 1 英尺×4 英寸。

M.III.0028.　很厚的暗黄色罗纹丝绸残块。曾与 M.III.0026 一样，装饰着花；有黑色颜料痕迹，六个钉孔规则地排列，间隔一定距离。$5\frac{7}{8}$ 英寸×$4\frac{1}{4}$ 英寸。图版 XLVIII。

M.III.0030.　湿壁画残块。从东北过道获得，脸的一部分，面向左四分之三；画得很粗糙，但有力；特征和技术处理同 M.III.0011。肌肤灰黄色；轮廓线为在淡红色宽陡线上绘印度红；无阴影；下巴用红色圆圈表示；胡须为黑色，双眉黑色，相连。4 英寸×4 英寸。图版 XLIV。

M.III.0031.　**湿壁画残块**。王族人物的头部，面向右四分之三；特征和处理同 M.III.002，但画得较粗。背景朱红色，背景中画有暗黄色建筑（?），细节用红线表示；披肩为白色；色彩保存完好。$6\frac{1}{2}$英寸×6 英寸。图版 XLIV。

M.III.0032.　**湿壁画残块**。王族人物的头部，面向左四分之三，底色浅黄。特征、处理和头饰同 M.III.002，但画得较细致。左手部分与下巴等高，作祈祷姿势；双肩有小块朱红色披肩；上方出现一只粉红色象的脚趾。色彩保存完好，但表面有画痕。$8\frac{1}{2}$英寸×$6\frac{1}{6}$英寸。图版 XLIV。

M.III.0033.　**湿壁画残块**。脸的中部，与真人大小相近，面向左四分之三；面颊轮廓线后面有白衣；肌肤为粉红色，用明亮的粉红色画出阴影，高光为白色。总的特征和处理同 M.III.009、0010，表现出高超的技巧；背景为赭黄色。$3\frac{1}{2}$英寸×$3\frac{1}{4}$英寸。图版 XLV。

M.III.0034.　**湿壁画残块**。脸的局部，向右四分之三；只剩下巴至左眼下部。特征和处理类似于 M.III.0033；右缘附近有两条黑色的平行曲线，可能是另一人像光轮的一部分。$3\frac{1}{4}$英寸×$3\frac{1}{8}$英寸。图版 XLV。

M.III.0035.　**湿壁画残块**。部分左手和垂衣，与原物一样大。肌肤画出粉红色阴影，手背上的较暗；指甲剪得很短，指尖有点反曲。食指的第一个关节戴一镶椭圆形宝石的戒指；手指和指甲上的高光画成白色，很显眼。手中持一捆在红底上画出的花（?）；垂衣为暗黄色，垂衣的轮廓线为红色。是一很好的作品，保存完好。$7\frac{1}{2}$英寸×$4\frac{1}{4}$英寸。图版 XLV。

M.III.0036.　**湿壁画残块**。朱红色底，上绘跨步走的人像，只保存下双脚、双腿和宽松式垂衣的下部，可能是面向前。双腿粉红色，阴影灰色，轮廓线红褐色；双足转向相反方向的侧面，朝外，跨向右边；宽松式垂衣垂悬，形成古典式衣褶，粗糙地画出轮廓和阴影，是在黄色上面画成红色。左边为第二个作类似姿势的人像的左足和腿，但垂衣为淡绿色。饰带的底部是白和灰色带形成的地线；手艺粗糙。1 英尺 $3\frac{1}{2}$英寸×8 英寸。图版 XLV。

M.III.0037. **湿壁画残块**。一位王族人员脸的上部，面向左四分之三，类似于 M.III.002 中较小的人像；右边是第二个人像部分无檐帽的帽边和右耳。地为很浓的朱红色，色彩都很明亮鲜艳，是一件很好的作品。6 英寸×$4\frac{1}{2}$英寸。

M.III.0038. **湿壁画残块**。脸的下部和左肩；处理类似于 M.III.002。在初步的红褐色上面画出黑胡须；肩上的垂衣为较暗的李子色，带有黑色轮廓；背景为华丽的朱红色；鼻头上的高光为白色。色彩很鲜艳，是一件很好的作品。$3\frac{1}{8}$英寸×$2\frac{5}{8}$英寸。

M.III.0039. **湿壁画残块**。部分左颊和眼，与真人大小相近，人像向左看；肌肤粉红色，阴影为灰色；眼的处理类似于 M.III“天使”护壁上的眼的处理方法。很好的作品。$2\frac{1}{4}$英寸×2 英寸。

M.III.0040. **湿壁画残块**。人像的下巴和颈部；可能是 M.III.0039 的一部分。肌肤为粉红色，阴影为灰色；下巴很强烈地凹成 V 形；垂衣黄色。镶白边；外袍深红色，背景朱红色。很好的作品。$3\frac{3}{4}$英寸×$3\frac{3}{8}$英寸。

M.III.0041. **湿壁画残块**。人像（?）局部，成褶皱状；可能是女飞天的胸部。垂衣为淡粉红色，背景为淡绿色，肌肤（?）近似于白色。3 英寸×$2\frac{3}{4}$英寸。

M.III.0042. **湿壁画残块**。部分背景；两条宽带，一条红色，另一条赭黄色，相互垂直；角中有一草率的红、绿和黑色涡卷装饰。4 英寸×$3\frac{3}{4}$英寸。

M.III.0044. **湿壁画残块**。右边为一坐或跪像的右侧，人像戴淡绿色披肩，着褐色袍。肌肤为淡黄色，阴影为粉红色和灰色；右臂横于胸部，手残失；可能作祈愿姿势。背景为阴暗的紫红色，间隔一定距离画一丛黑色毛绒束；这可能是一头骆驼的局部（参见 M.III.0055）；最左边是一部分暗黄垂衣。作品有点粗糙，但效果较好。$7\frac{1}{2}$英寸×$8\frac{1}{4}$英寸。

M.III.0045. **湿壁画残块**。掉落在 M.III.v～vi 前面；一个人像的双脚和脚踝，人像站立，略转向左侧。右脚侧向，左脚直指向前，脚趾画得很粗陋；肌肤为粉红色；可见到下部绿袍；最右边残留有一个人像的双脚，人像姿势与前者类似，着朱红色袍。地朱红色，足上方用白色镶边，背景为蓝黑色；作品粗糙。7 英寸×$6\frac{3}{4}$英寸。

M.III.0046. **湿壁画残块**。一个立像的下部，略转向右边。下部黄袍有古典式褶皱，轮廓为红色；袍上部为紫色，轮廓为黑色；左足缩短，指向左四分之三；右足（残失）向后指向右；肌肤为粉红色，用灰色粗糙地画出阴影。背景为暗黄色；很粗糙的作品。$7\frac{1}{4}$英寸×$6\frac{1}{2}$英寸。

M.III.0047. **湿壁画残块**。一立像的中部，着黄袍，用红色画出袍线，戴绿披肩。作品粗糙。$4\frac{1}{4}$英寸×$3\frac{1}{4}$英寸。

M.III.0048.a、b. **两块湿壁画残块**。部分边。红背景上画的一条黑带上绘着白色百合花形纹样；很粗。$4\frac{1}{2}$英寸×3 英寸；$3\frac{1}{8}$英寸×$3\frac{1}{4}$英寸。

M.III.0049. **湿壁画残块**。掉落在 M.III.iv 前面。中心附近是树干的下部，暗黄色；右边是一个人的右脚，脚尖指向树；左边是另一只脚（左脚）的脚趾，也转向树；肌肤为略带桃色的暗黄色，阴影为灰色，轮廓为暗红色。背景为朱红色，下面有一条暗黄色窄带；作品很粗糙。1 英尺$4\frac{1}{2}$英寸×$3\frac{1}{2}$英寸。

M.III.0050.　**湿壁画残块**。从东北过道获得，显示有一条深橙红色带，两侧都有黑线；其外是部分灰绿色背景和明亮的褐色袍（?）。$5\frac{1}{2}$英寸×$3\frac{1}{2}$英寸。

M.III.0051.　**湿壁画残块**。从东北过道获得，显示有接近真人大小的脚趾（?）。肌肤为粉红色，阴影用暖灰和亮粉色表示，并用红褐色画出轮廓。地为浅蓝灰色；严重磨损。$2\frac{1}{2}$英寸×3 英寸。

M.III.0052.　**湿壁画残块**。从东北过道获得，显示有接近真人大小人像的左眉毛和头饰。肌肤粉红色，阴影和总的处理同 M.III.002；头饰似乎是阿夫里迪人（Afridis）所戴的那种白色无檐帽，帽下缘环绕一条灰色带子，带子中画有红点。$4\frac{3}{4}$英寸×$3\frac{1}{2}$英寸。

M.III.0053.　**湿壁画残块**。从东北过道获得，部分被烧；显示有几条红线，可能是垂衣。$3\frac{1}{2}$英寸×$1\frac{3}{4}$英寸。

M.III.0054.　**湿壁画残块**。从东北过道获得，显示有一片装饰背景。在蓝黑色地上画红和绿色圆块，圆的轮廓用白色表示，也画有白色图案，可能是书写的一个文字：力。其外是一块白带，带上有红色标记；整体太碎，看不清楚到底是什么。2 英寸×2 英寸。

M.III.0055.　**湿壁画残块**。从东北（?）过道获得，显示有一个躺下的动物（骆驼?）。在淡褐色上面画黑色轮廓；总色彩是暗黄色，阴影用淡红色表示，还绘有少量黑色短虚饰，可能用来表示毛皮。头的轮廓线为黑色，多已残失；背景为黑色。1 英尺$\frac{1}{2}$英寸×$5\frac{1}{2}$英寸。

M.III.0056.　**湿壁画残块**。破碎，显示有一个王族人物的头部和双肩，像 M.III.002 中较小的人像那样，转向左四分之三；他的后面是第二个同类型的人像；背景为朱红色。磨损严重；很好的作品。9 英寸×5$\frac{1}{2}$英寸。

M.III.0057. **湿壁画残块。**从东北过道获得，显示有两个人像，坐或半跪，双手合掌作祈愿姿势；上部残失，右边人像大部分残失。左边人像下部着淡绿色袍，戴深红色披肩；其他地方袒露；其他有浅黄色垂衣；肌肤为粉红色。可见的背景为蓝黑色；地为红色，地的上缘画出白边；磨损严重。9 英寸×7$\frac{1}{4}$英寸。

M.III.0058. **湿壁画残块。**从东北过道获得，背景中显示有建筑物的细部。中心是一根刻有嵌板的壁柱，壁柱上带的柱头；嵌板为黑色，画有三个深绿色大轮廓式圆圈，嵌板全宽，一个叠压着一个；每一个圆圈中有一朵六瓣深红色蔷薇花。顶部和左侧的边为白色，带有重叠鳞片形纹饰，纹饰为绿和红色；右侧的边为红色；红色的外边为黑色，再往外就是作为背景的红色；柱头显然为铃形，黄色。壁柱的左边，在一较远的平面上，有一直过梁式拱，架在立方体的拱墩上，拱墩用铃形柱头和台柱支撑，全都为黄色；过梁的上方有一重叠成瓦状的装饰；整个拱门空间用明亮的绿色表示；所有轮廓为红色（对比本章第四节）。8 英寸×5 英寸。

M.III.0059. **湿壁画残块。**从东北过道获得，显示有部分重叠成的蔷薇花环，同 M.III.007。花瓣的外半部为绿色，内半部分为白色，中心为黄色，带有红色雄蕊；轮廓线用黑色在绿和黑地上画出。6$\frac{1}{2}$英寸×5$\frac{1}{2}$英寸。

M.III.0060. **湿壁画残块。**从东北过道获得，表面略微下凹；显示有部分重叠蔷薇花环，同 M.III.007、0059；蔷薇花的外半部分为粉红色，内半部分为白色，中心为黄色，雄蕊为红色；轮廓线为黑色。完成得较粗糙。7 英寸×3$\frac{1}{2}$英寸。

M.III.0061. **湿壁画残块。**从东北过道获得，显示有部分装饰内容。在黑色半圆形上画出很宽的红色外缘，上面绘白色图案，是一朵三瓣花（有点像棕榈叶），从这朵花向右向左各伸出一根细茎，细茎上可能连着类似的花（已失）。半圆形外面，是紫浆果等构成的一部分花彩，地为暗黄。粗糙但效果不错。$4\frac{1}{4}$英寸×5 英寸。

M.III.0062. **湿壁画残块**。从东北过道获得；深黄色地上绘黑色波浪线，表示长而弯曲的毛发；可能是骆驼的部分颈或狮的鬃毛。一侧为绿地；作品粗糙。6 英寸×$3\frac{1}{2}$英寸。

M.III.0063. **湿壁画残块**。显示有部分无檐帽，帽子有上翻的帽边，与 M.III.002 中较小人像所戴属于同一类，但更类似于护壁 M.v 中头像上的那种（图 137）。画得最为仔细，戴在一真人大小的人像上；中心顶髻为黑色，绕着顶髻画一圈白环，从环处散发出一花形饰巾（?）。4 英寸×$4\frac{3}{4}$英寸。

M.III.0064. **四条红丝带**。精细，平纹织，背面沾有大量粉饰灰泥残迹；曾明显贴在某种粉饰灰泥带（可能是在一柱基上），上面的褶皱表明上下缘曾被折过来。丝绸仍粘着糨糊；一条叠出一个角度，所叠部位丝绸折成一个角；较小的两块丝绸，边上涂有深蓝色颜料。丝绸长 2 英尺 4 英寸，2 英尺 2 英寸，1 英尺 5 英寸，5 英寸；最长的两条宽 $3\frac{1}{8}$英寸。

M.III.0065. **红色丝带**。有很细的罗纹，明显曾粘贴在一雕像或类似物的基座上；背面沾有粉饰灰泥痕迹，前面有黑色颜料带；较大的丝带较硬。最长 1 英尺 1 英寸。

从庙 M.v 获得的湿壁画残块和其他遗物

M.v.vi. **湿壁画残块**。花彩护壁（图 140），显示有年轻男子的头，头转向右四分之三，部分人像见图 140，位于花彩下凹的空间中。头短而方，额宽而低，头项平，颚方形；双耳很标准，双眼大，布置得较直，眉毛适当呈弓形；鼻头略起钩，类似于 M.III 中的“天使”。但那一点的线被擦去，乍一看，鼻子有点塌;头发为黑色,剪得很短,每一侧都延伸到耳的前面。肌肤的处理与M.III中“天使”的处理相同,但作品不那么活泼;例如双唇为纯红色,没有高光。总的特征明显是西方人。

颈的右侧有一条浅绿色披巾;最右边是花彩的部分曲带,严重淡化;最左面是一个天使的部分手和捆在花彩反曲部的饰带;顶部有一条深蓝色饰带。背景是浅黄色,头两侧且在头与花彩之间的空间,各有一朵蔷薇花;左边的那朵为粉红色,六瓣,瓣尖之间显示有萼片;右边的那朵为七瓣,绿色,带有类似的萼片。两朵花的花心都为暗黄色,圆形,有表示雄蕊或籽的红色环。二者都为晚期古典艺术中常见的传统型蔷薇。

表面磨损且碎裂,边缘除被切掉顶部外皆残。1 英尺 8 英寸×1 英尺 2 英寸。图版 XLIV。

M.v.x.　湿壁画残块。护壁花彩(图 134~140),显示有一青年的头和双肩。青年扛着花彩,戴弗里几亚式帽子。花彩只有上曲部,形成头的背景,向下下降到两侧肩上;左右各有一条缎带捆着花彩,青年的左手手指可见到正紧握着其外缘,他的手臂从后面穿过来。他的右手持一碗,靠在胸前;他的头和双眼转向左四分之三;脸很优美,双眼大而且布置得很直,口鼻小巧;轮廓为一优雅的椭圆形。肌肤的处理与 M.III 中“天使”的处理相似。黑发表示为一条窄缘,横过额头,向下延伸到耳部,耳被头饰的侧边给遮住了。

形成花彩的带为黑色,左右都有一束三只红水果;缎带为呈绿色的暗黄色。人像着红衣(只留有色彩痕迹),戴发白的暗黄色帽子。花彩上方的背景是同一种暗黄色,在最右面有一绿色蔷薇花残片;饰带的上缘以一条深蓝色的宽带为边。

泥很脆,里面混合有少量草;画面严重毁坏并碎裂。1 英尺 6 英寸×1 英尺 6 英寸。图版 XLIV。

M.v.001.　木柱头和轴。局部,在东北过道出土。浮雕装饰为犍陀罗式叶形装饰;单叶,叶脉向上向外张开,充满柱头的前面板,中间是花茎,从颈部直达柱顶板,在柱顶板的中心托着一朵四瓣花;茎使柱头形成角,并在上端卷成一对涡形图案;两侧有半叶形装饰。背景上有红颜料痕迹;柱头下面的12 边形轴,有些部分雕刻成相同的形状。木头有很宽的裂缝。宽 $5\frac{1}{8}$英寸,柱头高 $4\frac{3}{8}$英寸,厚 $3\frac{1}{2}$英寸。图版 XXXIV。

M.v.002.　**织物残片**。一为织得很密很厚的黄色罗纹丝绸,一为很细的呈绿色的深蓝色罗纹丝。其余为很薄的略带桃色的黄丝,极脆。最大4 英寸。

M.v.003.　**小木柱头的残角块**。类似于 M.v.001。上部有一片柱顶板,顶板角上显示有双涡形花样,并带有绯红色颜料痕迹,叶形装饰中有绿色颜料痕迹。木质软。长 $2\frac{7}{16}$英寸,宽 $1\frac{1}{8}$英寸。

M.v.004.　**湿壁画版**。属外侧南过道。原来位置见图 133。半圆形中出现一个有翼人像的头肩部,类似于 M.III 中的“天使”,但从技法和绘画两方面看,手艺都较差。人像为正面,双肩向左倾,头垂直,转向右四分之三,双眼转向相同方向,头型比 M.III 的“天使”方而短,更接近于 M.v.vi 的头,但颚更圆一些。肌肤画成浅白色,双颊没有适当色彩,也没有像 M.III 系列“天使”中的那种明显的阴影;全部轮廓线都为黑色,双眼轮廓线为纯黑色;只有双唇施有红色。头发为黑色,卷曲于额上,并布满整个头部,向下延伸到脸的两侧;M.III 的那种叶形发束还有出现,但只是略为高一点的普通发髻而已。翅膀较小,形状也不那么完美;外边的长羽毛为白色,较短者有黄色痕迹;中间羽毛线的每一根羽毛缘纵向方向为一半黑一半白;里面的羽毛线是一条素面黄带。袍为黄色,用淡红色线条表示颈部的袍边、横过胸部和手臂上方的褶痕。

半圆形较扁较长,空的部位为鲜明的淡红色;其上方,在白色上面镶有一条宽 3 英寸的浅蓝色带(两种颜色几乎完全淡化),再上面是一条宽 3 英寸的青黑色的边;下曲缘镶有 7 英寸宽的花彩,花彩为黑色,上面画有醒目的粗卷云纹,卷云纹绘成红色,用白色画出轮廓,效果很好。左角有一小块脱落的断块,这以下的背景为黄色,背景上画有红和黑色波浪线。整个画面缺乏精致与活力。壁画块保存完好,但两头残缺。2 英尺 3 英寸×1 英尺 9 英寸。图版 XLV。

M.v.005. **湿壁画残块**。属南过道外壁,显示有天使的部分翅膀,各方面都与 M.v.00 类似,但有些长羽毛一半的宽度染成浅灰色;色彩保存完好。1 英尺$\frac{1}{4}$英寸×7 英寸。

M.v.006. **木雕莲花**。东南过道顶上出土。莲花的八片花瓣从中心向外向下弯曲;两片花瓣上有镀金的痕迹,莲花上还发现八散片金叶;每两片花瓣的瓣尖之间,有画成红色的萼片,花瓣的边缘也涂成红色。雄蕊形成盆形凹槽,槽中心有一实心纽把,纽把上突出一个铁柄脚。保存完好,但略微被虫蛀。直径 4$\frac{5}{8}$英寸,高 1$\frac{5}{8}$英寸。图版 XLVII。

M.v.007. **长方形木板**。钻有九个孔,其中八个排成一圆圈,第九孔位于中心。一侧中心涂成深色,孔环之外有粉饰灰泥和蓝色颜料痕迹;这一侧的孔中有楔子,用来保持插入之物;可能是一个还愿插香用的座子。灰泥呈圈状,可能是从立香的中心部分漫过来的;孔用一根炽热的金属棒钻出,不是正规钻出来的那种。5$\frac{3}{4}$英寸×4 英寸×1$\frac{1}{8}$英寸。

M.v.008. **木浮雕蔷薇花**。局部,在东北面出土;完整时应有 12 片花瓣;四片花瓣和四片萼片保存下来,向下弯曲;在白色泥釉上面,花瓣显示有蓝和粉红色颜料痕迹,萼片显示有亮红色颜料痕迹。9 英寸×2$\frac{3}{4}$英寸。

M.v.009、0010. **一对木圆片**。莲花形,斜缘,在西南过道出土。表面雕刻出凹坑,在中心留出一小扁圆片;实际中心用铁柄脚钻一孔。形成一粗糙的莲花;中心圆片绿色,用红色镶边,凹面绿色;斜缘上有八片绿色花瓣,花瓣的轮廓为红色,带有红色萼片。4$\frac{1}{2}$~3 英寸×$\frac{1}{2}$英寸。

M.v.0011. **绘画木门板残块**。颜料几乎完全没有了;图案莫辨;白地上有黑和红色。1 英尺 $2\frac{1}{2}$英寸×$4\frac{1}{2}$英寸×1 英寸。

M.v.0012.　**雕刻木过梁**。头部。长方形木板，三面有素面框，环绕着一个凹陷面，凹面内（左）头雕刻出一朵莲形花；此花有 10 片花瓣，内侧有许多雄蕊，作杯形排列，环绕着雌蕊。完整的那头，框内侧雕造出一素面，素面造型被这朵花中断，然后，越过这朵花，雕刻出植物图案，显然是一高度传统的花环。这一头（右）被切断掉了。很腐朽。1 英尺 5 英寸×1 英尺$\frac{1}{2}$英寸×4 英寸。图版 XLVII。

M.v.0013.　**湿壁画残块**。显示有部分男子的头，转向左四分之三。总的特征同M.III.002 等，但无头饰；短黑发；胡须和直发束垂于左耳前。脸上无阴影，脸为粉红色，较"王室人物"的暗；双唇为明亮的朱红色，只剩下轮廓。背景为蓝黑色；头的上方为手持 cauri 的局部。保存完好。$4\frac{1}{4}$英寸×$5\frac{1}{4}$英寸。图版 XLIV。

M.v.0014.　**湿壁画残块**。显示有一对真人大小的手，双手合掌作祈祷姿势。粉红色，阴影灰色，轮廓线为红褐色；短指甲；指尖略微反弯；每一只手腕上有两只素面的黄手镯；画得很好。背景淡化成绿蓝色。$7\frac{1}{2}$英寸×4 英寸。图版 XLV。

M.v.0015.　**湿壁画残块**。显示有两个头，转向右四分之三，特征同 M.III.002 中间人像。右边的头保留有无檐帽，帽边红色，后面是白衣的垂尾；第二个头的上部和背面残失；两头的肌肤为淡黄色，两颊画成粉红色；色彩总体上与 M.III.002 相同。背景为朱红色；画得很好。$6\frac{1}{4}$英寸×5 英寸。

M.v.0016.　**湿壁画残块**。一朵大型粉红色莲花的局部，轮廓为黑色，红地。作品粗糙。$4\frac{1}{2}$英寸×$3\frac{1}{2}$英寸。

M.v.0017.　**湿壁画残块**。显示有部分手臂（?），约真人大小，戴有蛇形红手镯；肌肤为粉红色，阴影为灰色。背景为浅蓝色。3 英寸×$3\frac{3}{4}$英寸。

M.v.0018.a~f. **湿壁画残块**。不重要的背景残片；无可辨图案。最大 4 英寸×5 英寸。

M.v.0019. **湿壁画残块**。显示有部分绿地（?）粉红色花彩，发现于东过道中。3 英寸×$2\frac{3}{4}$英寸。

M.v.0020. **湿壁画残块**。显示有部分灰绿色垂衣（?），垂衣一侧有红和肌肤色线条，发现于东过道中。$3\frac{1}{2}$英寸×3 英寸。

M.v.0021. **湿壁画残块**。显示有部分淡绿色垂衣（?）。$3\frac{1}{4}$英寸×$3\frac{1}{4}$英寸。

M.v.0022. **湿壁画残块**。显示有波斯式传统型卷花，蓝黑色地。茎由平行的绿、红和暗黄色线条组成，茎上长着绿和红色叶和花蕾，轮廓为暗黄色。作品很好。$2\frac{3}{4}$英寸×2 英寸。

M.v.0023.a、b. **湿壁画残块**。明亮的深红色地，间隔以黑带，上面绘红、绿和粉红色花形图案，轮廓线为暗黄和黑色。一条边缘上，两片莲花花瓣的尖绘成粉红色。发现于北过道，可能属于护壁上的花彩部分。$4\frac{1}{2}$英寸×$3\frac{1}{2}$英寸；5 英寸×3 英寸。

废墟 M.x 出土器物

M.x.001. **柔软的丝腰带**。厚，奶油色，平纹；中部状况良好，但两头因不断打结而严重磨损。见上文，本章第八节。长约 5 英尺 5 英寸，宽（织边至织边）1 英尺 $10\frac{1}{2}$英寸。

M.x.002. **一捆织物残片**。主要是暗黄色、黄色、红色和深蓝色小破毛布片，斜纹；参见 N.XIV.iii.006.e 和 007.c。也有深褐灰色平纹织物残块；带有织物衬背（可能是绳编鞋的一部分，同 T.XI.iii.002）的暗黄色厚毡片和编织的毛线环或手柄。最大 $6\frac{1}{2}$ 英寸。图版 XLVIII。

M.x.003. **陶片**。褐色胎，手制，轻微但均匀地烧制；表面用短齿梳形修光工具大致加工光滑，采用水平和之字形方法加工。$2\frac{7}{16}$ 英寸 × $1\frac{1}{2}$ 英寸 × $\frac{1}{4}$ 英寸。

第十四章　从罗布沙漠到敦煌

第一节　从阿布旦到敦煌的道路

在阿布旦停留▷

2月11日，在米兰遗址的民工完成了他们的工作，这天晚上我的营地又迁回了阿布旦。在那里我们辛苦工作了9天，对文物进行安全的打包，做各种准备工作。这些文物目前已在运往喀什噶尔（图147）的途中。

路上的地理学观测▷

1907年2月21日，我带着为继续往东调查而准备的物资启程了。在我的个人笔记中，我对在甘肃最西部的绿洲中为期三周的考察作了详细说明。[①] 这里有必要对沙漠的地貌特征和道路的历史地貌的调查资料作一个简明的总结。为了弄清我在这条路上调查中一些新提出的地理问题，我于1914—1915年冬对这片渺无人烟的地区做了极为详尽的调查。[②] 但是，这些地形学调查结果仍有待于台拉登三角调查办公室（Trigonometrical Survey Office，Dehra Dun）出版。

历史上连接塔里木盆地北部的罗布地区与敦煌及中国最西部的直通道路，可能一直就有两条。[③] 其中一条可能要远一些，并要克服缺水和无法放牧的困难，但可常年穿越阿尔金山

① 参见斯坦因《沙漠契丹》，第一卷，503~546页；第二卷，1~8页。

② 参见斯坦因《第三次探险》，载《地理学刊》，1916年第48期，126页以下、205页以下。

③ 参见本书第九章第一、五节，第十一章第十节。

(Āltin-tāgh，即“前山”的昆仑山脉东段)光秃秃的高坡。在我的指导下，拉伊·拉姆·辛格和R. B.拉尔·辛格分别于1907年和1913年对此路进行了调查，而且都已标在了地图上，这里不必细说。此路被罗布人(Lopliks)称为“山道”，另一条被称为“沙道”。“沙道”沿着北边是库鲁克塔格山(Kuruk-tāgh)，南面是阿尔金山冰川似的山脚，顺着这条长长的洼地延伸到最深处。

◁通过喀拉库顺

在这里我们必须简要叙述一下“沙道”。根据不同的地貌特征，这块地方分成三个主要部分。第一部分包括总长约158英里的地区，其南部与罗布湖盆一样长。从喀拉库顺(Karakoshun)沼泽南部边缘开始，随后紧挨着一个目前已干涸的巨大盐渍湖床的南岸向前延伸。在本书第十章和第十一章中，我曾经常提及这个湖床。[1] 在从阿布旦出发后第一个停留地墩里克，两条通往沙漠和山区的道路在此分开。在这里缺水的困难已经出现了，因为那条被称为阿其克布拉克(Achchik-bulak)(苦泉子)的小溪里的水是咸的。

◁古老的盐渍湖床

再前进约55英里，越过干涸的盐渍湖床的无水地带，旅人便到达钦达勒里克(Chindailik)苦泉。目前这条商路再往前16英里，就穿越古罗布泊那凹凸不平、布满盐霜的坚硬地表。亨廷顿教授发现这样一个有趣的现象：有一条小路沿着古老湖床堤岸的沙砾台地边缘延伸，因而避免了穿越困难重重的坚硬盐碱地。[2] 现在无法判断此路何时中断使用。但是，这条沿罗布泊湾行进的小路足以让人推测，历史上这里曾经有过一片难以逾越的盐碱沼泽，迫使道路拐了一个大弯。

---

① 关于1914—1915年对此以北的考察，参见《第三次探险》，载《地理学刊》，1916年第48期，126页以下。也可见《地理学评论》，1920年第9期，25页以下，纽约。

② 参见亨廷顿《亚洲脉搏》，290页等。

湖床的古代堤▷岸线

围绕这些古代的湖岸线边的沙砾台地再往前,并通往落瓦寨(Lowaza)(图145)与科什朗扎(Kōshe-langza)之间那些可以得到虽有点苦但仍可饮用的水的歇脚点。科什朗扎前面,连绵不断的陡峭黏土台地从南面消失了,道路继续分两路沿着巨大的盐渍湖床岸边的狭窄灌木地带前伸。这里的湖床表面非常平坦,一直向北延伸,好像湖泊依然存在。在潘家(Panja)和阿其克库都克(Achchik-kuduk)驿站之间,这一带状地区的植被覆盖了一个盐碱沼泽带,成一干涸湖床上的点缀。[①] 从"苦泉子"阿其克库都克往前,地表的自然特征变化非常明显,因此可以很恰当地认为这条道路的第一段就到此结束了。

古罗布泊的东▷部湖湾

在北面古罗布泊以远,我现在能看到最南面的库鲁克塔格山系最后的支脉耸立在仅仅约17英里以远的地方。从那里可以看到这光秃秃的低矮山岭平缓地向东北方向延伸。在道路以南不远处,有一条与之平行的、被巨大的流动沙丘覆盖的约400英尺高的山脊。这自然使人想起塔克拉玛干沙漠里的时令河岸边的巨大沙岭。这里的沙丘地区也是在东北方向上,而它的底部是黏土。它同那些孤立或成片的高达40英尺或更高的侵蚀台地一样,从山脚向东北延伸。

拜什托格拉克▷沙漠谷地

从阿其克库都克到拜什托格拉克(Bēsh-toghrak)以远,长达80多英里的道路所经过的地方明显地给人一个印象:这里是一个巨大的沙漠谷地,它的北面是库鲁克塔格,南面是阿尔金山沙覆砾石地带。1914年细致的调查以及两幅地图更清楚

① 我1914年的调查结果表明,古罗布泊底坚硬的盐壳状地表一直向东延伸并收缩成海湾,直达东经92°18′。因此,我自然就推测它比我们调查到的地方延伸得更远。

地反映了这一特征。[①] 一系列精确测量的等高线尤其证明，这里的地表从库木库都克（Kum-kuduk）附近的最东边（我们的高程测量即以此为基准），开始缓慢但却持续上升，直到拜什托格拉克以远。[②] 在那里它与水源来自敦煌南面和东南面的古疏勒河盆地末端的一系列洼地相遇，从地理学角度看这些洼地很有意思。

◁沙漠谷地的地下水

虽然这个目前已干涸的时令河盆地具有自己的特征，但是我们有足够的理由认为，它已经处在了这条道路的第二段上。我们可以认为，这段道路是从阿其克库都克井几乎一直延伸到目前可能接受整个疏勒河水系水源的辽阔的沼泽盆地。这条超过 96 英里长的路线第二段的特征，取决于它沿着一条大峡谷这一事实，而不是像上一段那样沿着已彻底干涸的盐湖岸。虽然这里仍是沙漠，但地下水足以在许多地点形成离地表并不深的饮用水水井，也可以维持或大或小的连片芦苇或灌木的生长。土壤已不再是盐渍壤或砾石，而完全是沙。过了央塔克库都克（Yantak-kuduk），沙漠植被稳定增多。远至拜什托格拉克，大多数地方只要挖下几英尺就会有清水。供放牧的芦苇和灌木丛足够丰富，甚至还可以见到几株发育不良的野白杨，当地罗布人称之为“五胡杨”。从阿其克库都克继续向东北前进，谷地逐渐变窄。南边长长的沙丘带越来越逼近光秃秃的库鲁克塔格山脚，此山在这里高出谷底约

◁拜什托格拉克的水井

① 参见斯坦因《第三次探险》，载《地理学刊》，1916 年第 48 期，129 页。如地图所示，上述主要地理现象一点也不受已被调查证实了的从阿其克库都克到央塔克库都克附近的道路走向的重要地貌细节的影响。长满灌木丛和芦苇的盐碱平原只延伸到道路以北不足 2 英里的地方，在那个边界以远则是上面提到的古罗布泊最东边的延伸部分，那是完全草木不生的盐渍地表。在一些地方，这个延伸部分的底部仍保持着盐碱沼泽的状况。我们发现，它的最东端延伸了约 2 英里，直到央塔克库都克北面东经 92°18′处。

② 从库木库都克以北到拜什托格拉克以远洼地的西缘线 60 英里范围内，最高处正好高于基准线 250 英尺。

1 500英尺，而在拜什托格拉克，谷地的宽度已收缩至仅5英里。

古代疏勒河末端盆地

直到拜什托格拉克，沙道的第二段上没有遇到前段上那些严重困难。不过，在拜什托格拉克的东边，地表特征有了明显变化。从那里过了约5英里，有一处高40~50英尺的沙丘带。过了沙丘带，这条道路就来到了构成疏勒河终碛盆地的一系列洼地的最西端。在我的个人笔记里，详细描述了这里直到盆地东端附近一个地点的有趣特征。① 笔记里我还解释了由这些特征引发的特别有趣的地理学问题。②

来自疏勒河水系的地下水

这里的地下水很容易获取，这就足以使从拜什托格拉克至古罗布湖床尽头的谷地的交通线畅通。其水源很可能来自疏勒河水系某个部分的地下水道，一直流向早期盆地末端的洼地，至少在夏季泛滥时是如此。1907年和1914年我都清楚

---

① 参见斯坦因《沙漠契丹》，第一卷，532页以下。

② 这里在地理学上的重要性，促使我1914年3月路过时作了更深入的调查。调查的结果一方面肯定了我以前对这里的一般特征的说法，同时也使我对现在在地图中所见到的一些地方的细节作一些修正。它们已及时反映在新的系列地图里，包括我第三次旅行及以前探险的成果。在这些细节当中，我想借此机会在这里更正其中一个重要的细节。

1914年3月，R. B. 拉尔·辛格在我的指导下，带着平板仪对上面描述的洼地地带的南面进行了调查。证明地图中所标的此路向北拐向现在的疏勒河末端的转折点是不对的，水从此可以最终到达153号营地南面也是不对的。拉伊·拉姆·辛格1907年5月对这一地区进行了踏勘，非常准确地划出了疏勒河从174号营地至地图上SU点的走向。但是，他也没能发现河床向北拐的真正地点，而只是向西南划了一个直拐。河水1914年从此继续向西约4英里，注入一个南北长约7英里、以盐渍带为岸的狭窄的湖里。在洪水泛滥的季节，它很可能与地图上所标的再往南的湖床相通。

在地图上我们看到，那个高耸的沙覆高地一直延伸到疏勒河向北拐弯处（这个点实际上标错了）的北面。事实上它一直向正西方向延伸。从两份地图上看，山脊的走向与事实相符。斯坦因《沙漠契丹》第一卷535页（上端）的表述也应相应予以修正。

值得注意的是，中间这片高地的长度和宽度使疏勒河水系更有可能找到了它通向现在通常已干涸的三角洲北部河床的通道。而不是像想象的那样，在从终碛盆地南部向前流淌过程中渗到了地下。1914年我在盆地北部做了调查，而且收获颇丰。

要公正地评价我的调查助理的上次调查，我应该补充说明，他的错误部分是由于地表本身带有欺骗性特征，部分是由于他的调查是在不适合调查的气候环境下进行的，而且那时他的身体也受到了严重的影响。

地观察到其中一些最近的泛滥痕迹。同时在一个很大的范围内，土壤仍然比较湿润，很少见到盐壳，这显然说明水到达这里时还相对地较淡，而且在完全蒸发之前就已渗入地下。[①]

◁多变的末端盆地

这条路（沿着这古代盆地末端前进或穿越它）经过的地表十分多变。不管是在洼地中松软的沙土上，还是在宽阔的沙丘带上，都找不到一条能由一个季节沿用到下一个季节的旅行通道。在这个辽阔盆地的大部分地区（图 148），数以百计的黏土台地成群或成排、像岛屿或高塔一般散布其间[②]，星罗棋布，使得行人很难找到正确的道路或者走对方向。如果没有向导，过路人可能很容易在这些奇异的黏土带“迷宫”中迷失方向，误入盆地南部或北部毫无生还希望的沙漠中，那里荒芜的台地或沙丘宛若一道大幕挡住去路。

◁疏勒河末端河床

我们第一次从拜什托格拉克出发的旅行，就到了上述奇异盆地的东端附近。我们的向导没能找到可以宿营的苦井。不过 3 月 7 日早晨，我们在道路已经很好找的粗沙和砾石地区只行走约 3 英里，就来到了从东边延伸过来的边界深切清晰的洪水河床边。我立即意识到我们已经到达疏勒河古老的末端支流的一条分支，我继续向前来到它右岸的峭壁，发现地貌突然完全改变了模样。它的东边是一块偶有几处洼地的开阔沙砾平地，北边远处是库鲁克塔格山的低矮山丘。这里的天空不够明朗，无法看清安南坝（Anambar-ula）巨大的雪山，而往后的季节则是能看见的。显然，这条道路很可能从这里起已经进入非常开阔的疏勒河谷地，并已接近构成终碛盆地

① 疏勒河的洪水甚至现在也能在这早期盆地里找到它的出路，要么通过蒸发，要么通过其他途径。这可由以下事实得到证明：干枯的河床一直延伸到目前的疏勒河末端，进而成为它的三角洲的一部分。

② 毫无疑问，它们是侵蚀的“见证者”，同时它们在哈拉淖尔（Kara-nōr）周围及南面的疏勒河终碛盆地附近也有发现，有力地证明拜什托格拉克东边这条道路经过的洼地具有湖泊特点。

的沼泽地带。它的边缘离我沿这条道路来到的沙砾高地只有6英里左右。

前往敦煌的道▷路的最后一段

我们已经穿越的地区确实是一处古老的终碛盆地,而且经过它及拜什托格拉克以远的谷地,疏勒河水早期(不过从地质学上来说并不久远,只是在罗布泊干枯之后)从此处流向古罗布泊。但是,接受这个理论无论如何也不会淡化这条道路由此进入它的第三段,也就是最后一段的印象。这段通往敦煌大绿洲这个中原通向新疆最西端的前哨阵地,以及最早经营中亚地区基地的道路总长约97英里,共有五个便利的驿站。这整段顺着中国古代路线的道路,通向疏勒河床附近,或其他水源来自敦煌水系的淡水潟湖带。由于淡水水源充裕、一些很便利的空地上适合放牧,沿线四季都易于通行。虽然这里还不能耕种,但是河边地带很多地方都适合放牧,因此行人开始感觉到沙漠已经甩在身后。

沿中国古代长▷城延伸的道路

我随后沿着罗布—敦煌路线这最后的河边地段(即中国古代长城的最西段,亦即曾捍卫中原帝国声威的“中国墙”真正的末端)进行了调查,丰硕的调查收获证实了这一明显的地理变化。由于取得了丰硕的考古学成果,因此这些探险与考察活动将在本章及以后的章节中得到详细的阐述。不过在此之前,我将首先对我们所掌握的关于整条路线的地志学资料作一简要的回顾。

第二节　罗布沙道的汉文记载

道路的早期历▷史

在第九章讨论罗布地区的中国历史记载时,我有机会详细研究了讨论中国贸易与政治势力最早向塔里木盆地扩展时

图 145　自落瓦寨碱泉沿罗布泊湖岸向西望

图 146　敦煌亭障 T. XXIII 西侧洼地孤立的泥土台地

图 147　护送人员押送古物从阿布旦出发前往喀什噶尔

图 148　153 号营地西北疏勒河古尾闾盆地西缘一带被侵蚀的泥土台地

图 149　敦煌亭障 T. III 烽燧遗址，自东望

图 150　敦煌亭障 T. XXVI 烽燧遗址，自西南望

图 151　敦煌以北石板墩被东干人破坏的寺庙遗迹

图 152　敦煌以北 T. XXV 烽燧遗址，自西南望

经常用到的主要地志学资料。[1] 我阐述了这段那时新开通的、由敦煌的中国前线基地通往罗布淖尔附近楼兰境内的道路，曾起到的重要作用。这里我不打算重复阐述证明下面结论的证据：在著名的张骞通西域事件（公元前136—前123年）之后，所有通往塔里木盆地的交通、贸易、军事行动，都主要是经过这条通往干枯的罗布湖床北面（即以楼兰遗址为标志的、目前已完全干涸的那部分罗布地区）的道路。我也不想描述1914年冬从这些遗址开始、困难重重却收获颇丰的考察活动。在那次调查中，我把这条古道与目前从罗布到敦煌的沙道的相交点之前的那部分弄清楚了。我在其他地方对此所作的初步说明，现在足以用作参考。[2] 由于早期资料有限，我打算简要讨论一下现在能查找到的有关上节讨论的道路的所有地志资料。

◁经过楼兰的直通道路

在前面讨论《汉书》中有关鄯善即楼兰的资料时，我曾详细讨论了书中所提供的、从敦煌到楼兰道路虽不丰富却很重要的材料。在那里我揭示了这样的事实：和现在一样，那时为了寻找通往北部广阔的绿洲带最直接的道路，并开辟由西向东越过塔里木盆地最便捷的军用和商用通道，中国人最初把主要道路修在那时仍可居住的罗布地区的东北部，这里因此留下曾作为他们窥视古代罗布湖床以远地区的桥头堡的楼兰遗址。[3] 当这条道路首先沿着这片广袤的盐碱荒地的边缘走

---

① 参见本书第九章第四节。

② 参见斯坦因《第三次探险》，载《地理学刊》，1916年第48期，124页以下。

③ 关于我1914年在楼兰遗址东北发现的，中国在楼兰方向设立的最早据点L.E遗址的位置及性质，参见斯坦因《第三次探险》，载《地理学刊》，1916年第48期，124页。在此页所附的临时概图中，这个据点的位置标在接近沙漠入口D附近。关于向东前往拜什托格拉克的古代道路，这份概图也是很方便的参考资料。但是，除了比例尺缩小了，我们还要记住这样一个事实，即这份概图只是在天文测量和三角测量结果出来之前为临时使用而编绘的。

过之后，便从它最狭窄的北面穿过。这里的自然条件十分艰苦。但是，在远未到达通往古代罗布泊南岸的道路之前，这些困难就可以从南部广大地区的补给中得到缓解，而且中国军人与商人可以从附近的农耕区得到各种给养。我们的一份略图显示，楼兰遗址（L.A）与拜什托格拉克之间的距离，要比它与米兰近将近 70 英里。

已探清的"楼兰道"▷

1914 年，我正是在这条为行文方便而称之为"楼兰道"的罗布—敦煌道路的北支线上，确定了令人毛骨悚然的"白龙堆"（White Dragon Mounds）的位置。《汉书》中将它定在离中国最近的楼兰国领地的最东端的对面①，以后也都沿袭这种说法。② 在我 1914 年考察结果的初期报告中阐述的重要考古学"发现"，促使我沿着楼兰道继续对"白龙堆"两边的最西端荒芜地段进行调查。这里的遗迹似乎可以比东段更准确地进行调查。根据地理学和考古学证据，可以肯定地说，这条道路是沿着以中国古代长城为标志的一线，也就是我上面介绍的目前通行的从罗布到敦煌沙道的第三段的延伸。我正是在那里发现了著名的玉门关遗址。《汉书》把它作为楼兰道的起点。③

楼兰道的中段▷

在古代楼兰道的中段，我们也有可靠的向导。我 1914 年的探险证明，尽管由于盐沼地表面干燥而难辨真伪，但是古代湖床最东边的一些遗迹仍然一直延伸到相连的央塔克库都克。再往前则可以看到，这个地点的东边，在我为行文方便而称之为"拜什托格拉克谷地"的北缘，可以找到水及养驼的牧

① 参见怀利《西域记》，载《大不列颠及爱尔兰人类学学会会刊》，1916 年第 10 期，26 页。关于我 1914 年对"白龙堆"位置的确定，见《地理学刊》，1916 年第 48 期，128 页；本书第九章第五节；而《沙漠契丹》第一卷 525 页上的说法则应相应地予以修正。

② 参见本书第十一章第十节，本章第二节。

③ 参见本章第二节及第十九章第一、二节。

场。它的北缘当然也就是通往楼兰最近的路线。因此我说，沿此线通往楼兰的汉代古道，在目前沙道上拜什托格拉克附近的某个地点分岔。我有一些考古学发现支持这个结论，只是这些发现必须在我第三次考察报告中全部重新整理。[①] 我们可以肯定，汉代的道路在拜什托格拉克以东是沿着或穿过上面讲到的终碛盆地的东缘前进的，而不是沿着现在的路线。因为如地图所示，这条路上矗立着中国长城的早期烽燧 T.I 和 T.II，而且长城深入到盆地东南边缘以内 8 英里，从而形成一段直线的长城，这足以证明它的年代十分久远。

◁西段的困难

在 1914 年冬的调查中，我成功找到了通过那片尽是盐碱、黏土、沙砾的不毛之地的古代楼兰的西段；而从我在其他地方对那次尝试的说明，将足以证明这里所遭遇的困难难以克服。[②] 在古代，在至少 120 英里之内，既没有水，没有牧场，也没有燃料。至于汉武帝时期交通线路的组织者如何克服这些障碍，开通这么一条重要的军事、贸易交通线，我不能在此加以讨论。但是，我可以记录一个关于地形性质的观察结果。毫无疑问，这种性质可能使整条楼兰道用于交通成为可能，而且成为中国人至今前往中亚及其邻近地区时仍喜用的一种交通模式。从楼兰遗址发现的汉文文书中可以发现这种记载[③]，而我在其他地方的经验则让我相信，从这些文书里可以找到一些古代人如何解决这些问题的线索。

◁通往鄯善的南支线

这种说法同样适用于通往米兰和阿布旦的道路的南支线，在那里，马车道虽然简陋，但也没有太大的困难。在此线

① 关于我在科什库都克（Kosh-kuduk）以西、拜什托格拉克北缘发现的一条古代水道遗迹，参见《地理学刊》，1916 年第 48 期，129 页。

② 参见《地理学刊》，1916 年第 48 期，127 页以下。

③ 参见本书第十一章第八节及赫定《中亚或西藏》第二卷 143 页等。

西段,缺水的问题也很严重,因为在阿布旦和落瓦寨之间约 94 英里的路上,除了每年 12 月至次年 4 月间有苦泉里的冰可用,其他时间得不到饮用水。我们将会看到,早在马可·波罗路过这里时,缺水的困难就已存在。虽然没有直接的证据,但是这里在汉代水比现在要更充裕,而此后的干旱过程可能是由于落瓦寨西边的泉水逐渐碱化造成的。但是,不管怎么说,我们仍有理由相信,在历史时期此路南支线上的自然障碍,从来就不像北支线即楼兰道那样不可克服,路上的每个驿站都有中型牧场,也有燃料供应,马可·波罗就曾提到过这个情况。因此,虽然我并没有找到南支线早在汉代就已开通的直接证据,但我仍然相信,这条直通米兰和若羌等地的古鄯善遗址的支线,在中国早期与塔里木盆地交往时即已投入使用。①

《魏略》记载通▷往楼兰的道路

公元 1 世纪,通向楼兰的北线很可能仍是中国与敦煌以西地区进行交往的主要通道。但是,《后汉书》提到这条通往鄯善的道路时,除了提到它始于玉门关,并无其他任何细节。②幸运的是,我们从成书于公元 239—265 年间的《魏略》中,找到了三国时期敦煌通往西域的三条道路的记载。在讨论楼兰遗址的地志资料时,我有机会探讨这些经沙畹先生翻译及详细注释的文献资料中,发现了这些有趣的信息。③ 在那里我整段引用了其中的一个重要段落,它表明《魏略》记载的"中路"正是我们所说的楼兰道。它始于玉门关,经过拜什托格拉克谷地,到达古罗布湖床,越过罗布湖床,便直抵曾经可以居住的楼兰地区东北边界。但是我们仍需根据目前我们对这条道路通过的地区的调查,对文献中所记载的各个中等驿站地望

《魏略》记载的▷"中路"

① 《汉书》中对此的说明,见本书第九章第五节。
② 参见沙畹《后汉书》,载《通报》,166 页等,1907。
③ 参见本书第十一章第十节;沙畹《后汉书》,载《通报》,528 页以下,1905。

进行详细考证。为便于参考，这里我再次引用与我们的讨论有关的段落："从玉门关西出，发都护井，回三陇沙北头，经居卢仓，从沙西井转西北，过龙堆，到故楼兰，转西诣龟兹，至葱岭，为中道。"（《魏略·西戎传》）

◁始于玉门关的道路

遗憾的是，《魏略》没有说明上述各地之间的距离。但是，即使没有文献上的参考资料，根据我们对道路起点和终点的准确了解，我们仍可对这些地名所指得出一个较为可信的结论。我们下面将要阐述的，对长城烽燧 T.XIV 的发掘所获的具有决定意义的考古学证据①，使我们得以准确地认定此路的起点玉门关的位置。至于"都护井"，在下面我将有机会说明，它极有可能位于以烽燧 T.IV.a、b 为标志的长城的最西端。②

◁三陇沙

此路"回三陇沙北头"，提供了一个明显的信息。根据我对这里的调查，我敢肯定，它指的是这条路紧邻拜什托格拉克东边的那一段，也就是上面讨论的此路第二段的末端。从地图中可以看出，它途经古老的疏勒河终碛盆地，有时它绕着拜什托格拉克谷地南面高沙丘的最北端的分支迂回前伸，在一些地方则是越过它们。这个沙丘带现在和以前一样，只是包括一连串连绵不断的流动沙丘中的小沙丘。这些流动沙丘向上延伸到阿尔金山较高的安南坝部分的广阔沙砾缓坡前，在更西边为已干涸的罗布湖床南面［即罗布人称为库姆塔格（沙山）的高耸的沙丘地带］，也发现了它们延伸过来的现象。③

---

① 参见本书第十九章第一、二节。

② 参见本书第十七章第一节。正如沙畹先生已在《通报》（1905）529 页他的译作中友好地对我指出的那样，这一地点的名称应误作"le puits du Protecteur général"。

③ 有一幅简略的地图很好地反映了这片广袤的流动沙丘的地形，它在东经 91°～94°之间沿着阿尔金山山脚延伸。1901 年 2 月赫定博士沿着从安南坝（地图上的安南坝）到拜什托格拉克［他称为托格拉克库都克（Toghrak-kuduk）］东边干燥的终碛盆地的一个点，从南向北穿越了这一地带。详细情况参见赫定《中亚》，第二卷，86 页以下。

拜什托格拉克▷东边的沙岭

从略图中我们可以很清楚地看到这片大沙漠的北部边缘，由像岬角一样突入上述盆地里的低矮沙岭构成，同时道路也穿过了这里。我们很有把握地将“三陇沙北头”的位置确定在那里。这一认定还可由《魏略》中关于此路转向的记载得到进一步的支持，其中说到此路回到这个地点。循着地图上所画的路线，我们可以清楚地看到，离开长城西端之后，此路几乎直线向西北前进，直抵离拜什托格拉克最近的岬形沙丘，在那里折向西南，与拜什托格拉克谷地的大方向一致。

三陇沙地名的▷由来

文献中的用词与地貌特征之间有着明显的一致性。我必然要试图把三陇沙（三道沙岭）之名，与此路事实上穿越的南部高耸沙山前三道明显的小沙丘或岬角形沙垄联系起来。从地图上可以看到，这三道沙岭在153号营地与拜什托格拉克谷地的起点之间的道路旁平缓延伸的状况。这里的地貌特征本身一定曾给中国古代的过客留下过极为深刻的印象，因为楼兰道只有在这里才被真正的沙丘越过。在我看来，这三道沙岭似乎都不超过40英尺高，因此像我在其他地方所见到的，马车是完全可以通行的。但是，根据我的经历，我太了解现在人畜在这样的沙漠中旅行所要遇到的障碍是多么难以克服。对于这些迂回曲折的沙岭是何等引起古代过客的注意，以及他们为何在当地人的地名命名法中找到一个恰当的名称，我一点也不觉得奇怪。“白龙堆”指直抵楼兰道西端的那些难以逾越的布满盐霜的台地①，这个生动贴切的名称，也足以证明路过这些荒凉沙漠的早期中国人对这里独特的地貌特征是何等关注。

都护井▷

《魏略》所载路线上的这个点的位置确定之后，就有可能

① 参见本书第九章第五节；《地理学刊》，1916年第48期，128页。

确定它前面的都护井以及它后面的居卢仓的位置。前者表明，这里有足够的牧场，而且从泉里和井里都可以获得淡水。因此我们可以有把握地认为，由 T.IV.a、b 所护卫的长城最西端角上的洼地，可以为来往于这条受到保卫的边境线上的商队提供一个十分方便的歇脚点。我下面对这个地点的叙述表明，我发现了一处看来是大型环壕营地的遗迹，它的年代很可能早到这条道路刚开通、保卫它的长城刚建起来的时期。[①] 可以肯定的是，这条路上的玉门关（T.XIV）与拜什托格拉克之间，没有一个地方能提供与这里类似的中途歇脚点的便利条件。

◁居卢仓

居卢仓可能是楼兰道开通时建立的诸多早期“给养站”之一，它有可能位于拜什托格拉克。长城以西的任何其他地点都不具有比这里牧场更充裕的优势，现在也是如此。由于正好在楼兰道的一段艰难路段的前面，拜什托格拉克就成为补充给养的基地的绝佳地点。但是，我没能找到任何遗迹来提供考古学上的支持。同时，考虑到地下水离地表很浅，以及土地中含有大量盐碱的地貌性质，所以土坯或者仅仅是黏土在废弃许多世纪之后没能保存下来。像我自己一样，凡是见过安西至哈密沙漠道路上用作中国“酒店”或士兵营房的简陋泥糊小棚的人，没有谁会怀疑它们在一千年时间里会完全消失，更不要说是在弃而不用之后。它们也能基本满足交通的需要，虽然并不是每时每刻都要比楼兰道全盛时期清闲多少。

◁沙西井的位置

关于沙西井的位置，我们可以从那段记载中此路折向西北一句话，得到极为有益的启示。1914 年我调查时发现，此线

---

① 参见本书第十七章第一节。现在的过客通常的歇脚点在疏勒河岸东北方向约 3 英里远的托格拉克布拉克，也就是我的 154 号营地。但是，由于邻近的高原上都是草木不生的沙砾土，因此这里缺乏牧场，所以如果有许多商队路过这里，就不能提供足够的车马、给养。

在古楼兰道前面。因此,根据《魏略》的记载,此路显然把我们引向它从库鲁克塔格最后一处小沙丘向西南的转弯点附近,在这里向北可以看见拜什托格拉克谷地。从地图上可以看出,这点对应的是东经 91°32′、北纬 40°23′。像我调查时找到的一样,这条古代路线在那里向北急拐弯,并沿干枯的古罗布泊岸前进,直抵此路穿越以"白龙堆"为界的盐渍湖床的那个点上。① 1914 年我在与此相对的方向进行探察时,从那里向东北行进约 12 英里后,就来到了库木库都克西北界定古代"海床"东延部分的黏土台壁脚下的第一处现存植被带。② 再向前行进约 3 英里,我们在土壤已变成沙性的地方成功挖出了一口井。尽管井里的水甚至对骆驼而言都太咸,但是能挖出这口井表明,在早期(那时沙漠化还没到这么远)对应于《魏略》所记"沙西井"的那个能找到饮用水的"休憩地",可能就在拜什托格拉克谷地西端附近的某个地方。③

楼兰道的废弃▷

我们已经没有必要根据《魏略》对楼兰道再作进一步的说明,因为我们已经考证了龙堆(Long-tui)驿站遗址就是《汉书》中说的"白龙堆",而"古楼兰"也就是楼兰遗址。④ 我们也已经看到,楼兰地区是如何在它见诸记载之后一个世纪之内最终废弃,并变成沙漠的。由于水和耕地的消失,古楼兰道在公元 4 世纪前半叶之内已经变得难以通行了。自从汉武帝为了

① 参见斯坦因《第三次探险》,载《地理学刊》,1916 年第 48 期。129 页那篇文章所附临时概图可以帮助说明这条古道从上面讲述的库木库都克西北那个地点往前时走向的变化情况。

地图上对那个地点往西北的矮丘带的划法被证明是错误的。事实上,1907 年从很远处看到的高地,从更近处调查时发现属于平行而并不连着库鲁克塔格山系的西端。从那里开始,它们逐渐变矮,直达宽阔的海底盆地东岸。

② 关于古代岸线附近地表的景观,见上注那篇文章中的插图 13。

③ 这里的地貌特征是否有可能表明这个站就是沙西井呢?这可能从"沙(漠)西(端)"的字面意义得到解释。文中提到的地方显然就是覆盖拜什托格拉克谷地的低矮流动沙丘向西延伸的尽头。从此处往前,现在在古道上再也见不到流动沙丘了,直到楼兰遗址所在的地区。

④ 参见本书第九章第五节,第十一章第十节。

向西扩展而开通之后，它已持续沿用了450年。但是，由于公元1世纪初开通了那条《魏略》里所说的"北新道"（通往天山东部，并且可能通往哈密附近），古楼兰道的重要性显然大不如前了。① 甚至早在它最终关闭之前，中国与西域的联系已经少多了，而且对塔里木盆地的政治控制也开始受到干扰或者完全失控。

◁关于中国朝圣者的记载

自东晋（公元317—419年）至公元7世纪初唐朝建立，中国在中亚地区影响的持续减退，反映在中国正史中完全没有对联结中国与"西域"的道路的记载。好在还有中国僧人（其中最早为人所知的是法显）前往印度取经的记载，在一定程度上填补了这段空白。这些记载尽管简略，但我们还是据此对敦煌至鄯善即罗布的沙漠道路有些书面上的认识。虽然有必要把它与罗布地区的历史联系起来考虑，我这里还是很方便地再次引用这段记载。②

◁法显从敦煌出发，穿越沙漠

法显一行于公元400年秋抵达敦煌。很有意思的是，我发现这个地区被描述为："有塞，东西可八十里，南北可四十里。"这表明那时候这片主要绿洲里的耕地，并不比近代大多少。这也可能说明，向西延伸很远的中国古代长城线上的驿站，那时也已废弃不用，而我调查所得的考古学证据也支持了这个观点。法显在敦煌停留一月有余，和其他四个僧侣开始了"使者代表团"之行。

敦煌太守李诩供给度沙河。沙河中多有恶鬼、热风，遇则皆死，无一全者。上无飞鸟，下无走兽。遍望极目，欲求度处，

① 参见本书第十一章第十节以及第十九章第六节；沙畹《通报》，533页，注①，1905。
② 参见莱格《法显》11页等以及本书第九章第二节。我把中文名称用威妥玛拼音法翻译过来。

则莫知所拟。唯以死人枯骨为标识耳。(《法显传》)

历时17天、行程约1 500里后,法显一行到达了鄯善王国。

法显去若羌所走的路▷

由于楼兰地区那时已经荒芜,我想那些僧侣所走的路很可能是通往米兰和若羌。从以上描述中可以看出,这条路并不是沿着阿尔金山上的高地延伸,而是穿越敦煌与罗布之间的沙漠洼地。我以前的地形调查已经说明,在历史上从敦煌到米兰或阿布旦,大部分地区不可能再有其他可通行的道路。这个结论与法显对他们旅行所经历的自然条件及旅途路程的叙述是一致的。他17天的行程正好与我从阿布旦至敦煌绿洲的17段路途一致,只是我多休息了两天。同样,他所估算的1 500里,正好相当于我所估计的总长约380英里的路程。这样,根据他们印度之行的记载,可以估算出4~5里相当于1英里,由此也可以估算出已确定的每两个停留点之间的距离。

裴矩对南线的记载▷

据我们所知,宋云是继法显之后第二位访问过罗布地区(公元519年)的僧人,但他并不是像我们上面所讲的从敦煌出发,而是穿越柯柯盐湖(Koko-nōr)地区和柴达木盆地。[①] 裴矩根据在甘州收集的资料,于公元607年编纂了一部关于西域的有趣的著作(《西域图记》——译者)。里面确实提到鄯善即罗布是三条西行道路南面的早期领地。[②] 然而这似乎并不能说明,这条路已经到达这里。但是,我们可以很肯定地说,这就是中国最了不起的僧人玄奘于公元645年冬从印度

① 参见本书第九章第二节。

② 参见李希霍芬《中国》第一卷530页的注。他引用了纽曼(Neumann)《亚洲研究》(1837)一书中187页以下中的资料。

回国时走过的从米兰到敦煌的那条沙漠道路。遗憾的是，他的旅行记《大唐西域记》只记到他抵达纳缚波境内。纳缚波"正是古楼兰国"，像我们上面提到的，它也就是罗布。[1]

◁玄奘穿越沙漠之行

玄奘认为，他回国途中经过的这些地区，是在大唐帝国疆域之内。自公元630年玄奘奉唐太宗的旨意开始西天取经之行时起，这些地区就开始雄心勃勃地向西扩张，因此他并未把这些地区的情况写进他的书里。但是从他的门徒慧立和彦悰为他写的传记中可以看到，玄奘事实上是在穿越罗布至敦煌即沙州的沙漠之后才完成他的最后一段旅行。[2] 玄奘在和田收到了唐太宗回复他回国请求的信，这封信已收入了他的传记里。这封信明白无误地指示敦煌行政长官引导他，穿越满是流动沙丘的沙漠。

◁唐代前往敦煌的沙漠之路

这条连接敦煌与罗布地区的沙漠之路，在唐代极有可能仍在使用。但是根据《唐书》（沙畹先生很热情地给我看了他的译本[3]）记载，敦煌至和田的路线始于阳关。因此，根据进一步的调查[4]，我认为它指的可能是沿阿尔金山至米兰的路线。遗憾的是，在我和伯希和[5]从千佛洞收集的写本中，没能找到有关敦煌地区地理概况的资料。

正如前文所述，米兰确实有一处吐蕃要塞。这足以证明，公元8世纪末前后，当中国的政治影响在塔里木盆地完全消

---

① 参见本书第十章第二节；儒连《记》，第二卷，247页；沃特斯《玄奘》，第二卷，304页。

② 参见儒连《生平》，288页、290页；比尔《西域记》，210页、212页。

根据法国人翻译的资料，玄奘在纳缚波换上了和田王提供的马和骆驼，他用这些牲口拉车回到了敦煌。但是，要确认玄奘是否真的使用了马车将是一件很有意思的事。

③ 参见本书附录A，II（引自《唐书》第四十三章b部分）。

④ 参见本书第十六章第四节。

⑤ 参见L.吉尔斯博士的文章《敦煌录》，载《皇家亚洲学会会刊》，703页以下，1914；伯希和文《亚洲学刊》，1916年1—2月号，111页以下。

唐统治之后敦煌至罗布的道路▷

失之后，敦煌至罗布地区的各道路的重要性并未降低。[①] 从后晋到北宋末年（公元 936—1126 年），中国正史里不断有一批批和田使节朝见中央王朝的记载（我在其他地方也提到过这一现象[②]），这似乎证明，罗布和敦煌之间的直通道路在唐朝覆灭之后很可能仍在使用，至少是时断时续地使用。但是我们只在沿阿尔金山高坡上发现一段可以确定的道路。[③]

第三节　马可·波罗及其以后罗布沙漠之路上的旅行家

马可·波罗路过沙州▷

文献中再次出现沙漠之路使用情况，已是一个半世纪之后的事了。这就是马可·波罗公元 1273 年前后从"罗布镇"来到"沙州"，他对这条道路的许多生动描述引起了我们特别的兴趣。我们已经追随这位伟大的威尼斯旅行家的足迹到达了罗布镇，而且证明它就位于今日的若羌。[④] 这就是他的不朽名著对他跨越沙漠的旅行的描述：

凡行人渡此沙漠者，必息于此城一星期，以解人畜之渴。已而预备一月之粮秣，出此城后，进入沙漠。

对沙漠之路的描述▷

此沙漠甚长，骑行垂一年，尚不能自此端达彼端。狭窄之处，须时一月，方能渡过。沿途尽是沙、山、沙谷，无食可觅。然若骑行一日一夜，则见有甘水，足供五十人或百人暨其牲畜之饮。甘水为数虽不多，然全沙漠中可见此类之水。质言之，

① 参见本书第十二章第六节。
② 参见本书第九章第一节。
③ 参见雷米萨《和田城》，74 页以下；《古代和田》，第一卷，178 页。
④ 参见本书第九章第一节。

渡沙漠之时，至少有二十八处得此甘水，然其量甚寡。别有四处，其水苦恶。

沙漠中无食可觅，故禽兽绝迹。然有一奇事，请为君等述之。行人夜中骑行渡沙漠时，设有一人或因寝息，或因他故落后，追至重行，欲觅其同伴时，则闻鬼语，类其同伴之声。有时鬼呼其名，数次使其失道。由是丧命者为数已多。甚至日间亦闻鬼言，有时闻乐声，其中鼓声尤显。渡漠情形困难如此。①

◁马可·波罗对沙漠鬼怪的描述

（引自冯承钧译本——译者）

因此，在这样的旅途中，人们通常保持很近的距离。所有牲口的脖子上都挂着铃铛，以使它们不会轻易走失。睡觉的时候，则在附近立一个标志，指明下一段路的方向。

马可·波罗在下一章的开头紧接着写道：

在此沙漠中行三十日毕，抵一城，名曰沙州。此城隶居大汗（Great Kaan）。全州名唐古忒（Tangut）。②

（引自冯承钧译本——译者）

如果我们首先讨论马可·波罗这章开头部分所描述的细节，我们就可以更容易地说明，马可·波罗对自己跨越"罗布沙漠"之行的记录，与我们上面所讨论的路线之间有着密切的一致性。1906 年 12 月，我第一次停留若羌收集有关敦煌路线的资料时就确信，从和田和于田出发，习惯于沿此道前进的商人，通常都作一整月的时间预计，而且带着满负荷的牲口。考

◁现代商业旅行

① 参见尤尔《马可·波罗》，第一卷，196 页以下。
② 参见尤尔《马可·波罗》，第一卷，203 页。

虑到他们那些用于运输的骆驼或驴,在旅途上的库木库都克与拜什托格拉克之间和我的155号营地与176号营地之间的路段上,商人们把每天的行程定得稍短一些。因为不需走太远就有水和牧场;或者,如果牲口的身体条件好,他们可能会在一个舒适的地方停上两三天,然后一次行走两段路途。我们随后的调查证明商人的估计是正确的,同样也清楚地证明马可·波罗的记载是非常准确的。

一个月旅途的▷估算

经最后核对、修正的平板仪的调查结果显示,把若羌到米兰(从墩里克到米兰的距离与从阿布旦到那里的路途基本相当)的行程包括在内,从若羌即马可·波罗所说的"罗布镇"至他所说的"沙州",也就是敦煌,共397英里。根据下一章马可·波罗所说的情况,如果我们把整个沙漠中的行程分成30天,那么平均每天的行程大约就是13英里。鉴于这条路线上的相当一部分地区环境恶劣,这个日均行程对于熟悉中亚的这部分地区情况而且有骆驼的人来说合乎情理。事实就是如此,经过特别的努力,或说相当于一连串的急行军,我们才用了19天时间从阿布旦到达敦煌,其中包括两天休息,三天从若羌到阿布旦。但是此前我特意安排我们自己的牲口休整了约六周,而且在路上把它们的负担降到最低,还用了一些备用的驴还是运货。即便如此,一些驴还是倒下了。因此,我非常怀疑,有哪支大型商队能在一个月之内完成旅行,而又没有牲口严重减员的风险。①

对自然条件的▷描述

上面我曾对这条道路的前两段作了一个简要说明,在《沙漠契丹》第四十五至四十八章中有更详细的说明。这些材料

① 1906年冬天,布鲁斯上校(Col.Bruce)的考察队在前往敦煌的路上的遭遇,很有力地证明这种风险的存在。参见布鲁斯《追随马可·波罗的足迹》(*In the Footsteps of Marco Polo*),182页以下。

足以证明,马可·波罗早已准确地描述了旅行者在这条沙漠之路上很可能要遇到的水、牧场及其他方面的自然条件。在“沙、山、沙谷”一段里,我们已经了解到沙漠之路整个第二段的路旁巨大沙丘给人留下的印象。我们的经历表明,这段路上有四个地方,要么没有水,要么水太咸无法饮用,与马可·波罗所说的“别有四处,其水苦恶”[1]的地方完全吻合。同样,他所警告的其他可用水源有限的地方,也由我们发现的大部分地区的情况得到证实。从我上面所提到的路段数量的角度来说,没有什么证据来推翻马可·波罗“至少有二十八处得此甘水”的说法,这证明“甘水”一词并非完全是文学语言。

◁马可·波罗走上现在的道路

我们现在对于罗布地区南部与敦煌之间地区主要地貌特征已经有了充分的了解,因此我们确信,在历史上,往返于两地之间的商队除了现在仍在用的那条路,并无其他直通道路可供选择。它不仅是通往疏勒河下游最近的路线,而且很明显,不论是北部干燥的罗布湖床盐渍荒地,还是南部库木塔格高耸的沙岭上,都不存在马可·波罗描述的成片有水源和牧场的地方。一旦明白这一主要地貌现象,我们就不必对诸如“为何马可·波罗从未提及罗布泊”这类问题作想当然的解释。对于这个问题,人们往往把这位古代旅行家的说明,与长期以来争论不休的“罗布泊问题”[2]联系起来,寻求答案。尽管在“他的兴趣范围”内,马可·波罗是一位了不起的观察家,

◁马可·波罗对罗布泊只字未提

① 我们发现其中的三处位于阿布旦与落瓦寨(142~144号营地)之间,第四处位于我们的153号营地。在上面提到的最后一处营地,同时也可能离143号营地很近的地方,我们甚至现在也能在深井里发现水;但水可能很咸。当然,从干燥化或其他过程可能影响地下水系变化的细节的角度来看,这种可能性是存在的;同时马可·波罗所提到的四个含有咸水的地点也可能在其他什么地方。

② 参见尤尔《马可·波罗》第一卷199页上的一个很长的注释;另参见《地理学刊》,1898年6月号,657页等。

但他毕竟不是现代意义上的地理学家。他对他可能从墩里克遥望那些沼泽只字不提,对他后来可能在近处看到的草木不生的盐渍荒地只字未提,远不如他对他从莎车至若羌长途旅行中,近在咫尺而不可能视而不见的巨大的昆仑雪山只字未提让人不可思议。

“戈壁”的范围▷

我们也不必详细讨论马可·波罗对“此沙漠甚长,骑行垂一年”的说法。我们已经提到过,他非常细致。他根据其他有关人的估计来修正自己的估算,而且意识到他的蒙古人或者说突厥人向导像现代中国人一样,在最大范围内用“戈壁”一词。① 对他们来说,从蒙古东北到西藏西部这一没有永久农耕聚落的广袤地区早已了然于胸。同样的意见,也适用于他进一步对沙漠地区危险性的说明。

出没于沙漠的▷妖怪

我没有必要沿着他事实上走过的路线旅行,我平日接触的人也没有死守着他那些中亚地区同行者的观念。我也不必以此来证明,他的书中一件与大沙漠有关的怪事,只不过他是在那个地区听来的,这是古老民间信仰的真实反映。亨利·尤尔很早就在他对这段记录的评论中说明,害怕被妖怪引入迷途的心理,总是萦绕在那些早期穿越中国内地与西部绿洲之间的沙漠荒地的旅客心中。② 上文所引法显的话,指的就是这一心态。玄奘则用生动形象的语言记录了他在民丰与且末之间的塔克拉玛干沙漠中穿行给他留下的印象,从而也印证了这一心态。③

关于穿越“罗布沙漠”的旅行者这种恐惧心理,其盛行年

---

① 关于这一术语在沙漠方面的用法,见李希霍芬《中国》,第一卷,24页,注②。

② 参见尤尔《马可·波罗》,第一卷,201页等。

③ 参见儒连《记》,第二卷,246页;沃特斯《玄奘》,第二卷,303页等;斯坦因《古代和田》,第一卷,435页。

代之久远的证据来自马端临的巨著(《文献通考》——译者)。其中有一段话写到了从中国到焉耆的一条路途最近的道路,这段话读起来几乎就是马可·波罗著作的译本。这极有可能是来自中国早期的历史文献,但是我没能找到它的出处。无论如何,由于它指的是现在从敦煌到罗布的道路,或者说古代楼兰道,所以这里有必要全部引用亨利·尤尔在威斯迪娄(Visdelou)译本基础上重译的段落:

◁马端临对沙漠之路的关注

中国历史学家马端临告诉我们,从中国进入维吾尔地区(直达焉耆)有两条道路。最长但最容易走的一条路过哈密;另一条短得多,只到罗布,显然与本章讨论的相对应。"走这条路,你必须越过一个100多里格(1里格约当3英里——译者)长的平坦沙漠。除了蓝天和黄沙,你见不到任何东西,也没有任何细微的道路痕迹可寻;除了人畜骨骸和驼粪,旅行者没有其他指路标志。在这荒郊野外,你也可能听到点声音,有时像歌声,有时像痛哭声。因此经常发生这样的事:旅行者走过去看看这到底是什么声音,于是远离了他们的队伍,便完全消失在茫茫沙海中,因为这些是妖魔鬼怪的声音。由于这些原因,旅行家和商人经常选择经过哈密的那条远些的道路。"①

马端临引用这段话作结论很有意思。这段话说明了这样一个问题:由于天山山麓地区只有少部分时间处于中国的绝对控制之下,其余大部分时间一直受到匈奴及其后裔游牧民

◁免受袭击的沙漠之路

① 参见尤尔《马可·波罗》,第一卷,201页,上述引用了威斯迪娄为D'Herbelot(德赫比洛)的*Bibliothèque Orientale*(1780)一书139页所作的附录。

族的侵袭。因此，只要沿天山脚下延伸并经过哈密的那条路途更远的道路有安全保障，中国人总是愿意选择它，而不愿选择途经罗布沙漠的那条道路。这里有中国人性格和策略上的基本特点，那就是人们情愿面对和克服自然界的困难，而不愿面对来自敌人的危险。这种根深蒂固的倾向，就是为何尽管在古代，人们就必须面对难以逾越的自然障碍，首先还是开通了楼兰道，并一直沿用几个世纪的主要原因。尽管这条路相对较短，无疑也是受青睐的原因之一，但更重要的原因，是这里事实上可以免受天山北部地区匈奴及其直系牧民后裔的侵袭，我们随后将谈到这个情况。

沙罗赫的使节▷使用的道路

我们不能指望弄清，马可·波罗和他的叔父们为何选择了经和田和罗布前往中国，而没走北边那条更好走的道路。在蒙古统治的全盛时期，“大汗”的庇护确保了各条要道上中亚商贸旅行者的安全。但是，可以肯定的是，将近一个半世纪之后，一位西方旅行者再次关注罗布沙道，同样也是由于北路不安全的原因。当赫拉特（Herāt，现阿富汗西北——译者）蒙古王子沙罗赫（Shāh Rukh）派往中央帝国的使节，从撒马尔罕（Samarkand）前往中国肃州附近的边关时，他们走的是途经吐鲁番和肃州的道路。① 但是，当使团由北京回国途中，于 1422 年 1 月再次离开肃州时，“蒙古的骚乱迫使使团现在选择了南部那条穿越沙漠的不常用的道路”。或者像卡特勒梅尔（Quatremère）的译本所说：“对敌人的恐惧使他们取道沙漠之路，在雷贝阿瓦尔（rebi-awal）的第十八天，他们历尽艰辛，走过了这段极度缺水而且前人也没走过的道路，在第二个朱马

① 参见亨利·尤尔所引加特拉米尔对波斯使节记录的译本，见尤尔《契丹》，第一卷，271 页等。

达(djoumada)的第九天,他们来到了和田。"①

◁米尔扎·海达尔所不知的沙漠之路

这是我从目前所能找到的西方文献中,发现的有关罗布沙漠之路一直沿用到最近的记载。从米尔扎·海达尔对和田地区十分熟悉的事实来看,他没有提到这条道路,这使我们很有把握地认定,在他那个时期从塔里木盆地前往中国的商队,很少能在北部绿洲找到道路。我们在随后的世纪里,有直接的证据来证明这点。因为当本尼迪克特·高斯(Benedict Gols)1605年率领一支载着珍贵物品的商队从叶城前往中国内地时,他仍然不得不走现在中国人走的要道,并断断续续花了一年多时间,才经阿克苏、吐鲁番、哈密到达肃州。② 这一事实格外重要,因为高斯此前访问过和田,还明确地说过他在那里得到了玉石。对于那些希望越过使中国与世隔绝的长城,到中国寻求贸易机会的商队来说,玉石正是他们常用的贸易投资。显然,从和田经罗布到肃州那条短得多的直通道路,在那时很可能已完全不再用于通商。

◁高斯走哈密线

◁被旅行家舍弃的沙漠之路

人们难以相信,长年在塔里木盆地过着游牧生活的猎人和牧民,也就是罗布人的祖先,会完全忘记这条穿越沙漠前往敦煌的近道。同样,这样一条道路也不应该逃脱中原王朝的注意。他们只不过刚在18世纪中叶才在乾隆帝统率下收复

① 参见尤尔《契丹》,第一卷,286页等。柯迪尔的注所引雷哈泽克(Rehatsek)版本(Indian Antiquary,83页,1873)写道:"他们离开奎尔(Qayl)[即肃州附近今嘉州关的边防站卡劳尔(Karaul)],由于交通要道不安全,他们选择了经过朱尔(突厥语,意即沙漠)的道路,经历艰难困苦之后,于第一个朱马达(Jomády)的第9天(5月1日)到达了和田城里。"

② 参见尤尔《契丹》,第四卷,218页以下。

了新疆，刚刚系统地了解这里的地形以及“新疆”的资源。[①] 事实上，一条至少部分地段与罗布沙漠之路相对应的道路已经出现在中国的地图上。这幅图被魏格纳(Wegener)博士和希姆莱(Himly)先生在“武昌府地图”里所引用，同时在“罗布泊问题”的各种争论中，这幅地图一直被广泛应用，即便并不总是用于批判目的。[②] 但是，我在所能找到的有关“新疆”的地志资料中，唯一发现的有关这段路的资料却十分有限。这也加深了我从其他现象中得到的印象：从乾隆收复新疆到 1863 年回民叛乱这段时期内，中国人对新疆知之甚少。[③]

罗布人关于此▷路的传说

这条沙漠之路那时已不再为商人所用，罗布对他们已没有任何吸引力。而且由于从罗布往西，直到克里雅河完全没有农耕聚落，因此沿塔克拉玛干沙漠南部边缘的道路也同样在 19 世纪早期就已被弃而不用了。不过，我从我的向导毛拉

① 关于在皇室的命令下，由耶稣长老会(Jesuit Fathers)所进行的调查，参见李希霍芬《中国》，第一卷，690 页。许多那时收集到的这片新征服领土的地理资料，可以在 1778 年出版的《西域闻见录》一书中找到。有关摘录资料最早见于蒂姆科夫斯基的《北京之行》(Timkowski's *Voyage à Peking*)。里特(Ritter)的《亚洲》(*Asien*)一书第五章 329 页，引用了从书中翻译的关于罗布以东地区水文资料的一段。尽管这段文字非常笼统，但至少表明中国人那时已经知道有几条越过它的道路。它也表明人们对那个时代罗布人的主要经济状况有相当的了解。

② 参见魏格纳和希姆莱《北西藏与罗布泊地区》，*Zeitschr. der Gesells. für Erdkunde*，柏林，1893 年第 28 期。另外斯文·赫定《中亚》第二卷 282 页也引用了。这里没有必要考察这幅图上沿线所标的地名(而且本身可能是根据不同的资料所确定的地名)与此路上事实上的地形有多大的关联。关于希姆莱对这些地名的评论，参见赫定《中亚之旅》，145 页，注②。

③ 1823 年出版的地理学著作《西域水道记》结合对罗布地区的总结性说明，赞颂吐鲁番长官：“向东可至敦煌和肃州。对这片土地的新说明如是说：‘从沙州的哈拉湖向西直行，不远即可达罗布淖尔；行程不需一月。’”随后引用了《汉书》和《后汉书》等文献的材料；参见赫定《中亚之旅》一书中 154 页所引希姆莱的说法。同一本书(上引 145 页，注②)在讨论哈拉湖(疏勒河由此流向敦煌西北)时提到，此湖有一南一北两条道路与西边的罗布淖尔相连。

科尔迪耶在为尤尔的《马可·波罗》第一卷 206 页所作的注里，引用了帕拉迪修斯(Palladius)在 *Journal, N.China Branch, R.A.S.*, N.S.，第十卷(1875)，5 页上的一段话：“1820 年，或其前后，有人试图重新开通沙州与和田之间的古代直通道路。为此目的，一支 10 人考察队从和田出发，前往沙洲。这支队伍在沙漠中迷失了十多天，既找不到居民点，也找不到路，只是到处都是牧草和水流。”毫无疑问，在这段引语所根据的中文原始文献里，这里指的是那段路上唯一可供歇脚的地方。

沙赫(Mullah Shāh)和其他罗布老人那里得知,在叛乱以前,从敦煌来的驼队冬天偶尔经过这条沙漠之路来到这里,用铁器等物品换取罗布地区盛产的各种干鱼。

◁沙漠之路的再发现

但是,即使这种偶尔的交通行为到60年代初(指19世纪60年代——译者)也已中断了。在阿古柏统治塔里木盆地时期,加上东干叛乱分子在甘肃的破坏行为,这里与中国内地的所有联系都被破坏了。因此,这条古老的商路已完全被人遗忘,只是从口头传说和中国史籍中才能找到它的影子。到了1891年前后,这里重新建立的中国行政当局出于战略和商业考虑,急于开发南部绿洲,打开与中国内地联系的最便利的渠道,这条沿着古路前进的沙漠之路才重新被发现。一路陪我前往楼兰的优雅而忠厚的毛拉沙赫本人,以及另一位罗布猎人,那时对此路的重新开发起了重要作用。因为他们曾尾随野骆驼,对库姆塔格沙漠最西地区进行过考察,对那个地区很熟悉。

◁墩里克发现的汉字碑文

他们接受新疆的中国政府官员抚台或者说总督的指派,对此地进行考察并向他报告结果。经过一次失败之后,他们成功地引导从敦煌派来的其他几个人安全通过了季节性的疏勒河沼泽地带。我在墩里克营地附近的一块木碑上发现的汉文碑文,记载的正是这次颇有胆识的考察,我在个人笔记中对此有所记录。① 碑文上记的年代为光绪十七年,与我三个月前从毛拉沙赫那里听到的完全一致。根据这个可靠记载,探路的主要困难出现在前往阿其克库都克的路上的沼泽地,以及拜什托格拉克以远那些让人误入歧途的台地和沙丘地带。

◁马丁的旅行

在重新发现之后的两年时间里,运气不佳的法国旅行家

① 参见斯坦因《沙漠契丹》,第一卷,504页。

约瑟夫·马丁从敦煌出发，踏上了这条古代沙漠之路，却在回国途中他死在马尔吉兰（Marghilān，在今乌兹别克东部——译者）。他是目前所知的马可·波罗之后，第一个穿越了罗布沙漠的欧洲人。除了戈厄纳根据他的口述对他经过和田的旅行作过一些记录①，他本人没有留下任何文字说明。不久就有了这段路线的第一份地图；因为1894年年初，P.K.科兹洛夫上尉（现在已是上校）作为V.I.罗博罗夫斯基上尉的中亚考察队的一员，从阿布旦旅行到敦煌，并用平板仪测量了这条道路。这张道路图已被收入“俄罗斯亚洲跨边界地图第21号”，它的最后一段是一幅1∶840 000的大比例图，对那次在敦煌地区及其南面高山里的重要考察所获的地形调查结果作了说明。②科兹洛夫上校这次调查的特殊价值在于，作为欧洲人，他第一次发现了曾把孔雀河（Konche-daryā）水带入楼兰及这个大盆地东北部的库鲁克河（Kuruk-daryā）的古河床。他的地图对我前往敦煌的旅行帮助很大，它确定了大山以远地区的现实路线，尽管它对疏勒河末端河道或其东段中国古代长城的大量遗迹并未作过任何提示。

科兹洛夫对路线的调查▷

沙漠之路上交通的重现▷

1899年，法国外交官C.-E.博南（Bonin）曾试图从敦煌出发沿此路旅行。虽然他只完成了最初的几段行程，但他却有机会认识到上面提到的长城遗存的性质及重要性。1905—1906年冬，布鲁斯上校在莱亚（Layard）上尉和勘察员拉尔·辛格的陪同下，沿此线从阿布旦到达敦煌，并记录了他的考察

① 参见戈厄纳《杜特雷伊·德·安探险队》，第一卷，46页。“在沙漠里的12天里，只有头两天与沙为伴，其余时间里与砾石为伍。”（由科尔迪耶摘录于尤尔《马可·波罗》第一卷203页）说的显然是我们所说的第二段道路的末端，由于接待了来自敦煌的伐木工人和牧民，马丁的中国随从可能知道这个地方。即便是这样，这个描述也并不十分准确。

② 参见《俄罗斯皇家地理学会中亚探险报告》，1893—1895，罗博罗夫斯基上尉（俄国），第三卷（地图集），1899。科兹洛夫上校的旅行加上两天休息，共费时23天。

队在沙漠地区的艰辛经历。[1] 最后,在他们出发后两三个星期,亨廷顿教授开始沿同一条道路前往科什朗扎,他从那里开始了勇敢而又值得纪念的旅行。亨廷顿教授向北正好穿越了辽阔的古罗布泊盐碱地直达库鲁克塔格山脚下,并获得了重要的地理知识。[2] 我在其他场合记录了我 1907 年发现的古罗布—敦煌路线,在甘肃与和田之间通商方面的作用。[3] 这里我可以补充我 1914 年旅行中的发现,那就是重新启用的古代商路至今仍在使用。

第四节　中国古代长城的第一批遗存

◁通往敦煌的道路的第三段

从关于古老的罗布沙漠之路的历史观点出发,现在我要回过头来,讨论我经过的通往敦煌绿洲和沙州的道路上剩下的第三段。我的说明将很简要,因为随后的考古学调查中,我又回到这段路上,并进行了五个多星期的工作。而对这些工作的记录,将是讨论这里地形的最佳资料。我第一次快速通过这里时,没有足够的时间对此进行详细考察。地图上显示的这段路的大多数地形特征,事实上是后一次调查完成之后才描绘出来的。[4]

◁伯宁对遗址的提示

平坦的沙砾地一直延伸到我们 3 月 7 日到达的古代时令河流域以远最初几英里处。我们一直没有发现地面上任何有趣的现象,从那里往前行进约 10 英里,地面既平缓又出奇地

---

① 参见布鲁斯《追随马可·波罗的足迹》,173 页以下。

② 参见亨廷顿《亚洲脉搏》,248 页以下。

③ 参见斯坦因《沙漠契丹》,第一卷,345 页、351 页;第二卷,99 页。这里可以从一个类似历史学的观点的角度指出,往返于和田的印度西北边陲的帕坦人商队,习惯于每年冬季例行地使用这条沙漠之路。

④ 沿中国古代长城调查的结果,更详细地反映在附图 33 的地图上,它的比例是 1 英寸相当于 3 英里。

单调。但是由于期待着有考古发现,我从一走上这条道路的新一段时起就特别细心。从博南出版的横跨中国之行的简要报告中①,我知道他 1899 年秋天到达敦煌之后,试图沿此路跨越沙漠去罗布。由于没有可以信赖的向导,或者他的中国随从不愿继续前行,他在到达哈拉湖以西第一批沼泽地之后,显然只好回到敦煌,继续沿山路旅行。在时断时续的努力过程中,他路过一些残存的烽燧,这使他回想起了他在甘肃"国道"沿线见到的"炮台"(他也正确地测量了经过它们附近的一段长城的几处遗存)。这位杰出的法国旅行家敏锐地猜到,它们的年代可能很古老,而且在历史上曾经很重要。因为它们表明这是"到目前仍未找到的、在汉朝控制下的经大夏、帕米尔、今新疆、戈壁以及甘肃直到中国内地的重要路线"②。但是他这附带的提示没能帮助我,因为没有任何地图或路线图来事先确定这些遗址的地点。③ 幸运的是,在离开阿布旦之前,我有机会询问重开此路的真正先驱穆拉他们,而且从我那有心人老向导那里听到的信息燃起了我的希望:我可能会在这次前往托格拉克布拉克泉的路上遇上第一批"炮台"。

第一座废弃的▷烽燧

这份期待不久后就变成了现实。第一个塔似的土台(附图 33,T.II)在北面很远的地方,我们只是在路过那里时才发现了它。但是离这里 2~3 英里远的第二个土台 T.I,我很容易看出,那是不可能被认错的、保存完好的烽燧。当我在夯土层之间见到熟悉的红柳枝夹层时,我确信它的年代很古老。

烽燧矗立在一片沙砾高地的陡峭边缘易于防御的地方。

---

① 参见博南《从北京前往俄属突厥斯坦之旅》(*Voyage de Pékin au Turkestan Russe*),载《地理学刊》,173 页,1901。

② 参见上引博南那篇文章,由科尔迪耶引在尤尔《马可·波罗》,第一卷,203 页。

③ 这些遗址的线索也不见于反映罗博罗夫斯基考察活动的地图上。

这片高地的两侧是被侵蚀的小型谷地，周围则是因风蚀而形成的洼地。洼地在此处足有1英里宽，上面有一条十分明显的古河床。河床在终碛盆地里，沿着这条干旱的道路旁的干旱河谷，向西北方向延伸。沿着洼地底部延伸的一处长长的芦苇带，以及一长串表面干燥但地下仍有水的盐渍坑的存在，表明曾经有水流经这条古老的河床。河床的底部低于沙砾"塞"约80英尺。紧挨着烽燧的西边，有一个破坏严重的小型建筑遗迹，我想这里可能是烽燧守军的住所。下面的斜坡上发现的一些铁器、木刻残片以及一块较厚实的毛织品，证实了我的推断。第一次发现人类活动遗留下来的文物，使我坚信，我日后的考古工作将会取得成就。但那时我没有时间进行近距离的调查，由于天已经黑了，我得赶紧追上我的队伍，好在很容易在沙砾地上找到他们。

◁烽燧 T.I 下的古河床

往前约3英里就到了托格拉克布拉克的营地。它位于陡峭狭窄的谷地，谷地里的一条冻实了的沼泽河旁长满了芦苇和灌木丛。沼泽河里的水可能来自泉水，这从我们的罗布人向导所用"托格拉克布拉克"的名称可以看出。进一步的证明则是胡杨树的存在，它们有的已经死了，有的还活着。但是，尽管在早上，我那时也看不到什么迹象，使我相信这里有一条活河，仅在不足六个星期之后就变得几乎无法越过。①

◁托格拉克布拉克的疏勒河床

由于急于找到更多的遗址，3月8日一大早我就出发了。沿着商路，在一块完全光秃的沙砾高地上行走了约3英里，我注意到东南方不远有一处像是遗址突起在地面上。这就是现

◁远处见到的烽燧 T. III

① 关于此地带有很大欺骗性的地貌，应该提到罗博罗夫斯基上尉的报告所附的一份地图。图上托格拉克布拉克的一条小河，完全消失在洼地的北面。再往东的一处处孤立沼泽也画在了地图上。但是，在那份探险报告里，对疏勒河终碛河床的存在却只字未提。疏勒河从哈拉湖流出，与那些沼泽相连，在前面提到的地点以西继续延伸了约70英里。

在已标在地图上，并见于附图 33 上的 T.III。所以我要求队伍继续前往下一个营地，并让蒋师爷和其他几个人带着坎土曼前往遗址处。事实上，前往那里的距离比估计的要远。因为这是一处被长满大量红柳丛和干枯的胡杨的宽阔沙性洼地所切断的辽阔平坦的“塞”。离开和田后第一次发现的车轮痕迹表明，敦煌的汉人曾远道来此寻找木材。最后，当我来到离沿洼地南边耸立的沙砾高地陡峭边缘前约 100 英尺时，发现自己已经来到一处遗址（图 149）上。

烽燧 T.III 的建筑技术▷

这是一座正方形烽燧（附图 36 的平面图），每个侧面向上收缩至顶部，烽燧高现存约 20 英尺，底部 16～17 英尺见方。它的建筑技法是用土坯一层层仔细向上垒砌，土坯的大小与第一次在 T.I 那里见到的一样，长 14 英寸，宽 7 英寸，厚 5 英寸。每隔三层土坯，夹入一层芦苇层，以加强其坚固程度。烽燧上的土坯破损极小，只是在它的北面才能看出破损，而只有这点破损才能使人相信它是座废弃的烽燧。在南面，也就是一年内大部分时间不受风吹雨淋的一面，砌土坯的灰泥仍在原处。烽燧的附近也没有发现任何断墙的痕迹。除了烽燧自身，这里没有任何建筑遗址。随后在沙砾地面进行清理的过程中，也没有任何发现，而且这些堆积也不见有风蚀痕迹。

长城线的发现▷

但是，当我在周围的地面上仔细搜寻时，我很快就注意到，一束束排成直线的芦苇从一片松软的沙砾中冒出来。这些芦苇束位于烽燧北约 20 码的高地边缘附近。我不用费多大力气就沿此线向东来到了附近的一座小土丘顶上。到那里之后，我能看到这条线笔直地通向视线内 3 英里以东的另一座烽燧（T.VII）。由此可以看出，这是一条从此处沿沙砾斜坡下行至高地的一个较低的阶地，然后延伸到上面提到的那个洼地上的墙。显然，这就是早期“中国长城”的一段，这正是我根据博南的调查而正在寻找的。在那条低矮土丘上稍做发掘，就证明事实上我已经站在了长城的遗迹上，图 149 上标明了我发掘的情况。清理朝北洼地的斜坡上的沙砾和细沙堆积之后，我发现了一段很规整的墙。它的建筑形式在我第一眼见到时觉得很奇特，但很快我就对此相当熟悉了。

◁墙上用的芦苇条

这里的墙由芦苇束层和夹沙的黏土层交替往上筑，前者厚 2~4 英寸，后者厚 6~7 英寸。芦苇束水平放置，而且总是与墙的走向呈直角。它的长度非常一致，接近 7 英尺。芦苇层的原始厚度很难确定，因为上面一层层往下形成的巨大压力，几乎把它压成一片。但是，就每一层而言，除了盐碱渗入芦苇纤维，它们还具有很大的弹性，表明其年代不会很久远。墙的外面有一个完全由芦苇条组成、与墙的方向平行因而也就与墙内芦苇束垂直的保护层。这些芦苇条能更容易地从保护层上拿下来进行测量，因此发现它们也都是 7 英尺长，每层本来的厚度约 8 英寸。每两个保护层之间相隔 6 英寸，每层都用树皮捆绑起来，并用穿过墙体的红柳皮绳固定在墙上。

◁受风蚀影响的墙体

墙面或者保护层、芦苇束的保存，显然得益于沿墙脚堆积的细沙和沙砾的保护。由于这个保护层变薄甚至消失，在此以上的部分则完全被风蚀。墙体的黏土沙砾层无疑是就地取材，由于随后考察中所发现的盐的黏合作用，它们具有像水泥一样十分牢固的性能。不过，在我们试掘的那个点上，揭露出来的墙体高只有约 5 英尺。大量沿此断墙下堆积的粗散沙砾及粗沙，原来可能就是现存墙体以上现在完全垮了的部分。

◁T. III 处的第一批发现

那时我们没有多少时间去调查这段奇异的墙在建筑方式上的细节，也不能有步骤地去寻找一些关于其年代和起源的线索。但是，即便第一次只是粗粗地刮了刮，也使我幸运地发现了一些较古老的遗物。在墙体部分暴露的那个点上，芦苇束里发现了灰色丝织品残片(T.III.i.001.b)、一块结实的大麻白布片,它们和在楼兰遗址发现的一样。还发现了铁器残片,包括可能属于石弩的箭杆(T.III.i.001.a、002~004),一段木棒头(T.III.i.005),以及一段胡杨细枝等。但更让人兴奋的是一小块木片,它长约4英寸,背后有一个榫。正面有五个汉字,尽管墨迹已经很淡,但仍容易识读。蒋师爷当时就认为,这块木标签所标记的物品是"卢定世衣橐",而释文也已收录在沙畹《文书》里,编号为No.674。① 这里并没有我所期望的年代线索。不过,由于书写方法非常古老,所以尽管完全不懂汉学,我还是斗胆对蒋师爷说这是汉代的,我的猜测后来证明是对的。但是,像我在其他地方所说过的,我这位优秀的文字学家也只是在持谨慎保留态度的同时接受了我的说法。②

木片上的汉字▷文书

这件文书和其他小件物品发现于很小的范围内,表明尽管处于沙漠环境中,墙下的某个地点明显被人使用过。那时我很难解释它们是如何由于偶然机会,到了第一次调查的那个点上的墙里或墙下的。最可能的解释是,这些小件物品来自修烽燧、筑墙的工人的营地,它们无意中混入了修墙的材料里面。在我1914年的调查过程中,这个猜想得到了确认。我在同一地点进行了清理,在地表下的生土层发现了更多的丝、毛织品碎片,以及一些动物粪便及其他垃圾。

证明此处有人▷类活动

当时对我来说,比这些细节更为重要的是一直向东远去的长城,以及远处可见的一连串的烽燧。从这个角度来说,是运气使我在这里见到了边防线——我现在已经很有把握地认

视线里的烽燧▷链

① 参见沙畹《文书》,143页。这件标签的编号T.III.i.1现在已经不太清楚了,书中错误地编为T.i.1。

② 参见《沙漠契丹》,第一卷,542页。我这位很有学问的中国伙伴这次的自我怀疑,被一位很有实力的汉学权威希尔特(F.Hirth)教授所否定。1912年8月15日他在《民族》(*The Nation*)一书中对此工作给予了特别称赞。

清它。由于T.III是由这些烽燧护卫的长城大拐弯处的制高点，它本身就为我提供了一个进行初步调查的极佳位置。在此以西约2英里，同一沙砾阶地的最后一个山脚上，耸立着另一座T.IV.b。虽然更远，但在西南方向至少还能见到两座烽燧。这里我可以指出，由于这个制高点可以观察到其他烽燧，也由于在这片光秃秃的地面可以看得很远，因此勘察员拉姆·辛格甚至不用望远镜即可凭他那双锐眼测出其中一座烽燧T.V离此处的直线距离有9英里，另一座烽燧T.V.a不少于15英里，后来的调查证明确实如此。东边3英里外的地方，正好在可见的长城直线上，T.VII可以看得很清楚。在它以外的烽燧T.IX，似乎表明那儿是长城拐向东北的转折点。[①]

◁向东延伸的长城线

那天已经太晚，不能对西边的长城进行调查。相反，我决定调查东边的长城线和烽燧，希望那边的遗址分布在我的队伍向前行进的路线范围之内。这个决定是对的。我沿着随陡峭的沙砾坡延伸下去的古长城前进，并越过界定前面提到的长满灌木丛的峡谷的低矮台阶状地区后，长城残墙越来越高。从这里往前1英里范围内，墙体是连续而没有断开的；而且事实上暴露在地表以上5~7英尺，墙的平均宽度约8英尺。即使不经过任何挖掘与清理，也很容易发现这里独特的建筑方法，以及虽缓慢但不曾中断的风蚀作用过程。[②]

在大多数地方，起水平固定作用的芦苇束保护层被侵蚀

---

① 这里可以很方便地解释，为了避免给调查工作带来混乱，也为了日后对这个点予以确认，有必要随时给平板仪测出的图上的烽燧编号。因为它们是从一连串的观测站观测到的，即使当初没有机会得到几条“线”或其他方法来确定它们的准确位置。这种事实上的必要性，以及由于众多烽燧位于地表多变的地点，以及建筑遗存本身的破损不能从远处分辨清楚的事实，可以帮助说明为何不能对长城沿线各烽燧按其所在位置的前后，严格按顺序标上号码。

② 图157和图158中的照片，可以帮助说明下面将要讨论的观测结果。虽然这是敦煌东北部长城的一段，但是与其他地段相反，这里的树枝层要厚于黏土层，而且这些树枝层里除了芦苇，还加入了红柳枝。见本书第十五章第五节。

芦苇束延缓侵蚀过程▷ 了,而其他地方则已经松了。交替往上筑的夯土层和芦苇层也就相应地暴露在外,但是它们仍然保存得很好。尽管材料很松散,充满着沙砾和小石子,但厚6~7英寸的土层看起来黏合得很好。这显然是土壤中碱性成分的黏合作用的结果。① 同时,这些暴露在外的每层所显出的被挖空的外表表明,它们曾受到侵蚀。另一方面,那些捆绑整齐的平均厚3~4英寸的芦苇层,则见不到受这种破坏作用影响所留下的迹象。由于此前的经验,我很容易地意识到,虽然芦苇由于夹在里面的土被很快吹走而变得松散,但是它们所含的坚韧纤维,可以使之经受风以及由风带来的流沙的侵蚀。

延伸到烽燧T.VII的长城线▷ 继续向东延伸的长城线在许多地方已被侵蚀,暴露地段的残存高度更低。在约2英里以后进入长满灌木丛的沙性洼地,长城又在沙砾地段不断地出现,墙体上的层次清楚,而在其他土壤松软的地方,墙体已完全毁坏了。因此,长城线在到下一座烽燧T.VII的0.25英里以内很直,它位于对面沙砾高地的边上。T.VII的建筑技法不是砖砌,而是用土坯砌成,每层厚2.5~4.5英寸,土坯层之间不夹芦苇秸。但为了加固,墙体里每隔10英寸就在四角垂直揳入粗粗削制的野白杨桩,并用粗芦苇绳捆绑起来。由于揳入土内,从东北角露出的部分看到(那里的黏土已掉落了不少),哪些桩仍保存完好。与墙里使用的材料一样,整个墙体明显地显示出,自从墙和烽燧建起来之后,这个沙漠地的自然条件和资源的变化非常小。

爬上烽燧顶▷ 当我在烽燧T.III的南面看到中线上有一排挖出来的脚

① 关于土壤的这种碱性特点,1914年3月17日我再次路过这里时,就在这段古长城附近作了一次很有意义的调查。我注意到,在T.VII和T.IX之间,那些水平分布的盐霜层本身,不刮的话并不能被人看到。它们每个水平层厚约7英寸,一直往上,接近包围着被严重侵蚀的烽燧,并护卫着烽燧的低矮沙砾护堤的表面。几天前这里下过一场小雪,这足以使细碎的盐霜渗入芦苇表皮,而不管它们仍在沼泽中生长,还是它们已经夹入墙体的黏土和沙砾层之间。

蹬直通烽燧顶时，建烽燧的目的也就清楚了。每两个脚蹬之间的垂直距离约 1 英尺，显然是为了帮助人爬上烽燧顶。烽燧上很有规律地排列的孔，指明了当时人爬上去时使用的绳子的位置，这些孔当时就是用来插入木桩的。这些木桩总是成对的，每对两个木桩的距离为 3.5 英寸，每两对的垂直距离为 4 英尺，它们很可能是绑上绳子、用作扶手的。离地面高约 22 英尺的顶部再也爬不上去，但这里很小的空间也足以容下一两人负责瞭望、发信号。

◁长城"失而复得"

烽燧的附近找不到任何建筑痕迹，而且由此以外的长城也完全看不见。因此，我越过这片光秃的沙砾高地向东北方向前进，重新回到商路上，并发现它引导我们向东走向远处可见的 T.IX。我们沿此路只走了不过 1 英里，勘察员拉姆·辛格就已看见沙砾地面上，路的北面有一处与路平行的很不明显的隆起。周围的地面上完全没有任何植被，哪怕是枯死的也没有，而唯独隆起处的顶部和侧面可以见到由于盐渍而半石化的芦苇。只需刮几下，就足以确认我们再次来到了长城边。这些芦苇正是长在现已完全被侵蚀的长城最下面的几层上。回头一看，发现长城线还能向西延伸一些距离。但是当我后来再去时，也都没能发现它能与 T.VII 连起来。这小段不足 1 英里长的长城之所以完全消失，很可能是因为它的走向与敦煌—安西谷地的强劲东风不是平行，而是垂直的。

◁T. VIII 倾圮的堆积土丘

继续向东，这处隆起最初几乎察觉不出来，随后才有 6~8 英尺高，形成笔直的一线。稍做发掘，便发现长城就埋在堆起的沙砾和流沙下面。在离 T.VII 将近 3 英里的一个点上，我注意到长城南面约 24 码处有一个矮丘，那里的长城似乎像半月形一样向北拐去。矮丘的东北角上伸出胡杨木，顶上有些石头，表明它可能是被废弃的 T.VIII 的堆积，随后的发掘证明确实如此(图 166、168)。

保存完好的烽燧 T. IX ▷

从这里往前,长城线直到当天行程结束时都能很容易地找到,因为它紧挨着道路不中断地延伸。首先,一条露着胡杨树枝和芦苇的隆起几乎沿直线延伸,把我们带到 2 英里外一座坚固的烽燧 T.IX(图 173)。当我第一次在 T.III 发现长城时,就已远远地看见了该烽燧。T.IX 高 25 英尺,保存完好,而且建筑给人留下深刻印象。它建在能够俯视一片开阔洼地的东面和北面的沙砾高地的制高点上。烽燧建得非常坚固而且规则,烽燧底部 22.5 英尺见方,土坯长 14 英寸,宽 7 英寸,厚 5 英寸。烽燧的外表土坯一横一直交替上砌,为了增强其牢固性,每五层土坯之间夹入一薄层芦苇。土坯里面只掺了很少甚至没有掺入芦苇,但仍然非常坚硬;我想这可能是泥土里或者水里的盐碱所起的凝结作用。因为土坯块已被侵蚀,顶部可以见到胡杨木桩。但是,侵蚀作用只使烽燧基部旁边的地表下降不足 1 英尺,这清楚地表明地面的沙砾起到了保护作用。在该烽燧周围没有发现建筑及其他人类活动痕迹。长城在烽燧北约 17 英尺处,呈半月形拐了个弯。

烽燧 T. X 的特征 ▷

一到 T.IX 的东边,地面就成一条陡坡,下落至一片长满灌木丛的开阔洼地(附图 33)。尽管这里的土壤主要成分是粗沙,但仍有些地方长满了芦苇和红柳。标明长城线、被沙砾覆盖的隆起带(有些地段有 8~9 英尺高),直到 3 英里以外的 T.X(图 174)那里都能很容易地找到。T.X 位于高出平坦、开阔的洼地约 100 英尺,在坡度很陡的孤立的黏土山脊北端。该烽燧的建筑方式,与我第一天在长城线上见到的其他烽燧很不一样。我立即意识到,在沙漠中筑长城的人非常善于因地制宜。这里不是用土坯砌筑,而是夯筑。夯层厚 1 英尺 10 英寸,逐层上筑并内收。因此,它的整体外形像是截去尖顶的金字塔。由于筑烽燧用的土里含有盐碱,烽燧非常坚固。夯土层间厚 2 英寸的红柳枝夹层，也由于同样原因而已经几乎石化。这座渗入盐碱的建筑在尘埃中奇异地闪闪发光，就像我们在随后的调查中，大量发现的其他烽燧的外表还带有厚厚的石灰层时闪闪发光一样。烽燧基部约 25 英尺见方，虽然烽燧的南面和东面的一部分已经坍塌（图 174），烽燧高仍接近 30 英尺。

◁延伸到湖岸的长城线

这种独特的建筑方式表明，那时候附近就有水，现在看来也不远。沿路走 0.5 英里，有一片盐渍沼泽（水源来自西南方向一条非常咸的小水渠）。走过一片长满芦苇和胡杨林的开阔地，发现我的营地驻扎在一个小湖旁。虽然湖下部的水是咸的，但是它的南岸边来自泉里的水还是可以饮用的。[①] 第二天早上我回到长城，发现它从 T.X 处沿直线伸向湖床，在南岸中线附近与之垂直相交。离这个盐渍湖岸约 25 码处，很容易找到由于盐的渗入而半石化的植物残骸。由于湖面只比暴露的墙脚低约 5 英尺，所以自墙建起之后，湖的“干旱化”进展显然并不快。这就为我们提供了从考古学上来说很重要的证据，而且随后在其他地方考察时也经常有证据支持这个观点。但是更重要的是，我想指出，此湖曾在这条防卫线上起到奇异的墙一样的防御作用。我立即明白，筑长城的人仔细地观察并利用了所有的自然特征，以节约在这片古代已成沙漠的地区的建筑劳力。

① 1914 年 3 月 18 日测量的酸碱度在 0.46~0.20 之间。

第五节　疏勒河沼泽旁的遗迹

调查长城的计划▷

第一天调查所获得的考古证据足以使我相信，我已经经过的遗迹，以及继续向东后期望发现的遗迹，属于早期边防体系即长城，对应在地图上也就是甘肃西北边界上的"长城"。上面讨论的与经过楼兰的道路有关的历史文献证明，这个边防体系的年代很可能早到汉代。对它进行全面调查，无论是从考古学上还是地理学上来说，都符合我的兴趣，对我也就显得特别重要。因此，我当即决定，一旦我的民工和牲口从因在敦煌绿洲缺乏休息而产生的疲劳中恢复过来，就回到沙漠中的古代边境线去。同时我们也急需补给食品及交通工具。

烽燧 T. XI▷

3 月 9 日的旅途中，我们不断发现古代长城上一些我们已较熟悉的情况。沿着小湖多风的南岸，在密实的芦苇丛边行进约 1.5 英里之后，商路把我引向一处高 80~100 英尺的陡峭沙砾高地狭窄的南缘，而湖岸又正好在高地的东边。在高地上能俯视两边道路很远的制高点上，有一座曾经很坚固但现已被严重侵蚀的烽燧 T. XI(图 178)，它的大小和建筑方式与 T.X 很接近。烽燧周围有一圈不大的围墙，从围墙内外垃圾堆积来看，这里可能曾有人持续活动。沿着这里宽不足 0.5 英里的山脊爬上去，就能看到长城呈东西走向延伸，而且露出很有特色的芦苇秸。它西边起自那天早上我最后去过的那个点对面的湖岸，经过山脊，向下延伸到东边另一处沼泽盆地的边缘。

沼泽地补充防御线▷

洼地中小湖以远的视线里，还有两座烽燧。它们的位置和这里的地貌使我确信，长城线或多或少与疏勒河水系的末端平行。与水系相连的沼泽地，凡是能派上用场的地方都用上了，以补充或替代长城的防御措施。这个结论似乎是正确

的(并在随后的调查很快得到了证实),即通往敦煌的路总是在这个水系中或附近前进。确实,从营地出发5英里后,道路把我们引向下一座烽燧T.XII附近。它位于俯视这第二个盆地南部的狭窄高地的末端。虽然长城由此继续北行,但是烽燧附近没能找到墙,而且我们也没有时间去搜寻。

◁视线里一连串的烽燧

那天其余时间的旅途上,我们左侧灰色水平线上远处的烽燧连成一线,宛若一线黄色篝火。我当时就急于去考察。但是由于去那里得穿过中间一片难以越过的沙地,以及沼泽洼地所造成的大弯路,当时我无法接近它们。所幸的是,由于我们的平板仪十分精确,我们能在它的指引下沿着道路向那边靠近。因此我们可以看到烽燧与烽燧之间的距离相差很大,平均约2英里。这也再次证明,人们在保卫这条防御线时,充分考虑并利用了地表的自然特征。在T.X附近,我经常见到车辙沿着我们走的路延伸或与我们的路分岔,而其中不少印痕显然是晚近的。据此我认为,虽然这片地区从总体上说是孤立的,但是敦煌的汉人仍不时光顾这里,寻找燃料或有水的牧场。因此,当我行进约10英里后,来到另一处芦苇茂盛、布满泉涌沼泽的长条形洼地的边缘,见到从外形看显然是现代的茅草房和小寺庙时,我一点也不觉得奇怪。

◁废弃的堡垒T.XIV

洼地里一处高地的咽喉地段,竖立着一座虽小但外观看上去非常坚固的废弃堡垒T.XIV。图183表示的是从东北方向看到的情况,而图184是从西南方向看到的,西面有一扇门。它的墙夯筑,夯层厚约3英寸,逐层往上筑,非常坚固。现在仍保存完好,高将近30英尺。台基方向很正,高约15英尺,呈正方形,每面外部长约85英尺(附图40的平面图)。堡垒里面没有早期住所,只有少量近期过路人遗留的堆积。但是,建筑的坚固程度,以及东墙和北墙由于侵蚀造成的损坏

(图 183),足以说明其年代十分古老。

从堡垒向远处▷眺望

从这座堡垒的顶部眺望,眼前视野十分开阔,而且给人留下深刻印象。南面,可以见到沼泽洼地很快融入了胡杨和红柳丛地带;在它以外,一块光秃秃的沙砾缓坡一直伸向远处大山脉的一处同样光秃的山脚,那大山脉的雪山山脊隐在云中。北面,远处至少有四座烽燧出现在视线里,在我们身后被太阳照得发亮。虽然我看到的都是昏黄的景色,而且感觉到长城与平地朝着同样的方向延伸,但是我还是能够辨认出那些烽燧静静地护卫着的长城线遗存。堡垒墙的高度正好可以方便地俯视整段烽燧的连线,也可以使守卒方便地看到沿线上的烽火信号。烽燧以外很远的地方,库鲁克塔格昏暗光秃的山岭呈锯齿状矗立着,而且长期以来不见任何有生命的东西,它们构成了一幅红褐色的大背景。我知道疏勒河水系在远处的山脚下与烽燧线之间的某个地方拐向西行,但是即使从这个制高点俯视,我也没能找到这个拐弯处。随后在T.XIV北边勘察时,虽然我已到了离它很近的地方,但是深切下去的河床仍逃过了我的眼睛,因为它就像这不可逾越的沙砾"塞"的护壕一样,深深地隐藏了起来。

大型废弃建筑▷

但是,当我继续在一块不毛之地的沙砾台地上一直前进,直到当天晚上,我终于注意到,我们沿着道路越来越靠近一个东西向的开阔沼泽盆地,而这里显然是疏勒河河谷的一部分。我们沿着它陡峭的南岸行进了约 1 英里,来到岸边附近一座建得粗糙且已严重侵蚀的烽燧 T.XVIII 附近,暮色中我看到,在盆地边上的低矮高地上有一座巨大的建筑(图 186)。天黑之前匆匆去看过之后,即可看出其建筑之雄伟与坚固。但是,即使第二天早上,我得以从我们安扎在附近一处泉水旁的营地来考察时,这座大型建筑的性质仍未弄清。

它有三个宫殿似的大厅，正面总长达440多英尺(附图41的平面图)；墙体夯筑，厚达6英尺，尽管有些地方破损严重，但仍高达约25英尺。它建在一块高约15英尺的自然台地上，建筑四周的生土被挖下去，使之成为建筑的台基，这使建筑更显雄伟。周围有坚固的围墙，四角有高塔以拱卫宫殿，外面还有堡垒的遗迹。整个建筑群的位置表明，这处雄伟的建筑不是一个边防站。直到一个半月之后对它进行系统考察后，它的真正性质才有可能弄明白。所幸的是，我那位经验丰富的驼队领头人哈桑阿訇①很细心地在遗址脚下搜寻，并捡到了两枚钱币。它们被证明是汉代五铢钱，而这也就成了证明其年代古老的第一批证据。 ◁大厅与围墙

直向北不远处是一片开阔沼泽，那里部分地方是盐渍泥沼，部分是芦苇围起的潟湖。在那里，古代也好，现在也好，既无必要也不可能建筑长城。但是，视线所见东北、西北的烽燧，标明了它们护卫的长城线的位置及走向。在望远镜里，我清楚地看到，离我最近的几座烽燧T.VI.a、XIX、XX，与沼泽盆地中平地上的诸多烽燧一样，都建在孤立的土脊上。显然，建筑师从瞭望的开阔性和安全角度，充分考虑并利用了这些制高点。 ◁沼泽边缘的烽燧线

黏土阶地和台地在这里呈东南—西北走向成排排列，再往前则呈南北向排列，并靠近我在拜什托格拉克东部盆地里发现的大型台地。这一很有特点的地貌，立即激发了我的地理学兴趣。这似乎完全是古老的终碛湖床在干旱化夺去这些侵蚀地层上的水与植被之前的景象。随后我有机会于1914年对楼兰遗址东北进行考察，那里的黏土阶地上面及周围的 ◁河边盆地里成排的台地

① 参见斯坦因《古代和田》，第一卷，312页，1916年。

考古发现证明,从公元后最初几个世纪以来一直存在的地表状况,与敦煌长城的这一段旁的地形基本一致。[①] 另一个其他地方早已不见的有趣的自然现象是,紧挨着开阔沼泽带里的水道及潟湖旁,生长着成排的胡杨。它们的成活表明淡水的存在,至少有间断性流动的活水。六周后再回来时,我才见到疏勒河水在春夏泛滥时,事实上确实流过这个盆地。同时,远处见到的景象使我回想起在前往楼兰遗址的沙漠之路上,穿过的成排枯死的胡杨。[②]

台地上的烽燧▷遗址

从阿布旦带上的牲口饲料到现在几乎全吃完了,所以我们必须尽可能地少耽搁,直奔敦煌。因此,自 3 月 10 日在最后一个歇脚点带上水,到穿越这完全草木不生的沙漠,直抵绿洲边上,这么长的旅途中,我极不情愿地放弃沿途的一切考察活动。路上我们第一次经过一处长达 15 英里不间断的茂密灌木丛地带,这些丛林一直向南延伸到开阔的洼地。在离道路北边不远,我们经过了两座小烽燧 T.XXI 和 T.XXII,它们立在孤立的台地上。在第二座烽燧附近,我们遇到两三个中国回民或东干人在放牧牛马,这是我们从阿布旦出发后遇到的第一批人。

哈拉淖尔湖▷

从此处起,道路向正东方向延伸,直抵从南面高地上像手掌般向北伸出的一系列狭长的沙砾山脊下。它们之间与北边开阔的盐覆盆地相连的洼地里,有些泉涌沼泽。但是这个盆地离我们太远,无法前往调查,以后我们才发现那里有一个湖。在欧洲人的地图里,根据蒙古语标为“哈拉淖尔”(哈拉湖),即“黑湖”。它往往被误认为是疏勒河的终点,我们调查

① 参见斯坦因《第三次探险》,载《地理学刊》,1916 年第 48 期,123 页以下。

② 参见本书第十章第三节。

后才知道它并不是。正是由于这一大片水面的存在[1],它本身就是一道安全的防线,可以解释为何从此向北不见任何烽燧。

◁被侵蚀的黏土台地

连绵不断的狭窄山脊随后消失在一片大洼地里。洼地的北面没有植被,而有大量成排的很有特色的黏土台地。这种台地我在已经干燥或正处于干燥化过程的邻近湖床地区,已经见过很多(图 146)。显然,它们代表着诸如道路刚刚垂直穿过的地区那样的早期连续山脊的遗存,由于这个地区盛行强劲的东风,以及粗沙在面前流动,这些山脊被缓慢地切断。这些山脊自身的起源同样也很容易解释。它们的存在显然是由于湿润季节水从南面的山上冲向这片沙砾地区时形成的冲刷作用,并对这片远为古老的湖泊盆地里的堆积形成向下深切作用而形成的。[2] 我认为在这里说明这准地质考察结果是有用的,因为它形成的地貌特征,在很大程度上决定了这里古代长城走向的选择。

◁哈拉淖尔旁的烽燧遗址

最后,我们从这些台地中间,来到一块向北延伸的开阔平地上。我们第一次从那里看见了约 4 英里以外的大片深蓝色水面——哈拉湖。宽阔的盐渍边缘表明,在夏季它的水面可能要比现在高,水所覆盖的面积也要大许多。许多形状规则的台地散布在平坦的岸边,并向东北方向延伸,那里植被茂密。它们显然是台地群和山脊长期受到缓慢却不间断的侵蚀作用之后的最后遗存。在湖东岸不远的两处台地上,我看到

---

① 我们 1914 年 3 月的近距离调查证明,那时湖面覆盖的地区比地图上画的要向东长出约 4 英里。另一方面,当时在湖的东岸发现的另外几座烽燧表明,这里的湖床在古代并不能形成永久的防线。很可能在一年内很长的时间内,这里是干枯的,即便现在也是如此。

② 参见本书第十五章第二节。

了烽燧遗址。[1] 第三座烽燧 T.XXIII 坐落在从南面伸进平坦盆地的长山脊末端，它正好耸立在此路最后一个向东南拐弯的点上。包含着疏勒河河床和沼泽盆地的开阔洼地，现已被甩在身后。爬过是党河即敦煌河冲积扇的一部分的一块缓慢抬升的光秃高地后，晚上我们到达了被罗布人称为“央塔克库都克”的泉涌潭。

前往敦煌的最后行程▷

3 月 11 日离开这个舒适的歇脚点后，我们越过了一片被两道干枯的泛滥水道打破的完全光秃的沙砾塞。经过 15 英里的行程，我们到达了敦煌农耕区的边上。我在它附近的一个汉人小村庄旁休息了一夜，第二天早上，我的营地移到了敦煌县城外，这里也就成了我以后三个月进行古迹调查的基地。

① 这两座烽燧 T.XXIII.b、T.XXIII.C 在地图上被标错了位置，我们 1914 年才对它们进行了调查，那时发现 T.XXIII.C 位于 157 号营地东北约 4 英里处，而 T.XXIII.b 则更在约 1 英里以外。长城线正是在后一座烽燧处由东西向改向东南向，并因此到达敦煌绿洲。

第十五章　敦煌绿洲及其北部的长城

第一节　下疏勒河盆地的地理特征

◁第一次在敦煌停留

在我个人笔记的第五十一章里，我详细记录了1907年3月12—22日第一次考察敦煌时的印象。[①] 那是我第一次完全雇用中国人考察文物古迹，而且在敦煌我很快获取一些克服困难的经验，这是我在那里进行考察所必需的。在以下的章节中我们将会看到，由于许多幸运的机会，尤其是蒋师爷的帮助，我才可能带回比我期待的更丰硕的考古调查成果。在诸多的困难中，我首先应该强调一点，因为它对我在甘肃，尤其是在敦煌地区的考察影响极大。

◁缺乏汉学训练

我的意思是我完全缺乏汉学训练。正如在《沙漠契丹》中所说，这是真的。在蒋师爷的帮助下，通过和他交谈及他的开导，我尽力不断地练习带湖南腔的普通话，到最后我还能独立地处理一些简单的个人事务。同时，在他的帮助下，我还能赢得官方的善意，时时得到有关文物的线索。但是，我对书面语言仍是一窍不通。也许当我现在记录民工的劳动成果时，我有更多的理由为这巨大的不便感到遗憾，因为这使我不能把这里的考古学和其他遗存所反映的历史进行完整的评价。

① 参见斯坦因《沙漠契丹》，第二卷，9~38页。

敦煌的历史记▷载

敦煌目前仍沿用着古代汉人的名称。这里名闻遐迩的绿洲在我们的书中和地图上通常标为沙州,即“沙漠城市”。沙州之名始于唐代。在中国的势力和影响深入中亚的各个历史时期,沙州起着重要的作用。即使在晋和唐末势力式微的时期,中国的地方小王朝在极西地区的统治依然存在。[①] 因此,关于这个边疆地区的历史资料在各朝代的正史和其他记载中是相当丰富的,但是只有一小部分不太重要的已被翻译过来。如果要根据中国的历史文献对这一地区进行考察,缺乏我能看懂的文献资料是我必须面对的首要困难。因此,我只能使用文献中既能让我理解,又能直接说明与我的考察有关的考古和地形特点的材料。当我继续在甘肃东部考察时,我还不得不面对这一现实。

敦煌的地理概▷貌

幸运的是,在讨论对敦煌的历史具有决定性影响的主要地理特征,尤其是解释它在中国政治、军事力量最早向西扩展过程中的重要性时,我没有遇到太大的困难。在下面将要讨论的本地地理特征时,我主要依据我自己的观察得出了一个简明的总体印象。在讨论当地的地理特征时,一些条件上的局限性在这里也要引起适当的注意。由沙漠地带的延伸而导致中国古代长城遗迹的延伸,对此我必须前往考察。在我为期三个月的敦煌考察期间,更多的时间必须花在人迹罕至的地方。余下的大部分时间都集中在饶有兴趣而又重要的文物调查上,这使我在千佛洞停留了三个多星期。因此,除了地图所提供的地形特征的调查成果,我很少有机会去密切地关注农业区的经济条件及其在人力、可耕地、水源等方面的资源情况。

---

① 参见斯坦因《古代和田》,第一卷,543 页上沙畹的注④;沙畹《十题铭》,80 页以下。

但是，除了时间有限，我们还要和其他困难作斗争。一个非常严峻的困难是中国人的沉默，凡是直接或间接地与当地利益可能有关的任何问题，他们都拒绝回答。在敦煌，这种怀疑、保留的态度，比甘肃其他地方更明显。这可能是被一种在当地蔓延的共同感受所刺激的疑虑，从而也使这些以前的帝国西部边陲卫士的后代情绪变得更难以控制。儒雅而善良的县长汪大老爷（Wang Ta-lao-yeh）的遭遇，就很有力地证明了我的这种印象。汪大老爷给了我们很大的帮助，而他自己最终也成了这种情绪爆发的受害者①。 ◁考察的困难

修正在这些问题上的结论的另一个重大障碍，直接来自最近造成敦煌一直为外人所注目的历史巨变。像甘肃大多数由此向东的地区一样，敦煌现在还只是缓慢地从东干人最后一次大叛乱和1862—1873年大多数当地居民受到迫害这两次大灾难中得到恢复。整个绿洲大面积废弃的住宅和村庄废墟静静地躺在那里，非常雄辩地说明这连续大灾难所造成的破坏有多严重。从历史研究的角度来看，这些证据足以说明问题。但是很明显，由于不能根据可靠的方志资料进行验证，人们对这么长时间的动荡的印象，尚不足以成为判断目前敦煌绿洲的资源状况的充分依据，也不足以说明过去的情况。 ◁东干人叛乱带来的灾难

敦煌的经济资源对这一绿洲在中国与中亚，尤其是与塔里木盆地的关系上的确曾产生过重要影响。但从根本上说，它的作用决定于与敦煌在疏勒河流域所处的位置有关的广泛的地理事实。只要看一下任何一幅包括甘肃及新疆在内的地图②，就很容易发现，疏勒河下游流域就是从中国内地到塔里 ◁去疏勒河的路线

① 参见斯坦因《沙漠契丹》，第二卷，35页等、41页、233页、294页。

② 例如从罗博罗夫斯基上尉的考察报告中复制的1∶4 200 000地图，以及斯蒂勒《地图集》中的第64号地图。

木盆地的最早启用也是路途最近的路线。从这条水源来自冰川和常年积雪的重要河流穿过外层山地、折转向西的地方开始,它几乎由东向西直线延伸了 200 多英里。完全开放的疏勒河下游盆地,是始自甘肃省城兰州和黄河上游的甘肃西向交通线的自然连接点。这条路线沿着南山北麓,穿过包括凉州、甘州、肃州等大城镇的连绵不断的富庶地带,几乎是一条不间断的连接许多小村落的链条。在中国内地—新疆贸易大动脉的肃州—玉门县一段上,这种小村落也是星罗棋布。这条路线穿过一系列宽阔的高原,把这里的水域分割成肃州河(北大河)与疏勒河。①

甘肃西部交通▷线

南山北麓的通▷道

刚刚被勾画出来的黄河与疏勒河之间的山麓通道,比其他任何交通线在中国内地—新疆东部交流中所起的作用都大。事实上,对于军队调遣和贸易护送来说,这是一条唯一可用的通道。它的南面是南山雪山和西藏最北的高原禁区柯林湖和柴达木地区;北面那条虽长却狭窄的地区,被沙漠和几乎同样是不毛之地的蒙古最南端的山地所隔绝。在那里找不到永久居民点或可耕地,可以为长途跋涉、耗时数日的商队提供后援。这种地理事实势必造成这样一个结果:从中国的势力最早向西延伸的时候起,帝国权威在中亚得以巩固的必要条件,是依赖于对这条天然大动脉的控制。

公元前 121 年中▷国人开辟的通往西方的道路

这可以明显地从详细记载了中国第一次西进的大行动,即记载汉武帝“西进政策”的《汉书》有关章节中看出。史料告诉我们,公元前 121 年,匈奴战败并被赶出与南山毗邻的地区,于是汉朝“初置酒泉郡,后稍发徙民充实之,分置武威、张

① 参见斯坦因《沙漠契丹》,第二卷,337 页。

掖、敦煌,列四郡,据两关焉”。[1] 几乎在此后正好两千年时,南方太平天国起义平息后,大清帝国准备平定新疆阿古柏的叛乱。两千年来,中原王朝对西域的控制与失控过程不断重复,只不过略有小异而已。东干人叛乱部族已被赶出南山北麓富庶的狭长地带,通过这里的“帝国之路”由于有一连串的兵营和哨所变得安全。同时这些几乎已荒无人烟的绿洲,在名将刘锦棠和左宗棠率领的军队收新疆前,已开始被大清帝国逐步恢复控制。[2]

◁从疏勒河向前延伸的主要通道

一旦占据疏勒河下游盆地,就有两条延伸到中国的中亚据点的主要道路,时至今日仍是如此。一条经过敦煌直达疏勒河终碛盆地的边缘,它在古代就是一条向西延伸的最直接最重要的通道。正如我们已经看到的,它经过拜什托格拉克谷地,到达干燥的罗布泊,再到楼兰。另一条同样直达的通道,从安西即现在的瓜州向北拐向天山东麓,到达古代的哈密绿洲。正如我们已经提到过的,这也是一条早已开通的通道,它经过哈密的那一段早在《后汉书》里就有记载。[3] 这条道路在唐代已经成为沟通中国与中亚的主要交通要道,直至今日仍然如此,而我们在把它与楼兰联系起来考察时,经常要考虑自然条件的变化。在以后的章节中,我还同时必须讨论它及其东西两侧的其他道路。[4] 应该指出的是,目前构成安西“区”的那些中小型村庄,之所以在我们的地图上和中国行政区划上,要比大且富裕的敦煌绿洲更显赫,完全是因为它们的

◁经过安西到哈密的通道

① 参见怀利《西域记》,载《大不列颠及爱尔兰人类学学会会刊》,第10期,22页;另参见沙畹《文书》,V页。这两条道屏障指玉门关和阳关,本书第十九章将对此进行讨论。

② 关于中国与中亚关系上有趣的这一章,参见布瓦吉《中国历史》,第三卷,732~744页。

③ 参见本书第九章第三节,第十四章第三节;沙畹《通报》,156页、169页,1907。

④ 参见本书第二十八章第一节。

位置更重要。它们位于疏勒河与北山—哈密沙漠带之间,即目前的交通要道上。

敦煌的重要性▷

在汉代则不同,那时敦煌在河西即甘肃西部的四个军事重镇中是声名显赫的,其他三镇为凉州、甘州和肃州。[①] 对中国来说,敦煌的重要性在于它的地理位置和资源上的巨大优势,甚至在今天当中国通往中亚的要道最终从这里往北拐,上述优势也显而易见。这里是目前在肃州与和田之间1 200英里范围内,能找到的可连续耕作的最大地区,而且在历史时期很可能就是如此。就其可耕地的延伸幅度而言,尽管目前满打满算也不过南北长20英里,东西宽16英里,然而与之相比,肃州东边的绿洲算是小的,而罗布泊周围的绿洲也不那么重要。因此,我们很容易认识敦煌在中国人第一次推进到塔里木盆地时,其价值有多么大,以及为何这条经过楼兰的最直接的道路目前仍然开通着。由于这个军队和商队的重要补给基地在那么遥远的西部,更由于它处在楼兰道进入人类完全无法生存的巨大沙漠地带的关键位置,敦煌的重要性才与日俱增。

敦煌的自然条件▷

敦煌之所以有相对较大的可耕地,是因为这里有一大片能在关键时期有充足可靠的水源而易于灌溉的河口冲积扇。正如我在其他地方所强调的,疏勒河下游盆地的自然条件和塔里木盆地有着十分类似的地方。两地都是具有极为相似的气候条件的内河流域地区,而且很可能像我曾提到过的那样,在某个较早的历史时期曾经一度连成一片。[②] 与塔里木盆地一样,这里的基本地理条件必然导致农耕地的延伸完全依赖

① 参见沙畹《通报》,258页,注②,1906;《文书》,V页;怀利《西域记》,载《大不列颠及爱尔兰人类学学会会刊》,第10期,22页。

② 参见斯坦因《沙漠契丹》,第一卷,535页以下;本书第十四章第一节。

于灌溉所需的自然条件。

敦煌的这些条件，比东起肃州西至库车这一带的其他任何地方都有利。党河是一条水量很大的河流，它穿过南山西部，水从高山上流向南部一片至少不小于疏勒河所流经的地区，正像罗博罗夫斯基的 1∶840 000 的地图所展示的那样。向党河提供水源的山峰中，有好几座的山顶高出雪线，它们给党河带来大量的融雪甚至一定的冰川融水。在我们调查的石包城和昌马之间的大山北麓，情况确实如此，这里的峰顶超过了 2 万英尺。这里的水主要向南流入党河的支流之一野马河。党河流量之大，在 1907 年 4 月 5 日得到了充分的证明。那天敦煌镇城外的河水流量不少于 2 100 立方英尺/秒，致使流经镇里以及河口附近的大水渠也都全部泛滥。[①] 在我 5 月下半月从烽燧考察回来时，它们都一样满，那时经过河床而又用不上的水的流量明显增加了。当然这还只是灌溉塔里木盆地南部绿洲，即和田的河流春季泛滥过去之后水位回落到很低水平的时期。 ◁敦煌的灌溉条件

我想，从这里及其他类似的观察中，可以大致得出这样一个结论：目前党河可用于灌溉的水源，比目前沙漠绿洲所需的水量要丰富得多。如果这一地区向外延伸，包括绿洲内以及向北、东方向超出目前界线的带状地区（这些地区只是在东干人叛乱之后才废弃的），灌溉水源依然绰绰有余。东干人叛乱之后，由于人口减少，绿洲恢复缓慢，而缺乏劳力，又使得这片土地十分肥沃，而且曾经营良好的水渠依然存在的广袤的土地，不能得到很好的重新利用。由于时间不够，我们没有进行 ◁可耕地的范围

---

① 我在面向西城门的桥上测量流量。水面宽约 120 英尺，平均水深在三四米之间。在 52 秒钟之内水流了 100 码距离。桥面上下河床的宽度远大于当时水面的宽度，可知夏季洪水的流量要大许多。

更细致的调查。因此,不能给出19世纪60年代废弃至今但仍等待开垦的土地的大致范围。同样,我们也不能确定超出现有绿洲范围的、古代可能曾耕种过的土地的范围。那时候人口稠密,可利用的灌溉资源能够得到充分的开发,而且政治气候也能保障安全及经济发展。①

党河冲积扇▷ 下结论时仍需注意使敦煌地区易于耕作的两个自然特征。冲积扇本身的坡度、土壤等是巨大的优势,使党河带来的充裕的河水能够用于灌溉。这使灌溉水渠工程很容易做到安全可靠,同时土壤的结构也不致因蒸发和渗漏造成水的流失。可是在其他绝大部分地方,水渠经过长距离裸露的沙砾"塞",抵达可耕地之前,都会流失相当一部分水量。另一个重要优势在于党河冲积扇延伸得很长,它在右岸与疏勒河相会之前,就有足够的空间来利用那些可以利用的巨大水源中的大部分(如果不是全部的话)。为了支持这个说法,我在这里可以指出,党河支流(即党河左岸水渠的起点处)与疏勒河之间的直线距离约36英里。

疏勒河的灌溉▷ 就灌溉而言,疏勒河各段也有很大的区别。尽管汇集了多雪的南山山脉的水源,而且山脉既长且高,这使河流的水流量很大②,但是,从玉门县到安西之间的一系列小沙漠,无论是

① 与目前绿洲边缘毗邻的地表的独特条件,给探察那些可能找到早期边界的遗迹带来许多困难。东边,土地条件在古代很可能造成这种特点。这里的土地由冲积黄土构成,地下湿气充沛,加上上面茂密的灌木,都不利于中国村镇里常见的土坯和木材建成的房屋遗迹的保存。安西地区仅仅在19世纪或两个世纪以前废弃的房屋遗迹几乎荡然无存足以说明问题。同样的原因防止了地表的风蚀和"台地"地貌保存在地表。

在北边的党河三角洲,早期遗迹可能因水渠终端缺水而消失。干旱导致土地在某些季节被水冲刷,形成裸露的富盐草原,像地图上标明的那样。1914年3月当我沿着以前未考察过的党河西岸峡谷,考察长城的延伸情况时,我来到的由于党河及其支流洪水泛滥而形成的淡水沼泽地中,仍保存着旧的城堡和废弃的农田。在这里也没有留下任何古代的建筑遗迹或早期水渠的痕迹。

② 我不能提供一组比较数据,疏勒河由东向西的下游部分这一事实是明摆着的,而这也决定了党河在右岸汇入之后疏勒河的走向。

其范围,还是经济资源,都不能与敦煌相比,尽管它们也从疏勒河引水灌溉。[1] 相对而言,这里并不那么重要,这可以从有关更广泛的地区各个历史时期的记载中看得很清楚。疏勒河虽然水量充沛,但不易用于灌溉,而且当地的有关设施无论是在过去还是现在都不能成功地加以利用,这些足以证明为何这里并不重要。从穿越昌马绿洲北面南山最外侧的一个狭口处,疏勒河分成几条支流,它们在山脉陡峭多石的冰川中经常改道,而且也不能用于灌溉比离支流30英里更近的土地。[2]

◁疏勒河灌溉的困难

疏勒河到达冲积扇时,河床深入地切入松软的土壤里,这是疏勒河干流在玉门县绿洲向西大拐弯之后的独一无二的特点。从那里到离安西一天里程的下万山子(Wan-shan-tzŭ)支脉,河流像一个深管状河床向四周流淌,使之难以用于灌溉。1914年4月我沿河右岸进行的近距离考察所看到的情况,使我作出这个清晰的结论。从万山子支脉西端至安西,左岸的灌溉渠重新变得有实用价值。但是,由于南部一系列山丘的逼近,可耕地又急剧减少。安西以下不远处,大石河(T'a-shih river)和南面来的其他小河所形成的洪水及沼泽地又阻止了耕作的发展。再往西疏勒河的河床变浅也不很规则,同时向外扩散变成边缘沼泽及潟湖,它们经过到处是沼泽的党河三角洲直至哈拉湖及更远。这些变化加上河水不断变咸,河水无法灌溉。

◁疏勒河提供的防御线

通过这次快速调查,可以看出与党河下游相比,疏勒河下游对于维护永久性农耕聚落的价值现在很有限,过去也是如此。但从另一个角度看,疏勒河下游也有一个更明显的优势。

① 这一事实已由罗博罗夫斯基上尉的地图作了表解说明,这里标出了与敦煌同在一幅图上的其他小绿洲,因而可以比较它们的相对大小。

② 从昌马到玉门县只有36英里,但是河床的落差却达到了整整2 000英尺。

一幅参考地图显示,在几乎完全东西方向上,它是中国最早向中亚延伸的军队和商队一个可以依赖的理想安全保障线。由于中国人似乎一直对地形的观察很敏锐,而且在考虑防御或交流的措施时思路特别清晰,因此,负责开通与维护这条要道的人,从一开始就认识到疏勒河的天然防御作用及其重要性。我 1907 年的调查和 1914 年继续向东的补充调查已经证明,从疏勒河在玉门县的拐弯处直至末端的盆地,长城及其烽燧一直沿河而建,以防此路被匈奴进攻,当时它们控制着北部地区,包括天山东段两侧。此地开阔的地理特征十分明显,使我可以非常简明地解释它在安全方面的重要性,而无须深入到一些我们需要更深入地探讨的与烽燧相关的细节中去。

古代沿疏勒河▷的边防线

在东边始于甘州和肃州河流交汇处的汉“长城”,经过沙漠直达北面的大肃州绿洲,首次与在玉门县拐弯的疏勒河相连。[①] 从那里起,它沿着河流的右岸即北岸直到离万山子支脉很近的地方。[②] 通过维护这段约 40 英里的北岸防线,那些构筑烽燧的人得到了巨大的好处。除了为他们自己的据点保护水源(在这不毛之地这是非常重要的因素),这条防线还阻止了匈奴突击队可能突破北面的北山沙漠,接近水源并在此放牧。同样,它还防止匈奴接近农耕地,它们一直延伸到河流的左岸。在万山子以上的小湾(Hsiao-wan)小绿洲,长城在河流两岸临近的高地的保卫下,延伸到河流的左岸。因此,它们在左岸一带离疏勒河末端的绿洲的距离各不相同。

河流强化了长▷城的功能

由于紧靠河流南岸,这段长达 160 英里的长城的优势更加明显。始于安西并几乎一直延长到疏勒河末端的连绵不断

① 关于 1914 年对长城东段的调查的初步说明,参见斯坦因《第三次探险》,载《地理学刊》,1916 年第 48 期,195 页等,以及所附的临时略图(新的调查包含在 1 : 500 000 地图中的表 40 及表 42 里)。

② 关于从玉门县至安西的长城线参见本书第二十七章第五节。

的河边沼泽及湖床带，增加了一道难以逾越的天然关卡，强化了长城的防御作用——因为沼泽及犬牙交错的河床形成一道巨大的“城壕”，在大多数地方常年不可逾越，在其余的地方春夏季节也难以通过。我们将会看到，由于湖泊和潟湖连成一线，把长城连成一条烽燧线会受到限制。因此，在条件极为艰苦的沙漠里，使这些烽燧作长距离延伸就要花费巨大的努力。

◁以北部干旱沙漠为屏障

事实上，凭着对南部一大片带状河边沼泽地的控制，匈奴可能从北边接近水源和牧场。但是与此相对，我们必须记住，在敦煌—哈密交通线西部的沙漠里，含饮用水的井和泉在古代极为罕见，至少不比现在多。① 因此，大自然在这里设置了一片不可逾越一步的干旱的保护带。这一带状地区为防御游

---

① 从敦煌附近党河三角洲东端向哈密一线，是向西与疏勒河下游盆地连接的几条道路中的最后一条，而疏勒河下游盆地有可以为商队提供略咸的水的井和泉。这条道路在苦水井（Well of K‘u-shui）与目前从安西至哈密的交通要道相连，而且此后 38 英里多合而为一，像罗博罗夫斯基的俄国边疆地图第 21 幅所表示的那样。

同一幅地图上为当地人所确认的另外两条路线，在敦煌—哈密线以西。根据伯希和教授与我交流时好意提供的资料，其中一条事实上并不存在，而只是根据叫法不一、实则位置相同的水井的连线杜撰的。另一条更西边的路线的存在同样是可疑的，因为罗博罗夫斯基上尉试图从哈拉湖西端沿此线前进，但一路上 60 多英里内没有发现一口水井，所以被迫因缺水而返回。参见他的探险报告第三卷中 1 英寸比 1 俄里（约 1.067 公里）的地图，以及同书第一卷 164 页以下他对此次短途考察的说明，见赫定博士《中亚》第二卷，100 页以下。如果这条路线存在过的话，那么根据《汉书》的记载，它早在公元 2 年就已开通，见本书第十九章第六节。

赫定博士自己深入库鲁克塔格中部的考察（见上述引文中，第二卷，100 页以下），是他第一次到达东经 90°26′、北纬 41°28′，从而到达阿尔特米什布拉克（Altmish-bulak）。经过 11 段路途之后，他才在阿尔特米什东—东北（正东以北 22°30′）约 32 英里处被猎驼人称为考吕克布拉克（Kaunük-bulak）的地方找到了水。

调查证明阿尔特米什布拉克东北的库鲁克塔格中部地区同样没有水而乃在这片广阔的地区完全不见任何沙漠植被，无论是活的还是残骸。R.B.拉尔·辛格在我的指导下 1914 年考察了接近北纬 42° 的地区（参见《地理学刊》，1916 年第 48 期，250 页等）。

因此可以肯定，在考吕克布拉克（它本身在楼兰遗址北侧）到拜什托格拉克，疏勒河盆地末端一线以北的库鲁克塔格的沙漠带和高原目前完全缺水，一直到距拜什托格拉克 160 英里的哈密河末端沼泽地朔纳淖尔（Shona-nōr），都是如此。除非在冬天用骆驼带上冰，这一广袤的沙漠在目前是不可能横越过去的。

我无法证明在汉代这一地区的自然条件与现在有何根本区别。因此，我相信如果匈奴已沿天山相对定居下来，古代这条长城末端与哈密之间的路线是由大自然保护着，免受人类侵扰。赫定博士确实曾在某次在拜什托格拉克北面考察时，发现了石冢及铁炊具炊片（见《中亚》，第二卷，106 页等）。但这些文物的年代很不确定，而且发现在离拜什托格拉克谷地不远的地方，它们有可能是狩猎野骆驼的人遗弃的。

牧部落所提供的安全保障，要比沿疏勒河水路一直向西的地带更为重要。因为完全没有水、草以至燃料的库鲁克塔格不断向北延伸，使任何从山路突破的企图都不可能得逞。库姆塔格沙漠为楼兰道对付来自南面的进攻提供了同样安全的保障，我们将更进一步看到，在同一侧，长城是如何精巧地被保护着。因此，可以非常肯定地说，古代这段向西通往疏勒河终碛盆地的线路，不必担心受到匈奴的侵袭。

自然困难与敌▷人的威胁

中国的政治家也包括军人似乎一直对这种威胁极为敏感，而对此采取的应对措施又远没有对付自然困难那么胸有成竹。当我们在此对决定敦煌及中国最西端长城的重要性等一系列地理条件快速调查作一总结时，这个事实必须予以强调。因为这同时可以帮助解释，为什么汉武帝的将领要把长城及烽燧一直延伸到疏勒河终碛盆地中去，以及为什么尽管有许多难以克服的自然障碍，他们当初仍要依赖楼兰道。

第二节　探寻北部“旧墙”

首次调查千佛▷洞

虽然在敦煌城外停留的 10 天里，由于有多种任务而一直十分忙碌，但我仍利用最早的机会来考察因千佛洞而闻名的佛教石窟寺。它们位于城东南 12 英里处，这里是一处由山麓沙丘延伸出来的一块草木不生的断崖岩。我的注意力被洛克兹教授 1902 年的调查所吸引。他是匈牙利地质调查协会的知名领导、匈牙利地理学会主席、塞切尼伯爵（Count Széchenyi）探险队的成员，也是对中国最西部进行地理考察的先驱。他早在 1879 年就已对这些石窟寺进行了考察。虽然他并不是东方文物与艺术专家，但他还是被这些遗存的艺术价值及其重要性所吸引。他对所见到的壁画和彩塑作了引人

入胜的描述,并把它们中的一部分与早期印度艺术紧密联系起来。他的思路深深地吸引了我,这也是我把调查范围继续向东延伸的主要原因。

◁对成果丰硕的工作展望

在我的个人笔记中,我曾尽力叙述我3月16日第一次快速考察精美的千佛洞遗址时的深刻印象。① 这里的遗存足以让我相信,它们对于研究中国的佛教绘画和雕塑艺术是一笔极其丰富的财富。尽管我深感我的设备对于完成这重要任务来说是何等欠缺,但我已意识到保护我所能记录下来的这批艺术财产的重要性,而这需要延长我的停留时间。第一次考察得到了虽不丰富却出乎意料的确凿证据。即我第一次从被流放到敦煌的乌鲁木齐商人扎希德伯克(Zahīd Bēg)那里听来的含糊的传闻(有其真实性的一面),说在这些石窟寺中的一座曾偶然发现过一大批古代文书。这强化了我从其他方面进行补充研究的愿望。

◁为考察长城所做的准备

从考察千佛洞计划中派生出来的令人激动的展望,使我更加渴望立即开始考察中国古代长城。根据我在塔克拉玛干考察时对气候条件所掌握的经验,这次任务必须在这个季节开始。为了使我计划中的行动免受不必要的拖延,我必须回到残存的长城和烽燧一线,筹集充裕的向导、民工及给养。所有这些方面的严重困难很快就出现了。尽管从甘肃另一个地区刚调来不久的儒雅的县长汪大老爷,和他的军队同仁即当地军队长官林达彦(Lin Ta-yên),开始时对我的工作很友好地表示出兴趣,而后来对我很关照,对我帮助也很大,但是他们对我渴望考察的沙漠一无所知。② 我不敢说他们同城里其他

① 参见斯坦因《沙漠契丹》,第二卷,20页以下。

② 关于这两位在这中国边远地区革命前很典型的代表人物的同情心和善意,参见斯坦因《沙漠契丹》,第二卷,14页、17页、33页以下、69页、232页以下等。

有教养的人是否可能有什么区别，但是无论如何，当地中国居民根深蒂固的神秘观念，使我们突然来到附近的河边丛林考察时，不可能从他们中间或东干牧民、猎人中找到向导。

劳力和交通方面的困难▷

未来的两个月中我们将要面对和克服的劳力与交通方面的困难非常大，在其他地方我对此有详细描述。[①] 这里必须指出，由于人口减少造成普遍缺乏劳力，由于敦煌地区人民的生活普遍并不坏，因而人们大多很懒惰，由于当地政府的软弱，最后由于所有中国人天生害怕戈壁或沙漠，我们想方设法找到的能保证为我们工作的十多名发掘民工，也都是对生活毫无指望的鸦片瘾君子。这一切对于支持我的官员，都是难堪的事。从那时起，我有很多机会观察这里无能的政府官员与中国这些边远地区的民众之间的关系，和我熟悉的中国新疆地区的这种关系到底有多大的区别。我的感觉从政府官员朋友那里得到了证实：在这里尤其在敦煌人心目中有某种历史影响流传下来，即认为军队征服者保卫着帝国的前哨阵地，同时还存在一种地区独立意识。他们当然要小心谨慎地处理加在他们头上的统治以及严重的地方暴动，而汪大老爷在我离开那里后不久就成为受害者。这一切都证明，甚至像他那样有身份的人也并不总能免遭烦扰。

向敦煌北面出发▷

西部边塞防线和这些遗存留给我的饶有趣味的考古机会，使我能够对敦煌之行产生一些想法。但当我到央塔克库都克之前，我必须离开那里，因此我不知道长城是否也延长到绿洲的北部以及延伸的方向如何。这个问题与扎希德伯克提供的一些关于“阔纳沙尔”（Kōne-shahr）的含混信息，促使我决定向北沿疏勒河谷地进行考察。3 月 23 日我到达石枣

① 参见斯坦因《沙漠契丹》，第二卷，32 页以下。

（Shih-tsao）林的第一段行程，看到了大量东干人叛乱遗留下来的破坏痕迹，尽管听说他们最后一次到这里已是38年前的事了。我们离城越远，就看到越多废弃的房舍和寺庙。但是，它们周围的土地却是精耕细作的。另一个重要特点是，绿洲上到处见到新近出现的大型寨堡由高而坚固的土坯墙拱卫着。寨堡里的房舍很少有人居住。

◁寨堡让人想起东干人叛乱

这些要塞都是在那些受东干人叛乱威胁的时期，或更近的回民在西宁叛乱期间，由邻近的村民修建或修补的。当这些入侵者19世纪60年代确实到达绿洲时，这些分散的避难所一个接一个地成为这些狂热的宗教反叛者的牺牲品。他们甚至连妇女儿童都不放过。只有那些逃出来的人在敦煌镇寻求到了庇护，更多人刚在断断续续的长期的围攻中饥饿至死。那些被称为堡子的山寨堡，在我调查过的甘肃各绿洲中司空见惯。[①] 建造与维护这种寨堡的想法，仅仅源于中国传统的在高墙后寻安全的政策。但是，这种防御措施在数量或质量上都显不足。这些避难所让我立即回想起，印度西北边陲普遍存在的动荡不已的部落间的帕坦人（Pathān）寨堡——基拉斯（Killas）。但是，未来的考古学家在研究爱好和平的甘肃居民的性格时，极有可能从这种明显的相似中得出错误的结论，因为他们只能看到这种中看不中用的防御设施的废墟！

◁荒废土地的开垦

现在我们已经走上了前往哈密的马车路。第二天我们向西北前进，穿过因东干人叛乱而曾经荒废的连绵不断的沃土地带，这里现已恢复了耕作。看到人们在东干人叛乱前的大居民点的废墟上建起这么新的中等房舍，看到这片曾经渺无

① 这类小寨堡的照片，参见斯坦因《沙漠契丹》，第二卷，图218、221、230、253。

人烟的地区，一批新近栽种的小树在残余的老榆树中成长，我很受启发。塔里木盆地的那些绿洲，不管是已荒废还是仍有人居住，都曾经历了何曾相似的反复过程！然后我们来到了党河左岸，越过一条由此出发的曾经很重要的深水渠。水渠的末端是一大片部分被淹的布满芦苇的灌木丛的草原，这里可以看到一些曾经荒废的土地正在开垦。

废弃的石板墩▷镇

扎希德伯克所说的“阔纳沙尔”，我的中国同伴称为“石板墩”(Slih-pan-tung)①，事实上是一座废弃的“镇”，但它是一座东干人叛乱时才废弃的镇。不过，对它的遗存进行调查也能得到一些考古学上的材料。那是一种中国典型的小镇，由土坯墙环绕，以作为防御措施。它坐西朝东，每面墙可长至375码(它的面积与楼兰古城很接近)。这座曾经作为该绿洲北部行政中心的小镇，大约40年前被东干叛乱分子洗劫一空，随后完全荒废。城墙倒塌，只剩下一个土墩。成堆的各种碎片，连同土坯墙的残垣断壁一直延伸到小镇中部，昭示着以前房屋的位置。所有以前这些房子里的木材全部被运走，大量红柳丛长满在低处的碎片堆里和所有的空地上。但是，城中两条垂直相交的有点像罗马大道的干道仍能清楚地看出来。

残破的寺庙和▷衙门

由南墙中间的门往北，有一条干道通往一座废弃的寺庙，那里亦即北门的位置(图151)。寺庙的墙用红砖砌成，墙上有许多中国常见的浮雕，现存高度可达两层楼。这些墙建在一个由土坯砌成的大面积地基上，构成一座独立的庙宇。里面的彩绘已被野蛮地破坏，尽管经东干叛乱分子的大肆破坏，供品及一个精美的大铜钟却留在原处。有证据表明当地信仰

① 这个地名以及其他地图上有关甘肃的地名，都由L.吉尔斯博士(Dr.L.Giles)在蒋师爷与我们一起调查时，根据中文仔细地翻译过来。很遗憾，目前我手上没有这份记载，所以这里不能给出中文地名。

的连续性，仍在周围的遗址中得以体现。随后在甘肃一些地区的考察过程中，我不断发现许多类似的证据。在试图重新使用位于中轴路离南门不远的一处小衙门方面，也许不如保持旧地区神物的连续性那么成功，但其重要性是一样的。小衙门的建筑很坚固，一些房间还能见到倒塌下来的屋顶。一些基层官员在这个小镇荒废后似乎还回来过，也许是想重新使用它。写着吉祥语句的红纸和其他官方文告仍贴在墙上和柱子上。当我沿着残墙走过这片废墟，走过不止一处垃圾堆时，我在想，只要这片土地哪天完全变干，那么在遥远的将来，这里就有着许多丰富的考古遗迹在等着考古学家去研究！

◁废弃的烽燧 T. XXIV

第二天早上，我们继续沿北—东北方向前进，我在小镇城墙的高度上看到一座烽燧。经过一处 4 英里长的长满灌木的草地，就可到达那里。这片草地有一些表明曾是耕地的标志，而现在这里有一片不小的地方用火烧干净了，并灌上了水，准备耕种。这座烽燧在地图上标为 T.XXIV，位于一块约 11 英尺高的黏土带上，是一座旧建筑。因为它的建筑技法与那些护卫这个绿洲西部地区的古代烽燧的特点一致，即用那些采自当地的加入盐块的黏土制成的土坯垒砌，而且每隔相同的厚度夹入芦苇和红柳枝条。这座烽燧每个砌层厚约 10 英寸。这座烽燧的底部为 20 英尺见方，高超过 18 英尺。可能是由于盐渗入到建筑材料中产生了水泥的效果，烽燧异常坚固。地基四角下面天然黏土长时间的风蚀对它毫无损伤，这足以证明它的牢固性及其久远的年代。

◁抵达疏勒河

这里应该有希望见到长城，但并没有见到任何痕迹。当我们费力地朝北—东北方向前进时，我也没有注意到任何遗存，而我原先指望一到疏勒河谷地就能发现些遗迹。我们再往前走过 4 英里的地方长满了芦苇和红柳。在那里见到了两个用坚硬的碱性黏土块围成的羊圈的围栏，表明这里曾经用于放牧。我随后在遇到的一块低而窄的黏土带上，第一次见到北边有一片沼泽地向北延伸，预示着我已经接近疏勒河。沼泽中央有一连串由西向东延伸的成排的黏土台地。这是一种很有意思的景观，它立即让我想起我路过疏勒河终碛盆地时所见到的风化黏土台地，在哈拉湖也见过类似的台地。①

黏土台地的成因▷

这块台地为我提供了一个关于它们成因的明确的解释。再往前走约 1 英里，我们来到第一个淡水潟湖，然后被迫涉过一连串向西流的浅水道，它们的水都来自疏勒河。我们很容易认识到产生成排的黏土台地的决定性因素。很明显，由于水流作用于早期更宽的冲积河床，形成了与水流方向一致的东西向平行台地。随后由东北风形成的风蚀作用，又把它们分割成成排的孤立台地，并继续侵蚀水面以上的裸露黏土层。这里我结合离开盆地中现已完全或部分干旱化的拜什托格拉克奇异台地时所见到的“证据”，对这个在风吹和水流共同作用下的特定的侵蚀过程作一个明确的说明。我们将会看到，那些建筑长城的人如何巧妙地选择高黏土台地的绝佳位置来建造烽燧。因此，关于它们成因的基本上是地理学的解释将提供一个可用的档案。

被疏勒河洪水所阻▷

从第一条黏土带往前 2.5 英里，我艰难地向北越过一连串沼泽地带和一系列流淌于黏土台地之间的浅水道。当我费劲地穿过这一条宽约 20 码、深 4~5 英尺的清水沟后，疏勒河的主河道终于出现在眼前，那里横着一大片冰。但是，这片土地很久以前就被证明，骆驼驮载东西不能通过。因此，人们只

① 参见本书第十四章第一节、五节。

有放弃跨越疏勒河到右岸去测绘它的整个末端地区的念头。[1]我们把帐篷安扎在我们到达的第一个潟湖的岸边。第二天早上我又折回,向黏土台地的南端行进,从那里东行开始寻找我急于找到的长城。一些遗迹仍在很遥远的地方,不太可能指望它们来引导我们前进。虽然它们在罗博罗夫斯基上尉的地图上标在通往哈密的道路旁边,而我认为这与长城可能会有某种联系。不过,在那个方向上约 2 英里,矗立着一座塔,而且在昨天行进的路途中已经见到过它,因此我把队伍带向那里。

到达那座塔之前,我们必须穿过的那片长满芦苇的草原,田垄和灌溉水渠的存在表明是最近才荒芜的,而塔 T.XXV 的结构同样表明它也是不久前才废弃的。它建在一片黏土带北面的低洼处,看上去建筑非常坚固,保护得很好。塔高约 20 英尺,塔基约 26 英尺见方。塔顶有个土坯砌成的围栏,里面有一座朝南的无顶神坛,神坛前有一段类似现代中国寺庙或宅第前常见的影壁。神坛的墙高约 10 英尺,上面仍留有大量石灰。对这个建筑进行更近距离的测量是不可能的,因为西边那曾用于往上爬的楼梯已经不见。

◁废塔 T. XXV

大量细节证明这不是一座早期的塔。塔上的土坯长 12 英寸,宽 6 英寸,厚 2 英寸,比我沿西部古代长城测量过那些烽燧上的土坯小许多,每层土坯之间也不见那些很有特点的规则的芦苇夹层。但是,一个很重要的发现是,神坛的墙和围栏的边缘部分,砖是一平一竖交替砌上的,除了在当代和中世纪的建筑上,这种现象我在中国还从未见到过。我对古代墙的寻找没有什么结果,但是在紧挨着塔的南边有一处围成一

◁晚期垒砌技术

① 这项任务 1914 年由 R.B.拉尔·辛格在我的指导下成功地完成了,不过是从相反的方向进行的。

圈的100英尺见方的低矮土城。根据我日后在敦煌绿洲以外不同地点见到的类似的塔判断,我断定塔T.XXV是不久前才建的塞外小村落的瞭望所或临时避难所。

寻找长城▷ 由于没有发现更多的烽燧,我对寻找长城的最佳路线感到迷茫,但是仍决定继续向东行进。我们期待着朝那个方向无论如何能找到向北通往哈密的马车道,并因此能根据罗博罗夫斯基发现的遗迹得到前进的依据。前进了约4英里之后,我把平板仪架在一处孤立地隆起于长满灌木丛的黏土带上,在这个水平面上费劲地寻找烽燧和其他标志物,但没有任何收获。然而凭着探险家的敏锐眼光,我发现远处有牧群,于是继续向东。走了2~3英里后,我们发现两个全副武装的东干人看护着一大群的羊、乳牛、骆驼和马驹。

东干牧民的指引▷ 事实证明,这次接触是幸运的。牧民看起来很健壮,他们的粗犷很难让独自来到这里的生人对他们产生信任感。但是,他们对疏勒河下游的河边牧场非常熟悉,而且与定居的汉人那种沉默不语的神秘态度相比,他们对自己对当地的了解保持着优雅的自豪。当被问及"旧炮台"并得到奖赏后,东干人中的老者同意告诉我们如何前往一个既能安营又能见到烽燧的地方。他并没有说谎,沿着他指引的方向向东北骑行约3英里,我们来到了一处位于延伸到河水宽阔沼泽带边缘约40英尺高的孤立黏土台地上。牧民向导把这里称作"清水坑子"(Ch'ing-shiu-k'êng-tzŭ)。在台地上的高处,向导指向南面和西南方向,我在望远镜里发现至少有10座烽燧大致沿东西方向排成一线。尽管由于它们破旧不堪、距离很远(随后证明离此有5~10英里),但在落日余晖的照耀下,它们仍在水平线上泛着黄色光芒。我已没有任何理由怀疑那就是我一直在寻找的长城,而我身边这个强壮的牧民也有理由为我当即赏给他的银子感到满意。

◁标示“汉代古道”的烽燧群

当向导以肯定无疑的口气，脱口说出这些烽燧标示着“从安西到罗布淖尔的汉代古道”时，我仍在用棱镜专心致志地审视着这一连串烽燧。这似乎很奇怪地证实了博南首次提到过的两者之间的联系，也证实了我在一连串古物调查之后产生的一些想法，只是方式有些不同。但是，我目前没有证据来判断对古道的年代的说法是否正确，甚至也不能断定这种想法仅仅是源于聪明的猜测，还是有些什么确定的传说为依据。他所能说明的只是他的一个哥哥由于在这条敦煌至罗布淖尔的古道重新开通后不久，就沿此线在西宁府做买卖，并做了一个奇怪的官，也就是非中原人所做的官。这个细节似乎使我相信，上面已经提到过的运气不佳的马丁（Mar-tin），是现代第一个穿越沙漠从敦煌到达阿布旦与和田的欧洲人，但是他没能活下来而记录他的故事。①

◁哈密路上废弃的一站

沿北—东北方向走了很远，并越过了疏勒河之后，我们可以见到一大片建筑的废墟。东干人说它们是异教徒的寺庙。由于河水泛滥，我们不能从营地过到那里去。以后得来的信息使我相信，那些废墟是近期的，属于通往哈密的道路上已弃而不用的一个站。我费尽心机留下这位东干壮汉，给我在这些地区做向导，但这纯属枉费心机。像在其他地方所讲过的，他答应明天早上回来，但是他并没有回来，以后寻找他也是白费力气。从此这唯一能够或者愿意告诉我“旧墙”之所在的人永远消失了。

① 参见本书第十四章第三节。

第三节　首次在T.XXVII烽燧发现汉代文书

在T. XXVI烽燧处发现的长城▷

3月27日早晨，我带着印度助手和六七名中国民工向东南方向出发。我希望在那里到达我已经看到的烽燧线的中部。从我们必须穿越的地势低洼、长满芦苇的平地上，我们看不到那些烽燧。不过另一块隆起的黏土台地帮助指引了方向。走了约2.5英里，我们登上了台地，在上面发现了一个中国伐木老人居住的地穴式小屋。① 像我们所预料的那样，他对古代烽燧和其他任何事都一无所知。台地前面的地上长满异常茂密的芦苇和矮红柳，而且一条来自疏勒河的水渠里的水向四周泛滥，这一切既挡住了我们的视线，又阻碍了我们向前行进。最后，我们来到一处坡度较缓、覆盖着砾石的“塞”的脚下，塞里的地上有大量的枯树，但仍有少量胡杨树还活着。随后，我发现前面矗立着一座削去尖顶的古代烽燧，它的外形和结构与以前在西边沙漠中调查过的非常相似。在我朝它奔过去时，我立即看到一线低矮的山丘（上面一些熟悉的围栏暴露在已经风化的地表上）沿着光秃秃的砾石直抵烽燧的东边，然后直接拐向西南。此时我已确定又回到了我的“旧墙”（Chiu Ch‘iang）。

T. XXVI烽燧▷

T.XXVI烽燧用黏土规则地逐层往上夯筑，每层厚3.5~4英寸，夯土层之间夹入一薄层典型的红柳枝，非常坚固。这座坚固的四方形建筑的四面墙缓慢地向内收缩。为了加强凝聚力，夯土里夹入了直立的小棍，这有可能是为了在土墙内与其他木柱相连，其中顶部有一根小棍暴露在外面（图150）。基部可以大到20英尺见方，尽管顶部已被破坏，现存高度仍可达25英尺左右。

① 这个地点标在以后的166号营地所绘的地图上。

烽燧护卫的墙经过它的北面,墙外边有一处突出来的像堡垒的防御设施,北距烽燧底部约 19 英尺。风沙长年侵蚀着底部夹着红柳枝的几层以上的墙身(图 161),而这几天我们可是真正领略了主要从东边和东北方向吹来的凛冽的强风沙的威力。墙的底部完全用红柳枝作保护层,说明自墙建起之后,附近一直延至疏勒河的土地上的植被并无大的变化。但从远处用肉眼就很容易看到底层枝条的末梢,明显从压在它们上面的含细沙的黏土和砾石层中伸出来,表明水位曾有过不高但仍明显的上涨。东面的下一座烽燧 T.XXXI,位于直接沿此线向东仅 1.25 英里远的地方。这座烽燧以远还有三座烽燧T.XXXII~T.XXXIV在视线以内,但我只能留待以后再去调查它们。

◁夹入红柳枝的长城墙

回到 T.XXVI 后,我在紧挨它的地上进行仔细的搜寻。看来不会有任何收获,因为沙砾表面非常平坦,除烽燧东边偶尔能见到从上面掉下来的黏土片之外,地面非常干净。但是,一个机会使我一开始就很有信心。在烽燧东南角外约 12 英尺处,在地表经过仔细搜寻,发现细沙砾中有一些细碎的废料。用铲子在地面刮了刮之后(图 150),证明这里是曾堆满各种垃圾的一间 8 英尺见方的小屋废墟。它的墙是用黏土筑成的,外层涂上夹芦苇的黏土,只是目前仅剩一点痕迹。尽管很小,但这个住房的存在足以保存一些文物。最先翻出来的,而且几乎是从地面上找到的是一块木牌(T.XXVI.t)。木牌长 10 英寸多,宽接近 1 英寸,上面整齐地刻着五小栏汉字,它们的下面有一条较粗的线,蒋师爷很快认出这是算术表的一部分。这份文书被沙畹先生在《文书》中引用并解释清楚[见该书 No.702(图版 XX)],它包含了九九数表的一部分。这个木牌和其他两件写有汉字的木片上都没有我急于见到的纪年证

◁T. XXVI 烽燧发现的汉文文书

据。一件(T.XXVI.3)是一个标签的一部分,上面留有非常清晰的汉字。根据沙畹先生的解释,它用来记录小股部队的一个石弩和一些箭,另一件是一枚"简"上的一块(我在尼雅和楼兰经常见到这种汉文文书),上面只有两个汉字。第四件也是"简",保存得要好一些,但是由于盐已浸透木片,上面的许多文字都已无法辨认。

发现汉代钱币▷ 蒋师爷说,这些字看上去很奇怪很古老,而且这些文书虽然很少,但仅凭它们都是木质的,而且出土于一个本以为毫无希望的地点,就可以满怀信心地期待着更多的发现。烽燧附近的堆积已被民工急切地挖到了生土,由于一有发现立即赏给银子,他们已不再懒散迟钝了。但是,除了大量烧制结实、外表饰有模印窄条平行纹的黑陶片,只发现一件涂有黑漆、用途不明的圆状木器 T.XXVI.001,以及一只已被穿破的长纤维丝带鞋 T.XXVI.002,它的详情已列入遗物描述清单。我现在可以确定,陶片和鞋是汉代遗物。不过,当我在烽燧以西 5 码处地下 1 英尺深,发现两枚连在一起且已被腐蚀的五铢钱,我就更高兴地得到了年代学证据。当然,对于一个敦煌绿洲的居民今天仍可光顾的遗址而言,这两枚钱币本身还不足以说明它的年代,因为我们知道这种类型的钱币一直沿用到唐代早期。

T. XXVII 烽燧▷ 接下来朝在西南方向能见到的第一座烽燧前进,因为从那里回到营地对于中国劳工中的新手来说要近一些。在约0.75英里长的路上,一处满是砾石的低矮高地向前延伸,而且在这段路上我能轻而易举地找到长城的痕迹。由于它的一些部分仍高出地面 3 英尺多,因此我能确定其建筑方法与在T.III附近第一次见到的完全一致,只不过夯土层之间夹的是红柳枝而不是芦苇。往前再行进 1.5 英里,我们到达了

T.XXVII（图153，附图34）。尽管风蚀得很严重（尤其是它的东面和南面），但仍能很清楚地看出它是一座烽燧。它建在一条狭窄的黏土台地上，并同其他烽燧一样呈东西向，其类型和起源也与以前描述的一样。这条黏土带的一部分在附图34中也可以看到。烽燧所在的台地顶部，高出南面风化的地面约17英尺，而且可以见到烽燧建成之后连续风化的清晰痕迹。这种情况表明，烽燧底部当初的面积显然不能精确地测量出来。它的北面现存长约22英尺，西面约19英尺，因而还不能肯定它是否与其他烽燧一样是方形的。它用夹着草的并不硬的土坯建成，土坯长、宽均约19英寸，厚约7英寸。烽燧的实际高度约17英尺。

◁T. XXVII 发现的汉字木简

紧挨烽燧的西边是一大堆松软的废物堆积，沿着台地顶部延伸了约15英尺（图155）。随后的清理发现，这是一所小建筑的废墟，它建造粗糙，有一部分还挖入生土，高仅3~4英尺。民工们刚一开始清理工作时，就在西南面离地面很浅的地方发现三枚字迹清晰的汉文木简 T.XXVII.1~3（《文书》Nos.577、564、563，图版XVI、XVII）[①]。它们保存得非常完整，大小也和常见的一样，长约9.5英寸，宽0.25~0.5英寸。蒋师爷一眼就看出其中两枚有完整的纪年，这可真是最令人欣喜的发现。不久，又在垃圾堆中部6英寸以下发现三枚带字木简。其中的T.XXVII.5（《文书》No.568，图版XVI）虽然一端被烧坏，但仍有纪年。显然，我找到了一处宝藏。但是天黑之前我们已没有时间再做仔细的清理，而且不参考历史年表我也不能确定上面的年号，我只好赶紧回营地。蒋师爷和我本人

① 第577号的遗址标签T.XXVII.1，似乎使人误认为是《文书》一书中125页的T.XXVII.6和同书中的图版XVII。

花了很多精力，讨论纪年材料所反映的烽燧及其所护卫的长城之间年代的关系。

年号的确定▷ 回到营地，我和蒋师爷在梅耶斯（Mayers）《中国读者便览》（*Chinese Reader's Manual*）一书所附的年代表中，查找这些“年号”。由于没有确定的线索，从汉到宋期间数百个皇帝都得查一遍。当看到T.XXVII.5上的一个年号“永平”，蒋师爷觉得可以确定下来。但这个年号在公元3—6世纪重复出现，我几乎没有勇气再往回查了。在T.XXVII.2、3上出现的另一个年号建□，尽管两枚简上写得都很清楚，我那很有学问的秘书也无法确定第二个字。对中国古文字的复杂性有所了解的汉学家，是不会对他的疑虑感到奇怪的。而我对这位学问极佳而又虚怀若谷的朋友，除了称赞，也没什么可说的。

公元50年的纪年汉文文书▷ 我在永平前后不远的年号中查找，以给蒋师爷提供找出建□的线索，但是我一无所获。最后我鼓足勇气往前再查几个世纪：有一个始于公元58年的年号永平，而从永平元年往前两年有一个年号建武。当我拿给蒋师爷看时，他立即认出这困扰他多时的第二个字。建武是光武帝的年号，他在公元25年建立东汉，而建武二十六年就是T.XXVII.2、3文书上记录的年代，因此相应地证明它的年代是公元50年。毫无疑问，这是我调查过的遗址中最早的一处古边墙，它至少可以早到公元1世纪。因此，我手上的木简文书可以说是迄今为止发现的年代最早的汉文文书。这是一个令人兴奋、激动的发现。这个考古发现让我信心百倍地调查长城古迹，而且现在对考察的成功又增添了新的信心。

开始T.XXVIII的发掘▷ 3月28日早晨，一阵凛冽的北风吹来，我决定把营地转移到T.XXVIII处。我在前一天晚上已经见到它紧挨着已成功试掘的T.XXVII的西南。[①] 这个位置有利于日后考察西边那些视线以内的烽燧。所有可用的人都转移过去之后即开始清理，很快就在 T.XXVIII 所在台地的南坡发现了厚厚的垃圾堆。然后，我让助手们继续工作，我自己前往勘察刚提到的几座烽燧。但是，在描述他们正在进行的工作之前，如果我先记录这些遗迹的地形顺序，那么不仅对读者而且对我自己也更方便。我打算在以后深入细致地考察长城的其他部分时，也遵循同样的计划。这种安排将更便于考察长城的地形特征及其与所发现的考古学事实之间的关系。

◁T. XXVII 的营地遗址

对 T.XXVII 的彻底发掘，没有使第一次考察所产生的期望落空。烽燧西边的堆积（附图 34，图 155）被证明是一所东西 14 英尺、南北相当或更长的房屋。由于受侵蚀，北墙已完全消失。西边和东边至少有一部分直接从烽燧下的狭长台地的生土挖成墙，在东边还有 10 英寸厚的土坯墙面。南墙厚 3 英尺 10 英寸，全部用长 13 英寸、宽 7 英寸、厚 5 英寸的土坯砌成。这里的入口墙内侧宽 3 英尺，墙外侧宽 2 英尺 3 英寸，这显然是为了便于防御。待室内超过 3 英尺厚的堆积清理干净后，发现地面与烽燧的第一层土坯处于同一水平面上。显然，建烽燧时曾在台地顶部整理出一个一定范围的平面，为建烽燧准备一个足够宽敞而又安全的地基。由此可以顺理成章地推定，台地汉代时的基本形状与现在见到的很可能相同。但是，在烽燧的北面和东面，土坯连同地基均已消失殆尽，这清楚地反映了侵蚀的过程。

◁建在黏土带上的烽燧

从平面图和剖面图来看，烽燧和房屋之间的原生黏土坡约有 3 英尺厚，而且现在仍保持着同样的高度。房屋的东南

① 在地图里，指示 T.XXVIII 处的 164 号营地的位置的标志，由于疏忽没有标上。

角有一个涂着灰泥，长6英尺、宽2英尺的矮台子。它的对面即房子的西南角有一个突起的柱状物，从紧挨着的墙上一些熏黑的残余来判断，它可能是用来点火的。与现在中国常见的情况一致，烟可能是通过房顶的一个孔通往室外的。有趣的是，入口处有一条斜坡通往南边，而且在生土里挖出一个宽约3英尺的口，直通入口前面的台地。斜坡的底部低于室内地面约10英尺，这说明紧挨地面的黏土带的侵蚀过程，至少早在汉代之前就已开始。南边地面下陷的最低处，现在低于房屋地面和烽燧底部约17英尺。但是，我们当然不能肯定这17英尺在多大程度上是由于烽燧建成以后风蚀所造成的。烽燧底部西面约20码外，有一处含有一块芦苇席的粟秆堆积。由于很可能与点火柱状物的年代基本相同，因此几乎从那时起，台地的形状并不规则，而与图153所示并非完全不同。

侵蚀的深度▷

公元35—61年汉文文书的发现▷

T.XXVII的第一批文书，发现于前面提到的入口处外面高1~2英尺的堆积中。彻底清理过程中，又发现10多枚带字木简，一些保存完整，其他的要么折断了，要么磨破了。室内还发现七枚木简，编号为T.XXVII.13~19。这新发现的七枚中的一枚（现编号为562），在现场就清楚地看到上面写着建武十一年，即公元35年，表明这些文物的年代又有提前。另一枚文书（No.565，图版XVI）保存得非常好，年代为公元53年。因此，这个遗址中发现的17枚文书的年代现已证明在公元35—61年，它们已被沙畹先生收入他的《文书》一书并予释读（Nos.562~578）。蒋师爷虽然不想说明细节，但他很肯定地说它们中的绝大多数与兵站或某位军官有关。因此我可以得出结论，而且每个考古发现也可以说明，烽燧旁边的这所房屋曾是保护这段长城的部队中的某位军官或职员的住所。

经过沙畹先生的辨认和确切的解释，这个结论完全得到

了确认。我应该在他辛勤工作的基础上，试图逐个对沿着长长的长城边的各遗址所发现的文书重新审查一遍。我将在这里及其他地方对这些有直接的年代、地点、目的以及类似特征的文书作一严格的简单评述。关于那些超出沙畹先生学识的材料，以及那些大量有趣但又经常例外的不明确的考古材料，我必须放入第二十章里加以说明。甚至这个说明到目前为止，也只有当人们试图解释长城的历史，以及长城脚下的日常生活时，才可能有些用处。

◁沙畹先生讨论过的汉文文书

在T.XXVII发现的文书中，文书No.569特别有意思。这枚木简字迹清晰，上面还有一条丝带，显然是从一位士兵的衣物中掉出来的。根据沙畹先生的释读，我们现在知道其内容为"万岁显威(也有人释为显武——译者)革甲鞮瞀各一完"。万岁是一个地名，而且极有可能像其他地名一样，是长城的一部分。木简No.569就是在这里发现的，这可以由同样在这里发现的另外两枚木简来证明。这两枚木简提到了万岁属下的扬威燧(《文书》No.568，图版XVI)，以及一位任万岁候造史的军官(《文书》No.574，图版XVI)。在木简No.614中，还可以见到公元75年扬威燧护卫相邻的T.XXVIII的记录。T.XXVII出土的三枚木简，为我们提供了守卫这段长城的三处要塞的名称。在公元35年时是安田燧(《文书》No.562)，公元50年是安汉燧(《文书》Nos.563、564，图版XVI)，公元53年是高望燧(图版XVI，《文书》No.565)。万岁似乎与宜禾关有某种关系，不过三枚木简并未直接提到宜禾(Nos.567、568、572)的确切位置。[1] No.570提到一位燧的长官(孙忠)，但在长城"东段"目前也还不能确定其位置(此处疑有误，《文书》No.570简

◁万岁候的显威燧和扬威燧

① 关于敦煌地区的宜禾都尉，《汉书》有记载，参见沙畹《文书》，26页，注㉛。

文为“西部候长由敢言之”，No.563 简文提到“安汉燧长孙忠”——译者）。

T. XXVII 的无字木简和陶器▷

T.XXVII 旁边的房屋里曾经公务频繁，这可由北屋发现的十多捆无字木简 T.XXVII.0014 来证明。它们的大小完全一致，其中许多已变得很薄，显然是多次使用、多次修整造成。毫无疑问，它们是这间小小办公室里的空白木简存货。房屋内及门口的斜坡上的堆积里，发现许多各种物品的残片。这些物品在第二十章末的遗物描述清单中将有详细的描述。这里我想提及一些陶碗的残片 T.XXVII.1.5、0024，它们上面的棕釉和灰釉，在长城线上的其他遗址也发现过，表明它们的年代很可能是东汉。不过，尽管由于这些标本太雷同，我带回来的很少，但是同这里所有遗址一样，这个遗址中发现了更多饰有席纹的深灰色陶片。[1] 陶片的口部常钻有孔，以便用绳把破陶缸等器物串起来，虽然它们不能用来盛液体，但可以用来盛放粮食等物品。这些粗纤维绳在这里使用就显得特别重要。以此连同其他现象，我们可以想象，如果下级军官不同的话，那至少士兵和低级军官必须在这最偏僻的沙漠边关里度过艰难的日子。

玺印和各种发现▷

在这里发现了几枚木刻玺印（T.XXVII.003、005、006，其他遗址也发现过这种类型的木刻玺印），其中一枚 T.XXVII.15（图版 LIII）上面仍有一个古汉字，尚未能释读出来。除了两枚与其他地方发现的属同一类型的木质骰子或筹码（T.XXVII.007、008），还有制作粗糙的木笔 T. XXVII. 0018、0019，它们对了解曾驻守在这里的人的职业有所帮助。此外，

① 我第一次考察的这个缺陷，在 1914 年已得到弥补。这次我搜集了从西端到额济纳河（Eṭsin-gol）的整个长城线上，发现的许许多多的常见的陶器类型。

图 153　敦煌亭障 T. XXVII 烽燧遗址，自东南望

图 154　敦煌亭障 T. XXIX 烽燧遗址及晚期围墙，自西望

图 155 敦煌亭障 T. XXVII 烽燧遗址及垃圾堆

图 156 敦煌亭障 T. XXVIII 烽燧遗址及垃圾堆

图 157　敦煌亭障 T. XXXV 烽燧遗址墙体结构

图 158　敦煌亭障 T. XXXV 烽燧遗址东侧位于低矮沙丘间的古代边墙遗迹

还有两把木勺 T.XXVII.0015、0017，一把扫帚，两块编织精细的坐垫 T.XXVII.0021、0023（图版 LIV）。在T.XXVII.0010中，有一截画有线条粗糙的奇怪脸形的木桩，而且在其他烽燧也发现过，但是它的用途目前还不能确定（参见图版 LII 中的其他标本）。拨火棍 T.XXVII.0011 非常有趣，上面有些小洞，它们的形状和排列与在尼雅、安迪尔和楼兰发现的很相像。①

第四节　寻找长城上的烽燧 T.XXVIII ~ T.XXX

T. XXVIII 烽燧▷

T.XXVIII 位于 T.XXVII 西南约 1.5 英里处长有稀疏红柳的低矮黏土带上。如图 156 所示，它风化得非常严重，底部原来有多大已不可能测量出来或可能像常见的那样，约 20 英尺见方，现存高度约 13 英尺。烽燧夯筑，夯土中每隔 3 ~ 4 英寸有一薄层红柳。这里已找不到其他建筑遗迹，但我第一眼就看到烽燧南面地基以下 10 ~ 20 英尺的斜坡上有厚厚一层堆积。堆积的宽度近 40 英尺，斜坡底部在松软的冲积黄土的生土层上呈水平堆积，厚 3 ~ 4 英尺。它的位置清楚地表明，黏土带在建烽燧时早已隆起，高于周围地面约 20 英尺。因此，这里自然就成为监视北面河边低洼地的极佳位置。在古代那里可能被红柳及其他灌木所掩盖，而且可能比现在还要茂盛，所以需要近距离防卫。我认为由于这里独特的地面特征，敦煌长城东段的烽燧之间的距离相对要近些，没有一处长于 1.5 英里，有些地方每隔 1 英里就有一座烽燧。②

清理堆积层▷

堆积的主要成分是芦苇秸、红柳枝、树皮和马粪，这些主要来自烽燧的生活垃圾，当与沿长城线的一长串兵站有关。

① 参见本书第六章第二节。

② T.XXVI 与 T.XXVII 之间是一个明显的例外，见本章第五节。

但是,堆积的最边缘可以见到一枚伸出来的汉文木简(T.XXVIII.1,《文书》No.647,图版 XVIII),它虽小但易于辨认。清理工作一开始,就露出了意想不到的大量木简。这的确是一处极其可贵的垃圾堆,而仅在当天结束工作时,我们就已得到 70 多枚,当然大多数已破碎。在全部发现中,沙畹先生发现 47 枚可以辨认,并收入在他的《文书》一书中。①

◁木简上的文字

这里和 T.XXVII 发现的各种书信和"公文"(在蒋师爷的帮助下肯定地辨认它们)非常丰富,足以使我熟悉中国古代木片上的文书的外在部分。它们最常见的形式是,长 9~9.5 英寸,宽 0.25~0.5 英寸。一些木简上一直行最多有 30 个汉字,甚至更多(如 T.XXVIII.54;《文书》No.614,图版 XVII),这说明人们书写得很整齐,也希望在一枚木简上写完一整封信或一份完整的记录。不过有时一枚木简的一面上也不止一行文字(见《文书》No.682,图版 XIX),因此要背面接着写(见《文书》No.563,图版 XVI)。显然,总有这样的情况,一封私信或一份官方文件(当然不是指书),需要几枚木简才能写完。关于如何排列一连串木简的方法,下面将会有一些说明。②

◁木简的材料与形状

白杨木是制作木简最常用的材料,这与尼雅和楼兰一样。但是,也有一些纹理清晰的软木,如《文书》Nos.607、627(图版 XVIII)。奈克·拉姆·辛格一眼就认出是某种针叶树(他是一位训练有素的木匠)。这也和楼兰遗址一样(那里发现的《文书》Nos.752、754,图版 XXIII)。这种树木当然不可能生长在疏勒河下游盆地这种历史上一直干旱的地区,因此,这种材料发现于长城遗址本身就很有意思。这种材料最近及最可能

① 参见沙畹《文书》,第二十八章,135~141 页。

② 参见本书第二十章第六节。

的产地是南山中西部的北坡，不久后我发现那里仍保留有一片很大的冷杉林。敦煌西部其他烽燧还发现过削制整齐的竹筒（见《文书》Nos.524~531，图版 XIV），有时还从更远的地方进货，而 T.XXVIII.645 则是在这里首次发现的竹简标本。用于制作木简的其他材料，还有本地盛产的木材红柳。T.XXVIII的堆积里发现的木简的形状似乎可以说是五花八门，有的是几面削制粗糙的红柳枝，且标 Nos.618、629、640、644（《文书》图版 XVIII）；有的还留着部分树皮，如No.641；有的削成多边形，如 No.617（《文书》图版 XVIII）；有的主体较宽一头呈尖状，如No.616（同上）；有的呈奇异的勺状，如 No.628，等等。私人书信的书写格式，显然不像公文那么严格。驻扎在这里及其他兵站的士兵，似乎经常以誊写来消磨时光（见《文书》Nos.641、643），因此这里发现的红柳枝木简削制得很好。但是，所供应的现成木简显然有其价值，而且为了节约，木简往往一用再用。这可以由从常规木简上削下来的“削衣”的数量看得很清楚（如《文书》No.649，图版 XVIII），许多木简由于反复修理变薄也可以证明这点。

万岁与吞胡的▷地名

至于 T.XXVIII 发现的文书的内容，我要提到年代为公元 75 年的一枚完整的木简（No.614，《文书》图版 XVIII），上面提到扬威燧（这个地名我们已经在 T.XXVII 发现的文书中见到过）。该简提到，属于扬威燧的两人经过西蒲的一位骑兵军官收到过一封信、寄出过一封信。我在其他地方没有提到过西蒲，但考虑到兵站的位置与通往哈密的道路有关，因此它很可能位于那个方向上的长城外。年代同样为公元 75 年的 No.613涉及高望燧的指挥官（“高望候长”）。在 T.XXVII 发现的年代相近（公元 53 年）的一枚木简（No.565）上也提到，高望是西蒲附近的一个兵站。我们更感兴趣的是那件多边形的木简No.617(《文书》图版 XVIII),上面写的是某项命令的传达方向:“万岁东西部吞胡东部候长燧次走行。”“吞胡”之名还见于 No.618 和 No.619。至于“万岁”我们前已提及,它可能是包括邻近的 T.XXVII 在内的长城那段地区的兵站名称。“吞胡”则很可能是万岁西边的那段长城的名称。

◁印盒以及烽燧 T.XXVIII 的其他发现

在这里以及 T.XXVI 西南面其他各烽燧处,并未见到长城本身的任何遗迹,甚至连烽燧曾经护卫的兵营也完全消失了。这里表土的特性以及风蚀作用足以说明为什么。不过从他们遗弃的大量堆积,也可以窥见他们的生活条件。这里发现的各种各样的小物品(在遗物描述清单中有详细描述)中,木器如勺、梳、多种木杖等是最常见的。还有各种椭圆形小木块(T.XXVIII.c~g、k~n,图版 LIII),明显是用作骰子或棋子。图版 LIII 上还有两枚印T.XXVIII.j、q,不过上面的汉字大部分已被磨掉了。两枚木印 T.XXVIII.a、b 特别有意义,它们显然是用来捺在用丝绳扎住口的口袋或其他容器处的(即封泥)。这种类型的印在长城的其他遗址也发现了许多,在遗物描述清单中有充分的说明,T.VIII.5也可见于图版 LIII。T.XXVIII 的两件所属类型的重要性,在于捺印的封泥下面有三道扎绳的槽,其排列方式与我 1901 年在尼雅首次发现的佉卢文文书护封上的一样。此前我断定在塔里木盆地发现的类似遗物属于中国早期类型①,此处发现的印盒为这个判定提供了新的决定性证据。

◁军用青铜镞

在小型金属制品中,我要简单地单独列出一件铸铁锄 T.XXVIII.0018,其他长城遗址也有发现(见 T.XV.009);一件青铜带扣 T.XXVIII.0020 以及一些青铜镞 T.XXVIII.009~

① 参见斯坦因《古代和田》,第一卷,361 页等;本书第十一章第三节。

0012。长城沿线各遗址中很常见的其他改进型标本证明它们在汉代很流行。其主要特征是切面呈三角形,每面呈细长叶形,铤部呈六角形;通常一面或几面有小孔。各种类型的更详细的描述见遗物描述清单,不同标本的图片见图版 LIII。我在讨论守卫长城的各不同兵站及小分队的装备时,经常提到好几种"常规"石弩。对这些石弩进行分类、分组研究是调查工作中非常有意义的事,此事本身也足够写一部小型专著。

穿孔陶片▷

T.XXVIII.1~3 是在此处堆积中和地表极为常见的、深灰色轮制陶器标本中的三件,这类陶片表面有的饰压印编织纹。长城线上其他烽燧也常见这种陶片。我曾提到过许多这种边上规则地凿孔的穿孔陶片。这里发现的好几件仍用绳索捆在一起的标本,其中的 T.XXVIII.2(图版 LII)是一种很能解释这些穿孔陶片的标本。这种做法说明它们的主人是如何珍惜他们的瓶瓶罐罐,不管它们已破成什么样子。这也间接地说明这里和敦煌长城线上的其他兵站,离居民区很遥远。由于原料十分粗糙,因而无疑也十分廉价,但是,只要考虑一下从绿洲往这里运大件陶器有多困难,就能理解他们为何在经过最简单的修补之后仍继续使用。此外,还有两小块丝织品 T.XXVIII.0021,其中一件是上好的平纹细布,表明尽管生活非常艰苦,在兵站中对美的生活的追求并未泯灭。

用为瞭望站的▷黏土带

从 T.XXVIII 朝着西南,我注意到了下一座烽燧的方向。前进了 0.5 英里多一点,有一处长约 50 码、高 12 英尺的黏土带。它的中部有一个高约 10 英尺的土墩,让人一眼就看出是个遗迹。看来它是一个没有建筑遗存的天然哨所。但是,黏土带的顶部很可能存在大量它护卫长城时期遗留下来的深灰色轮制陶片。虽然没有烽燧,但是这个天然黏土带也可以是一个瞭望站的理想位置,与我随后在哈拉湖附近发现的差不多。从这里沿线向前延伸的红柳丛越来越稀疏，直到变成四五英尺高。最后到了另一座烽燧 T.XXIX 以远 0.75 英里处完全消失了。

如图 154 所示，这座烽燧也是建在一个小型黏土带上，这种地表优势从来不会被筑“长城”的人所忽略。烽燧夯筑，夯层厚三四英寸。烽燧底部约 21 英尺见方，现存高度超过 20 英尺。夯土层之间夹入红柳枝表明原建筑年代久远，但是用粗土坯建成的约 5 英尺高的女儿墙似乎表明在后期经过维修。对顶部进行测量是不现实的，因为除了南侧有一些可能曾经用作立足点的脚蹬，没有楼梯的痕迹。 ◁T. XXIX 烽燧以远

如附图 34 的平面图所示，烽燧下有一圈面积约 107 平方英尺、保存相对完好的围墙。烽燧就是围墙的西北角，这加深了人们认为长城上的烽燧晚期仍在使用的印象。墙体用土坯和坚硬的黏土块筑成，每隔约 15 英寸用红柳枝加固，明显属于晚期建筑（图 154），它的西南角仍保存了近 8 英尺高。在这个角内保存着曾依东墙而建的几间土坯房屋的地基。土坯长 13 英寸，宽 7.5 英寸，厚 5 英寸；墙体一平一直交替上砌。房基上厚厚的堆积中除了大量芦苇秸、烧焦的枝杈以及鸟粪、驼粪，不见其他遗物。西南角外约 10 码处还有一处面积不小的却没有年代学线索的类似堆积。但是，我们在这里地表下很浅处，发现了一件颈部以下保存完好的高约 1 英尺的大陶缸（T.XXIX.0013，图版 IV），器表似乎饰有油彩。这里还发现了一块山羊毛织物（T.XXIX.0019）。 ◁T. XXIX 烽燧的晚期围墙

在围墙内外发现的大量仔细施釉的精细陶器，成了建筑特征之外判断此为晚期遗址的确切证据。不列颠博物馆（the British Museum）的霍布森（Mr.R.L.Hobson）仔细研究了这些标本（见本书第二十章第七节遗物描述清单中的T.XXIX.a~m.） ◁晚期陶器的发现

后认为，除了唐宋时期的釉陶，还有一些类似瓷器的标本（T.XXIX.k，l、12），以及两件瓷器的标本（T.XXIX.i、j）。由于后两件标本是宋初（公元963年）[①]的瓷器产品，因此可以肯定烽燧连续或间断地使用到那个时期，甚至可能更晚。器表的釉色非常丰富，有黑色、乳白色、绿色、深蓝色、棕色等，并常见冰裂纹及混合色釉花纹。

小佛寺遗迹▷

在这里首次发现的晚期陶瓷器，帮助了我判断清理围墙西南角以西约52码一处小型建筑遗迹时发现的塑像的大致年代。这是一座小寺庙，房屋长11英尺，宽9英尺，南面狭窄通道处的入口已完全破坏。其他方向的墙现存高4～5英尺，厚20英寸，它们由两种尺寸的硬砖砌成，一种长12英寸，宽7.5英寸，厚5英寸，另一种长12英寸，宽6英寸，厚3英寸。房内堆满了碎砖、芦苇篱笆以及半烧焦的木料。室内主要是一个砖砌的坛，北面长4英尺，其余三面长3英尺，只有南面入口处稍空。坛上沿北墙堆满了大量表面抹上灰泥的塑像碎片，表明这无疑是一座小佛寺遗迹。

带灰泥的塑像遗存▷

这些碎片（T.XXIX.002～0012）虽然非常破碎，但都是些坚硬的黏土，表面呈黑色，稍大的碎片中可以见到半烧焦的木芯，这些现象说明寺庙很可能是在一场火灾中烧毁的。标本中见有手（003）和胳膊残段（0012a、b），它们可能分属不止一个原大或稍缩小的塑像。另外还有各种手指、衣饰和装饰品残片。由它们的造型和贴饰的细部，可以看出与希腊化佛教艺术有密切的传承关系。考虑到佛教艺术在中国土壤上非常保守的发展，以及目前缺乏与之相关的年代学知识，我不想对其确切的年代妄下结论。尽管有所保留，我还是倾向于认为

① 参见布林克利《中国：她的历史、艺术及其他》（*China, its History, Art, etc.*），第四章，12页。

这些遗物的年代不晚于唐代。在这方面，标本 T.XXIX.002（图版 CXXXIX）颇有启发性和趣味，它有两个小头，上下连在一起，虽然每个只有 3 英寸高，但塑造精细。上面的头像宁静地注视着前方，下面的头像张着大嘴，怒目圆睁，给人留下机敏的印象。由于下面的第三个头像显然分离了，因此这个塑像显然是想表现佛的神性。我们可以从焉耆地区的明屋（Ming-oi）遗址中发现的自然主义风格的小佛头像中找到相似的塑像（图版 CXXXII、CXXXIII）。①

◁寺庙的晚期起源

这座小寺庙里发现的遗物，极有可能与附近的烽燧和长城有某种联系。同时可以肯定的是，它们要晚于长城的修建年代。现在的问题是，如何解释它们出现在已由 T.XXVII 和 T.XXVIII所确定的至少已在汉代或以后不久就已被废弃的长城的一个点上。关于如何解释紧挨着 T.XXIX 的围墙内外发现的遗物为什么显然是晚期的，也存在同样的问题。一开始我们推测这可能是由于当地信仰的顽固性（我曾在其他地方举例说明，最近的例子是石板墩的遗存），致使这里的一座小佛寺在长城废弃几个世纪之后，仍保存了下来并加以修复。我在"关内"其他地方考察时的很多相关发现，也证实了这个解释。因为在现代，中国还能见到这种现象。

不过证明这一解释的重要证据，还是我不久后在当地的发现。这就是从敦煌绿洲直通哈密以及天山脚下其他绿洲的道路，直到现在仍路经 T.XXIX 附近。当我从第 166 号营地返回敦煌时，走的正是这条道路。道路从 T.XXIX 以西仅 0.5 英

① 参见本书第二十九章第三节。

里处通过,然后又从 T.XXIX 所在的黏土带脚下通过。[①] 如果我们现在假设古代这条交通要道在此处穿越长城线(而且这里的地形也证实了这个假设),那就很容易解释 T.XXIX 附近的这座小寺庙为什么能够保存下来,以及为什么直到唐代甚至更晚一直有虔诚的过客对它进行维修。我们也因此可以说明,T.XXIX 下的房屋一直被后来的过客所使用。

古代长城关隘▷的地方信仰

我随后在 T.XIV 附近调查时发现了一个类似的现象,即在那里一座相当晚近的寺庙旁,发现了一处类似的唐代宗教遗址(它位于通往西边的著名边寨玉门关的关口处)。[②] 另一个类似的现象,见于长城与旧瓜州—哈密路线交会点上,有一座实际仍“在使用”的小寺庙,我们将在讨论安西地区的那一章里详细说明。[③] 在后面的一章里,我将讨论从肃州以西的嘉峪关(现代中国长城上的著名关口)迁至“关外头”的现代中国人的虔诚信仰,以及曾在古代长城线上那些关隘盛行的信仰在当今时代的反映。[④] 1914 年我沿长城从安西至额济纳河(Etsin-gol)考察时发现,所有通往长城外的道路与长城相接的地方,要么有一处废弃的寺庙遗址,要么有一处沿用至今的寺庙。[⑤]

虽然当时我还不清楚这些信仰的真正源头,但事实上我

---

① 敦煌—哈密路线的走向,在罗博罗夫斯基的地图上有精确的表示。在他的地图上,此路经过一座废弃的烽燧(即 T.XXX),然后越过疏勒河,到达“老泉子”处的一组建筑(在他的地图上,这个地名被转译成俄文,但显然就是老泉子)。这个位置与地图中的建筑遗迹是相吻合的。

另一条继续东行的,是罗博罗夫斯基曾于 1895 年 8 月走过的。每当疏勒河泛滥时,此路的主要路段无法通行。这条路也经过 T.XXX,随后在 T.XXXI~XXXIV 一线附近抵达长城线。这一地区在罗的地图上被标为“遗址”区。

② 参见本书第十九章第一、三节。

③ 参见本书第十六章第二节。

④ 参见本书第十九章第三节。

⑤ 这些情况将留待即将出版的第三次考察的出版物里去叙述。这里可以讲述在疏勒河上废弃的桥湾镇里仍保存下来的庙宇。

也不必到离T.XXIX很远的地方，去寻找那些仍旧延续至今的古老地方信仰的证据。我从 T.XXIX 向西南方向绕过一处开阔的盐渍平原，前往那个方向上约 1.75 英里之外的下一座（也就是最后一座）烽燧 T.XXX 的途中，我看到半路上有几处由盐渍黏土块简单垒砌的围墙，它们显然是用来躲避大风沙的。前面提到的哈密马车道从它们中间通过。其中一处围墙的中部，有一座同样粗糙地建成的小庙，庙已半废弃，但墙上仍可见到彩绘。回过头来看看已经提到过的许多迹象，我确信这座显然晚近的替代寺庙建筑，代表了曾经往返于长城线上的中国人关注 T.XXIX 旁这座小庙的最后迹象。地方信仰难以绝迹，中国如此，其他地方也如此。

◁生生不息的地方信仰

调查结果表明，T.XXX（这是我在这段长城上能找到的最后一座烽燧）是一块高约 15 英尺的正方形夯土台。由于侵蚀严重，它底部的大小已不可能测出准确数字（不过它可能像其他一般烽燧一样，约 20 英尺见方）。在约 12 英尺高的台地上，T.XXX 是一个明显的标志。除了上面提到的那种深灰色硬陶片，这里没有发现任何其他遗存。这种地面上也不可能指望发现墙或其他古建筑，因为上半部分风蚀严重，而下部则咸水充沛，这种土壤完全是一种破坏性环境。从台地上放眼望去，虽然视野开阔，但除了我前往石板墩北面的路上已经考察过的 T.XXIV，西边没有发现任何遗址。因此，我不能白费工夫，到西边去寻找长城遗址。但是我还是倾向于相信，长城在石板墩方向曾很好地经营过，而且在越过党河三角洲之后，与我 1914 年在哈拉湖东南不远处考察过的那段长城相连。

◁最西边的T.XXX烽燧

第五节　调查通往安西的长城上的烽燧 T.XXXI~T.XXXV

长城东北段的▷地形

在讨论东北方向上发现的长城遗址之前,需要在这里对这段长城周围的地形特点作一简要说明。从T.XXX向东、向南望去,我看见一块草木不生的盐渍地伸向远方。盐渍地里曾生长着高达8~10英尺的红柳,可是现在枯树都已经很少见。在回敦煌途中路过这里时,我发现盐渍地发育可能是因为绿洲东部水渠泛滥造成。与以黏土为主要特征的地表以及与T.XXVI以东长城所依傍的沙砾“塞”相比,这片盐渍地带似乎是一处虽然不深但又是很明显的洼地。这一印象在我继续往东考察时得到了确认。那是1914年4月,我从疙瘩井(Ko-ta-ching)出发[①],前往调查北—东北走向的长城,途中必须穿越一片那个季节几乎不可能逾越的宽阔洼地。

长城线南面的▷沼泽洼地

我由此得出结论,那一大片由东向西延伸的低洼地,一年中大部分时间里是水涝地,其余时间为盐碱沼泽地。从地图上看,那片洼地占了很大一部分。它与北面敦煌和安西之间的长城所在的相对狭窄且高的地带平行。那条隆起地带本身与党河河床边上的沼泽平行,然后在洼地南面与之分离。我们看到,T.XXVI西边是一边冲积黏土地,地上仍有草原植被,却又和长城烽燧所在的低矮黏土带一样,处于侵蚀状态。T.XXVI东边,地表变成了低矮的沙砾高地,而高地的南边是一片流沙地,流沙地又是上述洼地的边缘。这里我们不涉及沙砾高地的地理学调查。不过,我可以顺便说明,沼泽东面和西面的水似乎分别来自安西(即瓜州)和敦煌的水渠,中部的水

① 地图上被错为洛达井(Lo-ta-ching)。

则来自南山外侧穿越那些绿洲之间的交通要道的急流。①

◁长城两侧的沙漠

这次在敦煌与安西之间的快速调查足以证明,规划长城线的设计师非常善于充分利用自然地形的所有优势。他们把防线安排在高地地带,使长城高于水面及春夏季的洪水;同时又把它们安排在离河水很近的地方,以便从水井或其他水源获取生活用水。同时,长城附近总有大量的灌木和芦苇,既可放牧又不缺燃料。但是同样可以肯定的是,从敦煌到安西的长城线全部穿越沙漠地区,绿洲的形成则是在长城建成之后很久的事。长城线两侧或附近其他地方,古代和现在一样,都不能耕作,直到安西"镇"以西约15英里处,才有一个据点可以由水渠引来安西绿洲里的水。

◁T. XXVI 东边的长城线

3月31日早上,温度计显示最低温度为冰点以下的华氏39度时,我已从T.XXVIII出发去调查东边各烽燧沿线。在T.XXVII与T.XXVI之间那块受侵蚀的地面上,我试图找到烽燧遗存,因为这两座烽燧之间的距离超过2.5英里,其间可能还有一座烽燧。但我一无所获。当沙砾高地又折回T.XXVI(第一批木质文书即发现于此)附近后,长城从此有长约6英里保存完好,中间不曾中断过。我在这里甚至用不着根据从远处就能看见的高耸在长城旁的四座烽燧,即可辨明方向。我们可以很清楚地看到,长城在草木不生的开阔沙砾地上延伸,宛若一道垂直的大幕挡在两座烽燧之间。长城在每座烽燧处向北拐时,就呈现出类似碉楼的半月形。在一些地段,夹树枝的夯土墙仍高约3英尺;在其他地段,则已几乎侵蚀到底部。但即使在那些侵蚀严重的地方,用作基础的厚厚的红柳枝层也能从低矮的隆起的两侧清楚地看到。

① 参见本书第二十五章第一节。

与风向平行的▷长城

从地图上我们看到，长城的总体走向为东—东北至西—西南，与干旱沙漠里长年不断（春天尤为猛烈）的大风的风向平行，这无疑非常有利于这段长城的保存。当然，长城并不全是直线，所有烽燧也并非排成直线，它们的走向有些细微的变化。因此，在T.XXVI旁可以同时看见前面的四座烽燧。由于这种细微的偏离与地形全无关系，所以这种安排也许表明，人们希望在不同的烽燧上同时见到烽火或类似的信号。烽燧之间的间距也有区别，从0.75英里左右（T.XXXIV和T.XXXV之间）到1.25英里多（T.XXVI和T.XXXI之间）不等。长城线以北是一片草木不生的平坦沙砾，站在墙上可以轻而易举地看到至少2英里开外。

烽燧 T. XXXI▷和T. XXXII

两座烽燧均为夯筑，通常每4～5英寸就夹入一层红柳枝条。烽燧底部约20英尺见方，但由于现存状况各不相同，并不是每座烽燧都能精确地测量出来。越往东，受侵蚀的程度就越高。T.XXXI保存较好，高26英尺。在东面一处很可能是一所小房子的堆积中，发现了一根五边形棒状物（Doc.No.704），其中四面上的汉字仍有待释读。烽燧旁边还发现一件青铜镞T.XXXI.001，是汉代常见的那种三角形叶状镞（图版LIII）。虽然T.XXXII没有那么高，但它前面的堡垒状工事保存完好。它与长城的距离往北、东、西三个方位分别为26英尺、56英尺、33英尺。堆积中只发现一些木质文物，包括一支粗糙的笔T.XXXII.002，一根麻绳等。这处堆积可能是从曾经紧挨着烽燧而现在已完全被侵蚀的一个营房中来的。青铜镞T.XXXII.009发现于烽燧北面地表。

烽燧 T. XXXIII～▷XXXV的遗存

紧邻T.XXXIII的南边，有一处由土坯和红柳枝层砌成的约35英尺见方的围墙。尽管大量盐碱的渗入使墙体变得几乎和水泥一般硬，但长年的侵蚀使得现存最高的地方也只有

约2英尺,而有的地方则已完全消失。除马粪外,围墙内外没有发现任何遗物。T.XXXIV 是一座被风蚀的烽燧,坚硬的土坯建筑现仅存南北长16英尺,东西宽12英尺。侵蚀已经切入烽燧底部,另外一条大裂缝自上而下伸入黏土中,但烽燧仍有17英尺高。东边约20英尺处不厚的堆积中,有厚约15英寸的土墙基,以及碎土坯和可能从屋顶掉下来的芦苇捆。这里发现了一件保存较好的木标签 No.705(《文书》图版 XIX),上面提到某座烽燧的一种特殊的石弩用的弦,根据烽燧的名字,可以判断属于汉代。除了其他一些小件木质文物,这里还发现了大量火棍("雌性")(T.XXXIV.001,图版 LII)以及精雕细刻但用途仍不明的块状物(T.XXXIV.003,图版 LIV)。堆积中生土以上约2英尺处发现一枚五铢钱,表明其年代在公元1—2世纪。T.XXXV 处没有什么发现,只有一堆红黏土碎渣及烧灰,表明曾有某处建筑被烧毁过。像我们前面考察过的其他烽燧一样,这是一座由以长城为北墙的半圆形堡垒状工事拱卫的烽燧。

◁保存完好的长城线

在这最后一座烽燧以东0.5英里处,长城消失在流沙沙丘中。这些沙丘高达15英尺,显然是从南边侵入的沙带的一个分支。再往前,长城又能见到零星的残段。从 T.XXXV 处顺着残墙前进约2英里,我来到一片南北均以沙丘为界的开阔的沙砾地带,发现一段长达256码、保存完好的长城,在某些地段可高达7英尺(图158)。从它目前的保存状况看,在很大程度上是得益于曾经堆得很高的沙丘的覆盖,尽管由于流沙的流动,目前沙丘只高于长城地基3~5英尺。长城两侧沙丘的分布状况一致,表明长城的方向(像前段一样),与最猛烈的盛行风一致。事实上,如果不是沿此方向建筑,长城在强风侵蚀下不可能在这完全暴露的平坦的不毛之地保存下来。

坚固的长城▷ 这段长城的中部十分坚固。除顺墙体水平垒砌的护坡不见外，墙的两面几乎没有受到侵蚀。另一方面，独特的建筑方法也很容易看出来。从图 157 中可以清楚看到，由红柳枝和芦苇混合的厚约 6 英寸的植物层，和由当地沙土混合的粗土层交替上筑成墙。在图 157 中我数出了树枝层和沙土层各八层，共 7 英尺多高。我注意到，每个植物层都以红柳枝条为主，但在顶部芦苇很多。这说明它们是特意夹入的，以便给上一层沙土层铺出更平坦的平面。总的来看，墙体很规整，表明它是用版筑的方法有条不紊地连续往上夯筑，这种方法在中国及中亚其他干燥地区一直沿用着。对建筑而言，水在任何情况下都必不可少，而且可能是取自最近的潟湖或党河支流。

墙的尺寸和原料▷ 墙顶部的实际厚度是 6.5 英尺多，底部显然要比顶部厚约 1 英尺，考虑到顶部因受风蚀而变窄，1 英尺的差别应在合理范围之内。由于墙的两面事实上是垂直的，墙体上的厚度当初很可能是一样的。当初的高度也可能更高，因为像我随后要提到的那样，我发现在长城西边的 T.XII 处，墙高依然高于10 英尺。对于这道建筑奇特的墙而言，盐碱到处都是（土壤里、沼泽水里以及沙漠植被里），并已形成了半石化的稳定性；墙体本身以及所有材料与大量的盐霜证明了盐碱的存在。但是，当我把芦苇和红柳枝从墙里抽出来时，它们仍保持着原有的自然弹性。

筑墙的技术▷ 这些材料的韧性并不高，这主要是因为墙在这个沙漠地区已经长期经受了各种人力或自然力对它缓慢却从未停止过的侵袭。当我看着我对面的一段墙体，即使再压上一门现代野战炮，对它也可能没有多大影响时，我不仅对中国古代工程师修建这段长城的技术深感钦佩，而且也对他们修筑临时堡

垒的技术深感钦佩。在随后继续向西的考察以及我1914年东行很远去寻找长城的考察，再次强化了我对他们功绩的敬佩。在一片长达100多英里、没有任何资源，而且大多数地方甚至连水都没有的大沙漠里，建造一条如此坚固的长城是何等艰巨的任务。仅就招募和管理筑长城的劳力而言，就需要很强的组织能力。对于从外地寻求建筑材料而言，计划的重要性是显而易见的。它说明了指导这些计划的人的技术才能和适应性，因为新夺取的地方必须赶紧修墙来保卫，而且他们对材料和建筑方法的选择又必须适应当地条件，还要使工程能够长期可靠。我非常怀疑那时甚至现在，还有其他什么人能够建造一项在持续不断的外力侵蚀环境下能够存在两千多年的工程。

◁材料和劳力方面的困难

虽然地势足够开阔，但我沿着沙丘继续前进的1.5英里的路途上，没有见到长城的遗迹，也没有见到其他烽燧。我只能得出这样的结论：在这一地段上，由于持续侵蚀，这类工程完全消失。当我1914年从南边条件更好一些的地方又回到这里考察时，我很难找到长城的遗迹，这使我坚定了我的这个想法。在我上次考察过程中，由于我们的牲口需要饮水、喂饲料，我只好中断考察，转向北边的河流。穿过一块光秃秃的沙砾带，经过7英里的行程，我们来到一个仍有几棵野白杨的干河床，一个竖着死红柳丛的地区。在这里见到了从安西来的马车道，最后来到了一处围绕深深切下的疏勒河床的河边丛林带。根据我所能测出的结果，当时河水流量如果不是更大的话，那也至少是4 000立方英尺/秒。但是西边视力所及的宽阔的沼泽带范围内，河水不可能用于灌溉。

◁向北朝疏勒河床前进

昨天晚上，风逐渐加大，变成了刺骨的寒风，此时正由西向东肆虐着，而且在随后对东段长城进行调查的几天里，阴暗

◁从长城回到敦煌

的天气一直没有什么变化。至于安西镇,我无论如何日后一定要去访问。因此,我决定先回敦煌,花些时间对西部做些调查。这次对东北部的调查的主要目的已经达到了。调查证明古代长城事实上一直延伸到敦煌以东,与我第一次估计的一样。此外,我还获得了确定无疑的证据,即纪年文书说明长城最早是在公元1世纪建造的。在返回敦煌的三天时间里,在刺骨的强风和流沙之间,我先是沿长城前进,随后路过T.XXX和石枣(Shih-tsao)。这段经历在我的个人笔记中有详细记录,此不赘述。这段经历使我充分认识了那些曾经驻守这沙漠边关的人的生活。4月3日,我又回到了以前的宿营地。

第十六章　南湖绿洲与阳关

第一节　敦煌与南湖之间地区的遗址

我面临的任务使我 1907 年 4 月 4 日只在敦煌停留了一天。如果不是兰州总督向甘肃最西部各地的行政长官介绍我和我的研究组，敦促我在敦煌的官方朋友努力帮助我，克服当地办事效率低的困难，那么一天的停留时间显然不足以为我到西部沙漠进行考察做好各方面的准备。同时，我愿指出，我发现的早到汉代的文书的纯学术价值，引起了有学问的敦煌县长汪大老爷的兴趣。由于他的及时支持（用高额报酬刺激），我筹集了够用一个月的给养、12 名壮劳力、用于交通的骆驼，以及大量坎土曼。这些坎土曼是能从敦煌回民那里得来的极佳的挖掘工具。 ◁沙漠西行所得到的帮助

我计划走的道路，沿着南山山前丘陵把我引向西南一个小绿洲。根据扎希德伯克的信息和罗博罗夫斯基的地图，我知道那里有遗址。从南湖向正北前进，我将遇上西段长城的中部地段，并考察途中的地貌。4 月 5 日的第一段行程很短，而且也留出时间对党河以西约 1 英里、现敦煌镇对面“旧城”的夯土城墙进行了快速考察。据说这里是唐代沙州治所，但是现在已完全废为农田和果园。我没能发现任何能判定此城何时被废弃的可靠证据，但据说原因是其位置不利于防洪。 ◁沙州镇的城墙遗址

很可能在东干人叛乱以前很长时间都没有人在此活动过，城内地面上不见任何建筑遗存就是明证。显然，在这种沼泽环境中，类似遗存不可能在地下保存下来。城墙呈规则长方形，南北 1 485 码，东西 650 码，一些地方已完全倒塌。它们完全由坚实的夯土筑成，每层夯土厚约 4 英寸。东南角保存较好，现高约 20 英尺。从那里到河床西岸仅约 150 码。南面的一个城门和西面的两个城门仍依稀可见。西北角的一座碉楼现仍有约 40 英尺高。与现在边长约 1 000 码的城镇相比，旧城的面积要略小一些。

镇藩县遗址▷

道路在那里拐向西南，经过几座保存完好的大寺庙后，走了 3 英里多一点，我来到了现在的农耕区边上。这里有一座据说是东干人叛乱前的镇藩县（Chên-fan-hsien，今民勤县——译者）的城址，让人又想起上次东干人叛乱带来的灾难。从这里起，道路沿着一条现已完全干涸的早期河床的岸边前进。东边与之平行的地方，横亘着一块风蚀黏土台地，它们表明古代这里曾是一块富饶之地。路的西边，农耕地现在甚至向南延伸得更远，并接受敦煌县以南约 30 英里处的党河水的灌溉。从镇藩县出发 6 英里后，路边的现代瞭望塔及其附近半废弃的营房（图 167）引起了我的兴趣，它可以说明古代长城沿线瞭望站当时的景象。

带土坯墙入口的沙砾土丘▷

往西越过一处光秃秃的沙砾“塞”，我被散落在平地上的墙的遗址所吸引。跨过水道向它们靠近，我很快注意到它们千篇一律地竖立在以低矮沙丘为标志的大型长方形围墙的入口旁。我在两处围墙里进行了近距离调查，发现这些侧墙长 5~10 码，现存高 18~20 英尺，厚 8 英尺。墙用晒干的坚硬土坯砌成，土坯长 17 英寸，宽 10 英寸，厚 10 英寸，从其外形看显然是古代的土坯。侧墙外的围墙前（通常面向南方，以及其

他方向)，只有低矮的沙砾山脊。在落日余晖下，它们可以看得很清楚。

◁围墙内的古坟

沿着这些“墙”，我没有发现任何土坯建筑遗迹，甚至也没见到熟悉的成捆的树枝条。其中的一个四方形围墙长 75 码、宽 70 码，围墙大致呈东西向。围墙内都发现了几座低矮的古墓，最大的一座一般都朝向南面的入口，其他的则大致成排散落在各处。一处围墙里，坟丘直径 21~45 英尺，高 5~6 英尺。另一处围墙里，它们也大致呈圆形，高约 8 英尺。

◁古代墓葬区

和我们同行的当地人对这种遗存的性质熟视无睹。但是，它们是古代墓葬区的想法立即进入我和蒋师爷的脑海。然而当时我们两人都不知道与此密切相关的习惯(无论是古代的还是现代的)，故无法来支持这个猜想。只有到 1915 年我对喀拉霍加(Kara-khōja)及吐鲁番地区的古代墓地进行调查后，才得到了支持这个猜想的确凿证据。[①] 我在那里发现了大批属于唐代的中国古墓，它们都在与此处“塞”的地表相同的冲积扇硬黏土里挖出墓穴。它们的位置也可由沙砾筑的四方形坟院和院内的圆形低矮土丘来确定，只是入口处不见侧墙。根据随后在库鲁克塔格山西麓营盘(Ying-p‘an)附近一处小得多的墓地的考察，我倾向于认为这种可能以家族为单位安排墓地的习俗，可以上溯到更早的历史时期。

◁调查坟墓的困难

对于这个问题，像与我在甘肃的考察相关的其他古迹的特点一样，称职的汉学家很可能从历史文献中找到答案。我当时对敦煌附近及随后对南湖附近的遗址进行调查时所遇到的问题是：即使这些土墩代表着墓地，我也不能得到敦煌人，尤其是那些对坟墓怀有迷信恐惧心理的人的帮助：不能指望

① 参见斯坦因《第三次探险》，载《地理学刊》，1916 年第 48 期，204 页。

他们对外国“野蛮人”敞开心扉，甚至容忍我们的提问；任何这种企图，如果不是更糟的话，都会引起当地人对我们的恶意。而这很可能严重影响我在这沙漠里及其他地方本该是引人入胜、收获甚丰的考古学调查。因此，我对这些墓地保持谨慎的沉默，甚至蒋师爷建议我这么做都不感到后悔。但是，我愿意想办法使这些古墓能引起未来的考古学家的注意。到那时也许“现代进程”使人们不再坚守对死者藏身之地的传统敬畏，甚至甘肃这种保守落后的虔诚习俗也不复存在。所以只有留待将来系统彻底地做这项研究工作，而不致使更多的墓地被似乎正在东边进行开发的贪婪行为所破坏。

沿党河左岸行进▷

当晚我们在党河支流岸边的砾岩悬崖附近宿营，那里离敦煌绿洲西部主要水渠从党河左岸分流处约 3 英里。行进约 30 英里后，直到夜幕降临，我于4 月6 日来到了南湖。这段路的前半段一直紧挨着一处沙砾覆盖的台地南面的边缘，这块台地从 80~100 英尺的高度几乎垂直下降，直达党河的深切河床。这块台地似乎像是一处从其外崖的边上向北延伸的缓坡的巨型黄土堆积。悬崖南面之上是光秃的南山山前丘陵，而敦煌的南面也与此类似，到处是那些难以逾越的流动沙丘。这种情况则说明敦煌何以别名为沙州，即“沙漠里的城市”。考虑到这些险峻的沙覆坡事实上不可能越过，而且根据罗博罗夫斯基的调查判断，从党河急剧向东南拐入山中的那个地方，没有道路能接近党河的深切峡谷。这种态势使人很容易理解，敦煌何以能有效地防御来自南部高台地的游牧民族的侵扰。在河流的这条支流附近及其大拐弯处附近，都有半废弃的瞭望塔建在左岸悬崖上，俯视深切的河床。但是它们都不是古代样式，我路过 Shih-wu-fou（该地名暂未查找到，不敢妄译——译者）时见到的两座小型砖砌舍利塔也一样，它们都

粉刷得很好,而且显然还接受过路人的朝拜。

继续向西南延伸约 2 英里后,道路经过上面提到的拐弯处附近地区,当时我们正沿着缓慢向南抬升的、光秃山脊的最后一段支脉前进,而这正是我第一次提到的沙砾和石块堤岸。这也正是圣乔治·李尔戴尔先生 1893 年开创性旅行途中,到达敦煌前的最后一段行程中注意到的那段堤岸,而且已清楚地标在皇家地理学会(Royal Geographical Society)的《西藏地图》上。[①] 他的简要描述被证明是对的,他关于它的性质的敏锐性推测似乎也是值得参考的一种假说。"堤岸"仅高出光秃的"塞"4~5 英尺,如果不是它紧挨着道路沿直线在南 255°西方向上一直延伸 5 英里,它很容易被看作是自然隆起。虽然不那么明显,但我从道路第一次接近它的那点上,可以看到它像平板仪显示的那样,沿着相反的方向可能一直延伸到党河急拐弯处的峡谷。堤岸很宽,它的底部宽约 24 英尺,而且由于它的顶部很坚硬,所以它曾经有可能用作车道。沿线我没能发现瞭望塔或其他任何建筑遗迹。由于它的南北两面除纯沙砾沙漠外没有其他任何东西,似乎难以相信它曾用于防御目的。但是,我不得不指出,这条堤岸线像地图所显示的那样,形成了一道直接通往由党河这条巨大的天然防线护卫的南湖绿洲的连线。关于这道堤岸起初的用途,我们将继续在下文讨论。[②]

◁古代堤岸线

当这条令人迷惑不解的隆起一直延伸到远处依稀可见的一座烽燧附近,道路最后在那里向西南分岔。就在南湖目前

◁墓地的石冢与围墙

① 参见他的文章中所说:"在抵达沙州的前一天,我们沿着一个四五英尺高、约十码宽的堤岸行进了七八英里。当我们离开它时,堤岸仍延伸到我们能看得见的远处。我从未听说过长城延伸到肃州以远的地方,但这虽然是我们日后见到的长城的一段,如果不是的话,我对它能作何用途可就一无所知了。"见李特戴尔《穿越中亚之旅》,载《地理学刊》,1894 年第 3 期,458 页。

② 参见本书本章第三节。

的农耕区周围的植被带边缘约 1.5 英里处，我的视线被竖立在这平坦开阔的沙砾地面上许多低矮的石块堆积所吸引。它们的大小相差很大，但都是圆形。这些堆积或有一条石块堆积从里向外呈直角伸出，像是把手一样；或前面有一小片由大石子堆成的堆积。这些圆形石冢没有一处高出地面三四英尺的。但是在斜阳下，可以看见地面上有 10 余处这样的堆积，而且每处奇异的堆积无疑代表着一处古代墓地。在黄昏的余晖中，我发现道路附近的植被带边上，有一处由低矮沙脊围成的四边形遗址，它还带有一段土坯砌的入口。这个遗址与我前一天在敦煌绿洲西南端考察过的遗址类似。我不能肯定它是代表着中国人的遗迹，还是一个文明程度较低的民族的遗存。在遗址里面，我发现了两处比我刚刚路过的石冢大些但形式完全相同的圆形古坟（图 165 是其中之一）。我不再怀疑，古坟和坟院属于同一个民族，而且可能属于同一时期。

第二节　南湖绿洲及其目前的资源

南湖绿洲的吸▷引力

由于盛产上好的木材、清澈的泉水以及远离尘嚣的乡村轻松气氛，只有一些小村落、约 30 户中国居民的南湖是一个出乎我意料的舒适小绿洲。在我的个人笔记里，我简要记述了大自然为这里的现代居民留下的自然环境和舒适的生活条件，这里有充足的耕地和灌溉资源。[①] 这种变化虽然是令人高兴的，但是让我把在这里停留时间延长到四天的，不是南湖令人心醉的乡土环境，而是激发我考古调查兴趣的机遇。不过，在评述我的调查成果之前，我还是乐意简单介绍一下决定当

① 参见斯坦因《沙漠契丹》，第二卷，75 页以下。

前特点，以及“长城里的中国”极西地区这个农耕定居聚落，曾经占有的重要地位的地形特征。

像邻近的东、南地区由熟悉的“台地”型堆积证明早期就有人类活动一样，南湖的大部分农耕区，都位于前往罗布的“山路”附近的山脉余脉最外边的小型盆地里。如果加上目前所能见到的地下水，或偶发性地面泛滥的迹象，以及所容纳的可耕地或灌木丛，盆地的范围为东南—西北长约 10 英里，最宽处约 5 英里。它的东界是从敦煌来的道路经过的沙覆台地，西面和南面是低矮山脊和沙丘覆盖的斜坡带。盆地的西北面，是南湖水系冲积扇逐渐变宽的黏土质草原。这里现在已经没有水，然而在至少 9 英里甚至更远的范围内仍能见到人类近代活动的大量痕迹，而且再往前一些，只要有水还可以立即耕种。这整个延伸的盆地，是由于一条深切的泛滥河床，从高山上直接下冲至党河流域西部携带的泥沙堆积而成的。由于它可能与于田和罗布之间的昆仑山北坡相遇，罗博罗夫斯基在调查中发现，这条泛滥河床或说断裂带向北延伸很远，而且他已在地图上标得很清楚。 ◁南湖冲积盆地

无论是古代还是现代，南湖绿洲的存在完全是由于这个水系保证了这里的水源。现在它主要以暗河形式出现，塔里木盆地的人们通常称之为泉，亦即“喀拉苏”，意即“黑水”。① 尽管这些地区的中国人态度神秘，但如果我从南湖居民那里得到的有关邻近地区的信息可信，那么除了由泉提供水源的水渠，地表水只是在特殊情况下由于夏季山洪暴发才偶尔能到达南湖。洪水据说只在某几年的七八月份才出现过，并且 ◁南湖的水源

① 关于和田地区的喀拉苏，参见斯坦因《古代和田》，第一卷，94 页、126 页；另参见本书第五章第五节、第十二章第六节。

流到在低矮沙丘和红柳丛中沿南湖盆地东端延伸的河床里，而其他时间里这条河床总是干涸的。从地图上可以看到，这条河床被来自敦煌的道路从沙丘的西端，即离下面要讲到的台地地区的最东端不远处穿过。这样的洪水从来不用于灌溉，而且我意识到了由我即将提到的现象所带来的破坏作用。

农耕区的灌溉▷

当前，甚至可能很久以来，灌溉都完全依赖于长年不断地由地下水系提供水源的泉水。从这个角度以及其他自然条件来看，南湖代表了我在策勒与于田之间的昆仑山斜坡脚下发现的诸如达玛沟、固拉哈（Gulakhma）和阿其玛（Achma）之类的小绿洲的一个典型。我现在有机会回过头来描述这个地理上相近的地区。地图显示，农耕地的主要部分东西长约 2 英里，中部宽1 英里多，它的灌溉水引自离它的东界约 0.75 英里处的一座水源丰富且清澈的泉湖水库。[①] 这座长 1 000 多码、最宽处约 160 码的水库是人工修建的，是在与和田的山崖及塔里木盆地西部其他绿洲完全相对的深切峡谷的最上部筑坝而成。[②]

峡谷中修建的水库▷

峡谷逐渐变宽，通过这个小绿洲之后，又加深至七八十英尺。它显然是被沿此线的洪水从松软的冲积黄土中侵蚀而成，而这条线可由一连串向东延伸约 0.5 英里的泉看出来。经过和田绿洲及其以东地区的“崖”里，经常见到与此完全对应的作用过程，更多的泉集中在由此而形成的峡谷里。由于有了刚刚提到的湖库里的水，以及另一座坝拦截的上部泉水，利用它们就可以灌溉两边的土地，否则它们就将白白流向

① 从地理上看，这个湖以及一座更高的小水库在废城的正南方。它与经过穿越农耕区的“崖”的水溪之间的联系应当已早表示出来了。

② 关于这些“崖”及其形态，参见本书第五章第五节；斯坦因《古代和田》，第一卷，191 页以下；斯坦因《沙漠契丹》，第一卷，160 页、238 页等；斯坦因《和田废墟》，256 页、350 页、447 页。

“崖”里。一条起自上面水库、流经深深切入黄土的小渠，水流约 11 立方英尺/秒，灌溉了峡谷东边的农耕区。另一条水源来自下面一个湖的水渠，流量约 19 立方英尺/秒，灌溉着西边的耕地。我发现峡谷顶部足有 147 码高，而高于底部约 35 英尺处的宽度为 25 码多。这条坝据说是我来之前 30 年修建的，而我发现半淹在湖水中的榆树仍然活着，似乎在一定程度上支持了这个说法。它可能是在东干人侵扰这片绿洲之后，在被忽视的一条古老拦河坝上加高的。

◁早期灌溉的问题

不过，上面提到的水渠的流量可能并没有包含所有可用的水源。因为我发现从湖边流出并吸收了峡谷底部一些泉水的水流并未派上用场，它们汇成了一条流量超过 11 立方英尺/秒的小溪。通过加高坝使湖面接近湖岸，并使目前的水面高出约 25 英尺，以使这富余的水用于灌溉，从而使大量目前抛荒的肥沃土地得到灌溉。但是，如果不做细致的水平测量，并对当地灌溉条件等进行长期系统考察，就无法确定目前没用上的水能否引到这座废城附近岩屑覆盖的台地地区，以及这些水中能有多少以这种方式用于灌溉。我们甚至不能十分有把握地认为，这一地区早期灌溉和现在完全一样，即依赖于筑坝人工积聚泉水。现在既没有遗迹，也没有当地传说来证明这个人工湖年代的久远。而这个绿洲目前被称为“南湖”，这一事实直接表明它可能是现代的。

◁另外的灌溉资源

从湖里流出的水量，由于得到峡谷底部沼泽地中泉水的补充而得以加大。而这条水渠也就成了经过位于绿洲主体北部的、两道低矮砂岩山脊之间的岩石峡谷的通道。这道峡谷被切开这一事实，足以证明水流曾经在这里对它形成了极大的侵蚀作用。在离峡谷北端约 2 英里处，我发现南湖崖的水渠仍在灌溉一个叫“水伊”(Shui-i)的已半废弃的小村，下面

我将专门提到水伊村。4 月12 日我对这条水渠水伊以下 1.5 英里进行了调查,发现其流量仍超过 20 立方英尺/秒。这一重要证据表明,一旦有水源,南湖盆地北部以北那些现已荒芜的土地仍可重新耕作。

农耕区以外的▷地区

在回到讨论能说明古代农耕区更大范围的遗址以前,我先谈谈两个农耕区以外的小地区,以结束我对现代自然资源的说明。一个是湖库以南 0.5 英里仍有人居住的小村庄。它的水源来自东边 0.25 英里处的一块长满芦苇的低矮台地脚下的几眼泉。我发现流沙侵占了三四处似乎是曾经人口密集而今已半荒废的农场。小村西面一块很大的台地地区,随后被勘察员拉姆·辛格 1907 年 10 月路过南湖时发现。它的水源可能来自其西南较远处即我们发现的几眼现已不再用于灌溉的泉水。

水伊东面的荒▷芜小村

另一个位于水伊以东约 2 英里的小村,只是最近一些年才处于居住区之外。但是,它值得一提,因为它的命运说明,对于像南湖绿洲这样远离干旱化及人口流失等其他威胁的地区来说,季节性的大洪灾的破坏性有多大。前面提到,位于这片绿洲所在的盆地东部边缘,距目前的敦煌路以北不远的干河床深深切入松软的冲积土壤中,形成一条沟壑似的断崖。逐渐深陷的崖谷底部的泉水汇成小溪,它们可能由于筑坝而用于灌溉南湖盆地里主要农耕区以北约 3 公里处的小聚居区,那里直到我到来之前 40 年仍有人居住。但是一次据说发生于 1893 年的大洪灾冲毁了灌溉渠和房屋,土地被粗沙掩埋。访问这里时,我还能清楚地看到,这次大灾难在毁坏这三四处曾经耕作过的农场的威力。所有在洪灾中幸存下来的树要么已经死了,要么正在死亡,而且正在逐步被砍伐。灌溉渠也已成为陡峭狭窄的断崖,其底部已低于古代的平面约 20 英尺。水渠本身携带约 20 立方英尺/秒的流量，曾经灌溉这些荒芜的现代聚落，随后到达距水伊西北 6~9 英里的地方。

◁东干人叛乱造成的人口减少

在对南湖绿洲的自然景观作了一番简要介绍之后，我要对影响目前农耕条件的因素作一笼统评述。这个评述必然是简略的，因为我考察的时间有限，而且难以得到很多当地正确的信息。尽管在绿洲的主要部分，房屋很大也很舒适，而且它们散落在上好的榆木林中，周围有精耕细作的农田，整齐的灌溉渠旁树木成荫，这一切都给人留下美好的印象。但是，东干人叛乱之后，人口减少的迹象随处可见。根据我得到的信息，1866 年毁灭性的灾难第一次横扫南湖，据说很少能有男丁、妇女、儿童得以逃脱。中央帝国平定叛乱之后迁来的居民，仍然享受着由于人口减少而带来的清闲生活，无论是在耕地方面还是在可用水源方面，都是如此。

◁与达玛沟相似的绿洲

但是，这里的条件并不总是很舒适。虽然大多数农民表面上轻松自在，但他们似乎还是在忍受饥饿。因为他们不能确保灌溉水源得到充分利用，也不能保证有足够的劳力，以应付突发性洪灾所带来的危险局面。南湖地区的生产完全依赖于巨大沙砾山脉脚下的泉水，而且水面高度经常发生大幅度起落，这使我奇怪地回想起对达玛沟绿洲的调查。在达玛沟，我曾根据遗址情况及当地的传说，对农耕区的位置及面积反复变化的原因做了调查。[①] 我们需要对南面那片草木不生的沙砾山坡进行细致的调查，才能确定南湖水源即喀拉苏的改道在多大程度上受它（即山坡）的影响。这可能与达玛沟地区河床改道的情况相似，我们还可以用突厥语的“塞”一词来说

① 参见本书第五章第五节；斯坦因《古代和田》，第一卷，458 页以下。关于“老达玛沟”的一次变化在日期上的巧合情况，见本书本章第五节。

明河床改道的情况。

早期以来变小▷的聚落：可能的原因

影响南湖的水源，进而影响其耕作的独特自然条件，使我们难于确定由即将提到的古代遗址所反映出的聚落规模的大幅度缩小，在多大程度上取决于哪些主要因素。其中土地的干燥化是我们考虑到的因素之一，此外还有在多大程度上取决于人的因素，即人口及当地历史相关的环境。现在我只能记下两个初步的结论：一方面，我觉得可以肯定，目前把所有水汇集起来达到超过 80 立方英尺/秒的流量，可以满足比现在 30 个临时住所里的劳力所耕作的要大得多的耕作面积；另一方面，我又倾向于怀疑，由它们自身提供的农业资源，是否足以说明古代台地遗存所显示的就是这么大的地区。答案可以从历史与地理环境中找到，而这也可以反映早期南湖在战略上的重要性，关于这个问题，我下面即将进行讨论。

第三节　南湖的古代遗址

南湖城遗址▷

南湖盆地留存下来的唯一明显的遗址，是一座当地人称之为“南湖城”的有城墙的小镇。从附图 35 的平面图上可以看到，残墙呈不规则的长方形。南湖城位于目前的南湖绿洲以东约 1 英里处，那里的地面上长满了灌木丛，而以前显然是一个农耕区。长约 400 码的北墙有相当一部分保存了下来，虽然它半掩在高耸的沙丘下，但这恰恰有助于它的保存（图 159、160）。稍短些的东墙（图 159 右侧）和西墙虽然被风蚀所破坏，但仍有一些地段保存了相当的高度。由于附近流沙的摩擦作用，风蚀过程充分地展现了它的威力。南面则非常奇怪，墙体已完全不复存在，虽然它的位置可以清楚地由它下面的土墩看得很清楚。不过，城墙经过了仔细的夯筑，非常坚固，每个夯土层厚5~5.5英寸，看上去像是早期形态。南湖城的墙基处厚14~20英尺，部分地段至今仍高达18~21英尺。墙体筑在似乎高出城内地面约12英尺的宽阔的黏土带上。但是，正像从图159、160所见到的那样，因为整个城墙里面覆盖长有稀疏灌木的流沙，无法确定地面的原始平面及黏土带的真实高度。在城内西北角有一圈侵蚀严重的内墙（图160左侧），形成一个独立的小围圈。由于侵蚀作用以及墙与墙之间流沙的存在，城门的位置再也无法确定。

◁南湖城里的土墩

南湖城里除了一些流沙覆盖的低矮土墩，未发现可以辨认的遗迹。由于从附近的村里能找来额外的民工，我请他们在台地上挖出一些深约5英尺的探沟，这些民工似乎已挖到了生土。但是这里只发现一些非常坚硬的深灰色烧砖碎块（其中一件标本见Nan.Ft.007），以及两块完整的烧砖，只是它们是用粗些的沙土作坯，颜色是黄的。这些砖长14英寸，宽7.5英寸，厚4.5英寸，与长城线上烽燧盛行的土坯规格一样。像一些较大的砖片一样，它们散乱地分布在离土墩顶部不远的地里，似乎是从由它们建成的某个建筑物上挖出来的。像其他有教养而且对古物有兴趣的中国人一样，蒋师爷总是对古代事物有着浓厚的兴趣，他认为这些烧砖是古代的。

◁南湖城里发现的钱币

但是，奈克・拉姆・辛格沿着暴露在外的城墙仔细搜寻，在东面除了发现两件可能是唐代钱币的碎片，还发现一些汉五铢残片，以及属于同一时期的无铭剪轮钱残片。我因此更加肯定它们的年代十分古老。它们都发现于地表以下几英寸的地方。我在南湖城外离北墙和东墙很近的风蚀土中发现的钱币，又为这个判断提供了类似的证据。这些发现包括八枚五铢和三枚无铭钱币的残片，它们可能属于公元4—5世纪的遗物。由于大量流沙的覆盖，城墙里只发现很少有特色的各

种小件物品。但在所发现的陶片中,有一块饰有“席纹”的烟灰陶片,而这种陶片是长城沿线汉代流行的典型的粗陶(Nan.Ft.001)。还有一件从侧面及边缘来看是浅碗残片,它是烧制十分坚硬的灰陶,霍布森先生认为是汉代的(Nan.Ft.004)。但是,土墩表面发现的一块小瓷片(Nan.Ft.005)使我们相信,这座废弃的小镇直到很晚期还有人来过,而且事实上现在仍有人来过。

古董摊地带的▷古代堆积

小镇的北面和东北面,一块风蚀地面向远处延伸。这里的地面具有和田及其他地方台地常见的所有典型特征。它从东至西延伸足有 2 英里长,而其宽度则为约 1 英里。部分地表被分立的半月形沙丘占据,这些沙丘起先在东边较小,离小镇越近就越高。毫无疑问,城墙的阻挡作用是造成沙丘逐渐增高,直到约 30 英尺的原因。所有沙丘之间草木不生的黏土地上,有许多如陶片、石块、玻璃、金属片等坚固物品堆成的小堆积。凡是不见沙丘的地方,这种堆积分布状况完全一致,这足以说明古镇附近曾长期有人居住。南湖人把这整个遗址很确切地称为“古董摊”,即“寻找古物的(地方)”。无疑,过去的多少代人以来,他们一直在他们熟悉的台地像和田“寻宝人”一样热衷于寻找古物,特别是大沙暴之后更是如此。

古代陶片▷

我和助手反复来此地考察,并在这里发现了很多标本,我将在下面的表中对它们进行描述。① 在这些标本中,我要特别提到那些盛行的常常饰有“席纹”的深灰陶片(Nan.T.001~006 等)、釉陶片和陶器(Nan.K.T.001、006,Nan.T.007),霍布森先生认为它们属于唐代或宋代。此外,还有我们在尼雅遗址和敦煌长城常见的那种青铜镞(Nan.T.0025、0027)等。特

① 代号 Nan.T.用来表示废弃小镇附近发现的标本;Nan.K.T.表示那些离小镇东北稍远发现的标本。

别有意思的是，在这么丰富的陶片堆积中，我们没有发现一块瓷片。我认为这是一个重要迹象，表明此城在公元10世纪后的宋代瓷器盛行以前就已荒废。根据城外的发现判断，我们上面提到的城里地面上发现的那唯一一块瓷片，只能认定是后来的人遗弃在那里。

◁钱币的年代学证据

在同一块地上发现的钱币所见的年代学证据，与台地上发现的小件遗物中所见的年代学证据相当吻合。蒋师爷主要在小城东面仔细寻找过程中，所发现的能够辨认的钱币只有一枚属于1038—1040年的北宋钱币，九枚属于唐开元年间，而不少于11枚属于唐代以前（详情见附录B）。最后还要指出，除了三枚王莽时期（公元14—19年）的钱币和三枚五铢钱，还包括一枚我在其他地方从未采集到的属于公元前2世纪的半两钱。

◁台地东缘的遗存

在根据中国古代文献对南湖旧城的记载以及考古发现作出判断之前，我还是先提一下在遗址上及其附近的一些发现为好。在古董摊台地上向东北前进约0.75英里后，我们到达了一处明显是一座古代烽燧之所在的土墩。它的底部约20英尺见方，目前仍高达约20英尺，烽燧夯筑，夯层厚2~2.5英寸。南湖人为它取了一个很有特色的名称①，而且据说它的旁边就是通往敦煌的古道，道路从这里穿过上面提到的干涸河床，直抵“塞”上的古代台地西端。② 据说这条道路直到1893年大洪灾（上文已提及）之前一直在使用，那次洪灾把干河床冲刷成深深的“崖”，马车再也过不去了。事实上，我也发现河床已在土壤中被切至深约50英尺，而且两岸十分陡峭，这明

① 这个名称听起来像是班吉墩（Pan-chi-tun），遗憾的是我没能得到汉字的写法，因此这里的拼写尚可存疑。

② 参见本书本章第一节。

显表明它是近期才形成的。在观察它的断面时，我发现红色冲积土层、沙层、细沙砾层交替堆积，而且界线分明，清楚地显示在地质时期，湿润期和干燥期交替作用，影响着这个冲积扇的形成。①

隆起带末端的废弃烽燧▷

在沙地上继续向东北穿行约 1 英里（在那段路上，红柳和芦苇隐藏了更多的台地遗址，而且在一些地方还能见到古代车道路线的蛛丝马迹），我来到了河边台地的边缘地带。在沙砾高地边缘一个显眼的地方，竖立着我初到南湖时即已提到的一座废弃的烽燧。它的主体建筑由 3～4 英寸厚的坚实夯层夯筑而成，明显地显示其年代久远，同时也可以见到相当晚近的不断用小型土坯修补的迹象。它的底部 36 英尺 4 英寸见方，高 22 英尺。我的“向导”，一位相对来说不像其他人神秘的南湖一个村的老年人称，这座烽燧直到我来前 70 年仍是护卫道路的瞭望站。我在烽燧东北不远处发现的一座小型圆顶建筑以及一大片堆积物，似乎证实了他的说法。那条古代隆起带（从党河大拐弯处起，这条道路一直沿着它延伸），显然到烽燧就不再向前延伸。这个现象，再加上前面已考察过的穿过台地向小镇前进，并在 1893 年前一直用作通往敦煌的道路，使我似乎可以确定，早期以来这条隆起带与从敦煌过来的道路的走向有着密切的关系。

古代隆起带的起因▷

这个观点值得让我们对隆起带的起因和性质予以特别关注。根据我与知情者交谈时了解到的当地说法，在经常发生横扫沙漠的猛烈沙暴的春夏季节，旅行者来往于党河河岸，穿越这片光秃秃的沙砾高地时，这条隆起带就可以用作指路标

① 再往前约 0.5 英里，我注意到深 12～15 英尺的河岸的堆积层：底部红土厚 2～3 英尺；粗沙砾 1 英尺；细沙砾 2 英尺；红土 6 英寸；粗沙 2 英尺；顶部红土 4 英尺。

志。有时,这道隆起带还可用作抵御从东北或北面刮过来的暴风的挡风墙。这也可以解释南湖人把它称为“风墙”的用意了。我无法肯定这个名称是否古老,也不能肯定我所听到的解释是否源于某种传说。如果这种说法是对的,那么它就可以作为考古学上似乎可以接受的解释这道奇怪的隆起带的一个说法。现在的中国行政当局在和田东西两侧,都在这条“要道”上竖立一排排相距很近的标志杆①,就足以证明旅行者需要路标,以防在疯狂的沙暴来临时偏离道路,迷失在无水的沙漠里。我在塔里木盆地里的沙漠之路上不止一次的旅行经历,使我对此深有体会。

◁防御线的假设

这里还应该提到对这道横跨沙漠的隆起带的另一种可能的解释。就像我们很快将要看到的,南湖的位置很可能就是汉代的阳关。最西边的长城与南湖的联系,可由西南方向从T.XIV 即古代玉门关,到南湖早期农耕区边缘的另一条有迹可循的长城来证明。② 因此,这个问题本身必然提醒我们,是否不必去研究那条用来保卫阳关免受身后敌人袭击的防御线的遗存。人们不能完全否认这种保护措施的作用,因为在上文讨论汉代从敦煌到鄯善即罗布的“南路”时,我曾指出这条与现在敦煌和罗布之间的“山路”相对应的道路,在昆仑山中婼羌部落控制的领地附近经过。③ 与敦煌南路的其他游牧部落如小月氏一样,他们一直是一个潜在的威胁源。④ 这样一个假设似乎并非不可能:这道隆起带可能是一道已完全毁坏的“中国长城”的遗迹,李特戴尔先生就是这样想的。

① 参见斯坦因《和田废墟》,180 页;斯坦因《古代和田》,第一卷,468 页;赫定《中亚之旅》,202 页。

② 参见本书第十九章第三节。

③ 参见本书第十一章第十节;沙畹《通报》,526 页,注⑧,1905。

④ 关于公元 2 世纪以前,《汉书》和《后汉书》对婼羌—匈奴关系的记载,参见沙畹《通报》,527 页,注⑧,1905。

图 159　南湖古城城墙局部被沙丘掩埋,自城内向东北角望

图 160　南湖古城西北角附近的内墙遗迹,自内向外望

图 161 敦煌亭障 T. XXVII 烽燧遗址附近的古边墙遗迹

图 162 南湖以北甘州的废弃农庄

图 163 南湖以北甘州的废弃房屋

图 164 南湖以北废弃在荒漠的农庄和篱笆

不过,也有一些有分量的证据反对这种观点。我想最重要的一条就是,这些暂且存疑的遗址与长城最西边这一段上的任何其他遗存完全不同。我对这道隆起带反复进行考察,也没能发现敦煌地区其他地段的长城里极有特色的树枝层的踪迹;而这树枝层的原料红柳枝和芦苇在南湖盆地和党河谷地随处可见。此外,除了西端有一座烽燧,整条隆起带上并未见到过其他任何烽燧遗址,这也是一个非常重要的现象。我还需要进一步指出,如果这道隆起带是用来防止通往敦煌的道路遭受来自南面的进攻,那么我们就很有理由相信它始于那个早至汉代的废弃的城堡,而不是离它有相当距离的北面。同样的考察中我还发现一个更有力的证据,即与此线有关的坟区位于南湖边缘的南面。如果这道隆起带用于防御目的,我认为中国守军的墓地安排在它的南面(因而也就在长城外即关外头)的可能性不大。 ◁反对防御线说法的证据

把所有这些现象联系起来考虑,我发现当地的说法更易于接受(它毕竟有当地传说为证),这道宽阔的沙砾隆起带不是用于防御,而是一道路标。无论如何,在沙漠中建造这样一道近 12 英里长的隆起带,是一项浩大的工程。我们似乎可以有把握地假设,这项工程可能从未进行。除非在南湖绿洲及其人口都比现在要多得多的某个时期,甚至仅仅因为那里的聚落,即古代边防站阳关具有特殊的重要性。 ◁隆起带的可能用意

在阐述我之所以认为南湖就是阳关之前,我想扼要地对我第一次去南湖的路上考察过的那片墓地作进一步的说明。除了考察散布在一条低矮把手状沙脊附近,高出地面仅几英尺的小型圆形土墩,我还考察了前面提到过的四边形坟院。坟院的北墙附近有两座古墓并列,它们的“把手”朝正南指向入口处。不过,作为坟院墙的沙砾隆起太矮,太阳直射的时候 ◁古代墓地

几乎看不清。西边那座墓的四周隆起约 3 英尺,中部稍微下陷(图 165)。整个墓的直径约 25 英尺。构成南向“把手”的低矮沙脊长约 75 英尺,最宽处约 2 英尺。圆形墓的北面中央,有一个小型的圆形石块堆积在红土上。这里的红色土与下面要谈到的入口处土坯的原材料相近。对这座低矮古坟进行的直达沙砾和硬黏土生土的发掘,未能发现任何遗迹。我现在后悔没有对“把手”部分进行同样的发掘,因为根据我后来在吐鲁番发掘唐墓的经验,在这个地方挖至生土下,是有可能发现一具或多具尸体的。

坟院的“门”▷

南边的“门”由两段残墙组成,它们厚约 5 英尺,由粗沙土坯砌成,土坯的规格平均为长 19 英寸,宽 10 英寸,厚 4 英寸。我当时认为,这些土坯可能是由取自附近的干涸河床里的冲积土,或者挖坟坑时挖出的土制成。入口处西面的墙破损很严重,但东面的墙仍高达约 14 英尺。它长约 5.5 英尺,并继续向东延长约 3.5 英尺,但厚度减小了。该墙的北、南附近是一处宽 2.5 英尺、高 4 英尺的台地似的窄平台。我已经说明我无法对这些墓地进行发掘的理由,而不做实际发掘就无法断定它们的年代。不过,把它们的外表特征与我 1914 年在吐鲁番地区考察的墓地相比较,我倾向于相信南湖附近的这些墓葬不会晚于唐代。

第四节　阳关的位置

南湖与阳关的关系▷

在南湖实地考察了这些古代遗址之后,我们还要考虑《汉书》中不断与更著名的玉门关相提并论的敦煌西部边防站阳关,实际上是否就在这里。在一座小寺庙南面与一个为南湖的水渠提供水源的人工湖之间,我发现了一块由敦煌的一位

有学问且对古物有兴趣的官员立的石刻。石刻可以帮助确认我的推断。地貌考察、古物调查以及我对敦煌长城的考察，使我当时就认为阳关的位置可能已经清楚了。现在经过对我手上能找到的中国典籍的翻译材料的考证，我对此深信不疑。只要我们充分考虑我沿极西长城段的考察，包括考古调查和文献考证已经确认了玉门关的位置，那么就可以正确地运用《汉书》中那些与玉门密切相关的有关阳关的材料。对于这些结果的讨论必须留到下面的一章里去。[①] 因此，对阳关位置的考察，从晚期的中国记载开始可能要更方便些。

◁寿昌县或龙勒的阳关

这些记载虽然不多，但其中有一条很准确且很有帮助。根据沙畹先生所引的《旧唐书》中的一段[②]，阳关在寿昌县以西六里，而玉门关则在此西北 118 里。我们从这段文字中还得知，寿昌就是汉代大致位于敦煌西南的龙勒。[③] 根据《敦煌录》的记载，我们可以肯定，寿昌就是目前的南湖绿洲。这是一篇关于唐末敦煌地区地理的简短记载，由吉尔斯博士从我在敦煌千佛洞里发现的大量写本中的一篇翻译过来，而且我下文中将不断引用它。[④] 我们从这段记载中发现，敦煌河（这里叫作甘泉，即现在的党河）被说成是从西南方向经过寿昌县境进入敦煌地区的门户，而只要一看该县的地图，就知道寿昌县应该是现在的南湖。在历史时期，党河河道附近没有其他通道来证明有像这样一个假想中的县的居民区。

---

① 参见本书第十九章第一、二节。

② 参见沙畹《十题铭》，67 页，注②；另见沙畹对《唐书》的摘录，本书第四十三章 b 部分，附录 A。

③ 参见吉尔斯《敦煌录》，载《皇家亚洲学会会刊》，715 页，1914。

④ 参见吉尔斯文《敦煌录》，载《皇家亚洲学会会刊》，712 页，1914。关于这段虽短却有价值的记载的性质及起源的注解，见上引吉尔斯《敦煌录》，载《皇家亚洲学会会刊》，703 页以下，1914；另见本书第十九章第七节，第二十六章第一节。

南湖遗址代表▷了寿昌县

寿昌县就在南湖,这已由吉尔斯博士根据其他中国文献得到了充分的证明:“寿昌县,由镇南寿昌湖得名,(公元)521年建在古代龙勒的废墟上,但是几年后并入鸣沙县[Ming-sha hsien,后周(公元557—581年)时期敦煌地区的行政区]。公元619年恢复,后来时建时撤,并在唐末前消失。”①这里提到镇南的湖特别有意思,因为这证明,寿昌县应该与废弃的南湖镇在同一位置上。而且,我在这个遗址所收集到的考古学证据,与吉尔斯博士上文所引、公元967—983年间编纂的《寰宇志》中所说的“消失”了的寿昌县完全相符。在接受南湖现存的城镇遗址与《旧唐书》中的寿昌县有关系的说法后,我们有理由认为阳关应该就在现在的南湖绿洲西部边缘附近。

阳关在南湖的▷位置

如果我们要根据沙畹先生从《旧唐书》引用的那段记载来验证玉门关的位置,那么我们就发现它与地形学及考古学事实完全相符。玉门位于寿昌县西北118里处,而地图显示,考古和文献材料已经证明是汉长城上的玉门的烽燧T.XIV,几乎正好位于南湖镇西北约36英里处(直线距离)。我们将在下文讨论足以使我们确定古代长城上玉门的位置的一些发现。②同样,我们将在恰当的地方来解释,我们发现一道长城辅线。它在T.XIV处偏离长城主线,正好沿着以T.XVIII.a、b为标志的南湖灌溉区终端方向,穿越沙漠向东南方向延伸。这个发现更加证明阳关在南湖的位置。③ 按照现在我们知道的阳关的位置,我似乎非常肯定,这条长城辅线及其烽燧的目的,在于保卫联络这两个重要“关”——阳关和玉门关之间交通线的

① 参见吉尔斯《敦煌录》,载《皇家亚洲学会会刊》,712页,1914。

② 参见本书第十九章第一、二、三节。

③ 参见本书第十九章第三节。在地图中,这条长城辅线被错误地标成从T.XIV处向南延伸。我在1914年考察中明显发现它向西南方向延伸。在附图33里,这段长城辅线的走向标得准确些。

安全。

从《汉书》的记载中，我们可以清楚地看到，这两个边防站之间关系密切，而且距离很近。尽管只是对它们本身的记载，而且也没有在遗址上进行考古调查的佐证，这些记载也足以使我们准确地确定它们的位置。在《汉书》卷九十六中，“玉门”与“阳关”相提并论，被分别视为通往我们已经讨论过的西域的两条道路的起点。[①] 正如吉尔斯博士所正确地认定的那样，这两条道路离蒲昌即罗布泊都是约300英里，这意味着两条道路相距不远。[②] 同一卷中只记载了这两个“关”在汉武帝公元前121年征服甘肃最西部，并把这片新征服的地区分成包括敦煌在内的四郡（其余三郡为武威、酒泉、张掖，统称“河西四郡”——译者）之后不久建立的，而没有记载地形情况。[③] 但是《汉书》卷二十八的另一段提供了一条重要资料“龙勒，有阳关、玉门关”，也就是我们上面已经证明的，在南湖地区。

◁《汉书》中有关阳关和玉门的记载

根据我所能得到的翻译资料[④]，《汉书》里并没有说明这两座边防站在这一地区。但如果认真研究我们调查得来的地理学事实，就会发现其中另一段记载清楚地表明，阳关就在目前的南湖绿洲的南部或者南面不远处。从《汉书》卷九十六中我们得知：“出阳关，自近者始，曰婼羌……去阳关千八百里，去长安六千三百里；辟在西南，不当孔道。”[⑤]我们随后被告

◁阳关与南湖的关系得到证明

---

① 参见怀利《西域记》，载《大不列颠及爱尔兰人类学学会会刊》，第10期，21页；参见本书第九章第四、五节，第十一章第十节。

② 参见吉尔斯《敦煌录》，载《皇家亚洲学会会刊》，715页，1914。

③ 参见怀利《西域记》，载《大不列颠及爱尔兰人类学学会会刊》，第10期，22页；沙畹《文书》，5页，注⑤，注里对《汉书》其他段落里所提到的年代进行了认真的论证。

④ 参见吉尔斯《敦煌录》，载《皇家亚洲学会会刊》，715页，1914。

⑤ 我根据沙畹先生的翻译，参见沙畹《通报》，526页等，注⑧，1905；另参见怀利《西域记》，载《大不列颠及爱尔兰人类学学会会刊》，第10期，21页。

知，婼羌山区领域直达鄯善即罗布和且末。据此，这个游牧部落占据了阿尔金山南部的高地牧场，尤其是现在被蒙古人控制的祁曼塔格山大峡谷。同样无疑的是，从敦煌一侧前往他们那里最直接最易行的道路，是目前从敦煌沿阿尔金山北面高坡并且事实上经过南湖的“山道”。[①] 这条道路上，历史时期唯一耕种过，而且当地资源能够得以评估的土地就是现在的南湖绿洲。[②] 这一事实完全可以说明阳关的位置，就是现在我们根据相关证据得以确定的地方。

两个“关”的地理关系▷

从敦煌通往西域的古道上，“玉门”和“阳关”这两个边防站并肩存在的事实，一直是众多学人考察的课题。[③] 但是，和其他类似的问题一样，只有充分注意经过考察得来的基本地理学事实，并辅以考古学实地调查，才有可能得出明确的结论。公元前2世纪末，中国行政管辖延伸到敦煌以西之后不久，由于这两条通往西域的重要分岔路地势平坦，需要监护，这两个主要边防站即西北面的“玉门”和西南面的“阳关”就显得很有必要。其中更重要的一条是在前面的章节中已经充分讨论过的，沿汉代长城最西段行进的古代楼兰道。我们将会看到，这条道路已经由“玉门”，以及由它控制的小些的烽燧有效地监护着。另一条现在罗布人所称的“山道”，向西南方向沿阿尔金山山坡前进。对于用于护卫它的边防站“阳关”而言，基于地理上的各种考虑，南湖是一个理想的地点。

① 关于这条“山道”，即汉代的“南道”，《魏略》中亦有记载，参见本书第九章第一节，第十一章第十节。它从敦煌到米兰和罗布的线路可见于地图标注。

② 在“山道”南湖以远的一段索莫托，只有一小块有一两户中国人居住，而且水不足以灌溉更多的农耕区。它的存在只能由从蒙古包里用安南坝的物产换取羊毛的商人路过才能得以解释。

③ 在近期的讨论中，参见赫尔曼《丝绸之路》，107页以下；早期的讨论，参见李希霍芬《中国》，第一卷，460页、495页注释。

◁南湖在战略上的重要性

为汉武帝中亚扩张政策出谋献策的中国将领，对地形的观察非常敏锐(这可由长城的走向得到证明)，他们不可能忽略南湖在战略上的优越性。这条沿阿尔金山光秃的高坡，经过一个缺水又无牧场地区的道路虽然长年都可通过，但是仍然相当难走，几乎和罗布沙漠旁的道路一样难走。为了验证我这个说法，我参考了现代第一位沿此路旅行的欧洲人李特戴尔先生的描述，也参考了公元938—939年从敦煌出发、路经这些沙山抵达罗布即且末出使和田的中国使节留下的记载。[①] 对于那些希望沿此路从罗布或柴达木前往敦煌的人来说，南湖是第一个能提供充足的水和牧草的地方。控制了南湖，事实上就有可能防御任何来自阿尔金山方向对敦煌有所企图的部落的侵扰。从最后一处拥有真正牧场的地方安南坝至此地的距离相当遥远，而且其间还有资源匮乏的沙石"塞"。因此，如果不在南湖为其牲口补充饲料，任何人都不可能从那个方向抵达敦煌。考虑到我们所知道的婼羌(Jo Ch'iang)及其后裔仲云(Chung-yün)，中国人通过建"关"以控制这条道路的重要性就显而易见了。[②]

◁南湖的天然屏障

这条道路的南湖段，由目前的绿洲西、南两面的天然障碍得到了很好的护卫。在这两个方向上，尤其是在西边，有一座高耸宽阔的沙丘，它们覆盖了沙砾地区上低矮山脊的斜坡。这些沙丘连绵不断，对于索莫托(Somoto)和南湖之间的道路

---

① 关于李特戴尔的经历，参见《地理学刊》，1894年第3期，455页以下。公元938—942年间前往敦煌以西的中国使节的记载见于雷米萨《和田城》一书Pien i tien一节，78页；另参见李希霍芬《中国》，第一卷，536页，注解；斯坦因《古代和田》，第一卷，178页；以及本书第九章第一节。

② 公元938—942年中国派往和田的使者的报告中，特别强调了敦煌地区的中国人受仲云部落疯狂侵袭的灾难。当时他们认为仲云是古代月氏即后来的印度—塞西利亚人的后裔；参见雷米萨《和田城》，78页。值得注意的是，使者出使的时候，南湖县可能已经不复存在；见本书本章本节，以及吉尔斯《敦煌录》，载《皇家亚洲学会会刊》，712页，1914。

来说显然是障碍，而且事实上马匹也不可能由此继续向北前进。这些高耸沙丘也使勘察员奈克·拉姆·辛格1907年从党河终碛盆地前往索莫托的努力失败。[①] 因此，南湖是防御西面来犯部落的天然屏障。而由于再往西并无这种屏障，匈奴及其他侵扰的部落，就试图绕过上面提到的沼泽盆地转向长城的西面。我们将会看到，这个地区的防御措施主要由在那个盆地的末端建筑长城来实现。在公元938—939年经过这里的中国使者的报告中，我们发现，南湖西面和西南面的大片沙丘带被特别冠以"阳关沙漠"之名。[②] 这个名称的应用特别有意义，因为它是一个相对晚期把阳关与南湖联系起来的当地传说。

《敦煌录》中对▷阳关之名的解释

现在我只需就我能找到的中国文献中，对这座古代边防站的名称阳关作一简要说明。在《汉书》《后汉书》以及沙畹先生集释的历史文献中，我没能找到这个名称的来源的说明。但是在我上面提到过的由吉尔斯博士翻译的一篇有关敦煌地区的小书《敦煌录》里，我们看到如下奇怪的一个段落：

> 州西有阳关，即古玉门关，因沙州刺史阳明诏追拒命，奔出此关，后人呼为阳关。接鄯善城，险阻乏水草，不通人行。其关后移州东。[③]

考虑到这段话的真实含义，人们就会想起这本小书是在从敦煌西行的道路上这两个边防站建立将近一千年之后写成

① 参见李特戴尔先生对此次行程的简要叙述，参见《地理学刊》，1894年第3期，458页。

② 参见雷米萨《和田城》，78页。那里提到都乡河(the river Tuhsiang)经过沙丘西面及"阳关沙漠"前面，这应该指的就是党河。

③ 参见吉尔斯《敦煌录》，载《皇家亚洲学会会刊》，715页以下，1914；见吉尔斯《皇家亚洲学会会刊》，45页，1915。

的，而且它也主要收集有关这个地区的各种有趣的传说，而不是一部可信的历史文献。

◁阳关之名的其他出处

对于阳关之名的来源的这个说法，吉尔斯博士自己已经正确地指出这“似乎并不是一个十分可能的出处”。另一部中国文献《图书集成》的编者事实上似乎也相信了一个类似的误导，因为吉尔斯博士从中找到了这个故事的反映。[①] 吉尔斯博士从中国文献《通典》中引的一段话对此有另一种说法，使我们对这个当地十分流行的“通俗词源”更加怀疑。这段话是这样说的：“玉门在（龙勒）县北，而阳关在玉门南，这就是它为何名为阳（阳光充足且温暖的地方，即南面）。”[②]如果允许非汉学家在此问题上发表意见，我似乎可以认为这是一个充满学术味的语源解释。

◁《敦煌录》对阳关的说明

我们仍需对《敦煌录》中的两种说法加以考虑：一种认为阳关在敦煌城西，另一种说它“与古代玉门关是一回事”。对于前者而言，由于没有说明距离，我们不可能确定敦煌当地公元9世纪末的传说中的阳关是在南湖还是在离敦煌镇更近的某个地方。无论如何，从那时起，这个昔日的边防站早就失去了它当初的重要性。甚至在初唐时期，帝国西部的边关玉门关建在瓜州北离目前的安西不远处。[③] 因此敦煌地区已延伸到关外，即“长城以外”，玄奘的传记已讲到这个情况。我们发现这个变化在上面所引《敦煌录》中的结论部分也已注意到。

我从这个记载中特意单独提出第二个说法似乎表明，在

① 参见吉尔斯《敦煌录》，载《皇家亚洲学会会刊》，717页，1914。这位失败后从此关逃走的汉将的名字在那里面被写成阳星。

② 参见吉尔斯《敦煌录》，载《皇家亚洲学会会刊》，716页。

③ 参见儒连《生平》，17页、21页；沙畹《十题铭》，67页，注②。现在可参见斯坦因《沙漠通过新疆》，载《地理学刊》，1919年第54期，270页等。

被错误认定的阳关和玉门关▷《敦煌录》的写作时期,敦煌当地流行的说法是把阳关看作是玉门关。如果不深入到与玉门所在相邻地点的问题中去,就无法讨论《敦煌录》的这个说法。因此,有关的探讨就要放到后面一章,那时我将有机会根据我沿最西段长城考察中所得到的考古证据,确定所能找到的玉门关最早的遗址。这里必须指出,从能够证明阳关和玉门关的初始目的及其位置的地理、考古事实的角度出发,我无法相信《敦煌录》的这个说法有特殊的史学价值,而吉尔斯博士则在评论中倾向于这种看法。①

第五节　南湖北面的村落遗址

从南湖向北进发▷4月11日,我离开南湖去重新寻找经过沙漠向北延伸的长城。集合10名补充的劳力(这是这片小绿洲中所能找到的最大数量的闲余劳力)花了很多时间,因此直到中午才出发。在前面提到的那位老村民的引导下,我们离开南湖最后一片田地,来到一处低矮的碎石山脊,它也就是一条从西边延伸过来的南湖"崖"切开的峡谷的高岸。一座底部约23英尺见方,高20英尺,用长19英尺、宽5英尺、厚5英尺的土坯砌成的烽燧就成了它顶部明显的标志。烽燧上每4~5层土坯之间夹入一层红柳枝,表明它的年代十分古老。我们在这里遇上一场猛烈的沙暴,它使我们很难看清前方,甚至无法睁开眼睛。因此在行进了约5英里之后,我们被迫在水伊一座半荒芜的小村里住下。在我的个人笔记里,我记录了这些沙暴对敦煌

① 参见吉尔斯《敦煌录》:"这是一个极为有趣的说法。尽管对它所涉及的问题没有进行充分的鉴别,我仍冒险地认为,它为解开迄今为止仍笼罩在这两个著名的边防站之间的关系上的谜团提供了一个有价值的线索。"载《皇家亚洲学会会刊》,715页,1914。

西边的沙漠地表的影响。[1] 细石子和粗沙粒从地面刮起，掀至空中。但是由于没有大量的细沙吹上天空，也就没有形成塔克拉玛干沙漠或柴达木盆地西部绿洲那种暗无天日的沙尘。因此，透过地上的黄雾，还能看见太阳。

◁接近水伊遗址

无奈中在水伊三个半荒芜的农庄中的一个农庄停留一个晚上，虽然耽误了时间，但仍由考古学的调查得到了补偿。我在《沙漠契丹》中对此已有详细交代。在第二天的晨曦中，我清楚地看见不仅有单个建筑倒塌后的堆积，而且它们周围还有农田和草地，它们成为一种荒废的明显标志。农田虽然仍在耕作，但已被流沙侵蚀。灌溉不足以抵御低矮沙丘从西面移动过来——虽然是零散的，但这些密集的高耸沙丘仍从西边蔓延过来，把整个南湖洼地割裂得七零八落。流沙已经掩埋村外约 300 码处为我们提供避难所的成排的树的最下部，引水的浅渠似乎也将要被填塞。在别的地方，我能看到地里长满了荆棘丛，脱粒场周围是矮沙丘，曾经仔细规划过的果园已被流沙沿栅栏堆了数英尺厚。灌溉所需的水沟，看来也被完全弃而不用了。西南方约 0.5 英里处一排大树表明，那是西园（Hsi-yüan）绿洲的延伸部分，据说那里有两块地仍在耕作。它与水伊之间的地区看来直到近期仍在耕作。但是即便从远处也能轻而易举地看到，由于大规模的砍伐，树木已不再有人灌溉了。

◁一个未来的“古代村落遗址”

原本用大量坚硬木材建得富丽堂皇的房舍已经开始没落，这只需从倾斜到危险地步的墙体、半破的房顶等就可能清楚地看出来。这个主要房屋不远处，一座小寺庙的门上仍保留着油漆。房梁已掉下，房屋里的流沙几乎已使墙上华丽的

---

① 参见斯坦因《沙漠契丹》，第二卷，83 页以下。

绘画装饰变得毫无生气。一种毫无希望的破败景象充斥着整个水伊，只需从古物学角度稍加想象，就能浮现出沙漠一旦完全占据之后这里的景象。因此我想丹丹乌里克的村舍或尼雅遗址在废弃前几十年里也应该经过这样一个过程，直至完全荒废。两三千年后的考古学家清理水伊的垃圾堆积时，将会得到有价值的“发现”。这里的现代中国人仍然保留着把写过字的碎纸片装进特别的容器里再烧毁的习惯——想到我身后多少年的同行们，我也开始有意识地不再烧毁我的废纸！

可能导致废弃▷的原因

衰败的迹象极为明显，连这里的村民都无法否认。但是由于他们躲躲闪闪，甚至完全沉默，我无法从他们那里探听到关于破败原因的任何肯定说法。他们并不认为是由于缺水或水源不稳定，但是又含含糊糊地说是难于对付流沙的侵蚀，以及东干人叛乱造成的灾难。缺乏足够的劳力来保护南湖绿洲伸出来的这部分耕地即便不是主要原因，那似乎也是重要原因。劳力的缺乏（不管有多严重）长期以来一直是这巨大灾难的一个因素，这点可以说是肯定的。因东干人叛乱造成的人口减少幅度，在这天的考察中得到了很好的证实。这天的调查也证明是一堂很有益的古物课。

水伊北面的荒▷村

我对此几乎没有做任何准备，因为如果不追问，南湖人闭口不谈。那我也就不可能知道这里有条向北穿过沙漠的道路，也不可能在沿路上发现遗址。但是，我们沿着那条把南湖“崖”里的水引向前面提到的水伊耕地的活水渠，又前进约1.5 英里后，就发现在它的东岸不远处有一大片散落的房屋群被小沙丘围了起来。沙丘脊部没有高于约 8 英尺的，但是从那些曾经砍下来用作棚架或农田围栏的树干，以及房屋被拆毁的情况看，这里的居民点无疑已经荒废了。我此前在绿洲里考察的向导，以及现在负责管理民工的老村民蒋寰现在承认,他对“上严家”(Shang-Yen-chia)、和我们沿北—西北方向再前进约1.5英里之后见到的“下严家”(Hsia-Yen-chia)的村落一清二楚。他肯定地说,这两个村子是同治四年即1865年东干人大举侵袭的灾难过后废弃的,那时南湖被洗劫一空,大多数人被杀害。此后来到绿洲的,大多数来自中国内地。当他们需要木料及干柴时,就来到这些荒废的村里运走房梁和柱子,而村子周围曾经长大的树木也因同样目的被砍伐。

◁可用于灌溉的水

我惊奇地看到,明显是由风化黏土和黄土构成的细流沙,是如何堆积在那些曾经耕种过而且现在仍然肥沃的土地上。显然,树木、围栏、围墙以及其他障碍留住了它。而水渠西面的一片肥沃土壤,很早就被吹刮得干干净净,此后留下沙砾“塞”,因此那里现在的地表是更早期的地层。我在上严家附近测量时发现,这条沿着早期耕种带流淌的长长水溪,目前流量仍达约22立方英尺/秒,完全能够满足这片地区的灌溉需要。下严家不远处,水溪流入一片长约1英里、宽0.25~0.5英里的水面,这里目前成了南湖流过来的泉水的终碛盆地。这个湖以前可能要大得多,因为它现在只占据一片界限清楚的干燥洼地的中央部分,而且低于平坦的沙砾“塞”的水平面16英尺。

◁废弃的关左村落

当我来到离水伊约6.5英里处的另一个荒村南面边缘时,发现水源很可能来自南湖镇东面(即目前那条干河床里的泉)的那条水渠,向北流向了更远的地方,而且应该在当地人的脑海中留下清晰的印象。因为我那位南湖“向导”知道那个荒村名为“关左”(Kuan-tsou),而且宣称,根据当地流传的说法,它在我到来之前约60年早于严家荒废。组成这片聚落的小村落,只不过是散布在西北方向上将近4英里范围内三五成群的农舍,而且已经处于荒废状态。南边的一组房屋绝大部分已被高达 6~8 英尺高的流沙所填满，其中有些还保留了大量木料。在我参观的一个农庄附近（图 164），我发现有些地方没有被沙覆盖。在那些散布在地面上的小片堆积里，我发现并采集了一些看来很晚近的瓷器、青铜器等物品的残片（Nan.K.001~009）。这里发现的铜钱有力地验证了当地关于废弃时间的说法。这些钱币中除了一枚属咸平年间（998—1004 年）和一枚属康熙年间（1662—1723 年），还有两枚属乾隆年间（1736—1796 年）。这个农庄附近低矮沙丘里耸立的一根高约 12 英尺的红柳柱，明显代表了比目前这个村落废弃的时间更为久远的时期。它也表明这些废弃的农舍建在一个此前多少个世纪都不曾有过人烟的地方。这些情况表明，这一地区很可能经历过多次周期性的使用、废弃的变迁，就像我在达玛沟周围所见到的那样。①

荒村的最后一处遗址▷

我看到从沙丘里冒出一些干枯的树干。我相信这些树木原本是长在果园里，长在灌溉渠岸上，但在农耕区荒芜之后被砍伐（看到这个景象，我莫名其妙地回想起 1901 年对“老达玛沟”的考察）。那条走向清楚的灌溉主渠道（在相当长的距离上它的两岸各有一排树干）清楚地表明，这处聚落的水源来自西南，也就是现在那条经过南湖镇东面及邻近台地地区的干河床。继续往前，沙丘不那么常见了。在一块光秃秃的泥土地上，一小群房舍建在一处几乎不见沙的地面上（图 163）。像所有这些现代遗址一样，它们的土坯是小型的（长 12 英寸，宽 6 英寸，厚 2 英寸），很有特点地一平一竖交替上砌。东北约 0.5 英里以远，可以看到一座小庙。从曾经考察过的关左

① 参见《古代和田》，第一卷，458 页等，以及本书第五章第五节。当地流传的说法中，“老达玛沟”最后一次废弃的时间可能在 1850 年左右。

村向西北行进将近 4 英里后,我们发现了两处分离的建筑遗存。从图 162 上可以看到,这是一处大型农舍,院里有厚厚的堆积。一座超过 20 英尺高的大沙丘,连同它凹陷的斜坡耸立在房屋北面附近,而且还覆盖了房屋的延长部分。被侵蚀的墙脚附近,发现两枚乾隆朝(1736—1796 年)钱币,表明它废弃的年代与这片大聚落的其他部分一致。

◁废弃后的情况证明了干燥化过程

所有一切都表明,关左这个典型"遗址"即将向后人诉说 19 世纪早期敦煌地区村民的生活条件。所有我路过或看到的农场,都分布在南—东南与北—西北之间的狭窄地带上。我觉得,与目前敦煌绿洲手指般向北辐射的最外围山脚地带一样,这里很有可能只从一条水渠得到灌溉用水,也就是上面提到的来自古董摊下面的水渠,它已标在了地图上。我认为这里最近的一次"干燥化"过程似乎已经得到确认。因为南湖镇东北那条干河床部分地段里,泉水所能供应的可用水量,在我测量的那座被 1893 年洪水[①]冲垮的小村附近只有 20 立方英尺/秒。在这个水易于渗漏和蒸发的地方,这个水量是不够的。那个小村与关左最北边的农场之间,直线距离足足有 10 英里。我们不难设想,关左在 1840 年废弃之前,是唯一接受南湖洼地所有可用水源的地区。因为可以很肯定地说,这个主体绿洲里,当时耕作的地区至少和现在一样大,而且同样也包括上严家和下严家。足以令人惊奇的是,关左废弃的时间,正好是达玛沟灌溉区从老达玛沟转移到目前的主体村庄的时候。但是,遥远的距离隔开了南湖与达玛沟。我已经调查达玛沟独特的自然条件对农耕区的影响,而且在上文已有详细

① 参见本书本章第二节。

说明。[1] 这些都警告我们,必须从这些何其相似的变迁中得出自己的结论。

关左北面的烽燧▷

再往前行进,光秃秃的干旱草原上再也没遇上农耕遗迹。但是一片界限分明的浅洼地向西北方向延伸,洼地里长着红柳,还可见到看来相当晚近的水侵袭迹象。这说明从山上冲向南湖干河床的洪水从这里经过,冲向沙漠。离最后一个农场约 2 英里处,我们来到一座破败严重的烽燧(附图 33,T.XVIII.b)。它成了光秃秃的平地里低矮隆起于地上的一个明显标志,南湖人似乎把它叫作一个类似瓦石墩(Wa-shih-tun)的名称。[2] 烽燧底部约 23 英尺见方,现存高约 19 英尺。与我沿古代长城考察的几座烽燧一样,它由坚硬的夯土筑成,夯层厚约 2 英寸。现在我后悔当初没有更仔细地察看,以确认是否有规律地每隔若干层夹入一层树枝。北面更远的地方有另一座烽燧出现在视线里。[3]

南湖农耕区的延伸▷

当时似乎很难弄清这些烽燧的位置以及建烽燧的目的。但是随后的发现[4]表明,它们可能与我发现的从标明古代玉门位置的废堡 T.XIV 处,沿南—东南(正南以东 22°30′)方向延伸的长城辅线有关,而且无疑是为了护卫玉门与阳关即南湖之间的交通线而建的。同样,也只有在考察了这些后来的发现之后,我才充分认识到,这段长城辅线的重要性在于,它护卫着沙漠中长城最西端延伸部分,也就是阳关一侧的最后一块耕地。它在关左最北部边缘附近,离玉门约 22 英里。这应该使长城线上的烽燧补给和援救变得更加快捷。

---

① 参见本书第五章第五节。
② 在敦煌及其以东地区,墩似乎是用来指所有烽燧的专有名词,古今都如此。
③ 这座烽燧即 T.XVIII.a,地图及附图 33 似乎由于一个小失误,它的位置被转成了北—北东方向。
④ 参见本书第十九章第三节。

我本来打算越过沙漠朝北—西北方向，向废堡 T.XIV 进发。就像我早已推测的那样，它可能就是玉门关。但是自称为我们向导的蒋寰，在仔细察看他称为“醪糟井子”的可疑的井之后，径直把我们引向西北方向。直到从T.XVIII.a处走了约 13 英里之后，我们来到一块宽阔的红柳和灌木带的边上。一路上光秃秃的黏土地表先是变成一片片沙砾，然后变成连绵不断的“塞”。当时我很惊奇地注意到，有许多模糊的旧车道向北西及东北面延伸，我不知道它们是否可以追溯到关左仍有人居住的时期，也不能确定那里的居民是否沿此路前往河边丛林地带砍伐木材。我只是在随后沿长城进行调查的过程中才意识到，沙漠里完全不长草木的沙砾土壤，对于人类活动痕迹保留几个世纪是如何有利——甚至这里沿长城进行巡逻和其活动的痕迹也能见到。

◁前往红柳带边缘

◁旧车路

继续向前行进约 3 英里，穿越一片错综复杂的红柳丛后，由于天黑，我被迫在沿路遇到的第一处胡杨林旁驻扎下来。在那里我发现了三座最简陋的半地穴式茅屋。无疑，它们曾是牧人的居所，而且那时附近可能有水。但是，我未能发现能够说明它们年代的迹象。对于那些必须考察缺乏年代学依据的古物的学者所遇到的困扰来说，这是一个很好的例证。一些看起来似乎不是很久以前被洪水冲刷而成的小水渠从不同的地方穿过丛林。4 月 14 日上午当我们向北穿过这片红柳和芦苇地带时，我再次注意到许多地方有车轮的印迹。在光秃秃的黏土地表上还有裂痕，看起来像是大洪水过后太阳晒裂的。当我们由东向西穿越一条细长的光秃沙砾带时，我发现更多有裂痕的车轮痕迹。

◁废弃茅屋旁的营地

◁旧的车轮痕迹

随后我们遇到一片东南—西北走向的宽阔盐渍洼地，它的中部有一片还能见到水面的沼泽地，它的水无疑来自南湖

◁长城附近使人迷惑的地表

冲积扇的地下水系。我们此前在前往敦煌途中曾经路过附近，但是勘察员和我自己都没能发现这么一大片沼泽，这足以说明这片地表具有易于迷惑人的特点。当我们最后越过一处刚好能让驮上行李的牲口通过的沼泽地，抵达一道沙砾斜坡上的时候，我很快发现自己对面有一座古代长城线上废弃的烽燧T.XII（图181）。再向西前进5英里后，我又把营地安扎在一个四周长满芦苇的小湖边（155号营地）。在沿长城进行了第一天卓有成效的调查后，我在那里住下了。因为那里有足够的饮用水和饲料，人和牲口都可以得到休整。

第六节　南湖遗址发现的遗物清单

南湖镇里发现的物品

Nan.Ft.001.　**陶片**。烧成烟灰色的红黏土圆形容器，手制，露天烧制；外表饰席纹；角上穿孔，以穿绳拼接（?）。$5\frac{3}{16}$英寸×$2\frac{7}{8}$英寸×$\frac{1}{4}$英寸。

Nan.Ft.002.　**陶片**。灰陶，轮制，窑内烧制；外表有深弦纹；下部穿小孔，用于拼接（?）。$3\frac{1}{2}$英寸×$3\frac{3}{16}$英寸×$\frac{3}{16}$~$\frac{1}{4}$英寸。

Nan.Ft.003.　**陶片**。红黏土胎，烧成淡黄色；手制，露天烧制。$2\frac{3}{4}$英寸×$1\frac{7}{16}$英寸×$\frac{1}{2}$英寸。

Nan.Ft.004.　**陶片**。浅碗的一侧及口缘部分，轮制，灰陶，烧制坚硬，窑内烧。弧口，缘部稍厚；沿下约1.5英寸处有三角形棱，然后变成弧口。年代可能相当于中国汉代。$2\frac{3}{16}$英寸×$1\frac{3}{8}$英寸×$\frac{1}{4}$~$\frac{3}{8}$英寸。

Nan.Ft.005.　**瓷片**。碗，青灰釉下蓝彩，纹样不完整。中原产品。$1\frac{3}{8}$英寸×$1\frac{1}{8}$英寸×$\frac{1}{8}$英寸。

Nan.Ft.006.　**陶片**。淡黄色容器,内壁奶黄色釉,有稀疏的冰裂纹;中原产品;粗糙的鼎式器物标本。$1\frac{1}{8}$英寸×$\frac{15}{16}$英寸×$\frac{3}{16}$英寸。

Nan.Ft.007　**砖角**。灰土烧制;一面残,所以厚度不准确。现存$2\frac{1}{2}$英寸×$1\frac{3}{4}$英寸×$1\frac{1}{8}$英寸。

南湖镇附近台地上发现的遗物

Nan.T.001.　**陶片**。大型敞口缸口缘,轮制,磨光,烟灰色胎,烧成淡棕色;烧制不匀;缘部轻微卷起成棒状。$3\frac{3}{4}$英寸×$2\frac{1}{8}$英寸×$\frac{3}{8}$英寸。

Nan.T.002.　**陶片**。容器残片,手制,细陶土,烟灰色胎,烧制均匀,外表饰席纹。$2\frac{3}{8}$英寸×$1\frac{7}{8}$英寸×$\frac{3}{16}$英寸。

Nan.T.003.　**陶片**。深灰色(几乎呈黑色);轮制,但表面较粗糙。$2\frac{3}{16}$英寸×$2\frac{1}{8}$英寸×$\frac{5}{16}$英寸。

Nan.T.004.　**陶片**。粗陶土,灰色胎,烧成红色,外表有绿棕色斑点;饰窄道垂幛纹,其下刻有水波纹。$1\frac{1}{4}$英寸×$1\frac{1}{8}$英寸×$\frac{7}{16}$英寸。

Nan.T.005.　**陶片**。手制,灰胎红陶;露天烧制;上部有可能是锥刺的纹饰迹象。$1\frac{13}{16}$英寸×$1\frac{1}{2}$英寸×$\frac{1}{4}$英寸。

Nan.T.006.　**陶片**。手制,细泥红陶胎,外表烟灰色,饰席纹。$1\frac{3}{4}$英寸×$1\frac{1}{2}$英寸×约$\frac{1}{8}$英寸。

Nan.T.007. **陶片**。浅黄色陶碗残片,轮制,部分有厚薄不均的半透明釉。只是上半的外表才有釉,而内壁有一道素弦纹。中原产品,可能早到唐代。$3\frac{1}{4}$英寸×$1\frac{1}{2}$英寸×约$\frac{1}{3}$英寸。

Nan.T.008. **陶片**。容器残片,淡灰色细陶胎,烧成淡棕色;轮制,窑内烧;上部刻有水波纹。$1\frac{3}{4}$英寸×$1\frac{5}{8}$英寸×$\frac{5}{16}$英寸。

Nan.T.009. **陶片**。深烟灰色容器口缘残片,与 Puski.008 的口缘部型式相同;手制,露天烧制均匀。$1\frac{11}{16}$英寸×$1\frac{5}{8}$英寸×口缘$\frac{1}{8}$~$\frac{5}{8}$英寸。

Nan.T.0010. **陶片**。容器口缘附近的残片;轮制,窑内烧,有烟熏痕迹;红陶胎,外表灰黑色。$1\frac{5}{8}$英寸×$1\frac{3}{16}$英寸×$\frac{3}{16}$英寸。

Nan.T.0011. **纺轮(?)**。夹砂灰陶,穿孔圆盘状,残存一半。直径 1 英寸。

Nan.T.0014~0016. **纺轮**。与 Nan.T.0011 相同,但完整;灰胎;直径 1 英寸和$\frac{3}{4}$英寸。

Nan.T.0017~0020. **圆形石片**。两面突起,灰色。0019 和 0020 较粗糙;0017 和 0018 加工过。游戏骰子(?)。直径$\frac{1}{2}$英寸,厚$\frac{1}{4}$英寸。

Nan.T.0021、0022. 两件与 Nan.T.0017~0020 相似的石片,但是为白色。0021 仅仅打制,0022 打磨结合。直径$\frac{1}{2}$英寸,厚$\frac{1}{4}$英寸。

Nan.T.0023. **五件青铜残片**。器形小,形状不规则。最大$1\frac{1}{2}$英寸。

Nan.T.0025. **青铜镞**。三角形,铤部凹陷,以便捆绑。$\frac{15}{16}$英寸×$\frac{7}{16}$英寸。

Nan.T.0026.　**铁质尖状器**。两面平整，边缘较钝；残蚀严重。箭头(?)$\frac{7}{8}$英寸×$\frac{3}{8}$英寸(最宽处)。$\frac{1}{4}$英寸(最厚处)。

Nan.T.0027.　**青铜镞**。残片，断面呈三角形。参见 N.XIV.008。残蚀严重。$\frac{1}{2}$英寸×$\frac{5}{16}$英寸。

Nan.T.0028.　**青铜圆片**。钻孔，类似纺轮。参见 Nan.T.0011。有铁锈。直径$\frac{15}{16}$英寸×$\frac{1}{4}$英寸，厚$\frac{1}{4}$英寸。

Nan.T.0029.　**青铜圆片**。穿孔周围有坚硬的突起，并有一圈凸弦纹。参见 Char.0020。$1\frac{3}{16}$英寸×1 英寸×$\frac{1}{8}$英寸。

Nan.T.0030.　**小型青铜勺的舀部(?)**。$\frac{7}{16}$英寸×$\frac{3}{8}$英寸×$\frac{1}{16}$英寸。

Nan.T.0031.　**小型青铜环**。下部有三个揳入的凸点。直径$\frac{3}{8}$英寸。

Nan.T.0032.　**青铜棒**。弯成环状，末端呈尖状；一端有穿孔把。直径$1\frac{1}{8}$英寸×1 英寸，厚$\frac{1}{8}$英寸。

Nan.T.0033.　**青铜钩**。弯成环状；残蚀。直径$\frac{1}{2}$英寸，宽$\frac{3}{16}$英寸，厚$\frac{1}{8}$英寸。

Nan.T.0034.　**青铜装饰盘**。透雕，马具，背面有用于捆绑的突起。$\frac{3}{4}$英寸×$\frac{5}{8}$英寸×$\frac{1}{8}$~$\frac{1}{16}$英寸。

Nan.T.0035.　**青铜饰片**。透雕，缠枝花纹，最大长 $1\frac{1}{16}$英寸，厚$\frac{1}{8}$英寸。

Nan.T.0036. **方形青铜盆**。四边均残破，一面有两个突起，可能是铠甲片。$\frac{13}{16}$英寸×$\frac{5}{8}$英寸×$\frac{1}{16}$英寸。

Nan.0037. **马牙**。残，长$2\frac{1}{4}$英寸。

南湖古董摊台地发现的遗物

Nan.K.T.001. **陶片**。容器口缘部分，淡黄色胎，内外两面均有黑釉；口缘以下$1\frac{1}{4}$英寸残。中原产品，可能属宋代，但也可能早到唐代。$1\frac{1}{8}$英寸×$1\frac{1}{4}$英寸×$\frac{1}{8}$英寸。

Nan.K.T.002. **玻璃环**。褐色半透明大环。直径$\frac{1}{2}$英寸，厚$\frac{1}{4}$英寸。

Nan.K.003、004. **两件滑石圆片**。与Nan.T.0017～0020相近。003制作精致；004较粗糙且有残损。直径$\frac{3}{8}$英寸，厚$\frac{1}{6}$英寸。

Nan.K.T.005. **湖蓝铅玻璃圆片**。残存部分，有穿孔。直径约1英寸，厚$\frac{5}{16}$～$\frac{1}{8}$英寸。

Nan.K.T.006. **陶片**。粉色胎，有斑点状青釉。$\frac{3}{4}$英寸×$\frac{7}{16}$英寸。

Nan.K.T.007. **粗糙的玄武岩残片**。一端有用于连接的穿孔。$\frac{15}{16}$英寸×$\frac{9}{16}$英寸×$\frac{1}{8}$英寸。

Nan.K.T.008. **绿松石**。最大约$\frac{7}{16}$英寸。

Nan.K.T.009. **玄武岩残片**。最大约$\frac{1}{2}$英寸。

Nan.K.T.0010~0013.　**玻璃片**。0010 为玻璃管，$\frac{5}{16}$英寸×$\frac{1}{8}$英寸。0011 为黑白玻璃镶片，一端有穿孔，$\frac{9}{16}$英寸×$\frac{3}{16}$英寸。0012 为仿象牙玻璃，$\frac{3}{16}$英寸×$\frac{1}{8}$英寸。0013 为不规则绿玻璃片，$\frac{1}{4}$英寸×$\frac{5}{16}$英寸×$\frac{3}{16}$英寸。

Nan.K.T.0023.　**青铜带扣**。残半，残损严重。$1\frac{1}{8}$英寸×$\frac{3}{4}$英寸。

南湖北关左遗址发现的遗物

Nan.K.001.　**瓷片**。杯或碗残片，胎薄，青白釉下蓝彩；饰重复蔓珠纹。中原产品，最大 $1\frac{3}{4}$英寸，厚$\frac{1}{8}$英寸。[①]

Nan.K.002.　**瓷片**。碗，灰白胎，青灰釉下用蓝彩粗糙地画上纹饰。外壁绘一鱼的侧影；内壁绘一拱形图案。长 $1\frac{1}{2}$英寸，厚$\frac{5}{16}$~$\frac{3}{16}$英寸。

Nan.K.003.　**瓷片**。碗口缘；青灰釉下暗蓝色彩绘。外壁是一粗绘花纹的一部分；内壁绘棋格纹。中原产品；碗的直径约 5 英寸，最大长$1\frac{3}{4}$英寸，厚$\frac{3}{16}$~$\frac{1}{16}$英寸。

Nan.K.004.　**瓷片**。碗，灰白釉下绘蓝彩；拱形图案及直线。最大长约$1\frac{1}{8}$英寸，厚$\frac{5}{16}$英寸。

Nan.K.005.　**淡绿色玻璃环的一段**。半椭圆形，内侧平，外侧圆，极似玉。厚$\frac{1}{4}$英寸，宽$\frac{3}{8}$英寸，长径$2\frac{5}{8}$英寸。

---

① 此物不大可能晚于清朝，而其他青花瓷（001~004）也不可能早于 14 世纪——R.L.霍布森。

Nan.K.006. **紫红色燧石片**。两缘经仔细修整。最大 $1\frac{7}{16}$ 英寸。

Nan.K.007. **青铜片**。卷形管的一段,壁薄,用一块薄铜片卷成,两边未焊上。直径 $\frac{3}{8}$ ~ $\frac{3}{16}$ 英寸,长 1 英寸。

Nan.K.008. **青铜铸片**。管的一部分,一端残破,此端宽 $\frac{1}{2}$ 英寸。长 $1\frac{3}{4}$ 英寸,直径 $\frac{5}{16}$ ~ $\frac{3}{18}$ 英寸。

Nan.K.T.009. **青铜铸片**。"格雷洛特"(grelot)式半铃形,上部突出,半有用于悬挂的穿孔;舌部已失;中部刻三道直线纹。上部有两个汉字铭文;下部有一种可能是龙头的纹饰。直径 $1\frac{3}{16}$ 英寸,上部突出部位 $\frac{1}{2}$ 英寸 × $\frac{5}{8}$ 英寸。图版 VII。

第十七章　中国长城的尽头

第一节　长城的最后一站

4月13日，我非常满意地发现我又回到古代边防线的西段。一个多月前，我从罗布出发曾快速通过这里，并在一些地方做了一些简单的调查。现在我可以有时间进行系统的考察了。那次我只是对能标明长城线走向的少数几座烽燧和其他遗址做调查，大多数烽燧只能在几英里之外看见，因而也只能凭猜测判断长城就在这些烽燧的连线附近。我随后的调查结果，消除了所有对长城的性质及其年代的疑虑。目前似乎有理由相信，在以此为起点的至少60英里长的边防线上的遗址里，有更多文物等我去发现。 ◁回到长城西段

我那时还不能预料考古调查的收获将会有多么丰富。但是，要考察的线路非常长，同时考虑到这片沙漠地区下一个季节所面临的自然困难将不断加剧，因此，我从一开始就充分意识到最大限度地利用我的时间、可用的劳力、交通设施及给养的重要性。同时，考虑到我还渴望到其他地方去考察，我又有了一条要特别节约时间的理由。为了达到这个目的，在对长城沿线遗址进行发掘之前，就有必要由勘察员拉伊·拉姆·辛格及我自己分别对长城的不同地段进行地形学的考察；同时还需要根据路途、水源等情况的变化，调整劳力的安排。这

样做的结果,使我在长城西端考察的日程与沿线遗址的地理顺序不相吻合。因此,为了系统说明对长城及其周围地区的调查结果,我对考察和发掘结果的记录应该以地理顺序为序。由于在《沙漠契丹》一书第四十八至五十二章里,我已经对这里的考察过程作了详细说明①,因此,我在这里也就能轻易地按地理顺序来阐述我的发现。

长城真正的最▷西端

由于采用了上述方法,我对长城的考察始于长城线最西段现在能确定的尽头。这一地点正好位于边防线接近党河终碛盆地内沼泽地带的地方,该地又正好是极为有效的天然防御屏障,这一切都使这里成为极佳的起点。因为我们已经充分认识到,在人们规划、建筑这道古代边防线时,已经充分考虑这一重要地段的地面特征及其战略意义。如果看一下地图,我们就会发现长城线在一处狭窄的沙覆高地上,从 T.VII 处向正西方延伸。我们还会发现,当它抵达 T.IV.a 时,只是向前延伸了一小段,就直接拐向南面,直抵沼泽地的边缘。

长城西南侧的▷天然屏障

在地图上所见到的明显的地理特征,足以解释这个地点何以被选为长城的终点(起点)。长城在这里抵达巨大的疏勒河终碛盆地的最东北角,盆地西端直抵东经 92°55′,它的面积有 300~400 平方英里。② 盆地里到处都是小湖,一年的大部分时间里人畜无法通行。因此,从这里向西南约 30 英里范围

① 上面提到的情况可以帮助解释这样的问题:为什么用来代表不同遗址的序号如 T.I、II 等,并不是严格与地理顺序保持一致。这些序号必须标在平面图上,因为第一次沿着通往敦煌的道路考察时,一大批遗址还没来得及前往考察。这些有待于考察的遗址,就用 T.VI.a,T.IV.b 等一类的序号来加以区分。

② 1914 年前往敦煌途中,我有机会对盆地西部进行了深入调查。当时(3 月的第三周)吸纳疏勒河水的终碛湖南北长约 6 英里,它的两端分别位于东经 92°57′和 93°2′。每年春夏两季水面面积要大得多,南面可能一直延伸到北纬 40°9′附近。东边可能覆盖了地图中所示的那片洼地的大部分。地图上删去了几条想象中从南部延伸过来的水道。水源来自终碛盆地东部边缘及东南边缘的泉水的水渠,逐步消失在疏勒河水淹没的沼泽地里。这些补充和修正都已收入准备出版的新地图集(1∶500 000)里,并反映在第 35 幅上。

图 165　南湖东北面古墓地中带茔圈的坟墓

图 166　敦煌亭障包含有 T. VIII 烽燧遗址在内的土墩，自西南望，发掘前

图 167　敦煌西南道路边的现代炮台和营房

图 168　敦煌亭障 T. VIII 烽燧遗址附属房屋 i 内部，发掘前

图 169　敦煌亭障 T. VI. a 烽燧遗迹，自东望

图 170　敦煌亭障 T. IV. c 烽燧遗迹，自西北望

图 171　敦煌亭障 T. VI. b 烽燧遗址及营房,发掘前,自东南望

图 172　T. VI. b 烽燧遗址后堆有垃圾的斜坡,发掘前

内，长城可以安全地建在马贼无法逾越的高地上。从这里再往南，一处寸草不生的沙砾塞继续扮演着天然屏障的角色，再往前则是安南坝北面阿尔金山前的巨大沙丘。

◁适合监视西南面的地方

我们将会看到，即便在这里长城也处于严密监视之下，以防任何可能遭受的进攻。我们看到一连串的哨所和烽燧一直延伸到这个终碛盆地的南端，而且我们还可以从地图上看到，盆地的西南部有一系列狭长谷地伸入到沙砾高地中，这个现象又强化了这道防御线的功能。在历史时期，这些可能促使峡谷形成的泛滥河床，可能和现在一样干燥，只有极少数时候山坡上下雨才有点水。但是极少的降水毕竟带来一点地下水，而且在盆地边缘形成泉水，再加上峡谷里茂盛的沙漠植被，这些条件可以使人在此生存。一些黏土山脊从高原上像手指般伸出，将这些峡谷彼此割裂。山脊都很高，有些高出盆地平面约 200 英尺，建在上面的哨所视野开阔。因此，为数不多的哨所就足以有效地监视中国西部边陲漫长的边界线。

◁长城线最西端地段

现在来谈谈长城的城墙。从地图上可以清楚地看到，长城最西端的一段始于烽燧 T. VII，经过烽燧 T. III，抵达烽燧 T.IV.a。长城的墙建在盆地里最北部狭长谷地南面的山脊上。它南面的谷地里，只要挖井就会有水，而且牧草、燃料充足。疏勒河下游河段始于长城真正的终点烽燧 T.IV.a，向西北流去。它先穿过大盆地的最东北角，然后又穿过把高原与疏勒河床分离的舌状狭窄高地，最终到达托格拉克布拉克。我们的 154 号营地也在那里。马车从烽燧 T.IV.a 可以毫不费力地通过这块长不足0.5英里、高50~60英尺的高地。[①]

楼兰道上的哨▷所

在托格拉克布拉克，我们看到了目前通往罗布的商路。古代烽燧连成了一条长城线上的防御线，根据它的走向我们可以断定古代楼兰道在那里与现代商路的某些路段一致，向西北方向延伸。敦煌—罗布之路正好在托格拉克布拉克远离疏勒河地面水系的地方。因此只需粗略一看就会发现，这里也可以作为长城末端的理想地段，而当初建长城的目的就是要护卫敦煌—罗布之路。但是反对这个观点的人可能会指出，疏勒河流经的这条又深又窄的峡谷，只有极少能长草木的地方，而且两岸的沙砾高地完全草木不生。作为长城的终点，以及穿越沙漠前往罗布的桥头堡，其地理位置极为不利。

烽燧T.IV.b的▷制高点

现在我要描述我对这条边防线最西段附近烽燧T.IV.a~c的考察结果，以及我对烽燧T.IV.a~c护卫下的地区的考察结果。4月30日我就把营地（即171.a号营地）安扎在广袤的沼泽洼地里，由于离水源近，又有防范蚊虫等骚扰的措施，整整一个季节我的营地都没挪过地方。[②] 当我仔细地察看这片洼地边上那一块宽阔的黏土台地时，发现最显眼的烽燧是T.IV.b，它耸立在高约120英尺的黏土崖壁边上。前面已经提及，这道崖壁所属的舌状狭窄高地，从烽燧T.III处逐渐向西倾斜，直达洼地。我站在这个制高点上见到的景象非常开阔。

① 疏勒河在这里离它的终碛盆地北部边缘非常近，而现在它流入终碛盆地之后仅仅向西延伸25英里就消失了，这是地理学上一个有趣的现象。一个类似的奇怪现象在赫尔曼德（Helmand）河下游可以见到，但那条河的规模要大得多。在鲁德巴尔（Rūdbār）以下，赫尔曼德河流到济里盐沼（Gaud-i-Zirreh）北岸8英里处。但是现在继续向北流淌近100英里之后，消失在锡斯坦（Seistān）的哈姆翁（Hāmūn）沼泽里。可是在发生大洪水的年份里，它还能继续向前延伸130英里，它从南部地区穿过，又回到济里盐沼的西岸。如果把赫尔曼德河、塔里木河、疏勒河、额济纳河（Etsin-gol）河的末端河道进行比较研究，必将得出很有意义的结论。有意思的是，这几条河我都有机会进行了或多或少的考察。只是这里不是讨论这个问题的地方。

② 参见斯坦因《沙漠契丹》，第二卷，134页、157页等。

向北视线可以尽览整个大盆地，可以看到盆地尽头的芦苇丛，可以看到盆地外的沙砾"塞"。周围找不到比这更好的瞭望点，因此它自然而然地成了边防线上的一段。不过长城建在约 1.5 英里以西的一块孤立的黏土台地上，这块台地位于盆地东北角，其高度比狭窄高地的末端略低。由此可以看出，台地受到过侵蚀。

◁最西端的烽燧 T. IV. a

这块台地的顶部东西长约 100 码[①]，它的西端是破损严重的烽燧 T.IV.a。烽燧由黏土夯筑而成，底部约 16 英尺见方。由于保存状况太差，我已很难把烽燧和作为地基的高约 7 英尺的生土区分开来。烽燧的附近除了发现一个青铜扣饰和许多铁器残片（T.IV.a.001、002），还发现了 6 枚木简，多数是残片（《文书》Nos.438、442～444）。但是，与这些为数不多的发现相比，更有趣的是发现长城在这里的走向有些变化。为了弄清详情，1914 年我再次来到这里进行考察。

◁长城拐向烽燧 T. IV. a 南面

站在能够瞭望四周的台地上，我清楚地看到，长城线延伸不到 2 英里后，沿着 171a 号营地所在的台地直接拐向南面。在烽燧 T.IV.a 南面地势仍较高的山脚下，刚开始拐向南面的这段墙保存完好，其中一段长约 16 码的墙体高达 5～6 英尺。和西段长城的其他地段一样，这里的墙体由夯土层和植物枝条层交替上筑，每层厚约 6 英寸。以芦苇为主要成分的植物层与墙体走向垂直，墙体外侧用成捆的芦苇枝条包裹。墙体底部厚约 8 英尺，与其他地段相当。

◁长城可能延伸到 171.a 号营地

自从进入盆地的平坦地段后，长城在湿润的土壤和植被的作用下破坏严重，变成一段低矮的隆起带。不过站在瞭望站往下看，仍能看见这段很直的长城约有 1 英里长。再往前

① 图 170 显示的景象是从远处的 T.IV.c 附近看到的台地。

在茂密的灌木和芦苇丛中，这段垂直的隆起已经很难找到。随着土壤越来越像沼泽，长城逐渐趋于完全消失。我们已经解释过，此处往西独特的地表特征(即到处都是沼泽、盐碱泥塘和潟湖)，使得长城已无必要再往西延伸。但是我总在想，长城可能事实上已延伸到我的171.a号营地所在的黏土台地上，或者说当初计划把长城修到那里。如附图33所示，这块台地正好在烽燧T.IV.c正西面，它的周围正好是哨所监控下的一块四方形地区。这里已比较安全，再加上烽燧T.IV.a和T.IV.b之间的长城屏障，这一地区便成了长城最西端安营扎寨十分理想的安全地带。不过，因为我在171.a号营地周围没有发现遗址，古时候这块台地实际是否曾经被人利用过，至今还是个谜。

烽燧T.IV.c拱▷卫长城角内地区

从烽燧T.IV.c来看，我清楚地认识到，当初人们对这里的防御极为重视。从图170中可以看到，烽燧位于高出周围洼地120英尺、侵蚀严重的黏土台地顶部西端。四周低陷的洼地里长着灌木丛和胡杨林。烽燧虽然建得粗糙，但很结实，土坯显然是就地取材，土坯层之间夹入芦苇和胡杨树枝层。在现存13英尺高的烽燧上，我能够分辨出有10个土坯层和树枝层。烽燧的底部，当初可能有18~20英尺见方。烽燧附近的地面上没有发现遗物，但是在离烽燧约40码处的台地北缘，能依稀见到一座小屋的蛛丝马迹。小屋是夯筑而成的，并加入一些垂直竖立的芦苇束。我们在这里发现一枚剪轮五铢钱，以及一些毛料和熟皮的残片。在我看来，建烽燧T.IV.c除了拱卫烽燧T.IV.a和T.IV.b屏障南面地区，不可能再有其他目的。烽燧T.IV.c与西南面T.V间的距离，比烽燧T.V和T.IV.b之间的距离只近约2弗隆(0.25英里——译者)。因此，从烽燧T.V发出的烽火等信号，烽燧T.IV.c和T.IV.b(甚至是 T.III)都可以同样看得很清楚。因此,烽燧 T.IV.c 建在长城线后面肯定是针对其他什么目标,而且是一个非常明显的目标。

◁烽燧 T. IV. b

关于烽燧 T.IV.b 在长城线上的位置,我在前面已经交代过了。这座烽燧保存得很好,现存高度约 23 英尺。烽燧很仔细地用土坯建筑,每砌三层土坯夹入一薄层芦苇。建烽燧用的土坯一般长 14 英寸、宽 7.5 英寸、厚 5.5 英寸。奈克·拉姆·辛格绘制的平面图(附图 36)显示,烽燧底部长 21 英尺、宽 18 英尺。但我 1914 年所做的近距离测量的结果表明,长、宽都是 18 英尺。在紧挨烽燧东面和北面的地方,我们发现了一些高出地面约 2 英尺的土坯墙,以及一些驻军营房的遗迹。在一间小屋里,我们发现一个楼梯曾经通往烽燧顶,每级梯高 9 英寸,都极窄。现在我们还能见到其中的两级完好无损。

◁烽燧 T. IV. b 的营房里发现的文书

在清理这些中型营房时,我们发现了 10 多件文书资料,除一件外,都写在木片上,有几件保存得相当完好。① 我注意到,一枚字迹清晰、保存完整的木简(《文书》No. 432,图版 XIII)②,正好发现于通往烽燧顶的楼梯旁,上面写着:"扁书亭𢠵显处令尽讽　诵知之精候即有烽火　亭𢠵回度举毋必。"简文内容其实就是一个命令,而根据它出土的地点判断,这条命令似乎得到了不折不扣的执行。其他简文都是有关军队行动、收到来信和军饷等事情。其中两件值得注意,因为简文中含有特别的考古信息。那枚大的木简(T.IV.b.ii.1,《文书》No.430,图版 XII)很有意思,因为简文表明它是大煎都的下属,而且上面有纪年。沙畹先生推测是太始三年,而蒋师爷

① 参见沙畹《文书》,96 页以下。

② 这件文书正确的编号是 T.IV.b.iii.1。

当时也认为是太始三年（沙畹先生、蒋师爷可能释读有误，简文当释为“元始三年十二月己未大煎都丞封”——译者）。关于大煎都的记录，在烽燧 T.IV.b、T.V 和 T.IV.b 共发现过9 枚，而其他地方只在烽燧 T.XIV 发现过一枚。[①] 大煎都所指的可能是包括最西边的烽燧在内的这段长城，而这些烽燧则护卫着长城的西南侧地区。

烽燧 T.IV.b 发▷现的纪年文书

关于纪年问题，我们必须考虑上面提到的纪年简。如果读为太始三年，则表明年代为公元前 94 年；可是沙畹先生后来又释为元始三年，即公元 3 年。考虑到这一地区发现的文书都属于公元前 1 世纪，而且在一枚年代为公元前 96 年的简（《文书》No.304，T.XIV.iii.67）上也提到了（大）煎都（简文为“大始元年十二月辛丑朔戊午煎都亭”——译者），因此我倾向于相信前一个说法。但是，我还必须提到这里发现的另一件写在红布标签上的文书 T.IV.b.i.10（《文书》No.434）。上有“河南郡雒阳”字样，按沙畹先生的解释，它应属于东汉时期。有了这些证据，我们可以设想，虽然长城一侧单个的哨所也许早已废弃，但是长城最西端的这几个哨所可能一直至少沿用到东汉初期。同一个哨所发现的文书年代相差一个世纪的现象，在其他地方都曾见到过。[②] 在这种情况下，我们也必须指出，狭窄的通道 ii 早已废为垃圾堆，而房屋 i 仍在使用，那块红布标签就是在这里发现的。在 T.IV.b 堆积里发现的遗物（见清单）中，有一个青铜镞和大量丝织品碎片。

当我站在烽燧 T.IV.b 所在的位置向四周瞭望时，发现周

① 参见沙畹《文书》Nos.51、137、138、150、166～168 发现于烽燧 T.VI.b；No.430 发现于烽燧 T.IV.b；No.436 发现于烽燧 T.V；No.307 发现于烽燧 T.XTV，见上书 23 页。煎都之名可能是简写形式，它见于 T.XIV 的 Nos.304、356 简文以及 T.XV.a 的 No.452 简文。

② 例如 T.IXV.iii，文书的纪年从公元前 96 年到公元 14 年（见沙畹《文书》Nos.304、317）。

围低矮的地形尽在眼前。我不禁自问,那些修筑长城的人为何不把拐弯处设计在这里。当时,我立即被两道直线延伸的土丘所吸引,两道土丘之间还有第三道土丘把它们连起来。它们都向西朝着最后一座烽燧 T.IV.a 的方向延伸。站在远处往下俯视,它好像是侵蚀严重的堡垒遗址,而且由于它正好位于长城的拐弯处、最后两座烽燧的中间,所以立即让人想到这可能是一座军营。当我还在其他地方寻找遗迹时,奈克·拉姆·辛格早已带领民工前往烽燧 T.IV.a 清理遗迹,他已注意到这些土丘互不相连;而当我随后考察那座烽燧时,情况就更清楚了。

◁让人联想起军营的遗迹

从烽燧 T.IV.b 下来,从最后一座烽燧沿西—北西(正西以北 22°30′)方向,我发现硬土坡上长城遗迹不多,但很明显都还保存有芦苇层。再往前走,我已无法再在茂密的灌木、芦苇丛中找到长城;当我路过那里时,蚊子和其他虫子像乌云一样紧追不舍,因此我也就不可能进行仔细的考察。所以《沙漠契丹》一书中有关我在这里的考察有些语焉不详。好在 1914 年 3 月 17 日我再次来到这里,这次条件不像上次那样恶劣,因此取得了一些具体成果。

◁1914 年的第二次考察

从烽燧 T.IV.a 所在的黏土台地脚下起,长城线走向十分清晰,就像是一道 4 英尺高的狭窄的土丘,穿过一片长满芦苇的平地。长城线先是沿南 105°东方向延伸约 480 码,随后转成南 94°东又延伸了 390 码。在这里,长城上的夯土和树枝条都已风化成松软的土壤。几乎就在烽燧 T.IV.a 和 T.IV.b 连线的中点上,长城边上有一处堡垒式的遗迹,长约 250 码,高出地面近 15 英尺。它面向正西,隆起线虽然并不直,而且还高低不平,但一看就知道是人工建筑。紧挨着这处遗址的南面,还有一处面向正东、长约 400 码的遗址。北面还有另一处面

◁烽燧 T. IV.a 和 T. IV.b 一线以南的堡垒

向正东、长约280码的遗址。也就是说，后两处遗址是互相平行的。

堡垒被侵蚀的解释

在这处四方形遗址的东面，地面非常平坦。但是，由于这面完全没有隆起的土丘，似乎表明这里原有的土丘被完全风化了。正是在东面，风蚀作用极为明显。这种作用可以影响更结实的同类堡垒，甚至地面上长着大量植被也无济于事。一个典型的例子就是桥子南面废镇的城墙（图185），在那里外墙的东面几乎已完全破坏，和楼兰遗址一样。[①] 我还应指出，我发现这些土丘上长满了红柳及其他灌木，有些地方还偶尔见到胡杨的枯干及枝条，可是土丘里面尽是沙，植物很少。由于地下水位高、土壤呈碱性等因素的作用，我们不能指望在这样的地面上能保存什么建筑遗迹。事实上，八个月后我在巴格拉什湖（Lake Baghrash）盐渍湖岸[②]，研究了渗水对遗址所引起的后果。

堡垒选址的理由

把这里以及烽燧T.IV.a和T.IV.b之间的长城以南地区的各种情况都考虑进去之后，我得到这样一个印象：我现在面对的是一座早期边防堡垒，而且这里又正好是楼兰道向西走向关外头的地点。这里位于一片高地脚下，地理条件优越，地表沙漠植被丰富，因此不缺牧草和燃料，还可以避开肆虐的北风，只要愿意挖井，饮水也不成问题。[③] 在这里设立一个大型兵站的必要性在于，长城最西端暴露在外的一角必须得到有效的防卫。但最重要的一点恐怕在于，这里是中央集权控制的范围，最后一个能够长期住人的地方。对于出关前往楼兰

① 参见本书第十一章第四节，第二十六章第三节；至于安西附近的城址，见第二十六章第二节。

② 参见本书第二十九章第一节。

③ 我在171.a号营地南—南西方向约1.5英里处发现一处中国牧民废弃的营地；此外，1914年3月我在烽燧T.IV.a和T.IV.b以南发现了一处蒙古人放牧的小型营地。这些都足以说明这里的地理优势。

和西域的中国军队和使节来说，这里是最后的歇脚地。对于那些还能回得来的幸运儿来说，这里是进入关里头的第一站。因此，对于穿越罗布沙漠的艰苦卓绝的长途旅行而言，这个兵站起到了补给站、桥头堡的作用。这与我 1914 年 2 月发现的楼兰 L.E 遗址一样，它在楼兰道上就起着这样的作用。①

◁《魏略》记载的“都护井”

在考察这里的地形特征之后，我倾向于认为这里就是都护井之所在，关于这个名称在前面的一章里已经有过说明。②据《魏略》的记载，它位于玉门关和最北面的三陇沙之间的中路，即楼兰道上。前面已经说明，三陇沙指的是伸向拜什托格拉克东南的三道沙丘。我们下面将要讨论的考古材料和文献资料可以证明，在《魏略》时代玉门关就在烽燧 T.XIV 处。如果我们现在来看看附图 33 中长城西段的详图，我们就会发现，由烽燧 T.IV.a、b、c 护卫的这片地区正好位于玉门与三陇沙的中点上。如果根据地图测算，这里到两头的距离都是 25 英里左右。附近的托格拉克布拉克现在取代了古代补给站的地位。商队从那里到两头都要分成两段走，在汉代肯定也是这样。因此，我毫不犹豫地认为都护井就在这里。

◁楼兰道上的烽燧线

在离开长城最西端之前，我还想说说 1907 年 5 月 2 日沿楼兰道在西北面所作的调查。虽然长城并没有延伸到那里，但是调查结果可以证明，3 月份我第一次前往托格拉克布拉克途中遇到的烽燧，年代和附近的长城同时。它们离现在通往罗布、古代曾通往楼兰的道路很近，这些烽燧显然是用来向沿线各站发布信号的。这种例子在长城线上的烽燧常常可以见到。③ 烽燧 T.II 是迄今所找到的最远的前哨阵地，由于它离

① 参见本书第十一章第十节，第十四章第二节注释。
② 参见本书第十四章第二节。
③ 参见本书第二十章第六节。

烽燧 T.IV.a 有 7 英里多，所以从那里发出的信号可以在有效的时间内接收，以为报警、告急等。

托格拉克布拉克的疏勒河床▷

对于这段长城的西北角而言，托格拉克布拉克的沙砾高地是建立哨所的理想地点。现在的交通线在这里穿过深切的疏勒河床。但是这里没有发现烽燧，而且我在河左岸做了快速调查，也没有发现任何古代遗迹。也许将来的旅行者做更详细的调查会有所发现。目前疏勒河流经的峡谷比“塞”的平面要低 50～60 英尺；由于既窄又陡，我们只有走近跟前才能发现。5 月 2 日洪水泛滥，我们也无法越过沼泽地，到达 3 月 7 日安营扎寨的地方。往前走不远，我发现河道变宽了，水也不深，可以涉水过去。河里当时的流量在 1 800 立方英尺/秒左右。这个观测结果很有意思，因为它可以说明在最终消失于托格拉克布拉克终碛盆地之前，疏勒河在流经哈拉湖附近的沼泽地时，由于蒸发和渗漏的原因，流量减小了多少。1907 年 4 月 1 日，我在疏勒河与党河交汇处不远进行了测量，当时党河的流量超过 4 000 立方英尺/秒。四天后我在敦煌对党河做了测量，结果是如果不包括流入绿洲引水渠的水，它的流量为 2 100 立方英尺/秒。因此，流到托格拉克布拉克的流量不到流入哈拉湖的三分之一，而且这还是在南山冰雪融化造成流量加大的月份里测量出来的结果。

烽燧 T.I 俯视古老河床▷

从托格拉克布拉克往前走约 2.5 英里，就见到第一座烽燧 T.I。它位于一处高出目前已干涸的疏勒河床足有 70 英尺的悬崖边上，从上面可以俯视它所在的开阔洼地。很可能早在修筑长城的时候，这条河的水来源于季节性洪水，或者至少有一部分来自可以饮用的地下水。这条河的支流从托格拉克布拉克流向古代的终碛盆地。① 1907 年我在烽燧 T.I 附近看到的那片干盐池，7 年后已是一片不小的水面。洼地里大部分地方长满了茂盛的芦苇，说明疏勒河的末端还常发生季节性泛滥。

◁烽燧 T.I 的构造

尽管因流水冲刷而形成的小峡谷把附近的地表分割得零乱不堪，但是烽燧仍然在一座几乎完全孤立的土岭上保存下来，而且高约 20 英尺。它的底部约 16 英尺见方，烽燧夯筑，夯层厚 3~4 英寸。风蚀作用已把它的东北角切去约 3 英尺。烽燧西面有一处建筑，但目前只留下土坯砌的墙脚部分。这座建筑长约 20 英尺，宽约 15 英尺。由于烽燧下坡度很陡，因此几乎不见什么堆积。不过，我还是在极少的堆积里找到三枚简的残片。其中一枚（《文书》No.673）是有关于士兵制土坯的记录。我在烽燧附近发现了一些大石块，它们起初可能是放在烽燧顶，用作防御工具，和我在甘肃极西地区的现代瞭望塔及碉楼上常见的情况类似。②

◁烽燧 T.II

烽燧 T.II 发现于同一片沙覆高地西缘，这里高于一片长有芦苇丛的开阔洼地约 50 英尺。烽燧保存得较好，现存高 22 英尺，夯筑，夯层厚约 3 英寸。烽燧顶上仍然见到大石块，它们的用途上面已解释过了，还有一些掉在了烽燧上半部分的裂缝里。风蚀作用使烽燧南北两侧的地面凹进去 2~3 英尺。烽燧附近既没有发现任何建筑遗址，也没有看到其他长期活动留下的堆积，不见陶片也是一个同样重要的现象。但是，在附近的地面上，我们采集到了一些金属碎片（T.II.001.a~d），

① 参见本书第十四章第一节。

② 这里我想提到一个有意思的现象。1914 年我再次来到这座烽燧时，我还能在周围的沙砾地面上清楚地看到我自己 7 年前留下的脚印。这种现象在长城最西段不断发生。我另一次对十分古老的道路的调查也有这个现象，而且对我很有帮助，下文将要谈及此事。参见本书第十八章第一节。

包括青铜与铁合铸的汉代箭头。

罗布路上再也▷不见烽燧了

从烽燧 T.II 处起，我又沿着罗布路向西南方向调查了约4英里，都没发现炮台。可是拉伊·拉姆·辛格此前在这里的终碛河床之间进行调查后，却说发现过一座炮台，并且已在地图中将它编号为 T.II.a。他在路上从西向东看见了它，却没能走近去进行考察。1907年5月2日我没有发现炮台，可能是因为当天下午刮起了强烈的西北风，引起沙暴。1914年我再次路过这里时，虽然天气较好，但是仍然没能发现。因此，我现在倾向于相信，辛格之所以做这个记录，可能是由于某种视觉上的误导。这也很容易给予解释，在这种地面上，强光的作用容易使人把不过是黏土的自然隆起误认为烽燧。无论如何，在这个地区，缺水可能使古老的哨所难以保存下来。

第二节　长城的西南翼

护卫长城侧翼▷的烽燧

在叙述我们沿长城线向东所进行的调查之前，最好还是先交代一下临时新加进来的考察及其发现，那就是护卫长城侧翼的不在同一条线上的五座烽燧。我在上一节已经详细交代过，这里地势开阔，而且长城的建设者也从军事角度考虑到这个因素，把沼泽密布的疏勒河终碛盆地视为天然防护带。我这里阐述的情况将有助于对此进行详细说明。

侧翼上烽燧间▷的间隔距离

5月31日上午，我离开171.a号营地，向南—西南方向前进，穿过一片沼泽地之后，首先来到长不足2英里的低矮宽阔的台地。勘察员拉姆·辛格以前曾报告说在此发现过居住遗址。我来调查之后证明，这些居址可能是东干人最后一次叛乱之后甚至更晚的，而且显然是中国回族牧民定期前来暂住的地方。这里的堆积虽然很厚，但我没能发现任何古代遗物。

不过,从地形上考察,这个地点有可能在建长城时就有人居住。根据附图 33 的地图测算,烽燧 T.IV.c 与它西南紧挨着的烽燧 T.V 之间的距离超过 7.5 英里,远远超过烽燧 T.V 和 T.VI.a~d 几座烽燧中任何两座之间的距离,而它们同属这个终碛盆地沿岸的长城侧翼。这些烽燧之间的距离都在 5 英里左右。从地图上还可以看到,台地和居址离上述烽燧及烽燧 T.VI.c 之间几乎呈直线的连线很近。站在台地上可以看见烽燧 T.VI.c 和 T.V,因此这块台地很适于用作两者之间的信号站。不过,由于缺乏直接的证据,这也仅仅是猜想。

◁烽燧 T.V

从台地往西,穿过茂盛的胡杨林,我来到一块长长的舌状高地。它的西南边缘附近,耸立着烽燧 T.V(附图 36)。沙覆高地地表,以及长城侧翼烽燧间连线附近的其他地方,没有发现任何迹象,以证明长城曾延伸到烽燧 T.VI.a 的南面附近。这座烽燧(T.V)所处地势高,加上它自身的高度,即使从远处看它也非常显眼。虽然西部有些地方已倒塌,但它仍高达 30 多英尺。它的底部 19 英尺见方,顶部还保留着密密的胡杨木桩和低矮的土坯砌矮墙。烽燧由夯土筑成,夯层厚约 3 英寸。它的北面有小型营房建筑,墙的厚度不一,但都是用长城沿线常见的土坯砌成,土坯长 16 英寸,宽 7.5 英寸,厚 5 英寸。

◁烽燧 T.V 发现的文书

在平面图上的小套房 i 里,发现几件小木牌,大多数保存完好。其中一件(《文书》No.428,图版 XII)的纪年为公元前 39 年,另一件(《文书》No.429,图版 XIII)则是同一年的日历。[1] 这些文书的内容主要属于军事方面,我注意到 No.436 上有“大煎都燧长”的内容,这验证了我上文对这个地名与长

---

① 由于职员的疏忽,Nos.428、429、436、439(《文书》95 页以下)被错误地记在了 T.IV.d 的遗物里。

城西南地区的关系的说法。[①] 营房里发现的其他物品较少，其中包括这些烽燧里四件常用的木支架，它们被用油漆涂成不同的颜色（T.V.001～004，图版 LIV）。它们的大小差别很大，而且纹饰也有些区别。从下文清单里对 T.VIII.004 的描述和图版 LIV 的图片中，就可以清楚地看出区别。但是每件都有用于钉在墙上的榫和一个挂钩。支架下部的漆多被磨掉，表明这些支架曾用来挂衣服和装备，如果够大，还有可能用于挂兵器。烽燧下的斜坡上有大量垃圾堆积，说明它曾长期使用，但是堆积中只见马粪、驼粪、芦苇秸等。

选作烽燧的地点▷

烽燧 T.V 所在的地点，在这个大型沼泽洼地西南沿线上发现的烽燧非常典型。在 T.V 和 T.VII.a、c、d 这几座烽燧中，每两座之间的距离都是 5 英里左右，表明它们主要是用作沿线上的烽燧，而不是用来抵御入侵者。在这里，即长城的西南侧，用于保卫沿线安全的是事实上不可逾越的沼泽。但是，即便如此，从减少麻烦和费用角度考虑，如果不是这里的地形使信号远处就能看见，烽燧就不可能离得这么远。

用作建烽燧的山脊▷

我前面已经扼要地讲到过，而且从附图 33 也可清楚地看到，这个南湖南面冲积山岭脚下的沙砾高地，在此变成了一系列放射状延伸的山脊。它们像伸入深海湾的岬角一样，伸进开阔的疏勒河沼泽终碛盆地。从图 169、170 的远景相片中可以看到，它们很陡，高于中间洼地 120～200 英尺，成为可以眺望远处的制高点。因此，这些山脊也就成了建造烽燧的绝佳自然场所，而长城的建设者对地形了如指掌，自然要充分利用它们。正因为如此，这里的烽燧都能从远处看得非常清楚。尽管直线距离足足有 15 英里远，但是我一到烽燧 T.III，就能

① 参见本章第一节。

够断定远处的 T.V 和 T.VI.a 是烽燧。当我继续在西南方向进行调查时,我惊奇地发现,远处的 T.V 和 T.VI.a、c、d 几乎连成了以 T.III 为起点的直线,似乎人们特地用屈光镜来确定它们的位置。

◁地表的自然特征

关于这片独特的内陆"沿岸地区"的一些自然特征的准地质学调查结果,我在其他地方已经作了充分的说明。① 因此,这里只需简单地对其中的两个特征作一说明,因为它们直接影响到烽燧的走向。上面提到的呈岬角状伸进沼泽盆地的黏土岭,一律呈东南—西北走向。从地图上可以清楚地看到,它们的成因是水流从远处的山上冲下来,流经目前已完全荒漠化的沙砾地区时发生的侵蚀作用所致。我们随后对经过沙砾区的深地河床的上段进行了调查。调查中我们发现,即使在现代河床偶尔也被洪水冲刷过,尽管几次洪水之间的间隙可能有许多年,但无论如何,我发现了一些重要的证据,表明泉水的地下水系确实存在于盆地的洼地里。地势稍高的地方,水是可以饮用的,但是一往下,到沼泽地区附近,水立即变咸。因此,我们有理由认为,烽燧 T.V 和 T.VI.a 建在常见的黏土岭的中部而不是远端,完全是基于水源的考虑。

◁沿土岭线延伸的黏土台地

至于最后两座烽燧 T.VI.c 和 T.VI.d 的位置,应该是基于同样的考虑。它们位于离"沿岸线"不太远的两处孤立的黏土台地上。这些台地本身就是影响这一地区目前地形特征的另一个更强有力的原因所留下的结果,也就是长期以来风蚀作用的结果。无疑,这些孤立的台地带都是由于风蚀作用形成,它们位于更开阔的洼地里,而且与附近的高地山脊平行。两组台地群里都有大量小型台地,但是由于显而易见的原因,只

① 参见斯坦因《沙漠契丹》,第二卷,139 页以下。

有一小部分能够标在地图上。

被风蚀作用切▷断的土岭

流水作用于冲积高地而形成的狭窄土岭，又由于风的切割、摩擦作用被切割成台地，而且这些台地的走向或多或少地从东北或东面与土岭呈直角。在那些仍未被切断的土岭的顶部，仍能不时见到风力的切割、摩擦作用的痕迹，而且这些痕迹都始于东北面。图 169 的前面可以看到这种作用的明显痕迹。[①] 正是这种水的冲刷和风蚀的交替作用，才能最好地解释为何古罗布海东北沿岸地区、拜什托格拉克东边干燥的疏勒河终碛盆地，以及哈拉湖周围到处都是孤立的黏土台地。[②]

风蚀对长城墙▷体的作用

我们考察了风蚀在这一地区所起的重要作用，它就像地质变化对地表进行的大规模塑造。这个考察结果，使我们能够更加易于评估风蚀作用对人类工程的影响。在考察长城的过程中，我反复指出，建于两千年前的长城至今保存得很好，而且它们总是与盛行风的方向保持平行。尤其值得注意的是，穿越洼地的长城（就像烽燧 T.III 和 T.XII 附近的那段一样），往往能够避开横扫“塞”的暴风袭击。另一方面，当长城经过没有任何遮掩的地面，并因而成为挡风的障碍或者流沙或细沙袭击的目标时，风蚀作用对长城起到了摧残作用，或者使之完全消失，烽燧 T.VII 北面那段长城就是这样。不过，我们仍应记住，风蚀对土壤本身的作用过程相当缓慢，例如我们对烽燧下隆起处的测量结果显示，风蚀作用的程度只超过 2 英尺。这里所能找到的考古学证据对地理学家特别有价值，因为它可以用来确定一个确切的长跨度年代表，界定风蚀

---

① 图 170 的左边是一处类似但更完整的沟。它把 T.IV.c 所在的土岭的末端完全割裂，形成一个黏土台地。图 187~190 所表示的是由于风蚀作用而形成的相同的切割现象。这里表示的是面向哈拉湖的地表的情况。

② 参见本书第九章第五节，第十一章第十节，第十四章第一、五节，第十五章第二节；斯坦因《第三次探险》，载《地理学刊》，1916 年第 48 期，127 页以下。

作用对地表造成破坏所需的时间。

1907 年和 1914 年我考察长城的时间都在 3 月至 5 月。尽管在这期间进行考察困难更大，但使我更能认识到，一年中风力可能最大的春天，最猛烈的狂风主要来自东面及东北面。因此，我看到，无论是在疏勒河末端的河岸边，还是敦煌绿洲及安西绿洲，所有树木一直向西弯曲。横扫疏勒河下游盆地以及始于蒙古南部的北山沙漠的狂风，使往来于哈密的旅行者望而却步。中国人很恰当地把它们与安西之名联系在一起。在罗布沙漠和塔里木盆地最东部地区，他们已经充分感受到了这些狂风的威力，而我也早已充分记录了我对这里的考察结果。 ◁从东面及东北面刮来的盛行风

沙漠里的总体风向极有可能是由于一种“动力”的作用。春天，当罗布沙漠东北面草木不生的辽阔沙石高地仍很寒冷时，罗布周围及其东西两侧温度相对较高的气流刮过来，形成了强风。在西亚地区也可以见到极为相似的气候现象。在春夏两季的大部分时间里，气流有规律地从波斯东北山区刮向下锡斯坦盆地（伊朗、阿富汗交界处——译者），形成著名的“百廿日风”。从物理学角度来看，赫尔曼德河（流经伊朗、阿富汗两国——译者）终碛盆地的情况与罗布盆地、疏勒河终碛盆地极为相似（尽管后者缺乏确切的资料）。因此，我完全有理由提出这样一个带有推测性质的解释。 ◁解释盛行风的“动力”

从上面讲到的最后一座烽燧（T.VII）出发，越过两座盆地中的宽阔高地，以及它们中间的一道侵蚀严重的土岭，我们来到了烽燧 T.VI.a 处。从图 169 可以看到，它位于一座陡峭、狭窄的土岭东北边缘的制高点上。烽燧的北面破损严重，楔在里面的胡杨树干和枝条已暴露在外。因此，这座烽燧的外形与其他烽燧有着明显的区别。它的基部原本为约 18 英尺见 ◁烽燧 T. VI. a

方，尽管顶部残损严重，但现在的高度仍达近15英尺。烽燧用土坯砌成，土坯长15英寸，宽7.5英寸，厚5英寸，每隔三层土坯夹入一层芦苇。胡杨树原木（现高仍超过13英尺）包在烽燧里，以用为垂直扶持。同时还有一些甚至更长的圆木水平地夹入烽燧，用以构成牢固的框架，使烽燧更加牢固。烽燧的东面有一道宽约1英尺的梯子，梯子最下面的四级还保留着。烽燧附近有一处只有一个土坯宽的围墙墙基，它包含了五个仅3~4英尺长、2~3英尺宽的小隔间，这些小隔间显然是用来存放物品的。在北面和东面，风蚀作用已使原生土岭变成了陡坡，其他建筑的遗迹也已完全消失。西边的一大堆马粪却幸免于难；但无论是在粪堆里，还是在烽燧下，都没有发现任何遗物。在烽燧南面约200码处的沙砾高地上，我发现一些芦苇束和胡杨树枝从粗沙中冒出，形成一条断断续续长约40英尺的连线，像是一堵围墙。

第三节　古代烽燧T.VI.b及其文书

烽燧T.VI.b的▷位置

紧挨着烽燧T.VI.a所在土岭的南面，是一条宽约20码的深切干河床，再往前便进入一块被小型高地和孤立黏土台地割裂的长满低矮灌木的地区。走过这片地区，一座狭窄的沙覆土岭高出周围洼地约100英尺，像其他地方一样，它的西端分裂成一系列孤立的尖状台地。土岭的中部和它最后一块突出的台地上，都有烽燧。这种情况在长城的这一侧司空见惯，但仍能立即引起我的注意。由于两座烽燧之间的距离小于3英里，而且土岭上的烽燧T.VI.b（图171）位于长城线后面，因此，它不可能仅仅是烽燧。紧挨烽燧东面的堆积似乎表明，它可能是一处比常见营房要大一些的营房。因此遗址本身足以使人相信,这可能是监控这段长城侧翼的一处主要边防站。

散布在遗址周围沙砾坡上的堆积,可以划分为许多层,似乎可以验证上述推测,至少可以证明此处长期以来一直有人驻守。毫无疑问,这个位置为设立据点或者说主要边防站提供了得天独厚的优势。虽然土岭只高出洼地约 100 英尺,但是此处仍是俯视这片沼泽盆地南面及东南面开阔地带绝佳的制高点。盆地一直延伸到远处一连串完全被大型沙丘覆盖的低矮丘陵地带。从高处可以看到,这些大沙丘是从南湖方向延伸过来,并继续向西延伸到很远的地方。盆地边缘沿线的高大沙丘带,似乎拐向开阔的沼泽盆地的西南端,并继续伸向拜什托格拉克谷地侧翼的大型沙岭。显然,任何入侵者如果企图从疏勒河末端洼地的西面和北面进犯,就很有可能被困在沼泽边缘与这些无法越过的高耸沙丘之间。那里的空地只剩下一道狭窄的缓坡和完全不见草木的沙砾"塞"。因此,穿越盆地西南角、直达那些高大沙丘的一连串烽燧,既受制于主要边防站 T.VI.b,又得到它的支持,它们就能有效地保卫长城和重要的交通线,使之免受外侧游牧部落的侵袭。

◁设立据点的优势

烽燧 T.VI.b 处于被破坏状态,现存高 16 英尺,附图 37 的平面图显示,其基部约 21 英尺见方。烽燧用长 14.5 英寸、宽 7 英寸、厚 5 英寸的土坯砌成,中间夹有若干层芦苇。在发掘紧邻烽燧南面的土墩的过程中,发现了一些保存完好的营房基址。它们周围是一圈厚约 3 英尺的坚固围墙,房屋布局上有一些有趣的细节。北面入口处有一条宽仅 2 英尺的门道,两侧仍保留有结实的木门柱。两侧的墙上有约 4 英寸见方的榫眼,表明这是当时插门闩的地方。长约 11 英尺、宽约 9 英尺的前室,有一道通往烽燧顶的宽约 2 英尺的楼梯,楼梯现存六级(保存完好),每级 9 英寸高。营房内的隔墙为单墙,厚

◁烽燧 T.VI.b 的营房

1.5英尺,用长 16 英寸、宽 5 英寸、厚 5 英寸的土坯砌成,墙面涂石灰。其中一个小房间,即附图 37 中的 ii,长 9 英尺,宽 7.5 英尺,里面有一处灰泥夯成的低矮卧榻。它可能曾经用作办公室,因为这里发现了 8 枚带字木简,其中一些保存完好。其中一件(《文书》No.255),我现在就可以提一下,上面记载了一位军官到此地的确切日期,即公元前 68 年 5 月 10 日(按简文应为“本始六年三月,癸亥朔丁丑尽辛卯十五日乙酉到官”——译者)。

士兵的居所▷

东边较大的一间(iii)长 17 英尺、宽 12 英尺,很可能是士兵的居所。我在房屋东北角发现了一处灶址,它用一道已被烧成红色的圆形薄土墙与房子的其他部分隔开。灶间里的烧灰和垃圾已堆至 4 英尺厚左右。这个灶当时如何使用已不得而知。但是,我很惊奇地注意到,这个灶是长城沿线上所有哨所中发现的唯一长期用于生火的设施。在其他地方,可能是在室外生火或使用便携式火盆。另一个仍留在原地的设施是一个用胡杨木做成的宽约 1 英尺的架子,上面有一张涂有石灰的芦苇席。除了这里发现的文书①,在清理其他堆积时,我还发现了更多的文书,下面我将叙述这里发现的各种文物中的一小部分。

营房里发现的各种文物▷

它们当中有一截双刃铁剑的剑头,即 T.VI.b.ii.001(图版 LII),一个饰有涡纹的木漆碗,即 T.VI.b.iii.001(图版 LIV)等。两件木器很奇怪,其用途仍不得而知。其中 T.VI.b.003(图版 LII)是一件黑漆的楔状木器,长约 11 英寸,上面有两三个汉字,同类型的还有另外两个标本:T.VI.c.iii.001 和T.VIII.1。

① 这里我将对《文书》62 页以下中一些文书的发现地点作一些订正:No.261 应为 T.VI.b.iv.3;No.264 应为 T.VI.b.ii.1。

它宽的一端有一圈绳索,表明这件木器可能是挂在某个地方。我的中文秘书对它的用途有一种推测,我把它写在下面的注里。① 更让人不解的是两根木棒,长 2 英尺,显然是一对(T.VI.b.004.a、b,图版 LII)。木棒窄的一面挖出一道长凹槽,里面还有一根皮线,让人觉得这个凹槽里可能是有一根绳索或其他薄的东西在里面滑动。也许它可能是弩或其他类似装置的一部分,其中一件上有几个漆写的汉字,但已无法辨认。

◁堆积中发现的木简

我一到达这个边防站,附近的垃圾堆积立刻给我留下深刻印象。烽燧所在高地周围的沙覆斜坡上,到处都是灌木树枝、芦苇、马粪等堆积,足以让人相信里面会有重要发现。当天傍晚我们就选择了烽燧东北几十码处,一根木柱伸出地面的地点(图 172)进行试掘,立即在一处大型堆积的下部发现了 40 多枚常见类型的"木简"(T.VI.b.i.1~46)。绝大多数木简未被折断,但是由于暴露在地表附近,而且由于千百年来这一地区虽然雨水稀少,邻近地区的地下水位却很浅,导致木简表面在这种湿润环境中受损严重。这一发现令人鼓舞,尤其是我们当时就发现它们的年代在公元前 63—前 57 年。不过,我已没有时间,必须等到第二天早上才能继续采集标本。当我们在西南 1 英里处的营地处理一口即将塌方的水井的时候,我派蒋师爷先去继续清理。我一个小时后回到了遗址,蒋师爷已经发现了近百枚带字木简(T.VI.b.i.47~140),尽管由于湿润环境的影响,一些已受到轻微损坏,但绝大多数是完整的,而且字迹可辨认。另外还有近百枚木简,要么未写字,要

① 蒋师爷认为 T.VIII.1 宽的一端两个大红漆字只能是人名,除此之外别无他解。这个现象,再加上总能在宽的一端发现绳索,使他回想起他在楼兰和其他要塞上见到的现象。在那些地方,当士兵服役期满后,获准离开哨所时,他们总在身上别着一块显眼的木牌,上面写着他们的长官的名字,以此作为他们的"通行证"。这样的通行证可使他们免于被盘问他们的离去是否得到过许可;如果一次只发一件这样的木牌,也可避免很多人不断申请离开哨所。我觉得我那饱学的秘书的这个天才的推测多少还有其价值。

么字迹已完全褪色。所有这些都是在略超过 2 英尺见方的面积内发现的(图 172 中民工拿着木头所指的就是这个地方)。这些木简没有一枚发现于距地表 1 英尺以下的地层中,而事实上芦苇秸、木片及其他物品的堆积厚也只有约 1 英尺,下面便是原生沙砾。

公元前 65—前▷56 年的公文档案

沿着斜坡往下,堆积逐渐变薄,直至原生的大沙砾地面。[①] 在这一带清理的过程中,又发现了近 50 枚木简(T.VI.b.i.141~188)。在发现大宗木简的地点周围继续仔细搜寻,发现的木简总数达到 310 枚。另外还发现了约 100 枚空白木简以及字迹完全褪色的木简。很明显,一个小型公文档案的材料被扔在了这道斜坡上的垃圾堆里。经过沙畹先生仔细的考证,这里的纪年木简都在公元前 65—前 56 年间。我们因此可以大致推测这 10 年或 11 年间,这个古代办公室里“废纸”的数量。

木简上的中文▷书法练习

烽燧下其他斜坡上的堆积虽然面积很大,但是发现的木简极少。木简 T.VI.b.i.311~320 也只是发现在上述地点附近。在烽燧以西 10 多码处的另一处大型堆积中,发现了三枚木简(T.VI.b.iv.1~3),以及两件长方形小木片(T.VI.b.iv.001、002),其中一件显然刻画过。在烽燧西北约 16 码处有一个奇怪的发现。这里发现了一大堆木刨花,上面写有汉字,而且总字数很可能超过 1 000 个。如果不是蒋师爷当时就注意到,这些字显然是一人写的,而且一些词组反复出现,我们就有可能错过了一个重要发现。毫无疑问,他已正确地认识到,这是某位军官或文职职员练习、提高书法水平时所用的木片。他写满一面后,用刀削下来,又在新的表面上继续练习,如此反复

① 这片斜坡的凹陷处从图 172 的背景中可以见到,就在民工的身后。

多次。他所用的木料红柳和胡杨树枝,在附近沼泽盆地里到处都是。

◁丰富的汉文文书

沙畹先生在他著作的第一部分中①,根据木简文字是否可以辨认、内容是否重要,一共选录了 708 枚汉文木简。其中不少于 256 件(即《文书》Nos.9~264),也就是总数的三分之一强出土于烽燧 T.VI.b,这足以说明这个遗址发现的汉文文书资料有多么丰富。它们中的相当一部分保存比较完好,而且它们又都属于同一时期,年代又确定,即离长城建成后不久。这为这条古代边防线的军事组织及沿线的生活状况提供了当时的原始资料,因而其重要性也就不言而喻。如果从整体上考察带字木简所提供的信息②,那么这个边防站所发现的资料远比其他任何一处遗址中发现的要丰富得多。不过,为了与整个考察计划相协调,我在这里不便对此作过多的评述,尽管这个地点及其附近的长城有不少直接的考古学发现。

◁公元前 68—前 56 年的文书

首先,这里发现的大量纪年文书很值得讨论。根据《文书》Nos.37~58、91~93、158~160、255,可以知道它们的年代在公元前 68 年—前 56 年之间。此外,Nos.9~24、25~35、36 具有重要的年代学价值,它们构成了完整日历中的某些部分,并记录了每个月的甲子记日表。沙畹先生经过辛勤艰苦的考证和天才的分析,确认它们相对应的年份是公元前 63、前 59、前 57年。它们无疑提供了地方当局公文往来、记账等方面的准确时间记录。这么多的日历牌出土于烽燧 T.VI.b,而长城上其他边防站发现的类似遗物总共也只有三件。由此可以推断,这里曾经有一个非常重要的办事机构。

◁公元前 63、前 59、前 57 年的农历

① 参见沙畹《文书》,10~151 页。
② 参见本书第二十章第四至六节。

有关长城的朝▷廷敕令

从烽燧 T.VI.b 处发现的四件文书,即《文书》Nos.60、63、142、206,也可以得出同样的结论。这四件文书引述了朝廷下达给这道边防线以及保卫它的军队的敕令。其中第一件记载了皇帝的敕令,具有重要的历史意义。皇帝命令在敦煌地区屯田,并颁布了建筑边防"长城"的方法。《文书》No.60 这件极为重要的文书上没有纪年,但是朝廷敕令的内容本身足以证明它的年代在长城刚刚延伸到此处之时。根据上面提到的公元前 68—前 56 年间的纪年文书,我似乎可以确认以下推论:烽燧 T.VI.b 所属并防卫的这段侧翼长城的年代,可以早到公元前 2 世纪后半段,即敦煌以西长城最西段的建筑时期。事实上,我们是根据上面讨论过的意图得出这样的推论,它决定了长城侧翼防线的延伸。长城一旦延伸到疏勒河终碛盆地,并以此为终点,它就必然要监护疏勒河盆地的东端地区。

烽燧 T.VI.b 何▷时被废弃

要确定长城末端西南侧这些烽燧废弃的准确年代是相当困难的事。所有这些烽燧发现的最晚的纪年文书,是上面已提到过的 T.V.2,即《文书》No.428,它的年代是公元前 39 年。可能更晚的下限,可以从一块小木片(T.VI.c.i.3,即《文书》Nos.4+265)推测出来。它的背面有中国著名辞书、编纂于公元前 48—前 33 年间的《急就章》的内容。沙畹先生指出,这里抄录的一些内容,但显然是书法练习。① 据此书进行书法练习,必然要在书成之后若干时间才可能形成风尚,尤其是在中国最西部边陲更是如此。这一风尚的存在,还可由此书中所收的我发现的另外七件碎片得到证明。② 因此,我们可以推测它可能接近王莽篡权时期,即公元 9—23 年。我将进一步解

① 参见沙畹《文书》,9 页、64 页。

② 关于这些碎片的内容,参见沙畹《文书》,1 页以下。另见本书第二十章第六节。

释，由烽燧 T.Ⅳ～T.Ⅻ 组成的最西段长城此后可能被废弃了。同时，还有这样一个明显的事实，即在烽燧T.Ⅵ.b发现的大量木简中，没有一枚存有年代晚于公元前 56 年的证据。因此，我们应该考虑到这样一种可能性，即从烽燧 T.Ⅴ～T.Ⅵ.d 的侧翼烽燧线一直沿用至长城最西段仍在发挥作用，即可能延续到公元 1 世纪的头 25 年。但是，位于此线后面的烽燧 T.Ⅵ.b可能早在半个世纪，甚至更早以前即已被弃而不用。这可能是因为来自南部山区的匈奴及其他游牧部落的威胁减少了，它的重要性也就随之降低的原因。

◁凌胡燧、厌胡燧和广昌燧

与涉及长城建成时间的文书同样重要的，是另一枚木简 T.Ⅵ.b.i.152，即《文书》No.63。它记载了关于凌胡燧、厌胡燧和广昌燧建制的朝廷敕令。在烽燧 T.Ⅵ.b 发现的木简中，提到凌胡燧的很多，而且与之相关的地方记录也相当明显。因此，我们自然而然地得出这样的结论，即边防站烽燧 T.Ⅵ.b 是由凌胡燧驻守的。[①] 厌胡之名再也没有见到过，但是厌胡之名则不断见于木简上，表明它是与附近烽燧 T.Ⅵ.b 有特殊关系的一座烽燧。在 Nos.138、139（T.Ⅵ.b.i.19、235）上，我们看到了给负责厌胡地区的守士吏的命令；No.49（T.Ⅵ.b.i.91）则包含了厌胡燧长送交这位军官的报告。鉴于烽燧 T.Ⅵ.c 发现的一枚文字简短的木简 No.268 也提到了同样的燧名，而且我正是在这里发现了早期粟特人的木简残片[②]，这就不由得使人认为，邻近的烽燧 T.Ⅵ.c 是一个由厌胡燧和与之相关的国外雇

◁地方官与厌胡燧的合作

① 见沙畹先生对《文书》No.38 的注释。在这方面，特别重要的是 Nos.38、42～45、47、48、64～69，它们都包含有与凌胡燧内部管理有关的收据、报表等内容；Nos.54、56 发布了燧长的口令；No.70 则附有带燧名的标签，它显然是附在发往或属于此燧人员的文件上的。它也可以用来证明，凌胡燧之名不会是代表着其他地方的某个燧。

② 关于这一有趣的发现，以及它与那位“守士吏”之间可能存在的联系，见本书第十七章第四节。

佣军驻守的地区。①

步昌驿和大煎都

烽燧 T.VI.b 发现的大量文书使人相信，这个边防站很有可能在行政事务上与上面解释过的大煎都关系密切②，而且受制于它，而大煎都的管辖范围也可能与长城最西端的烽燧 T.IV.a～c一段相符。因此，Nos.51、137、138、168 直接传达了大煎都候长的命令。我想，如果还不能确定为事实，那也极有可能，即在烽燧T.VI.b 发现的木简中提到的另一个地点也可以确定。我指的是步昌燧。Nos.58、83、144、145 虽然没有提供地形上的证据，但是提到了此处的长官及"守士吏"（即步昌候和步昌士——译者据简文注）。但是，根据我们对此地地形的认识，我们可以从保存完整、简文清晰的 No. 95（T.VI.b.i.162，《文书》图版 V）上可以得到所有更准确的信息（简文为："三人负粟步昌人二反致六橐反复百八十八里廿步率人行六十二里二百𠂤步。"——译者）。此简记载了烽燧 T.VI.b这个孤立的边防站上三个人所担负的艰巨任务，他们被派往步昌去领取粮食。在连续两次行程中，他们总共取回六袋粟。"百八十八里廿步率人行六十二里二百𠂤步"，按照古代"军事八步"来计算，每 360 步为 1 里，我们可以计算出一个来回的距离为 62.66÷2＝31.33 里。由此可知，烽燧 T.VI.b 和步昌之间的距离为 15.66 里。

步昌燧

如果我们查看地图，并考虑地表特征，就可以看得很清楚，为烽燧 T.VI.b 提供粮食的固定哨所只能位于长城主线一

---

① Nos.71、136 木简（T.VI.b.i.296、250）上没有重要的证据，但是内容与其位置相符。前者是发给厌胡燧某人的一份石弩装置的清单，后者提到的似乎是收到某份通知的担保。

② 参见本书第十七章第一、二节。

侧，而且沿路都能通马车。[①] 这一侧离烽燧 T.VI.b 最近的烽燧便是 T.VI.a，两者之间的直线距离只有 3 英里。我发现在中亚地区，1 英里约合 5 里，那么 3 英里正好相当于 15 里。[②] 木简上的记录与到步昌的距离完全相符，考虑到路途的实际距离要稍长一些，因此我完全相信步昌一定就是废弃的烽燧 T.VI.a。此外，我们从另一件清晰的简文T.VI.b.ii.7（《文书》No.258，图版 VIII）中发现，步昌和凌胡（即烽燧 T.VI.b）两个哨所相提并论，并记录了从广武传给显然是邻近哨所的消息。[③] 由简文本身可以知道广武的位置在北面最近的烽燧 T.V，但是由于这个名称再也没有发现过，因此这个推测无法加以证实。

◁步昌即烽燧 T.VI.a

◁广武的位置（烽燧 T.V?）

我将在第二十章讨论敦煌长城的历史和现状，这里我只简要地介绍在烽燧 T.VI.b 的堆积中发现的各种文物中的一部分。尽管我们搜寻的范围很大，但收获远不如我们期望的丰富。T.VI.b.i.001～004（图版 LII）是形状奇特的尖状木器，这种器物在长城沿线其他地点发现很多（见遗物清单中的 T.002），其用途仍未确定。其形状像常见的扎帐篷用的楔子，其横断面为三角形；顶部砍得较粗糙，并画成人头状。从尖部的磨损情况来看，可以有把握地认为它们是揳入地下的。但是，如果用作帐篷楔子，它们又显得不够结实。在这完全暴露在狂风里的地方尤其不够牢固。T.VI.b.i.009、0011 是两只主

◁堆积中发现的各种文物

① 我们不知道为什么要用人力从步昌运粮的特殊原因。但是，可以肯定的是，当时和现在一样，这中间地段的地形使得使用中国人一直最喜欢的马车运输成为不可能。1907 年 5 月我对此也有切身体会，当时极需用骆驼从敦煌运来我在那里订购的给养，而当时却是用马车运来的。虽然费尽九牛二虎之力，给养勉强运到了 171 号营地，但是由于前面高地的坡度太大，马车不能继续前进。于是只好派出骆驼，把给养运到 T.VI.b 附近我们的营地。

② 参见斯坦因《古代和田》，第一卷，32 页、233 页、435 页等；本书第九章第一节，第十六章第四节。

③ 至于广武与第十七章第三节提到的广昌燧之名（见《文书》Nos.62、63）之间是否可能有某种联系，我只有留待他人去考证。

要用麻绳编成的鞋子,而且与图版 LIV 中所见长城其他边防站发现的属同一类型。如果从同一遗址发现的木简 T.vl.b.i.102(《文书》No.96,图版 V)的简文来考虑,这些鞋的材料中的纤维经受了更严酷的考验。它记录了三个被派去采集麻的人的“辛苦”。由于每人来往的路途只有 10 里,说明这种植物应该生长在离哨所很近的地方,而且很可能长在沼泽地里[木简原文为“三人觅(负)麻反十八束反复卅里人再反六十里”——译者]。[1]

纺织品中的楮树纤维▷

在各种纺织品残件中,T.VI.b.i.0013 的材料需要引起注意,哈诺塞克博士经过仔细分析,鉴定出是某种桑科植物的韧皮纤维:“极有可能属于楮属,即中国和日本的楮树。”由于根据发现的地点,可以很有把握地把它的年代定为公元前 1 世纪。因此,这种纤维织物的发现具有重要的古物学意义。因为这一发现证明,蔡伦在公元 105 年发明纸之前,他可以根据楮属韧皮织物,来使用同种纤维浆造纸。根据中国古文献,我们知道楮树皮、大麻和旧渔网是蔡伦发明纸时所用的三种原料。[2] 在中国和中亚,这种韧皮一直是造纸最常用的原料。因此,在烽燧 T.VI.b 的发现是一个重要证据,证明早在蔡伦发明纸之前一个多世纪,楮树就已经用于纺织。这个事实再次证明,早在更早时期,中国人造纸的意图与这个国家的纺织业有着密切的联系。[3] 这里我想指出,尽管在烽燧 T.VI.b 发现了大量文书,但是在堆积中没有发现一张纸片。这一事实是证

① 在此我想指出,生长于塔里木西部的麻经常被罗布人用来做绳、线等,而且是各个绿洲出口到西方的产品。

② 参见沙畹《中国书籍》,5 页等;另见斯坦因《古代和田》,第一卷,135 页以及所引的威斯纳教授的论文。现在我们还应补充这位知名科学家对此作了详细解释的文章:《关于最古老的纸张碎片》,载《维也纳皇家科学院报告》,3 页、8 页等,1911。

③ 蔡伦发明纸之前,中国人早已使用楮丝来制造某种纸。参见《中国书籍》,8 页以下。

明中国造纸史的准确资料，尽管它是反面证据。

此外还应该提到的是六处半石化的柴垛，它们发现于烽燧所在的高地边缘与烽燧东、东南面之间，离烽燧不远处20～30码范围内，每个柴垛里都夹有盐粒和粗沙。每个柴垛都码放得很整齐，一薄层胡杨枝条和一薄层芦苇交替上垒，每一层里的枝条平行摆放，同时与上下层呈直角。无论是树枝还是芦苇，长度平均为7英尺，因而方形柴垛原本都一样大小。由于风刮起来的沙的侵蚀与摩擦，柴垛现存高度相差很大，从几英尺到一两英尺不等。我此前在最西部长城沿线的其他哨所发现过保存更好的类似柴垛，我愿在下文对它们的性质和真实目的进行更全面的讨论。① 在这里我只想指出，从柴垛的材料本身可以明显看出，它们的主要目的是用于点燃烽火。 ◁用于点燃烽火的柴垛

我们将在下文进一步根据文献资料和其他材料，讨论我沿整个长城发现的柴垛的广泛用途，即用来传递消息，而且中国在不同的历史时期都是如此。② 显然，这种易燃材料是迅速升起火焰的最佳选择，而且周围的丛林带里材料十分丰富。在烽燧T.VI.b发现的木简中，可以不断见到点燃烽火和见到烽火的记录（见《文书》Nos.61、84～87、172），采集木柴也是这个哨所上士兵的“苦役”之一（《文书》No.124）。 ◁烽火传递消息

柴垛里树枝的长度与用于筑长城的树枝的长度一致，这引人注目。我第一次在烽燧T.XII.a和T.XII发现这种柴垛时，我想它们最初可能用于抢修长城。由于沼泽盆地一侧烽燧间连线上并没有城墙，这里发现的柴垛推翻了我的猜测。但是，在有长城的地方，它们还是很可能用于修补长城。无论 ◁与长城墙上相同的树枝

① 参见本书第十八章第五节。
② 参见本书第二十章第六节。

如何，柴垛中树枝的规格与标准的墙内树枝有某种联系，因为它们正好与墙的厚度一致。

第四节　长城上的最后两座烽燧 T.VI.c 和 T.VI.d

烽燧 T.VI.c 所在台地的天然优势▷

我对长城线外的烽燧 T.VI.c（见附图 37 中的平面图）的考察，可以作为对烽燧 T.VI.b 的建筑形式考察的补充。烽燧 T.VI.c 位于烽燧 T.VI.b 以西约 3 英里处一块完全孤立的小台地平坦的顶部，这是一个理想的位置。这里高出周围低地足有 150 英尺，完全可以俯视整个大盆地。在这个盆地里，台地附近长满了灌木和胡杨，离台地以西 0.5 英里之外，则是一片不时可见水面的盐渍沼泽。台地的陡坡像城墙一样险峻，因此除东端外，从任何其他方向都不可能爬上顶部，甚至在那里我也必须用手攀登。台地顶部东西长 80 码，南北宽不超过 30 码，像是个天然要塞的房顶，而且相对来说易于防守。但是，对于那些规划这一系列烽燧的人来说，最重要的考虑是，这里能不受遮掩地俯视南面和西面。

保存完好的烽燧 T.VI.c▷

由于台地的高度及其孤立的位置，使之能够免受流沙及潮湿的作用，因此烽燧 T.VI.c 保存状况良好。从附图 37 可以看到，它的底部约 20 英尺见方。在这块小型天然黏土台地顶部，烽燧基部高于东面和南面紧挨的营房地基约 3.5 英尺。营房墙上的土坯与烽燧上的一样，长 14.5 英寸，宽 7 英寸，厚 5 英寸。烽燧缓慢向上收缩，到 16.5 英尺高的地方，有一个 7.5 英尺见方的小房间，显然是卫兵的藏身之处。在随后的考察中，我在长城线上其他烽燧的顶上发现过类似的小型瞭望间。只不过由于破损要严重一些，它们的痕迹很少像这里这么清楚。烽燧东面有一个浅窝，它很可能是卫兵用绳索爬上烽燧顶部的脚窝的位置。

◁烽燧 T.VI.c 的营房

烽燧边的营房破损要严重一些，它们的外墙最厚，但没有一处的现存高度高出地面 4 英尺。在千篇一律的堆积中，可以看到从房顶掉下来的夹入芦苇和树枝的碎块。在烽燧废弃后，堆积中仍保留有一些小件文物。营房里房间的安排明显与烽燧 T.VI.b 处一致。小型前室 iv 的前面，是一段沿烽燧南墙脚建成的狭窄门道。门道两侧有凹窝，看来是用于插入断面长 5 英寸、宽 4 英寸的厚重门闩。在沿烽燧东墙脚建成的狭窄门道上（这个门道似乎是用作梯子，却不见任何梯子的痕迹），烽燧上原来的白灰仍保留在坚硬的黏土土坯后面，而它是后来在门道末端砌起来的墙的一部分。[①] 最里面的一间 i 可能是长官的居室，这里除了发现一件精美的漆碗残片，还发现了好几枚带字木简残片。

◁烽燧 T.VI.c 发现的各种文物

在可能用作士兵宿舍的房间 iii 里，发现了两个木支架 T.VI.c.iii.002、003（图版 LIV），它们是用于挂衣物、装备等物品的支架，这在上文已经讨论过。那里也发现过一件奇异的楔状木器 T.VI.c.iii.001，与在烽燧 T.VI.b 发现的类似器物有密切联系[②]，上面刻有两个汉字，但已无法辨认。奇怪的是，在前室 iv 里的堆积下面，发现了大量看上去很新鲜的马粪，以及切成段的绿色芦苇。房间宽不足 7 英尺，马匹几乎不能在里面转身。这些窄小的营房既让人联想到小板船上的生活，也可以用来说明在这种连动物都能感受到的恶劣气候条件下，人们对藏身之处的需求。我在其他地方也对马厩进行过类似

---

① 在附图 37 的解说表上，这段后建的土坯墙上的残坯被错当成“砖土堆积”。

② 参见本书第十七章第三节。

的考察。在房间 ii 的门道里,我见到了一块装饰精美的皮质舌状物 T.VI.c.ii.002(图版 CX),它很可能是一条马鞍带的尾部,也可能是木锁 T.VI.c.ii.001 的一部分。

早期的粟特文▷木简

但是,最有意思的发现是在门道里几英尺处的发现。它是一块保存完好的薄木牌 T.VI.c.ii.1(图版 CLVII)的右半部,现存长 10.5 英寸,宽约 1.5 英寸。它的上部有四短行看上去像是阿拉米文,只不过当时还不能确认。这种文字我第一次在楼兰遗址的纸片上见到过(L.A.VI.ii.0104),随后又在长城烽燧 T.XII.a 发现的重要纸文书里见过。这一发现首先由考利博士(Dr.A.Cowley)辨认了一部分,随后由戈蒂奥认定为早期粟特文。[①] 这位天才合作者英年早逝,解读这一简短文书的所有希望也随之化为泡影。但是,它出土的地点和它的形制,可以帮助我们认识到,它是在早期引入这里来的。

简文提及伊朗▷雇佣军

我想首先应该强调的是,这枚木简发现于远离古代贸易交通线的长城之外的烽燧。因此,任何把这件西亚文字写本看作是从那边来的商人或仅仅是旅客带来之物的假说,都不能成立。此外,木简所用木料是当地所产,所以我当时就怀疑,在长城线外的烽燧 T.VI.c 发现这件文物,可能是由于这处要塞上有从中亚的伊朗、粟特以及邻近地区招募来的士兵。据此,我已经把写本和它的语言联系起来考虑。[②]

烽燧 T.VI.b 文▷书里的守士吏

在烽燧 T.VI.b 发现的木简中,有些是厌胡燧守士吏发出的命令或者他们收到的命令,这些文书支持了我这个推断。前面我已阐述过,此燧由 T.VI.c,或离它很近的 T.VI.b 来护

① 参见本书第十一章第三节,第十八章第四节。

② 我发现这个观点已经记在我 1907 年 5 月 6 日在 172 号营地所记的原始日记里了。戈蒂奥对我发现的早期粟特文的分析,以及沙畹先生对我下面叙述的汉文文书的释读,都支持了我这个观点。

卫。[①] 因此,《文书》No.138 所说“三月癸酉大煎都候嬰齐下厌胡守士吏方承书从事下当用者如诏书”,就是大煎都候嬰经过信使下达给厌胡燧守士吏的命令。No.139 是下达给厌胡燧守士吏的极其相似的命令,只不过没有提到守士吏和命令发布者的名字。尚未完整释读的 No.51 是另一份同样发自“大煎都候嬰”的命令,为某位守士吏监视这个“关”作出指示,但是,守士吏的名字和“关”名都还没考证出来。在不完整的“简”No.49 里,厌胡燧的长官涉及守士吏,这显然是他自己发出的命令。这些步昌燧的军官于 Nos.144、145 中再次提到;而在 No.140 中,我们见到了下达给某位“中中二二子”的命令(简文为“四月庚子丞吉下中二中二千郡大守诸侯相承书从事下当用者”——译者),他的名字已由沙畹先生考证出来,是那里的一个守士吏。[②]

◁中国的外国雇佣军

长城沿线发现的文书中没有直接的信息,使我们探明这些守士吏及其属下,可能多从远处招募而来。但从“关外头”招募外国雇佣军帮助驻守长城,显然与当时的政策完全相符。根据两汉与唐代正史中的大量记载可知,中国在处理西域事务的过程中,只要中国希望把朝廷的控制范围有效地向中亚

---

① 参见本书第十七章第三节。厌胡燧之名见于事实上发现于烽燧 T.VI.c 的 No.268,有力地证明了它的位置。遗憾的是,此简仅仅是一块碎片,因而不能提供确切的证据。

② 也许不仅仅是这五枚木简,即 Nos.138、139、140、143、144 发布了给“守士吏”的命令,命令的主题并不明确,它们显然是由信使口头解释的,而木简只是他们用于确认其内容(参见沙畹对烽燧 No.138 的注释)。由于接受命令的人无论如何不大可能亲自看懂命令,因此下达给这些“本地人”的命令写得并不十分详细,这对于文秘来说显然是件好事。参见沙畹《文书》,21 页;此外,尼雅遗址发现的许多“半官方”的佉卢文文书中,也有类似的例子,见本书第六章第二节。

这里可以指出的是,长城线上发现的 11 枚带有守士吏名字的木简中,不少于 8 件发现于烽燧 T.VI.b。这似乎明显表明,雇用外国人驻守这段侧翼长城,可能是考虑到这段长城的重要性比不上北边面对敌人的长城。在另外 3 枚木简中,Nos.375、552 出土于“玉门”及其附属边防站 T.XV.a,No.681 出土于烽燧 T.XI。

扩展时,就会实行这个政策。[①] 即便在当今,这种政策也在实行,例如从吉尔吉斯招募类似的雇佣军,驻防边界线上突出的边防站,如中国帕米尔以及向西南方向越过昆仑山的某些路段即是如此。我们已经掌握了一些有关东汉时期极其类似的政策的文书资料;因为上文讨论的文书中提到,在楼兰遗址里的中国要塞上的士兵中,有月氏人,即印地—塞种人。[②]

新疆及中国的▷古代粟特侨民

讨论这种猜测性解释没有多大用处,因为我们目前所掌握的知识,足以使我们联想到,早在公元前1世纪的前半段,敦煌边防线上已经使用了粟特士兵或其他来自东伊朗的士兵。但是我想提请人们注意一个非常有趣的历史事实。伯希和在部分地参考了我在敦煌搜集的写本的基础上,经过研究认为,在公元7世纪罗布地区存在一个首领来自撒马尔罕的粟特侨民区。[③] 此外,正如他所补充的,一些同样可靠的证据表明,此后粟特侨民区继续向东面和北面延伸,到达吐鲁番、喀拉巴尔加桑(Kara-balgasun),甚至西安府。[④] 因此,如果日后的发现与研究证明,我对这枚粟特文木简 T.VI.c.ii.1 孤例的性质及其重要性的猜测是正确的,那也没有什么理由对此感到惊讶。

可能是符节的▷早期粟特木牌

我可以补充说明的是,这件木牌的特殊形制使人相信,它是更古老的遗物,因为它正是在这段边境线上写成,并给这里的人看的。从图版 CLVII 中可以看出,它显然是一件大的刻

① 公元78年,大将军班超在给皇帝的奏章中用意味深长的话总结了这项政策:“以夷狄攻夷狄,计之善者也。”(《后汉书》卷四十七《班梁传》——译者)见沙畹《三将》,载《通报》,226页,1906,班超在提出这条重要建议的同时,还提议朝廷在政治上加强对塔里木及其以西地区的控制。

② 参见本书第十一章第八节。

③ 参见伯希和《罗布淖尔地区的粟特移民地》(*La colonie sogdienne de la région du Lob Nor*),载《亚洲学刊》,1916年1—2月号,15页以下;关于侨民区在罗布的具体位置,参见本书第八章第三节和第九章第二节。

④ 参见上引伯希和文,123页。

字木牌的一半，以用作符节。这不仅可以由它削得整齐的边缘得到证明，还可以由文字下方的花押(即签名)以及对称图形的一半得到证明。[1] 这片木牌很有可能从中间劈成完全相等的两半，而且就像我往常见到的那样，它无疑与其他精心设计的古代木质文具一样，经过精心设计制作而成的。

◁终碛盆地的西南边缘

5 月 7 日，我从 172 号营地出发，考察了烽燧 T.VI.d，也就是这段防线西南的最后一座烽燧。由于两地中间是一片难以逾越的沼泽，因此我们必须向南拐一个大弯，骑马足足跑了 10 英里才到达那里。当我路过一系列周围长着稀疏芦苇的可饮用泉水时，我遇上了终碛盆地的开阔岬角带。有意思的是，这里有一些高约 15 英尺的流动沙脊，排列在通往大沼泽的泉水水道旁。水道的存在是由于狭窄的灌木植被带阻止了流沙的前进，并使泉水水道里常年有水。这些固定沙丘虽然不大，但可以说明大型沙岭的成因。在整个考察过程中，我曾经常提及此事，在塔克拉玛干沙漠和罗布沙漠里，河流要么已经干涸，要么仍在沙丘旁流淌，要么消失在沙漠中。[2]

◁烽燧 T. VI.b

虽然烽燧所在的孤立黏土台地高度没有超过 40 英尺，但烽燧 T.VI.d 仍可完全俯视周围开阔的洼地(略图见右)。它的顶部只能容下 20 英尺见方的烽燧。烽燧保存完好，高约 30 英尺，夯筑，夯层之间夹有薄层芦苇。烽燧顶部 13～14 英尺见方，保存有

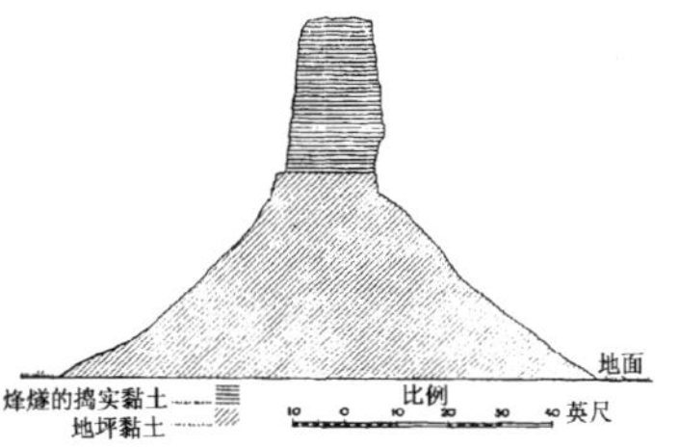

烽燧 T.VI.d 正视图

① 右边缘中部的残损，是在发掘过程中不慎被坎土曼挖坏的。
② 参见本书第六章第二节，第十二章第一节。

一圈土坯砌女儿墙;但由于没有辅助工具,我们无法攀爬上去测量。烽燧东面,可以见到浅脚窝,它应该是人用绳爬上烽燧顶部时用的。同样在东面,离地约10英尺处,伸出一些胡杨树枝,上面有一些土块,也可能是供人继续往上爬时的歇脚处。

烽燧T.VI.d处▷有限的风蚀

在烽燧东面,黏土台地已凹进去一定的深度。但是,即便在这里烽燧仍然几乎没有损坏,这充分说明由于某种植被及沼泽地表的保护作用,这一地区的风蚀作用有限。台地北面是坡度不大的松软黏土,不像其他地方,北面往往被风蚀切得十分陡峭,这同样也说明这里风蚀作用不大。我认为烽燧T.VI.d之所以与别处不同,是由于沼泽带从东面和北面保护了烽燧,使盛行的东风和东北风不能以其最锐利的武器——流沙的摩擦作用对烽燧造成损害。由于没能爬上烽燧顶部,也没能发现烽燧边原本应该有的营房的遗迹,我只能满足于烽燧底部黏土屑堆积中采集到的一些丝织品小碎片,这也就成了这里发现的唯一一种古代文物。

烽燧T.VI.d管▷辖盆地南"岸"

虽然烽燧T.VI.d的南面和西面视野开阔,但我仍未见到可能存在任何其他烽燧的迹象。勘察员拉姆·辛格此前根据指示对此地进行过调查,并深入到烽燧正西9英里处,又从那里继续向西南前进,也没能发现任何烽燧的遗存。因此,我很有把握地认为,这座烽燧是长城的盆地侧翼上最边远的一座烽燧,任何从此处以远前来进攻,或从"关内头"向外逃跑的企图,站在烽燧上就能轻而易举地监视到。这个开阔盆地的"岸线"一律向南逐渐降低,而不见东面和北面以"岸"为特征伸入盆地里狭长的山岭。烽燧T.VI.d的西面除了附近有一处能够俯视它的小型矮高地,远处不见任何突出的山岭或孤立台地。从"岸线"的低矮黏土台地边缘起,沙砾"塞"逐渐抬高,像是南面巨大沙丘屏障的缓坡。当我站在烽燧T.VI.d脚下俯视时,这片 2 英里外的沙障脚下光秃的地表一览无遗。我再一次深深体会到,中国古代长城的设计者绝不会对各地地形特征熟视无睹。

◁南面无法逾越的沙丘

我在结束这里的探险之前,派勘察员拉姆·辛格带上队里的大多数骑手,从 172 号营地出发前往西南面调查,并期待他们能找到从这些山里通往南湖的道路。只有这时,我才意识到南面那些巨大的沙丘是多么难以逾越。拉姆·辛格在那片干旱的荒地里跑了三天后返回,在三天的时间里他被 25 英里以远成群的沙丘群所困扰,虽然他又向前行进了约 10 英里,但他不得不回来,以免马匹精疲力竭。如果说南湖(即“阳关”)与长城西南翼上的烽燧之间有直通道路,那也应该在更北面,穿过那片沙砾“塞”。但是我有理由怀疑它的存在。

第十八章　最西端的长城

第一节　从长城的最西端到烽燧 T.VIII

伸向烽燧 T.III▷的长城线

我们现在从长城真正的最西端,顺着长城和烽燧,向东边的烽燧 T.IV.b 前进。烽燧周围的地面被几条小峡谷打破,除了烽燧 T.III 可做明显标志,其余很难确定长城的走向。在此之前,长城沿着附近高地的北缘延伸。再往前约 1 英里,长城几乎不间断地向前延伸,高仅数英尺的墙体,大部分因为掩埋在松软的沙土和细沙里而得以保存下来。

烽燧 T.III 的▷遗存

在第十四章里,我已经详细描述了烽燧 T.III(图 149,附图 36)及其附近长城墙旁的发现,以及我第一次在长城沿线考察的成果。[①] 因此,这里也就没有什么可以补充的。文物清单里已经罗列了烽燧基旁的地面上采集的少量文物。我还发现,那段保存极好的长城从这里向下一座烽燧 T.VII 方向延伸了 3 英里多。

与长城平行的▷印痕

不过,我将在这里描述一个有趣的发现。这是我最近回到以前考察过的长城,再次经过这里时才发现的。当时,在从身后射来的午后斜阳下,我清楚地看到一条长达数英里的印痕,从烽燧 T.IV 延伸到 T.VII 附近的小型洼地里。我看到墙

---

① 参见本书第十四章第四节。

内侧有一条奇怪的笔直犁沟状印痕，始终与长城保持着8~9码的距离。我第一次注意到与长城平行的浅沟，是在烽燧T.XIII东边的洼地里。从图176中可以看到，那里有一段很高的墙。后来我在其他地方，如烽燧T.XII附近与T.XIII之间，也发现过这种现象。仔细观察后，我发现这些印痕的宽度在1.5~2英尺，并深入到地面上坚硬的沙砾以下约5英寸。

◁长城沿线的古道痕迹

经过多次观察，我相信这条虽然奇怪却很有规律的狭窄印痕，是几个世纪中沿长城巡逻的士兵踩出来的。这不可能是我个人的错觉，因为不仅在1907年，而且在7年后再次回到这最西端的长城探险时，探险队的不同成员在不同的地方也发现过这种印痕，对其性质亦有相同的看法。同样重要的是，这不寻常的奇异印痕不断见于远离商路的长城边，如烽燧T.III和T.VII之间，这表明它不是最近形成的。另一方面，我们也很容易解释，它们何以能在这一特殊地区保存下来。这些印痕只发现于长城受侵蚀较少的地段，以及没有完全暴露在风中而且与风向平行的地段。因此，长城墙体与印痕都得以保存下来。

◁沙砾地面上的车辙

尽管如此，如果不是经常有机会在几乎不受雨雪影响的荒芜沙漠沙砾地上，看到脚印或车辙能很好地保存下来，我可能对这种简单的解释持怀疑态度。当时的农牧民喜欢用马车从敦煌向长城沿线各地运送粮草。我们经常发现，洼地里运送粮草的车辙可能多年前即已消失殆尽。但是，在通过"塞"时，即使独轮车留下的车辙也十分清楚，而且没有间断。因此，我立即想起1914年再次经过这里时，发现同类独特的车辙一点都没变。7年前我对它们给予了特别的关注，而且现在还能记起当时的情形，因为我无法解释它为何要穿越长城线。所以我倾向于相信，那些不断出现在诸如烽燧T.III~

T.XIV一线南侧荒芜地区的车辙可能是长期形成的,而其中那些痕迹不清楚的,年代可能更早—— 一个世纪甚至更早以前。

七年后见到我自己的脚印▷

1907年四五月间,我第一次沿长城前往敦煌的考察过程中,已经在烽燧T.Ⅲ和T.Ⅺ之间紧挨商路的道路上惊奇地发现,我们自己和马匹两个月前留下的足迹仍和刚踩过的一样(虽然我还是领略了几乎每天都横扫这片沙漠盆地的风的威力)。因此,1914年3月当我再次来到烽燧T.XV.a和T.XIV之间的长城时,对于仍能清楚地认出7年前自己留下的足迹,我再也不感到奇怪了。虽然并不经常,但我还是能分辨出那段旅途中我忠实的伙伴——猎狐犬Dash II的脚印。类似的考察结果对地理学家来说是司空见惯的,而且人们也经常能见到地点不同但地表情况类似的考察结果的报道。瓦尔特(J.Walther)教授引用了两个例子:他在加利福尼亚的沙漠里发现11年前的脚印和新的一样;1892年在撒哈拉沙漠里清楚地见到了1877年的骆驼脚印。① 我现在无法断定,在埃及、突尼斯等地的沙漠地区,是否也存在性质与敦煌长城沿线发现的巡逻道类似的古代遗迹。不过,那里的气候条件足以让类似遗迹保存下来,而且考古发现也和长城沿线一样丰富,今后足以建立它们的年代序列。

烽燧T.VII▷

在第十四章里,我已经详细描述了烽燧T.VII。该烽燧能够完全俯视那片从烽燧T.III处延伸过来的道路横穿过的洼地。随后对它的近距离调查,只发现了少量陶片和一件保存完好的青铜带扣(T.VII.001,图版LIII)。前面我也交代过,长城消失在烽燧T.VII处以远约1英里的范围内,我又如何在烽

① 参见瓦尔特《荒漠形成的规律》(*Das Gesetz der Wüstenbildung*),54页,1900,他引用了富罗(Foureaux)《撒哈拉》(*Au Sahara*)中的一些内容。

燧 T.VII 东北面的沙覆高地上重新找到它。[①] 现在从罗布来的商路正好通过这里，因此古代长城在这里完全消失就显得很奇怪。

我从烽燧 T.VII 出发，沿着这段由长城残段形成的隆起继续东行近 3 英里，发现长城南约 24 码处有一个小土墩（图 166）。一些木料从东北角的堆积中伸出来，上面还有石块，这表明这是一处破损严重的烽燧。4 月 14 日，我一回到长城就开始发掘，很快就证实了我的推测。土墩高约 10 英尺，底部直径约 45 英尺。从图 166 中可见，我们最初在东北角的土坯堆积中发现的胡杨原木桩，土坯中夹有大量芦苇束。我们的发掘很快就证明这是一座烽燧的堆积。烽燧倒塌下来，完全压坏了附近营房的墙体及房顶，并覆盖了这些营房。由于我们的民工没有受过训练，而且都是瘾君子，所以清理工作便成为一项艰巨的任务。但清理工作结束之后，我们发现了一些很有意义的现象，完全弄清了烽燧及营房的平面布局。

◁对烽燧 T. VIII 营房的发掘

由附图 38 可见，烽燧底部 23 英尺见方，燧身用长 14 英寸、宽7～8 英寸、厚 4～5 英寸的土坯砌成。从发掘后所拍摄的照片（图 168）可以看出，东北角的土坯墙仍高约 6 英尺。营房正对着烽燧的北面和东面，烽燧的墙面仍保留有厚达2～3英寸的灰泥和白灰。这方面的专家奈克·拉姆·辛格分辨出了不少于 13 层白灰涂层以及四五层灰泥涂层。这里的发现很可能验证了发现于烽燧 T.VI.b 的大量文书（《文书》Nos.102～111）里的记载，这些文书详细记录了墙面装饰的程序（如《文书》No.102 的简文为“一人草涂关内屋上广丈三尺五寸长三丈积四百五尺”——译者）。可以肯定，烽燧的墙面

◁抹上白灰的烽燧

① 参见本书第十四章第四节。

不断粉刷(所有使用土坯建房的亚洲国家中常见这种现象),不仅是为了修复墙面,而且可以使烽燧在光线暗淡或者天空中沙尘过多时也能从远处看得更清楚。但是,对于烽燧T.VIII而言,我们当然不能确定在营房建成前后,烽燧各粉刷过几次。图168所见到的是烽燧东北角最外层粉刷的情况。

营房建筑▷ 营房区北面所保存的墙体包括两间房屋,每间长约20英尺。紧挨烽燧的房屋i宽约6英尺,此间外墙外的那间已经无迹可寻。房屋i的西端保存有几级梯子,可能用于爬上房顶,并从房顶爬上烽燧的顶部。这间房屋的东端有一条狭窄的通道ii,从此可进入另一间长8英尺、宽7英尺的小房间。这个小房间可能是后来补建的,因为通道两侧的墙里有木桩,而且墙上还有用于插入门闩的榫眼,表明这是从外面进入屋内的通道,而不是两间房屋之间的门。营房的围墙大部分破损严重,但是从图168的左侧仍可看出,墙的砌法很独特,墙外侧是一横一直交替上砌的。

房顶的遗存▷ 上面提到烽燧倒塌下来的土坯等,至少压垮了部分营房,而且掺有芦苇束的房顶碎块压在胡杨木桩上面。这个现象可以解释为何这个废弃的兵站所发现的遗物,要多于那些几个世纪以来一直暴露在外的废弃兵站里发现的遗物。不过,营房区内没有一个地方在废弃前就变成垃圾堆,因此这里发现的带字木简并不多,总共只有10多枚。其中几枚对说明它们的地方联络及其他问题有重要意义。残“简”T.VIII.ii.2(《文书》No.585,图版XVI)有确切纪年即公元8年,因而与T.VIII.i.9(No.586)上的年代证据相符,那枚简上把敦煌称为“敦德”。这是王莽时期(公元9—23年)敦煌地区的名称。值得注意的是,这两枚简都发现于这个兵站的房屋里,而且不可能是在兵站废弃前很久遗留在那里的。我们随后将会看到，所有发现于玉门（位于烽燧 T.XIV）以西各兵站的文书，以及在烽燧 T.XIV 发现的文书中，没有一件晚于王莽时期。[1] 这表明长城的最西段可能荒废于王莽之后不久。

◁带字药盒盖

与这座烽燧物品有关的两件文书很奇特，也很重要，因为它们透露了驻守在这里的部队名称。带字盒盖 T.VIII.5（《文书》，No.588，图版 XVII）特别有意思，我很快就认识了它的价值。该木片长约 6.5 英寸，宽约 3.5 英寸，上有加盖封泥的凹窝以及捆绳的线槽，与我在尼雅和楼兰发现的长方形佉卢文木简完全一致。木片下面有小凹槽，表明这件独特的"信封"所盖的不是木牌，而是一个盒子。用于加盖封泥的凹窝里刻着工整的大字，说明这件容器曾经是显明燧的药盒（"显明燧药函"）。

◁中国木简的起源

我们显然在这里发现了尼雅和楼兰所见木简约 300 年前的真正的祖型。这个发现极为可能证实了我在《古代和田》[2]中根据我第一次在尼雅的发现得出的推测，那些木简的设置，以及佉卢文书信和文书的捆绑方式，都是源于中国方式。但是，除了这个关于古代木质文具的重要证据，木简T.VIII.5（应该补充说明，它发现于堆积房屋 i 的梯子上的堆积中）在古物学上有其价值，因为它证明常规药盒已经列入汉代军事装备之内。

◁显明燧的装备

木简 T.VIII.6（《文书》No.587，图版 XVII）提供了可能并不奇怪但同样有价值的考古学信息。木简正面写着"玉门显明燧"；背面写着"蝱矢铜镞百完"。无疑，这说明木简是附在装着这些供应给显明燧的装备的袋子或小盒子上的，同时也

① 参见本章第二、三节。

② 参见斯坦因《古代和田》，第一卷，361 页等；关于楼兰 L.A 遗址所发现的类似的木简，也可参见本书第十一章第三节。

说明当时驻守 T.VIII 的就是这个燧。显明燧被视为“玉门的”，这很有意义，也与其他地方所发现的更多文书上提供的信息相符。这表明“玉门”一定守卫着长城的最西段。但是，这不足以帮助我们确认这个著名边防站的确切位置，我们下文将对此进行充分讨论。[①] 另外唯一一枚提到显明燧的木简 T.XII.10（《文书》No.597）说它属于“官吉”（应是“官告”——译者）。这足以提醒我们不要把这类军队的名称看得太重。这些名称可能经常仅仅指的是指挥部临时所在的地方。因此，我们一定要与其他材料，尤其是地志材料和考古材料结合起来进行仔细分析。应该补充说明，这些材料都证明“玉门”从来不曾位于烽燧 T.VIII。在这里长城南面是一块既无水又无植被的沙覆高地，因而完全不可能把“玉门”这么重要的指挥部长期设在这里。

营房里的各种▷装备

关于烽燧 T.VIII 发现的其他带字残件，我只需简要提一下 T.VIII.2（No.591）。这是一块较大的彩绘木板，上面记录了各种装备，包括两个箭筒。这些装备早在烽燧倒塌前很久就移到了营房里，以后又被掩埋在里面。从第二十章的遗物清单里可以知道，这里发现的没有用处和价值的各类遗物远比其他烽燧要多。T.VIII.0018、0022、0029 等彩绘木片显然是家具残片，这表明营房倒塌时，这些家具仍留在原处。前面已经讲到过的那种用于悬挂装备的彩绘木支架，这里发现的不仅数量多，而且种类也多（T. VIII. 004 ~ 009、0030 ~ 0033，图版 LIV）。和大多数较大的木家具残件一样，它们出土于房屋 i，出土时高于地面 2 ~ 4 英尺，因此它们可能钉在墙上，并随墙倒下。

① 参见本书第十九章第二节。

前面我们已经讨论论过那件写有大字却无法释读的楔形木块(T.VIII.1,图版LII)可能的用途。[①] 它也可能一直挂在墙上,就像那把有趣的木尺和“三角板”(T.VIII.4,图版LIV)一样,那件木尺上仍残留有断绳。根据遗物清单里的详细说明,我应该指出,这把木尺和鞋匠用的1英尺长的尺子相像。它也是10进位制,每格都是0.9英寸长,每一小格又分成10等份。出土于烽燧T.XI的尺子(T.XI.ii.13)的尺码和这件(T.VIII.4)相同,这些发现为我们提供了汉尺尺寸的准确长度。我在前面已经讲述过用这种古代1尺长的尺子,测量楼兰发现的绸布卷的有趣例子,下面我还要涉及两个发现于长城上的丝绸的例子。[②] 我在其他地方已经讨论论过,长城沿线、尼雅和楼兰发现的大量木简和竹简的实际长度平均在9~9.5英寸,而中国史书早已清楚地告诉我们,简的长度为1尺。[③]　◁汉代的尺寸

在所发现的器物中,可提及以下几件:彩绘木桩T.VIII.0010(图版LII),它显然是用作烛台或插香的;一件可能用于碾颜料的物品T.VIII.0025(图版LIV);还有许多各种形状的木质印盒,在遗物清单里,它们统统归在T.VIII.5名下。图版LIII是从长城上其他烽燧发现的两类印盒标本,它们都带有系绳的凹槽,而且与佉卢文文书的木简上的凹槽一样。这里发现的各种家具说明,驻守烽燧的官兵用做家务活动的方式来消磨他们的空闲时间。标本中有一件木器T.VIII.001(图版LII),制作粗糙,但保存完好。我那位很有眼　◁印盒、木器等

① 参见本书第十七章第三、四节。

② 参见本书第十一章第一节,第十九章第五节。

③ 参见本书第十一章第三节,第十五章第三、四节;斯坦因《古代和田》,第一卷,358页等应提到,根据希尔特教授收集的资料(《通报》,1896,505页),周尺1尺约23.5厘米,也就是9.25英寸,与我发现的汉尺的长度极为相近。而同一本书中的资料显示,秦汉时期1尺约17.3厘米,到了汉末,又变成了29.3厘米。我曾参见过沙畹《中国书籍》一书18页的注释,沙畹先生对17.3厘米和29.3厘米之说表示了怀疑。

光的新疆人随从蒂拉·白说，它很像莎车地区纺棉用的纺轮。[①] 许多稍弯的木棒（T.VIII.0026、0027 是其中的几件标本）上有规律地钻了孔，很可能是用来纺线或搓绳子。T.VIII.0038 当然就是家用的木纺轮。那件奇异的木棒 T.VIII.0039（图版 LIII）上画了动物（显然是蛇）的头部和颈部，它的用途还不能确定。纺织物碎片 T.VIII.0041～0046 大部分原料粗糙，包括羊毛甚至芦苇纤维。但是有一双草鞋 T.VIII.002（图版 LIV）做得很好，而且编法也很有意思。北边外屋里发现了一些大型灰陶缸的碎片，这个陶缸在打破后，又在残片上钻孔，并用绳子把它穿起来。这说明这里定居生活的条件很艰苦，人们把所有可用资源都视若珍宝。

拴马用的木桩▷和绳子

在离开这个目前距水源约 6 英里的孤立烽燧之前，我应该提一下在烽燧外观察到的有趣现象。西南面不远处，我注意到有两根木桩从沙砾地面冒出，两者相距约 20 码。对地面进行清理后，发现有一段长约 4 英尺的粗绳仍绕在其中的一根木桩上。这两根木桩虽然很结实，而且很粗（直径足有 6 英寸），但由于受流沙和沙砾的侵蚀，它们的顶部已经几乎接近地表了。由于经常见到我的民工用木桩和绳拴马，因此我能轻易地判断，它们是那些驻守在这里的人或者临时路过这里的人用来拴马或骆驼的。

① 我的笔记中记下了在烽燧 T.VI.b 发现的一件与此甚为相似的器物。

第二节 烽燧 T.IX、T.X 和沼泽地段的长城

我在第十四章叙述第一次经过长城最西段时，已经描述了西起烽燧 T.VIII、东至烽燧 T.IX 那段不曾中断的长城，同时对烽燧 T.IX 本身也有交代（图 173）。[①] 这是我在长城所见的烽燧中保存最好的一座。它之所以保存极好，一方面是因为它建得十分坚固（详情见上文），另一方面是因为它所处的位置有利于保存。它位于从烽燧 T.VII 方向延伸过来的沙覆高地陡峭东缘的一座土丘上。从附图 33 上可以清楚地看到，由于烽燧处在这个位置上，从东面或东北面来的流沙及细沙都不能对烽燧形成破坏作用。根据最底层的土坯（图 173）可以推断，侵蚀作用使周围的地面降低了不足 1 英尺。这个观察结果与我以前多次说过的东风和东北风的风蚀作用的效果是相反的。 ◁保存良好的烽燧 T. IX

由于烽燧 T.IX 位于高于沙砾高地约 60 英尺的土丘上，它完全可以俯视西面及东面长满灌木丛的沙性土洼地。但是，它很不利于戍卫北面和从烽燧 T.IX 西北面延伸出去的一道深切峡谷。由于这片地区被一系列洼地里隆起的非常陡峭的黏土台地所遮掩，而在烽燧 T.VIII 和 T.IX 处都不能监视，因此游牧部落就有可能神不知鬼不觉地接近长城线。毫无疑问，正是这里的战术性特征（附图 33），促使长城的设计师在这道峡谷北面、离烽燧 T.VIII 约 2.5 英里处又建了一座延伸出去的烽燧T.IX.a，以防卫这个防备空虚的地段。由于天气条件不合适，也由于地面有隐蔽性，我和勘察员好几次都没注意到烽燧 T.IX.a，直到 4 月 30 日我们越过平缓的“塞”，前往烽燧 T.IX 西南面，我们才看见了它。 ◁烽燧 T. IX. a

---

① 参见本书第十四章第四节。

图 173　敦煌亭障 T. IX 烽燧遗址，自西北望

图 174　敦煌亭障烽燧 T. X 遗址，自东南望

图 175　敦煌亭障 T. XII. a 烽燧遗址的边墙，自北望

图 176　延伸到敦煌亭障 T. XIII 烽燧遗址东面的古长城

图 177　敦煌亭障 T. XII. a 烽燧遗迹，自西南望

图 178　敦煌亭障 T. XI 烽燧遗址及围墙，自西北望

◁烽燧 T.IX.a 及其围墙的特征

在我随后从长城的西南侧翼返回途中，我对此燧进行了考察，我因此相信，这座烽燧是为更好地防卫长城而设的前哨阵地。它位于一块低矮的舌状高地上，高约 20 英尺，底部约 18 英尺见方。燧身用长 18 英寸、宽 9 英寸、厚 4.5 英寸的土坯砌成，每隔五层土坯夹入一薄层芦苇。土坯和烽燧 T.IX 的土坯一样，虽然没有掺入芦苇，但仍很坚硬。烽燧北面和东面很少见到小房屋的土坯墙痕迹，烽燧北面也不见用于爬上燧顶的脚窝。这里堆积极少，也不见垃圾，所以没有任何“发现”。这可能是这座烽燧只是在有可能遇到袭击时才偶尔一用的缘故。烽燧位于一个孤立的地方，也说明了为何要在烽燧周围建一圈约 34 平方码的围墙。这圈由黏土和沙砾筑成的围墙，大部分已严重破损，有些地段甚至已完全消失了。尽管拉伊·拉姆·辛格由此前进，调查了直到疏勒河北面的地区，但均未发现烽燧，说明烽燧已不再延伸到那里。

◁越过烽燧 T.X 的长城遗迹

在第十四章里，我们已经讨论了从烽燧 T.IX 处向东北面穿越长满灌木的开阔洼地的长城的走向①，所以已不必对长城和那座截去尖顶的奇异烽燧 T.X（图 174）作进一步的说明。不过，应当指出这里的黏土含盐量很高，表明此地一条继续向前流淌了约 0.5 英里的小溪在古代和现在一样咸。因为用来制作烽燧土坯的水就取自那条小溪，而泥土则取自黏土台地。因此，烽燧的盐渍程度很高。夹入芦苇层的长城，除了在这条咸水小溪（水源来自南面的泉水）中断了一小段，一直从烽燧 T.X 直接延伸到 155 号营地以北那个小湖的盐渍南岸。

◁沼泽边缘的长城线

长城从它的西端延伸到这个地点（小湖南岸）后，一直向东延伸到哈拉湖。这段长城界线清楚，而且从地志学上来说

① 参见本书第十四章第四节。

很有意思。该边防线在此穿越了洼地(从北向南直抵疏勒河)边缘的一连串沼泽和小湖。此后,长城沿着开阔的潟湖和沼泽(疏勒河水离开哈拉湖后流到了这里)前伸,一直到达哈拉湖边。这一线的长城可以分为两段:第一段是从烽燧 T.X 附近的小湖至烽燧 T.XVII,第二段指的是从烽燧 T.XVII 到哈拉湖东岸附近的烽燧 T.XXIII.b。

长城线上的天然屏障▷

在对长城线和它所处的地表进行近距离调查后,我相信长城和烽燧的安排无疑是古代建筑师经过精心设计的,他们利用了天然屏障,以节约建筑所需劳力以及驻防所需的兵力。幸运的是我们在上文已提到过的,出土于T.VI.b.i 的重要木简(《文书》No.60①)上发现了清晰的信息,简文为我们提供了一份指导如何在敦煌地区建立军屯的朝廷诏书。诏书命令酒泉(即肃州)太守:

制诏酒泉太守敦煌郡到戍卒二千人茭酒泉郡其假□如品司马以下与将卒长吏将屯要害处属太守察地刑依阻险坚辟垒远候望毋。

依地形特点而建的长城▷

关于长城线如何仔细地根据地形特征而建,如何精明地利用天然屏障以强化或替代长城,除了上面已经讲到的长城和烽燧遗存,我不可能再找出更重要的证据。但是,我一旦从烽燧 T.X 附近的湖开始考察,我发现我的任务仅就地形特征而言就已够复杂的了。由于对长城进行的近距离考察,以及随后我的考古民工的工作受到当地地形的影响,因此在详细描述每座烽燧的考察及其发现之前,我想最好还是简要地描

① 参见本书第十七章第三节。

述地形的总体特征。

◁沙砾高地和布满沼泽的洼地

当我早些时候第一次沿罗布—敦煌之路进行考察时，我便注意到道路北边的洼地里（道路经常穿越洼地）有一些湖泊和沼泽。但只有当我进行十分必要的预备性考察，以及在北边那片看上去一马平川的沙砾沙漠里对远远见到的那些烽燧进行考察时，我才清楚地看到长城线和烽燧所处的地面，被湖泊和沼泽切割得很零散。那片一直延伸到库鲁克塔格山最东端的，一连串濯濯童山地区，看上去地势很平。现在我发现事实上那里是一连串由风蚀分割成的低矮而狭窄的高地。附图33里的地图可以帮助说明上述错综复杂的地形。这里就像是一条发育良好的“海岸线”，“海湾”和“岬角”之间是平坦的舌状地面。它们让人立即想到长城西南侧翼的大型沼泽盆地的“岸线”，只不过那里的地形特征相对简单一些，而且地势的高低落差更明显一些。我们可以清楚地看到，和库鲁克塔格地区一样，长城西南侧翼那些通常呈东南—西北走向的洼地，都是由南湖南面山的水向下冲刷侵蚀形成的，南湖地区古代显然比现在水量要充沛得多。

◁洼地里的沼泽和芦苇湖床

那些多数位于商路北侧、占了这些洼地大部分地区的沼泽的水源来自泉水（泉水的水源来自南面山脉的斜坡的地下水系）。我路过这里时，沼泽里较大的开阔水面长达 1.5 英里，岸边都有茂密的芦苇。咸水泥塘沿着水流向西北延伸，而且可以看到周期性泛滥的痕迹。由于我不能走得更近去调查，故不能确定这些泥塘的水源有多少是来自疏勒河泛滥，或者是从更东边的烽燧 T.XVII 附近的沼泽或湖泊里渗透进来的。这些洼地的其他地方，主要是罗布之路南面及其附近地区，所有的水都已从地表消失。但是，红柳丛以及茂密的灌木、稀疏的芦苇的存在，说明附近有地下水。

长城护卫着沼▷泽之间的地面

对于马或骆驼而言，这些沼泽和泥塘都是不可逾越的；对于人而言，大部分地段也难以逾越。因此，我从一座烽燧前往另一座烽燧时，往往需要绕几英里的弯路，取道沼泽边缘，或者那些不很难走的带状地区。不过，由于这些烽燧无一例外地位于制高点上，所以它们对于指引我如何向远方前进极为有利。但是，越过那些沼泽之后，我还必须继续寻找长城。在烽燧T.X和T.XVII之间将近18英里范围内，长城占据了所有敌人入侵时可能越过的干燥地段，并一直伸入到沼泽的伸出部分。在那些干燥地段下面，湖泊和泥沼以其天然屏障起到了长城的作用，因而节省了建几英里长城的劳力。如果我们考虑到这个离饮用水通常很远的干燥沙漠里，供给与交通的困难有多大，就能充分认识到它的重要性。

伸向哈拉湖的▷"潮湿边界"

基于这种考虑，我们看到烽燧T.XVII和T.XXII.c附近的哈拉湖西岸之间的长城线东段上，那些不可逾越的沼泽（其长度与上面提到的那段大致相当）的巨大天然屏障更为重要。在这一段的多数地方，由于由疏勒河冲积形成的潟湖和沼泽带非常宽阔，所以没有必要在它的南部边缘修建长城。不管怎么说，我只在烽燧T.XIX～T.XX之间，以及烽燧T.XXII.b～T.XXII.c那两小段路线上，发现了古代"隆起"的遗迹。由于它们发现于疏勒河泛滥时，河水流向坚实的两岸之间的狭窄水道处，因此这个例外情况恰恰证明了（天然屏障处不见长城的）这条规律。

在松软地表寻▷找长城的困难

但我必须补充说明，由于沼泽附近的土壤很松软，而且长满了灌木，因此第一次路过时，"隆起"遗迹往往从眼皮底下溜走。因为这里和其他地方一样，由夯土层和植物枝条层交替上筑的长城，往往因地下水汽上升而受到严重损坏。同时，那些从盐渍土壤里吸收养分的茂密植被，又掩盖了部分保存下

来的遗存。当然，在由此向西的烽燧 T.X 和 T.XVII 之间的沙覆高地上，情况就不一样了。在那里一旦发现蛛丝马迹，就能毫不费力地发现长城直接通向最近的一座烽燧。

◁长城可以作为古代水位的"高度计"

这里我还可以简要叙述一下，我在长城的这两处沼泽旁的地段考察时发现的明显的地理现象。在长城考察刚开始时，我就注意到正好越过沙覆高地、穿过洼地（有时长城在洼地里中断）的长城，有可能为我们提供了记录沼泽里两千年来水位变化的某种可靠的"高度计"。这方面任何可信的资料，显然都可以为研究这一地区有史可查的气候变化提供重要的参照资料，尤其对争论不休的"干旱化"问题更为重要。因此，我每次都特别注意观察、确认湖泊和沼泽水面的实际变化，以及能标明它们在建长城时的岸线的最低位置。

◁对沼泽水面的观测

这种观测并不一帆风顺，而且其作用也招致谨慎的批评。首先，我们必须考虑地表情况的不同变化。在一些地段上，地表环境使长城或土岭（"隆起"）能在离沼泽更近的地方保存下来（由于暴露在地下水的湿气环境里，它破损很严重），而这又取决于土壤的性质、植被量及其他条件。在获得连续几年水位情况的确切资料之前，就不可能确认泉涌沼泽及疏勒河河旁沼泽的水位季节变化的幅度。即使获得了这些资料，我们也应该牢记，水位更高（我们没有这方面的记录）的时候可能在建长城之时与现代之间的某个时期，而那个水位有可能完全摧毁了岸上的长城。可是，这又会使我们错误地认为，长城消失在大大高于目前的湖泊或沼泽岸上，完全是由于荒漠化导致的。

◁烽燧 T.X 和 T.XX处水位的最大下降幅度

在充分考虑上述情况及其他不确定因素和限制之后，仍需从考察结果中寻找重要的证据。至于在长城穿过或绕过所有湖泊或沼泽岸边观测的结果，我必须选择几个地段作详细说明。[1] 这里只需指出这样一个有趣的现象:在烽燧 T.X 附近的极西泉涌湖岸和烽燧 T.XX 附近的大潟湖(疏勒河从哈拉湖经此处向下流入支流约 10 英里),水面外缘与长城遗迹之间的落差仅 5 英尺。我们应该记住,这个落差虽然很小,但它代表了公元前 100 年前后至公元 1907 年这两处水面的水位下降的最大幅度。由于两地已经找到的长城末端与湖岸之间的距离很近(T.X 处约 25 码,T.XX 处约 80 码),而且这里的缓坡地表显然受到潮湿环境的影响,因此长城当初的位置很可能离现在的湖岸更近,位于一个更低的平面上。

长城上其他地点的落差▷

在其他可做类似观测的地点,如 T.XI、XII.a、XIII(向东)、XIV.a、XXII.c等处,水面与长城的落差从 12 ~ 20 英尺不等。但是,所有这些地方水面与长城之间的中间地段(有些地方长城可能已损毁殆尽)要么要宽许多,要么芦苇或其他植被太茂密,无法确定长城遗存是否继续向前延伸。因此,那里的观测结果,并不能否定我们根据烽燧 T.X 和 T.XX 处的观测结果得出的 2 000 年来沼泽干旱化程度的结论。

气候未曾发生显著变化▷

有趣的是,这个结论与考古学上的发现完全一致。考古学调查结果表明,自长城修建至今,这条边界线上均无发生过显著的气候变化。两汉时期疏勒河盆地最西部的这片沙漠地区应该是十分干旱的,而且从那以后一直如此。因为这里发现的薄木简上的文书、织物碎片等易于腐烂的物品,都得以完好地保存下来,更不用说芦苇秸、马粪以及垃圾堆里的其他脏物;甚至当它们仅掩埋在沙砾下数英寸的地方也能保存下来。我在烽燧 T.VI.b 和其他地点发现的情况就是这样。如果每年有几场大雨光顾这些暴露在烽燧下的斜坡上的堆积,那么这

① 参见本章第三、五节,本书第十九章第四、八节。

类文物就不可能在两千多年后仍能保存得很好。[1] 毫无疑问，我们讨论的湖泊和沼泽水位，直接或间接地取决于南面及东南面的高山上的雨雪总量，它构成了疏勒河盆地的水系。就我们目前所了解的情况，还不能确定疏勒河盆地的气候条件与盆地周围高山上雨雪总量之间的关系。不过，值得注意的是，根据已有的考古发现得出的结论证明，这两个因素之间有因果关系。我认为这种因果关系证明，无论是盆地里的沙漠部分，还是为沙漠提供水源山区的干旱化，在过去的两千年里都未能明显改变这里的气候条件。

◁南山上的雨雪决定了沼泽的水位

第三节 废弃的烽燧 T.XI 和 T.XII.a

现在我们可以回过头来讨论长城穿越过的小湖最西边，以及由此处重新折向东边的长城遗存。事实上，除了离湖的最东岸约 0.5 英里的一个制高点上有一座烽燧 T.XI（图 178），我们很难确定长城在哪个点上向东拐，也很难找到长城的遗存。从附图 33 上的地图可以看到，烽燧位于从东北面沿湖岸延伸的陡峭沙覆高地的狭窄南缘上的一座土丘上，这座土丘把这片高地与东边更开阔的洼地分隔开来。由于烽燧耸立在高于沼泽附近长满芦苇的地面 100 英尺的孤立土丘上，它完全可以眺望沼泽地里很远的地方以及沿着高地脚下延伸的道路。淡水泉离此地相对较近，可能也是在此修建烽燧的额外优势条件之一。

◁烽燧 T. XI 的位置

① 尽管这个结论本身已经很有说服力，但是为了支持这个结论，我还可以提到我在锡斯坦沙漠的考察得到的反面证据。在那里一条古代边界线上的烽燧（奇怪地让人想起敦煌长城，但这里的烽燧要小得多），我发现垃圾堆已经腐化成臭气熏天的泥土。但是，根据最近多年的仔细观测，锡斯坦的年降水量仅 2 英寸左右。参见斯坦因《第三次探险》，载《地理学刊》，1916 年第 48 期，222 页。

烽燧 T.XI 附近的长城

在紧挨烽燧 T.XI 北面的地方，高地顶部（这里宽不足0.5英里，到处都是水流冲刷的痕迹）被两条小峡谷切割。这两条峡谷分别始于高地两侧的洼地，几乎在高地中间交会，它们形成了长城的天然护壕。长城在离 T.XI 约 40 码的地方，沿一道狭窄山岭延伸。它在那块平坦的地面上延伸了仅 30 码左右，就急剧地沿山坡下降。西边，只发现了不到 0.5 英里的芦苇秸层（它们表明长城就在这里），随后消失在高于湖面约 20 英尺的胡杨、红柳林中。东边（沼泽地离此处更近），长城沿着沙砾坡从沼泽的边缘向下延伸了约 150 码，直到最后一个隆起处后，消失在松软的土壤里。

烽燧及其营房的特征

从图 178 中可以看到，这座废弃的烽燧破坏严重，而且由于其建筑和烽燧 T.X 一样粗糙，因此无法确定它初建时的规模。烽燧现高约 16 英尺，底部面积似乎 24 英尺见方。烽燧由坚硬的盐渍土块夯筑而成，夯层厚约 2 英寸，中间夹有芦苇薄层。顶部有类似断墙的遗存，围成一个小型的指挥所或瞭望塔。烽燧底部以西不远处，有一间土块筑成的简陋小屋，长约 21 英尺，宽约 12 英尺。由于只是在堆积中发现了房基，而且房基也极不完整，因而无法得到房屋大小的准确数字。在烽燧的北面、东北面和西面，我能辨认出一圈围墙（其中的一部分可以在图 178 左边看到），它可能是一个直径约 75 英尺的圆形。在南面和东南面，墙已完全消失。这圈围墙用盐渍土块粗糙地筑成，里面还垂直夹入了芦苇束（现在几乎已经石化）。围墙的某些地段现存高 2~3 英尺，但是由于其厚度仅为 1~1.5 英尺，它显然不是用于防御，而只是在这个暴露在风中的地方用于挡风。

晚期遗存

在我的印象里，这圈围墙是晚期的。围墙里的地面上散布着大量中国青花瓷（T.XI.001~004、008~0011 是其中的几

件标本），表明这个地方至少一直到宋代都曾用为旅行者或牧民的住所。这足以说明这里是一个很便利的歇脚处。这个地点离泉水和牧场不远，却又高于周围沼泽里的植被带。因此，一旦春夏季节里风力减小时，蚊子和其他各类害虫使得人畜难以在此久留。如果说我对烽燧本身的年代还有点怀疑，那么两个月之后对我第一次路过这里时注意到的大量堆积进行发掘之后，所有的疑虑都已烟消云散。对上述房屋进行的发掘一无所获，却在厚厚的堆积中发现了大量木简文书及其他汉代遗物。

◁烽燧 T. XI 堆积中发现的汉文文书

在烽燧西南面附近的地层 i 中，发现一枚保存完整的简，上面开列了配发给一个士兵武器装备的清单（《文书》No.682，图版 XIX）。在同一面沿坡倾斜的地层 ii 中，发现了 12 枚简，有的完好如初。这里应该特别提到其中的三枚。T. XI. ii. 6（《文书》No.680，图版 XIX）是竹简，它包含了一份甲子纪年日历的一部分，沙畹先生推测它对应的可能是公元 153 年。他是根据同一层堆积中出土的 T.XI.ii.8（《文书》No.8，图版 II）提供的年代学资料推测出这个年份的。沙畹先生认为，那枚木简简文是对成书于公元前 48—前 43 年的著名汉语辞书《急就章》的补充（上文已提到过此书）。[①] 如果这个推测准确的话，那么我们就可以把 T.XI.ii.6 看作是我 1907 年长城考察中发现的年代最晚的木简。

◁烽燧 T. XI 长期使用着

尽管上述说法是推测，但仍然没有考古证据足以否认它。我们将会看到，古代玉门关（T.XIV）以西的烽燧发现的有确切年代的文书中，没有晚于王莽时期（公元 9—23 年）的。这个事实似乎证明了这样一个假设，即在那个时期之后不久，对长

① 参见本书第十七章第三节，第二十章第六节；沙畹《文书》，10 页。

城极西地段的防卫就中止了。但另一方面，通往罗布和楼兰的道路一直是经过烽燧 T.XIV 附近（这和目前是一致的）的。我认为这似乎意味着，由于这里是向西到达 T.IV.b，即托格拉克布拉克之前最后一处有饮用水的地方，因此该烽燧很有可能在烽燧 T.XIV 以西长城的常规防御废弃之后很长时间一直沿用着，至少是偶然用过。

文书提到官吉▷和当谷燧

同一层堆积中出土的木简 T.XI.ii.1（《文书》No.681）很有意义，因为简文提到了官吉"士吏"以及"当谷燧长"。"官吉"之名曾两次出现于T.XII.a的文书里，表明这座烽燧应该在这段长城寻找，而且可能就在烽燧 T.XII.a 或邻近的 T.XII。当谷燧之名仅见于东边下一座烽燧 T.III 的木简上，我们据此可以得出同样的结论。这枚木简（T.XIII.i.3，《文书》No.401）的简文为"玉门当谷燧"，下面我将进一步阐述玉门就在烽燧 T.XIV，并解释我们为何希望在西面仅 3~8 英里的烽燧发现的文书中，找到这座烽燧受烽燧 T.XIV 指挥的线索。

在烽燧 T.XI 发▷现的汉尺长度

在烽燧 T.XI 南面和西北面的土丘坡上的堆积 iii、iv 里，也出土了一些汉文木简，不过没有值得特别注意的木简。这座烽燧堆积中出土的各类文物里，T.XI.ii.13值得一提，这是一把保存完整、制作精致的汉尺。与上文提到的T.VIII.4完全一样，这把尺被分成十等份，每份（即寸）为 0.9 英寸，由此可知汉代 1 尺长 9 英寸。[①] 至于烽燧北面发现的一些已经半石化的芦苇堆，我将留在本章的最后一节去解释。由于地形十分狭窄，这些芦苇堆都堆在长城所在的土脊线上，其中三堆在长城线内，四堆在线外。

烽燧 T.XI 所在高地东边那片可以见到水面的沼泽地无

---

① 参见本书第十一章第一节，本章第一、四节，第十九章第五节。

法通过，直到3英里以北，洼地一部分已变成相对干燥的盐渍泥沼。费力通过泥沼之后，我又来到了长约1英里、宽不足0.5英里的一块岛状高地的北端。[①] 尽管高地的走向与长城一致，但我没能在这里找到长城的遗迹。事实上，这里完全没有必要筑墙，因为高地的西、南、东三面都是深切下去且不可逾越的沼泽。它的北面也只能经过泥沼地才能接近，而事实上如果汉代的水位只比现在高2~3英尺，那片泥沼同样也无法通过。因此，我必须向北绕个大弯路，绕过东边那片布满深水坑和烂泥塘的沼泽，才能到达烽燧T.XII.a和T.XII所在的狭长高地。

◁烽燧T.XI东面的沼泽洼地

沿着这块高地的西缘，我发现长城在东—东北方向上，沿着沼泽西缘向烽燧T.XII.a延伸。在离水线30码范围内、高于当时的沼泽约10英尺的地方，都可以找到长城遗迹，随后长城消失在茂密的芦苇丛中。这里的长城与其他地方并无区别，不间断地连续延伸到烽燧T.XII.a（图177），有些地段现存高度不低于6英尺。长城在烽燧T.XII.a处直接拐向东南，沿着高地的陡坡向下延伸到下面的沼泽边上，那片沼泽占据了东边洼地的大部分（从图175的左边可以看得很清楚）。烽燧T.XII.a以远的这段长城有约80码可以看得到，然后消失在沼泽里的芦苇丛中。东西两片沼泽之间的长城其长度接近0.5英里。

◁烽燧T.XII.a附近的长城

烽燧T.XII.a破损严重，仅高出地面约8英尺。清理后发现，它的底部约23英尺见方（附图39的平面图）。烽燧用长17英寸、宽8英寸、厚5英寸的土坯砌成，每隔三层土坯夹入

◁烽燧T.XII.a

① 这里的地形在地图上得到了准确的反映。在附图33里，由于绘图员的失误，这片孤立高地西边的沼泽画得比东边的要大，可是事实正好与此相反。

一层芦苇。东面和南面的堆积很厚,表明烽燧的上部已经倒塌;东面的堆积下部伸出了一些胡杨树枝和芦苇束,表明营房建筑被压在了下面。我第一次来这里考察时,只用马靴的尖部刮了几下,就在堆积的下部发现了一块4英寸见方的奇怪木牌T.XII.a.1(《文书》No.606,图版XVIII),上面写着"户关戍各二"。随后在烽燧东面进行了发掘,发现了大量遗物(T.XII.a.001~0041,i.001~006),主要是木家具、家用工具、衣服等的残片,另外还有8枚汉文木简。由于烽燧倒塌下来,营房的墙已被彻底压垮,但仍可以分辨出两间12英尺宽的小房屋。上面提到的各种文物即出土于这里,其中包括雕花木衣架(T.XII.a.001~003)、木印盒(T.XII.a.005~0011、0015~0018)等,还有一把小型弓(T.XII.a.0024),以及奇特的木雕花饰品(T.XII.a.0025,图版LIII、LIV)。

对烽燧旁过道的清理▷

由于烽燧上倒下来的堆积既厚且重,所以对南面的清理只有留待第二天在奈克·拉姆·辛格和蒋师爷的监督下进行,而我自己则忙于在烽燧T.XIV的北面和东北面做些试掘。他们在这里(T.XII.a)的清理,得到了一些极为有趣的发现。紧挨着烽燧的南面有一块4英尺宽的空间,这里似乎被有意地用土坯的碎块和松土堆满。它的旁边是一条宽仅1英尺10英寸的过道(在平面图上标为ii),它的两侧用土坯单墙围起来,中间一道同样薄的单墙把过道一分为二,每段各长11英尺。厚厚的麦秸和马粪堆满了这条过道以及它旁边一间长5英尺、宽6英尺的小屋,并一直堆到烽燧的西南角。我随后复查发现,过道两侧的墙现存高度仍达4英尺多。

早期粟特文、汉文及佉卢文文书▷

过道里填满了各种垃圾,里面有大量早期纸质粟特文书(T.XII.a.ii.1~8,图版CLIII~CLVII),下文即将对它们予以讨论。根据奈克的记录,它们出土于地面以上3英尺处的地层

中，我有充足的理由相信他。它们以下的堆积中发现了三枚汉文木简，其中两枚(《文书》Nos.607、609)是完整的。在过道西边的小屋里又发现了五枚汉文木简文书(也编为T.XII.a.ii)，其中一枚(《文书》No.593，图版 XVII)带有纪年("元始元年七月"——译者)，当时就可以推断为公元 1 年。但是，沙畹先生却认为推断年代仍有困难。除了大量各色丝织品残片、一件木印盒以及其他各类文物，过道里的堆积中还发现一件丝质佉卢文文书(T.XII.a.ii.20，图版 XXXIX)，上面写有九行佉卢文。

◁烽燧 T.XII.a 发现的纪年汉文文书

在讨论由这些西方文字的重要文书所提出的问题之前，我必须简要阐述这座烽燧所发现的汉文文书中所提供的年代学和古物学证据。在这些文书中，应该特别注意那件保存完整的木牌 T.XII.a.3(《文书》No.592，图版 XVII)。文书详细准确地记录了一位候长(一位敦煌本地人军官)的服役期限，即王莽地皇元年至二年，亦即公元 20—21 年。[①] 烽燧 T.XII.a 发现的另外四件提到广新燧的文书(《文书》Nos.596、598、599、600)也足以证明，长城上的这座烽燧在王莽篡权时期一直在使用。沙畹先生指出，"新"之名是王莽所建立王朝的名称，而广新之名自然也就是"加强新之力量(之燧)"的意思。所以它在确定年代上有重要意义。在 T.XII.a.ii.9(《文书》No.593，图版 XVII)上，有笔迹清晰的"元始元年"字样，它对应的是公元 1 年，这离王莽时期(公元 9—23 年)已经非常近了。尽管文书中当月的甲子记日法问题很复杂，而且沙畹先生也没能解决，但我还是接受这个年代的说法。(简文为："元始元年七

① 沙畹先生已经非常详细地讨论了这份文书所反映的年代学和古物学上的意义，参见《文书》，128~131 页。

月壬辰朔辛丑壬子钱、少千八百一十。”——译者)

官吉的广新燧 ▷

在 No.596 上,我们发现广新燧隶属于官吉(简文为“官吉广新燧长”。“吉”当为“告”之误,为尊重原文,译文一律未改——译者)。我曾经提及,这个地名也见于出土于与显明燧有关的 T.XII 的 No.597,这表明官吉本身就是指 T.XII 和 T.XII.a这两座相邻的烽燧。[①] 有意思的是,根据《文书》Nos.598、599(图版 XV、XVI)(载明几件石弩划归他们),拥有这些武器的广新燧隶属于玉门关。但是,这个地名无论如何也不会使我们相信,这座著名边防要塞王莽时期或其他任何时期曾经位于烽燧 T.XII.a。在下面讨论烽燧 T.XIV 时,我将提出足够的考古、地形证据,证明西汉时期玉门这个重要的指挥所一直就在那里。从烽燧T.XII.a至 T.XIV 的距离仅约 5 英里,因此位于烽燧 T.XIV 的玉门可以毫不费力地指挥位于T.XII.a的派出机构。同样的情况出现在东边下一座烽燧T.XIII的文书“玉门当谷燧”之名里,我们由此也无意中把烽燧T.XI与官吉之名联系起来(T.XI.ii.1,即《文书》No.681 中有“官吉士吏□□当谷燧长”的内容——译者)。[②]

第四节　在烽燧 T.XII.a 发现的纸质粟特文书

在烽燧 T.XII.a▷ 发现的纸质文书

毫无疑问,在烽燧 T.XII.a 中最大的发现,是一些我们以前不认识的字体书写的纸质文书。我们将在第二十章的遗物清单中,讲到在打开过程中观察到的捆扎方法和保存状况。所有的文书发现的时候都是整齐的小书卷,长 3.5~5 英寸,宽 1~1.125 英寸,如图版 CLIII 所示。图中展示了七件没有打开

① 参见本章本节。

② 参见本章本节及沙畹《文书》No.401。

的文书，其中三件（T.XII.a.ii.1、3、5）仍然可以看出起初绑得很紧，绳子可以明显地看出来是丝质的。有一件先是被裹在一块丝绸中，然后又被装在一个像是用亚麻布做成的粗糙的布袋里。它的边缘被缝上了，外面写了七行相同的文字，很可能与地址有关（图版 CLIV）。文书 T.XII.a.ii.4 也是折叠起来的，但是它没有绑扎，而且比大多数其他文书保存得稍好一点，不那么易碎，所以当场就可以打开一部分看看里面的内容，图版 CLV展示了它完全打开后的情况。随后打开所有文书，则是一项很艰巨的任务。1910 年牛津大学图书馆的各位专家很好地完成了这项任务，我的朋友考利博士当时对这些文书的字体和内容进行了初步考释。

◁文书的折叠和地址书写方法

所有的文书原来都是从较窄的一头向里折成很细的一卷，在绑扎之前又对折起来。对信件这样细致的折叠（只有这样才能从背面的地址上了解收信人和发信人的情况）有效地保护了墨迹，使其至今仍清晰明了。同时它又解释了磨损造成的破坏，如图版 CLIV ~ CLVII 所示，纸张都在与宽的一头平行的中线处被磨损。[①] 除去这种和其他一些小的损伤，这八件文书都保存得很好，对最终的解读有很大帮助。值得注意的是这种折叠方法和我在楼兰、尼雅分别发现的纸质和皮革佉卢文书的折叠方法基本相同。[②] 但是那些文书的背面都没有写地址，而不像在烽燧 T.XII.a.ii 中发现的纸质文书那样。[③]

---

① 唯一的例外是 T.XII.a.1（图版 CLIII、CLV），其中线几乎没有任何磨损。但是另一方面，T.XII.ii.6（图版 CLVI）的情况却糟多了，文书的左半边就可能因为这种折叠方法而丢失了。

也许这不只是个偶然现象，可能人们将信件的上部而不是地址折到了外面，图版 CLIII 就给我们提供了这样一个例子。信件多次打开，折叠，但也许又错了，这样一来，信件还没被扔到垃圾堆里去之前就很可能已经破烂不堪了。

② 有关这些佉卢文文书的整理见《古代和田》，第二卷，图版 XCI ~ XCIII；本书，图版 XXXIX。

③ 见图版 CLIII。T.XII.a.ii.7（图版 CLVI）是唯一找不出地址的文书，它中间的大部分都丢失了。

纸张的尺寸▷

这些书信的纸张长度基本相同,表明可能有一个通用的标准尺寸。在七件完整的文书中,六件(T.VI.a.ii.1、2、3、4、7、8)的长度在15.5~16.5英寸。纸的宽度也惊人的一致,八件文书中有六件的宽度在9.5~9.75英寸。因为无法知道在早期中国纸张制造的情况,目前我只能说它们的长度和一些私人文书的长度比较接近。这些私人文书是我从敦煌千佛洞中堆放得像一堵堵墙似的文书中得到的。① 关于宽度的情况相对比较清楚,为9.5~9.75英寸,很接近在长城、尼雅和楼兰遗址发现的大量中国木简、竹简的宽度,即9~9.5英寸。这种互相的参照表明了这些文书的纸张采用了木质文书的尺寸标准,而在这同一个时期内木质文书仍在使用中。

中国木简的长度▷

从沙畹先生对大量文献资料的研究中,我们可以知道,与那些为保存国家法令、古典文学或礼仪的木简不同,汉代私人用简的长度是1尺。② 我在烽燧T.VIII和T.XI发现并探讨过的古代度量证明,汉代的1尺是9英寸(23厘米)③,而且我以往的三次探险中,发掘的绝大部分竹简和木简与这种度量特别吻合④。如果不是更早,这种在汉代就已制定的有关木质文具的标准一直流行到今天,并仍然影响着私人信件中汉字书写行的高度,以及为它而配备的其他文具的尺寸。⑤ 因此,我

① 私人文书的长度:Ch.6为16.625英寸,年代约为公元400年;Ch.1181为14.375英寸,公元521年;Ch.401为16.25英寸,公元522年;Ch.478为16.625英寸,公元601年。从唐代开始的书卷的长度在18.25~19.25英寸;例如:Ch.79(公元700年),Ch.480(公元762年)以及一件公元718年的道教文书。

② 参见沙畹《中国书籍》,载《亚洲学刊》,27页,注㉞,1905。

③ 参见本书本章第一、三节。

④ 参见沙畹《古代和田》,第一卷,358页等;1906—1907年长城烽燧和楼兰遗址发现的简的准确尺寸,可以从沙畹《文书》中得到,文章和图中都有这些数据。我在1914年探险中发现的与这些数据完全吻合。

⑤ 我是从自己的观察中得出这些结论的,在新疆和甘肃,私人广泛使用的粉红色信纸都用竖线画成栏供人书写汉字。每一栏的宽度和长度都特别接近古代的木质简牍。同样更有意思的是"尺牍"这个词就是来源于私人使用的一尺长的简。参见沙畹《中国书籍》27页注。

认为在烽燧 T.XII.a 发现的早期粟特文书所通用的宽度，很可能也是由于同样的原因制定的，就像中国为现代的书信制定标准尺寸一样。因为纸张不可避免地要受到磨损，木简和竹简的边缘也会遭受同样的损伤，通过稍微增加边缘的宽度来保护它就很可行了。

◁纸的传统尺寸

但从古物收藏家的观点和直接的考古重要性来讲，更有意思的是这些文书所用的纸。对他们来说，首先，纸的使用就不是一个简单的问题，虽然字体的西方来源我们同样也不清楚，但它吸引的注意力却较少。一方面，准确详细的中国历史文献证明，蔡伦在公元 105 年首先发明了纸。[①] 另一方面，沙畹先生通过对许多烽燧中发现的有确切纪年的文书的考释，证实了它们当中没有一件晚于公元 137 年。[②] 即使我们接受根据 T.XI.ii.6（即《文书》No.680）上的日历推断出的公元 153 年的说法，它的年代下限也不会有太多的变化。[③] 通过这个和其他一些考古上的证据，我们似乎可以得出这样一个结论：长城沿线的一些烽燧肯定在公元 2 世纪中有一段时间被遗弃。

◁纸发明于公元 105 年

考虑到这些年代范围内的间隔很短，帝国经济中心与极西之地相距遥远，以及中原文明的保守性（尼雅遗址的发现表明，直到公元 3 世纪后期，人们仍然只用木简记事，足以说明其保守性），烽燧 T.XII.a 发现的纸质非中文文书和至少一件公元 21 年的纪年文书，以及其他属于公元 1 世纪早期文书的发现，就具有特殊的意义。这一切都启发了我 1910 年将这些文书中的一部分样本送给冯·威斯纳教授研究，他是一位杰

◁烽燧 T.XII.a 的文书对纸张的使用

① 参见沙畹《中国书籍》5 页等；《后汉书》中关于纸的发明的有关章节，已经在此全文引用并得到了讨论。

② 参见沙畹《文书》，vii 页，116 页之 T.XV.a.i.6，《文书》No.536；本书第十九章第二节，第二十章第三节。

③ 参见本章第三节；沙畹《文书》145 页。

出的植物生理学家。我们对中亚和东亚造纸术发展的确切知识,大部分都要归功于他的研究。他在此前通过对我第一次探险发现的一些纸的研究,已经得出一些很有趣的看法。[①]

冯·威斯纳教授对纸的分析

冯·威斯纳教授对这些样品的细致认真的显微镜分析,已经获得了很重要的发现,并在他的文章《关于最古老的纸张碎片》[②]中得到精确而清楚的阐发。鉴于它们在考古学上具有重要意义,在此有必要总结一下几个得到认可的主要观点。对取自不同文书的样本所作的分析研究已经清楚地证明,它们的原料全部都是织物。这些织物是在经过一种很原始的机械捣碎后做成纸浆的。[③] 纤维在显微镜下放大后仍然可以很明显地区别开来,而且可以肯定是一种麻属植物纤维,很可能是中国麻(很早就在中国种植)而不是其他种类。[④] 另外一个特别有趣的发现是 T.XII.a.ii.1.a 上的一块纤维片,破损很严重但仍能用肉眼清楚地看出织物的结构,线是横竖交错的。[⑤] 冯·威斯纳教授倾向于从这个特例中,推导出这时造纸术还处在一个更原始阶段的结论。即当时首先只是将薄的亚麻属织物改造成书写的工具,而并不完全破坏它的纤维结构。此外,这一特例还支持了这样一种观点,即我们正在研究的这些纸,代表着用碎布片造纸术的一个早期阶段。[⑥]

无论如何,对这些纸张所做的原料分析说明,完全用单一

① 冯·威斯纳《纸历史新篇》,载《维也纳皇家科学院报告》,第148辑,1904;还有 *Mikroskopische Untersuchung…asiatischer Papiere*, etc., in *Denkschriften der math.-naturw, Klasse der K.Akad.der Wiss*, 第七十二卷,维也纳,1902。

② 文章发表在《维也纳皇家科学院报告》(哲学史类),第168辑,卷.Abh.5,1~26页(引自复印件);冯·威斯纳《纸历史新篇》,载《维也纳皇家科学院报告》,第148辑,维也纳,1911。

③ 参见冯·威斯纳《纸历史新篇》,载《维也纳皇家科学院报告》,第148辑,15页以下、22页等。

④ 冯·威斯纳《纸历史新篇》,载《维也纳皇家科学院报告》,第148辑,18页。

⑤ 冯·威斯纳《纸历史新篇》,载《维也纳皇家科学院报告》,第148辑,14页和图1。

⑥ 冯·威斯纳《纸历史新篇》,载《维也纳皇家科学院报告》,第148辑,16页以下。

的布片造纸的技术，肯定是在蔡伦的发明之后不久出现的。然而直到烽燧 T.XII.a 文书的发现，破布片在西域这些遗址的纸张中也仅仅是用作替代物，主要原料仍是从楮树和其他类似的树中得到。[①] 这一点有特别重要的意义，因为它十分明确地推翻了这样一种认识：用破布片造纸的技术是公元 8 世纪中叶由撒马尔罕地区的阿拉伯人发明的，并随之由中东传向欧洲。[②] 但是，现在被证明的事实对我们来说也同样重要，是因为它令人信服地证明了《后汉书》的正确性，即蔡伦以破布片、破渔网和树皮、生麻为原料发明了纸。[③] 考虑到在公元 5—8 世纪的新疆遗址中发现的大量写卷中，普遍缺少完全以破布片为原料的纸（这一点冯·威斯纳教授在以前分析过[④]），那么在烽燧 T.XII.a 的发现，就被认为是一个表明它的年代古老的证据。我们完全同意没有任何迹象表明这些文书的纸张是用后代那种将淀粉和其他胶状物混合的方法造成。冯·威斯纳教授也特别强调这一点的意义。用后代这种方法制成的纸已经发现，楼兰遗址的 L.A.VI.ii.0230（即《文书》，No.912）就是其中一例，它的年代为公元 312 年。[⑤]

◁单用碎布片造纸的早期实例

◁这些纸张没有经过“黏合”

这样，冯·威斯纳教授的重要研究成果就倾向于支持这样一个结论：考古可以证明这些文书的年代很早。它们出土于废弃年代据估计为公元 2 世纪中期的一座烽燧，这样它们

◁纸张本身也证明了文书的年代古老

① 冯·威斯纳《纸历史新篇》，载《维也纳皇家科学院报告》，第 148 辑，9 页。

② 有关这些早期阿拉伯纸的制造和它们依赖中国战俘传授技术的参考资料，见 *Papyrus Erzherzog Rainer*（1885—1887），冯·威斯纳《纸历史新篇》，载《维也纳皇家科学院报告》，第 148 辑，2 页。

③ 同上 650 页；沙畹《中国书籍》，6 页，根据沙畹先生引自一本中国经典文献的资料，6 页，注②。上面的每一种原料都分别被蔡伦用来造一种纸。冯·威斯纳教授反对这种观点。但对我来说尚没有足够可靠的证据来判断这件事。

④ 参见冯·威斯纳《纸历史新篇》，4 页以下，24 页。

⑤ 参见冯·威斯纳 *Áber die ältesten…Hadernpapiere*，13 页及注②（数字 904 是从沙畹先生的临时计算得来的）。

的年代和已知的纸的真正发明年代(公元105年)完全吻合。虽然这个结论可能有年代上的疑问,但我们仍可以毫不费力地解释,在长城沿线的其他烽燧为何要么只发现极少纸质汉文文书,要么根本就没发现过。[①] 我们总共才发现了三件文书,即文书Nos.706~708,而且是分别在烽燧T.XIV、T.XV.a和T.XXIII.a中发现。[②] 与长城沿线发现的数以千计的有字木简或空白木简相比,它们的数量极少,但这正表明这些烽燧很早就被废弃了。这一点通过和楼兰遗址的汉文文书相比就很明显,那个遗址是在两个世纪后废弃的。在楼兰纸质文书的数量,占到全部散落的汉文文书的20%,其余的都写在木简上。[③] 在判断这种数量上的增长时,我们还必须考虑到楼兰距中国的造纸中心更远,要得到纸只有一条艰险的商路,而这条商路在当时正逐渐失去作用。

长城沿线纸的缺乏▷

字体与早期阿拉米文相似▷

现在让我们从T.XII.a.ii这些奇特的文书的外形和材料上移开注意力,转向它们的字体和语言。所有的文书在发现时都很整齐地折叠起来,一些甚至还用线捆扎起来。其中一些文书,如图版CLIII所示,在外面也写有文字,这肯定是地址(见T.XII.a.ii 1~3、5)。另外两件(4、6)在小卷当中,我曾试着不顾纸质容易破损而去打开一角。情况让我不得不相信,它们是用同一种我们不认识的文字书写的,很像阿拉米文。

① 在此我没有必要把一些中国的佛教经书(《文书》Nos.710~720,发现于烽燧T.XIV.V,见687页)的碎片提出来,因为它们出土于一个年代要早得多的祠堂,并且已被文献和钱币学上的研究证明在唐代就已被使用。那些碎纸片中的一部分无疑属于公元650年以后翻译的一部经书。

② 最后编号的这块碎片写在一个很像是织物的纸上,它又薄又软,我不由得认为它是人们最初尝试造纸时的产品,就像沙畹先生对《说文》中的一段所作的精彩分析后得出的看法一样。《说文》完成于公元100年,早于蔡伦的发明(参见沙畹《中国书籍》8页以下)。但这只是一个半业余性的猜测,而且很可能在冯·威斯纳教授的专家水平的检验下就不值一提。

③ 为方便起见,我从沙畹《文书》中分别清点了写在纸上和木简上的文书的数量。Nos.894~939写在纸上,Nos.721~893写在木简上。如果把未写字的碎片也收入其中,比例不会受到影响。

我在楼兰的 LA.VI.ii.0104 这张小纸片上，第一次见到过这种文字（见上文和图版 CLIII）。[①] 因为我不是闪族人，所以我既不能尝试着去解读它，也不能做除了猜测它的语言以外的任何事。我似乎可以猜测，在中国边境上发现的这些文书可能是一种伊朗语所用的闪族语字体。文书在一座废弃的烽燧中发现，而这座烽燧又靠近公元前后中国通向药杀水（Yaxartes，即锡尔河——译者）和乌浒水（今阿姆河——译者）的丝绸之路，这就很自然地暗示在伊朗语和粟特语、大夏语之间很可能有某种联系。烽燧 T.VI.c[②] 还没有发现用同种字体书写的文书，我当时就认为这些文书可能是那些商人在粟特或更西之地来赛里斯做丝绸贸易途中遗留下来的信件。

◁考利博士尝试性的释读

在目前去详细讨论这些问题，并想找到答案不太现实。但是，我的两位学术造诣很深的朋友的研究成果已经提出令人信服的证据，证明这些文书的字体和语言，就像我起初猜测的那样确实与东伊朗语有联系。他们的研究成果很容易就得到认可，使得我可以把自己的看法限于那些基本事实。考利博士起初成功地确认了大部分文字。[③] 他的另一个贡献就是确证字体有阿拉米语来源，只不过自身发展特征明显而已。所用的伊朗语夹杂有一些大部分以“密码”形式存在的闪族语文字，这种情况与巴拉维（Pahlavī）的发现相似，但这里的数量则要少得多。一部分文字已被正确地释读，不外乎是一些相互介绍时的客套话和文书 T.XII.a.ii.4 背面的短句。这就使考利博士可以把它确认为一封信，并可以部分地知道它的地址。

① 参见本书第十一章第三节。

② 参见本书第十七章第四节。

③ 参见考利《又一种发现于新疆的未知语言》（*Another Unknown Lanuage from Eastern Turkestan*），载《皇家亚洲学会会刊》，159~166 页，1911 年 1 月号，在这篇文章中文书 T.XII.a.ii.4 被精确地复印下来了。

戈蒂奥证明是▷早期粟特文

在考利博士的文章发表后的两个月中，罗伯特·戈蒂奥以 T.XII.a.ii.4 的复印件和考利博士的研究为基础，在他那篇精彩的论文中[1]，证明了这些文书的语言是一种早期形式的粟特语。这种语言穆勒(F.W.K.Müler)教授在对吐鲁番佛教写卷的研究中，已经辨认了出来。文书的字体是一种介于阿拉伯语正体文和粟特文(维吾尔字母便是由粟特文发展而来)之间的阿拉伯语草体文。这种确认是建立在语言和字体等一系列令人信服的基础上。对大多数地址和相互介绍时所用客套话的释读，也使得戈蒂奥可以作出这样的判断。

戈蒂奥之死中▷断了考释

由于考利博士的大度，我得以在他的那篇论文发表之前，就已经把早期粟特文书的复印件给了戈蒂奥，那些文书可能现在已经很好地整理完了。他在出版和解释晚期粟特文佛经方面取得了很快的进展，这些写卷是在敦煌千佛洞丰富的窖藏中得到的。因为有这么多新资料的保证，就使我们充满了这样一个希望：尽管这些文书中既有私人信件也有官方文件，既有常见的信件也有草体文书，释读工作非常困难，但是戈蒂奥肯定会取得稳步的进展，并最终完全释读我们发现的早期粟特文书。他在这方面连同其他方面的努力，不久都因战争的爆发而被迫中断。此外，由于他被伤病折磨几个月之后，不幸于 1916 年去世，更使伊朗语的研究遭受了无法弥补的损失，早期粟特文书的释读工作也遭到中断。

关于文书来源▷的问题

考虑到这个打击，把所发现的全部文书都制成图版(图版 CLIII～CLVII)，使其他学者可以继续完成释读，对我来说也是一种安慰。T.XII.ii.2、3、5 这三封信都比较长，分别不少

① 《斯坦因、考利关于未知语言文字写卷的笔记》(*Notes sur la langue et l'écriture inconnues des documents Stein-Cowley*)，载《皇家亚洲学会会刊》，1911 年 4 月号，497～507 页。

于60行、35行和32行，大多数保存状况都比较好，字母之间间隔清晰，这些特征更使完全解读的希望增大。这些进展必须建立在对下面一些有趣的历史问题的精确回答上：这些信件是由公元1世纪来往于此地的西徐亚人（Scythia）写的，还是由原来就居住在长城沿线的粟特人或被雇来负责长城防卫的粟特人写的。

◁早期对西方的丝绸贸易

当讨论到在边远的T.VI.c发现的早期粟特文书时，我已经详细地解释了后一种可能性的原因。[①] 说到前者，托勒密（Ptolemy）曾记载了教皇马里努斯（Marinus）任命马其顿人马斯（Maıs）[也叫塔蒂亚努斯（Tatianus）]为商务代表的事，这可以为我们提供很有说服力的证据。塔蒂亚努斯曾为丝绸贸易从西亚很远的地方前往赛里斯。一个更现代的例子也可以发现，穆斯林商人们总是从费尔干纳或安集延出发，长途跋涉去甘肃，甚至更远的四川和云南进行丝绸和茶叶贸易。我的个人笔记中也记载了几个阿富汗商人，从巴焦尔或喀布尔出发去做生意的例子，例如我的朋友谢尔·阿里·汗。[②] 当我来到烽燧T.XV.a遗址时，又发现了一件由西方丝绸商人遗留下来的实物，在丝绸捆的末端有一种印度文字——婆罗谜文字的题记。[③]

◁外国人早期使用纸的例子

即使在这些早期粟特文信件全部释读之后，也难以解释这些信件怎么会到烽燧的垃圾堆里去。因为那些烽燧并不紧挨丝绸之路，而信件中绝大部分又都明显地并未打开过。纸是在中国远离中亚的地区，通过一系列技术手段处理后发明的。那么它为什么会在发明之后短短几十年间就传到这里，

① 参见本书第十七章第四节。

② 参见斯坦因《沙漠契丹》，第二卷，38页、68页。

③ 参见本书第十九章第五节及第二十章第四节的遗物清单里的T.XV.a.iii.57。

而且是被来自遥远的西方的商人所用呢？如果我们从考古学角度来思考，也许就会显得容易些。问题的答案可以从书写的人是外国人这个事实，以及他们所用书体的性质中寻找出来。

纸更适合于书写非汉语语言▷

《后汉书》(卷七十八《宦者列传》——译者)中有关纸的发明的记载，清楚地说明了在此之前书写工具的诸多不便："自古书契多编以竹简，其用缣帛者谓之纸。缣贵而简重，并不便于人。伦乃造意，用树肤、麻头及敝布、渔网以为纸。"[①]和西域建立通商关系后，到中国来的商人和其他人，可能比中国人更能体会到这些书写材料(木简)的不便。从沙畹先生的著作中披露的大量文书材料中可以看到，由于汉语和汉字的特点，一枚可以写 50 个汉字的竹简可能足以容下一条法令、一个命令或一封信。[②] 同样，一条窄丝带也足以写下一封信，我们在 T.XIII.i.003.a(即《文书》No.398，图版 XX)中仍可以看到。如果是另外一种拼音文字和有词尾变化的语言，类似容量的信息书写起来可能就要占更大的篇幅，这就要额外增加搬运木头的重量(竹简可能在实际中被淘汰)，或增加丝绸的耗费。粟特人使用过的桦树皮和兽皮，在中国古代的书写材料中从未被提起过。因此，很容易理解当西方的商人身处长城之内时，他们会如何急切地使用这种新发明，即中国早期的纸——蔡伦纸。任何理由都可以使我们相信，他们一定会比蔡伦的同胞更迅速地采用这种发明。蔡伦的同胞则由于很强的保守性，而不能做到这种迅速的转变。

值得一提的是，在同一个垃圾堆里(T.XII.a.ii)还发现同

① 参见沙畹《中国书籍》，6 页。

② 在 T.VI.b.i.289，《文书》No.60(图版 III)中的朝廷诏令可以作为一个很好的例子。

样写在丝绸上的佉卢文(T.XII.a.ii.20,图版 XXXIX)。那是迄今为止发现的唯一写在丝绸片上的佉卢文,是一封信或一道命令的残余部分。[①] 它破损太严重,我们已不抱任何希望去考证写作者和地址,只知道它是用印度语和一种由阿拉米文字演变来的字体书写的。它与写有粟特文信件的纸出土于同一地点有些奇怪,同时出土的另一块桦树皮残片 T.XII.a.0040 也令人费解。但这块桦树皮上没有字迹。然而考虑到敦煌一带的长城离这种树生长的山(兴都库什山、喜马拉雅山、天山西麓、中南山)非常遥远,我们认为它可能是用来书写的一片叶子或卷轴的一部分。

◁写在丝绸和桦树皮上的佉卢文文书残片

第五节　烽燧 T.XII 和 T.XIII

我沿这段长城考察的开始阶段,正是在 T.XII.a 以南约 83 码处首次遇到令人迷惑不解的遗存,随后又在其他地方发现同样的遗存。一系列奇怪的小土丘,突立在光秃秃的沙砾中,排列成很规整的行列(附图 39),呈十字相交。这些小建筑物(不久我就会确认它们)之间的距离在 16~18 码。观察发现它们的底部大都约 7 英尺见方,并完全以芦苇捆一横一竖交叉分层垒成。它们的高度在 1~7 英才,变化很大,但这种变化的原因尚不清楚。我认为风蚀不可能是唯一或主要的原因,因为在这样的地方它肯定会对这些小建筑造成同等程度的破坏,并对这些小丘基部的影响不会超出 1 英尺。许多粗沙粒和小石块与芦苇捆互相混合在一起,这些东西是由原来

◁芦苇堆

① 米兰发现的带字丝绸片,M.III.0015(图版 XXXIX),属于米兰寺院的一面还愿旗帜或另外一面旗子。L.A.VI.ii.0235 这个小丝绸带上有一些佉卢文字,看起来似乎是从一个丝绸包的边上撕下来的;参见本书第十一章第三、十二节。

的建筑者加上去的还是刮大风时落下的，目前还不清楚。

建造芦苇堆的▷目的

毫无疑问，最初堆这些芦苇堆时，人们用胡杨树枝垂直捆绑芦苇束，使之更加牢固。但是以后就不需要加固了，因为盐分渗入了芦苇和土壤中，使芦苇逐渐变成半石化状态，非常结实。不过，当芦苇抽出来后，它的纤维仍有极好的弹性，标本T.XII.a.0041就是一个典型的例子。正是这些特质和极端的干燥，这些芦苇堆才经受住了两千多年的风沙侵蚀。然而建造它们的本来目的是什么呢？在烽燧T.XII.a以及附近的T.XIII（附图38），这些芦苇堆放得很有规律，我首先想到了某种防卫功能，似乎它们是为围防御性的栅栏而准备。这样的猜想可能和某些重要现象相吻合，在烽燧T.XII.a和其他一些烽燧，都发现有烧过的痕迹，那里大量的烧灰指明了芦苇堆当时的位置，T.XII.a.004、0037、0038（图版LII）就是一些类似渣滓的标本。但是，当我在其他烽燧看到极为相似却又很不规则的芦苇堆时，很快就放弃了这种想法。在那些地方，烽燧附近的地面被河谷分割得很零散，或者被其他形式所限制，烽燧T.XI附近就是这样。

芦苇捆和长城▷中的芦苇长度相同

当反复的测量表明这些摆放整齐的芦苇捆的尺寸，总是与建造长城用的芦苇捆的长度完全一致时，另一个想法立即就浮现了出来。可以很容易地想象，这些芦苇堆是供长城在受到破坏后紧急修砌时用的。这样无论什么原因引起它最后的破坏，都可以很快地修复好，而不必从一个很远的地方去收集所需的芦苇。从这一点出发，由芦苇堆就可以联想到铁道边上那些堆砌得整整齐齐的枕木。当考虑到芦苇堆中的芦苇和长城中芦苇束的长度都是7英尺时，这个解释似乎是完全合理的，我以为这个长度是由当初建造长城时的要求确定下来的。但是，根据随后的观察，我对芦苇堆的主要用途又有了不同的观点。

◁在T. VI. b发现的芦苇堆

联想到上文已经提到的长城西南翼的指挥部 T.VI.b，我觉得完全有必要寻找另一种解释。我在那里发现（上文简短提了一下），高地的东缘和南缘有六个极其相似的芦苇堆，间隔在 20~30 码。① 这些堆里包含着芦苇和较小的胡杨枝条，不同的材料隔层摆放。但这并没有使我感到奇怪，因为人们可以很容易在长城的这一侧采集到这两种植物。然而，在指挥部 T.VI.b 附近，或者说长城的那一侧没有其他任何一段长城，这就很清楚地表明以前的解释无法自圆其说。

◁已成为石灰状的芦苇堆遗存

另一个念头又出现在我的脑中，不但在烽燧 T.XII.a，而且在 T.XIII、T.XV 等其他烽燧附近，有许多芦苇堆被火烧只剩下一些石灰状碎屑。当然，这也可以解释成是突袭者或其他类似的人故意破坏。但是要解释堆放这些芦苇堆的主要目的，以及为何其中的一部分已被烧毁，把它们看作是点燃烽火的材料可能更令人信服。可以设想，长城沿线有可能存在这样一种有规律的体系，从我发现的汉文文书材料中也有这样的证据，而且蒋师爷在现场即已能释读其中的一部分。但是这要经过沙畹先生的翻译（在他的《文书》一书中），我才能知道在不同的烽燧发现的文书中，有关烽火的记录出现的频率有多高。②

◁用于点燃烽火的芦苇捆

这个问题最好留待下面全面检讨长城沿线的文书所提供的古代信息时再进一步讨论。在此只需指出支持这种解释的两个实例。几个仍保存很好的烽燧的顶部，红烧土的痕迹应

① 参见本书第十七章第三节。

② 参见本书第二十章第六节。在此我要说明一个清楚的事实，据木简 T.XII.a.ii（《文书》No.609）记录，一个芦苇堆里共有42 390捆芦苇。沙畹先生指出，这有两种用途：一是用来点火报告敌情，一是用来修砌长城。

该是能够为这种猜想提供证据的。但是肯定有一些特殊的情况,比如要使火光冲破黑夜,或因遭受袭击而必须点燃烽燧前的芦苇堆,这时整个芦苇堆就被点着。燃烧的遗存总是在整片芦苇堆的东南角,因为这样才不会蔓延到其他芦苇堆(如附图 39 显示的烽燧 T.XII.a 的情况)。这样一来,以上那种现象就得到很好的解释。同一烽燧的芦苇堆的高度变化之大(从 7 英尺到只有 1 英尺),就很好地解释了这一点,即芦苇经常被用于正常的在烽燧顶点火报警。

烽燧 T. XII 的▷位置

向那个狭窄的高地的东南走出大约 0.75 英里(烽燧 T.XII.a 邻近的一段长城就建在这个高地上),就到达了烽燧 T.XII(图 181)。烽燧 T.XII 位于这片沙砾高地的南端,高地由此伸入一大片沼泽地(这个沼泽我在以前对从南湖回到长城的叙述中已经提到过)。[①] 在烽燧 T.XII.a 两侧峡谷里的泥沼和小湖,遍布于沼泽洼地的北边。通往罗布的商路,从烽燧 T.XII南面不远处略高于周围地区的高地,横穿这片洼地。这里的地形特点也刚好解释了为什么会在这个远离长城的地方发现一座烽燧。显然,古代通往楼兰的道路是从这里通过沼泽,更南的地方因为有大盐沼地而无法通行。参考附图 33 就可以看到烽燧 T.XII 附近有一座堡垒用来保护古代的商路,监视往来交通。但是,我们同样又发现它并不是有意用来加强长城防卫线,因为它在长城的后面,而且这条路上的一段由于靠近不可逾越的沼泽地而得到很充分的保护。

用于监视道路▷的烽燧

因此,我很强烈地认为,建造烽燧 T.XII 的目的是作为商路边的一座堡垒。我称其为对边境的安全控制,这与军事防御截然不同。在这个地方设防使我们确信,西去的旅客、商人

① 参见本书第十六章第六节。

等需要获得玉门(位于烽燧 T.XIV 的一个主要边防站)守军的官方许可。根据所有中外史料关于中国西部边境上“关”的设置的记载可以肯定,肃州的嘉峪关(现在用以代替玉门关)直到现在仍像以前一样,类似的警戒线一直发挥着作用。① 同样,对那些来自西方的旅客也进行初步的检查,由于可以受到一定的安全保卫,这些商人会到玉门接受检查,而不是试图逃避它。如果在超出烽燧 T.XII 控制的范围,他们可能是另外一种做法。我个人在东方和西方的旅行经验更使我坚信,这种双重检查系统的实施,与现代边境、海关及其他类似地方实行的行政举措有大量的相似之处。同时在早期的历史记载中,还有许多同类的制度。② 总而言之,我可以指出,尽管烽燧 T.XII 的位置像叙述的那样对过往商客和商路的控制来说特别有利,但作为前线的一个指挥部就不像玉门关那样合适了。南端建有烽燧 T.XII 的高地上有效空间过于狭窄,限制了这种功能的发挥,而且环绕高地的水是咸的,古代可能也是咸的。③

◁位置不适合设置指挥所

从附图 38 的平面图和图 181 可以看出,烽燧 T.XII 遗址的范围比较适中。这座破坏严重的烽燧底部原本约 21 英尺

◁烽燧 T. XII 的遗存

---

① 关于现在替代玉门关的嘉峪关,参见斯坦因《沙漠契丹》,第二卷,274 页以下;本书第三十二章第二节,该一节对早期旅客经过这里所经历的检查作了交代。在这座建于乾隆年间的坚固城堡的西门内,我看到了主要边防人员的办公室,在那里所有西行或东去的人现在仍然必须“出示他们的纸”,蒋师爷大约在 1890 年或稍后通过这个地方时也如此。在清王朝行将崩溃的那几年中,这里和其他地方一样都陷入了混乱。关于通过克什米尔的商路上另一个类似的防卫堡垒时所需的程序,见我的注释《拉加特》,第二卷,391 页、395 页;上引段落,索引,S.V.*dvāra*。

② 我最近的一次经历是 1915 年 10 月离开俄国途中,从阿斯哈巴德(Askhābād)到麦什德(Meshed)时所经过的过关程序。在高旦(Gaudān)村有一个冗长的检查,然后在四五英里外又有一俄国堡垒最后检查护照。那个据点在巴雅吉兰(Bājgirān)分水岭附近,保卫着通向波斯边境的马路。

③ 为什么要注意到这种地形状况呢?因为烽燧 T.XII.a 和 T.XII 发现的文书 Nos.596~599 中,提到过玉门关的一些烽燧。沙畹先生据此认为王莽时期玉门关就在此地。另一种有关它们设计目的的解释和考古学上的证据完全吻合,见本章第三节。如果能根据 Nos.587、401 得出类似的结论,那我们似乎就应该把玉门关的位置定在 T.VIII 和 T.XIII 处。然而事实上,把玉门关定在烽燧 T.VIII 和 T.XIII 之间,与定在烽燧 T.XII.a 和 T.XII 之间同样不合理。

见方,高约 18 英尺。烽燧用土坯砌成,土坯长 15 英寸,宽 8 英寸,厚约 5 英寸。烽燧外表可见,土坯一横一竖放置,与烽燧T.IX的砌法相似。每隔三层土坯,夹入一薄层芦苇。北面残垣呈红色,像是火灾烧红的。当我们清理烽燧以北几码处的一座小型建筑基址时,这种推测完全得到了证实。那座基址除了夯筑的基础部分,未发现其他任何遗存。那里还有大量烧灰、焦木和垃圾。在这些垃圾和西边紧挨的垃圾堆里,发现 12 枚以上带字木简,其中大部分都保存不佳。在沙畹先生摹写的那些木简中①,只有No.597因为涉及"官吉显明燧"值得一提。我们已经明白,"官吉"很可能是烽燧T.XII和 T.XII.a 所在地的地名。② 发掘出来的各种文物有常见的汉代灰陶残片(T.XII.1~3,图版 IV),三个木质印盒(12、13、002),一根木火棍(006),一枚带长铁铤的铜镞(0020,图版 LIII),几块残席片和藤编物(0024、0030),还有一些常见的木家具和织物残片等。

烽燧 T. XIII▷ 烽燧 T.XII 和 T.XII.a 东边的沼泽洼地的北面越来越深,只有沿着边缘走上 2 英里后,它的盐沼地才可能通过。经过这样一个迂回后,我可以断定一个有趣的事实:这片大沼泽在地表上与疏勒河床并无联系。这条河床向北深陷入地下,像一条暗藏的壕沟。其他沼泽密布的低地如东边很远的烽燧 T.XVIII附近,情况也一样。长城又在烽燧 T.XII.a 对面的地方建起来,并穿过沼泽。长城从一块开阔的沙覆高地上随坡下降到那里,并消失在一片高于地面约 16 英尺的茂密的芦苇丛中,随后继续延伸至沼泽里开阔的水面附近。从那里开始,长城不间断地穿越那片沙砾"塞",抵达近 2 英里外的烽燧

① 参见沙畹《文书》,132 页以下。

② 见参见本章第三节。

T.XIII。这座烽燧保存比较完好(图 180),它的东南两面有高约 8 英尺的堆积,表明那里是一些小型营房。烽燧由土坯砌成,土坯规格及砌法与烽燧 T.XII 一致。底部 23 英尺见方,现存的顶部比地面高出 24 英尺。清理与烽燧东边和南边毗邻的小房子时,我发现烽燧的土坯结构外面有几层白灰面被兵营的墙压在下面。由此可见,营房是后来增建的。

◁营房的布置

附图 38 中的平面图显示了这些房子的布局,最大的长 13 英尺,宽 8 英尺。图 181 表现了它们在发掘过程中的情况。在房子 i 和烽燧之间有一段楼梯,原来很可能是通向营房的屋顶,也可能由此又可以到达烽燧顶部。它的台级(大约 2.5 英尺宽)仍然保留着胡杨木做的镶板。房子 i、ii 和 iii 中的小壁龛(第一个小龛没有在俯视平面图中显示出来),很可能用作壁柜。在房间里发现的汉文文书中,有两枚简有明确的纪年,《文书》No. 399 是公元前56 年, No. 400 是公元 5 年。No.401(图版 XII)中有关于“玉门当谷燧”的记录,在No.399中也提到玉门候长尤延寿(“寿”当释为“泰”——译者)。

◁写在丝绸上的私人信件

但写在精美的灰色丝绸上的两封私人信件(《文书》Nos.398、398a,图版 XX),更引起我的兴趣。它们被缝在一块有衬里的丝绸(T.XIII.i.003.a)里。这两封信出土的地点及它们得以保存完好的环境,无疑极有利于对它们进行准确的描述(见第二十章第七节遗物清单)。这两封信是由另一位在北方前线的人写给驻守敦煌长城的一位军官。它们除了给我们提供真实的书写材料的样本(在此之前只有文献记载,就像引用的有关蔡伦发明纸的文献),还使我们有可能了解那些被放逐的军官生活。①

① 见本章第四节。

烽燧 T. XIII 发现的遗物▷

在废弃的营房中发现的各种遗物中,包括一些雕花的木支架,其种类已经描述过(T.xIII.i.001,图版 LIV)。如几个木质印盒,其中一个(T.XIII.ii.003,图版 LIII)里面还有印泥;一枚带三刺的铜箭头(T.XIII.005,图版 LIII),这是一种奇特的类型;一把用了很久的竹扫帚(T.XIII.iii.001)等。在烽燧以南 70 码的地方,有一些保存下来的芦苇捆,和前面提到的烽燧 T.XII 中的一样,但它们保存得更好。此外芦苇堆里的芦苇束呈十字形相交,每两堆之间平均间隔 16 码。

一段保存很好的长城▷

紧挨烽燧 T.XIII 东边的地面逐渐下降,形成一片下陷约 15 英尺的低洼地,可能正是因为有这样一道屏障,这段长城因而保存得很好(图 176)。这段 200 多米长的长城残存高 10~11 英尺,但是在墙基部堆积起来的沙子和沙砾掩埋了大约 3 英尺高的墙体。墙内芦苇层的平均厚度为 2.5~3 英寸,和它们互相间隔的夯土层的平均厚度约 8 英寸。整个墙体几乎和水泥墙一样坚固。

沿长城的一段古道▷

这段长城边上,巡逻士兵和其他人踩出来的古代道路(前面已提到过)非常清晰,即使在烈阳高照的时候也是如此。沿着它走约 1.5 英里,可以到达沼泽地的东边。道路总是与长城保持约 9 码的距离,路面宽 1.5~2 英尺,低于路旁地面 4~5 英寸。1914 年再次来到这里时,我能确认自己对这段奇特的汉代古道的观察,并对它怎么竟会经受住这么长岁月的风沙侵蚀已不再诧异。因为我又看到了 7 年前我的坐骑留下的蹄印,它仍是那样的清晰。在接近开阔的沼泽洼地的边缘后,长城的高度已比"塞"低了约 50 英尺,然后穿过杂树丛覆盖的沙砾地区,深入到沼泽岸边以内约 60 码处。我第一次来时的水面,大约比最后一段可以看见的长城脚底低了 8~10 英尺。

第十九章　玉门关

第一节　T.XIV 废墟遗址

◁T. XIV 要塞附近的谷地

考察烽燧 T.XIII 后，我们来到一块宽阔的谷地，它是长城沿线上一条明显的分界线(这些长城的主要目的是护卫一度曾十分重要的西去之路)。谷地最深处有很多小湖和盐沼，两侧是高达 50 英尺的悬崖，连着铺满砾石的平坦高地。从 T.XIV要塞上可以看到谷地向西南蜿蜒而去，形状特别像宽阔的河床，事实也正是如此。在地图上很容易看出来，这块谷地曾是南湖的主河道，南湖经由它与疏勒河汇合。湖水如今已变成地下水，是目前这些小湖的补给水源。显然，早在史前时代，河床的面貌就大致与今天类似了。但是，我们看到，古代长城的最末端位于谷地的边上(西边的长城高 10 英尺，东边的长城高大约也有 10 英尺)，这提醒我们，这些沼泽大概在汉代以后就缩小了。

◁T. XIV 要塞的位置

可以肯定的是，即使沼泽的面积发生了变化，也并没有太多影响到 T.XIV 要塞附近的地形。从图 179 和图 183① 中可以看出，T.XIV 要塞和北面与它相连的一座山丘均位于一块高地之上（下面将会谈到，在这座山丘上我们获得的重要发

① 图 179 左边的背景就是 T.XIV 要塞北边低地中的沼泽。

现)，高地像半岛一样伸到谷地之中,其东南面是深深的沼泽,沼泽边上长满了芦苇,其西南面是盐沼，商旅可以很方便地从高地上通过。[1] 在此设置的 T.XIV 要塞戍卫着这条通往罗布泊的必经之路。要塞西北面和东南面都靠近沼泽,位置十分险要。[2]

T. XIV 要塞视▷野辽阔

要塞与其附近的土丘所占据的两座山丘的成因和地貌特征都类似台地,台地顶部几乎和东西两侧的高地一样高,使这处要塞的战略位置更加有利。我通过实地观察发现,从要塞的城墙上不仅在一定距离内可以俯瞰整个谷地,而且可以瞭望两侧和北边的广大高地。从这个制高点上,我可以看到从 T.XI 到 T.XIX 这九座破败的烽燧,这足以证明 T.XIV 要塞的重要性。沙漠生活经验告诉我,如果天气好,夜间在这里大概可以看到更远的烽燧 T.IX 和T.XXII上点燃的烽火,这两座烽燧之间的直线距离有 30 英里,烽燧 T.XXII 离哈拉湖已经不远了。此处之所以成为军事和交通要地,还有一些不应忽略的实际因素:南北两侧的谷地中有不少芦苇和灌木可以喂马,而西北的沼泽边上有泉水可供饮用。

T. XIV 要塞的▷庞大建筑

这些因素一开始就引起了我的注意。像 T.XIV 要塞这样庞大的建筑坐落在如此要害的地方,这自然使人猜想到,它大概是这段长城的“司令部”。要塞的厚墙十分引人注目,但它的建筑特征却无法说明其确切年代[我在沿此路线第一次旅行时已简要描述了它的建筑特征,图 183 和图 184 分别是从

① 附图 33 中的地图比以前的地图准确地标明了 T.XIV 遗址的位置和附近沼泽的特征。以前的地图记录的主要是我在 1907 年 3 月的第一次旅行中所看到的东西,并未标明后来我在 T.XIV 要塞观察到的细节。地图上标明要塞遗址的符号应该向东北移约 0.5 英里,放在东边的辅助长城之内。在制作附图 33 时,我来不及利用 1914 年所获的观察结果。其比例尺也不够大,不足以表现所有细节。

② 在此我应当指出,在附近放马和拾柴的几个敦煌人把 T.XIV 要塞称作“小防盘”,而大仓库废墟 T.XVIII则被称作“大防盘”(应为“小方盘”“大方盘”——译者)。

东北和西南所见的“小防盘”（应为“小方盘”——译者），另见附图 40］。夯土墙很厚，墙基宽 15 英尺，相当结实，但北面和东面有不少地方已经坍塌，显然是风蚀造成的，说明这处要塞比较古老。从图 183 中可以看出，西北角底部也明显遭到了风蚀。北墙上有个尖拱形的豁口，底部宽 13 英尺，大概是泥土脱落形成的，豁口中粗糙的土坯似乎是后来填进去的。从图 184 中可以看到，这处小要塞的真正入口是在西墙上，只有 8 英尺宽。我注意到，要塞的西北角在古代修复过，墙上的裂缝中塞着成捆的芦苇，并用胡杨树枝加以固定。

◁要塞内未发现有纪年的文物

在要塞里，我努力寻找古代军事堡垒的遗物或其他可推测其年代的东西，但一无所获。要塞内部有 54 英尺见方，上面铺着 4~5 英尺厚的垃圾。我们清除了几处垃圾，底下的地面上只有灰烬、动物骨骸和马粪，看来垃圾下不会有什么有价值的东西，我的时间和人手有限，也就没有将其全部清理。在北墙外，我发现了一层不厚的垃圾，其中有古烽燧中常见的粗糙的灰色陶器，在地面上也发现了类似的东西，这引着我来到了一座长灌木的山丘下（图 179），山丘西端位于要塞之北 70 码的地方。当时是 4 月 20 日，我手下规模不大的工作队几乎全在忙于清理 T.XII.a 遗址，我于是让跟随我的那个人在山丘上的不同地点进行挖掘，许多地方的砾石下都露出了秸秆和马粪。

◁在小山丘上的发现

我发现了诸如木片、写着模糊不清汉字的小纸片、丝绸和大麻布碎片等物，这使我满怀希望。这时，那个民工在距山丘底部 15 英尺、顶部 6 英尺的地方掘开了一块坚硬的泥土，发现底下是一个横插在山丘中的坑道入口，其中塞满了流沙、秸秆和垃圾。[①] 我还没来得及想清楚这条坑道的用途,就发现在空白木简、草编物、骨头和其他垃圾中,有23枚木简(见《文书》Nos.367~388)。坑道里都是流沙。挖了约10英尺后,有个民工报告说,他发现了一间灌满流沙的小屋子,此处的挖掘于是暂时告一段落。

T.XIV.ii 地点出土的汉文文书▷

这意外的发现及其带来的奖赏鼓舞了这个民工,他急切地在山坡上四处找寻。我的一名新疆仆人这时也赶来了。不久,他们在泥岩中发掘出了一块平台或一间小屋,即T.XIV.ii,距此只有16码。在那附近发现了约20枚木简和大量写着字的薄木片。其中一块木片T.XIV.ii.1上的文字虽已脱落,却具有考古学上的价值,因为它的形状与楔形佉卢文木牍完全一样,也有放封泥的方形槽,但封泥已经脱落了。另一枚木简T.XIV.ii.2(《文书》No.341,图版XI)(T.XIV.ii.2为斯坦因编号,No.341为沙畹编号,图版为沙畹《文书》中的图版,下文中同样情况不再加译注——译者)的形状略有不同,可能是一张便条。我很快发现这枚木简具有特别的价值,因为便条中提到的寄信人地位很高。关于这枚木简以及其他在首次发掘中出土的文物,我以后还要提到。

文书表明此地是玉门关▷

蒋师爷把这一地点的出土物迅速检查了一遍。他发现,坑道中出土的文物中有几个是属于王莽时期(公元9—19年,见《文书》Nos.367、371、372)的,而在ii地点发现的文物中有两件文书No.338和No.339的年代似乎在公元前48—前45年。这个遗址特别令人感兴趣的地方在于,不少文书中都明确提到了玉门关的军官。其中有几件文书是发自或写给地位

① 在图179中,最左边的那个男子所在的位置是坑道的入口处。在附图40中,符号i代表的是坑道入口处。

高贵的人的，而普通长城烽燧的文书中涉及的人物一般官衔没这么高。本节开头时我已说过，这里的地形特征和考古学特征已使我意识到，它必定是古长城西端的一个重要关口。所获的文书很快使我得出了结论：公元前 1 世纪初到东汉末年的玉门关一定就在这里。

◁清理小山丘

我急于把这个不起眼的小山丘尽快清理出来，幸好此时另有 12 个民工从敦煌赶来，加入了挖掘民工的队伍。即便如此，大家连续干了三天才完成这一任务。要清理的山丘东西长约 100 码，南北大概也是 100 码。我们完全不知道在哪能挖出古代遗物和垃圾，于是不得不沿着山坡挖了些平行的沟，以保证在这个重要地点万无一失。我们一直挖到下面坚硬的泥土，泥土上面一般有 2~3 英尺厚的碎石。山丘顶上较平坦，长约 120 英尺，我们在那里同样也挖了沟。

◁坑道引向一间地下室

在叙述这些劳动成果之前，我先提一下我在西北坡狭窄的坑道处的发现。在坑道口，我发现了先前提到的王莽时期的木简。我先前怀疑这条坑道是某间地下室的窗子，结果却发现它是一个地窖或地穴的唯一入口。这个地穴长 6 英尺 4 英寸，宽 5 英尺 4 英寸，民工从坑道往下挖了 12 英尺深仍没挖到底。地穴的土屋顶原本应有木头支撑，在挖掘过程中屋顶塌了下来，幸好没有砸到人。地穴都是疏松的沙子，从中挖出了几十枚木简碎片。由于潮湿的缘故，这些木简腐烂得特别厉害，文字大多不可识读，拿的时候要特别小心才行。但从其中的两枚（《文书》Nos.368、369）上，蒋师爷辨认出了王莽的年号，相当于公元 17 年。No.370 木简也是在这里发现，上面有“千夫”二字。这些木简很可能来自王莽时期的一个垃圾堆，被风吹进了地穴，后来地穴中又被风灌满了流沙。越往下挖越潮湿，底下即使有什么文书等物，也必定已经腐烂，我于是决定不再浪费时间和人力向下挖掘。

地下室的用途▷ 我十分不解的是这间地下室的用途。蒋师爷和我手下的几个穆斯林认为，这可能是个地牢。至今中国新疆的人们还记得这种用来关押危险囚犯的地牢，在中亚地区，直到俄国占领之前还有这种关押犯人的做法。东亚可能也有这种做法。在我看来，这种猜测很可能是正确的。如此看来，地穴顶上旁边的开口（或坑道）一定是通气孔，犯人从那里进去，他们的食物也从那里送进来。坑道口发现的木简 T.XIV.i.23（《文书》No.382，图版 XII）上提到，有一个人被长期殴打致死，这说明该地牢以前是个十分恐怖的地方。在地牢以东 20 码的 T.XIV.iii 遗址中，我们发现了一根保存完好的刑棍，即 T.XIV.iii.0018（图版 LII），有 20 英寸长，是中国传统刑棍的形状[①]，棍头很宽，有 2 英寸长，还有个提手。在地牢附近发现了这根刑棍，真是个奇怪的巧合。

各地点出的文物▷ 在 T.XIV.iii 遗址附近，发现了这座山丘上仅有的房屋建筑。那是一面土墙的墙基，宽约 2.5 英尺，长约 9 英尺，东北山坡上还残留有台阶。在清理墙基附近的废墟时，发现了 100 多枚木简，部分木简是完整的，沙畹先生出版了其中的 34 枚（《文书》Nos.304～307）。6 枚木简上有纪年，其中 5 枚（Nos.304～306、308、309）的年代在公元前 96—前 94 年，这证明该要塞在建造长城时就已存在。下文还将提到 No.305 和另一枚有纪年的文书 No.307，这两件文书为玉门关的地理位置提供了佐证（No.307 是一个保存完好的便条，年代为公元 14 年）。其他古代木简也颇有价值。在有字的文物中还有一枚

① 参见千佛洞佛传幢幡 Ch.iv.0011 中狱卒手持的刑棍，这个佛传画面是中国风格（参见本书第二十三章第四节，第五章第二节，图版见斯坦因《沙漠契丹》，第二卷，图版 VI）。

图 179　敦煌亭障 T. XIV 城堡附近的小丘，上有标明古玉门关位置的遗迹，自西南望，清理前

图 180　敦煌亭障 T. XIII 烽燧遗址及营房，自东南望，发掘前

图 181　敦煌亭障 T. XII 烽燧遗址，自西北望

图 182　敦煌亭障古仓库 T. XVIII 围墙的西北角及垃圾堆，发掘前

图 183 敦煌亭障“玉门”的古堡 T. XIV,自东北望

图 184 敦煌亭障“玉门”的古堡 T. XIV 及西墙上的门

木质印戳 T.XIV.iv.17(图版 LIII),上面刻有“长寿”二字。再向东是T.XIV.iv和 vii 遗址,它们部分位于山坡之上,面积很大,但有价值的文物不多,唯一一件有明确纪年的文书是公元4年。在 viii 附近发现了一层夯得很结实的芦苇,长约 15 英尺,估计是墙的地基。西南坡 vi 点残留的土坯墙长约 9 英尺。在 vi 和 ii 点上的地上都有一个豁口,显然是为军队出入而设。

唐代寺院遗址▷

V 号遗址则比较奇特,它位于地穴东南约 40 码的地方,是山丘的最高点。要不是这里的地理位置对这个遗址的奇异特征作出了解释,它当时还真令我迷惑不解呢。在那里约1 英尺厚的砾石和泥土下,我们发现了一层夯实的芦苇,是一间小屋的地基,芦苇下盖着一个古代垃圾堆,其中有一些汉简。从这个垃圾堆中清理出了 10 张纸片,显然是汉文佛经残件,编号是 T.XIV.a 和 b(《文书》Nos.710~719,图版 XXI)。这些纸张很像我 1900 年在丹丹乌里克发现的写卷,其字体和内容则类似于喀达里克发现的《般若波罗蜜多经》汉文译本。[①]从这些物证中我得出一个结论:唐朝时,在这个早已荒废的遗址上曾存在过一座不大的寺院。T.XIV.v.003 和 0011.a~c 残片(图版 CXVII)是精细的丝绸织物(其中还包括织锦),织物上装有三角形顶饰和木杆,显然,是些小型幢幡(banner,英文中此词实际上包括了幢和幡,故均译为幢幡——译者)与我第一次旅行时在安迪尔寺院发现的幢幡类似。[②] 这些织物显然也出自此地的寺院。

佛经纸张残片▷

唐代钱币的发现▷

第二天,我们在芦苇下发现了一只小木碗 T.XIV.v.001(图版 LII),碗中有两根戴在头上的饰针(005、006),还有 80

① 参见本书第五章第二节。

② 参见斯坦因《古代和田》,第一卷,429 页等;第二卷,图版 LXXVII,E.I.016、017。

枚中国铜钱,这更证实了我的结论,因为只有两枚铜钱是公元1世纪和公元2世纪的五铢钱,其他铜钱上都有开元年号。我们知道,这种铜钱在唐初(公元618—627年)发行,在唐朝的大部分时期均可通用①,而此处发现的古钱却没有因流通而磨损②。所以那些佛经残片极有可能是唐初的。当时通往罗布泊的路线仍是交通要道,直到吐蕃在公元8世纪中叶侵入甘肃时关闭了这条道路,中原和塔里木盆地的交通才从此断绝。

后来,沙畹先生认真研究了小寺院中出土的佛经残片,更证实了我在考古发掘现场得出的结论。他发现,文书No.710残片(图版XXI)中写的是《般若波罗蜜多经》汉译本的开头部分,这部佛经是玄奘法师在公元654—664年翻译的。③ 沙畹先生明确指出,这证明T.XIV.v遗址出土的写卷年代必定晚于公元650年,可能属于公元8世纪。其他9张纸片(Nos.711~719)摘自一本印度佛教学者鸠摩罗什于公元400年翻译的佛经,另一张较大的残片(No.720)中提到捐献一尊释迦牟尼像,并写有各种佛教祈祷文之类。那张《般若波罗蜜多经》残片不仅具有纪年上的价值,而且可以当作对玄奘法师的纪念:这位虔诚的旅行家在公元645年从印度归来去敦煌的途中,一定曾在距此山丘不足几码的地方经过,而12个半世纪后,我们在这里发现了他艰辛劳动的一项成果。

◁唐代佛经残片

---

① 有趣的是,另外两枚在T.XIV遗址的垃圾堆中发现的铜钱都是五铢钱,出自公元后第一世纪。见附录B,XV。

顺便提一下,在敦煌以西发现的钱币数量极少,这颇令人费解。除了在T.XIV.v发现的这些钱,别处发现的古钱总共只有8枚(见附录B,XV)。而楼兰遗址则发现了大量古钱。我倾向于认为,这是因为此地受风蚀较少,不太容易发现古代路人遗落的古钱。

② 参见图版CXL中的样品T.XIV.v.0010。

③ 参见沙畹《文书》,152页。

第二节　玉门关的位置

在T.XIV遗址发现的各种物件▷

我们将发现,在汉代已废弃的遗址上修建的这座唐代寺院颇有考古学上的价值。但在论述这一价值之前,首先应当看一下从古代废墟中出土的文书及各种物件。先来说各种物件,它们与从长城其他烽燧出土的物件关系密切,所以无须赘述。物件的数量相当可观,从本书第二十二章的"文物目录"中就可以看出这一点。考虑到此处几乎没有建筑遗存,如此多的文物足以说明遗址的重要性(这里的文书和物件之所以保存下来不少,并非有坍塌的堡垒或墙的保护,而只是文物本身积累得又多又厚的缘故)。其中应当特别提及的有:为数众多的漆碗碎片,上面有精美的装饰(T.XIV.001,ii.001,iii.002、003);一枚彩绘象牙残片(iii.0020);一把铁斧头(iii.003,图版LIV);一块竹编织物(iii.0016,图版LIV),可能是一把竹扇子;一个木刀鞘(vii.005)。大量织物中有的是丝绸,还有各种较粗糙的织物,其中一小块做工精美的刺绣(i.005)比较引人注目,后来在千佛洞中发现了很多这样的刺绣。

有纪年的文书▷

现在来说说文书。首先应当指出,这里出土的文书数量很多。沙畹先生的书中囊括了80件文书。[①] 要不是从T.XIV.i地点发现的文书因潮湿已不可识读,文书数量还要多得多。有纪年的文书主要出自两个时期,间隔约一个世纪。文书中的语言也相应地大致分为两类。山丘顶上T.XIV.iii废墟中发现的五件文书是公元前96—前94年(Nos.304、305、306、308、309)的,那是敦煌长城最初建造的时期;在iii地点发现的第六件有纪年的文书(No.307),其纪年是公元14年,上面有王莽的年号。而从T.XIV.i坑道和地穴中发现的五件文书

① 参见沙畹《文书》,71~86页,Nos.343~346、348、349未列其中,它们来自另一烽燧T.XIV.a遗址。

Nos.367、368、369、371、372，其纪年均在公元 9—19 年，均属于王莽统治时期。从其他废墟中发现的文书有的属于这两段时间之间。T.XIV.ii废墟中出土了一件年代为公元前 48 年的便条（No.338），还发现了文书 No.339，根据蒋师爷的识读，这件文书是公元前 45 年的。文书 No.355（公元 4 年）是从 T.XIV.iv废墟中出土的，而 T.XIV.vii 废墟中出土的文书No.356大约写于公元 5 年。似乎可以得出这样的结论：公元前 1 世纪和王莽统治时期，公函来往十分频繁，说明这两个时期此地的活动较多。

◁文书中多次提到玉门

如果我们研究一下 T.XIV 要塞出土的文书，就会发现“玉门关”被频繁地提及：不下 10 件文书中出现了“玉门”二字，其中四次是与“关”字同时出现的，另外两件文书中单出现了“关”字，显然指的也是玉门关。[①] 这是十分引人注目的，因为在沙畹先生出版的古长城全部 672 件文书中[②]，一共只有 24 次提到这个著名的关隘，也就是说，来自 T.XIV 要塞的 80 件文书提到玉门关的次数约占总数的一半。如果我们再看一下其他提到玉门关的文书的分布情况，就更会得到启发。在 T.XV要塞中，117 件出版的文书有五次提到玉门关，而这个重要地点就位于距此以北不足 2 英里的地方，我们以后将详细描述它。更引人注目的一点是，在长城上所有古代“档案馆”中出土文书最多的 T.VI.b 遗址，其文书有 228 件收入沙畹先生的书中，其中只有一次提到玉门关。[③]其余 7 件提到玉门关

① 提到“玉门”二字的文书有 Nos.305、307、315、378、380、381，提到“玉门关”的文书有 Nos.316、317、357、379，只提到“关”字的有 Nos.367、373。

② 我没有把沙畹先生归在编号 1~36 号下的文字残片和日历残片列入其中。

③ 参见沙畹《文书》No.137，图版 VI。它说道，玉门督卫（军事长官）的一名副手被任命去负责大煎都要塞。我们在第十七章第一节和第三节已述及，大煎都可能是长城最西端的部分，其长官也控制着西南方的偏远地区。关于大煎都下辖于玉门，见本章本节。

的文书，T. VIII、T. XIII 和 T. XII. a 各有两件，这座烽燧位于T.XIV以西的长城上，显然受这个“总部”的管辖，第 7 件提到玉门关的文书 No.343 是在距此极近的烽燧 T. XIV. a 中发现的。

玉门关就位于▷T. XIV 遗址

T.XIV 要塞所有提到玉门关的文书中，有 7 件明确表明玉门关就在这里，这样也就很容易解释其余文书的内容。No.381（《文书》图版 XII）是一张便条或是信件之类的东西，显然是要在玉门督卫手下的军官中传阅的。文书 No.305（图版 IX）是向“千夫” 发布命令的，足见发令者地位之高。大木简 No.307（《文书》图版 X，另见该书 231 页）是个保存完好的重要物证，是公元 14 年开列的玉门下属的“大煎都”已损坏的兵器清单（我们在长城上获得的不少文书说明，当时所有损坏的武器装备都要入库，一部分是为了确定是否要发放新武器，一部分是为了检修①，这种做法跟现代军事管理制度下的做法是一样的）。显然，这些武器都应该集中在“总部”，即文书中的“玉门”，由此能得出的最简单的结论就是，这枚木简出土的地方就是玉门。

文书中提到的▷玉门官员

还有别的其他物证可以支持我们的结论。有四件文书（Nos.315~317、378）都提到“玉门关候”，或简称为“玉门候”。沙畹先生还没有把这些文书完全破解出来，“玉门候”是何官职尚不清楚，但“候”这个尊号以及 No.378 文书中提到的与他联系的前方军官都说明他是位颇为重要的人物。② 还应注意到，文书No.378还提到了龙勒县（据《汉书》所载，玉门关和阳

① 参见本书第二十章第六节。

② 我们很容易想象，在长城军事长官之外，可能有一个政治长官，管理出入关口的人员，当然，这种猜测必须由精通汉学的学者来加以验证。（关于文书 No.378 中“候”的另一种解释，见“补遗”。）

关均下辖于此县)。[①] 文书 No.379 和 No.380 是给玉门关的官员下达的命令,似乎说的是人员或物品过往之事。还有文书 No.357 中提到"玉门官口亭",这也特别引人注意。但不幸的是,这件文书已残破不全。我们发现,"亭"指的是军事管辖下的一个地区,那里的驻军任务就是保卫长城。[②]

◁文书中提到护送派往车师和莎车的特使

除了这些直接提到玉门关的文书,还有不少文书的内容表明,它们被发现的地点不只是普通堡垒。其中特别值得注意的是这两枚木简 T.XIV.iii.26、27(《文书》Nos.310、311,图版 X)。这两枚木简不幸已残缺不全,记录的是向 87 名护送特使出使车师和莎车的士兵发放粮饷之事,还提到了两位高贵的年轻人("良家子二人"),显然他们也是特使的随从。这两件文书都是从T.XIV.iii遗址的废墟发现的,我们已说过,该废墟可追溯到长城最初建造时期,这又可以解释为什么文书会提到派往西域诸国的使节。据《汉书》记载,在中原帝国向西扩张的早期,出使西域的使者十分频繁,沙畹先生曾指出,这类使者都带有不少随从。[③] 显然,在沙漠中的国界线上,一般常驻守军的给养还很困难,那么从此路经过的大队使团的给养必定不是普通要塞发放的。而如果 T.XIV 要塞就是长城西端的军事管理"总部"所在地(即玉门关故址),给养问题就不难解释了。[④] 文书 Nos.312、336 中也提到了类似内容。

有些文书发自地位很高的官员,有些文书则与地位很高

---

① 参见本书第十六章第四节;另见吉尔斯的文章,载《皇家亚洲学会会刊》,715 页,1914。

② 参见本书第二十章第五节。

③ 参见怀利《大不列颠及爱尔兰人类学学会会刊》,第 10 期,22 页、25 页、70 页等;沙畹《文书》73 页引用司马迁的话。

④ 在上文的论述中,我利用了大量的个人经验。我曾在兴都库什山、帕米尔高原及塔克拉玛干沙漠边缘旅行过,那里的道路上存在着类似的给养困难。尽管我们一行人员并不多,却必须在重要地点把给养准备好,并一路将其携带着。参见《和田废墟》和《沙漠契丹》。

文书中提到的▷高级官员

的官员有关。如果此地只是个普通要塞，这些高官和驻扎于此的人员之间是不可能有直接接触的。其中一枚楔形木简（《文书》No.341，图版 XI）上记载着敦煌郡守奖赏的礼物清单，此外还赏了乌孙国女子、一头驴和两匹马。文中提及的乌孙女子显然是女奴，这个内容有相当的历史价值。乌孙族是个游牧部落，本来生活在敦煌以东地区，后来随大月氏向西迁徙。按《汉书》记载，在中国早期出使西域的活动中，乌孙国起了不小作用。[①] 另一件文书 T. XIV. i. 7（《文书》No. 367，图版 XI）是"始建国元年"（公元 9 年）的，其中记录一名关啬夫收到敦煌长史写来的信，"关"字与文书 No.373 一样，指的显然也是玉门关。对于文书 Nos.375、376（图版 XI、XII）我们也可以作类似的解释（文书 No.375 是向郡要塞长官推荐一名地方官，而 No.376 是指定要塞长官的副手该用何种官印）。还有，几件文书 Nos.305、375、376（图版 IX、XI、XII）中均提到"千夫"，这一军阶在汉代边疆军队体制中地位是相当高的。[②]

文书中提到的▷其他长城要塞

我还需指出一点，T.XIV 要塞中除提到"玉门"外，还提到了其他地点。我们对这些地点的已有知识，与确认此地为玉门的结论是吻合的。文书 Nos.304、307、356 中均提及"大煎都"（或"煎都"），我在前文已说过，"大煎都"一定是长城的最西端，而且是受玉门管辖的。[③] 文书 No.304 是公元前 96 年的，No.356 是公元 15 年的，可见这种受辖关系维持了一个多世纪。T.XIV.iii.64（《文书》No.309）中所提的"大福"在别处没见过，无法确定其位置。文书 Nos.314、313、377 中提及的地

---

① 参见怀利《西域记》，载《大不列颠及爱尔兰人类学学会会刊》，第 10 期，68 页以下。T.XIV.ii（《文书》No.340）可能提及乌孙国王派来的使臣。

② 参见沙畹《文书》，72 页。

③ 参见本书第十七章第一、三节。

名“平望”(这是一处要塞或关隘的名称),则比较容易判断。其他烽燧出土的文书中也曾多次提到“平望”,它们比 T.XIV 要塞出土的文书内容要明确些。通过对它们的进一步研究,我们得出的结论是,“平望”大概指的是从哈拉湖畔的 T.XXII.c 到玉门关 T.XIV.a 遗址的这段长城。

仔细研究 T.XIV 要塞所得出的结论,再加上先前所述此地优越的自然环境和地形环境,都让我们相当肯定地认为,玉门关这个楼兰古道上西去人员的必经之地大概就设在这里。它坐落在防卫城墙和烽燧线后面,西北和东南方无人可穿越的沼泽使它不致受到敌人的直接进攻。把这个位置选作长城最前哨的军事基地真是再好不过。就控制丝绸之路上的交通而言,这个位置也是极佳的。从汉武帝时期起直至西汉末年,这条路线是中原帝国与其中亚“势力范围”之间的主要联络线。幸运的是,我们在此地又做出了一个考古学的发现,确定了我们的结论,同时又再一次说明了中国史书的正确性。 ◁“玉门关”置于 T. XIV 要塞有何优越性

我指的是,我们发现了一条辅助城墙。在第一次勘察 T.XIV要塞周围地区时,我发现有一段城墙从北向 T.XIV 要塞延伸而来,最近的地方是在 T.XIV 以西,然后又向南—东南方向即大体为南湖的方向蜿蜒而去。我近距离考察了 T.XIV 要塞以北的城墙,发现其底部宽只有约 5 英尺,但结构与长城城墙很相近,也是由一层层粗柴和夯土筑成,多数地方朽坏得很严重。墙体显然不厚,这一点确定无疑,这足以将它与长城主城墙区别开来。这段辅助城墙的起点在 T.XIV 要塞和T.XV.a 遗址南边一片深洼地的西南边缘,洼地中有几个靠地下水供给水源的小湖。从起点起约 0.5 英里长的城墙向正南延伸,其所在地形是一块舌状高地,高地顶部光秃秃的,布满了砾石。这一段城墙高均不足 5 英尺,墙中所用的芦苇捆始终清 ◁辅助城墙

晰可辨。在辅助城墙接近 T.XIV 要塞以北的洼地之处,我发现了一座小山丘。山丘上有个土坯筑成的地基,可能本是一座倾颓的堡垒,土坯长 14 英寸,宽 7 英寸,厚 5 英寸,地基中也有一层层常见的芦苇。这个废址位于辅助城墙以东约 80 码的地方,未发现垃圾堆或其他表明人曾长期居住过的痕迹。此后,辅助城墙向下蜿蜒到一个低地上,低地比高地顶部低 40 英尺,上面长满了灌木。然后,形如低矮土丘的城墙直奔 T.XIV要塞所在的铺满砾石的山丘而来,一直到了距要塞不足 0.25 英里的地方。城墙本来必定环绕着山丘北山脚和西山脚,因为我们可以在附图 40 中看到城墙在要塞正西重新出现。这一段墙形如土丘,高只有 3~4 英尺,但由于墙体笔直,所以很容易辨认出来。此后,它穿越附近长满芦苇的沙地,向南 160°东方向延伸而去。①

重新勘察辅助城墙▷

1907 年我在 T.XIV 要塞的高处眺望时,就确信这段城墙到达南边光秃秃的砾石高原后,必定向南—南东方向继续延伸,但当时我没有时间做进一步调查。1914 年 3 月我再一次经过 T.XIV 要塞,勘察了南面的城墙,但由于存在给养等实际困难,这次勘察较仓促,并未走得太远。我发现,在距T.XIV要塞约 1 英里的地方,城墙从谷地中延伸上来,从光秃秃的砾石地面上很容易辨认出墙中的芦苇捆。由于这里水平放置的芦苇捆保存了下来,我可以轻易验证自己先前的结论——墙脚的厚度只有约 5 英尺。有的地方墙体已严重风化,有的地方仍高达 3 英尺。连续的墙体一直延伸了 3.5 英里,引我来到一

① 在地图中,由于我在上文本章第一节中提到的制图上的错误,T.XIV 要塞被错误地画在了辅助城墙以西,城墙路线也被错误地画成了从要塞向南延伸,而实际路线是南—南东。附图 33 中只更正了一部分错误。

1913 年制作附图 33 以及 1911 年校对地图时,我都没能抽出时间对照日记仔细查看这些细节。这两个地图中当然也没有涵盖 1914 年对南面辅助长城的调查结果。

座烽燧废址，我先前在 T.XIV 要塞并不曾看到它。

◁辅助城墙上的烽燧

这座烽燧位于城墙以东约 70 码的地方，也是由土坯砌成的（土坯与大多数烽燧类似，但更粗糙），每隔 18～24 英寸就出现一层芦苇。烽台底基约 17 英尺见方，烽台实际高度为 15 英尺。烽台下南边有一小堆垃圾，我粗略翻拣了一下，只发现织物碎片和几块小木片，可惜我既没有时间也没有工具对这里进行彻底清理。有一点很值得注意，这座烽燧位于 T.XIV 要塞南 150°东方向的地方，此后辅助城墙向南 150°东方向继续延伸。看一下附图 33 就可知道，沿此方向下去，它必定会到达南湖废耕地北端的 T.XVIII.b 废墟遗址。

◁辅助城墙连接着玉门关和阳关

现在我得出了确切的结论：这是用来连接 T.XIV 要塞（即玉门关）和南湖绿洲的一段城墙，而古阳关遗址就坐落在南湖绿洲之中。过了上文所说的烽燧之后，有 2 英里长的城墙在砾石地表上清晰可辨，此后，它消失在一片灌木丛和胡杨树中，我从南湖来时曾穿越这片灌木丛带，勘察那里以及接近南湖的城墙，这一任务我只能留给研究中国古长城的后来者了，希望有这样的人。我还观察到一个有趣的现象：在我勘察的砾石地表上的大部分城墙旁，均可清晰分辨出我先前就已在别处见过的那种古代小路。小路在墙东 9 码远的地方与墙平行延伸，只是到了烽燧附近时，才向烽燧拐了过去，这表明路与墙是在同一时期出现。①

① 我还应记下一个奇怪的发现，对此我有些迷惑不解。从 T.XIV 要塞之南—南东并距其约 0.5 英里的地方，一直到新发现座这座烽燧，我都注意到城墙外（即城墙之西）有条与其平行的低矮土堤，其底部宽约 3 英尺，高约 1.5 英尺，土堤与城墙间的距离总是 50 码。我目前尚不清楚这土堤有何用途，我在主长城上并未见过类似之物。罗马帝国所筑的某些长城之外有条小壕沟，我以为那是用来标明行政边界的，难道这土堤也是同一用意吗？

第三节　玉门关和阳关之间的辅助城墙

这段横向的城墙是在主城墙之后修建的▷

发现这段横向的城墙,对确定玉门关的位置意义重大。但在讨论这个问题之前,我们先要弄清楚,最初修这段墙的用意是什么,它与长城主体在时间上孰先孰后。先来回答后一个问题。据我看来,这段城墙的修建不可能早于此地的主长城,也不可能与其同时。首先,汉武帝时期,人们为了确保通向塔里木盆地的道路畅通无阻,不畏恶劣的自然环境,几年之内就在漫长距离上修好了长城。1907 年和 1914 年我在此地以东的勘察发现,即使在 100 英里长的沙漠上长城也从未间断过,由此而来很难想象他们会在这里修一段远没有那么坚固的城墙。这段城墙也不可能是先于主长城独立修建起来用于戍卫西去的道路(尽管对于当时奉行积极西进政策的中国来说,戍卫西去的道路的确是个重要任务),因为,在 T.XIV 要塞若无北边主长城的护卫,辅助城墙就极易从北面被攻破。如果它的目的确实是戍卫道路,其北端就应该与烽燧T.XVII 或 T.XVIII 附近的沼泽相接。如是,那些沼泽连同通往哈拉湖的沼泽就会使它不致两侧受敌,而城墙长度并不需要加长。如此看来,唯一的可能就是,这段城墙是在主长城之后修建起来的。

辅助城墙的用意▷

但它的真正用意是什么呢?似乎有两种可能的解释。乍看之下,人们容易得出的结论是,这条内线城墙主要目的不是加强军事防卫力量,而是维持治安,以便征税、有效地盘查来往的单个旅客及商队,尤其要使帝国的行政管辖范围不受“蛮族”的侵扰。在古罗马长城上和当代东方国家的边界线上,很容易发现这种内层警戒线。[①] 中国的长城是条坚固的军事防卫线，而且长城主体位于辅助城墙之西，所以该辅助城墙似乎有可能是与长城平行的治安警戒线。但在研究所获文书的年代之后，我们不得不关注另一种可能的解释，而地形上的因素显然支持了后一种解释。我们已有充足的理由证明，辅助城墙的修建年代比主城墙要晚。那么，辅助城墙的用意很可能是缩短沙漠上边界线的长度。看一看地图我们就知道，缩短边界线是很有好处的。[②]

◁公元 1 世纪长城收缩

有一点十分重要，在辅助城墙以东的长城上发现的有纪年文书说明，那些烽燧从公元前 1 世纪初到公元 137 年一直有人驻守。在辅助城墙以西发现的文书数量更多，其中除两个明显的特例外，所有文书都不晚于王莽时期，远在西南方的

---

① E.柯诺曼（E.Kornemann）1907 年出版的《对克里奥长城的最新调查》（*Die neuesle Limes-forschung*，*Klio*）一书很能给人以启迪，该书提到了潘诺尼亚（Pannonia）、达契亚（Dacia）、杜布罗查（Dobrucha）等地的哈得良（Hadrian）长城沿线，类似治安警戒线，见该书 97 页、104 页以下等的文字。研究罗马长城的学者必定遇见过上述这些问题，但他们的问题常常要复杂得多。

现代的类似警戒线中，我们只需提一下印度边界警察在西北边界维持的警戒线。这条线在真正的长城之后，而长城上的关隘及经过长城的道路是由开伯尔（Khyber）、古拉姆（Kurram）谷地及瓦济里斯坦（Waziristūn）（这三地如今均在巴基斯坦境内——译者）的边界民兵部队驻守的。

② 从地图上看，辅助城墙最北端到南湖地区的耕地（已废弃），最北端约有 24 英里。而若沿包括 T.VI.d在内的烽燧算，距离则不止 48 英里。

T.IV.b～VI.b 发现的文书年代则更早。[1] 这些事实似乎说明，在王莽篡汉后的动荡年代里，T.XIV 要塞以西的边界线在逐渐收缩。废弃了长城最西端后，可以相应地减少给养、卫戍等方面的困难，在远离居民区的沙漠前哨中，这些问题是很棘手的。如果考虑地形因素，我们似乎可以认为，这种收缩必定是从西南方、远离去罗布泊道路的那些偏远哨卡开始的。这条路沿线的哨卡至少在王莽统治时期内一段时间里是有人驻守的，T.VIII.iii.2(《文书》No.585，公元 8 年)及文书 No.586 可资证明。至于烽燧 T.XII 和 T.XII.a，前文已说过，它们地理位置优越，是玉门关的前哨，这两处可能在王莽时期之后仍有驻军。[2]

主长城收缩后▷需要一条横插的城墙

西南一线的烽燧被废弃后，人们一定强烈感觉到需要一条同样横穿沙漠但位置比较靠后的城墙，这样，无论是来劫掠的“蛮族”还是普通的非官方人员，都不能越过中原帝国的“行政管辖边界”(此处借用了英国和印度的官方术语)。我认为，就是在这种情况下，才修了一条从 T.XIV 要塞到南湖(或阳关)的城墙。如果没有这段城墙，敦煌就毫无屏障可言。

---

① 从烽燧 T.XIV 到 T.XXII.c 遗址发现有明确纪年的文书(及年代大致可确定的文书)共 32 件。其中年代最早的是 T.XXII.c. 22(《文书》No.271)，是公元前 98 年，最晚的是 T.XV.a.i. 6(《文书》No.536)，是公元 137 年。

如果把《文书》Nos.9～24 及 Nos.25～35(其中分别含公元前 63 年及公元前 59 年的日历)算在内，从烽燧T.VI.c到 T.XIII 共有 44 件有纪年的文书。其中最早的是 T.IV.b.ii.1(《文书》No.430)，为公元前 94 年，或者，如果我们采用另一种断代法的话，最早的文书可能会是 T.VI.b.ii.6(《文书》No.255)，为公元前 68 年。最晚的是 T.XII.a.3(《文书》No.592)，为公元 21 年。

上文提到两个明显的特例，其中一个是 T.XIV.a.i.1(《文书》No.390)，为公元 87 年，它来自与 T.XV 十分接近并可以俯瞰 T.XV 的一座烽燧。这座烽燧只在辅助长城西边不远的地方，显然，在戍卫辅助城墙时，这座烽燧也不应被废弃。见本章第四、六节。另一个特例 T.XI.ii.6(《文书》No.680)是公元 153 年的一张日历残片，其年代是由沙畹先生根据同一地点发现的 T.XI.ii.8(《文书》No.8)推算出来的，沙畹先生认为，T.XI.ii.8是公元前 48—前 33 年间编的一本字典的补遗部分。我们还应记住，烽燧 T.XI 位于路边，考古发现证明，一直到宋代(也可能还要晚于宋代)，过往人员都把那里当作驿站。参见本书第十八章第三节。

② 参见本书第十八章第三、五节。

来袭的敌人可以绕道疏勒河末端的沼泽，就能避开去罗布泊的路上那些仍有驻军的哨卡，或者在最远的哨卡之外穿过这条路。更重要的是，如果没有这条城墙的保护，T.XIV.i.e 的玉门关"总部"及东边各哨卡（其中离玉门关最近的居民区是南湖，即阳关）之间的交通线就完全被暴露出来。

◁长城收缩是由于匈奴的侵扰

由于缺乏直接的文献证据，此处提出的解释并非定论。但是，在我看来，这种解释是站得住脚的，因为不仅地形上的因素与其吻合，而且《汉书》对这一时期的记载也支持这一解释。王莽统治末年或王莽朝结束后不久，中原帝国收缩了最西边的国界线，这种说法与当时中国政策上的明显变化是符合的。约在公元 9 年，王莽对匈奴单于采取的行动挑起了严重纠纷，西域地区动荡不安，中国已无力保护西域免受北方匈奴人的袭击。[①]《汉书》记载，公元 16 年，匈奴大举进犯北部边界，西域土崩瓦解。几年后（公元 23 年），王莽死去，西域的都护府撤销，中国在西域的影响力降到了最低点。[②]

◁公元 1 世纪的被动防御政策

公元 25 年东汉王朝成立时，这些情况仍未有改观。据《后汉书》记载，东汉最初两个皇帝时期，西域诸国均受制于匈奴，东汉王朝皆听之任之。匈奴于公元 58—75 年甚至四次劫掠了河西诸县，包括敦煌和甘肃西端。[③] 可以肯定的是，在王莽死后的半个世纪内，中国的政策不再是向西扩张，而是纯粹采取防御战略，直到公元 1 世纪 70 年代中叶，这种政策才有

① 参见沙畹《通报》，155 页，注②，1907；另见怀利《西域记》，载《大不列颠及爱尔兰人类学学会会刊》，第 11 期，111 页。

② 参见怀利《西域记》，载《大不列颠及爱尔兰人类学学会会刊》，第 11 期，112 页。沙畹先生在《文书》7 页似乎认为，《汉书》的记载与我们从古长城所得的当时的文书有不符之处。这些文书无疑表明，当时敦煌以西的国界戍卫更加森严。其实这与下述事实并不矛盾：中国的权威在塔里木盆地大为衰落，北方的匈奴又重新成为威胁，这一事实正可以解释为什么敦煌以西的军事活动频繁了。

③ 参见沙畹《通报》，155 页以下，1907。直到公元 73 年，中国才走出了向西进军的第一步，攻占了哈密。史载，到此时西域诸国与汉帝国之间的联系中断了 65 年（公元 9—73 年）之后才重新恢复。

所改变。《后汉书》对此说得很明白，这更支持了我的结论：经过 T.XIV 要塞的辅助城墙说明了长城的收缩，这种收缩就发生在西部边境采取被动防御战略的那段时期之前或之中。

玉门关仍置于T.XIV要塞，位置未变更▷

上述历史及地形因素使我们对辅助城墙的性质和缘起有所了解，而城墙是朝 T.XIV 要塞而来，更证明此地就是玉门关。修这条新城墙后，玉门关“总部”仍可保留在原址，仍旧占据有利地形——最初就是因为这有利的地形才把玉门关置于此地。还有一点同样很重要，我们发现，早在帝国的西部边界扩展到敦煌地区那时候起，在《汉书》和《后汉书》中玉门关和阳关总是相提并论①，无疑，驻扎在这两关的军队可以互相支持。上文已说过，阳关位于今之南湖，玉门关则位于阳关西北的长城线上②，而在这条线上，只有 T.XIV 要塞离南湖垦殖区末端最近。在长城最初修建时，一定有一条人员过往频繁的道路连接着玉门关和阳关，沿这条道修新城墙是再自然再便利不过的事。罗马长城最初也多是循着先前的重要道路而建③，敦煌长城本身也沿着去往罗布泊之路修建，这些都可资佐证。于是，公元 1 世纪，用这段新墙取代西端长城的人们，把新墙一直修到这里，这样，他们不但满足了已变更的边疆政策的要求，还利用了实际上的便利之处，并尊重了传统。

连接玉门关和阳关的道路▷

玉门关的寺院▷

尊重传统这一动机，在中国人的性格中一向十分强烈。以此可以解释，在唐之前就已废弃几百年的 T.XIV 要塞布满砾石的山丘上，怎么会发现一座唐代佛寺遗址。既然已可以认定这里就是古代玉门关，我们很容易即可判断，寺院遗址是

① 参见怀利《西域记》，载《大不列颠及爱尔兰人类学学会会刊》，第 10 期，21 页等；沙畹《通报》，169 页，1907。

② 参见本书第十六章第四节。

③ 参见柯诺曼《对克里奥长城的最新调查》，76 页及该页的引文，1907。

当地烧香还愿活动的产物。东汉时期，中国重新控制了西域，这种控制于公元73—102年班超出使西域活动中达到顶峰[①]，匈奴进犯中国行政管辖范围的危险随之减弱。后来，匈奴西迁，匈奴对中国构成的威胁完全消除。而从公元2世纪中期起，中原帝国与西域诸国的联系越来越少[②]，到汉末、三国时期，有一段时期与西域的联系似乎完全断绝。我考察过的烽燧遗址中没有任何文书晚于公元2世纪中叶，由此判断，公元2世纪中叶稍后中原王朝似乎废弃了敦煌以西的长城，把它们交付给了沙漠。

◁中国于公元2世纪废弃了长城的哨卡

但是，我在楼兰遗址发现了公元3—4世纪的文书，而法显约在公元400年西去印度[③]，这些都说明，商队仍继续使用着这条通往罗布泊的沙漠之路。无疑，当时来自敦煌和南湖绿洲的游牧者、樵夫等仍到疏勒河尽头池沼边的牧场来（他们今天也仍到这些地方来），所以此地的宗教活动才有可能持续下去。汉代西出玉门关到偏远荒漠中去的人们，已习惯在边界寺院里烧香还愿，祈祷神灵保佑他们平安回到帝国的关内来，正如现在中国万里长城嘉峪关游子们的做法一样。[④]

◁沿西端的长城仍有交通往来

在汉代玉门关遗址上，我有幸发现了一座现代小庙，它有力地证明，此地的敬神传统一直延续至今。这座小庙已成废墟，它就位于被我们清理过的山丘之西约100码的地方。小庙仍有一定高度的残墙保留下来，但屋顶以及所有木质结构均荡然无存。粗陋的泥像已面目全非，但泥像前面装满沙子的小碗中仍插着香。还有其他类似迹象表明，至今仍有牧人

◁现代小庙印证了此地的敬神活动

① 参见沙畹《通报》一书中引自《后汉书》的话，218~243页，1906；156页以下，1907。
② 参见沙畹《通报》，167页等，1907。
③ 参见本书第十一章第八节，第十四章第二节。
④ 参见本书第十五章第四节，第二十七章第一节。

和偶尔过往的客商到这个废墟烧香祈祷。我手下的民工出于敬畏,甚至不肯在小庙周围挖掘一下。对他们的这种行为我并未感到太多遗憾,因为人们对此地至今心怀敬畏,这本身就是又一条考古学上的证据,与上文详述的结论吻合。

第四节　烽燧 T.XIV.a 及其垃圾堆

T. XIV 要塞西北的长城▷

玉门关遗址已经确定了,现在我们该回到长城和烽燧的主线上来,从上文中断的地方,即从 T.XIV 要塞西北的大沼泽地边上继续勘察。此后,我发现长城重新出现在大沼泽东北边缘,并沿西南—东北方向延伸,穿越一段铺满砾石的高地,来到了一片较小的洼地边缘,洼地中有一个弯弯曲曲的小湖(图 189)。这段长城长约 0.75 英里,没有什么堡垒或烽燧遗址。墙仍像往常一样由芦苇捆筑成,有的地方墙体高达 5~6 英尺。而在其蜿蜒到高地某一侧并接近下面沼地的边缘时,墙体则倾颓成了低矮的土丘,只因其较直,才能被从灌木和水边的芦苇丛中分辨出来。墙在距小盐湖约 40 码、高出当时盐湖水面约 15 英尺的地方改变了方向。在西南方的大洼地中,我发现长城的土丘从高地脚下又延伸了约 0.25 英里,终止在土壤已变得泥泞的地方。

烽燧 T. XIV. a▷坐落的土山

上文所说的小盐湖以东是一座较窄的高地或土山,土山向北分成许多已被风蚀的台地,向东是一片很长的洼地。图 187 是从南面拍摄的(右边山上就是烽燧 T.XIV.a),长城在一个只有宽约 400 码的山口越过土山。在西南方,长城沿土山的陡坡一直到达 60 英尺以下的山脚下,这一段墙体中的芦苇层依旧十分清晰,但有些地方的芦苇层不知为何扭曲了(图 189)。然后墙体又向湖边延伸了约 100 码,此处的墙体高

出湖面20英尺。但很有可能还有一段墙,由于已坍塌成低矮的土丘,所以被浓密的灌木丛遮住了。在东北方,长城从山上下来,来到上文提到的弯弯曲曲的洼地边缘(地表布满了砾石),继续延伸到距最近的沼泽150码的地方(水面上新结了层盐晶,标示出沼泽的轮廓),终止于高出水面约12英尺的地方。图188是在烽燧T.XIV.a附近拍的,从中可以看到这个向北延伸的沼泽的一部分。这一荒凉景象是疏勒河向西所流经地区的典型景象。河床形成深陷的壕沟,与我从T.X要塞起所描述的那些沼泽明显不同。壕沟十分隐蔽,我第一次向烽燧T.XIV.a周围勘察时就到了距它只有1英里的地方,却完全没有辨认出它来。

◁烽燧T.XIV.a遗址

烽燧T.XIV.a坐落在距土山西坡约50码的地方,尽管朽坏得很严重,烽台高仍约有15英尺,底基约24英尺见方(附图39)。土坯与烽燧T.XII、T.XII.a和T.XIII的土坯十分接近,每隔四层土坯出现一层芦苇。烽台顶上有间约8英尺见方的小屋,在屋里发现了一把奇怪的木锄T.XIV.a.ii.001(图版LII)。东边的底基连着一间小屋,在里面发现了一枚有趣的泥印T.XIV.a.i.001(图版LIII),上面刻着棱角分明的四个汉字,霍普金斯先生认出来是"董褒印信"四个字。董褒的辖地在何处尚有待考证。显然,泥印外本有个木质印盒,印盒被烧掉了,泥印则保存了下来。泥印附近的残墙上也有被烧过的痕迹。从附近垃圾堆中清理出了一些物品,其中包括一只保存完好的麻鞋(T.XIV.a.001)和一只绳编的鞋002(图版LIV)。

◁烽燧T.XIV.a发现的文书

在T.XIV.a.i小屋中发现了两枚木简,其中一枚(《文书》No.390,图版XII)的年代为公元87年。它是支付给一个哨卡长官款项的收据,并称此哨卡属于"平望"西部。我曾说过,据那些文书中提到“平望”的烽燧位置来判断，“平望”似乎指的是从哈拉湖畔的 T.XXII.c～T.XIV.a 附近的这段长城，烽燧 T.XIV.a可能就是“平望”的最西点。[①] 在烽燧顶的瞭望台上发现了木简（Nos.343～346、348、349），其中 No.343 提到了“玉门”，其余文书中有一些私人信件残片，显然是流放在此的人写给彼此的信。[②]

发现烽燧T.XV.a▷ 过了烽燧 T.XIV.a 以东弯曲的沼泽盆地后，寻找长城的踪迹就比较困难了。约有 1.5 英里长的长城穿行在长着灌木的低地上，多数墙体朽坏得很厉害。低地上分散着不少小土平台（这些常见的小平台也是由湖泊形成的）。由于长城的两个端点烽燧 T.XIV.a 和 T.XV 位置都很高，很容易看到，所以长城的走向还是很容易确定的。沼泽与烽燧 T.XV 之间没有什么烽燧的痕迹，要不是我的叶尔羌仆人提拉白眼尖心细，烽燧 T.XV.a 几乎也逃过了我的眼睛。T.XV.a 本是一座重要烽燧，如今已夷为平地，很不引人注意。它是个大垃圾堆，垃圾堆下面是一道狭窄台地的砾石坡。台地坐落于长城以南约 0.25英里的地方，接近于烽燧 T.XIV.a 东北靠泉水供给水源的沼泽。台地东西走向，长约 200 码（附图 40），上面没有任何建筑物的残迹，但其平顶的西南端（图中标 i 的地方）有一个长 40 英尺、高 2 英尺的大鼓包。发掘之后我们才知道，鼓包下原来是垃圾和已彻底毁坏的土坯，底下可见一面残墙，残墙长约 5 英尺，厚 2 英尺 8 英寸。土坯也是经太阳晒制而成的，长 14 英寸，宽 7 英寸，厚 4 英寸，跟长城烽燧中常见的土坯差不多。

① 参见本书本章第二节及沙畹《文书》中的文书 Nos.271、274、275、313、314、377、484、592、662、693。

② 在《文书》78 页及以后的几页中，由于疏忽，上述的这些文书被与 T.XIV 出土的文书编在了一起。

我们在这里工作了两天，从这里和下面的大垃圾堆（尤其是西坡的垃圾堆）中清理出了很多东西。但在叙述这些发现之前，我先请大家注意，前文所说的 T.XIV 要塞附近的辅助城墙应当也经过烽燧 T.XV.a，烽燧的位置就是这些垃圾所在的地方。烽燧 T.XV.a 位于沼泽东北岸，而辅助长城到达沼泽西南岸的那一点正位于烽燧 T.XV.a 的正南方，两地相距约有 1 英里。由于湖水很深，还有长满芦苇的沼泽阻隔，所以要从一点到另一点去需绕行约 3 英里的路程。这使我猜想，在修建辅助长城的后期，人们仍有意把烽燧 T.XV.a 所在的位置置于辅助长城之内。下文我们将说到，烽燧 T.XV.a 出土的有纪年的文书说明这里驻军时间很长，与我的猜想完全吻合。

◁辅助长城指向烽燧 T. XV. a

尽管没有任何遗存下来的建筑物，我们仍可认定这是处要塞遗址。即使没有文书上的证据，也不难看出这处要塞多年之内一直有人驻守，因为垃圾堆面积很大，有些地方还很厚。在第一个被发现的垃圾堆以西、距台地顶部 10～20 英尺的山坡上，我们挖去表层土后，发现了一个最厚处达 5～6 英尺的垃圾堆。这个地点编号为 T.XV.a.ii，垃圾主要是土坯、灰烬和芦苇秆，但正如 i 点一样，垃圾中掺杂着大量汉文木简。ii 地点以北约 20 码的山坡上是 T.XV.a.iii 垃圾堆，面积约为 60 英尺×30 英尺，那里出土的文书几乎和 ii 点垃圾堆一样多。在距 ii 点和 iii 点均约为 50 码的西边的低地上，发现了两个小垃圾堆 v 和 vi，iv 垃圾堆则位于距 i 点约 25 码的台地的南缘。再向东，台地平坦的顶上有两个常见的苇草堆，高2～3 英尺，其中靠南的那个（附图 40）有几处被火烧过，仍可见烧焦的芦苇。再向东约 40 码还有一个草堆。

◁烽燧 T. XV. a 的垃圾堆

文书表明，这些垃圾堆中至少有三个年代较确定，并且一个比一个晚，所以我先叙述这几个垃圾堆中出土的文书，然后

T.XV.a.iii 垃圾堆出土的有纪年文书

再叙述跟文书同时出土的、大约与文书同时代的各种文物。显然，T.XV.a.iii 垃圾堆年代是最早的。因为，沙畹先生书中收录的此处出土的 36 件文书中，凡有纪年的均属于西汉时期。文书 No.446 是公元前 53 年的，这一点确定无疑；文书 No.447 可能是公元前 61 年的。沙畹先生指出，文书 No.449 中提到了从兰州到敦煌的甘肃西部地名，说明它是西汉末年的。三件文书（Nos.463、464、470）提到"宜秋"驻军，烽燧 T.XV.a出土的文书中还有五件提到"宜秋"驻军（Nos.482、486、535、536、541），而这个名称在别的地方从未出现过。由此可见，此地有驻军的大部分时间（甚至有可能是全部时间）都是由"宜秋"军队卫戍的。T.XV.a.ii 出土的文书Nos.482、484、485 中，还另外提到三支部队的名称及个别人向其支付的款项，其中只有"朱爵"部队在 T.XV.a.ii.9（《文书》No.484）及文书 No.693（T.XIX.i.6）中同时出现过，并被标明隶属于"平望"，另两支部队的名称在别处均未出现过。我们已说过，"平望"大概指的是从哈拉湖附近到 T.XIV.a 的这段长城。①

一些文书提及的玉门关

文书 Nos.451、458、459 中都提到玉门，这是坐落在T.XIV 要塞的那个前方重要指挥部距此很近的缘故。T.XV.a.i 出土的文书 No.536（《文书》图版 XVI）是一个公元 137 年发布的命令，它表明当时烽燧 T.XV.a 和"宜秋"部队无疑是受辖于玉门的。还有一件文书年代要早些，也引向同一结论，那就是 T.XV.a.ii.22（《文书》No.483，图版 XIV）。它是一张从"玉门关"指挥部发出的军令，年代为公元 43 年。还有一个位置不明的地点值得注意，即 T.XV.a.iii.43（《文书》No. 452，图版 XIII）中提到的"玉长罗"（有误，简上为"长罗"——译

① 参本章第二节。

者)。下面我们将从地形上做一点猜测。这件文书命某人到煎都去把充作公用的骆驼取来,交给玉长罗的尉吏(一种下级军官),并领取三天的粮食以备途中之用。“煎都”也常被称为“大煎都”,我们已把它的位置确定在长城最西端[①](编号为T.IV),从烽燧 T.XV.a 到 T.IV 约 32 英里,步行用不了两天,烽燧T.XI可以作为很方便的中间站。这样说来,“玉长罗”距烽燧 T.XV.a 当有一天的路程。但它究竟是哪里呢?它应当不在长城一线上,若它在长城线上,就很难解释这件文书怎么会出现在烽燧T.XV.a,因为连接 T.XIV(即玉门关)以东地区及长城最西端的大路距 T.XV.a 是十分遥远的。我们下文还将讨论到这个有趣的小问题。

◁T. XV. a.ii 垃圾堆(公元 15—56 年)出土的文书

按年代顺序,现在该说到 T. XV. a. ii 垃圾堆出土的文书了。此处有纪年文书的时间范围,是从王莽时期(公元 9—23年)到公元 1 世纪中叶。[②] 年代最早的是文书 No. 482(图版 XIV),为公元 15 年。沙畹先生认为文书 No.490 也极有可能是王莽时期。再往下是文书 Nos.483~486,其年代分别为公元 43 年、46 年、55 年、56 年。文书 No.487 比较值得注意,它是写给“西部”哨卡长官的,并开列了卫戍人员和狗的清单,要求给这些人员和狗提供给养。很可能此处的“西部”指的就是“平望”(距此不远的烽燧 T.XIV.a 出土的文书 No.390 也提到了“平望”[③]),而“平望”的治所很可能就设在烽燧T.XV.a这里,不幸的是文书中并未写出地名。文书 No.488 中提到了龙勒县,文书 No.497 提到了敦煌太守,这两件文书对于在地

① 参见本书第十七章第一、三节。

② 有趣的是,在这里还发现了一个刀形币残件(T.XV.a.ii.69;《文书》No.709,图版 XX),沙畹先生的书中曾述及此,并称此币当是王莽发行的,这也证明了这个垃圾堆的年代。

③ 参见本章第四节。

形上确定此地与平望的关系无所裨益,但至少说明这座烽燧的官方往来远远超过长城上的普通烽燧。从这个垃圾堆T.XV.a.ii中还出土了不少有趣的药方和病历,即文书Nos.524~534,均写在一样大小、一样形状的竹片上,沙畹先生对它们都进行了详尽的分析。[①] 还发现了一个绸制的小信封(《文书》No.503,图版XIV),上面有发信人和收信人的名字。从信封的大小看,当初信一定是折成一小团放进信封中的(沙畹先生已指出这一点),在楼兰发现的纸信L.A.II.i.1(《文书》No.904,图版XXVIII)就是折起来的,但由于T.XV.a.ii的明确年代比纸的发明(公元105年)要早约半个世纪,所以我觉得这封信也是写在绸子上。

T.XV.a.i垃圾▷堆发现的文书(公元97—137年)

年代最晚的垃圾堆是T.XV.a.i,位于台地的最高处,其中掺杂着此地仅有的几块建筑瓦砾,显然,这个位置应当是最后有驻军的地方。从T.XV.a.i出土的文书均晚于下面山坡ii、iii出土的文书,这也与考古学的迹象完全吻合。文书Nos.535、536分别是公元67年和137年[②],这一点确定无疑,这两件文书的内容上文曾提到过。文书No.537(图版XV)是某一年日历的残件,沙畹先生推算出这一年当是公元94年。文书No.707(图版XX)是一封写在纸上的信,使用了纸张本身就表明这封信一定晚于公元105年。上文说到此地与龙勒县有官方往来,这一点在文书No.540(图版XV)中得到了证实。这件木牍正是发自龙勒县的,其恭敬的措辞似乎表明收信人是个重要人物。

对我们来说,有两条丝绸(T.XV.a.i.3,《文书》No.539,图

---

① 竹片No.524(T.XV.a.iii.42)应是出于偶然才出现在北边的垃圾堆中,要不就是我把它的号码编错了。

② 参见沙畹《文书》,231页,已作修改。

版XV)更具有文物上的价值。这两条丝绸是同时出土的,原先必定均属于同一块未染的米色丝绸。其中一条上有汉文的墨印,两端是织边,表明它所属的那一幅(或一卷)丝绸幅宽约为19.7英寸。另一条长12.25英寸,有一端不太完整,上面有汉文题识。沙畹先生把这段题识译了出来:"任城国亢父缣一匹,幅广二尺二寸,长四丈,重廿五两,直钱六百一十八。"[①]沙畹先生指出,任城国是公元84年建立的,即今天的山东济宁州。他强调说,这个题识很有历史价值,它为我们提供了公元1世纪末或公元2世纪初所产丝绸的产地、尺寸、重量、价钱等诸方面的确切资料。还有一个事实更提高了它的价值:大家知道,关于西方同"丝国"(中国)进行直接丝绸贸易的经典文字记载,是托勒密书中所引的提尔(提尔,古代腓尼基的著名港口——译者)的马利诺斯从马其顿人麦尔斯那里得知的一段话[②],而这段记载的年代正与这条丝绸的年代相前后。

◁有汉文题识的丝绸

我在上文说到过在楼兰遗址发现的一卷丝绸L.A.I.002(图版XXXVII)。T.XV.a.i地出土的绸条上的题识说绸幅宽为2尺2寸(按中国计量法是22寸),而从T.VIII和T.XI遗址发现的汉代木尺表明,1寸长为0.9英寸(22.9毫米),这样算来,绸条有一幅丝绸那么宽[③]:绸条宽是50厘米,即22.9毫

◁绸条的尺寸

① 上述译文中包含了沙畹先生于1907年10月3日给我的一个有趣的条子中所进行的修改,这是我收到的他最后一张条子。条子的内容如下:

"我读成'古父'的那个词已由王国维更正成了'亢父'(《流沙坠简》第2章43页右列),有了这一更正,译文当是正确的了。亢父是任城国下属的一个县,距今日山东济宁有50里。所以译文当译作'任城国亢父缣……'"

"此外,王国维先生还提请人们注意,有一段史书的文字可能与斯坦因先生发现的文书有关。《后汉书》第72章(8页左列)称:汉顺帝时期(公元126—144年),西域蛮族多次暴乱,刘崇(任城王的名字)给前方的将士提供了钱币和丝绸。"

② 参见托勒密(Ptolemy)《地理》(*Geographia*),C.穆勒编,第1.xi.6部分。关于提尔的马利诺斯(Marinus)的伟大地图的年代(约公元100年),参考赫尔曼《丝绸之路》,第一卷,19页。

③ 参见本书第十一章第一节以下,第十八章第一节、三节。

米×22毫米是50.38厘米。T.XV.a.i地出土的绸条与长城其他遗址出土的尺子互相印证,这一点很有价值,因为,关于中国早期的计量单位人们所知并不多。① 另一条绸条上印章中的字至今尚未被破解出来。

第五节 古代丝绸贸易的遗物

T.XV.a.iii 垃圾堆出土的一个绸条上有婆罗谜文题识▷

一个偶然的机会,我们在烽燧T.XV.a又发现一个古代丝绸贸易的有趣遗物,对此我们感到十分幸运。在年代最早的iii号垃圾堆,同时发现两条未染过的细密绸条(编号为T.XV.a.iii.57)。其中一条长约13英寸,显然不完整,一端缝了边,另一端已被撕破。另一条虽然有几处已破损,但两端均保留着织边,表明它是从一块幅宽为19.5英寸的丝绸上剪下来。它的一端用浓重的黑墨写着一个简短的题识,是11个粗犷的楷体婆罗谜文。因为在墨迹未干之前,绸子被折叠过,所以在底下可以看见左右颠倒的题识。当时我就觉得这种字体是印度释迦或早期贵霜王朝时期的字体,文字的形态比我曾发现的唯一一枚婆罗谜文木牍N.XX.i(我在第一次去尼雅遗址时发现)还要古老。②

博耶先生破译婆罗谜文▷

1917年初,我才有时间仔细研究这一小块从汉代长城发现的写有印度文字的文物。T.XV.a.i.3与这条丝绸幅宽几乎一样,还有汉文题识。这使我猜想:婆罗谜文题识中,可能也描述了绸条原属的那卷丝绸的情况。但我的猜测只得到一个佐证:霍恩雷博士在附录F中把这段本无法识读的文字尝试着破解出来,其破译的文字中有个梵文paṭa(paṭṭa)——是“一

① 参见沙畹《中国书籍》,载《亚洲学刊》1905年1—2月号,18页,注③。

② 参见斯坦因《古代和田》,第一卷,369页、376页、412页。

块[织物]”。我想起来,在破解发现于米兰的佉卢文题识时,博耶先生对我帮助不小,于是我又向这位学问渊博的同行求助。他极为认真地研究了题识,由于插图中有几个字不是很清楚,他还反复查阅了原件。他的努力终于有了结果。在1917年3月13日和4月4日给我的信中,他写下了破解后的文字:

[ai]ṣṭ asya paṭa giṣṭi ṣapariśa

◁绸条上提到“四十六拃”

由于丝绸上有个洞,第一个字的开头部分不完整,所以其含义不能完全确定。他对这个短题识其余部分的解读,在我看来从语言学上讲言之成理,与考古学上的判断也十分吻合。霍恩雷博士已认出“paṭa”一字,即“一块[布]”。博耶认为“ṣapariśa”是印度俗语,相当于梵文“ṣat+catvāriṃśat”,即“四十六”。尼雅遗址出土的俗语佉卢文木牍中,“catvāriṃśat则写成capariśa”,而我们再考虑,巴利文“四十”这个数字本是“cattālīsaṃ”,但当它与个位数字连用时就缩写成“tālīsaṃ”(比如,“四十四”是“cuttālīsaṃ”)。这些都表明博耶的解释从语音学上来讲能站得住脚。这个字是个数词,表明它前面的字“giṣṭi”很可能是个量词。梵文中没有这个字,但博耶说现代旁遮普语中有giṭṭh(giṭh)这个字①,意为“从大拇指尖到小指尖的距离”。乔治·格里森爵士还告诉我,克什米尔语中这个词成了“gith”,因为达尔迪克语或毗舍阇语中常易混淆齿音。

◁题识记录的是丝绸的长度

对giṣṭi的这种解释对我来说极有说服力,因为如果绸子边上的文字内容是与绸卷——在当今中国的丝绸贸易中,丝绸都是成卷出现,L.A.I.002绸卷表明古代也是这样——本身有

① G.格里森爵士认为:“这个字应当属于西旁遮普或莱恩达地区,那的词汇中有大量毗舍阇语因素。”但博耶先生不同意这种说法,他说哈里·长德博士本人就是旁遮普人,他称这个词在旁遮普全省甚至一直到远达德里的地方都是通用的。我目前对此尚无定论。

关,那么它很有可能说的是绸卷的长度。T.XV.a.i.3 的题识(《文书》No.539)中记录的重量、价钱等内容对一个外国商人来说都不是很要紧,因为他要把买来的货物带到遥远的国度,那里的度量单位和货币单位都与中国不同。就是不打开绸卷,他和买他东西的人都能看出绸卷的幅宽。但为了自己方便,他必定会把绸卷的长度记下来,以便无须每次都打开来量。简言之,汉文题识记录的是丝绸生产者或大量出口丝绸的人很自然就想到的内容,而这个用奇怪的字体和语言所写的婆罗谜文题识只是西方来的客商写下的一句简短的用来提醒自己的话。即便今天从四川等地出口到西方的丝绸卷边缘上,也时常印着长短和内容都与此类似的汉文题识。我有一个朋友谢尔·阿里·可汗,他从和田和莎车运物品到喀布尔去卖,许多像他这样的穆斯林商人都习惯于在商队所载的织物上用波斯文做下简短的记号,这些织物中既有来自四川的丝绸,也有来自克什米尔的平纹细布。他们的做法也印证了婆罗谜文题识的内容。

一"giṣṭi"的长度究竟为多少▷

假定giṣṭi(其现代的派生词是giṭṭh)意思为"一拃"(即从拇指尖到小指尖的距离),同时假定古代商人题识指的是所买的一整幅丝绸(后面这个假定似乎也言之成理),那么我们就可以推算出一"giṣṭi"有多长。在当今印度,giṭṭh无疑是指手伸开后拇指尖与小指尖之间的距离。但这种度量单位即便在今天也不可能有固定数值,我们更不知道基督时代(指公元前后——译者)中亚的公认标准是什么。下面我们要再做一个假定:公元 1 世纪初(T.XV.a.iii.57)的丝绸长度与公元 1 世纪末(T.XV.a.i.3)的丝绸长度差不多。这一假定似乎可找到一个比较明确的证据:我们前文说过,公元 1 世纪初从中国出口的丝绸的长度(T.XV.a.iii.57)和公元 3 世纪或 4 世纪早期出口丝绸的长度（L.A.I.002）相同。[①] 假设婆罗谜文题识中的46 giṣṭi或"46 拃"等于T.XV.a.i.3 中记录的40尺（中国度量单位），即一条完整丝绸的长度，那么我们就得出一个等式：1 giṣṭi = $\frac{22.9\text{ 厘米}\times 40}{46}$ = 19.9 厘米，或约等于 8 英寸。这个结果与印度人和中东人从大拇指尖到小指尖的平均长度相吻合。这也间接支持了博耶先生对giṣṭi和ṣapariśa两个字所作的解释。

◁ 对［ai］stasya的解读

第一个词仍有待于作出解释。开头的音节中有个破洞，但霍恩雷博士和博耶先生都倾向于把这个音节解读成ai[②]，整个词就是［ai］ṣṭasya。-sya 是梵文中表示所有格的词缀，这一点明确无疑。在这个词中又出现梵文和印度俗语混合在一起的情况，但博耶先生说得对：这种形式对任何一个熟悉尼雅和楼兰遗址佉卢文书所用语言的人都不是障碍。[③] 尚待解释的是，这个所有格是什么意思？［ai］ṣṭa是什么意思？关于［ai］ṣṭa的意义还没有任何线索，但考虑到题识是供备忘用的，我猜想这大概是个表示部分与整体间关系的所有格，说的是绸卷中丝绸的质量或质地。博耶先生对此也拿不出什么反驳的理由来。但［ai］ṣṭa也可能指的是贩绸的商人或别的什么人。

虽然这一点尚不明朗，但从这个简短文书中仍可得出一些考古学和历史学上的有趣结论。首先，它证明，在公元前61年到公元9年这一时期内（大体相当于西汉末年），已经有一

---

① 参见本书第十一章第一节。

② 博耶（Boyer）在1917年4月4日给我的信中写道："我认为，印度俗语文书中那个尚存疑点的音节很可能是ai。根据由您发现并由霍恩雷博士出版的字母表，ai这一形式是同时以e和a为基础的（见《皇家亚洲学会会刊》，451页，1911）。这个ai上应有个双曲线来标明音素及字根a的位置，要注意右边i的发音高低，左边的字根a（由于两个元音相遇）在发音时应当比较滞涩。这个字根有多种变体，所以a与i之间可能省略了一个字母，这个字母是什么已不得而知。"

③ 参见斯坦因《古代和田》，第一卷，364页以下；本书第十一章第九节。

记载早期丝绸贸易的文书中所用的印度语言▷

些习惯于使用印度字体和印度语言的商人穿过古长城到“丝国”中国来。凭目前的信息，我们还无法猜出，这个中亚古代丝绸贸易珍贵遗物的书写者来自何处、是何民族。但有一点很重要，它的文字不是佉卢文，而是婆罗谜文。先前我们发现在非汉文的中亚世俗文书中，最古老的就是用佉卢文写。要是没有这个题识，我们本来倾向于认为，婆罗谜文在中亚最早出现是与佛教及佛教典籍联系在一起。这个简短文书可能是除书画题识外，现存最古老的印度古代文字。从中我们得知，写这件文书的商人出生地(或居住地)在世俗文书中使用一种印度俗语和梵语的混合语言。乔治·格里森爵士认为giṭṭh是从giṣṭi派生出来，并认为这两个词与毗舍阇语有关。如果他的理解正确，那么，大概可以从当今仍使用毗舍阇语或受毗舍阇语影响的地区来推断从前使用婆罗谜文的地区。但如此得出的地区范围太大，大概从西边的喀布尔经兴都库什山和昆仑山一直到东边的和田。① 还有一点特别值得注意，这件中国内地与西方之间早期丝绸贸易的遗物，发现于远离去往楼兰的古代商路的长城废址里。这个事实与其他事实联系起来，提出了一个不小的考古学问题，我以后将述及此问题。

从 T.XV.a 的垃圾中发现的花绸▷

但在考察这个问题之前，我们应当先简略叙述一下从T.XV.a的垃圾堆中出土的文书以外的东西。这些东西大体有年代可考，这更增加了它们的文物价值，并可用于解决某些细节问题(本书将不触及这类细节)。一个例子就是花绸残片T.XV.a.002、iii.0010(图版 LV)。我们可以一方面把它们同出自敦煌千佛洞的华丽晚唐丝绸相比较，另一方面同我第三次在楼兰古墓发现的大量精美汉代织锦相比较，都可以得出有

① 参见格里森《毗舍阇语和当代毗舍阇语》，*Z.D.M.G.*，72 页以下，1912。

益的结论。[1] 一只织得很精美的鞋 T.XV.a.i.006(图版 LIV),也应当与这些纺织品划归一类。这只鞋由不同材料织成,外面有一层花绸,做工十分精致,关于其做工的详情,可参考本书第二十章的"文物目录"。

◁从 T.XV.a 的垃圾堆中发现的各种物件

我们发现了不少涂过漆的木碗碎片(见 T.XV.a.i.001、005,ii.001、003、004、006,iii.001、009 及 v.004),还有很多形状各异的木质印鉴盒(T.XV.a.001,i.002,ii.005, iii.002、003 及 v.005,见图版 LIII)。T.XV.a.i.009(图版 LIV)是个套野兽用的机关,保存完好,乔伊斯先生在"文物目录"中说明了它的用法。有一件奇怪的小物件,其性质至今仍未有定论,它就是 T.XV.a.iii.008木箭头(?)。还有一个很奇怪的发现,有一个捆扎很紧的小包裹,里面有两根用芦苇做成的带羽毛的断箭和一个青铜箭头(T.XV.a.vi.001, 图版 LIII)。对此所能作出的最合理的解释就是,军事部门为了防止浪费或士兵把公物据为己有,要求不能用的箭必须入库,然后才能发新箭。用官方语言来说,这就是用"一支(断)箭换一支新箭"[2]。

第六节　北新道

◁T.XV.a 遗址的文书十分丰富

T.XV.a 遗址几乎没有任何建筑遗存,连一般长城烽燧上的那种不起眼的建筑也没有。这里何以会有这么多垃圾堆,垃圾堆中又为何有这么多文书呢?对此我们必须作出解释。而且我们要记住,由此地发现并被沙畹先生的著作收录的文

① T.XV.a.iii.0010(图版 LV)的碎片图案特别有意思,它与 Ch.00118(见本书第二十四章第二节)有密切联系,也有助于证明这些早期的精美的碎片在千佛洞的丝绸中是独一无二的。

② 这个小发现及对其作出的解释记载在《沙漠契丹》,第二卷,127 页中。有意思的是,这个发现引起了《黑森林杂志》1917 年 1 月一篇文章作者的注意。他在文章中戏谑地叙述未来新军队的军官如何重新启用这一古老的军事做法,见该杂志 87 页。

书共有117件,而玉门关遗址T.XIV的文书总共才有80件。此地的文书数目仅次于T.VI.b的文书总数(228件)。T.VI.b的古代“废纸”数量之所以很多,大概是因为扔弃这些“废纸”的那个机构是偏远长城的司令部,戍卫着长城的两翼及一条西去的道路,地位很重要。而T.XV.a却与T.XIV要塞(即玉门关故址)靠得很近,这就使开头提出的问题更令人难以回答。幸好我们可以求助于一段描述此地古代地形的史书记载(上文中对这里的古代地形均未曾述及)。如果我们凭自己对此地的知识,对史书文字所作的解释是正确的,就会有助于得出一个令人满意的答案。

我所指的是《魏略》(成书于公元239—265年)中的一段文字,文字中记载了从敦煌通往西方国家的几条通道,我在上文谈到过这段文字。[1] 我们说过,《魏略》中明确提到,从前从敦煌通往西方国家的通道有两条,现在则有三条。前两条被称为南路和中路,无疑指的是沿阿尔金塔格山坡到米兰去的路和穿过沙漠到楼兰去的路,对此我们无须赘述。我们要讨论的是《魏略》一书另一段文字中所称的“北新道”[2],这段文字开头是这样的:北新道“从玉门关西北出,经横坑,辟三陇沙及龙堆,出五船北,到车师”,即戊己校尉之所(吐鲁番的喀拉霍加),然后折而向西,于龟兹(库车)与中道会合。沙畹先生已指出,这条路就是《汉书·西域传》中所载的路:

北新道▷

元始中,车师后王国有新道出五船北,通玉门关,往来差

① 参见沙畹《通报》,528以下,《西域诸国》,1905;另见本书第十一章第十节,第十四章第二节。
② 参见沙畹《通报》,556页,1905;本书第十一章第十节。

近,戊己校尉徐普欲开以省道里半,避白龙堆之厄。[①]

可以看出,《汉书》中明确指出了新道的起点和终点。终点是玉门关,我们已证明玉门关就是长城西端的 T.XIV 要塞。起点是古城和金满城一带,位于天山北麓,俯瞰吐鲁番盆地。这一带土地比较富饶,《汉书》中多次提及的“车师后国”就是这里。这里也是唐朝北庭都护府的辖区之一,在唐代文献中出现过多次。[②] 我们尚不能确认《魏略》中另外提到的“五船”和“横坑”位于何处,这并不奇怪,因为新道上的这两处地方位于从敦煌到哈密的道路之西、库鲁克塔格山的最东段,该地区迄今为止尚无人勘察过。

◁《汉书》中的新道

如果我们查看一下地图,就会一眼看出两个情况来。拿俄国国界图第 21 号来说吧,这张地图的比例尺是图上 1 英寸代表实际距离 40 俄里,覆盖了从古城到敦煌的全部地区,有的地区勘察过,有的没有勘察过。[③] 首先,我们发现,如果能开通一条道路,把现今古城哈密道通过天山的关隘(位于七角井

◁从敦煌直通哈密的道路

① 这里我转引了沙畹先生的译文,见《通报》,533 页,注①,另见怀利《西域记》,载《大不列颠及爱尔兰人类学学会会刊》,第 11 期,109 页。沙畹先生认为新道开通的确切时间是公元 2 年。我手头只有翻译过来的汉文史料,无法从中看出其确切年代是什么。

② 参见怀利《西域记》,载《大不列颠及爱尔兰人类学学会会刊》,第 10 期,22 页以下;第 11 期,106 页以下。关于北庭都护府治所,参见沙畹《西突厥》,11 页。1914 年 10 月我到过这一地区,勘察结果表明沙畹先生的结论是正确的,我还详细考察了沙畹先生所说的唐代道路。见《地理学刊》,1916 年第 48 期,201 页。

③ 这张地图的最新版本,是现在彼得堡 1898 年出版的罗博罗夫斯基上尉探险报告第三卷中。地图上标明了这支探险队考察过的哈密、吐鲁番之间的道路,这条道位于库鲁克塔格最北边(当地人也把库鲁克塔格称为“却勒塔克”,意为“沙漠中的山”)。图中还标出了罗博罗夫斯基上尉从哈拉湖以西一点向西北的“却勒塔克”勘察时所走的路线,本节下文将提到这条路线。

这张地图还标了些哈密敦煌道以西人迹罕至的沙漠地区中的其他道路,都是根据当地人提供的信息画的,很难考证。道路上标了一大串水井的名称,实际上这些名称很可能就是哈密敦煌道附近或沿途的驿站。由于在整理从当地人那里获得的知识时发生了错误,本来一条路变成了两条甚至三条,对于熟悉亚洲其他地区(不一定是沙漠)的早期地图绘制者来说,这种情况并不稀奇。此地图还标了三个“托利湖”,这个湖存在与否很值得人怀疑。

以北)与T.XIV要塞附近的长城直接联系起来(这条路将穿越这两点之间沙漠中的山脉和高原),那么这两点间的路途同先前那条路相比将缩短一半。先前这条路弯曲难走,它穿越古罗布泊湖床上的盐碱地到达楼兰,再经吐鲁番到古城[①],这正与《汉书》相符。另一方面,我们也必须认识到,这条路不得不经过几乎只有海平面那么低的低地,从哈密绿洲流来的河终结在这一低地中,形成疏纳淖尔(Shona-nōr)沼泽。

"北新道"分成两岔,分别通向古城和吐鲁番▷

这片低地一旦处于敦煌长城的管辖之下,就几乎可以沿直线直达天山东部低矮的鞍部,这个鞍部位于七角井和大石头要塞之间。古代商人从这片低地既可以前往西北的"车师后国"或古城,也可以继续向西前往吐鲁番盆地。《汉书》把吐鲁番盆地称为"车师前国",高昌遗址(即如今的喀拉霍加)也位于吐鲁番盆地的绿洲之上。这样,《魏略》称"北新道"通向车师国的高昌这段文字就与《汉书》中记载的路线不矛盾了。

另外两条从疏纳淖尔到吐鲁番的路如今已不能通行▷

这张俄国地图上还有两条路直接从疏纳淖尔通向吐鲁番,但实际考察表明,当地条件已发生很大变化,这两条路已不能通行。北边通向七克台的那条路科兹洛夫上尉于1895年考察过。1915年秋,在我的指导下,勘察员穆罕默德·雅库伯精确地勘察了那条路。事实证明,那条路上约有100英里长的距离内一点水也没有,所以现在已无法供商队通过。南边的那条路情况类似。1915年冬,拉尔·辛格艰难地穿越尚无人考察过的库鲁克塔格中段,从南边来到那条路上,并循着

① 在此我大概应当指出,从吐鲁番直通古城的道路中间经过高峻积雪的天山,所以一年中只有部分时间可以通行。1914年我通过了其中最易走的帕诺巴(Pa-no-pa)山口。我当时发现,这条路一年四季只能供最轻的辎重通过。商队或军队为了找一条可供骆驼或车辆通过的道路以绕过博格达峰,一律得绕道西边的乌鲁木齐或东边的乌兰苏(Ulan-su)。

当我们比较《汉书》中所提的两条路时,必须记住上面的这一事实。来自疏纳淖尔的"北新道"必定经过了七角井以北天山低矮的鞍部,如今从哈密去往古城和乌鲁木齐的中国马车也是从那儿过的。

它一直来到吐鲁番盆地东南的底坎尔。① 他发现,路两侧的咸水泉已经干涸,而底坎尔当地人还记得,从前从哈密来捕野骆驼的强悍猎手们过此路时就是用泉水结成的冰作饮用水的。商队肯定已有很长时间不能从这条路上通行了。

◁罗博罗夫斯基对疏勒河以北进行的考察

上文说的两条路自然环境发生了变化,应当是晚近的事。这使我觉得有理由认为,北新道的南段,也就是较难行走的那一段(即从玉门关到疏纳淖尔之间的那一段),肯定早在上文所说的两条道之前已不能通行。按上文提到的俄国地图计算,这两点间的直线距离约为 190 英里,其中只有北端的四分之一我们通过罗博罗夫斯基上尉于 1894 年 2 月进行的考察才略有了解。那次他是从哈拉湖以南出发,深入到西北沙漠中的山脉之中。② 对比一下他的地图和我的地图可以看出,他穿过疏勒河床的地方靠近烽燧 T.XIX。然后他穿越了很多寸草不生的山岭和谷地,一直走到距疏勒河河床直线距离有 46 英里的地方。由于马缺水喝,他只好原路返回。值得注意的是,按照他的叙述,在距河床直线距离约有 26 英里的地方有个谷地,“谷口是平坦的花岗岩”。在这个谷地中,这位俄国旅行家发现“岩石中有一些圆形的浅沟或盆状构造,盛着积雪融水”。再向前,他来到一个山口顶部,此地海拔6 640 英尺,距他此行的终点约 6 英里,在此他看到有块已废弃的界石,还有

① 参见斯坦因《第三次探险》等文,载《地理学刊》,1916 年第 48 期,206 页。

② 罗博罗夫斯基上尉探险报告的部分章节由赫定翻译出来,载《中亚》第二卷 100 页之后,译文参见了罗博罗夫斯基《亚洲探险》一书第一卷 164~169 页的内容。我手头只有这个译本,文中未指明他探险的目的何在。但在探险报告里所画的俄国周边地区图中可以看出,罗博罗夫斯基上尉所走的路线与绘图者以“当地传闻”为基础所画路线的最西段是部分重合的,这使我猜想,他此行的目的可能就是考察这条通往“托利湖”的传说中的道路是否存在。

从这张地图本身我们就可以看出,既靠实地考察又靠传闻来绘制地图是很可能发生错误的。地图上有个位置标了一口井,但罗博罗夫斯基的考察证明那里是高峻石山上的一个海拔 6 640 英尺的难以通行的山口,肯定是没有水的。

一条西南—东北方向延伸的古道的痕迹。①

古道由于干旱▷而关闭

罗博罗夫斯基上尉当时在旅途中发现了有水的石沟，这一点很值得注意，因为它表明，在那些未被勘察的地区（古代北新道可能就是穿越这一地区通向疏纳淖尔），即使今天，至少在某些季节、在某些地方，是可以从井中或天然的石槽中获取水的。1915 年，我在探险中发现，西库鲁克塔格地区和柯坪附近的荒山情况正是如此，在柯坪人们把天然石槽称作“柯克”。② 在这两个山区都有确凿的证据表明，有文字历史以来甚至更晚近些时候，干旱正在加剧。由于两地的自然环境基本上与我此处讨论的地区类似。所以这一地区很可能也经历了一个干旱化的过程。因而，在有水的古代，从北方来的劫掠者大概不觉得这里是什么障碍，正如今天柯坪的山区对于劫掠者来说也不成障碍一样。③

长城建造以后▷干旱加剧

为支持这一结论，我们还可以提出一条更直接、更有说服力的考古学上的证据。我的考察已证明，公元前 2 世纪末修建敦煌长城时，人们觉得有必要一直将其修到哈拉湖以西很远的地方。如今，疏勒河尽头以北的沙漠由于缺水已无人能通行。如果匈奴劫掠者骑马也不可能从这里通过，汉朝就完全没有必要在这偏远而贫瘠的沙漠地区修筑城墙和烽燧，更没有必要克服种种困难戍卫着这些长城和烽燧了。

很遗憾，由于身负其他任务，并面临诸如季节、骆驼和雇

---

① 参见赫定《中亚》，第二卷，101 页。

② 参见斯坦因《沙漠契丹》，第二卷，424 页、426 页。在那里我指出，柯坪周围地区的环境直至今天仍使吉尔吉斯劫掠者有可能从天山谷地中出来，袭击喀什噶尔—阿克苏之间的道路。这很类似于库鲁克塔格最东边的荒野从前的情况，当时胡人可以穿越天山东端，再穿越库鲁克塔格荒野，去袭击敦煌和楼兰道上的商旅。

③ 赫定博士在穿越拜什托格拉克以北沙漠中的库鲁克塔格山区时（位于我们正文中所讨论的地区以西较远的地方），发现了标明道路的古老的界石，我们文中的这个假设可以对他的发现做出最好的解释。参见赫定《中亚》，第二卷，106 页等。界石附近发现的文物较少，从中尚无法推定其年代。

工不足等问题，在我对敦煌地区的两次考察中都未能向长城以北的沙漠中做进一步考察。但是，虽然我没有机会勘察“北新道”所经地区，但我认为我们至少有足够的地形学和考古学证据可以确定“北新道”的起点。我倾向于把它确定在T.XV.a废墟遗址，理由如下：首先，《汉书》中明确指出玉门关是“新道”的南端，《魏略》证实了《汉书》的内容，并加上一条重要信息“从玉门关西北出”。我们已经知道，公元1世纪初开通“北新道”时，“玉门关”总部仍设在T.XIV要塞。那么，我们自然应该在T.XIV号要塞附近寻找“北新道”穿过长城的地方。看一下较详细的附图33我们就发现，把T.XV.a作为“北新道”出长城的出口将特别合适。T.XV.a以北是很易通行的疏勒河河床，河床较窄，四周是坚实的砾石高地，而再向东约3英里的地方、河床的左岸，是无人可以通行的沼泽。[1] 这样人们一年四季都可以安全渡河了。

◁ T.XV.a烽燧可能是“北新道”的起点

把T.XV.a选作“北新道”的一个次级关口，还有一个明显的优势：它南边的高地紧连着沼泽盆地，其中有可供饮用的泉水，还有丰富的牧草。我从实验得知，当人们即将远赴绝域、踏上漫长艰苦的征途之前最后一次休整时，或当人们刚穿过绝域来到这里，人畜疲乏，将要做第一次休整时，水和牧草都是极其重要的。参考这张详细的地图，我还想指出一点：对于将沿北新道旅行的人来说，如果先去T.XIV再沿着T.XIV西边的大沼泽来到第一个可渡河的地方，或者反过来走，都要绕行很长的路。

◁ T.XV.a烽燧的位置优势

考虑到这些地形因素之后，我想还应该对T.XV.a出土的

① 的确，T.XIX以北、疏勒河左岸也有一小段坚实地面，上文说过，1894年冬罗博罗夫斯基上尉似乎就是从那里渡河的。但这个狭窄地方两边都是沼泽，高高的土台之间的地面很低，春夏暴雨时节很可能会被洪水淹没，所以这里显然不宜选作四季均要使用的道路的关口。

公元 1—5 年▷后的文书居多

文书给予特别的重视。我在本节开头已经说过,在这里发现数量众多的文书这一事实本身,就很能说明这里曾一度何等重要。如果我们的解释正确,那么大部分文书就应该是公元1—5年和晚于公元1—5年,因为公元1—5年正是首次开通"北新道"的时间。这个推论得到了证实。我们已说过,T.XV.a.iii垃圾堆的最晚年代是西汉末年,即公元9年以前[①],在沙畹先生的书中有36件文书来自这个垃圾堆(《文书》Nos. 446~481)。另两个垃圾堆 ii 和 i 出土的文书则多达66件(《文书》Nos.482~547),i 号的年代在公元15—56年,ii 号的年代在公元65—137年。还有14件文书在T.XV.a.iv 和 v 号地点发现,这两处地方虽未出土有纪年的文书,却分别靠于 i 和 ii号地点。

提到当地官员▷的文书

有不少文书提到了当地官员的事务,这些官员很可能是直接负责督察穿越长城的人员。T.XV.a.i.16(《文书》No.541)明确提到某个将出关向北去的人。T. XV. a. v. 4 (《文书》No.553)中引用了关于"出入"的规定,显然指的是出入长城的关口。T.XV.a.iii.22(《文书》No.479)中提到了一辆出关的马车。文书 No.461 大概是一种发给过境官员通行证之类的东西。T.XV.a.iii.44和24(《文书》Nos.454、455)都登记了几封发往不同地址的信件,其中一封是发往某驻军所在地,那里离此地颇远。如果此地是一条道路及沿道路而设的邮政路线的端点,这类文书的内容就很好解释了。

北新道上燃料▷缺乏

凭我对当地掌握的知识,我觉得 T. XV. a. v. 9 (《文书》No.552,图版 XIV)很有意思。该文书称"亭"十分偏远[②],白天

① 参见本章第四节及沙畹《文书》100 页来查阅文书 No.449 的年代。

② 关于"亭"字的解释,见本书第二十章第五节。

看不见烟发出的信号，晚上看不见火发出的信号，当地的戍卫人员都被告知不要再烧燃料，以免[不必要的浪费]。据我所知，敦煌长城上每座烽燧附近无论是在今天还是在古代都有丰富的芦苇、灌木及胡杨树等可用作燃料，所以我觉得这件文书中提到的“亭”不可能坐落在长城上。况且，长城上的烽燧彼此都不太远，任何一座烽燧上燃起的烽火其附近一两座烽燧都可以看到。从另一方面来讲，如果沿“北新道”设立亭障，亭障就可能位于北边库鲁克塔格的荒凉山区，燃料问题就迫在眉睫。如今，从安西沿中国大路去哈密的每个人都会有这样的经历：在这块戈壁上，由于没有燃料且几乎没有任何牧草，在每个路边驿站都得出高价买燃料和芦苇秸秆。①

◁安西哈密道上缺乏沙漠植被

现在中国人把北边库鲁克塔格的山区称作“北山戈壁”，这个名称虽然不太明确，却很方便。我们获得的关于这一地区的信息均表明，沿戈壁向西去，不仅水越来越少，而且植被也越来越少。所以我几乎可以确信，虽然汉代以后干旱才加剧、自然环境恶化，但即使在汉代，“北新道”上也必定存在燃料短缺问题，正如现在取代“北新道”的安西哈密道情况一样。② 尽管安西哈密道的路线还在古代北新道的路线以东，两道相距平均约 60 英里，但我完全可以想象，19 世纪末电话线架设到安西哈密道之前，要想在这条道上维持烽燧，一定会遇到 T.XV.a.v 出土的那件文书中所述的困难。

◁“玉长罗”位于“北新道”上

如果对西北的沙漠进行系统考察，是否有可能发现设在北新道上各个地段的简陋的小屋遗址和小屋的垃圾堆呢？这

① 参见斯坦因《沙漠契丹》，第二卷，239 页后关于这条沙漠道路的简单描述，并见下文第二十八章第一节。

② 这座烽燧应当不是在长城西端再向西的楼兰道上，因为那条道上沿拜什托克拉克谷地一直到库木库都克以远的已干涸的古代盐泽燃料都很丰富（怀疑原文中这个注的位置有误——译者）。

个问题我无法回答，我把它留给后来的探险者。但我在此应当指出，上文曾引用的文书 T.XV.a.iii.43（《文书》No.452，图版 XIII）[①]中很可能提到“北新道”上离此较近的路边驿站。文书称，有个人被从“玉长罗”要塞派往“大煎都”，即长城最西端，还称发给这个人三天的口粮。而“大煎都”距 T.XV.a 只有两天的路程，由此证明“玉长罗”距 T.XV.a 应有一天的路程。文书中还提到给此人提供一匹骆驼，供他旅途之用。这似乎证明，“玉长罗”是沙漠中的一处要塞，由于缺乏水和牧草，那里用骆驼比用马方便。此外，如果 T.XV.a 不只是一处戍卫长城的普通要塞，而是一条新开的重要商路的门户，我们就很容易解释，为什么会在此发现某个西方商人遗留下来的那条写有婆罗谜文题识的绸子 T.XV.a.iii.57 了。

第七节　长城边上的古仓库

上文说过，长城明显分成两段，前一段穿越许多靠地下水供给水源的沼泽，后一段则绕行疏勒河上的一些湖、沼。[②] 从 T.XV 到 T.XVII 这几座烽燧以及它们之间连绵不断的城墙把长城前后两段连接起来。在叙述后一段长城上最引人注目的遗址之前，我可以先扼要叙述一下 T.XV 到 T.XVII 烽燧。

烽燧 T. XV▷ T.XV 是一座朽坏很严重的烽燧，坐落在一块高约 20 英尺的台地上。台地不大，却很醒目，位于上文提及的那个干旱的风蚀盆地东端。烽台虽已朽坏，但仍有 13~14 英尺高，在土坯中依然看得出一层层常见的胡杨。烽台东边连着一个已被砾石覆盖的小屋，烽台和小屋的面积均已无从考证。在砾石

① 参见本书本章第四节。
② 参见本书第十八章第二节。

下发现了一些物件,都收录在下面的“文物目录”中。其中值得一提的有:两把做工极佳的铁锄头(T.XV.004、009,图版 LIV),一把焊铁做的铲子(T.XV.0010,图版 LIV),一只用大麻绳编的鞋(T.XV.006,图版 LIV),一条绒面毛毯残片(007,图版 XLIX)。在通往烽台的台阶上,我发现了一些有趣的碎铁片(005),显然本是破旧的火绳枪碎片捆扎成一小堆,上面覆盖从烽台上掉下来的瓦砾,厚 1 英寸。这些碎铁片的受腐蚀程度,比那两个在朽坏严重的地段发现的锄头轻得多。我觉得这堆铁片很可能是某个猎人丢下来的。烽台上视野开阔,猎人可以登上烽台观察野骆驼的动向,这个荒凉地带中至今仍有野骆驼出没。后来我在 T.XVI 以北的一个类似台地顶上,发现一个用泥块筑成的“桑迦”,显然是后来的猎人盖的,以便遮风挡雨。

◁烽燧 T.XVI 的文物

从这一点起,长城穿越一块铺满砾石的高地,一直延伸到 1.5 英里以远的烽燧 T.XVI。这段长城虽然不高,但未中断过。烽燧 T.XVI 坐落在一个长满灌木的干燥盆地南边,向北、向东均可眺望到很远的地方。烽燧由土坯筑成,土坯由太阳晒制而成,每块土坯大小为长 14 英寸,宽 7 英尺,厚 4.5 英寸,每隔三层土坯出现一层芦苇。烽燧保存较好,高 13 英尺。从附图 39 中的草图可以看出,它的底部有 24 英尺见方。顶上有间小瞭望屋,即 i 号地点,有 8 英尺见方;西边连着另一间小屋,即 ii 号地点,上面盖满砾石。烽台西南约 50 码远的地方有三个常见的芦苇堆,已半石化。从 i 瞭望屋中发现 10 件有字的文书,其中仍可识读的被沙畹先生收录在他的书中(《文书》Nos.579~583)[①],ii 小屋中也出土了几件残破不全的文书。i 瞭望屋出土的文书中,有两件标明纪年,即文书 No.579、580(图版 XVII),它们分别是公元 68 年和公元 77 年为给从敦煌郡富贵乡来的两个士兵发放物资的收据。T.XVI.2 木简(误读成 T.XVI.6)即文书 No.581,也属于东汉时期,上面提到金城郡的名称,金城在公元前 86 到公元前 74 年设立。

烽燧 T. XVII▷ 过了烽燧 T.XVI,长城穿越了一段砾石台地和台地之间不深的谷地,延伸到烽燧 T.XVII,这段长城有些地方保存得相当完好。烽燧 T.XVII 位于一个宽阔的湖盆西边(疏勒河即从湖盆中穿过,湖盆北边和东边有很多小湖和宽广的沼泽)。烽台底基有 22 英尺见方,土坯结构与烽燧 T.XVI 类似,但朽坏严重。烽燧实际高度 10 英尺。靠近烽燧南边有一小段残墙,可能是小营房的墙,清理这段墙之后,我们未发现什么文物。烽台东南 120 码远的地方有个方形芦苇堆残迹。在烽台东南 20 英尺处光秃秃的砾石上,我们发现一个小垃圾堆,从中清理出十多枚木简和竹简,多数字迹已模糊。沙畹先生把能识读的文书编成 Nos.392~397,其中 No.392 木简完好,年代为公元前 58 年,记录了 32 个戍边士兵的名字和籍贯,其中有一人的籍贯就是上文说过的"富贵"。其余文书中有三件记录的内容与医学有关。在这个垃圾堆中发现的其他物件收在本书第二十章的"文物目录"中,其中包括一块织物,可能是用树的纤维制成。

---

① 大概还应该加上文书 Nos.545~561,这几件文书上的地点记号半被磨掉了,所以被错误地归在烽燧T.XV下了。

在此我就指出,长城文书中有几件上面的地点记号被识读错了。这是因为在发现文书之时,由于文书上的地方很小,我只能用钢笔或铅笔做极小的记号,等到沙畹先生 1909—1910 年研究这些文书时,记号已难以看清了。只是在对照了我关于各地点出土文物的最初的笔记之后,才得以把这些错误纠正过来。1911—1912 年,沙畹先生的《文书》一书正在出版过程中,所以当时我是无法进行这种对照的。

◁沼泽边的小烽燧T.XVII.a

从烽燧T.XVII的高地边缘下来，下到东边的谷地中后，标志着长城路线的低矮土丘很快消失在灌木和茂盛的胡杨树之中。长城向东北延伸，在东北距T.XVII遗址约1英里的地方，我发现了一座已完全坍塌的小烽燧T.XVII.a，它坐落在一块孤立而陡峭的土台地顶上。台地本身也形如高塔，高约50英尺，位于一片宽阔的大沼泽边上。这片沼泽向东延伸，经过几片开阔的咸水湖，一直延伸到T.XXIX遗址。这段沼泽长约3英里，根本不需用城墙来戍卫。向北也是1英里多宽的无人能穿越的沼泽。整个地形给人一种错觉，似乎这里应当是疏勒河尽头的盆地。只是在后来的一次勘察中，我才在西北发现了流出来的河水，由于河水隐蔽在一块突出的高地之后，所以不易被发现。① 除常见的汉代磨砂陶器外，在烽燧T.XVII.a出土的文物只有一道铁制矛尖（图版LIII）。

◁从烽燧T.XVIII可见一个大废墟

这里的大沼泽东西向长约4英里，中部宽约2英里，形成一道巨大的天然屏障。沼泽后面有一处引人注目的废墟（图186），从烽燧T.XVIII上可以俯瞰这处废墟。我在第一次敦煌之行中曾简要提到过烽燧T.XVIII，4月末当我回到这里准备对其进行进一步考察时，这处巨大废墟仍像从前一样神秘莫测。连接烽燧T.XVII.a和T.XXIX的长城就从废墟前经过，所以这处废墟必然同长城有关联。但无论是我当时已掌握的长城整体布局，还是对这处宫殿般的废墟进行的精确测量，最初似乎都未能提供任何关于它的真正性质和用途的线索。

① 1907年4月29日，我测得此处的流量大约是1 120立方英尺/秒。5月13日，我测得从T.XX.c烽燧以北的哈拉湖流出来的疏勒河水量约为1 440立方英尺/秒。但如果不在这两点以及T.XXIX遗址同时进行测量的话，就无法精确估计出疏勒河在流出哈拉湖的地方与T.XVII遗址之间的流入量是多少，有多少河水存留在了沼泽之中。

废墟的结构特征▷

图186是从南面所拍的废墟照片。若把围墙算在内,它东西长约560英尺(附图41的平面图)。开始我想,这是不是个"衙门"?但考察它的结构之后,我很快排除了这种想法。它主要由三个大厅横向相连而成,每个大厅长139英尺,内部宽48.5英尺,整个建筑面朝正南。大厅的墙厚5.5英尺,由一层层结实的土坯垒成,每块土坯厚3~3.5英寸。大厅坐落在一块坚硬的台地上,离厅墙约10英尺以外的台地都被削去了,这样台地就成了整个建筑的天然基座。这块台地本是一条土岭的北端,从图186最左边可以看见那条土岭,但台地与土岭之间被挖了一条65英尺宽的深沟,筑墙所用的泥土大部分大概都来自这条沟。这个天然基座显然被铲平过,即便如此,它仍比四周低矮的地面高出15英尺,于是主体建筑看起来十分高大雄伟。外圈围墙则建在低矮的地面上。主体建筑的墙虽已朽坏,尤其是南面朽坏更严重,但有些地方仍高达25英尺,其中中央大厅的北墙最高。

图中站在建筑前面不同地点的人,有助于使我们通过对比知道墙有多高。

这个奇怪建筑的用途▷

由于基座被风蚀或其他原因的破坏,大厅的南墙坍塌了不少,塌下来的土块盖住了台地表面一些地方。而在另一些地方,偶尔的降雨在大厅地面和基座上冲出了深沟。这些因素都使人很难判断三个大厅的入口和从前的台阶在哪里,也难以判断究竟还有没有入口和台阶的遗迹存留下来。这么大的大厅应该有大窗子采光,但从一开始我就注意到,并没有这种大窗子。奇怪的是,未坍塌的南墙和北墙上隔一段距离就出现一个大三角形的开口。它们高约3英尺,底边长约3英尺,一排开口与地面平齐,另一排开在上面14~15英尺高的地方。中央和西边大厅北墙上共可见五个开口。凿这些开口

图 185　锁阳城遗址，自东北望，前景上是内侧东墙，远处右侧是西北角楼的塔

图 186　敦煌亭障线上的古仓库遗址 T. XVIII，自南望

图 187　敦煌亭障 T. XIV. a(A)烽燧遗址西侧的泥土台子及沼泽洼地

图 188　自敦煌亭障古烽燧 T. XIV. a 西北望

图 189　敦煌亭障 T. XIV. a 烽燧遗址西南的古边墙遗迹

图 190　敦煌亭障 T. XX 烽燧遗址，自西南望

显然不是为了采光，而是为了通风。建筑内部的结构也无法说明其用途。在清理建筑内部时，我们发现，沿中央和两个大厅的北墙脚有一个灰泥平台（但三角形开口前面没有这种平台），宽约 1 英尺，高 8 英寸。这个平台也不能对整个建筑的用途提供任何线索。

内围墙及角楼▷ 主体建筑周围的建筑也不能说明其用途。北边和东边保留下来几段泥围墙，但东边的围墙不太明显。这条围墙厚 5 英尺，与主建筑平行，距主建筑的基座约 40 英尺。图 182 右边显示，这围墙较少损坏的部分在此面。西边是上文提到的切断土岭的大沟，沟中似乎看不出有这种围墙。站在南面向下看是一块平地，我可以确认平地中没有围墙。墙四角的角楼清楚表明，筑这段墙的目的是要围住主建筑，以便形成院落似的结构。这四个角楼很大，但形状不一，它们围成的长方形长 560 英尺，宽约 200 英尺。图 186 左边就是西南角的角楼，仍高达 20 英尺。图 182 左边可见西北角的角楼，坐落在一块孤立的台地上，保存得不如西南的角楼好。附图 41 的平面图表明，连接现存围墙的三个角楼都建在围墙之内。这说明，角楼的用途不是防范外来进攻，而是保卫主建筑——确切地说是保卫放在主建筑中的东西，并为哨兵提供优势位置。

外围墙▷ 除这段内围墙外，模模糊糊还能看见两条外围墙，形如两条与主建筑的南北墙平行的严重朽坏的土丘。北边的那条距内围墙约 80 英尺，南边的土丘（或土堤）距主建筑底座有 100 多码，中间有一块开阔的空地。这里离沼泽较近，下层土是湿润的，所以土丘已变成了泥巴，无法看出其本来的形状。南面的土丘中间有一条宽约 40 英尺的开口，我想这大概是大门。在东西两侧我都无法看出任何土丘的痕迹，大概是风蚀作用的结果。

◁在大厅内发现的少量文物

由于其建筑格局未能提供任何明显的线索，要想解开这个大废墟之谜似乎只有依靠从中挖掘出的文书或其他文物。但从一开始我们就不太指望能从厅内挖出多少东西，因为上文说过，雨水在大厅南边冲成了泥沟，原来的地面有不少已被冲走了。长城烽燧上常有垃圾堆，标志着那里在古代长期有驻军，这里却没有什么垃圾堆，令人费解。我们不辞辛苦地清理盖在北墙脚附近的羊粪和流沙，有的地方羊粪和流沙高达8英尺，但最后只在中央大厅西北角的一小堆垃圾(T.XXIII.ii)中找到7枚残破不全的木简，它们都散在墙脚矮平台上及其附近。我们对中央大厅和西面大厅的北墙附近做了全部清理，却无法清理东大厅的北墙——那里的墙体有不少已完全坍塌，地面被埋在厚重的土块下，我手下的人员不足，无力攻克这个难关。从ii点出土的两件文书No.416和No.417收在沙畹先生的书中，其中提到祖籍湖南和甘肃的士兵，但既没有写年代，也没有提供关于废墟性质的线索。

◁里层院落垃圾堆中出土的文书

北边内围墙里面的窄院落保存得相当完好，我一心指望在这里能发现垃圾堆，但一直一无所获。最后，当我们挖掘西北角楼所在的小台地下的地面时，才发现了一堆垃圾(i号地点)，其中主要是芦苇秸秆和灰烬。从这里出土了40枚有字的竹简和木简，还有约80枚空白竹简，均很破旧。竹简有被反复刮过的痕迹，显然它们都是“废纸”，刮过之后可以重新写字。还发现10多块平整的未砍削的木头，看起来是打算用来劈成木简。有些木头是针叶木，显然是从远处运来用作文具的，就今天来看，距该地最近的能生长针叶木的地方是甘州的南山。①

① 从T.XVIII.i点出土的文书中有些就是写在这样的木简上，见《文书》Nos.415、418，图版XII。

提到谷仓的文书▷

大多数有字的文书都已受潮。直到最后一件文书 T.XVIII.i.40(《文书》No.413,图版 XII)被挖出来并拂去表面灰尘后,蒋师爷才发现我们迫切盼望的明确纪年。这件文书属公元前 52 年,表明这处废墟可以上溯到西汉初建长城的时期。关于这处大废墟的用途的疑云很快被消除了:我那博学的秘书蒋师爷在仔细研究一番之后说,有两件文书明确提到了与一个谷仓有关的事务。本来,在这里这么多天的考察和挖掘过程中,我们俩还有奈克·拉姆·辛格都曾想过这个问题,觉得这个奇怪的废墟建在这里,有可能是给驻扎在该地的军队、沿长城活动的军队,以及沙漠道上过往的官员、政治使节提供物资的。

建筑格局表明这里是谷仓▷

获得这个文献上的证据之后,就很容易解释上文提到的建筑格局的特殊之处:那庞大的不适宜人居住(尤其是在冬天)的大厅;那通风用的小开口。建筑位置交通方便,接近水源,但高出在周围地面之上,是为了免受潮湿;两层围墙的布置方式有利于对主建筑的防卫,不是防范外来的进攻,而是防范盗贼。这样我们也完全可以解释主建筑下的天然土基座的两个引人注目的特征了:基座很高,四面陡峭,是为了保护仓中粮食不受啮齿类动物破坏,啮齿类动物与盗贼一样都是防范的目标;基座上没有台阶和上下的路径,可能只在把粮食搬进搬出时人们才想办法上去,这样可以更有效地防范啮齿类动物。基座底部受了一点风蚀,这样更可以防范老鼠。

文书内容也证明这是个谷仓▷

建筑特征与从那两件文书中得出的结论是吻合的,而沙畹先生在研究了此地出土的可读文书 Nos.413~427 后,证实了我们的推断,这着实令人欢欣鼓舞。其中一件文书 No.418(图版 XII)是道发放粮食的命令,有三个官员的署名,他们显然是谷仓的负责人。文书 No.415(图版 XII)更能说明问题。

这是一个正式的收条，称谷仓收到了两车粮食，并标明了粮食的种类和重量，这些粮食是敦煌郡龙勒县某个农业区送来的，显然是向长城守军提供的军粮。我们说过，《汉书》中称阳关和玉门关都是受辖于龙勒县的。[①] 残破不全的文书T.XVIII.i.40(《文书》No.413)是公元前52年的，提到了两车东西，大概也是缴纳的军粮。文书No.421是枚不完整的木简，其中提到某种质地的20套军装，这类东西只会在军库中才会出现。T.XVIII.i点出土的其他不完整的文书似乎是私人信件或官方信件。其中文书No.424大概值得一提，因为它提到了某位高官向酒泉郡(肃州)官员发布的一道命令。[②]

◁长城上靠近前沿的物资供应基地

我们无论是通过研究历史还是通过个人经验都容易知道，要想在沙漠上调动大批军队或维持驻军的给养都是很困难的。这个仓库位于前沿地区，十分有利于给保卫沙漠长城的驻军、远征军、使节和商队提供物资——不论他们是向楼兰去还是从楼兰归来。从《汉书》中的记载可知，西汉年间，尤其是汉武帝朝中国最早向西扩张的时期，这条艰难的沙漠之路上过往的军队很多，使节来往频繁，而且使团的规模还很大[③]，他们都需要大量的物资，而这座雄伟的建筑正可以提供这些物资。南边砾石高地的边上就是楼兰古道，两千年前这条道路曾是中国向西进行贸易和政治活动的大动脉。当我站在这条古道上遥望古仓库废墟时，我想起了白沙威尔道上的那些大棚子或“军粮站”，从东边向白沙威尔去的游客对这种大棚子应该很熟悉。那条道路是连接印度与喀布尔及中亚的大

① 参见本书第十六章第四节。

② 文书No.425是一篇不全的文字，见本书第二十章第六节。

③ 参见怀利《西域记》，载《大不列颠及爱尔兰人类学学会会刊》，第10期，25页、70页以下；参见本书第二十章第一节。

道，一旦需要派兵去中亚，军粮站就派上用场。但开伯尔道上即使是最荒凉的地段同此地相比也简直是花园了。汉朝军队在去往楼兰的途中就必须经过这样荒凉的沙漠。

古仓库附近的▷遗址

古仓库规模很大，非常坚固。这似乎表明，它可以上溯到楼兰道最初用于军事用途的那一时期，当时长城刚刚延伸到这里以保护楼兰道。在那些日子里，这里一定很热闹，也可能会有士兵和行政人员住的营房。这类次要建筑都不如主建筑坚固，考虑到风蚀作用和潮湿的影响，我们很容易明白为什么它们均已踪迹全无。但我们在内围墙东南角外发现了一个小台地，里面有几层垃圾堆，垃圾堆下是一间小屋的地基，约 15 英尺见方，一部分是在坚实的泥土中挖成的，一部分是用墙砌成的。在此发现了几件东西，其中包括两只绳编的鞋、一枚五铢钱、一个木骰子（T.XVIII.iii.003，图版 LIII），另外还发现了一枚公元前 52 年的不完整的木简（《文书》No.414）。[①] 除了这间小屋，还值得一提的是南边砾石高地边上的一座瞭望塔，从那里可以俯瞰古仓库。这座塔高只有约 12 英尺，修得也不结实，是用粗糙的泥土筑成的，每隔 3~4 英寸就有一层芦苇。它位置较高，老远就能看见，所以它可能是座信号塔或路标之类的东西。仓库废墟虽然很大，却不能从远处看见，因为它坐落在沼泽盆地之中。

敦煌文献中记载▷了这个古仓库

我们没有直接的考古学上或文献上的证据，所以无法确定古仓库大致是何时被废弃不用的。公元 2 世纪中叶这些长城要塞就已无人戍卫，显然这个仓库的使用期不会超过那一时期。好在这个巨大的废墟也引起了敦煌当地人的注意，有

① 文书 No.426 和 No.427 上的“地点记号”被读错了，应该是 T.XVIII.i.10 和 12，而不是 T.XVIII.iii.10 和 12。

两本记载敦煌地区轶闻趣事的唐代书籍曾简短地提到过它。这两本书的写卷都是从敦煌千佛洞石室中发现的。其中一本是《敦煌录》,吉尔斯博士把我所藏的这本小书译成了英文,这本书我在上文曾提到过。书中称:"河仓城,州西北二百三十里,古时军储在彼。"[①]我想,这无疑指的就是这里的古仓库遗址——这里正是位于敦煌城西北。[②] 不出我们所料,按地图计算,沿楼兰道行走,这里与敦煌城的实际距离约 50 英里,跟"二百三十里"很接近。我上文曾用大量证据证明,中国唐代用于测量中亚道路的"里"约等于 0.2 英里。[③]

◁《沙州志》中提及的阿仓古城

另一个提到此废墟的书是伯希和教授从千佛洞获得的《沙州志》(应为《沙州都督府图经》残卷——译者),罗振玉先生后来在《敦煌石室遗书》中出版了这本书。按照吉尔斯博士的注,《沙州志》中关于"阿仓古城"是这样写的:"右在州西北二百四十二里,俗号阿仓城,莫知时代。其城颓毁,基址犹存。"吉尔斯博士还引用了《沙州志》中的另一段话:"古阿仓城,周四一百八十步。"《沙州志》撰于唐代,但显然要晚于《敦煌录》(吉尔斯博士对我说,罗振玉先生认为《沙州志》撰于公元 713—742 年)。我们很容易看出,《沙州志》的记载与 T.XVIII这里的废墟完全吻合,不仅方向、距离是正确的,而且所述墙的周长也是正确的。三个大厅周长有 1 000 英尺,而《沙州志》中所说的"步"指的是两脚各走一步的距离。照此

① 参见吉尔斯《敦煌录》,《皇家亚洲学会会刊》,1914,722 页。A.D.怀利先生告诉我,《敦煌录》原文地名写的是"阿仓"(见《敦煌录》,14 页,载在《皇家亚洲学会会刊》728 页上),与《沙州志》中的地名吻合。再参见吉尔斯先生的"补遗与勘误"(正文中引文是据英文译出的——译者)。

② 我在《沙漠契丹》第二卷 127 页已详细说过,吉尔斯先生本人也很倾向于把军事仓库的位置定在这里,但由于未能理解《敦煌录》中所标的距离,他最后得出了这样的结论:"《敦煌录》的作者把'阿仓'的位置搞错了。"

③ 参见本书第九章第一节,第十四章第二节及第十七章第三节。

计算，180 步与 1 000 英尺相差不大。还有一个值得注意的地方：两段文字中都提到“仓”字，“仓”就是“仓库”的意思。这说明唐代当地人对这座废墟的性质是明确的。两篇文字中都把大废墟称作“古城”，对此我们不应觉得奇怪。我们已知道，每个古代遗址，不管有多小，在中国新疆都被称作“科诺沙尔”，在甘肃边塞则都被称作“旧城”。

第八节　湖区的长城：烽燧 T.XIX ~ T.XXIII

大仓库东北的▷长城

长城上的这个古仓库位置十分有利，尤其是因为我们上文提到的那个宽阔的沼泽一直延伸到仓库北边，北边就不必修长城了。我发现城墙重新出现在东边一条坚实的地面上，这条地面把大沼泽和一个长约 3 英里、宽 1.5 英里的湖隔开了。沼泽和湖之间的地面只有 1 英里多宽，但古人在此修了两座烽燧（T.XIX 和 T.XX）并用城墙把它们连起来，扼住了这个咽喉要地。城墙朽坏严重，但古烽燧依旧醒目（图 190）。烽燧坐落在孤立而陡峭的台地上，台地高达 100 英尺。此地有不少这种台地。查阅附图 33 平面图我们可以看出，这些台地实际上是南边那块狭窄的砾石高地的延续，在水和风的作用下，高地的最北端形成了这些台地。沙漠中的台地一般都是这种成因。烽燧 T.XIV、T.XIV.a、T.XXII.b 和 c 附近的长城也经过了与此类似的孤立台地，那些台地也是由于上述原因形成的。每块台地古代都有士兵驻守，因为如果无人驻守，敌人就很容易从碎裂的台地之间偷袭而入。

烽燧 T.XIX▷

烽燧 T.XIX 的地理位置很优越（附图 36）。它位于一座陡峭土岭的最北端，从烽燧上瞭望，疏勒河经过的那个湖盆尽收眼底。从这座烽燧上我第一次清晰地看见了深深的疏勒河

河道，河水沿着这条河道从哈拉湖流来，流进上文提到的湖中，然后又向西流去，流向大仓库以北的沼泽。这座烽燧也是由常见的土坯筑成，用一层层的柴禾做间隔。烽台底部有22英尺见方，顶上有一个8英尺见方的小瞭望屋（i号地点）。烽燧东边连着一个狭窄的小屋（ii号地点），大概是存放东西用的。从土岭的一个山口出发，经过烽燧东边的山坡就可以来到烽燧下面。这座山坡上有很多垃圾，其中有不少剁碎的芦苇秸秆，还是绿的，看起来就如同新砍下来的一样。在这里还发现了一个半插在泥土之中的小屋遗址和一堆胡杨树枝，另外还有一卷用芦苇搓成的绳子，直径约1.5英寸，尚不知其用途。在这个垃圾堆及小守望屋中发现的物件值得一提的还有：三根带羽毛的箭杆（T.XIX.i.6、Nos.006、007，图版LIII），一个保存完好的箭头（i.005，图版LIII），一件用硬木做的工具（i.003，图版LII），可能是用来在墙上抹灰泥用的。

◁“平望朱爵燧”

在烽燧废墟发现的木简中，有一枚写得很工整，很有文物价值，它就是T.XIX.i.6（《文书》No.693，图版XIX）。木简内容表明，它本来挂在一个包或一个箱子上，包中装着“平望朱爵燧”的100只某种类型的铜箭头。很可能“平望”就是指此地以东的长城。T.XV.a.ii.9（《文书》No.484）中也曾出现过“平望朱爵燧”字样。[①]

◁烽燧T.XX

沿颓败的长城再向上文说过的湖边走约0.75英里后，就来到了T.XX烽燧遗址（图190）。它坐落在一块台地东北端的小丘之上，高出湖面70英尺。烽台实际高度有13英尺，依然完好。在小丘顶部下面、陡坡的不同地点发现了四间小屋的地基，从小屋中出土了10多枚木简（《文书》Nos.661~

① 参见本章第四节。

672)。其中文书 No.662(图版 XIX)提到了平望某长官的名字。在各种文物中值得一提的有一个用来抛光木制品和骨制品的器具(T.XX.i.002),还有一块小木头(i.001),显然是想用它做一个印盒,但没有做完。我在塔下的山坡上捡到了一枚早期五铢钱,应该属公元前 1 世纪。

水平面与植被▷自古至今几乎没什么变化

从烽燧 T.XX 所在的土岭东北端起,长城又向泥泞的湖边延伸约 50 码。湖面只比墙根低 5 英尺,显然在某些季节湖水仍会泛滥。再向前,地面距实际湖面只有 2~3 英尺高。这里的情况跟长城濒湖或濒沼泽的其他地点一样(比如 T.X 和 T.XI地点附近),水平面古今变化不大。还有一个事实也证明这里的土壤和气候条件 2 000 年来未发生大变化。两座烽燧之间的平地,以及烽燧与湖和沼泽之间的地区,都长满了胡杨树。汉武帝时期这里肯定也长满了胡杨树,因为这里的城墙都是用胡杨树树枝筑起来的,而敦煌以西其他地方的长城用的是芦苇。今天在这里用胡杨树做建筑材料也是最方便的。

沼泽形成"水▷界"

这段长城几乎呈直角直插到湖边,可见人们当初是想将湖和湖东宽阔的沼泽地作为一种"水界",以在某段距离内取代长城。[①] 在湖和沼泽南岸 7 英里之内我未发现长城的遗迹,这也证实了我的推论。但烽燧 T.XXI 和 T.XXII.a 表明,虽然没有城墙,但这一区域仍有人戍卫、守望。这两座烽燧都建在靠沼泽边很近的孤立高台地上,向北视野都很开阔。烽燧 T.XXI朽坏很严重,坐落在一条极陡的土岭最西端,土岭有 80 多英尺高,位于商路北边,距烽燧 T.XX 约 3 英里,处于烽燧

① 在早期的罗马长城上也有这种利用"水界"防御敌人的做法,屋大维和他后来的几任罗马皇帝都有计划地把河、湖或海用作罗马帝国的边界防卫线。参考柯诺曼《对克里奥长城的最新调查》,78~81 页,1907 年版。

柯诺曼教授指出,"水界"和"陆界"之间的差别在塔西佗的《阿格力克拉传》第四十一卷中及斯巴蒂安的《亚德里亚尼传》的一段文字中均曾论及。

T.XX的东—南东方向。烽台实际高度约 10 英尺，土坯仍是常见的尺寸，长约 17 英寸，宽 8 英寸，厚 5 英寸。烽台底下是一座小丘，被当作天然的台基，再加上土岭本身就很高，这些都足以确保烽燧不仅安全而且视野辽阔。烽台东边连着的两座小屋中只有芦苇秸秆，依然鲜绿，保存得极好，显然是作草料用的（T.XXI.001和 002 就是这种芦苇）。

在这座烽燧东—北东方向 3 英里的地方有块约 80 英尺高的小台地，烽燧 T.XXII.a 遗址就位于这块台地顶上。它是用浸了盐的硬土块粗糙地筑成的（这种土如今从附近铺着盐的沼泽边上还能弄到），土中夹杂着一层层胡杨树树枝以增强坚固性。烽台高约 13 英尺。未发现营房遗址，只在稍靠烽台东的地方发现了一间小地下室，长 11 英尺，宽 9 英尺，切入土中有 5 英尺深。从地下室外面的垃圾堆中发现了一枚完整的汉简 T.XXII.a.i.1 号（《文书》No.302，图版 IX）。在离烽台 20 码远的一堆牛马粪便和灰烬中发现了 No.303 文书残件。 ◁烽燧 T. XXII. a

烽燧 T.XXII.b 和 T.XXII.c 之间的长城形如一条笔直、低矮的土丘，只有当其穿越光秃秃的粗沙地时才分辨得出来，在不及沙地粗糙的土壤上，长城则完全消失在灌木丛中。这两座烽燧标出的长城路线位于疏勒河南边 1.5 英里的地方。T.XXII.b是一座朽坏严重的土坯制烽燧，坐落在一块高约 20 英尺、宽 30~40 英尺的小台地顶部。烽台只有 13 英尺高，破败严重，已无法测量其长和宽。烽台南边和西边似乎有小营房的残迹。有一堆垃圾被扔在南边的悬崖下，从中我们发现了 16 枚木简，其中 T.XXII.b.9 号（《文书》No.272，图版 IX）是公元 12 年的。文书 No.274（图版 IX）也值得注意，其中开列了属于“平望青堆燧”的武器清单。T. XXII. b. 10（《文书》No.275）和 T.XXII.c.22（《文书》No.271）中也提到了“平望”， ◁烽燧 T. XXII. b 和 T. XXII. c 之间的长城 ◁烽燧 T. XXII. b 发现的文书

这足以证明“平望”段长城向东一直延伸到哈拉湖附近的这些烽燧。方形木板文书 No.278(图版 IX)也比较有趣,上面写着“大威关蓬”几个大字,显然这块木板是要挂在墙上的。文书 No.273 通知调动关中各亭的部队,但未写明各亭的名称。

烽燧 T. XXII. c▷

烽燧 T.XXII.c 占据了一座孤立的小土山的最高点。这个土山距哈拉湖岸边约有 1 弗隆远。从前哈拉湖的水面比现在高出 4~5 英尺,靠这座烽燧更近。烽台由泥土夹以芦苇层筑成,朽坏严重,只有 10~11 英尺高。烽台下只发现了一间半插在土中的小屋,此外没有别的营房的痕迹。小屋南脚下沿陡峭的悬崖有一条小裂谷 。就在小屋南脚下发现了一个很大的垃圾堆,其直径约 16 英尺,厚 4 英尺。在一大堆芦苇秸秆和马粪中,发现了 20 多枚木简和大量纺织品碎片。纺织品中主要是丝绸,其颜色和编织方法花样繁多。在木简中 T.XXII.c.22(《文书》No.271,图版 IX)特别值得注意,它标有确切的纪年,相当于公元前 98 年,这是从长城上发现的年代最早的文书。这件文书中也提到了“平望”,我们上文已讨论过“平望”这段长城。文书 Nos.278~288 是几份每日值勤表,标明了一个由 10 名骑兵组成的小队的工作分工,包括骑马巡逻、烧饭、制土坯等。

长城上年代最早的文书(公元前 98 年)▷

花绸拼贴布▷

在大量纺织品中,丝绸数量最多,另外还有毛织物(T.XXII.c.002)棉纺织品(? c.009),c.004 可能是用树的纤维织成的。其中最值得注意的是拼贴布 c.0010.a(见图版 LV,图版 CXVIII中有其图案示意图),它由很多条靛蓝色和黄绿色花绸拼成。安德鲁斯先生在“文物目录”中详细分析了这些花绸的复杂图案。图案里十分模式化的卷草纹中有龙、鸟和凤凰纹,还有其他装饰性花纹。其风格和处理方式无疑是中国式的,对于一块汉代的精美丝绸来讲,这是极自然的事,因为在汉代,全世界只有中国掌握了丝绸制造工艺。花绸纹理极为细密,表明汉代丝绸制造技术已达到很高的水平。这件织物很重要,因为它是纯粹中国风格的最古老的纺织品之一,显示了汉代丝绸的风格和技术。1914 年我在楼兰古墓发现的大量汉代织锦,它们的风格和工艺与这块花绸拼贴布惊人地吻合。[①] 这件出自中国的织物,年代古老,这使下面这个事实显得更引人注意:它图案中的某些因素,比如说一棵模式化的树周围环绕着 4 只鸟,预示了波斯萨珊王朝以及受萨珊王朝影响的中东地区纺织品的图案。

◁哈拉湖南岸的烽燧 T.XXII.d

傍晚,哈拉湖湖水一片碧绿。我从烽燧 T.XXII.c 越过湖面向东望去,除了湖南岸距此地约 5 英里的烽燧 T.XXII.d,没看见别的古烽燧。当时那里离我的营地太远,所以我就没有去。我现在勘察的是长城最西的地段,而第一次考察中我勘察了敦煌东北的长城,如今我只好把清理烽燧 T.XXII.d 和寻找两段长城之间遗址的工作留给将来了。约 7 年后,我又一次沿楼兰古道来到敦煌,方才有机会填补这些空白,任务完成得很出色,我将在关于第三次考察的报告中详述其情况。

◁信号塔 T. XXIII

此外还有一个遗址,由于它位于路旁边,所以我在回敦煌的路上顺便对它做了考察。这个遗址包括两座烽燧(T.XXIII 和 T.XXIII.a),都坐落在一块突向哈拉湖的窄高地的最北端,十分醒目。在那里,到敦煌去的道路从破碎的地面上出来,延伸到湖东南岸一片开阔的湿润平原上,然后又折向东南。在两座烽燧中,T.XVII 位置更高,坐落在一座又窄又陡的山顶上,根本没有多余的地方盖营房,但由于它高出平原约 110 英

① 千佛洞中有一块很奇怪的花绸(CH.00118 号,图版 CXI)与此风格类似,参见本书第二十四章第二节。

尺,向北、向东视野都很开阔。从这座烽燧脚下可以看见烽燧T.XXII.b,但从位置较低的烽燧 T.XXIII.a 就看不见烽燧T.XXII.b。所以我想,大概 T.XXIII 只是座信号塔,或者是人们认识到烽燧T.XXIII.a视野不够开阔后,又筑了这座烽燧。烽台由盐浸的土块筑成,每隔五层土坯有一层灌木。这座烽燧附近什么也没发现,甚至连陶器碎片都没有。

烽燧 T.XXIII.a▷守卫着古道

从烽燧 T.XXIII 向北走 150 码就是烽燧 T.XXIII.a,坐落在同一条山岭的最后一条分支上,这条分支几乎是完全孤立的。T.XXIII.a 较低,直接戍卫着车马所走的道路,这条路绕过山脚之后分岔,一支向正西去往玉门,另一支向东南去往敦煌。再往北有很多座小山,可以说古道在此穿越了一处关隘,这就是在此设立哨卡戍卫它的缘故。我 1914 年的考察提供了新的证据,证明烽燧 T.XXIII.a 和 T.XXIII 确实是用来戍卫道路的,而并非位于长城线上。长城线紧挨着湖岸从它们北边经过。①

从 T.XXIII.a 建筑结构和出土文物看,它的建造时间和驻军时间应当与长城同时。烽台用土坯砌成,土坯长 14 英寸,宽 7 英寸,厚 4 英寸,土坯层间夹杂着常见的芦苇秸秆。烽台底基有 16 英尺见方,比其天然底座高出 8 英尺,顶上有 8 英尺见方的瞭望屋。由于烽台坍塌了不少,山坡又很陡,所以这里几乎没什么垃圾。但在南边比这座烽台低 30 英尺的一条小山谷中,我们发现了一大堆垃圾,表明这座烽燧很长时间没有人戍卫,山谷里这个隐蔽地方显然被用作了人畜活动的场所。在一大堆秸秆和牛粪中我们发现了几件文物,其中织物碎片 T.XXIII.a.002 比较值得注意,哈诺塞克博士后来分析出

烽台 T.XXIII.a▷底下的垃圾堆

① 我在本书第十四章第五节中说过,后来的证据表明,地图里把烽燧 T.XXIII 以东、以北的地面画成了一条直线,这是不够精确的,有几处需要修正。哈拉湖向东延伸得还应多些,T.XXIII.b 和 T.XXIII.c 两烽燧的位置当向北移。1914 年我不费吹灰之力就在这两座烽燧附近找到了长城。

它是块棉纺织品。垃圾堆附近的土崖中有间小屋,在小屋里发现了一张纸文书残片(《文书》No.708,图版 XX),提到了士兵的调动问题。纸质十分柔软,看起来像毡子,表明了早期造纸业的状况,很值得专家们进行研究。小屋外的垃圾堆中还出土了一小块写着字的木简(现在这块木简上的字已不可识读)。

这些易腐烂的垃圾就丢在谷底最易存积雨水的地方,至今仍完好无损。这表明,在有军队戍卫长城的那段时期,这块沙漠地区的降水量是少而又少的。正是由于在过去两千年里气候极为干旱,我才能够在探索敦煌长城的过程中发现大量古代遗物。

第二十章　敦煌汉长城的历史与文献

第一节　敦煌以西的汉长城

烽燧简牍有重▷要史料价值

前面我们已在第十五至十九章详细介绍了我们对敦煌汉代烽燧遗迹的考察经过。从中可以看出,我在探险过程中发现的汉代简牍文书,为考古学和历史地理学的研究提供了巨大帮助。沙畹先生敏于思而善为文,为这批出土文献的研究奠定了研究基础。这批简牍是迄今所见年代最早的汉文写卷,具有较高的史料价值。毫无疑问,沙畹先生的研究专著《文书》在中国古器物学、历史地理学、编年学、人种学等领域都取得了很有见地的结论。沙畹先生在该书的导论中对上述研究成果作了完整而清楚的表述。[①] 尽管人们普遍认为这批简牍的释读困难不小,但该书面世后,其研究成果仍受到汉学权威们的普遍认可。

结合简牍研究▷边防实情

考古学研究必须与古长城的历史地理研究相结合,我曾力图利用沙畹先生的考释研究成果。尽管沙畹先生曾在其导论中收集了相关文献,但我认为还是有必要对有关西部长城的简牍文书和《汉书·地理志》等文献作一番全面的梳理,并以实地考察的结果来验证文献的记载,这样,我们就可以更好

① 沙畹《文书》,vii 页以下。

地了解汉代在甘肃沙漠戈壁地区的边防设施，并尽量复原出当时的社会生活情形。敦煌以西的长城遗迹（据原著文意，以下将敦煌以西的长城简称为“西部长城”——译者）一直保留到今天。这里值得一提的是，在沙畹先生撰写其著作期间，只得到我实地考察的一部分考古材料，而不是全部材料。对于这一点，我心里是感到有些不安的。沙畹先生未曾见到的这些实地考察记录，使我得出了一些与他不尽相同的见解。

◁汉以前的长城

沙畹先生在其导论中从《汉书·地理志》等文献中摘引了部分有关文献[1]，从这些文献记载可以看出，我们这里所讨论的汉代长城遗址与汉代以前的边防设施有一定的联系，这些边防设施是春秋战国时期北方诸侯各国为抵抗胡族的侵扰而修筑。公元前 214 年，秦始皇将这些北方诸侯各国修建的城墙连接起来，这就是中国历史上有名的“万里长城”。秦长城东起辽东湾的山海关，西至甘肃南部距兰州约 110 英里的临洮[2]，与今天所见的明长城走向基本一致。

◁长城向西北延伸

一个世纪以后，西汉政府将秦长城继续向西北延伸了大约 1 000 英里，直至塔里木盆地的东部边缘。这一大胆的举措在中国历史上引人注目，它反映了修筑长城的目的发生了显著变化。秦长城修建的目的在于巩固边防；汉代城障列亭的设立，其目的却在于一项新的政策：向中亚地区挺进。我们曾不止一次提到汉武帝派张骞出使西域（公元前 138—前 126 年）的深远影响。[3] 张骞出使西域的初衷是与大月氏建立同

① 沙畹《文书》，v 页。

② 有意思的是，公元 1137 年绘制的一幅地图很清楚地标出了秦始皇长城位置，其所根据的显然是更早的材料。见沙畹《法国远东学院通讯》，214 页以下，1903。同时我们还发现，上述地图还标出了敦煌以东和以西汉代长城的位置，参见本章第二节。

③ 参见本书第九章第四节，第十四章第二节，第十五章第一节。《汉书》中有关张骞出使西域章节的译文，见怀利《西域记》，载《大不列颠及爱尔兰人类学学会会刊》，第 10 期，66 页以下。

盟，共同对付匈奴。大月氏即后来的印度贵霜王朝的前身，当时已被匈奴从其老家河西走廊一带驱逐到中亚地区。张骞出使西域使中国政府第一次认识到与西方文明世界接触的巨大商业利益。同时，也使中国政府了解到，当时塔里木盆地的地理和政治环境，为开通一条安全快捷地通往大宛（Ta-yüan or Farghāna）、康居（Sogdiana or K'ang-chü）和阿姆河流域的商贸路线，提供了可靠的保证。

张骞有关中亚▷交通线的报告

据《汉书》记载，张骞在向汉武帝报告西域的情况时，特地指出通往大夏的交通线两侧，北有匈奴，南有羌和蕃夷，只有从中间的空隙地带通过才能免遭这些游牧政权的袭击。[①] 从今天的地理知识和历史知识来看，张骞的建议合乎情理，西汉政府采纳了张骞的建议。西汉帝国首先夺取了敦煌，切断了匈奴与"蕃夷"的联系，展现在他们面前的是向西部延伸的罗布沙漠。穿越它有困难，但绝对安全。而中国政府一贯的方针是宁愿去冒自然的风险也不愿去同人为的敌人去争斗。越过罗布沙漠，就有两条路线向西经过塔里木盆地，然后又通向其西以远地区。这两条交通线上除了零星的绿洲，几乎全是广阔的沙漠，游牧民族放弃了对它们的占领。而在绿洲上建立起来的聚落，虽然规模很小，却已踏入文明社会，它们不可能对汉帝国的扩张进行任何实质性的抵抗。事实上，它们愿意汉之号令颁行于西域，这可以使它们免遭北部和东南部强悍民族的袭击，这些不好惹的邻邦经常越过南北两侧的山峦对绿洲上的聚落进行侵扰。再者，东西贸易还能给这些绿洲上的聚落带来可观的商业利益。

敦煌是中国进入塔里木盆地的大门和跳板，从其东南方

① 参见怀利《西域记》，载《大不列颠及爱尔兰人类学学会会刊》，第10期，67页。

的中国内地到达敦煌尽管只有一条大路，但非常便利和安全。这条路线沿着南山山脉(the great Nan-shan range)的东北坡和北坡向西延伸，这里水源充足，直到今天，中国内地与新疆地区的商贸交通和行政往来仍然遵循这条路线。在兰州和凉州之间，有一条跨越南山东部余脉的便利车道。出凉州西行，沿途土地肥沃，没有任何险阻。南山上常年的积雪为山边的小溪提供了源源不断的水源，使得交通线两侧出现了人口相对稠密的情况。甘州和肃州地区的两条主要河流，汇集了该地区绝大部分山溪的水流。两河合流之后水量很大，流经了很长一段距离后向北一直延伸到蒙古南部的沙漠地带。甘州以东，气候显著不同于其以西地区，即使没有灌溉设施，山脚地带也可以进行农耕。①

◁沿南山北坡便利的交通线

凉州到肃州的这一走廊尽管比较狭窄，但土地肥沃，物产富饶，足够为交通线上的商旅、军队及其牲口提供源源不断的补给。这条路线还有一个更大的优点就是其两侧有天然的安全屏障。它的西南侧是连绵不断高耸入云的祁连山雪峰，就像是一道天然的军事防护墙，挡住了企图穿越山谷进入走廊的“蕃夷”游牧民族。② 它的另一侧，即东北侧，则横亘着阿拉山(Ala-shan)山脉，尽管低一些，却是不毛之地。山的外侧，还有广阔的沙漠，到处是流动的沙丘。1914 年我曾穿越过这一流沙地带，亲身感受到了水源与粮草的极度缺乏，我想恐怕至

◁南山沿线交通的天然屏障

① 参见斯坦因《第三次探险》，载《地理学刊》，1916 年第 48 期，199 页。关于南山山脚地形的具体情况，另见本书第二十七章第三至四节。

② 参见斯坦因《沙漠契丹》，第二卷，257 页、263 页、268 页等，302 页、331 页。另见本书第二十七章第一至三节。

今还没有什么人曾经穿越过这一地区进入走廊。[①] 肃州以西，由于祁连山脉逐渐变得干旱，灌溉的可能性减少，农耕受到局限，仅仅在断断续续的小绿洲上才有可能。总之，天然的地理条件使得这里成为一条安全便利、坡度舒缓、水草充足、适于居宿的古代交通干道，这条干道向西一直通往敦煌绿洲。

从凉州到敦煌▷的行政区划

对自然地形的考察，有助于我们更好地了解自武帝以后西汉帝国对塔里木盆地进行扩张的政策意图。这也使我们能够充分理解西汉帝国为什么要沿着这条路线将长城向西延伸。公元前121年，霍去病将军对匈奴战争取得了一系列胜利，这一地区被纳入西汉政府的控制之下，此即后来的凉州和甘州。沙畹先生对有关文献作了综合分析以后得出结论：公元前115年，西汉政府首先在今肃州地区设立了酒泉郡[②]，也许是由于它的设立，揭开了西汉政府在通往敦煌和塔里木的交通线沿线建立一系列军屯据点的行动序幕。[③] 不久，随着地域的扩大，又在酒泉郡的基础上分出武威郡，也就是今天的凉州。公元前111年，西汉政府在酒泉和武威两郡的基础上又分出张掖（今甘州）、敦煌二郡。据《汉书》记载，到公元前119年，西汉政府已在黄河北岸进行民屯和军屯，总人数达5~6万人。在这些屯垦据点中，最西端的是令居，县治在今平番，位于兰州、甘州之间的交通干线上。《汉书》卷五十五明确记

---

① 参见斯坦因《第三次探险》，载《地理学刊》，1916年第48期，196页以下。要想从北面切断兰州—敦煌这条交通线、进入中国西北省份，只能通过位于甘州河与肃州河下游的一处关口。1226年成吉思汗首次征服甘肃时，就曾穿越这一关口。我在考察毛目时，在这里发现了汉代烽燧的遗迹。

科泽尔夫曾于1899—1901年和1908—1909年两次对蒙古南部戈壁进行地理考察，其结果参见《地理学刊》，303~305页，1910年9月号。

② 《汉书》等文献中有关在新征服地区设置郡县的情况参见沙畹《文书》，v页，注⑤。有关移民塞边的情况参见《汉书》卷九十六，译文见怀利《西域记》，载《大不列颠及爱尔兰人类学学会会刊》，第10期，22页。

③ 参见怀利《西域记》，载《大不列颠及爱尔兰人类学学会会刊》，第10期，22页。

载了公元前 121 年霍去病远征匈奴以后,西汉政府以令居为起点,向西修筑长城的情况。①

◁西部长城的西进态势

文献中没有记载“西部长城”最东端[毛目(Mao-mei)以东的长城]的具体走向,没有考古学的证据而去臆测毫无意义。毛目是我 1914 年对汉代长城烽燧遗址进行考察时所到达的最东端。② 修建长城的目的是保证新开通的商贸交通线的安全,同时也带有向中亚地区进行政治扩张的色彩。还有一个明显的意图,即保证沿途军屯据点的安全。这些屯地的农业产品是这条交通线上的商旅和军队给养的来源。武帝时期长城烽燧的建立,是其雄心勃勃的“扩张政策”的一个组成部分,这与早期罗马帝国的“边墙”(Limes)的修建有着惊人的相似性。罗马帝国的边墙是其整个战略交通系统的一个组成部分,这已被现代考古所证实。我以为,“Limes”这一术语,比较贴切地表示了“向前推进的军事干线”的含义,故本书中用它特指汉代的西部长城。③

中国古代文献并未具体告诉我们公元前 108 年汉武帝时修筑的长城向西延伸到什么地点。文献中只是笼统地记载

① 参见沙畹《文书》,vi 页,注①;怀利《西域记》,载《大不列颠及爱尔兰人类学学会会刊》,第 10 期,22 页。

② 参见斯坦因《第三次探险》,载《地理学刊》,1916 年第 48 期,196 页。现代地图所标的长城,自兰州一直延续到肃州,在今天交通干线的东北,并与交通干线大体平行。这段长城可以看作是中世纪长城的前身。1907—1914 年间,我曾对肃州和甘州段的长城作过考察;参见斯坦因《沙漠契丹》,第二卷,275 页等,336 页;《西域记》,载《地理学刊》,1916 年第 48 期,200 页;以及本书第二十七章第二节、四节。尽管这段长城年代偏晚,而且修筑的目的也偏重于防守,但它仍旧显示了中国对甘肃西北边境防务的重视。就是在中国失去了对塔里木盆地的控制以后很长一段时期里,甘肃西北边境的防务仍受到中国方面的重视。

③ 有关奥古斯都和提拔留斯时期早期边墙修筑的详细情况参见柯诺曼教授《对克里奥长城的最新调查》,76 页以下。作者在其注释中列举了详细的资料。这里有必要提及一些经典作家所用过的重要术语如对具有战略意义的交通干线所用的“limitem agere”,“lmitem aperire”及“castra in limite locare”等术语。显然,凡是沿途设立哨所的军事干线均可称之为“limites”(长城),今天印度西北边境从开伯尔(Khyber)到古勒姆(Kurram)、陀兹(Tochi)和戈梅利(Gomal)一线,就有类似的军事干线。

从酒泉列亭障▷至玉门

“于是酒泉列亭障至玉门矣”。[①] 这里就出现了一个问题:“玉门关”这一中国历史上有名的边塞,它的具体地点究竟在哪里?这是一个值得深入探讨的史学课题,同时也牵涉到有关汉代烽燧遗址的考古学研究,这里有必要作一详细的分析。“玉门关”特别提到了“玉”,众所周知,玉很早就被作为奢侈品从中亚输入到中国。[②] 玉门关在不同的历史时期有不同的地点,我对汉代烽燧遗址所作的系统考察,对确定玉门关的确切地点提供了可靠的依据。

司马迁提到的▷玉门关

前一章我已结合自己的实地考古调查和地形勘察,列举了有关的年代学材料,认为T.XIV遗址应即公元前96年及其以后玉门关址之所在,只是年代似乎有些偏早。[③] 但沙畹先生的观点与我有所不同,他在充分研究之后认为,如果司马迁的一段记载无误,则这一遗址当不是玉门关最初的所在地。[④] 这一段记载与贰师将军李广利有关,公元前103年,李广利第一次远征大宛以失败而告终,他带着阵容不整的军队回撤时经过玉门关,“天子闻之,大怒,而使使遮玉门曰:军有敢入者,辄斩之。贰师恐,因留敦煌”(见《史记·大宛列传》——译者)。

玉门关似初置▷于敦煌以东

显然司马迁暗示玉门关在公元前103年时仍在敦煌以东的某地。今天,我们在史书中只能看到公元前102—前101年在敦煌以西修建长城烽燧的记载,而看不到公元前103年以

① 参见沙畹《文书》,vi页,注③,这里沙畹先生几乎全文摘抄了司马迁的记载。《汉书》中也有关于扩修长城的记载,并记此事与前108年赵破奴出征楼兰、吐鲁番之事有关;见怀利《西域记》,载《大不列颠及爱尔兰人类学学会会刊》,第10期,25页、71页;本书第九章第四节。

② 后者参见李希霍芬《中国》,第一卷,36页。不过,李氏误将嘉峪关的“峪”也作“玉”(玉、峪音相近。参见本书第二十七章第一节)。晚期有关玉门关的文献颇为丰富,其中甚至还有乾隆皇帝御制的一篇文章。可惜这些文献目前都还没有被译成西文,我无法加以利用。从文献方面对玉门关址的考证可以说是已走到了尽头,玉门关址的确切位置应该通过对长城遗迹及相关历史地理的实地考察来解决。

③ 参见本书第十九章第二节。

④ 参见沙畹《文书》,vi页,注④。

前的记载,这种情况为司马迁的说法提供了强有力的支持。但是,这些情况还是不足以使我们弄明白公元前 103 年以前的玉门关的确切地点。从我 1907 年实地考察情况和 1914 年对肃州和安西之间烽燧遗址的实地考察结果来看,这条线上似乎只有两个地点的地形情况适合设置这么一个重要的关塞:一个在今玉门镇以北约 15 英里的石河屯(Shih-êrh-tun)村附近,长城从北部的肃州延伸到这里,并从这里开始傍着疏勒河向西延伸。可能为玉门关的那处遗址便正好位于疏勒河折向西流的河湾处。这里地形奇特,非常合适建立一个小而坚固的关塞,我将在下一节介绍这座编号为 T.XIV 的遗址的情况。[①] 如果这一遗址在当时真的是一个重要关塞,那么它南面的沼泽地以及疏勒河湾岸则为它提供了有效的侧翼保护。附带说一下,我 1914 年的考察路线是从石河屯至肃州,在地图中我还标出其北侧连绵起伏的山峦,这条路线与今天从玉门镇到肃州大路的路途情况和路线长度都大体相近。[②]

◁疏勒河岸旁的王山子山关隘

另一有可能为公元前 103 年以前玉门关址的地点是位于布隆吉(Bulungir)和安西(An-hsi)之间的一处关隘。疏勒河从光秃秃的王山子(Wan-shan-tzǔ)山脚流过,它的左岸紧贴王山子山,右岸则是王山子山的余脉。[③] 这也是疏勒河自源流以下全程中唯一一处关隘。这里既适于瞭望,又易于固守。显然,由于有这样优越的地理条件,汉武帝的军事官员将此地选为长城跨越疏勒河的地点。1914 年我沿汉代长城进行考察时

① 参见本书第二十七章第五节。

② 玉门镇的得名是否与石河屯有关,又是否与当地的古迹有关,现在尚不太清楚。绿洲之上和绿洲附近没听说过有什么古遗址,但由于有从疏勒河过来的引水渠,这一带很适合耕种。所以在很早的历史时期这里很适合进行军屯。蒋师爷从当地人那里打听到,玉门镇即古之"晋昌";关于晋昌,参见沙畹《十题铭》67 页注②以及本书第二十六章第二节。

③ 参见本书第二十七章第五节。

曾抵达这里，发现疏勒河右岸（北岸）王山子山余脉上的长城遗址破损严重，城墙上有一座垛楼（瞭望塔）。疏勒河南岸是陡峭的山坡，没有发现烽燧城墙的痕迹，但我推测汉代的城墙应该延伸至此。今天布隆吉到安西的公路从这里连绵起伏的低矮支脉上穿梭而过，一座座晚期的瞭望塔就坐落在这些山脉上，这说明，在汉代关塞被废弃以后很长一段时期里，这里一直都有军队驻防。从这一地点向西大约 12 英里即到达小宛绿洲，从此再向西通往安西的方向上，汉代长城和烽燧的遗迹又非常清晰地在光秃秃的沙砾地面上显现出来。

王子山是置关▷塞的绝佳地点

在汉代长城尚未修到疏勒河盆地最西端的时候，如果要设立一个大型关塞，以保护从塔里木方向来的交通干线，我认为上述关隘便是一个绝佳的地点。实地观测的结果为这一论点提供了两个有力证据。首先是我在距这处关隘以东约 12 英里的地点，发现了规模很大但已遭废弃的布隆吉古城遗址，这一城址在满洲（Manchu）年代甚至在清朝收复新疆地区以后，一直驻防有一支有相当规模的守卫部队。① 其次，在王山子山脚路边，靠近疏勒河左岸的地方，有一群中国式庙宇建筑的废墟，包括老君庙等。这些建筑在东干人叛乱时期被破坏，但仍被当地人视为圣地。它们的地点，距今天的聚居地很远，却靠近预示着神灵的古遗址。今天当地人进行朝拜的地点总是靠近古代烽燧遗址外侧的交通路线②，它们之所以成为圣地，是因为它们靠近古代的“玉门关”。

① 在欧洲的地图上，“疏勒河”往往被标为“布隆吉河”，布隆吉可能源于蒙古语，它是疏勒河的词源。

桥湾城（Ch‘iao-wan-ch‘êng）是一座小型城堡，坐落在疏勒河右岸，紧靠在长城的内侧，东北距布隆吉约 10 英里。它当时应该是一处塞城，据称是乾隆时修建的，其墙体和结构都是仿照西夏古城修建的，只是规模稍小。

② 参见本书第十五章第四节，第十九章第三节，第二十六章第二节。

◁公元前 101 年长城向敦煌以西延伸

不管公元前 103 年的玉门关到底设在什么位置，有一点可以肯定的是，这一重要关塞在随后的几年内，曾一度被推进到敦煌以西烽燧沿线的 T.XIV 遗址处。《史记》和《汉书》一致记载在李广利第二次远征大宛（公元前 102—前 101 年）取得巨大胜利之后不久，汉代长城延伸到敦煌以西。这次远征的胜利使中国在“西域”的威信大为提高，“多遣使来贡献，汉使西域者益得职”[①]。自此以后，中国与西域各国的外交与商贸关系迅速加强。为了保护使团和商队，并为他们提供食宿，“于是自敦煌西至盐泽，往往有亭”。[②] 长城延伸到敦煌以西的观点，为我实地考察的结果所证实。T.XXII.c 烽燧遗址发现的公元前 98 年纪年简牍（《文书》No.271）、T.XIV（玉门关）遗址发现的公元前 96—前 94 年的纪年简牍（《文书》Nos.304～306、308、309），为上述文献记载提供了确切可靠的年代学证据。

◁公元前 96 年长城延伸至其最西端

上述 T.XIV 烽燧遗址出土的简牍，证实了汉代长城与烽燧至迟在公元前 96 年已延伸到 T.XIV 遗址一带，而且玉门关就设置在那里。在这批出土简牍中，No.304 简有公元前 96 年的纪年，它提到了“（大）煎都”这一西部亭燧的名称。T.IV.a～c三处烽燧遗址均属西部亭燧。[③] T.IV.b 遗址出土的一枚简牍（《文书》No.430）的年代可判定为公元前 94 年，据此我比较有把握地认为，李广利第二次远征之后，汉长城至迟在公元前 96 年即已延伸到其最西端。

在材料匮乏、荒无人烟的沙漠地区修建长城和烽燧，其困

① 参见怀利《西域记》，载《大不列颠及爱尔兰人类学学会会刊》，第 10 期，22 页；金斯密尔（Kingsmill）《中国与新疆的交往》等，载《皇家亚洲学会会刊》，28 页等，1882。

② 参见沙畹《文书》，vi 页及注⑤。文中引用了公元前 101 年修建烽燧的材料；另参见怀利《大不列颠及爱尔兰人类学学会会刊》，第 10 期，22 页。

③ 参见本书第十七章第一节，第十七章第三节，第十九章第二节。

长城工程进展▷迅速

难不言而喻，更何况长城沿线很多地区连水都没有。尽管如此，这一工程的进展仍十分迅速。这一点并不令人感到惊奇。文献记载向我们展示了当时中国军队为此做了多么充分的准备。公元前 104 年李广利取道罗布沙漠第一次远征大宛，出发时他所统率的军队有 1 万人。结果只有不到十分之一二回到出发地。① 两年以后，李广利着手准备第二次远征，史书记载这一次行程艰苦的军事行动的规模很大："岁余出敦煌六万人，负私从者不与；牛十万，马三万匹。"可以设想，其中有相当一部分人员被用于修建敦煌以西的烽燧长城，以保障这支军队与中国腹地的联络和后勤供给。②

汉长城西端的▷终点

将汉长城延伸到敦煌以西并在 T.XIV 烽燧遗址设置玉门关，其目的在于保证贸易路线的畅通，贯彻向西进行政治扩张的外交政策。玉门关是汉帝国向西扩张所建立的最西的一块跳板。这种沿长城设立关卡的做法也见于罗马帝国"边墙"的修筑。③ 我在前面已详细解释汉武帝的军事大臣们选择疏勒河盆地边缘的 T.IV 烽燧遗址为长城终点的地理原因。④ 这里的地形条件为汉代烽燧长城提供了天然的侧翼屏障。选择这里作为长城的终点，就如选择疏勒河河谷作为长城的行经路线一样（疏勒河实际就像是一条天然的"护城河"⑤），这可以看作是中国古代领导层注重利用自然地理条件的一个例证。在此以东的长城上，孤零零地分布着 T.V、T.VI 等烽燧遗址，

① 参见司马迁《史记》第一百二十三卷。参见金斯密尔《中国与新疆的交往》，载《皇家亚洲学会会刊》，23 页以下，1882。

② 依司马迁所记，到达大宛的汉军人数为"约三万人"，公元前 101 年返抵玉门关的汉军人数为"壮丁约一万，马一千匹"。参见金斯米尔《光荣之地》，25 页、28 页。

③ 参见柯诺曼《对克里奥长城的最新调查》，77 页，1907。

④ 参见本书第十七章第一节。

⑤ 参见本书第十八章第二节。

用于警戒长城的西南面，尽管这里发现的简牍（《文书》No.255）没有早于公元前 68 年的，但我们仍然有理由相信这些亭燧的建立时间大致应该与 T.IV.a 烽燧遗址属于同一时期。①

T.I、T.II 烽燧等遗址表明，在汉长城终点以西，还有列亭。列亭的作用是为长城的终点提供进一步的保护；监视从西方过来的交通路线；在大规模的外敌入侵时，迅速传递警报，等等。正如沙畹先生所分析的那样，古罗马帝国在其非洲行省边界特别是在尼罗河三角洲地区也设立了这种边哨系统，以保护穿过沙漠通往沿海绿洲的交通干线。这些哨所与汉帝国西部亭燧的功能一样，都在于保护其内侧的长城与边塞。列亭的设置还带有向外围扩张的意图。② 罗马帝国在阿拉伯（Arabia）行省等地的长城外围也修筑了一系列的哨所，其目的也是旨在向外围进行扩张。③ ◁列亭至长城以西

前面我们已提及有关汉代军事亭燧的历史文献“于是自敦煌西至盐泽，往往有亭”（《汉书 · 西域传》——译者）④。沙畹先生论“盐泽”为罗布泊或已干涸的古罗布海，于理甚允。⑤但尚需指出的是，我在 T.II 烽燧遗址以西的实地考察中，未发现汉代长城或其他建筑的遗迹。前面已简略提到我在 1914 ◁列亭障至盐泽

① 参见本书第十七章第三节。

② 参见 R.卡格来克（Cagnat）《罗马时期的黎波里塔尼亚战争》（*La frontière militaire de la Tripolitaine à l'époque romaine*），《铭文学会论文集》（*Mémoires de l'Académie des Inscriptions*），第 39 辑，100 页以下（重印本 28 页以下）。

③ 参见柯诺曼《对克里奥长城的最新调查》，112 页以下。这里需要指出的是，布伦劳（Brünnow）和 V.多麦泽维斯基（V.Domaszewski）的大作《阿拉伯行省》（*Die Provincia Arabia*）中发表了有关阿拉伯行省边墙的详细调查资料，并将其哨所、边营同敦煌汉长城作了比较研究。

④ 参见《文书》，vi 页。另参见怀利《西域记》，载《大不列颠及爱尔兰人类学学会会刊》，第 10 期，22 页；金斯密尔《中国与新疆的交往》，载《皇家亚洲学会会刊》，29 页，1882。《汉书》中还有罗布泊的另一个名称“蒲昌海”，参见沙畹《通报》，531 页、570 页，1905（如果《汉书》另一章中所提到的“盐泽”不是指罗布泊，那么此处“蒲昌海”所指的当非疏勒河最下游的沼泽地）。

⑤ 参见本书第九章第五节，第十四章第二节。另参见斯坦因《第三次探险》，载《地理学刊》，1916 年第 48 期，127 页以下。

年的考察活动中曾穿越干涸的罗布海，对这一人类禁区自然环境的考察结果，对解释这里为什么没有建筑遗迹或许不无帮助。我们注意到《魏略》曾提及“居卢（Chü-lu）仓”，其地点大致在今天的拜什托格拉克台地，亦即 T.IV 遗址或“将军井”一带。①

楼兰以西的汉代亭障▷

1914 年考察过程中更有价值的发现是，在罗布泊死海西北部边缘，我发现了一处军事据点，其建筑方法与敦煌烽燧一致，其年代肯定可以早至汉代。② 关于它的情况以及 1915 年我在孔雀河（Konche-daryā）至库尔勒（Korla）沿线发现的古代烽燧的情况，将放在我第三次考察报告中详述。后者标志着楼兰以西的中西交通干线的位置。考古学的证据使我确信它们的年代属于汉代，可能是第一次打通敦煌以西交通线时候的遗存。《汉书》和《史记》记载了汉政府在轮台和渠犂（地点位于库车和孔雀河③之间）进行军屯的史实，同时还记载这一举措与西部长城的修建在同一时期。这就清楚地表明，汉帝国沿交通干线向西扩张的距离是多么的深远。

第二节　敦煌汉长城的修建过程

公元前 1 世纪中叶以前的大量纪年简牍▷

我们现在来回顾一下有关西部长城的修建历史。除了《汉书》《后汉书》曾分别提及两汉政府的中亚政策，我们再得不到其他的有关长城修建的直接材料。所幸的是，我们可以

① 参见本书第十四章第二节。

② 简略情况可参见《地理学刊》，1916 年第 48 期，124 页。

③ 轮台应即“乌垒”，乌垒城是公元前 60 年以后汉朝西域都护的治所，屡见于《汉书》。参见怀利《西域记》，载《大不列颠及爱尔兰人类学学会会刊》，第 11 期，95 页。乌垒城的位置当在今布古尔（Bugur）绿洲上，库车以东的位置，参见本书第三十章第二节。另参见沙畹《文书》，xiii 页。

渠羚是一个小据点，其位置当在库尔勒的西南、孔雀河和英其开河之间，参见沙畹《通报》，154 页，注①，1907；另参见本书第三十章第二节。

利用长城烽燧遗址上获得的简牍文书和其他考古材料来丰富我们的认识。沙畹先生认为，年代上属于公元前 68 年至公元前1 世纪中叶的大量出土纪年简牍，表明中国政府曾对塔里木盆地实施过有效的军事和政治管理。公元前 77 年楼兰王国的衰落以及公元前 60 年管理塔里木盆地南北二道的西域都护府的设立，是当时最为注目的大事件。① 不过，这里也有一点需要说明，这些简牍的大部分都是出土于一座烽燧的废墟里，这是这些年代学材料在年代上趋于一致的原因之一。

◁未发现公元前 39 年至公元 1 年的简牍

这批简牍在年代上全然没有属于公元前 39 年至公元 1 年的，这是值得注意的一点。在汉元帝（公元前 48—前 33 年）统治期间，西汉政府对中亚的控制非常牢固，由于匈奴的臣服，西域似乎从此摆脱了北部邻邦的骚扰而出现长久和平的可能。② 武装保卫敦煌关塞的必要性似乎也减少了，因之也减少了长城沿线的驻军，这些也许是这一时期“官方文书”较为少见的原因。③ 但是，自公元 1 世纪初开始，直至王莽时期，由于对西域控制的减弱，西域的情况发生了很大变化。我们可以从《后汉书》中得知，公元前 6 年至公元 5 年，西汉帝国与“西域诸国”的关系出现了一次大的倒退。公元 9 年，王莽导致了匈奴与新莽朝廷的关系破裂。④ 此后，“由是西域怨叛，与中国遂绝，并复役属匈奴”（见《后汉书 · 西域传》——译者）。

---

① 参见沙畹《文书》，vii 页；《通报》，567 页，1905；154 页，注①，1907；怀利《西域记》，载《大不列颠及爱尔兰人类学学会会刊》，第 10 期，22 页、27 页。

② 参见怀利《西域记》，载《大不列颠及爱尔兰人类学学会会刊》，第 10 期，23 页：“宣元以后，单于臣服，西域归顺（单于为匈奴首领）。”

③ 《后汉书》的一段记载可资佐证，它记载公元 123 年曾提到西汉宣帝（公元前 73—前 49 年）、元帝（公元前 48—前 33 年）时期“边境安宁，自此不再闭关，不再有烽火传递之事”，参见沙畹《通报》，164 页及文末注解，1907。

④ 参见沙畹《通报》，155 页，1907。

王莽篡汉时期▷的边境(公元9—23年)的西部长城

沙畹先生曾注意到王莽时期简牍的出土情况,并得出令人信服的结论:这一时期边境地区战事频仍。这显然是由于抵抗来自边境北部和西部的外敌入侵的需要。考古材料表明①,王莽时期,由于放弃了对西部长城的防守,边疆政策侧重于单纯防御的性质,位于长城西南侧的亭燧可能在当时已遭废弃。② 与此同时或稍后,虽然敦煌以西的亭燧可能还在继续使用,但从T.XIV至T.IV烽燧遗址之间的长城的防守③可能也已经被废弃。而后来修筑的连接玉门关与阳关的长城,完全基于消极防御政策,其证据十分明显。最明显的一点是,它废弃了自此向西的一段长城,而这一部分长城是必不可少的前哨且必须加以据守。它可以在大规模外敌入侵时能够迅速传递敌情,以便后方集中兵力进行防守。国力衰弱时,长城的性质便倾向于防守,而不是扩张,这与古罗马帝国的情况较为相似,当帝国陷于内困时,边境长城的主要功能也在于单纯的防御。④

公元25—73年▷东汉对西域的消极政策

公元1世纪前半叶直至公元25年东汉建立,汉之号令难以在西域颁行。出土的公元35—77年间的一批汉简,表明西至玉门关的长城烽燧在当时确曾驻兵守卫。⑤ 但据《后汉书》记载,东汉政府在西域恢复西域都护府的设置、重建西域统治秩序、树立汉帝国权威的计划被取消。⑥ 这一消极保守和闭

---

① 参见本书第十九章第三节。

② 参见本书第十七章第三节。

③ 参见本书第十七章第一节,第十八章第四节,第十九章第三节。

④ 参见柯诺曼《对克里奥长城的最新调查》,第七卷,73页以下,1907;卡格来克《罗马军队在非洲》(*L'armée romaine d'Afrique*),680页以下;布伦劳和多麦泽维斯基《阿拉伯行省》,第二卷。

⑤ 参见沙畹《文书》,iii页。T.XIV遗址全然不见此类文书,而邻近的T.XIV.a遗址则出土了大量文书(《文书》Nos.483~486,535)是一个值得注意的现象。其原因很有可能是因为王莽时期"新道北"取道T.XIV.a遗址造成的。这条路线直接处于匈奴的威胁之下。

⑥ 参见沙畹《通报》,155页,1907。

关锁国的政策并未使东汉边境免受匈奴的严重侵扰，永平年间（公元58—75年），匈奴两次侵入敦煌，横扫包括肃州、甘州和凉州在内的河西地区，使这一地区的行政机构陷于瘫痪。①

◁东汉向西域挺进

公元73年，一项富于扩张性的政策被付诸实施，使“西域诸国”深切地感受到了汉帝国的政治影响。东汉帝国恢复对西域的统治，与班超（公元73—102年）出使西域获得巨大成果有密切的联系。班超重新确立了汉帝国对整个塔里木盆地的严密控制，并扩大了汉帝国的外交政治联系，影响所至，甚至远及于安息（Parthia，帕提亚）。② 由于这一“扩张政策”的成功，使得敦煌一带长城烽燧的重要性及派兵驻守的必要性大为降低。正因如此，烽燧遗址出土的反映汉帝国极力向外扩张的纪年简牍，属于这一时期的只有两例。③

◁公元73年东汉打通伊吾路

需要附带提及的一点是，中国这项新的向中亚地区推进的政策有一个大前提，这就是公元73年东汉对伊吾（哈密）的占领。④ 控制这一弹丸之地对东汉方面而言意义重大，它使中国方面开通了一条通往吐鲁番和天山东北部地区的新路线，而免受楼兰古道或“新北道”缺少水草之苦。这条新路线最大的优点是将起点设在安西，维持了甘肃和新疆之间旧有的交通，方便了商贸往来和军队调动。这条路线与今天安西至哈

◁往中亚道路的开通

① 参见沙畹《通报》，247页，1906；156页，1907。

② 参见沙畹《通报》，156页以下，1907。本传中有班超出使中亚的详尽记载，译文见沙畹《通报》，216～245页，1906。

③ 分别参见公元87年的文书No.390和公元94年的文书No.537。

④ 参见沙畹《通报》，156页，1907。有关伊吾作为重要军事据点的讨论，见《通报》，158页、161页、167页、214页。另参见《十题铭》，19页。自唐代占领哈密地区以后直至1877年这段历史时期里，哈密一直拥有较为重要的历史地位，见本书第二十八章第二节。

密的交通大道的走向大体一致。[①] 军队和商队往返西域时如果取道哈密，则敦煌就偏处一方，而不在连接二者的直线上。这样，经由敦煌古道的交通量就相应地减少，敦煌汉塞的地位也就随之下降。

东汉统治西域▷的形势几经变化

班超卸任以后(公元102年)的几年内，东汉又失去对"西域诸国"的控制。敦煌受到匈奴入侵的威胁，公元119年的一次不成功的远征后，东汉政府不得不下令关闭玉门关和阳关。[②] 后来，在班超之子班勇的主持之下，东汉政府在西域部分地恢复统治。公元123—124年冬(当为124年正月，著者误——译者)班勇所采取的第一项步骤是进据楼兰。[③] 但自公元132—134年以后，东汉王朝在"西域诸国"中的地位又日趋衰落。《后汉书》记载的东汉在敦煌西北的最后一次政治军事行动是在公元153年。[④] 文献记载在公元135—151年，东汉军队曾从敦煌出发，发动过几次主要针对天山东北部匈奴势力的远征，后者一直对东汉帝国控制吐鲁番和哈密构成威胁。[⑤] 在这些军事行动中，关于公元135年的一次远征，我们曾发现一枚记有"玉门关候"(原著作"三门关候"，当误——译者)的汉简，这枚汉简明确记载"玉门关候"属敦煌太守管辖，与伊吾(哈密)行政官员平级。这枚汉简出土于巴里坤(Barkul)镇附近的一座庙址，据沙畹先生的考释，它记载了公元137年敦煌方面对匈奴呼衍王作战的一次重大胜利，并称

---

① 在本书第二十六章第二节中我们将看到，公元630年玄奘西域取经的路线是自瓜州(今安西)出发，翻越北山到达哈密(其时玉门关已经东移)，见本书第二十八章第一节有关玄奘行程地理情形的讨论。

② 参见沙畹《通报》，160页等，1907。

③ 参见沙畹《通报》，252页，1906；167页，1907。

④ 参见沙畹《通报》，214页等，1907。

⑤ 参见沙畹《通报》，213页等，1907。

这一次胜利给边境地区带来了稳定和安宁。[①]

公元 137 年也是敦煌汉简中年代最晚的一个准确纪年，见于 T.XV.a.i.6 遗址的一枚汉简(《文书》No.536)。从最晚的确切纪年可以推算出一枚简牍所记事件发生的年代在公元 153 年。据此，我们可以凭烽燧遗址出土的简牍材料推算出敦煌汉塞废弃的年代。不管是出于什么样的直接原因，敦煌长城烽燧不再正式驻军守卫的时间应不迟于公元 2 世纪中叶，这一点应该大体不误。东汉最后两代皇帝时期(公元 168—220 年)，帝国日趋分裂，随之中国便进入了三国鼎立时期(公元 221—277 年)，这或许是中原王朝废弃西部长城的原因之一。匈奴势力对中原的威胁日益减弱，也可以看作是一个因素，他们大规模的西进运动不久就要开始。

◁公元 137 年是敦煌汉简最晚的纪年

楼兰古道的情况与敦煌汉塞不同，成书于公元 239—265 年的《魏略》曾述及楼兰古道，说明这条古道在当时还在使用。[②] 据楼兰遗址出土的一枚纪年汉简的记载，公元 263—330 年，楼兰仍是魏晋时期的一个小型军事据点，并与敦煌和中国内地保持直接联系，这种局面一直延续至公元 4 世纪初的 30 多年。[③] 这些出土文献中，包括一封公元 312 年从玉门关发出的书信残稿(《文书》No.912)。这一著名关址在当时是仍旧坐落在 T.XIV 遗址，还是被移至靠近敦煌的某一地点，依旧是一个有待探讨的问题。公元 400 年法显前往鄯善，当他沿着古代商队车道西行时，肯定能看见已遭废弃的汉代长城烽燧。[④] 我们可以看出，法显非常准确地描述了沿途沙漠的

◁楼兰道的继续使用

① 参见沙畹《十题铭》,17 页以下。

② 参见本书第十四章第二节。

③ 参见本书第十一章第八节;沙畹《文书》,iv 页。

④ 参见本书第十四章第二节。

景观，却并没有提到玉门关，这一点值得注意。

玄奘记载玉门▷在安西附近

我没能够找到自此以后至隋唐时期的有关敦煌汉塞和玉门关址的参考文献，公元630年或稍后，中原王朝开始恢复对西域的统治。下面我将详细讨论唐代的一位著名僧人（玄奘）西行取经途经玉门关的情况。①《大慈恩寺三藏法师传》中记载玉门关在瓜州古城之北疏勒河左岸，其位置距今天所见到的城圈完整的安西古城不远。在沿用至今的安西通往哈密的交通线上，分布着五座烽燧遗址，向西北方向伸入沙漠的深处。这五座亭燧，护卫着从安西到哈密的交通大道，这条大道一直沿用至今。② 它们与汉代玉门关外烽燧所起的警戒作用几乎完全相同。

唐朝人记忆中▷的古玉门关址

玉门关故址在唐代仍然被人们所记得，至少在学术界是如此。《旧唐书》里一则有意思的记载说明了这一点。该书非常准确地将唐代以前的玉门关址记载在寿昌（Shou-ch'ang，今南湖）西北118里的位置，其所指即是T.XIV遗址。③ 直到唐代末年或稍后，敦煌也不是一个十分清楚的地理概念，这可以从吉尔斯博士发表在《神奇的敦煌》（*Mirabilia of Tun-huang*）上的《敦煌录》一文看得出来，该文是对我们所发现的千佛洞文书（敦煌文书）一段的释读。这段文字为沙"州西有阳关，即古玉门关……接鄯善城，险阻乏水草，不通人行。其关后移

① 参见本书第二十六章第二节；儒连《生平》，17页以下；比尔《玄奘生平》，13页以下。

② 参见本书第二十八章第一节。

③ 参见本书第十六章第四节。此段文字（见《旧唐书》，第四十卷，《列传第四十七》）我是从吉尔斯博士《敦煌录》中看到的，载《皇家亚洲学会会刊》，713页，1914。

州东”[①]。显然，尽管当地人将玉门关与阳关弄混淆了，但在他们的印象中，还模模糊糊记得玉门关曾一度位于沙州（敦煌）以西。不管怎么说，这则材料有意思地记载了这一关塞东移的事，后来玄奘西行正好经过这里，《大慈恩寺三藏法师传》记载已经东移，并对穿越阳关通往石城（Shih-cheng）的山路作了实地描写。[②]

◁《敦煌录》中有关古玉门关的记载

更使我们这些考古学者感兴趣的是《敦煌录》末尾的一篇文书，它详细而准确地提到《沙州志》“长城在州（指沙州——译者）北六十三里，正西入碛，前汉所置，北入伊州界”[③]。从这里我们可以清楚地看出在公元10世纪前后，敦煌当地人还知道汉代关塞长城和它的来龙去脉。据我1914年实地勘测的结果，唐代沙州城与北部汉长城的南北距离大约有16英里（原著原意为沙州城到北部汉长城南北对应的一点——“定点”的距离——译者），与文书所记63里非常接近。

◁《敦煌录》中有关长城的记载

这一则有关沙州的文书，罗振玉先生和吉尔斯博士都已分别撰文介绍，前者所用材料出自《伯希和文书》（*M. Pelliot's collection*），后者则是在其文章的注中对它作了释读。这篇文书为我撰写本文提供了唐代或稍后时期有关汉代关塞的一些参考材料，这段颇有意思的文字值得全部摘录出来：“古长城，高八尺，（其）[基]阔一丈，上阔四尺。右在州北六十三里，东至阶亭烽一百八十里，入瓜州常乐县界。西至曲泽烽二百一

◁《沙州志》对长城的描述

① 参见吉尔斯《皇家亚洲学会会刊》，715页以下，1914；另参见其重译本，《皇家亚洲学会会刊》，45页，1915。我们已在前文详细介绍了我们对汉代玉门关和阳关进行实地考察所获得的考古学和地理学资料，吉尔斯博士曾据《敦煌录》所引文献对二关的位置作过推测，但事实上，结论应该建立在实地考察的结果上而不是建立在文献考证的基础上。吉尔斯博士的观点参见本书第十六章第四节。我据自己手头的实地考察资料认为，上述晚期文献模棱两可的记载正可说明为什么李广利在前103年到达敦煌时，玉门关尚在南湖。

② 参见本书第十六章第四节。

③ 译文修正稿见吉尔斯《皇家亚洲学会会刊》，47页，1915。

十二里。正西入碛，接石城界。”（《沙州志》系指《沙州都督府图经》残卷——译者）。

《沙州志》对长城的测量

上述测量数据和距离似乎都是经过实地仔细测量获得的。首先我们来看古代长城的城墙，我们发现我们在几个不同地点实测的基址宽度与文书所记非常接近。假设文书数据的测量方法与我在 T.XIII 和 T.XI 遗址的测量方法相同，汉制 10 寸等于 9 英寸[①]，我们列一个如下的方程式：10 ∶ 9 = 100 ∶ X，结果是墙基宽度汉制 100 寸（90 英寸，或 7 英尺 6 英寸）。这一数据与我在多个地点实测数据的平均值非常接近，与当时修长城时 7 英尺的规定数据也很接近。[②] 至于墙体顶部的宽度，由于各处墙体的保存情况不同，与我们的实测结果就有一些出入。文书提到的墙体高度仅为汉制 8 尺或 6 英尺，当时好古之士测量时所选择的一段长城保存情况肯定很差，据我以往对墙体风蚀部分所作的估计，汉制 4 尺可能是当时对残余墙体实测的结果。我起初对这一数据也表示相信，但后来我在 T.XIII 遗址以东的墙体上进行实测时，发现没有一处的宽度少于 6.5 英尺。墙体的高度，即使在今天保存最差的地段，也往往超过了 10 英尺。

《沙州志》所记长城沿线的距离数据

《沙州志》所记古长城的 180 里，应该是向东延伸 180 里。1907 年我从 T.XXXV 遗址出发沿长城向安西方向进发，对西部长城的最东端进行考察。汉长城与沙州城南北对应的“定点”在 T.XXXV 遗址以西。1914 年，当我从T.XXXV遗址出发继续我的考察活动时，发现东侧的长城有相当一段已不复存在，显然是由于流沙的侵蚀作用造成的。从“定点”到T.XXXV

① 参见本书第十八章第一、三节。

② 在 7 英尺之上还需加上护壁的厚度，护壁的平均厚度在 4~5 英寸。护壁加在“墙筋”和墙体的内外侧。参见本书第十四章第四节，第十五章第五节，第十八章第五节；另参见本章第三节。

遗址的直线距离大约有35英里，与文书所载的180里极为接近。我认为阶亭烽应该就在T.XXXV遗址以东的某处。如按1英里约合5里的比例换算[①]，从“定点”往西212里，我们就到达了引人注目的T.XX烽燧遗址，遗址脚下是一个湖泊，它实际上是疏勒河经过哈拉湖以后形成的宽缓的河面。湖的形状，特别是T.XVIII烽燧遗址北侧弯曲如浅礁湖的水面，使人很容易理解湖畔的这座亭燧为什么在出土文书中被称作“曲泽烽”。文书中“正西入碛，接石城界”的记载，表明唐时在当地人的观念中，犹知有向西延伸的长城和通往石城的交通路线。这说明在唐代，人们将今若羌绿洲上的（汉代）遗址称作“石城”。[②]

◁敦煌长城的晚期记载

上述年代虽晚却极为准确的地方出土文献，是我考察敦煌汉塞和玉门关址时，所能见到的最晚的材料。[③] 在更晚的中世纪时期，当中国对中亚和西方采取更严格的封闭政策时，一个设置在更靠近东方的关隘取代了玉门关的位置，此容后详述。[④]

---

① 关于中亚地区1里约等于0.2英里的换算比例，可参见本书第十四章第二节，第十七章第三节，第十九章第七节；另参见本书第二十八章第一节等。

② 参见本书第八章第三节，第九章第一节。

③ 这里顺便提及一个有意思的事实，在一幅刻于1137年的中国石刻地图上，标出的汉武帝时期长城的位置大体上是正确的，长城的最西端标明为玉门关，距瓜州（安西）稍有一段距离，安西以东的长城走向是向西北延伸（原著作“东北”，疑为“西北”之误——译者），在跨越一大片湖泊沼泽地以后，到达另一处湖泊，该湖泊接纳了一条从西南方向流过来的河流，我推测它就是肃州河的支流开都河（Etsin-gol）。1914年我曾沿着这条河流考察汉代的烽燧遗址。可惜我现在还无法将详细的地形图公布出来。

④ 参见本书第二十七章第二节关于嘉峪关的讨论。

第三节 长城烽燧遗址的主要特征

沙畹先生发表了有关敦煌长城烽燧的分布和行经路线的出土简牍材料，在对此作探讨以前，顺便提及一下长城烽燧遗址主要建筑的特点。前面我曾对此作了详细的介绍。我们可以看到一条便于观望和防守的长墙，从东部不间断地向西延伸数百英里直至沙漠戈壁地带，最终抵达一道天然的防护屏障——疏勒河盆地的沼泽地。这条城墙把其北侧紧邻的疏勒河作为一条“护城河”(Wet border)，这与罗马帝国境内的边墙正相类似，罗马帝国在多瑙(Danube)行省的“边墙”就是这样。[①]

作为“护城河”▷的疏勒河

以沼泽地代替▷城墙的作用

作为中国“万里长城”的一部分，汉代的“西部长城”自始至终保持其城墙的规制和绝对的连续性，只是在无法穿越的沼泽地和湖泊区，设计者才以这些天然的屏障取代城墙的修建，这样也就节省了修建和维修烽燧城墙的工程量。这在资源匮乏的沙漠地区尤其显得有意义。[②] 中国长城的这种情况与罗马帝国“边墙”的情况正相类似。后者在跨越突尼斯南部的盐泽地带和多布查(Dobrucha)的喀拉苏(Kara-su)湖[③]时，也是充分利用了地形条件，达到观望效果好而又便于防守的目的。[④]

长城的修筑▷

巧妙地利用地形条件还可以从汉长城的修筑办法上看得出来。我们发现汉长城有的地段墙体有“筋”(fascines)。墙体用厚薄均匀、规整一色的夯土层筑成，间或夹一层其他土质的夯土或砾石，这有利于抵御风沙的侵蚀。风沙侵蚀是整个

① 参见柯诺曼《对克里奥长城的最新调查》，第七卷，79页、81页。

② 参见本书第十八章第二节，第十九章第八节。

③ 参见卡格来克《罗马军队在非洲》(第二版)，569页、606页、681页；柯诺曼《对克里奥长城的最新调查》，第七卷，93页。

④ 参见本书第十五章第四节，第十七章第二节，第十八章第二、五节等。

沙漠地区对长城最主要的破坏因素。[①] 墙“筋”所用的材料，多用苇秆、胡杨树枝或野生杨树枝等，全凭就地取材。[②] 这些筋材的长度再加上“护壁”（原著作“revetment”，当指内外墙面上所糊的一层黏土——译者）的厚度，就等于城墙的厚度。筋材的长度规格一般在 7 英尺左右，而本书所涉及的长城厚度据测量多在 7.5～8 英尺。为使夯土经夯打达到如混凝土般坚实，修筑城墙时常常需要一边筑墙，一边浇水。而长城有很长的地段缺水，筑墙用水需要从很远的地方运来，困难如此之大，而长城能这么快修成，这不能不令人感到惊讶。

◁长城沿线的烽燧

在长城内侧距长城不远的地方，矗立着一座座烽燧。烽燧是戍卒们监视长城沿线和传递信号的地方。烽燧之间的距离取决于所在地段的地形情况和重要程度，以及亭燧监视范围的大小。前面介绍的烽燧遗址周围的环境和地形的分析有助于我们认识这一点，这里不妨作一个详细说明。敦煌东北的烽燧遗址（T.XXXII～T.XXXV）的间距不到 0.75 英里，而长城最西端的烽燧遗址间距则要大得多，最长的达 4.5 英里。[③] 在其西南地带，由于大片沼泽地提供了天然的保护，所以没有修筑长城，烽燧遗址的平均间距也达到 5 英里之多。[④] 这里烽燧的选址都很高，很容易发现信号。由于同样的原因，我们发现长城沿线的烽燧遗址只要有可能，往往选址于孤立突兀的

---

① 参见本书第十四章第四节，第十五章第五节等。

② 参见本书第十四章第四节，第十五章第三节等。

③ 参见附图 33 的 T.XXII.c、d。此处的两座烽燧分别占据了哈拉湖南岸的两处突出的岸角。它们之间的相互距离是由自然地理条件决定的，候望信号也很便利。由此往前的地段，由于位置重要，需要加强守卫，所以 T.XVII 与 XVII.a 之间的距离和 T.XIX 与 T.XX 之间的距离都减少到 1 英里以下。

④ 参见本书第十七章第二节。

土丘(clay ridges)上。[①] 通常的情况是,如果该地点地形优越,地势高,则往往只在土丘顶部修筑一座堡垒(guard-room),而不必再花太多功夫去修一座高耸的烽火台。[②]

烽燧的建筑形制▷

烽燧的建筑形制通常是底部大、上部小、顶部平整的土台形,其大小、高度和所采用的材料则往往不同。我们曾发现过16~24平方英尺的台址[③]。由于烽燧遗址的顶部常常残损,所以很难判断这些烽燧原来到底有多高。有的烽燧遗址一个侧面的现存高度达到了30英尺左右(T.V、VI.d),而有的烽燧由于上部有堡垒的地面,说明它已到达了其顶部,通高却仅有8~13英尺。[④] 显然,烽燧遗址本身的高度视其所在地点的自然高度而定,同时也和该亭址守望范围的大小、传递烽火信号范围的大小有关。修建烽燧的材料也往往是就地取材。使用自然风干土坯(即简文中的"墼"——译者)的地点,往往就是缺水的地方;而夯土筑成的烽燧遗址,该地点往往取水比较方便。[⑤] 夯筑时需不停地浇水,但运送、提升土坯显然要比运送、提升同样数量的水要省事得多。[⑥] 土坯的大小规格一般比较接近,说明这些烽燧遗址的年代应是比较接近的。[⑦] 而夯土筑

土坯被用作建筑材料▷

① 参见本书第十七章第二节(T.IV.a、b);第十四章第四节,第十八章第二节(T.IX、X);第十八章第三节(T.XI);第十九章第四节(T.XIV.a);第十九章第七节(T.XV);第十九章第七节(T.XVII.a);第十九章第八节(T.XIX、XX);第十九章第八节(T.XXI~XXII.a~c);第十九章第八节(T.XXIII)。

② 参见本书第十九章第七、八节(T.XVII.a,XIX、XXI)

③ 如在T.I、XXIII、XXXIV等遗址,底座均为16英尺见方;T.VIII、XI、XII.a、XIII、XVI等遗址,底座均在23~24英尺见方之间。

④ 参见本书第十九章第七、八节(T.XVI、XXIII.a)。

⑤ 这主要是依照下列遗址用土坯的情况来加以考虑的:T.IV.b、VI.a~c、VIII、IX、IX.a、XIII、XIV.a、XV~XVII、XIX~XXI、XXII.b、XXIII.a、XXVII。下列遗址取水并不太远,但也用了土坯:T.XII、XII.a、XV.a。

⑥ 通常的规格是长14~15英寸、宽7~8英寸,厚4~5英寸,见于T.IV.b、VI.a~c、VIII、XII、XIV.a、XV.a、XV~XVII、XXIII.a遗址。在T.IX.a、XII.a、XXI、XXVII遗址也曾见到规格稍大一些的土坯,长17~18英寸、宽8~9英寸、厚4.5~5英寸。值得注意的是,在T.XXIX遗址附近洞窑中发现的土坯块尺寸为长12英寸,宽6~7英寸,显然是晚期的东西。

⑦ 使用夯土的遗址有T.I、II、V、VI.d、XVIII、XXII.c、XXVI、XXVIII~XXXIV等。

成的烽燧遗址，夯土层的厚度一般在 3~4 英寸。另一种建筑材料——盐渍土坯的使用也很能说明这一问题，制作这种土坯所用的水只能是不能饮用的咸水，T.X 遗址的情况为此提供了很好的例证（图 174）。[①] 通过对这一地区所有汉代或稍后时期的建筑遗址的考察，我们发现不管使用何种建筑材料，都通过加入苇秆层来加固墙体的牢固程度，其通常的做法是每三层土坯（或夯土、土块）加入一层苇秆。此外，如图 150 和图 169 所示，也有在土木结构的烽燧台址中加入石构件作为"筋"的。这些城墙烽燧在修建时充分利用了沙漠地区的物质条件，施工时又真正做到了匠心独具，正因如此，这些建筑能历经两千多年的风吹沙蚀和其他因素的破坏，保存至今。

◁土坯层间夹入的苇秆层

前面我已提到有的烽燧遗址的顶部曾发现有小的"堡垒"[②]，尽管由于保存不好或现实条件不允许而使我不能登上其顶部进行观察，但我还是认为这些堡垒为戍卒提供了栖身之处，至少是为他们提供一个防护性的小据点。为了守望和发送信号，戍卒必须登上台顶。在有些烽燧遗址上发现了台阶的痕迹，而另外一些烽燧遗址则使用了梯子。戍卒登上台顶使用的是绳梯，在今天甘肃的敦煌、肃州一带，还能看见人们使用这种办法攀登现在的瞭望塔。[③] 使用绳梯肯定是戍卒自己要这么做的，必要时它可以使台顶成为躲避敌人攻击的高地。事实上，在有台阶的烽燧，台阶也只是通到烽燧的一部分高度（亭燧底部营房的高度），余下的部分还得靠绳子或梯子。

◁烽燧顶部的小"堡垒"

---

① 盐渍土坯的使用见于 T.IV.c、X、XI、XXII、XXIII 遗址。

② 参见本章第三节；本书第十七章第四节，第十九章第七、八节有关 T.VI.c、XVI、XIX、XXI、XXIII.a 遗址的篇幅。

③ 台阶保存在毗邻的营房废墟里，如 T.IV.b、VI.b、VIII、IX.a、XIII 遗址。在 T.VI.c、d、VII 等遗址可以非常清晰地看见一级级的台阶。

烽燧的防御功▷能

烽燧遗址本身的防御功能，可以从保存在台顶或遗址崩塌以后堕落到附近地面上的石块看得出来①，这些石块是当时作为投掷的武器而被存放在顶部的。这种原始却很有效的防御方法，在肃州敦煌地区和甘肃其他地区的堡子（p'ao-tzŭ）上和屯垦地点随处可见。就是在嘉峪关的城墙上，我也发现储存有这种离奇的古代武器。② 烽燧的防御功能仅限于敌人突袭时，为人数不多的戍卒提供避难之所。由于距外侧的长城距离过长，它们不可能为长城提供积极的保护。在一些距离较近的地点，长城则被修筑成突出的曲线形，T.VIII 和 T.XI 遗址的情况就是这种情形。二者距长城的距离大约有 24 码或稍多一点。

烽燧的营房遗迹▷

后期依烽燧而建的营房，往往贴附在烽燧墙面的外侧，从而使一部分烽燧的墙面得以保留至今。我们在这部分墙面上发现了白灰和壁画的痕迹③。这显然是为了在黑夜和有风沙的白天使这些烽燧显得更醒目一些。烽燧下往往能找到这种营房遗址，但大多保存不甚完好，很难判断它们是否全都是同一时期的建筑。从一些保存较好的营房遗址可以看出，它们内部的空间是极其有限的。④ 即使像 T.VI.b 这样重要的烽燧，残存的营房中至多也只能挤下 12 个人。这一点，可以从简牍记载的有关和平时期戍卒编制的情况中看得出来。出于安全上的考虑，这些营房也只设置了一个入口。⑤ 营房所用土

① 参见本书第十七章第一节。

② 参见斯坦因《沙漠契丹》，第二卷，277 页。

③ 关于 T.VI.b、VIII、XIII 遗址的情况，见本书第十七章第三节，第十八章第一、五节。罗马帝国非洲行省边墙哨所墙面上发现石灰层的情况，参见卡格来克《罗马军队在非洲》，601 页。

④ T.III、IV.b、V、VI.b、c、VIII、XII、XII.a、XIII、XIV.a、XVI、XIX、XXVII 遗址营房的情况参见附图 34、36~39。

⑤ 参见附图 34、37、38 所示的 T.VI.c、T.VIII、XXVII 遗址的情况。

坯的形制大小也多与修烽燧所用土坯相同,表面也涂有白灰。

◁T. XVIII:古代烽燧军需库

通过我的实地考察,我们已经揭示出烽燧长城的一些特征,现在,我们来作一个简略的总结。因为各个遗址的具体情况前面已作详细介绍,所以这里仅仅只是一个简单的概括。最东端的是以T.XVIII遗址为代表的军需库遗址。其位置经过精心选择,坐落在通往罗布的大路上。出土简牍证明遗址的年代可上溯至公元前1世纪,其始建年代,应大体与长城向西延伸和打通通往楼兰的军事、商贸路线同时,它的规模与牢固为此提供了佐证。再西,我们到达玉门关,这里为数甚多的堡垒和附近土丘上的T.XIV遗址很值得注意。玉门关也处在通往罗布的交通线上,是长城沿线最为暴露的一个地点。其位置也是经过精心挑选的,以适合于作为大本营和关口的需要。[①] 前面对玉门关的讨论已充分显示了玉门关的重要性和(军事)价值。尽管附近土丘上的烽燧遗址已经残破不堪,它们的存在以及出土简牍的内容足以表明这里在汉代曾是一个军事大本营,驻防军队即使不能完全满足防守的需要,其数目也当不至于太少。最后我们讨论了玉门关北靠近长城的T.XV.a遗址,我想我已证明它应当是玉门关的一个下属据点,用以保护公元2年开通的"新北道"。[②]

◁玉门关址

◁长城最西端的遗址

接着我们讨论了T.XII亭址,它的位置很适合于监视楼兰大道。[③] 接下来,我们从远处对T.IX遗址作了观察,T.IX遗址是一个孤立于长城外侧的前沿哨所,为的是更好地发挥预警作用。[④] 之后,我们来到了长城最西侧的T.IV遗址,我曾猜想

① 参见本书第十九章第一节。
② 参见本书第十九章第六节。
③ 参见本书第十八章第五节。
④ 参见本书第十八章第二节。

这里应该有壕沟环绕的营地或可供商队歇脚、带有防御功能的驻地[①],遗憾的是,该遗址保存不佳,没有发现有关的简牍学证据。最后,沿着长城西南一侧的烽燧遗址,我们来到了T.VI遗址。这里出土了公元前1世纪大量的简牍。长城以西有列亭,简牍所记表明这里应是其中之一。[②]

长城西南侧翼▷的遗址

长城穿越不毛▷之地

总之,在任何国家、任何时期,没有任何一个边防系统(设施)能像长城这样穿越寸草不生、人迹罕至的沙漠地带。这样艰苦的地理条件使我们必须注意两点:第一,为这一地区的驻防军队提供给养是极为不易的。这就要求和平时期驻防在长城、烽燧上的戍卒的人数必须保持在最低的限度,以能保证有效传送信号、承担巡逻任务、抵御小股入侵之敌为原则。主力部队则驻扎在南湖、敦煌绿洲或附近的驻地,随时防备从北面和西面越漠而来的强大之敌。第二,在如此荒芜和开阔的地带,即使是位于土丘上的烽燧,高不过12英尺,从数里以外的地方要想发现它并不太容易,尽管我们在西部长城一带历时数月,来来回回、反复寻找,除了已发现的建筑遗址,肯定还有一些遗址被遗漏。我们等待着新的发现来检验、丰富我们的结论。

给养困难限制▷了戍卒人数

第四节　军　屯

颁发给酒泉太▷守的诏书

讨论烽燧遗址出土简牍文书,首先是那些有关敦煌边境军事机构组织情况的记载,其次是那些有关戍卒及其职责、日常生活的内容。在前一类简牍中,最为重要的便是简文完整、字迹清晰、仅局部文字稍有漶灭的T.VI.b.iNo.289简(《文书》

① 参见本书第十七章第一节。

② 参见本书第十七章第三节。

No.60，图版III）。它的内容是一则“制诏酒泉太守”书，其内容明确指出要在边境地区建立军事据点。“敦煌郡到戍卒二千人”与“将发酒泉郡”的士卒一道参加屯垦。“司马以下与将卒长史将屯要害处。属（嘱）太守察地刑（形），依险阻，坚辟（壁）垒，远候望。”简文结尾是惯用的句式：“如律令。”

◁简文印证了长城向敦煌以西延伸的事实

如果我们仔细审视简文及其出土地点，不难看出汉代军屯与敦煌以西长城的修筑之间存在着一定的联系。简文中提到将军要“察地刑（形）”，充分利用自然地形建立防线，坚壁清野，拒敌于长城之外。我们在对最西端的长城进行调查以后，发现这则简文非常真切地反映了当时的实际情况。简文中提到“敦煌郡”，说明木简的年代在公元前111年以后；简文中又提到“酒泉郡”（肃州），表明酒泉在当时仍是汉朝进入中亚的跳板，为汉朝所控制。[①] 考虑到T.VI.b遗址发现的简牍年代可早至公元前68年[②]，我们将上述简文的年代推定在公元前102年至公元前101年以后，与敦煌以西长城的修建大体同时。[③] 我已说过，汉政府将长城向西延伸，目的是将长城推进到西南的天然屏障一线，出土上述简牍的T.VI遗址正好囊括其中。

◁军屯的地点

事实上，据简文所记，长城应该延伸到该遗址附近，简文的内容显然是送达烽燧T.VI.b.i的一份官方文书。问题的关键是，如何解释简文中有关建立一个军屯据点的内容，或者说军屯的地点在哪里。本章第一节我们在讨论有关文献时曾提到，汉武帝时期修筑的长城越过了黄河一直向西延伸，而沿交

① 参见本章第一节；沙畹《文书》，v页，注⑤。
② 参见本书第十七章第三节；文书No.255。
③ 参见本书本章第一节。

通干线两侧实施屯垦是汉武帝扩张政策的一部分。[①] 如果没有绿洲上的军屯，长城烽燧上的守卫部队和来往商队就得不到后勤保障，军事远征、外交使节的往来更是无从谈起。《汉书》明确记载，南山（祁连山）山脚的可耕地带在被汉帝国夺取以前，先后为大月氏和匈奴所控制，当时那里的定居人口非常稀少。[②] 当地的地形情况和我实地考察的结果表明，在哈拉湖以西的长城沿线不可能有适合于屯垦的地点，T.BI.b 遗址所在的疏勒河盆地西端的沼泽地区也是如此。

敦煌以西沿线▷烽燧周围不宜于耕作

敦煌以西长城所穿越的沙漠地区[③]，其地形条件无须我多作说明来论证上述观点。疏勒河两侧的戈壁高原和疏勒河盆地西端的沼泽地区在历史上从来就不曾进行过农耕。因海拔高度和地质构造所致，戈壁无法从疏勒河引水进行灌溉。长城南侧或西南侧是南湖山脉西麓的冰渍地带，有的地方还有高大的沙丘，想在这样的地方进行农耕简直不可想象。因为无论是在古代还是现在，没有灌溉就不可能有农耕。公元前1世纪的简牍能在烽燧遗址的废墟里保存至今而且常常是保存完好，直至被我从很浅的砾石或垃圾里将它们发掘出来，这一事实本身就说明这一地区古代的气候十分干旱。敦煌以西的长城沿线，除了烽燧遗址，从来没有发现过永久性居住遗址的痕迹，也说明了这一点。

屯垦地点在敦▷煌或南湖

这样看来，我们有理由认为，简牍所提及的屯垦地点只能是在敦煌绿洲或南湖绿洲。只有这两片绿洲才有可供开垦的土地，用以供给守卫新长城的“两千”戍卒之需。我们现在尚

① 参见本书本章第一节。

② 参见怀利《西域传》，载《大不列颠及爱尔兰人类学学会会刊》，第10期，22页；另参见本章第一节。

③ 参见本书第十七至十九章。

难断定屯垦地点在这两片绿洲中的哪一片。但是,阳关和玉门关联系密切,二者都处在南湖绿洲之上,而南湖又是玉门关和西部长城最近的后勤供给地。这说明南湖更有可能为上述屯垦的所在地。古代南湖绿洲的水源远较今天丰富,这一点我们前面就已经说过。① 不管怎么说,作为粮仓的 T.XVIII 遗址②到南湖绿洲的距离仅为到敦煌绿洲距离的一半左右,这也是一个重要事实。

◁进行屯垦的部队远离长城

上述结论在某些方面有重要意义。敦煌以西长城的防守由靠近内地进行军屯的部队负责,这一情况使我们在释读烽燧遗址出土简牍时所遇到的一些疑点迎刃而解。这也使我们很容易理解为什么在不毛之地的沙漠地区,长城的守望能持续两个世纪之久。被派往前方烽燧或营地进行观望和执行任务的守亭分队在紧急时期能得到后方主力部队的增援。

◁疏勒河盆地产品贫乏

其他有关的简牍学证据我们将放在以后的章节里讨论,这里我认为有必要提及的是:第一,疏勒河盆地资源极其有限③,南山山脚向东延伸的狭长地带也是如此。为戍卒提供给养在古代和今天都是很成问题的。④ 最好的办法是将长城的防守与后勤保障结合起来解决,和平时期将大股部队驻扎在离边境不太远的绿洲地区,而只派小股分队轮流上前方承担警戒和传递信号的任务。这种防卫政策在以后的一段历史时期仍加以沿用。

---

① 参见本书第十六章第二、五节。

② 参见本书第十九章第七节。

③ 参见本书第十五章第一节。

④ 1873 年以后,左宗棠、刘锦棠率部收复新疆时的进军路线基本上是从甘肃西部缓慢向前推进。清军最大的问题是如何从南山山脚的绿洲上取得补给,自回军叛乱以来,这一带的定居人口已大为减少。至今当地还有这样的传说,当清军沿长城方向向新疆推进时,每推进一步,就不得不在那里停留一年,等到收割了谷物,有了补给再继续向前推进。

与古罗马军屯▷的类比

古典时代和现代的西方世界情况也是如此。罗马帝国为保护战略交通干线(扩张时期)和国境线上为抵御外族入侵而设立的军事据点,也曾在新占领区建立殖民地据点,实施屯垦。此举的重要意义无须在此多作说明。帝国的正规军团常常集中驻扎在远离边界线的大型营地,扼守有利的防守地点。小股分队则被分派外围长城的各个据点,巡视各处的防御墙、壕沟、栅栏等连接各据点的防御设施,确保国境线的安全。①

与奥地利在多▷瑙河的边境线作类比,等等

近代欧洲也可以举出这么一个类证。18 世纪初奥地利政府在把土耳其(Turkish)驱逐出匈牙利以后在边境设立了格兰兹防线。这条防线从匈牙利经坦彻斯那维亚(Transylvania)到达多瑙河(Danube)、沙瓦河(Save)北岸的克罗地亚,形成一条针对奥斯曼土耳其帝国(Turkish empire)的防线②,以抵御土耳其对新征服的边境地区的劫掠。奥地利与奥斯曼帝国曾经历一个半世纪的边境摩擦和战争,如果不是为了北部广阔地区的安全,修建这么一条防线简直就是劳民伤财。当然,自 18 世纪前 30 年以来,奥地利政府一直奉行向多瑙河、沙瓦河南岸地区扩张的政策,修建长城也是为这一政策服务。但后来奥斯曼帝国衰落了,格兰兹防线的作用也就仅限于维持边境治安和象征性的边境防守,与中国长城作为"关塞"的性质很相类似。1872 年这一地区被"格兰兹军团"归还给匈牙利

① 有关罗马帝国分段守卫边墙的有关著作本人不是太熟悉,读者可参见柯诺曼教授关于罗马边墙的论述,柯诺曼教授曾对有关罗马边墙的历史文献作过详尽的考证,证实罗马帝国对外推行扩张政策时,帝国的边界线上都修建有边墙,见《对克里奥长城的最新调查》,第七卷,77 页、85 页及同书各处。

这里未提及多麦泽维斯基的重要著作(见《对克里奥长城的最新调查》,第七卷,73 页、77 页等)。他们认为西部长城上的据点的设置与早期军屯的特点与作用有关。又参见有关罗马帝国边境上的军事据点的论述和有关多瑙河地区边墙的讨论,见《对克里奥长城的最新调查》,87 页、100 页。

② 有关多瑙河和沙瓦河地区的格兰兹防线的情况是参考了我年轻时所能见到的文献材料,现在我手头已无法找到与此有关的记载。这段现代欧洲最为完整的边墙防御系统很有必要进行系统完整的研究,我希望在有关文献还没有散佚、当地人对其来龙去脉还记得的情况下,尽早展开对它的深入研究。

和克罗地亚，此后格兰兹防线也不再具有“关塞”的作用。

◁多瑙河地区军事据点的组织

多瑙河地区军事据点的分布情况和军事系统组织情况对我们了解汉代长城的历史很有参考价值。由于奥斯曼帝国的入侵和乱伐滥用，格兰兹防线沿线很多地区都是大片的沙漠，防守军队需要得到军事据点的后勤供给。这些据点的居民一部分来自哈伯斯伯格（Habsburg）领地，一部分则为渡多瑙河而来的塞族（Serbian）难民。居民的管理从一开始就完全按军事编制来进行，“连”（company）是基本的单位。一个连的居民组成一个村落，土地共有。每个村落负责看守一定数量的哨所，哨所往往有栅栏围绕，或有瞭望塔。各村落以家为单位选派男人组成分队，轮流上哨。除此之外，军屯据点在战争期间还可以进行防御作战。这些军团在非战时期就已组成编队，它们可以被派遣到远离边界的地方去服役，也常常被派往作战地区，如意大利、德国等地。让服役军人终身拥有土地算是对他们执行艰巨任务的一项补偿。底层机构的长官和其他管理行政事务的官员多从居民中提拔。但也有一些官员的任命，特别是一些高级官员的任命，是从正规部队官员中产生。

◁简牍资料在内容上的局限性

我们知道不同时期、不同地点、不同文化会有不同的历史现象，尽管如此，我们仍然认为汉代在西部长城地带建立的军屯据点的组织形式可以称得上“别出心裁”。[①] 我们不可能仅凭长城烽燧遗址上出土的零散而不完整简牍材料来重组所有的历史，也不可能穷究200多年间长城防卫政策的某些具体调整情况。这些“不可能”贯穿简牍文书所跨越的历史时期（公元前98—公元137年）——也就是汉政府对西域和中亚

① 参见本章第一节。1907年我对敦煌绿洲进行考察时，还了解了当地农户的组织情况，这可以看作是一个与古代做法相同的活例，可见类似的农村组织方式还可以在现代中国的许多边境地区见到，见《沙漠契丹》，第二卷，17页、294页。

地区政策的执行时期。从这一方面来看,由于史料的不完整,我们很有可能遗漏一些历史的细节。但是,尽管存在上述缺陷,我们仍然从简牍中获得一些有关长城防卫的有意思的信息。如果我们获得了上述概括性的认识,将有利于我们进一步对简牍的内容作更深入的诠释。

其他的诏令文▷书

这里顺便提及一下 T.VI.b 遗址出土的 No.60 简,它记录了一则命令建立一个军屯据点的诏书。无独有偶,同一遗址出土的 No.63 简也记录了有关建立凌胡(Ling-hu)、厌胡(Yen-hu)、广昌诸"亭"的诏令。它表明上述三个位于长城最西南地区的地点均设立过亭燧。① 其他有关诏令的简牍也大多出土于 T.VI 遗址,虽然也很有价值,但都不及这两枚简牍。② 值得一提的是其中的 No.206 简,它记录了某位汉代皇帝对地方官员——可能为敦煌地方官员——的批复:"制曰:可。"诏书的格式是汉代所通行的。考虑到诏令所用的简牍材料是普通的胡杨木,我推测它很可能是在敦煌抄录的诏令副本,而不是从都城传送过来的诏书原件。

第五节　守卫长城的官兵

驻守长城的高▷级官员

依据简牍文书来讨论敦煌长城的组织系统和行经路线时,我们认为首先应该从那些提及较高行政机构和高级官员的简牍入手,因为这样可以充分利用沙畹先生在文献方面所作的研究成果。No.450 简提及王莽时期管辖河西四郡(敦煌至凉州)的一位显赫人物,遗憾的是材料太过零碎,无法确知

① 参见本书第十七章第三节。

② No.230 残简提到了"西域";No.250 残简记载收到了一则皇帝的诏令,而 Nos.136、138~143、291、450 诸简都是按统一的格式称"如诏令"。

他的官阶。No.424 简(查沙畹编号,当为"No.242 简"之误——译者)的情况也是如此,仅仅记下"制诏酒泉(肃州)太守"。但有一点毫无疑问,那就是简牍中数次被提及的敦煌太守是负责管理西部长城的地方行政长官。[①] "(敦煌)长史"在简牍上也曾出现过几次系太守属官,这一点可与《汉书》所记相印证。[②]

◁敦煌太守

据简牍记载,敦煌太守之下设"都尉"一职,这与《汉书》所记相同。[③] 简牍中数次被提及的"玉门都尉"同属此类。[④] 除此之外,我们还发现有"敦煌都尉"[⑤]、"宜禾都尉"等。"宜禾都尉"治"宜禾关"[⑥],宜禾段长城在 T.XXVII 遗址出土的简牍中常常被提及,其具体地点应该是在敦煌绿洲的东北部。[⑦] No.136 简记录了敦煌太守下属的"丞"发出的一道命令,自称被任命为"循城都尉"。"循城"一名比较独特,不见于他简,字面上的意思是"沿着长城"。[⑧] 至于T.XIV遗址出土的"玉门关长官"(superintendent of Yü-mên)与玉门都尉是否存在某种

◁分守各段长城的都尉

① 参见文书 Nos.136、201、497。另外,文书 Nos.140、375、428 等尽管没有专门提到敦煌太守,但其所指应该是敦煌太守。

文书 No.60 所记的是一则有关建立屯地的诏令,它提到了"酒泉太守",见本章第四节。

② 参见文书 No.136 及沙畹先生的注释 367、497;又见 No.428 以及楼兰遗址出土的文书 Nos.751、752、885。有意思的是,清代塔里木盆地的最高行政长官仍沿用了"西域长史"这一官职名称,见本书第十一章第八节。

至于太守与敦煌的文职候官是否存在某种联系,我一时还难以细查。

③ 参见沙畹《文书》131 页的详细解释,正史中的称呼是"部"。

④ 参见文书 Nos.137、305、381、428、451、483。

⑤ 参见文书 No.341。

⑥ 参见文书 Nos.61、567。沙畹先生在注释中认为,No.61 所记标明《汉书》中的"宜禾都尉"是武职,专掌军屯之事。"宜禾都尉"治所在 No.61 所提及的"昆仑"亭。

⑦ 参见本书第十五章第三节。

⑧ 文书是被送往玉门关的,本书第十七章第三节已讨论过,玉门关址当在 T.VI.c 遗址,而文书却出土于 T.VI.b 遗址。"循城"所指的是西部长城,还是玉门关附近"长城的一段"?按其他文书上所记,"大煎都"候位于 T.IV 遗址是没有问题的,见本书第十九章第二节。

联系,我一时还难以断定。[1]

长城上的基层▷军事官员

有意思的是,发现于T.XII.a.3遗址的No.592简保存了一些重要信息,该简保存完整,年代也很明确,为公元21年。简文的内容记载了发给某位士卒薪水的情况,其中提到了玉门都尉。更巧的是,它使我们得以窥见当时的戍守长城军队的官秩。按该简的记载,"士王"(有关他的情况我们将在下文加以讨论[2])是平望亭长的下属,后者又是步广候官和敦煌[3](即简文中的"屯地")都尉的下属。平望段长城我们已经说过,应是玉门关往东至T.XXII.c遗址或更远的长城。[4] 沙畹先生据《汉书》认为"步广候官"的驻地同时又是"敦煌都尉(原文称之为中段长城的都尉,据文意改——译者)"的治所。[5] 由此看来,平望段长城和敦煌以东的长城的防务管理由敦煌都尉负责。[6] "候官"称谓也见于简牍,沙畹先生对此已有专论。[7] 据《汉书》的记载,"候官"为都尉的下属,有自己的驻地。简牍内容一般比较简略,没有这方面的记载,却提到了"玉门候"和"大煎都候"[8],这显然非常有价值。

都尉的属官▷

我们所发现的简牍大多出土于小型的烽燧遗址,因此简牍中所提及的往往是"都尉"属官而不是其他官爵较高的官员。其中较为多见便是"千人"和"司马"[9],他们都是都尉的

---

① 参见文书Nos.315~317。这一称呼亦见于《汉书》,见沙畹《文书》231页。

② 参见本章第六节。

③ 王莽改敦煌为"敦德",参见沙畹《文书》130页。

④ 参见本书第十九章第二、四、八节,守亭的队名见第十九章第八节。尽管"平望"在简文中频频出现(见《文书》"索引"),但在其他地方却并不是作为"关址"而被提及的。

⑤ 参见沙畹《文书》130页以下。文书No.623(T.XXVIII.37)曾提到夜宿"步广"。

⑥ 沙畹先生曾怀疑文书No.168(T.VI.B.I.142)提到的一段长城归都尉管辖。

⑦ 参见《文书》130页等。

⑧ 参见文书Nos.166、458。后者所记的亭燧守官沙畹先生释为"候官"。"候官"一称还见于文书Nos.165、261、302、542。但下面第二十章第五节的No.302所记的"候官"明显是管理农垦屯地的官员。

⑨ 参见《文书》72页关于文书No.305的注释。

下属。沙畹先生认为“千人”就是“千人之长”。“司马”称谓见于六枚简牍,可惜其具体职责不太清楚。[①]“千人”的地位显然要高于“司马”,他实际负责一个战斗分队的指挥。令人注目的是,提及“千人”的三枚简牍都出土于玉门关址的T.XIV遗址。[②] 其中的No.451简是从某处送往玉门都尉的一份文书。No.381简的末尾则有通行的“属吏”的署名。简牍中提得最多的是“队(燧)长”一职[③](斯坦因误将简牍中的“燧”字释读为“company”,并用拼音标明为“tui”,用汉字注明为“队”字,与“亭”字对应使用,翻译时仍按原著译为“队”,但用括号标明为“燧”字,其余如“队长”,“队次”均应为“燧长”“燧次”之误——译者)。这些简牍往往是任命“队(燧)长”(tui-chang)的文书,检视一下这些简牍就会发现,基层战斗组织“队(燧)”是从都尉所属军队(燧)分派出来,而“队(燧)长”则是直接管理基层战斗单位的低级军官。我们发现了“队(燧)长”们分发给士卒粮食[④]和衣物[⑤]的“收据”。简牍还详细提及某些“队(燧)长”履行职责,对敦煌地区的烽燧进行管理的情况。[⑥] 其中两次还提及“属吏”(indigenousfunctionaries),真实姓名则被隐去。[⑦] 在20多枚简牍中,只有一枚是“队(燧)长”发送给“亭长”的文书。[⑧] 而有关防卫措施、军事报告等方面内容的简牍则更为罕见。

◁队(燧)长

① 参见文书Nos.55、60、275、438、461、605。

② 文书No.305记载某位有都尉副职官衔的“千人”收到玉门都尉发送的官文的事。No.369曾提及“千人”负责管理一处亭址(T.XVIII?)。No.370记载一位“千人”统率有一千名骑兵。

③ 参见文书Nos.42、43、45、49、54、56、136、157、203、204、271、377、436、463、482、484、490、562～565、568、572、596、600、604、581。

④ 参见文书Nos.271、562～565、484。

⑤ 参见文书Nos.42、43。

⑥ 参见文书No.157。

⑦ 参见文书Nos.49、681;本书第二十章第六节。

⑧ 参见文书No.377。

“队(燧)”的▷名称及其据点

“队(燧)”在简牍中很显眼,共出现过20多次。我们在前面介绍古遗址的考察经历时曾提及“队(燧)”。[①] 各“队(燧)”负责看守数目不等的烽燧。“队(燧)”字字面上的主要意思是对胡族的胜利和汉朝的繁荣昌盛,这一点,沙畹先生已有完满的解释,无须多言[这里“队(燧)”字义的解释可能有误——译者]。[②] 更为重要的问题是,组成“队(燧)”的大规模军队的驻地在哪里。上文分析的长城防御系统的特点是实行“屯垦”,这对探讨上述问题很有参考价值[③],同时,也有助于我们弄明白为什么长城沿线的烽燧遗址和营房是如此之少。[④]

亭与“队(燧)”▷的关系

简牍中常被提及的“亭”是一个关键性的术语。沙畹先生将它释为“据点(station)”,并认为“亭”是西北边境上小股军队驻防的据点,一“队(燧)”士卒驻守一个“亭”。[⑤] 他并据Nos.432、552等简讨论了一个“亭”相应由一个“队(燧)”驻守的情况。这一结论从某种程度上来说是正确的,但又不尽然。仔细审视所有简牍就会发现,“亭”与“队(燧)”在数目上并不完全对等,甚至“亭”还不在长城之上。在汉代,“亭”一般是与行政单位“里”相对应,每“里”25户。敦煌的情况应该与此差不多,分析一下简牍中的“亭”字就会明白,其作为军屯据点的意思实际上是引申出来。

① 参见第十五章第三、四节,第十七章第三节,第十八章第一、三节,第十九章第四、八节。

② 参见沙畹《文书》,x页。各处亭址名称的字面意思如下:“凌胡”——压制胡人,“厌胡”——抑制胡人,“扬威”——宣扬声威,“广汉”——保卫汉帝国的安宁,“广新”——扩大新莽的版图,等等。

③ 参见本章第四节。

④ 参见本章第三节。

⑤ 参见沙畹先生的评论,《文书》,x页、54页(《文书》No.198)。

从下面的注释[①]中可以看出，简牍中的“亭”实际上是一个指定的地域单位，它位于绿洲上，实行军事管制，人员保持“队(燧)”的军事编制，负责长城的守卫或承担其他军事任务。除此之外，“亭”还具有“农垦”的显著特征，为敦煌粮仓提供粮食。[②] 由亭长分发给戍卒们[③]的粮食很可能也是各亭自己生产、储存的，所以，“亭”既是永久的军事征募区，同时又是和平时期为守卫部队提供给养的基地。和平时期各“亭”派小分队(燧)各自守望一两处烽燧，一旦发生战事，“亭队(燧)”(简牍上的称呼)就立刻动员起来，组成军团。由此可以想见，各亭的长官同时保留“亭长”和“队(燧)长”两个官衔很有必要。《汉书》明确记载，类似的村落组织(指“亭”——译者)大约由250户组成，如边防需要动员起来，能组成一个相当于现代的“连”的作战单位。[④] 所幸的是，T.VI.b.i.64遗址出土的No.198简使我们有可能窥见当时这种作战单位的人员规模，该简记道：“右百乑五人亭卒。”沙畹先生认为，尽管它没有明确指出该亭队(燧)有多少人员，我们还是可以据此推

◁亭的行政区保持着“队(燧)”的军事编制

◁亭的编制规模

① 文书Nos.207、273、415提到“亭长”时都与“队(燧)长”作了区分。No.273值得特别注意，因为它是一份要在亭址予以公告的文书。称“如果北部的烽燧有动静，应按规定向南部的亭长报告”。No.415表明“亭”位于屯垦地区，它记载收到了龙勒(Lung-lo)“万年里”亭送来的两车谷物龙勒包括玉门关和阳关，见本书第十六章第四节。

No.302也清楚地提到了一处亭址的位置，它记载在候官的指令下要在Chʐ'in-su亭栽种10棵榆树。我们已说过，Chʐ'in-su亭位于长城上。显然，榆树是只能生长在适合耕种的地区的，而不可能栽种在沙漠地区。

No.536记载，在对玉门关的一处亭址进行检查时，发现有人擅自离岗，于是守官命令任何守卒未经许可，不得擅自离开亭址。No.357则直接提到了“玉门关亭”。No.681记载当谷(Tang-ku)队(燧)队(燧)长和一些低级官员离开了亭址。No.172记载发现一位带有武器的骑马人向亭址跑来，命令守卒加强警戒，注意候望烽火。文书Nos.432、460、552虽然也提到了亭队(燧)与传递烽火有关，但都没有更具体的内容。No.592上“亭”字的释读似乎有些问题。关于No.198，见上文。

② No.415参见上注；No.157提到一位队(燧)长由于失职而受到责怪，见本章第五节。

③ 参见本章第五节。

④ 沙畹《文书》xxii页所引的一首公元3世纪的诗文表明，当时的边境防务是多么繁重。诗文记载一位父亲在一年之内，三度被征募入伍，他的五个儿子也都已参军。

测每“亭队(燧)”的作战编制平均 150 人左右。①

驻守在可屯地区的军队▷

这里需要一提的是,除了上述提到“亭”的简牍,还有另外一些简牍的内容表明,当时还有一些驻军驻扎在永久性的聚居地。如 No.173 简记载,某亭队(燧)的驻地是一个四面有墙的“城”,该城被一伙土匪占领后被焚毁,120 人惨遭屠杀。这个“城”显然就是今天被称为“堡子”的土城,在甘肃的戈壁地区随处可见。它们实际上就是村堡一类的带有防御功能的遗址,危急时期可以作为附近屯民们的避难所。② No.189 简则记载了一位屯垦官员向上司报告“不失□种,不能候望,敢言之”。No.496 简记载了将 30 亩土地分配给某屯地居民的事,显然这些屯民是从别处迁来戍守长城的。③

遣分队守亭▷

我们已说过,亭队(燧)最主要任务是为守亭的小分队提供给养。正由于此,小分队和它们的头目常常在简牍中被提及。对长城遗址的考察活动(见本书第十五章、第十七至十九章),使我们有机会去了解小股分队分段守卫长城和各处亭燧的情况。④ 没有理由认为,这种防御措施和军事组织在相当长的一段历史时期一点都不发生变化。尽管我只找到 No.616 简一个孤证,但我还是认为,由于沙漠地区条件恶劣,戍卒们实行轮番守亭和休整。这枚简牍形状就如一枚标签。简文题首文字为:“下列士卒分季度守亭。”(按简文原作“兵四时簿”——译者)如果我的推断不误,简文接下来的内容应该是哪一组戍卒在哪一季度上亭守候。当然,这纯属推测,简牍下

① 参见沙畹《文书》,x 页。需要指出的是,这份文书的年代可能晚至公元 1 世纪前半叶,这一点前面在第十七章第三节已作过介绍。

② 关于这些堡子,参见斯坦因《沙漠契丹》,第二卷,8 页、40 页、235 页、267 页、298 页、332 页。

③ No.617 记载了一份送往“候长队次”的文书。

④ 见本章第五节。

文完全有可能是其他的内容。①

汉代的烽燧在简牍中有时称“候”，有时称“烽候”，还有时则径称为“烽”。这里我援用沙畹先生的研究成果对这一重要术语和它在古文献中的称呼略作说明。② 负责守卫烽燧的长官叫“候长”，“候长”一称在简牍中的出现频率与“亭长”大致相同。③ 候长的首要职责无疑是整训军纪、守卫烽燧、传递信号、分发粮食等。④ 他们的职称前面往往冠以所在烽燧的名称，而不是在岗的“队（燧）”名，这说明他们可能长期驻守在某一烽燧上。⑤ 这样做的目的在于便于管理。我们注意到No.483简保存了玉门都尉给某候长的一条命令。No.55简上有一条类似的命令，它出土于（都尉？）治所所在地，是都尉所属的司马发给候长的一份文书。⑥ No.377简提到了候长的下属——“候史”。候史频频出现于记载与候长职责相同内容的简牍上，有几次还直接跟在候长之后，说明他们是候长的佐官⑦，履行类似的职责。有意思的是，No.62简还记录了他们微薄的薪水：每天二十钱。 ◁烽候

前文已述No.592简提到了“士王”⑧，该简简文表明，候长

---

① No.193是一枚断简，简文不能释读，简文称：“二十九人候。”

② 参见沙畹《文书》，xii页。“烽”字面上的含义是，点燃以后能在白天产生浓烟的积薪。参见少畹《文书》，xi页。

③ Nos.309、570、574参见《文书》，xi页注②。

④ 如文书No.439记载了一则令高望（Kao-wang）候长搜寻逃兵的命令；No.487记载了向守卒分发食物配额的情况；Nos.80~83记载了亭长和候史传递官方文书的情况，等。

⑤ 参见Nos.58、168、309、314、487、492、571、662。在Nos.439、613简上，高望似乎既是亭名，同时也代指守望的亭队（燧）。

⑥ 参见本章第五节有关“司马”的讨论。

⑦ 文书Nos.66、552、553按顺序记录了候长和候史的名字。No.262记录了一条从某烽火亭候史那里送走饲料的命令。其他参见Nos.81、190、405、459、460、542。

⑧ 参见本章第五节。

守卫长城的基层官员▷ 之下即是守卫长城的士卒。① 但 Nos.452、378 二简简文分别提到“尉史”和“士史”(shih-shih)(疑为“士吏”之误——译者)。关于“尉史”,沙畹先生引《汉书》注认为“凡关塞皆置尉,每百里置一尉。尉下各设士史二、尉史二,分掌其职”②。关于“士史”,沙畹先生认为其职责可能与“关啬夫”相同,“关啬夫”一称在玉门关 T.XIV 遗址出土的 Nos.367、373 二简上曾出现过。

简文所记士卒籍贯▷ 我们还可以从出土简牍中了解守卫长城的士卒们的其他信息。身份卑微的士卒们在简文中出现的频率与简牍的用途很有关系。沙畹先生曾收集有关士卒籍贯的简文资料,这些简文准确地记述了这些士卒来自哪一个州、县或哪一个军事管辖区。③ 据沙畹先生的分析,每一分队(燧)的士卒可以分为数目大致相同的两部分:一部分来自陕西(Shan-hsi)和河南,有 12 人;另一部分主要来自敦煌(8 人)和甘州(2 人)。④ 沙畹先生还适时地指出,T. VI. b 遗址出土的年代在公元前 65—前 67 年的简牍材料⑤中,前一部分的士卒人数占大多数。而其他遗址(T. IV. b、XII. a、XIV、XV. a、XVI、XVII、XVIII、XXVII)出土的简牍中,情况正好相反。这种情况一直延续到以后的一段历史时期。⑥

据此我们可以比较有把握地认为,在较早的时期,守卫在

① 在 No.574 上,我们发现了另外一种官职——“造史”,跟在候长之后“督管其他官兵”。

② 文书中未见有直接提到“尉”的,No.318 有“尉丞”,但未指明其职守;No.436 有“尉良”,为“大煎都”的下属。

③ 参见沙畹《文书》,ix 页等。

④ No.392(T.XVII.2,年代为公元前 58 年)列出了 32 人的名字,可惜只有 3 人的籍贯是清楚的。

⑤ Nos.43、62、72~75、77、183 所提到的 8 人中,5 人来自陕西,1 人来自河南,1 人来自四川,剩下 1 人来自敦煌。

⑥ 在提到的 14 人中,7 人来自敦煌(Nos.392、574、579、580、592),2 人来自甘州(Nos.342、417),来自河南的则分别只有 3 人(Nos.416、434、456)和 2 人(No.550)。

西部长城上的军队主要来自汉帝国的内地，后来则主要从西北当地募集。我认为我们的考察活动也为这一观点提供了确凿而有意思的证据。前述来自内地的12人中，有11人的身份为“戍卒”①，而这一称谓从未被用来称呼来自敦煌或甘州的士卒。沙畹先生认为，这一区分说明从内地过来的戍卒有可能是被流放的刑徒。我们发现No.263简所记的八名士卒，尽管没有记载他们的籍贯，但对他们使用了西汉时期对服役刑徒所用的法律术语，沙畹先生对此已有说明。② 中国史籍明确记载，修筑长城和戍守边境是刑徒服役的主要形式，据此我们可以得出结论，这些“戍卒”是被流放至此守卫长城的刑徒。

◁戍卒的身份为刑徒

驱使刑徒戍守北部边疆与汉武帝远征中亚的外交政策有着内在的联系。③ 从历史记载可以看出，守军为保卫长城付出了沉重的代价，他们的军旅生活苦不堪言。对敦煌一带穿越不毛之地的长城进行永久性的固守实际上只能算是一种美好的愿望。沙畹先生在其导论的末尾曾引译了一首唐诗④，非常贴切地表达了这种远征中亚、固守边陲的梦想。这种梦想在几个世纪之后，还常常萦绕在人们的心头。几乎可以肯定最初被迁往屯垦地点的人多是被放逐的刑徒，后来他们又进一步被分遣到其他地点进行屯垦，成为征募守边军队的来源。唐诗中有关于他们的描写，但出土简牍虽然数目巨大、内容庞杂，却既没有告诉我们从远地遣送至敦煌边塞的刑徒的数目，也不足以使我们能够窥见他们当时的生活和经历。我们仅仅在No.439简中看到一则亭长下令追捕逃兵的事件，可以料

◁驱使刑徒守长城

① 文书No.183提到了第12个人，但由于简文不完整，无法确知他的身份是不是守卒。

② 参见沙畹先生对文书No.263的注释。

③ 参见司马迁《史记》卷一百二十三，译文见金斯密尔《中国与新疆的交往》，载《皇家亚洲学会会刊》，16页、24页，1882。欧洲历史上找不出类似的例子。

④ 参见沙畹《文书》，xvii~xxiii页。

想,这种事情的发生在当时比较普遍。

长城沿线的骑兵▷ 不少简牍明确记载有些驻守烽燧的士卒是骑兵。① 堡垒(refuse-heaps)甚至封闭的营房内遗留的大量马粪,可以看作是一个有力的证据。从 Nos.614、662 简的记载来看,这些骑兵常常负责快速传送信件和公文。除了负责守亭的士卒,我们发现简文中还有往来于戈壁地带输送给养的士卒,此即 No.602简所记的"护卒"(soldiers of the escort),No.311 简所载的护送使团前往莎车的 85 名士卒也当在此列。最后提一下 T.XV.a.ii.6 遗址出土的 No.487 简,该简简文是一份某亭长按月发放粮食的清单,它提到了守卒和军犬。这些守卒是守亭部队最基本的兵种,享受定量的食物配给。这里我们又一次看到,现代军队的组建方法实际上早已有之。

军犬享受配给▷

长城沿线的"土吏"▷ 最后我们讨论一下"土吏"(t'u-li),这是沙畹先生所定的译名。② 在讨论长城西南翼的亭燧遗址时,我们就已发现有土吏在边境线上供职的情况。③ 不少简牍在提及他们的时候,都是把他们同亭长们并列在一起,或者把他们作为亭长或其他汉政府官员发送文书的接受者。④ 这表明,他们参与了长城的守卫。他们的官爵想必不会太高,因为对他们发号施令的都是些低级官员。No.150 简记载他们曾对某关口的交通进行监控。他们在管理少数民族地区行政事务等方面的作用,可能与今天新疆地区的情形较为相似。在今天的新疆地区,汉族官员多忙于处理其内部的行政事务,而有关少数民族的事务则多委于当地少数民族官员"伯克"(Bēgs)。

① 参见文书 Nos.279~283、286、416、417。

② 参见沙畹《文书》,x 页。

③ 参见本书第十七章第三、第四节。

④ 参见文书 Nos.51、138、139、(140?)、143、144、150、552、681。Nos.49、145 在报告中提到了土吏。No.375 曾向太守推荐一名土吏去当信差。

顺便提及一下匈奴第一次占领甘肃西北部戈壁地区以后当地的土著人口问题。[1] 交通线上往来穿梭并且日益增多的商队、使团和军队，极有可能从塔里木盆地带来一些外来人口（虽然人数不会太多）。今天的交通要地敦煌也聚集了一些外来人员，当时的情况正与此相同。T.VI.c 遗址出土的早期粟特文木牍有力地表明，当地人口构成中有伊朗人的成分。[2] Nos.138、140、150 等汉文简牍虽然提到了一些土吏的名字，但不能判定他们的族属。我们认为沙畹先生关于当地土著少数民族人口构成的见解有一定道理，沙畹先生曾援用 T.IV.b.i.6 遗址出土的 No.433 简来加以说明，该简简文抱怨“坞陛败坏不作治，户关戍不调利”。

◁甘肃边境地区的土著人口

第六节　长城守军的职责与生活情形

举烽火传递信号是守卒们最主要的任务，简牍中有关这方面的记载很翔实，我们首先对此予以讨论。沙畹先生据史籍记载认为，汉代以前就有边境发现敌情时举烽火报警的做法。[3] “烽”与“燧”有所区分，前者的做法是在白昼施放浓烟，后者则是在黑夜点燃积薪，二者的目的都是为了让远处能发现。[4] 公元 38—43 年，马成负责东汉的北部边防，“起烽燧，十里一候”[5]（见《后汉书·马成传》——译者）。人们通常将烽燧简称为“烽”，烽火亭在出土简牍中被称为“候”，有时也称

◁烽火信号的传递

◁烽火信号

① 参见本书第二十七章第三节。

② 参见本书第十七章第四节。

③ 参见沙畹《文书》，xi 页。

④ 司马迁《史记》中曾引用公元前 2 世纪的一首诗称“边卒一见到烽烟，立即披挂启程”（依原文直译——译者）。

⑤ 参见沙畹《文书》xii 页及关于《后汉书》的注①。

之为“烽候”或“烽”。[①] 沙畹先生曾援用一则唐代史料来说明汉代烽火制度在后代的发展：“凡烽候所置，大率相去三十里……其放烽有一炬、二炬、三炬、四炬者，随贼多少而为差焉。”[②]

传递烽火信号▷的重要性

确保烽火信号的有效传送至关重要，它可以使守军及时获得警报以免遭敌人的突袭或更大规模的打击。沙畹先生从文献方面对此作了论述。我们发现 No.432 简的记载也充分表明了这一点：“扁书亭燧显处，令尽讽颂知之。精候望，即有蓬火，亭燧回度举毋必。”No.567 简记载了宜禾关的某位官员的悔过书，称自己“督蓬不察，欲驰诣府，自出言状，宜禾塞敢言之”，他恳请回驻地接受革职处分。

有关烽火的记▷载

No.552 简简文对白昼和黑夜的举烽火作了明显的区分，这一点我们当在下一段落予以讨论。[③] T.Ⅵ.b 遗址出土的 Nos.84～87 诸简证实上述唐代文献的记载有一定根据，诸简将看到的烽火信号称之为“苣火”（字面意思为“火炬”）。简文记下了发现信号的月份、日子、时辰和方位——东方，并记下发现信号的守卒的姓名。T.XXII.b.6 遗址出土的 No.278 木牍很可能是一块公告牌一类的木板（图版 IX），原件可能尺寸很大，保存不完整。木牍上的文字很像是一枚标签：“大威关蓬。”它似乎被反复使用过。Nos.694 和 695 简可能同属一枚木简，简文记载烽火高达 30 英尺，但很难辨认。

负责守卫长城的主力部队驻扎在后方的屯垦地点。这

① 沙畹《文书》指出，玄奘在《大唐西域记》中记载，出玉门关后，每隔约 100 里有一座烽火亭，他将它们称为“烽”。下文有详论，参见本书第二十八章第一节。

② 参见沙畹《文书》，xii 页，注⑤。用火炬可以使火光更容易被看见，这就是它们为什么会被称为“炬”的原因。现代的信号灯似乎比它们先进不了多少[现代信号灯的使用见于莫斯（Morse）防线]。沙畹先生所引用的霍普金斯先生的译文参见沙畹《文书》。

③ 见本书第十九章第六节。这里的烽火亭之间的距离似乎太远了点，很难发现信号。

样,就必须确保长城沿线的烽火信号能够传送到绿洲上的"亭",直至到达屯垦营地。① 直到今天,敦煌等地的垦区还保存有不少"亭"的遗迹,它们在历史上的某个时期也被用于传递烽火信号。② 这些"亭"都是夯筑而成,亭址附近地面没有发现可供确定年代的考古材料,所以很难断定其准确年代。但长城内侧一处烽燧遗址出土的一枚编号为 No.61 的木简却有"宜禾部(原著作'宜禾都尉',疑误——译者)"的记载,除宜禾外,还有敦煌都尉所属的广新(Kuang-chi)、昆仑(K'un-lun)、鱼泽(Yü-tsê)等亭名。③

◁烽火传递到屯地

除了长城沿线的烽燧遗址,我们还发现了其他一些有关烽火的遗址。从这些遗址的外形和所处的地点来看,在当时也被用于举烽火。在那些顶部保存完好且又可攀缘而上的遗址上,往往可以发现用火后留下的烧红了的黏土或土坯块④,甚至用于举烽火的积薪也被保留到了今天,这些积薪本是很容易腐朽的。前面引述的文献与简牍,曾提到用苇秆、灌木枝、胡杨树枝等作长城"墙筋"的情况,这种材料也可用于举烽火。我们在T.VI.b、T.XI、T.XII.a等遗址发现有成堆堆放的"墙筋"材料,有的是作为半成品堆放在那里,有的则是烧剩的炭灰。⑤ 点燃这种成堆的杂树枝,就能产生浓浓的烟柱,此即白天传递信号的"烽"。同样,干柴可在晚上用于"举炬火"。它们还可以在简陋的营房里作为守卒们的生活用薪。举烽火和

◁举烽火的遗迹

◁用于举烽火的积薪

---

① 从 T.XIV 到 T.XVIII.a、b 沿线的烽火亭的作用似乎就是如此。它们在后期长城修建以前就已经存在。参见本书第十九章第二节。

② 大约属于公元 10 世纪的一份雕版印刷文书还提到,举烽火是战争岁月里防止敌人突袭的一种举措。见彼得鲁斯对 Ch.00250 的研究,附录 E.1。

③ No.61 上的这段文字见引于沙畹《文书》26 页的注释中。另见文书 Nos.398、462。

④ 如 T.VI.c、XIV、XIX、XXI、XXIII.a 等遗址。

⑤ 参见本书第十七章第三节,第十八章第五节,第十九章第七节。"筋"材的规格统一为 7 英尺也有利于长城所必须的维修。

修长城所用柴薪的数量必然是巨大的，沙畹先生认为No.609简所记用薪42 330“束”（简文为“卌万二千三百卅束”——译者）的记载是可信的。

烽火台上的▷“候望”

长城的观望和守卫是守卒们的关键任务，这无须多言。沙畹先生指出，守卒的这一项职责即简牍中所称的“候望”。[①] No.555简记载四名守卒在岗时，“其一人常候”，两人拾柴薪，剩下一人负责炊火。另一些简牍也提到了类似的分工情况。[②] No.265简有关于“候望”的片段记载，沙畹先生对此作了释读：“谨候望，明画天田，察塞外动静，有闻见辄……”

“画天田”▷

“画天田”在许多简牍中被提及，尽管其字面意思很明了，其确切含意却不太好解释。沙畹先生曾对此作过探讨，认为“画天田”可能就是指清除芦苇与丛木。[③] 在敦煌或南湖绿洲地区开荒屯田以前，自然需要对杂草与丛木进行清除。我认为，有几枚简牍所提及的“天田”显然就是指在垦荒前所做的清除杂草丛木的工作。[④] 前述No.265简在“画天田”之后紧接着就转而论述边境守卫的事，令人感到有些不解。尽管如此，这也不能否认，在实施屯垦以前有必要对杂草进行清除。No.265简出土于T.VI.c遗址，该地根本不可能进行屯垦，或许清除杂草丛木是为了便于“候望”。Nos.88～91诸简也都提及“画天田”是守卒的职责，但它们的出土地点T.VI.b遗址也不

① 参见《文书》，xiii页、ix页注③；文书Nos.60、189、265、432、495、623。

② Nos.279、281上的“候”字充分表明了守卫观望的意思。

③ 参见沙畹《文书》32页关于No.88的注释。沙畹先生以为“画天田”意为开垦荒地进行军屯。“画”字之意为“描画”“清除”（见吉尔斯《汉英字典》，622页）。沙畹先生据此认为“画”意即“清除”，“画天田”即指在开垦荒地进行农耕以前清除丛木的工作。关于文书Nos.88～90上所记的“画天田”（工作量是以“里”或“步”来衡量，而不是以面积来测算），他赞同我的观点（我的观点见《沙漠契丹》第二卷，150页），认为所指当是清除芦苇丛木以便候望。

④ 本章第六节所引No.433的记载非常清楚：“坞陛败坏不作治，户关戍不调利。天田不作耕画。”No.495简也有类似的记载：“一人候望，画治天田，力不从心。”No.290也提及“天田在部”。“部”是都尉的下属。见《文书》131页。另见本书第二十章第五节。No.289也可能提到了耕治“天田”。

宜耕种。笔者才疏学浅，对长城所知甚少，关于“天田”的认识，尚待更深入的研究。

简牍使我们能够比较清楚地了解到长城守卒们的“服役”情况以及他们在亭燧上的日常候望工作。守卒们对候望结果的记录非常仔细。如一份有关生产土坯（这些土坯显然是为造“亭”或修营房之用）的记录，详细记录了参加这项工作的人数以及每天生产、运送土坯的数量等情况。[①] 又如一份关于涂抹墙面和屋顶的记录，详细到每人涂抹了多少尺、多少寸的面积。[②] 有关采集柴薪和运送物质和给养（如涂料、谷物以及做鞋用的麻等）的记录，详细记录了运送这些物质的差役们所走的路程，包括总的里程和行程日数，每人的工作量以“里”甚至是“步”来计算。[③] 这样做的目的，全在于平均分配工作量。其中工作最轻松的当数厨师了，这在简牍中不止一次被提及。[④] 简牍中也有特殊日子里守卒们休假或推迟工作日程的记载。[⑤]

◁制作土坯的模糊记载，等等

许多简牍还保留了烽燧沿线的邮驿情况，信件的收发日期、件数、地址等都一一及时予以记录。[⑥] No.614 简甚至还特地记录一份邮件是由一名骑兵送达的。沙畹先生指出，如果遇上恶劣天气不能举烽火，那么紧急军情就只能用快马一站

◁有关邮驿的记载

---

① 见文书 Nos.99~100、279~287、673；另见沙畹先生的评论，沙畹《文书》，xiv 页。

② 从文书 Nos.102~111 可以看出有两种材料可以用来涂抹在墙面上，一种是麦秸，一种是马夫（原著作“ma-fu”，并用汉文表明为“马夫”，疑其有误——译者）。据简文，后一种材料可在距 T.VI.b 遗址 3 里以内的范围内找到，在该烽火亭遗址的营房墙面上还可以看得见这种材料的痕迹。

③ Nos.124、555 记载了采集积薪的情况；No.96 记载了采集麻的情况；No.92 记载了运送马夫作涂抹墙壁材料的情况；No.95 记载了运回谷物的情况（参见本书第十七章第三节）；Nos.93、94 记载了运送物品旅途艰苦，但没有指明运送的是何种物品。此类的记载可参见沙畹《文书》，xv 页、34 页。

④ 参见 Nos.279~283。

⑤ 参见 Nos.91、158~160。

⑥ 参见 Nos.275、367、454、455、614、615。Nos.80~83 是一份发送出去的“官方文书木牍”，上面有登记的数目，以及经手官员的名字。

一站地传送。沙畹先生曾引用过一首唐诗，生动形象地将一位驿使快马加鞭、传送匈奴进犯西部长城的紧急军情的情景展现在我们的眼前。[①] 但有一点沙畹先生有所不知，即烽燧遗址出土的木简多是从上往下传送的官方文书，或者仅仅是发送者的姓名、发送日期一类的内容。显然这些木简应该是某位官员到任的委任状。[②]

出入关塞的交▷通管制

监视边塞的人员进出是守关官兵的一项重要职责。[③] 这一类的记载在出土简牍中随处可见。T.VI.b 遗址出土的木简记载了守卒严格按照上司的规定检点“进出关口的人员、牲口、车辆、武器”[④]。玉门关址 T.XIV 遗址出土的一枚木简记载了一则颁发给驻地守官的命令：所载非日常用品的马车自此以后一律禁止出“关”[⑤]、T.XV.a 遗址是“新北道”出关的地点，这里出土的一枚木简也记载了进出关口的有关规定。[⑥] 上述三处遗址还出土了记载某位守卒已出关或即将出关的具体日期的简文材料。[⑦] 最后指出一点，上述有关马车的通关文牒绝大部分都出土于 T.XV.a 和 T.XI 遗址，而后者时至今日仍在一条交通干道上。[⑧]

领取粮食的▷“收据”

前面我已提到，长城沿线守军和守亭分队的后勤保障至关重要。很多简牍都有这方面的内容。而其中又以分发粮食

---

① 参见沙畹《文书》，7 页等。

② 详见沙畹《文书》，xv 页。另见 21 页关于 No.45 的讨论，这里他提到了我在尼雅发现的“半官方”性质的佉卢文木牍，这件木牍当时尚未开包检视。见本书第十七章第四节，注⑤。

③ 参见本书第十七章第四节，第十八章第五节，第十九章第二、三、六节，本章第二节。

④ 参见 Nos.148、149、150。

⑤ 参见 No.379（T.XIV.i.9）。No.380（T.XIV.i.10+19）是一份派遣使者前往玉门的紧急文书。

⑥ 参见 No.553；关于 T.XV.a 遗址的位置，参见本书第十九章第六节。

⑦ 参见文书 Nos.67、219、541。No.436 出自 T.V 遗址，记载的似乎是某位官员携带武器到达了关口及其入关的时间。

⑧ 参见文书 Nos.466、475、688；另见本书第十八章第三节。

的“收据”最为多见。这些收据的内容多是某某守官分发给某某守卒或某某分队小麦、黍米、大米等粮食的记载。[①] 如年代在公元50—53年的Nos.563、564、565三枚木简，记载的就是某位队(燧)长向其所属士卒分发的某种粮食的情况，前者具体负责分发事宜。这说明，守亭士卒的后勤供给由其所派出的亭队负责保障，而亭队的队(燧)长具体负责分发事宜。[②] 这样我们对出土的“收据”一类的木简有了进一步的认识，守亭士卒按月获得定量的粮食配给，配给粮食由屯据在敦煌后方地区的所属亭队负责提供，队(燧)长负责分发事宜，有专人开具收据。[③] 还有一些木简也有粮食分发的收据或账务方面的内容，但文意不清或简文不完整，根据这些“收据”类简牍，我们可以将它们进行分类归纳。[④]

◁军粮的运输与发放

长城驻军的粮仓T.XVIII遗址出土的No.415简则属于另一类“收据”，它记载的是粮仓守官承认收到万年里(Wan-nien canton)某位队(燧)长送来的两车谷物。[⑤] 这些谷物当时很可能是储存在粮仓里，以满足往来于楼兰的军队、使团等的需要。玉门关址出土的两枚木简记载了向出使莎车(So-chü或Yārkand)的使团成员和护送使团的87名士卒分配粮食份额

---

① 参见文书Nos.223、226~228、326~328、405、406、418、428、435、441、602。

有关记载食物(如小麦、粟、稻米)的文书，参见《文书》，xiv页，注⑦~⑨。

② 关于“亭”与“队(燧)”的区别，参见本章第五节。

③ 参见T.XV.a遗址出土的Nos.484~486诸简，年代在公元46—56年。后二简所提到的接受粮食配额的士卒在屯地肯定拥有土地。

T.XVI遗址出土的Nos.579、580的年代分别为公元68年和公元77年。此二简所记的粮食配给由敦煌富贵(Fu-kuei)里的居民提供。公元87年的No.390简将向某位候长提供“仓粮”称作“僦人”。

凡是涉及粮食配给的简牍文书的年代均为东汉时期，这也许是一个值得注意的现象。

④ 参见文书Nos.162~165、220、221、271(公元前98年)、303、441。

⑤ 参见文书No.415；本书第十九章第七节。

的有关情况。[①] 沙畹先生据 T.XIV 遗址出土的此类木简得出结论:当时的粮食配额是每人每天六升谷子。[②]

军役时间的计算▷

除了粮食配额,守卫长城的普通士卒是否还有薪水,从简牍中无从获悉。也许由于他们是被强制充军服役的“屯民”,所以没有薪金。T.XII 遗址出土的 No.592 简使我们得以知道当时计算守边士卒服役时间的一套方法。No.592简即记载“士王”的那枚木简,前面曾论及过它。[③] 按沙畹先生的计算,“士王”的实际服役时间是从公元 20—21 年,共计 355 天。[④] 但按照“以令二日当三日”的规定,“士王”的服役时间需“增劳百脧十脧日半日(即另加 177.5 天)”。从这里我们也可以看出荒远边境服役的艰辛程度。

有关军官薪水的记载▷

“二日当三日”的规定很有可能也适用于守边军官,只是简牍中没有记载罢了。[⑤] T.VI.b 遗址出土的 No.62 简表明,长城守军军官除了得到粮食配给,很可能还能得到一些薪水。该简记载某位“候史”四个月所得薪金总计为“二千四百钱(铜钱)”,也就是每天 20 块铜钱。显然,由于这一副职军官地位卑下,他的薪水也是低得可怜。看来,即使在强盛的汉代,

---

① 参见文书 Nos.310、311。据沙畹先生的观点,No.336 残简提到向 85 人提供定额配给,他们可能就是此次使团的成员。另见本书第十九章第二节。

② 残简文书 Nos.310、311、326、328、336。

③ 见本章第五节。

④ 参见《文书》,xv 页,128 页。

⑤ 参见文书 Nos.46、394、601、642。我们发现 No.601 简除了有“小月”(一月按 29 天而不是 30 天计算),还有旅途的劳役按 25 天算作 30 天的计算方法。这种计算服役时间的办法与印度克扣军饷的做法形成鲜明的对比。

守边将士的军旅生活也非常艰辛。①

◁弩的使用

如果说服役艰辛的守军得到的薪水报酬很微薄，汉朝政府对守军的武器装备可谓是不惜血本。简牍中有大量关于守军武器装备的记载，内容涉及武器的种类、系列、标签等。最主要的武器装备是弩。弩在简牍中被经常提及，弩按弩弦张力的大小可分为不同的种类。简文所记的有一石、四石、五石、六石的弩，一石等于120斤。② 有时守边部队的兵种也是按所装备的弩的种类来区分。③ 简文中还提及过一种称为“大黄”的弩。④ T.VI.b.004很可能就是一张弩的残件。⑤ 有意思的是，No.554简记载一张弩最初的张力是六石，后来降到了四石68斤。弩弦的存放与计数有可能是分别列项的，简牍中曾提到过丝制弦和麻制的弩弦。⑥

◁弩矢的配备

据沙畹先生的考察，简牍中“弓”的记载仅两处，且两次都出现在胡人的手中。⑦ 这表明，长城士卒所使用的是“弩”而不是“弓”。简牍中提到的“矢”有两种，即“发矢”和“盰矢”。我们现在已不可能搞清这两种矢的区别。从简文看，前者出

① 文书No.490记载了一位“队(燧)长”收到“32尺丝织物”的情况，说明除了铜钱，还有别的薪酬。沙畹先生对No.539(见本书第十九章第五节)的注释中提到，《后汉书》称当中亚地区的胡人频繁骚扰边境时，山东的任城(Jên-ch‘êng)王有一次给边卒送去了铜钱和丝帛作为军饷(公元126—144年)。这里能不能将那位队长所收到的丝绸也看作是一种支付薪金的方式呢?

No.490的年代可能属于王莽时期，因为它似乎提及了“广新”亭(见本书第十八章第三节)。但用丝绸作为通货可能远在东汉以前就已开始了，因为丝绸并不是甘肃西部本地所能生产的。

② 参见沙畹《文书》，xv页注⑦~⑩提到了弩的各种张力。

③ 参见Nos.64、73、74、599、676、703、705。

④ 参见Nos.119、599。

⑤ 参见本书第十七章第三节及下章第七节(图版LII)。

⑥ 麻弦见Nos.116、119；“奉”类的丝弦见No.117，还见于Nos.38(见沙畹先生关于“奉”这一术语的注释)、65、598、705。No.115似乎也提到了“奉”类丝弦。No.624记载了一人向另一人借一条弩弦的借条，内容十分详细。

⑦ 参见沙畹《文书》，xvi页，Nos.172、548。

现的频率更高一些，有一枚木简还提到“发矢甚坚”。[①] 在一些应为“标签”的简文中，铜箭镞与“矢”分别描述[②]，所以，很有可能铜箭镞是用袋子或盒子另行存放。

弩的发现情况▷

在古代，弓箭是不可替代的武器装备，而袋装或盒装显然是存放箭矢最为便利的办法。这样做也便于运送，我在第三次考察过程中就曾有过这么一项醒目的发现：在楼兰东北的沙漠里，发现了一堆箭镞，它们紧挨在一起，从其形制来看，应属汉代。它们显然是在运输途中从车上掉下来。[③] 在长城烽燧遗址的考察过程中，我曾发现过不少箭镞，全都出土于烽燧遗址之上或烽燧遗址附近。[④] 下文我将对这些箭镞的类型和规格作详细介绍，读者可参见图版 LIII。[⑤] 箭镞的规格与弩的张力大小很有可能有关。[⑥]

箭镞的贮存和发放▷

出土的“标签”显示，备用箭镞的储存一般是每袋一百或数百枚。[⑦] 也就是说，在常规情况下，每名士卒装备的箭至多为 150 支。[⑧] “箭服(韘)”在简牍中频频出现。[⑨] 武器的登记

---

① 参见文书 No.498 以及 Nos.38、71、134、253、587、682、693。Nos.125、126、266 提到了“盰矢”。Nos.41、703(残)所指的是否是“盰矢”尚不敢肯定。

② 参见 No.125、126、266、267、498、587、693。后五者都为标签的样式。

③ 参见斯坦因《第三次探险》，载《地理学刊》，1916 年第 48 期，127 页等。

④ 参见本书第十五章第四、五节，第十七章第二节，第十八章第五节，第十九章第五节。

⑤ 参见本章第七节。图版 LIII 所示的是一堆损坏了的旧箭杆，是用苇秆做的，箭杆的前端有箭镞铁锈的痕迹。在我们收集的标本中，既有带倒刺的箭镞，也有不带倒刺的。

⑥ 遗憾的是我还没来得及对这些考古材料作深入研究。我想，通过仔细的测量重量和复原，我们可能对弩的规格种类会有一些认识。

⑦ 我在 Nos.126、266、587、693 各发现了 100 枚箭镞；在 No.125 发现了 300 枚箭镞；在 No.267 发现了 50 枚箭镞，No.41 中的箭镞可能也是 50 枚。

⑧ No.253 记载给某位士卒分发了 150 支“发矢”；No.71 记载向四名士卒总共分发了 600 支；No.134 记载某位士卒装备了 450 支箭，但我怀疑这是属于三个人的，因为在他的名字之后还有模糊的字迹：“刘……”

可能当时每个士卒满负荷装备的箭的数目是 150 支，150 支箭携带起来还是不算太笨重的。英国步兵装备的子弹数目在正常状态下是 120 颗，作战动员前增至 200 颗(见《步兵训练》，第 166 分册，1914)。

⑨ 参见 Nos.41、71、187、393、591、682。

较为仔细,多少支箭是好的,多少支是坏的,都一一予以注明。[①] 后者的数目有时很多,这说明在当时的技术水平下,修复它们并不很容易。

简牍中被提及的其他攻击性武器还有剑,虽然仅仅出现了两次,但都具备其铸造日期等细节,沙畹先生据一柄出土剑身上的雕纹定其年代为汉代。[②] 防御性的武器则有盾和甲。被提及的四块盾中,两块据记载由官营作坊分别造于公元前63年和公元前61年。[③] 另外两块很破旧。[④] 被提及的三件"甲"中,有两件显然是皮制,剩下的一件指令要进行修理,很可能是一件"鱼鳞甲"。[⑤] 在尼雅遗址曾发现过一件"鳞甲"的残片,在米兰遗址还发现过尚未编扎在一起的"鳞甲"片,从这些考古材料我们可以看出当时"鳞甲"的大致样子。[⑥] 我们还曾发现两面"旗帜"的残片,这种为中国军队所偏爱的象征物竟然也能在边远的沙漠地区被发现。[⑦]

◁剑、盾等武器系列

前面我们对汉代军事机构将各种武器仔细登记入册的情况作了详细介绍,登记的方式有库存目录、检查报告等。这些武器有的是发放给某亭,有的是发放给某小分队,有的则是直接发放给某士卒本人。[⑧] 当然,这些装备也有已经破损或已不

◁武器的贮藏入库

---

① 参见 Nos.41、71、253、682、693、703。

② 参见文书 Nos.39、40 及注释。T.VI.b.001 是一段剑头,见本章第七节及图版 LIX。

③ 参见文书 Nos.39、40。前者标明造于河南南阳。

④ 参见 Nos.75、77 以及装满各式武器的 No.682。

⑤ 文书 Nos.393、569 提到了"革甲"。No.187 记载一具甲、一具鞍和一个箭囊被用坏后立即被缝合好了。

⑥ 参见本书第六章第六节,第十二章第四、七节等;另见斯坦因《古代和田》,第一卷,xvi 页,411 页。

⑦ 参见 Nos.384、393。旗杆据称是用一种特别的木头制作的,特别结实,不为当地所产。

⑧ 文书 Nos.257、274 记载了官府向某些烽火亭(T.VI.b、XXII.b)的士卒分发武器装备的情况。此类的记载还见于 Nos.587、591、693。Nos.75、77 记载了某位士卒"借"武器的情况。此类的记载还见于 Nos.39~41、71、134、253。

能使用的[①]，这些报废了的武器经过检查、登记，最终被“归入军库”，目的是避免流入社会引起治安的不稳定，这种操作程序与今天军队的做法几乎一样。报废的装备要由军库提供新的装备替代。这种简牍记载的程序可以找到一个考古发现的实证——T.XV.a.vi.001，它是一堆报废了的箭杆（图版 LIII），其中一支还有箭镞，它们被整齐地捆成一束，装入一个小口袋，准备“送入仓库”。这一发现我在前面曾加以描述过。[②]

给士卒发放衣物的情况▷

大量的简牍提到了衣和衫[③]，这说明长城守卒还有衣物的供给。从简文看，麻很可能是最主要的衣料，烽燧遗址出土的麻布片充分证实了这一点。丝织物在当时可能也并非只有军官才能享用，烽燧遗址出土的丝带和简文中某位士卒脱去丝织衣物的记载都表明了这一点。[④] 简文中有皮制或麻制的鞋，烽燧遗址上也曾发现过许多被丢弃的皮鞋和麻鞋。[⑤] 我在烽燧遗址上发现的第一件文字材料——编号为 T.VI.b.i.168 的 No.674 简就是一份标签，它是某位士卒的装衣物的袋子的标签。No.434 是一份红色帐篷的标签，上面还有某位守卒的名字，它与 No.674 应属同一类东西。

钉帐篷所用的锤子▷

考古所见各式各样的物品，很多都能从简牍中找到有关它们的记载。T.VI.b.i.168、No.130 简曾提到“锤子”，T.VIV.a.

① No.184 记载了将武器储存在据点的情况。有公元 14 年纪年的 No.307 记载的是一批已经报废的武器（原属玉门大煎都），它们应当就是我们所称的准备送回军库储存的报废的武器。参见上文第十九章第二节。另参见 No.65。

② 参见本书第十九章第五节，本章第七节。

③ 文书 Nos.42、43 分别记载了凌胡队长向一位士卒分发麻布上衣的情况以及麻布上衣的价格，年代均为公元前 60 年。No.79 记载一位士卒有一件“袍”和一件“袭”，分别值 287 钱和 450 钱。No.72 是一位从陕西来的士卒的装备清单，字迹模糊，依稀可读出：“皂布袍一领，白练裘袭一领，皂布单衣一领。”上述简牍均出自 T.VI.b 遗址。No.351 提到了一件“布复袍”和一件“练复袭”。No.383 记载了向一位士卒发放“单衣”的情况。T.XVIII 遗址出土的 No.421 残简记录了 12 件这样的“单衣”。

④ 参见上注。在营房和坞楼出土的各式织物见本章第七节。

⑤ 参见 Nos.351、569。鞋子见本章第七节以及图版 LIV。

ii.001 锤子就可以看作是一件物证（图版 LII）。另一件物证是我的游记《沙漠契丹》中提到的一把锤子。[①] 有意思的是，我们还找到了长城上使用帐篷的线索，在此以前，我们一直猜想长城上应该使用帐篷，因为长城沿线发现的营房遗址所能容纳的人数极其有限，不足以容纳紧急状态下临时增派到长城上的部队。[②]

◁医疗方面的记载

有证据表明，长城守卒的健康状况也都仔细地登记在案。我们曾发现过某某士卒生病的报告。[③] Nos.524～534 诸简均属医简，内容包括病情诊断、处方、收受病人或生病牲口的记载等。这些内容全都工工整整地书写在标准样式的木简上。沙畹先生认为，它们很可能是某位在长城上行医的大夫的诊断书的一部分。[④] T. VIII. 5 遗址出土的 No. 588 木牍（图版 XVII）很有学术价值。它证实汉代边防守军享受了系统的医疗服务。木牍长 7 英寸，宽 3.5 英寸，正面有清晰的字迹“显明队医函”（Medicine case of the Hsien-ming company）。上面还有绳子捆扎的痕迹。前文我已讨论过封泥孔与扎绳刻槽的用途。[⑤] 早在 1901 年尼雅遗址发现佉卢文书时，我就已注意到这些孔槽的用途，这种编扎方法显然是从汉人那里传过来。

◁惩处士卒的情况

戍守在边远沙漠地区异常辛苦，而许多守卒又都是刑徒[⑥]，即便刑徒人数在守卒中不占多数，其数目想必也不会太小。考虑到这两种因素的存在，严明军纪对长城守军来说就

---

① 参见《沙漠契丹》，第二卷，152 页。这把锤子还被我的手下人用来钉过帐篷，而且很好用。遗憾的是后来它变得很脆，我不得不将它留在了 Leh。

② 其他工具有 No.257 提到的“斧子”；No.384 提到的“酒具”，是一件漆木酒具，见图版 LII 和下文的目录。

③ 参见 Nos.78、161、465。最后一简记载一位病号在本地进行了治疗，但最后还是死于非命。

④ 参见沙畹《文书》，xvii 页，正文 113 页。

⑤ 参见本书第十八章第一节。

⑥ 参见沙畹先生关于文书 No.263 的注释；本章第五节。

显得特别重要。有些简牍有这方面的记载。No.188 和 No.199 是两枚能够缀合的木简，简文记载，征得皇帝同意，处以“弃市”。[①] No.68 简记载对某守卒处以“230□”，□里的一字不太清楚，应该是“笞”。也许 No.382 简文可以作为一个佐证，该简记载一名守卒被处笞刑以后死于非命。图版 LII 所示正是一件执行笞刑的刑具，保存完好，与上述简牍共出于一座遗址，编号为 T.XIV.iii.0018。[②]

官文文书的传递▷

从前面所提到的简牍中，可以看出汉代边境通信系统的一些特点。汉代边境上文书的往来传送较为频繁，正因如此才给我们留下了众多的简牍。简文中有的内容经常重复。汉代军官对当时的干支计时方法非常熟悉，这一点，即使不能像沙畹先生那样释读出汉简那些深奥晦涩的词句的非汉学专家也能明白。当时从大本营发出的命令总是能迅速地传递到各段长城烽燧和亭队。[③] 在醒目位置张贴布告、以便相关人员及时知道有关信息也一再受到强调。[④] 违反规定或有失职行为的官员将会受到严惩。[⑤]

任免官员和边境事件等▷

从一些处理事故的官方文书中，我们可以看到一些官员被株连的记载，以及一些官员自责有失职行为的记载。[⑥] 但更多的是有关官员官复原职的记载。[⑦] 在“巡检关塞”之前，一般都提前发出正式的官方通知，以免产生尴尬的局面。[⑧] 尽管

① 现代死刑的执行需要经过皇帝的确认，不知道当时的情况是否也是如此？

② 参见本书第十九章第一节。另参见 Nos.191、494。T.XIV 遗址发掘出土的简牍记载了 6 名囚犯越狱逃跑的事件。见本书第十九章第一节。

③ 参见 Nos.166、258、273、313、536、617。

④ 参见 Nos.63、432、437、273。

⑤ 参见 No.404。

⑥ 参见 Nos.171、204、536、567。参见 Nos.137、150、155、255、493。

⑦ 参见 Nos.137、150、155、255、493。

⑧ 参见 Nos.37、51、140。

如此,还是有检查时守卒擅自离职的情况发生。① 从一些简牍中可以看出,敦煌边塞平静祥和的治安气氛经常被外敌入侵或紧急状态所破坏。②

除了上述官方文书一类的简牍,历书简牍也较为多见。这类简牍的大小规格往往很不一致,出土时又多成断片。③ 历书是为了让书写文书者在签署日期时有据可查。历书以干支纪年,一年 12 个月,60 年为一周期。沙畹先生据历简干支推算出一些年份的公元纪年,并据公元前 63 年、公元前 59 年、公元前 39 年和公元 94 年、153 年等准确纪年复原出一份完整的编年历表④,为中国编年学提供了借鉴。值得一提的是 No. 255 简,该简将公元前 68 年 5 月 10 日记在“本始六年”,实际上宣帝“本始”年号只存在了五年,本始五年(公元前 69 年)已改元为“地节”。所以本始六年在中国历史上是不存在的,守卒因不知道中原王朝已经改元,依旧将公元前 68 年记作“本始六年”。沙畹先生据此认为,当时长安与西部边陲地区的联系曾一度中断过。⑤

◁长城沿线出土的历谱

◁错记的年号

私人信件在烽燧遗址上也出土不少⑥。这些信件大多由于内容过于简略或残损太严重,无从了解守卒的边境生活情形以及有关的考古学价值。这里特别值得一提的是两份帛书

◁私人信件的发现

---

① 参见 No.536。

② 参见 Nos.172、408、548。

③ T.VI.b 遗址出土的系列材料 Nos.9~24、25~35 系公元前 63 年至公元前 59 年的历谱。另外还有 Nos.36(公元前 57 年)、256、260、264、429(公元前 39 年)、537(公元前 94 年)、538、591、595、640、680(公元 153 年)、685、697 等简。

④ 参见沙畹《文书》xvii 页,14 页。

⑤ 参见沙畹《文书》61 页。有的日期没有年号,见本书第十一章第八节,以及斯坦因《古代和田》第一卷 275 页注释。沙畹先生指出,丹丹乌里克出土的关于公元 781—787 年的年号是错的,造成的原因是由于吐蕃对甘肃西部的占领,导致了新疆地区与中国内地联系的中断。

⑥ 参见文书 Nos.151~154、174、178、180、243、254、344~346、348、349、398、398a、419、468、489、501~502、573、607、629、706~707(最后两份写在纸上)。

信件。T.XIII.i.003(图版 XX)文字较多,保存也不错。[①] 它被缝在一个装药或调味品的小袋子里,所幸的是,有文字的一面朝内,使帛书上的文字得以保留至今。这份帛书是一位戍守在陕西北部成洛的高级官员写给一位充军敦煌长城的官员的信函。信的内容是推荐一位同僚到后者下属的一处烽燧上去供职。信的言辞很谦逊,但也流露出一丝不满,抱怨自己在条件艰苦的北部边境服役五年了,却还没有得到提拔,他曾多次向皇上请求"都尉"一职,结果未能如愿。在另外的两封信中,写信者都抱怨边境生活的艰苦和那里春季的严寒。[②] 1908 年和 1914 年两年的春季我都在中国西北部进行考察,亲身领略了那里春季严寒的滋味。看来这里两千年前的气候与今天没有太多的变化。

丝织信封▷ 丝织信封 No.503,T.XV.a.ii.4 是一件极有意思的丝织小信封(图版 XIV),信封上有地址,说明里面所装的应该是一封私信。信封口的宽度是 65 毫米,装入一封帛书信件应该没有问题。No.398 是这么一封写在帛上的信件(图版 XX),折叠起来的宽度也就是 58 毫米。丝织信封与公元 15—56 年的纪年简牍出自一座烽燧遗址上,所以我推定它的年代大致应该在公元 1 世纪上半叶,正处在纸张发明的前夜。[③]

诗文残简▷ 接下来我们讨论一下烽燧遗址出土的汉代诗文残简。西北沙漠地区条件艰苦,出土遗物中诗文残简不多可以理解。沙畹先生对这些残简的语言学价值已作过深入研究[④],这里略

---

① 参见文书 Nos.398、398a(该遗址的编号一度错为 T.XIII.i.ii.001.a)。

② 参见文书 Nos.344、345。

③ 参见本书第十八章第四节。沙畹先生认为,由于有准确的年代,这封信应该是写在纸上的,并被卷了起来,如同 No.904(图版 XXVIII)被发现时的情形。见沙畹《文书》,110 页。

④ 关于 Nos.1~8,参见沙畹《文书》viii 页、xvi 页、1 页以下等。

作介绍。这些诗文残简中，最令人注目的就是《急就章》残简了。《急就章》作于公元前48—前33年，东汉时期成为重要的启蒙教材。[①] 沙畹先生称这些出土残简是迄今所见年代最早的汉文“书籍”。更令人庆幸的是，《急就章》的第一段居然保存完整。这段文字被刻在一支木牍上，木牍为三棱形，三面刻字(No.1，图版Ⅰ)。这支木牍保存完好，有很高的考古学研究价值。显然，它应该算是一份蓝本，以当时的古文为素材，作练习识字之用。[②]　◁《急就章》残简

《急就章》作为初级识字教材在当时被广为传抄，我们在好几座烽燧遗址都发现它的残简，甚至在早期被废弃的T.VI.c遗址也有发现(No.4)。《急就章》残简多为当时通行的木简形制，它们的出土，表明《急就章》在当时被作为练字临摹的蓝本。[③] 中国人向来重视书法，对他们而言，经常练习书法很有必要。烽燧遗址上出土的习字抄本有的是临摹《急就章》，也有许多抄本临摹的是其他素材。[④] 前面说过，在清理T.VI.b遗址[⑤]时，我们发现了大量刻有这一类题材文字的“木片”，它们应该是守卫边境的戍卒们“学习文化”或“练字”时留下的。　◁练字材料比比皆是

除文学题材简牍外，另有三枚简牍内容的性质尚不能确定[⑥]，其余的是为数不多的占卜术[⑦](divination)、占星术[⑧]　◁医简残片等

---

① 参见沙畹《文书》1~3页。这段文字出于《急就章》，故名。《急就章》在中国被称为“章草”，长城烽燧遗址出土的也是草书《急就章》，与此是相符的。见沙畹《文书》，viii页。

② 参见沙畹《文书》，ix页，6页以下，注①。沙畹先生一开始就从“觚”字入手，对木牍的名称作了考证。No.2是一件三棱形的木牍残片，见图版Ⅱ(T.XX.ii.2)。木牍上有一段《急就章》的内容。No.451(T.XV.a.iii.31，图版XII)则保存了一段首尾完整的文字。

③ 参见沙畹先生对文书Nos.4、6、7的注释。

④ 参见文书Nos.251、372、422~423、540、632、641、643~644。

⑤ 参见上文第十七章第三节。

⑥ 参见Nos.397、603(?)、701。

⑦ 参见Nos.59，448，638与沙畹先生第16页的评述。

⑧ 参见No.182，该简上的刻痕表明木简可以捆扎成策。

(astrology)简牍(国内学术界一般称之为"术数简"或"数术简"——译者)。No.425则是一枚卜问征伐的残简,年代在公元前229年。[①]《烈女传》成书于公元前32—前7年,No.622,T.XXVIII.10简即自题为"烈女传"[②],它的出土证实文学题材的简牍在西北边境并不是只有一个孤证(指《急就章》——译者)。出土的简牍中,有一枚是医简,另外几枚也可能是医简。[③] No.702,T.XXVI.1简值得注意,它所记载的竟是一张"乘法表",尽管它不一定称得上是"书"。

对简牍编缀方法的认识▷

这里讨论一下简牍的捆扎方法。前文引用过许多这方面的插图和附录。我第一次发现简牍是1901年在尼雅遗址的发掘过程中,后来在敦煌汉代烽燧遗址和楼兰遗址(后者出土不算太多)又有不少发现,并使我获得了对它们的初步认识。[④] 以前我们并不太清楚汉代简牍是怎样编扎成册,用现在的技术术语讲,就是汉代书籍是怎样装订成书。烽燧遗址出土的汉文简册和写本,使我们对此有了比较清楚的认识。沙畹先生曾收录有关文献对纸张未发明以前的写字材料作过精辟的论述。[⑤] 他注意到,出土木简的一侧常有一个或几个刻槽,他认为这些刻痕的作用是将木简编扎起来。[⑥] 但他又说:"我们不能很好地理解那些编码是什么顺序,这同任何别的计算方法均无联系;当有意外变故而引起混乱时,大家不知道如

木简的编缀方法▷

---

① 这里我得感谢沙畹先生,1917年11月3日,他告诉我王国维在其《流沙坠简》中,依据沙畹先生发表的部分简牍,考证出了这段文字的篇名——"力墨"。

② 参见沙畹《文书》xvii页、137页。公元75年的Nos.613、614简证实到公元1世纪末叶,T.XXVIII烽火亭仍为中国方面所占领。

③ 参见简文完整的文书No.395简以及Nos.396、397残简。

④ 关于木简上的封泥与刻槽,本书第十一章第三节,第十八章第一节曾提到,有几个装有木简的小盒子被用封泥封了起来(以保证在传递过程中不至于泄露其内容)。第十一章第三节,第十五章第四节专门讨论了木简的规格尺寸。

⑤ 关于简牍文书,参见沙畹《中国书籍》,载《亚洲学刊》,1905年1—2月号,13~47页。

⑥ 参见沙畹《文书》,viii页。

何连接这种顺序。”

现在我们来检视一下简牍刻痕的情况。它们可以归纳为以下几种情况：第一种，如 Nos.9～24 诸简，它们是一组公元 63 年的历简。如图版 I 所示，这些简的左侧规整地刻有三个刻槽。第二种，如 Nos.25～35 诸简，为公元前 59 年历简。如图版 II 所示，这些简的右侧规整地刻有两个刻槽。第三种如 Nos.524～534 诸简[①]，它们是一组医简，这些简的右侧上下各有一个刻槽，左侧中间位置也有一个刻槽。此外，No.182 等散简，其右侧都只有一个刻槽，从简文内容来看，它们应该属于一组木简。[②] 值得特别注意的是，除了公元前 59 年历简背面刻有干支，上述所有木简的背面都没有刻字。

◁木简上的刻痕

木简背面不刻字是一个值得注意的现象。[③] 用简牍编扎成书，所需竹木简片的数量很大，重量也不轻，使用起来很不便。为方便起见，简册就必须一片一片地叠起来，这样，木简背面既不好刻字，刻上字以后也不好阅读。这不禁使我想起了敦煌千佛洞发现的大量汉藏经书，它们都是用多页纸张连成的长卷，按古法折叠成窄页，能拉开，也能合拢，情形有点类似于今天的手风琴。这些写卷的背面也没有写字，与中国印刷的书籍相同。而在我们西方，只有在印刷折页时，才偶尔使用这种方法。

◁木简背面不刻字

◁与手风琴类似的折叠方法

在探讨这种工艺方法方面，安德鲁斯先生很有巧思，其著作第 766 页的注释和图例对汉代简册的编扎方法作了很好的剖析。中国古代文明辉煌灿烂，而这一悠久文明最早的写卷

① 标本见图版 XIV。

② 此外还有：同为历谱的 Nos.264、306 简，在右侧上部有一个刻痕；No.478 简，简册上只有一个符号，右侧上部有一个刻痕；Nos.519、610 简文现在还没有释读出来，它们各有三个刻痕，其中一个在右侧。

③ 中国古籍继承了这一传统，参见沙畹《中国书籍》，载《亚洲学刊》，1905 年 1—2 月号，35 页以下。

竟出土于西北边陲，我们为了弄清中国古代书籍的装订技术，居然要跑到荒远僻静的西北烽燧遗址上来寻找物证，这看起来让人觉得有点奇怪。这些出土文献对有关敦煌烽燧遗址的传世文献的补充作用，本章之初我就已作了说明。最后我们来看看中国古代的诗词中对边塞生活的描写，这些诗词生动而感人地描写了守卫长城的刑徒们背井离乡、戍守边塞的生活境况和他们内心的情感。

诗词中反映的边塞生活的艰辛▷

汉代为扩修长城、远征北疆和帕米尔以西中亚地区曾付出了艰辛而沉重的代价。沙畹先生曾在其导论的结尾引用一首诗来形容汉代边塞的军旅生活。这首诗的创作很可能是在唐代[1]，它说明人们对汉代西北边塞的记忆直到唐代还深深地印在人们的脑海里。这些边塞诗词的描写也加深了我们对今天考古发掘出来的遗迹和简牍的认识。我想，我们再从沙畹先生的笔下来转引这些诗词似无必要。这里我想引用沙畹先生的一句话，来结束我对中国古代人民创造出来的人类历史上的这一伟大篇章——万里长城的考察结果："那些研究汉朝在中亚果敢政策遗迹的历史学家似不应该忘记的是，与这伟大事业一起缔造的还有着人文的东西。然而，中国的诗人们依然在误解着在秦始皇万里长城背后那些创造长城的悲惨的灵魂，还有我们可以追忆到的，在这种政策之下所导致的一小队守卒之命丧沙漠，那些被放逐者们的苦难和遗憾。"

① 参见《文书》，xvii ~ xxiii 页。

附注：

安德鲁斯先生关于木简编缀方法的注释

每一支木简实际上相当于简册的一“页”，它们必须编缀成册才好阅读。我们采集木简的边缘有刻槽，用于简册的捆扎。简册必须按绳子的方向来编缀，据中国古代文献的记载，编缀竹木简牍有用丝绳和皮线的（参见沙畹《中国书籍》，43页以下）。

我曾用一根丝绳作了一次试验，结果令人满意，这次试验为简册的编缀摸索到了一种行之有效的方法，具体的做法是（见插图）：将绳子打成双，靠近弯头的地方放上第一支简，打上一个结，注意将绳子套入刻槽中，以免木简上下滑动。接着捆第二支简，简的刻槽要靠近结头，原在第一支简反面的绳子绕到第二支简的正面，正面的绕到反面，然后再打第二个结。接着再捆第三支简……如此类推，直到捆扎好最后一支简，打好结，剩下的绳子不要剪掉，留着捆绑整册的简册。成册的木简阅读时可以展开，不用时又可以合拢折叠起来，其情形正如手风琴一般既可以拉开又可以合拢。简册可以从左向右编，也可以从右向左编。整个过程跟编竹篮或织毛衣（原著作“‘chick’-maker”，意为小女孩做女红活——译者）比较相似。

试验时发现，如果不打上绳结，经过多次展开和合拢以后，简册的绳子就会松动，所以必须打上绳结，防止绳子的左右来回滑动。关于木简上用于编缀和填封泥的刻槽，见《古代和田》图版 CXIV（N.XV.345）及《文书》图版 XXIII（No.751，L.A.VI.ii.0200）。

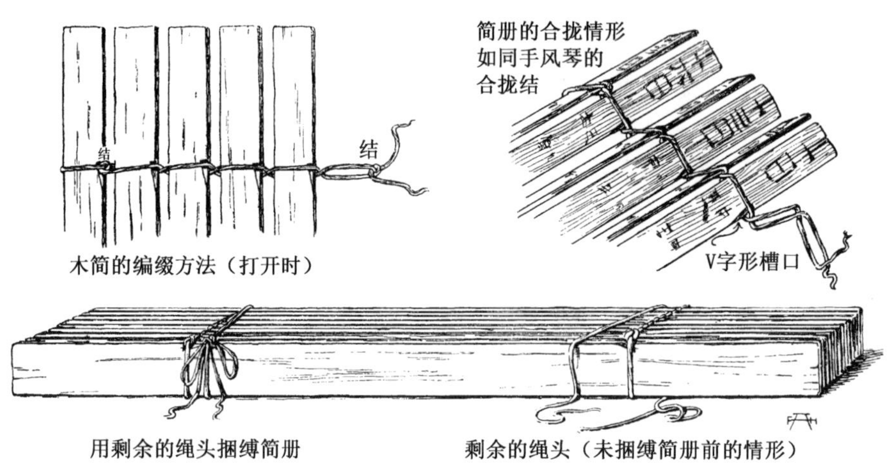

捆好的简册

第七节　敦煌汉代烽燧遗址出土物目录

长城沿线采集或发掘的遗物

*T.002.　**木桩**。类似于钉帐篷的木桩，三棱形，下端尖。顶部钝角的一条棱线两侧用墨笔粗描出一个人脸的模样，并刻出鼻子、鼻孔和嘴的样子，鼻子较小，鼻孔和嘴较大。胡须很长。（T.VI.a.i.001 和 XV.a.iii.007 两件仅刻出了嘴；T.VI.b.i.004 则嘴和鼻子都没有刻。）这些木桩采集时都钉在地上，但没有其他使用过的痕迹。其他标本有：T.VI.B.i.001～004，XII.a.i.001，XIV.iii.58，XV.a.iii.007，XVIII.i.001，XXVII.0010。$9\frac{7}{8}$英寸×$1\frac{1}{4}$英寸×$\frac{1}{2}$英寸。

T.004.　**铜镜残片**。背面有浮雕纹样，中国风格，可能有西域因素（?）。图案中有一只飞翔的长生鸟（?），鸟尾卷成美丽的花样。此镜制作精美，表层很薄，系铜铅合金：将铜加热，加入铅，熔为合金。此镜残余部分包括穿钮和圆周的十分之一。通宽$3\frac{3}{8}$英寸。图版 LIII。

T.006.　**铜片**。卷成圆筒形，腐蚀残损严重。$5\frac{3}{4}$英寸×约 3 英寸。

*T.007.　**铜箭镞**。与标本 C.123.001 类似。箭头为三棱形，镞翼稍有点像树叶。镞杆六棱形，有孔，表面平整，后部有柄舌（原著作“tang”，意为箭镞后部的突出部分，用于与箭杆相连——译者）。参见标本 L.A.0017 及《古代和田》第二卷图版 LXXIV 所示的 N.005.a。长 $1\frac{3}{16}$英寸，其他标本有：T.009，II.001.a、b，IV.b.001，XII.0020，XII.a.i.005，XIII.006、007，XIV.a.007，XV.008，XVIII.iii.004，XXVIII.009、0010。

T.008.　**铜棒**。两端均残，长 $1\frac{9}{16}$英寸，直径$\frac{5}{16}$英寸。

T.009.　**铜箭镞**。箭头钝（参见*T.007），长 $1\frac{1}{8}$英寸。

T.0010.　**干树叶残片**。

T.0011.　**一端尖的皮带**。尖端附近有两个穿孔。$2\frac{3}{4}$英寸×$1\frac{1}{8}$~$\frac{1}{2}$英寸。

T.0014.　**粗麻或棉(?)鞋的上部**。类似于 T.VI.b.i.009，但没有鞋带。鞋头是缝合的，以保护脚趾，里外有三层麻，中间的一层表面涂蜡，显然是为了“防水”。鞋残破较甚。长 $10\frac{1}{4}$英寸，通宽 $4\frac{1}{4}$英寸。

T.0015.　**铜镜残片**。背面有凸弦纹，在两圈弦纹中间有雕饰花纹（一为椭圆形，一为马蹄形，中间有一个小点）。两圈弦纹之内，又有一圈突起的弦纹。通宽 $1\frac{7}{16}$英寸。

T.0016.　**陶器残片**。手制，磨光灰陶，有轻微烧过的痕迹，表明曾在一个敞开的炉子上烧过，局部有篮纹（席纹）。见 T.III.004，XII.3。通宽 $1\frac{7}{8}$英寸。

T.0018.　**捕捉器(trap)的一部分**。套圈部分已残损，中间有可以活动的齿刺，现存 9 枚。麻制的套绳一端有圈套，绳长 5 英寸。套圈外径$6\frac{1}{2}$英寸，内径 5 英寸，齿长 2~$2\frac{1}{2}$英寸。

T.0022. **陶器残片**。轮制，灰陶，表面粗糙，陶窑烧制，与 T.III.004 一样，表面有篮纹。参见 C.172，17.iv.07。通宽$1\frac{5}{8}$英寸。

T.0023. **铁制马掌残片**。残甚，有两个长方形的趾孔。采自 C.171，16.iv.07附近的一处小房址。通宽$2\frac{3}{4}$英寸。

T.0024. **陶器残片(釉陶?)**。碗的口缘部分，里外施棕、绿混合色釉，暗红色胎，采自 C.171，16.iv.07 附近的一处小房址。通宽$1\frac{3}{4}$英寸。

T.0025. **瓷器残片**。碗的口缘部分，灰白色釉下有蓝白色的图案，可能为装饰性的花纹。参见 T.XI.002 等。采自 C.171，16.iv.07 附近的一处小房址。通宽$1\frac{1}{6}$英寸。

T.0026. **残渣**。很可能是釉渣，混杂有石英颗粒。采自石河屯(?)附近的一处烽火亭址 21.ix.07。$3\frac{3}{4}$英寸×2 英寸。

T.0027. **瓷碗残片**。口缘完整，白胎，腹部灰白色釉面下有蓝色的花纹图案。口缘有两圈弦纹，上面有点纹。底部有玫瑰花纹(?)。类似器物还有 T.XI.0010。采自石河屯(?)附近的一处烽火亭址 21.ix.07。通宽$2\frac{1}{4}$英寸。

T.0028. **粗陶残片**。碗底部分，浅褐色胎，上部内外施棕黑色釉，有光泽。参见 T.XXVII.5，XXIX.4。采自石河屯(?)附近的一处烽火亭址 21.ix.07(原著作 27.ix.07，疑误——译者)。通宽$2\frac{3}{4}$英寸。

长城西南面烽燧遗址上采集或发掘的遗物

T.W.001.　**陶器残片**。轮制，灰陶，陶窑烧造，表面有篮纹。$1\frac{3}{4}$英寸×$\frac{1}{2}$英寸×$\frac{1}{4}$英寸。

T.W.002.　**粗陶器底残片**。暗红色胎，里外施棕黑色釉，光泽感强，可能为陶罐。通宽$2\frac{1}{4}$英寸，复原直径$3\frac{1}{2}$英寸。

T.W.003.　**陶器残片**。厚胎，轮制，磨光灰陶，陶窑烧制，外表有篮纹，并有烟炱。通宽$2\frac{1}{8}$英寸。

T.W.004.　**直齿**。有绳子相连，越扯绳子，齿口咬得越紧。齿的两端都已被破坏，可能是为了做网兜所致。齿径$5\frac{3}{4}$英寸×$\frac{1}{4}$英寸，绳径$\frac{1}{8}$～$\frac{3}{16}$英寸。图版 LIV。

T.W.005.　**铁签**。环首，与 T. XII. a. 0026 相类似。尖端平，类似于 T.W.007。锈蚀严重。长$4\frac{15}{16}$英寸，前端宽$\frac{1}{4}$英寸。

T.W.006.　**铁条**。两端均残，局部为方形，锈蚀严重。$4\frac{1}{8}$英寸×$\frac{3}{16}$英寸见方。

T.W.007.　**铁签**。环首(残)，类似于 T.XII.a.0026。前端平，类似于刀刃。长$3\frac{7}{8}$英寸，尖端总宽$\frac{3}{8}$英寸，图版 LIV。

T.W.008.　**线纳鞋底残片**。针线纳成平面为圆形的图案，两面缝合。4 英寸×$\frac{1}{8}$英寸。

T.W.009.　**风蚀(沙蚀)的白色石头**。由于风蚀和沙蚀的作用，石头表面凹凸不平。通宽 $1\frac{7}{8}$ 英寸。

T.II 烽燧遗址采集的遗物

T.II.001.a~d. **各种铜铁残片**。a 为铜箭镞,与 T.007 类似,翼面平整,保存完好。长 $1\frac{1}{4}$ 英寸。b 为铁箭镞,与 T.007 类似,有锈迹,一次铸成,翼面平整,锈蚀严重。长 $1\frac{1}{2}$ 英寸。c 为细铁杆,锈蚀严重。长 2 英寸,直径 $\frac{1}{16}$ 英寸。d 为拔钉子的铁工具的头部,类似于现在铁锤的背部。作成两齿的叉口,齿窄长,两齿根部成锐角相交。锈蚀严重。长 1 英寸,宽 $\frac{3}{8}$ 英寸。

T.III 烽燧遗址发掘的遗物

T.III.001. **封检**。C 型,见 T.VIII.5。V 形套,口宽 $\frac{1}{16}$ 英寸,深 $\frac{1}{8}$ 英寸。顶端呈纵长方形,印泥为红色。$1\frac{3}{8}$ 英寸×$\frac{5}{8}$ 英寸×$\frac{3}{16}$ 英寸。

T.III.002. **残席**。用棕色粗线编成。横向与竖向的线绳平行交织,线绳两端都打上结。参见 T.XXVII.0023。残。约 $5\frac{1}{2}$ 英寸×2 英寸。

T.III.003. **苇秆**。长城"筋"材标本。

T.III.004. **陶器残片**。轮制,磨光灰陶,曾在露天炉子上烧过,器表灰黑色,有篮纹。其他标本参见 T.0016、0022,XII.1~3。通宽 $2\frac{1}{2}$ 英寸。

长城墙根下 T.III.E 遗址发掘出来的遗物

T.III.i.001.a. **铁镰刀残片**。背部稍弯曲,刃在内侧,出土地点为 8.iii.07。

$4\frac{1}{2}$英寸×1～$\frac{11}{16}$英寸×$\frac{1}{8}$英寸。

T.III.i.001.b.　**织物残片**。出土地点为长城 T.III.N 遗址的 8.iii.07。包括：一块暗黄色的丝绸残片,质地上乘,素面;两块绿色丝绸残片,素面;一块橄榄绿丝绸残片,素面;一块暗黄色麻布残片;一块绕在有雕刻纹饰的木棍上的条带;以及大量未经加工的丝绸。(麻布)通长 $10\frac{1}{2}$英寸。

T.III.i.002.　**锻打而成的铁凿**。刃部一端残,侧刃。有轻微不规则的凸缘。出土地点为 8.iii.07。$2\frac{1}{4}$英寸×$\frac{5}{8}$英寸×$\frac{3}{16}$～$\frac{3}{32}$英寸。

T.III.i.003、004.　**两段铁杆残片**。弯曲,局部为方形,有可能是弩箭的箭杆。出土地点为 8.iii.07。长分别为 $4\frac{3}{4}$英寸和 3 英寸。宽$\frac{3}{16}$英寸见方。

T.III.i.005.　**一段木栅栏**。有长方形穿孔($1\frac{1}{8}$英寸×$\frac{5}{8}$英寸),穿孔附近有暗黄色旗帜残片。木头已腐朽。5 英寸×2 英寸×$\frac{5}{8}$英寸。

T.IV.a 烽燧遗址地表采集的遗物

T.IV.a.001.　**铜扣饰**。背后有两个钩子,一个残缺,一个保存完好。参见 N.XXXV.004。由拉姆·辛格在 16.iv.07 地点采集。直径$\frac{3}{4}$英寸。

T.IV.a.002.a～c.　**各种铁器残片**。a 为帽钉,茎杆部分断面为方形,长 $1\frac{1}{2}$英寸,钉帽直径$\frac{5}{8}$英寸。b 为 U 形铁扣(?),直径$\frac{1}{8}$英寸。c 为长方形铁扣(?),直径$\frac{1}{8}$英寸。均由拉姆·辛格在 16.iv.07 地点采集。

T.IV.b 烽燧遗址发掘的遗物

T.IV.b.001. **铜箭镞**。与 T.007 属同一类型。翼面平整,有柄舌。保存较好。长 $1\frac{1}{16}$英寸。

T.IV.b.002. **织物残片**。包括一块暗黄色麻布(?)残片、10 块素面的暗黄色丝绸残片以及棕黑色、蓝绿色、鲜红色织物残片各一块,均残,通长(暗黄色丝绸残片)1 英尺 2 英寸。

T.IV.b.i.001. **封检**。C 型,见 T.VIII.5。$1\frac{5}{8}$英寸×$\frac{7}{8}$英寸×$\frac{9}{16}$英寸。

T.IV.c.002. **暗黄色羊毛(?)织物残片**。粗纺织品,平纹。2 英寸×$1\frac{1}{2}$英寸。

T.IV.c.003. **鞣革残片(山羊皮?)**。一条边上的毛发尚未去尽。2 英寸×1 英寸。

拉姆·辛格在 T.IV~T.VI 遗址采集的各种标本

T.IV~VI.001. **陶器残片**。轮制,灰陶,磨光的效果不好,陶窑烧造,器表有篮纹。参见 T.III.004。采集地点 20.iv.07。通宽 $1\frac{5}{8}$英寸。

T.IV~VI.002. **陶器残片**。轮制,磨光灰陶,陶窑烧造。采集地点 17.iv.07。长 2 英寸。

T.IV~VI.003.a~c. **各种铁器残片**。均锈蚀。a、b 为铁杆。c 为铁签前端,与 T.XII.a.0026 类似。出土地点 20.iv.07。通宽 2 英寸。

T.IV.VI.004. **铜盘残片**。有两个钉眼。出土地点 20.iv.07。$\frac{3}{4}$英寸×$\frac{7}{16}$英寸。

T.V 遗址发掘的遗物

T.V.001、002.　**两个木支架**。与 T.VIII.004 大体相同。详见对 T.VIII.004 的描述。长条形，边残损，云头刻弦纹，涂黑漆，其余部分不涂漆。云头后有凸棱与榫相隔，榫插入 002 榫孔（$1\frac{3}{8}$英寸×$\frac{11}{16}$英寸）。长$3\frac{1}{4}$英寸，高 $1\frac{1}{2}$英寸及 $1\frac{7}{8}$英寸，厚$\frac{7}{8}$英寸和 1 英寸。图版 LIV。

T.V.003、004.　**两个木支架端头**。与 T.V.001、002 同，见 T.VIII.004。线刻条纹，涂黑漆，面红色（已褪色），榫残。$3\frac{1}{2}$英寸×$1\frac{1}{2}$英寸（最大处）×$\frac{3}{4}$英寸；3 英寸×$1\frac{1}{4}$英寸（最大处）×$\frac{11}{16}$英寸。

T.V.005.　**方形皮革片**。外表涂黑。3 英寸×$2\frac{1}{2}$英寸。

T.V.0006.　**棉麻织物残片**。纹理平整。通宽 $4\frac{1}{4}$英寸。

T.VI.b 营房遗址发掘的遗物

T.VI.b.001.　**铁剑刃的尖端**。直，两边缘有刃，中部剑脊厚到轮廓完全清晰。已锈蚀。$9\frac{1}{2}$英寸×1 英寸×$\frac{1}{4}$英寸。图版 LIV。

T.VI.b.002.　**木铲**。铲部长方形，长 $5\frac{5}{8}$英寸，铲部通宽 $1\frac{3}{8}$英寸。

T.VI.b.003.　**V 形木块**。表面有墨绘的痕迹，在厚端悬挂绳环，环孔内有木塞，缠绕着软皮，未见题字字迹，保存良好。参见 T.VI.C.iii.001，T.VIII.1。$10\frac{3}{4}$ 英寸×$3\frac{5}{8}$英寸×2 英寸～$\frac{3}{8}$英寸。图版 LII。

T.VI.b.004.a、b.　**两根木支柱或木杆**。用途不详，一端为长方形，另一端

弯曲，竖直的部分有劈开的裂口，纵向至窄边的中间部，长的两半在竖直端 3 英寸处会合，一段剩余部分被切除，留下长豁口宽 $\frac{5}{8}$ 英寸，这条隙缝显出皮里子的残余，两侧在竖直端相会，内缘被削成斜面至切口会合，另一端在弧线内边面上削成一个榫头。a 汉字字迹（模糊不清）；b 全涂成黑色，现多已褪色。2 英寸×$2\frac{1}{2}$英寸×$1\frac{3}{4}$英寸。图版 LII。

T.VI.b 烽燧营房发掘出土的遗物

T.VI.b.i.001～004.　四根木桩。顶部多粗糙不平，绘有相同的人面图案，与 T.002 相类似。T.VI.b.i.002 顶部砍截整齐；003 的尖端弯曲，没有使用过痕迹；004 没有刻痕，棱线两侧用线条描出鼻子的图像，没有牙齿和眉毛，也没有下巴，有长长的垂须，尖端已损坏。最大木桩标本 003 的尺寸为 9 英寸×$1\frac{5}{8}$英寸×$\frac{3}{4}$英寸，002、003、004 见图版 LII。

T.VI.b.i.005.　木梳子的一半。背部拱形，与 L.A.VI.ii.0014 相类似。高 3 英寸，残宽$\frac{11}{16}$英寸，有 13 根梳齿，齿长$\frac{1}{2}$英寸。

T.VI.b.i.006.　封检。C 型，见 T.VIII.5。底部有两个孔。$1\frac{7}{8}$英寸×$\frac{3}{4}$英寸×$\frac{1}{2}$英寸。

T.VI.b.i.007.　木板。其一侧窄边有 10 个$\frac{3}{8}$英寸（直径）×$\frac{3}{8}$英寸（深）的小孔，其中一个小孔仍有木钉残余。在中间，有一个同样大小的孔中有一根完整的木钉。6 英寸×$1\frac{1}{8}$英寸×$\frac{11}{16}$英寸。

T.VI.b.i.008.　残漆碟（口缘部分）。有弯曲的木纹，外表髹黑漆，里面为红漆。保存不好。2 英寸×$1\frac{7}{8}$英寸×$1\frac{1}{10}$英寸。

T.VI.b.i.009.　**结实耐用的麻鞋(棉鞋?)**。用麻绳加固,鞋底用粗麻绳经纬交织而成,很厚,沾有泥土。鞋底满是绳结,平整而结实,像在鞋底加垫一块地毯,这些绳结的作用有点类似于今天靴子底面上的"鞋钉",同时,也使鞋底更加结实耐磨。鞋面用两块或几块棉麻帆布做成,用一排麻线缝合。鞋口处理得很巧妙,鞋口的一圈用一根绳子勒住,拉紧时可以使整个鞋子紧贴在脚趾和脚面上。这可以看作是土耳其和印度卷头鞋的起源。鞋底和鞋面缝合牢固。脚后跟和脚趾头已磨出了洞。鞋表满是沙子。长 10 英寸,通宽 5 英寸。

T.VI.b.i.0010.　**暗黄色毡带**。表面有两块粗羊毛织物,一块已退成浅紫色,一块为蓝绿色。织物上有一排密眼,用线绳缝合。可能为一只鞋子的上部。$7\frac{3}{4}$英寸×$2\frac{3}{8}$英寸。

T.VI.b.i.0011.　**麻鞋**。鞋底用经线和纬线横竖交织,经线为粗麻线,纬线则纳成连续的椭圆形图案。鞋表经线是双股的,分别为白色和暗黄色。鞋表纹路是斜纹。鞋表另用质地上乘的细线缝合,与鞋帮相接,没有保护脚趾的部分。破损严重。长 10 英寸,通宽 $3\frac{1}{2}$英寸。

T.VI.b.i.0012.　**丝织物残片**。平纹,包括一块暗黄色的丝绸补丁、一条染色不均的深红色丝带、三块缝补在暗黄色或蓝绿色丝织物上的丝绸残片以及各种暗黄色和棕色的织物残片。多残损。通宽(暗黄色补丁)约 10 英寸。(哈诺塞克博士曾对此加以分析)

T.VI.b.i.0013.　**各种皮革与织物残片**。包括两块缝合在一起的暗黄色软皮(羔羊皮?)、一块折叠起来用红线缝合的黄色毡带、一块质地粗糙的黄色羊毛织物残片、一块暗黄色粗麻织物残片(可能是一个袋子或一只袜子,$6\frac{1}{2}$英寸×4 英寸)以及一块暗黄色的密织的织物残片。最后一块织物经哈诺塞克博士分析，认为是树纤维织线织物。类似遗物参见 T.XVII.006。通宽 $12\frac{3}{4}$ 英寸。

T.VI.b.i.0014. **98 枚木简**。没有书写文字，大部分完好无损。平均长度为 9 英寸，宽 $\frac{3}{8}$ ~ $\frac{5}{8}$ 英寸，厚 $\frac{1}{16}$ ~ $\frac{1}{8}$ 英寸。

T.VI.b.ii.001. **卵形小木碗**。里面为深色（棕红色），外表为黑色。口缘一侧有一个把手，与之相对的一侧有破口，当时曾用线绳修补过。口内一周绘有一圈黑色的弦纹和一条很细的黄色弦纹。外表有“黑地红彩”的痕迹。长 5 英寸，宽 $3\frac{1}{2}$ 英寸，高 $1\frac{3}{4}$ 英寸。图版 LII。

T.VI.b.iii.001. **木支架**。见 T.VIII.004。榫头与支架之间有斜“领”（向两边斜）。支架横截面为长方形，朝下的一面上有三条刻槽。已残，有彩绘痕迹。$7\frac{3}{8}$ 英寸（榫头 $1\frac{1}{2}$ 英寸）×2 英寸×$1\frac{1}{4}$ 英寸。图版 LIV。

T.VI.b.iii.002. **木桩**。顶部有一个树节。砍截齐整。长 $4\frac{1}{2}$ 英寸，直径 $\frac{5}{16}$ 英寸，树节尺寸为 $\frac{1}{2}$ 英寸×$\frac{9}{16}$ 英寸（外圈）。

T.VI.b.iv.001. **长方形木板残片**。横向的一侧被破坏掉，上面有已经褪色的简单图案，可能是人的嘴和鼻子。参见 T.XXVIII.35。$4\frac{7}{16}$ 英寸×$1\frac{3}{4}$ 英寸×$\frac{1}{4}$ 英寸。

T.VI.b.iv.002. **长方形薄板残片**。原件很可能为方形，居中位置有一个孔，直径约 $\frac{3}{16}$ 英寸。一面光滑，周围有边框（?）。板面上有墨笔字（?）痕迹。$4\frac{1}{2}$ 英寸×$3\frac{7}{8}$ 英寸（残）×$\frac{3}{8}$ 英寸。

T.VI.c 营房遗址发掘的遗物

T.VI.c.i.001.　**漆木碗残件**。内壁为红色，有黑色记痕（可能为文字?）；外表有一条棕色的垂带纹，垂带纹下方在红地上画有两条黑色的细弦纹，弦纹之下有花纹图案——可能为草叶细长的末梢或鸟尾。图案用黑色、绿色和黄色进行描绘。$1\frac{5}{8}$英寸×$1\frac{1}{8}$英寸×$\frac{3}{16}$英寸。

T.VI.c.ii.1.　**早期粟特文书**。为一枚右侧齐整、左侧残缺的木简。木简上部有四个粟特文字和一个汉字（第五个字），文字下面有直线。见T.XII.a.ii.1～8，L.A.VI.ii.0104 以及 A.考勒博士（Dr.A.Cowley）《皇家亚洲学会会刊》，159 页，1911 年 1 月号。$10\frac{3}{8}$英寸×$1\frac{5}{16}$英寸。图版 CLVII。

T.VI.c.ii.001.　**木杆**。横截面为方形，一端为长方形。木杆最下端被砍去$\frac{1}{4}$长度。木杆上有三个榫眼，榫眼里紧紧地钉有木楔，最下端的两个木楔已残断，第三个木楔应为一个削成斜面的木板的榫头。木杆一端残缺。木杆 $5\frac{5}{8}$英寸×$\frac{7}{16}$英寸×$\frac{7}{16}$英寸。木楔 $2\frac{1}{2}$英寸×$\frac{1}{2}$英寸×$\frac{3}{8}$英寸。

T.VI.c.ii.002.　**皮舌**。用三到五块皮带压制而成，皮舌的一半用线缝合。未缝合的一端为圆形，缝合的一端被剪断，从断口处痕迹看，当时也应是弯曲成圆形的。未缝合的一端的两侧各有三个半圆形的穿孔（带扣的齿槽?）。缝合的一端的一面上有三排羊绒饰带，分别为深红色、暗蓝色和黄色。羊绒是用暗黄色的线缝在最上面的一块皮子上的。这一端的另一面上有红色亮漆的痕迹。此物可能为鞍带或其他马具带饰。5 英寸×$\frac{3}{4}$英寸×$\frac{7}{16}$英寸。图版 CX。

T.VI.c.iii.001.　**V 形木块**。除平的一面上有一块长方形区域未上色以外，其余部分均涂成黑色。长方形区域内有墨书汉字（多已漫漶不清 ）。顶部有孔，孔内残存有木塞和皮带，用以固定绳套（已不存）。参见 T. VI. b.003，

VIII.1。11英寸×4$\frac{1}{2}$英寸×2$\frac{1}{4}$英寸(取最大值)。

T.VI.c.iii.002. **木支架**。见T.VIII.004,上面有双孔,凹的一面从居中的一点处被分成两个曲线。支架的两面都有刻线边框。支架部分5$\frac{1}{4}$英寸×2$\frac{1}{4}$英寸×1英寸,榫头4$\frac{1}{4}$英寸×2$\frac{1}{3}$英寸×1$\frac{1}{4}$英寸。图版LIV。

T.VI.c.iii.003. **木支架**。见T.VIII.004;与T.VIII.007略相似,但更小,制作也更粗一些。仅一端有刻纹(有黄色痕迹),其余各面均为素面。榫头与支架之间有“领”。3$\frac{3}{4}$英寸(加榫头合计7$\frac{3}{8}$英寸)×1$\frac{7}{16}$英寸×$\frac{15}{16}$英寸。图版LIV。

T.VI.d 烽燧发现的织物

T.VI.d.001. **两块绿色丝织物残片**。素面,通宽1英寸。

T.VII 烽燧周围地面上发现的遗物

T.VII.001. **铜带扣**。有环和勾柄。1$\frac{1}{16}$英寸×$\frac{15}{16}$英寸。图版LIII。

T.VIII 烽燧发掘的遗物

T.VIII.1. **V形木块**。与T.VI.b.003、T.VI.c.iii.001相类似。表面有黑绘的痕迹,在红色的一个面上有两三个较大的汉字。顶端有孔和套绳子的槽(已残)。有刀划过的痕迹。12$\frac{1}{4}$英寸×5英寸×2$\frac{3}{8}$英寸(取最大值)。图版LII。

T.VIII.2.a、b. **长方形木板**。两块均残。正面涂成紫色(多已褪色),上面有边框和几个墨书汉字。反面在黑地上有几条紫色的带状纹饰。见沙畹《文书》127页No.591。10$\frac{3}{4}$英寸×6$\frac{1}{4}$英寸×$\frac{5}{16}$英寸。

T.VIII.3.　**封检**。C 型,见 T.VIII.5。封检上绕了一圈绳子。封检表面有墨书字迹,底有穿孔。2 英寸×$\frac{15}{16}$英寸×$\frac{9}{16}$英寸。

T.VIII.4.　**木量具和曲尺**。或为鞋匠所用。由直尺和曲尺两部分组成,用圆榫铆合,直尺和曲尺的横截面均为长方形。直尺的底端和窄面上均有红色的刻度,其余各面上有黑色刻线。刻度每一"格"的距离并不完全相等,大致在$\frac{9}{10}$英寸左右。靠近曲尺处的五格又各等分为五个小格(其中有一格误刻为四格),与窄面相对的另一面则有五个斜线小格。曲尺上有一深$\frac{1}{8}$英寸、直径$\frac{1}{8}$英寸的小孔,直尺上有穿孔,悬挂时系绳子用。直尺与曲尺交角略小于 90 度。参见 L.A.II.vi.001,T.XI.ii.13。直尺部分 10$\frac{1}{4}$英寸×$\frac{3}{4}$英寸×$\frac{3}{8}$英寸,曲尺部分 4$\frac{3}{16}$英寸×$\frac{11}{16}$英寸×$\frac{7}{16}$英寸。图版 LIV。

*T.VIII.5.　**封检**。A 型,见 L.B.IV.ii.0010。1$\frac{5}{8}$英寸见方×$\frac{3}{4}$英寸。

封检的类型如下:

A 型:近方形木块,有的将边缘削成斜面。中央有方形的封泥槽,槽的边缘有三道刻痕,与封泥槽等深,供系绳子用。

B 型:与 A 型大致相同,但封泥槽是穿透封检的。

C 型:多为长方形木块,两端高出,中间挖掉一圈。绳子的封系方法可能如 T.XII.002 所示。此型的 T.XVI.ii.001 尚残留有绳子和封泥,但封泥槽直达封检的一端。绝大部分属于此型的封检都没有封泥的痕迹。T.XV.a.ii.005 和 T.XV.a.v.005 等均为两端有楔合口的木简的样式。T.VIII.3 底部有一孔并有一根绳子穿过,高出的台面上还有字痕。T.XIV.vii.004 有一个穿透封泥槽的孔。

其他标本见：T.III.001，IV.b.i.001，VI.b.i.006，VIII.3，0011～0017，XII.12、13，XII.a.005～0011，0015～0018，a.ii.001，XIII.i.002，ii.002、003（图版 LIII），XIV.ii.005，V.002，XV.a.001，a.i.002，a.ii.005，a.iii.002，XVI.ii.001（图版 LIII），XVII.002～004，XIX.i.001，004，ii.001（图版 LIII），XXVIII.a、b。

T.VIII.001. **木装置**。用途不明，制作粗糙。由纵横各两根木条组成，木条之间用榫头固定。纵向的两根木条间距 $9\frac{3}{4}$ 英寸，横向的两根木条间距 $2\frac{1}{4}$ 英寸。两根横木之间有一条直径 2 英寸的滚轴，上、下横木各凿一孔以便滚轴插入、转动。滚轴上有一个长 5 英寸、宽 1 英寸的刻槽。此装置可能为织布或纺纱之用。保存很好。高 $11\frac{1}{2}$ 英寸。图版 LII。

T.VIII.002. **一双绳鞋**。编织时使用了鞋楦，其中一只有点类似于今天的统袜。纬线织纹细密，鞋底和鞋面上有棱线。制作鞋跟时，在经线上再加一层纬线，向下包住鞋的后跟，形成半个“马蹄铁”（lunette）形状，这就成了梯形的后跟，再将后跟与鞋的上部缝合。为结实起见，一只鞋的鞋底加垫了一块山羊皮，另一只则加垫了一块毡布。鞋长约 11 英寸，宽 3～$4\frac{1}{4}$ 英寸。图版 LIV。

T.VIII.003. **圆锥形的木容器**。用整块的木头掏挖而成，顶端部分被砍去。侧面有两个相对的小孔，距上端 $\frac{1}{2}$ 英寸，孔内没有绳子的痕迹。外表通施深黑色漆。高 $3\frac{1}{8}$ 英寸，底径 3 英寸，上口径 $1\frac{3}{4}$ 英寸。图版 LII。

*T.VIII.004. **木支架**。为最有代表性的一件，其他木支架与此不同之处仅仅是在装饰纹样上略有差别。支架两端厚度一致，长 $5\frac{1}{2}$ 英寸，宽 $2\frac{3}{8}$ 英寸。支架两端有榫头，$2\frac{1}{2}$ 英寸 × $1\frac{3}{4}$ 英寸 × $1\frac{1}{4}$ 英寸。底部的榫头削成圆尖形，上部的榫头有一个 1 英寸大的刻槽，榫头前端也被削尖，而有刻槽的地方则被削成

斜面。支架下部有两条很深的刻槽，与边缘平行，两条刻槽到圆尖的一个小孔处会合，小孔为敞口形。支架的另外两面上有刻纹，可能是一朵花的纹样。上部有一个圆圈或“眼”，圆眼向较薄的支架边缘和墙面有辐射状刻线，或者说，从墙面向支架边缘有汇集的刻线（T.XII.a.001～003）。支架的居中位置有一条弯弯曲曲的刻纹。整个支架的边框用一条刻线表示（T.XII.a.001～003），上面有黄色和蓝黑色彩绘的痕迹。较小一些的支架可能是用于挂衣服或悬挂器皿的钩（如 T.XIII.ii.001），另一些则有可能是用来挂武器之类的东西。其他标本或类似物品有：T.V.001～004，VI.b.iii.001，VI.C.iii.002、003，VIII.005～009、0030～0033、0047，XII.a.001～003，XIII.001，XIII.i.001，XIII.ii.001。T.VIII.004见图版 LIV。

T.VIII.005、006. 两件木支架。与 T.VIII.004 属同一类型。006 的榫头在 $1\frac{1}{2}$英寸处被砍断。通长 $7\frac{3}{4}$英寸（榫头 $2\frac{1}{2}$英寸），宽 $2\frac{5}{16}$英寸×$1\frac{1}{8}$英寸。005 见图版 LIV。

T.VIII.007. 木支架残件。为 T.VIII.004 的变体。上端没有刻纹，斜削成锐角。榫头及支架的一部分已残缺。$4\frac{1}{4}$英寸（残）×$1\frac{7}{8}$英寸×$1\frac{3}{8}$英寸。

T.VIII.008. 木支架。见 T.VIII.004，与 T.VIII.007 稍相似，但形制要小些。刻线仅见有边框，没有“眼”。有黄色和黑色彩绘的浅痕。保存完整。$6\frac{1}{4}$英寸（榫头 2 英寸）×$1\frac{7}{8}$英寸×$1\frac{3}{8}$英寸。图版 LIV。

T.VIII.009. 木支架。见 T.VIII.004，与 T.VIII.007 稍相似，但更小，制作也更粗糙一些。上表面为斜面，与榫头齐平。无领。仅末端有刻线。刻线及支架侧面有黄色和蓝色彩绘痕迹。$6\frac{3}{4}$英寸（榫头 $2\frac{1}{2}$英寸）×$1\frac{5}{8}$英寸×$1\frac{3}{8}$英寸。

T.VIII.0010. 八边形木块。两端平，一端有六个直径约$\frac{3}{8}$英寸的小孔，深度为2~3英寸不等。通体涂黑,但已褪色。可能为插香的用具(?)。高$3\frac{1}{2}$英寸,直径$3\frac{1}{4}$英寸。图版LII。

T.VIII.0011~0017. **7枚封检**。见T.VIII.5。0014和0015属C型,其余均为A型。平均尺寸分别为$1\frac{7}{8}$英寸×$1\frac{3}{8}$英寸(A型)和$\frac{7}{8}$英寸×$\frac{5}{8}$英寸(C型)。

T.VIII.0018. **长方形木块**。一端有一个较宽的榫头,并向另一端逐渐变薄,直至当头被削成斜面,斜面上有一直径约为$\frac{1}{2}$英寸的穿孔(参见T.XII.a.0013)。长2英寸(连榫头合计长$3\frac{5}{16}$英寸)×$1\frac{3}{8}$英寸×$\frac{1}{2}$~$\frac{1}{4}$英寸。

T.VIII.0019. **木块**。上有两个刻槽,刻槽尺寸为1英寸×$\frac{1}{4}$英寸,相交成十字形。一端自刻槽末梢处残断。每一刻槽各有几个锯齿痕迹。可能为锯过的木块(?)。$2\frac{1}{8}$英寸×$1\frac{7}{8}$英寸×$1\frac{5}{16}$英寸。

T.VIII.0020. **半个木梳**。背拱形,与L.A.VI.ii.0014相似。高$3\frac{1}{16}$英寸,残宽$1\frac{5}{8}$英寸,齿长$1\frac{3}{8}$英寸,其中六齿长不到1英寸。

T.VIII.0021. **木块**。近长方形,有两个直径为$\frac{1}{4}$英寸的穿孔。木块上有紫色彩绘的痕迹。$3\frac{1}{4}$英寸×$1\frac{3}{4}$英寸×$\frac{3}{8}$英寸。

T.VIII.0022. **木板的一角**。一面为黑色,另一面为红色。黑色的一面上沾有红色的丝绸残片,残片也被涂成黑色。$3\frac{5}{8}$英寸×$1\frac{7}{8}$英寸×$\frac{3}{16}$英寸。

T.VIII.0023.　**长方形木块**。一端的边缘被削成斜面。木块上有暗紫色斑点。$2\frac{3}{8}$英寸×$1\frac{1}{8}$英寸×$\frac{1}{4}$英寸。

T.VIII.0024.　**木盘**。一侧为折缘(斜缘),宽$\frac{5}{8}$英寸;另一侧为平缘。盘中心有一个$\frac{5}{8}$英寸见方的穿孔。盘上部有转轴的痕迹。斜缘上有摩擦的痕迹。直径$3\frac{1}{2}$英寸,中心厚$\frac{9}{16}$英寸,边缘厚$\frac{3}{8}$英寸。

T.VIII.0025.　**木块**。横截面为D字形。一端用亚麻布包裹,亚麻布上有厚重的黑漆。此物显然用于磨墨汁。参见T.XII.a.0012、0021。$1\frac{1}{2}$英寸×$1\frac{1}{2}$英寸×$1\frac{1}{4}$英寸。图版LIV。

T.VIII.0026.　**木杆**。稍弯曲,横截面呈等腰三角形。顶端突起,内凹的一面上有五个直径约$\frac{1}{4}$英寸的小孔,间距约3英寸。处于边缘位置的三个小孔穿透了凸面。有黑色彩绘的痕迹。参见T.VIII.0027。长$14\frac{5}{8}$英寸,底座宽$\frac{7}{8}$英寸,高$1\frac{1}{16}$英寸(一端的高度)和$\frac{3}{4}$英寸(另一端)。

T.VIII.0027.　**木杆**。与T.VIII.0026一样稍有弯曲,横截面为长方形。在窄窄的凹面上有四个$\frac{1}{4}$英寸的小孔,其中一个小孔穿透了木杆,其余三个小孔的深度为$\frac{3}{4}$英寸。有黑绘的痕迹。$10\frac{7}{8}$英寸×$\frac{7}{8}$英寸×$\frac{5}{8}$英寸。

T.VIII.0028.　**长方形封检(?)**。残存有部分封泥,木质很好,没有字迹。$4\frac{7}{8}$英寸×$1\frac{1}{16}$英寸。

T.VIII.0029. **残木板**。一面红，一面黑。边缘破损，有紫色斑点。通宽$3\frac{1}{2}$英寸。

T.VIII.0030~0033. **四个木支架**。见T.VIII.004，但形制更小，制作也更简陋。朝下一面有一条刻痕，朝上的一面内凹，中央有一梨形的球体。一端有三个或两个刻痕。球体和支架当头为红色，球体以下及朝向球体的面为黑色。0032、0033的榫头残断。平均尺寸：长$5\frac{1}{4}$英寸（榫头为$1\frac{1}{4}$英寸和$1\frac{7}{8}$英寸），高$1\frac{1}{4}$英寸，厚$\frac{5}{8}$英寸。0031见图版LIV。

T.VIII.0034. **残断的木杆**。横截面近长方形，一端残断。较宽的两个面上分别揳入一段$1\frac{1}{2}$英寸和$2\frac{1}{4}$英寸的木楔，再用三根绳子将木杆与木楔捆牢。木杆：4英寸×$\frac{7}{8}$英寸×$\frac{1}{2}$英寸，绳结以外的绳子长为$13\frac{1}{2}$英寸。

T.VIII.0035. **木板的一个残角**。方形的一端有刻槽。木板表面被涂黑，木头上有红色斑纹。$3\frac{1}{2}$英寸×$1\frac{1}{8}$英寸。

T.VIII.0036. **木容器残件**。外表涂黑色亮漆，内壁涂红色亮漆。圆角。$3\frac{1}{4}$英寸（残）×2英寸×$\frac{3}{8}$英寸。

T.VIII.0037. **薄木片**。有胶粘的痕迹。$3\frac{1}{4}$英寸×$\frac{3}{8}$英寸×$\frac{3}{32}$英寸。

T.VIII.0038. **木质纺轮**。圆形，中间有穿孔。直径1英寸，厚$\frac{3}{8}$英寸。

T.VIII.0039. **木棍**。粗加雕刻，并用黑线描出动物的头部和颈部，可能是蛇的形状。保存完整，上下削平。用刻线勾出耳朵。用V形刻痕表示嘴，嘴有穿孔，系绳子用（残）。颈细长，横截面为卵形。头部大部分为黑色，颈部描有交错的刻纹。此物可能为巫咒用具(?)。$4\frac{1}{2}$英寸×$\frac{11}{16}$英寸×$\frac{9}{16}$英寸。图版 LIII。

T.VIII.0040. **细绳。**两端均残,用双股的麻(?)线捻成。长 1 英尺$11\frac{1}{2}$英寸,直径$\frac{1}{4}$英寸。

T.VIII.0041. **植物纤维绳。**打有绳套,局部染成粉红色。绳套的直径约为$1\frac{1}{4}$英寸,绳子直$\frac{3}{16}$英寸。

T.VIII.0042. **苇秆。**已晒干,扎成捆,并被染成紫色,通长约 2 英寸。

T.VIII.0043. **山羊毛粗纺织物残片。**纹理松散,为深棕色和暗黄色。$2\frac{1}{4}$英寸×3 英寸。

T.VIII.0044. **绳鞋的脚趾部分。**与 T.XIV.a.002 属同一类型。4 英寸×3 英寸。

T.VIII.0045. **绳套(线套)。**用质地上乘细线或软麻绳打成圆套。可能是用来套在(动物的)头上。绳套外径$7\frac{1}{2}$英寸,内径$4\frac{1}{4}$英寸,厚$\frac{7}{8}$英寸。

T.VIII.0046. **丝织衣物(?)残片。**用丝线缝制,很残破。

T.VIII.0047. **木支架。**见 T.VIII.004,与 T.VIII.004 属同一类型,但形制更大。$8\frac{5}{8}$英寸(榫头$3\frac{3}{8}$英寸)×$2\frac{1}{4}$英寸×$1\frac{1}{8}$英寸。

T.XI 烽燧地表采集的遗物

T.XI.001. **瓷碗残片。**白胎,表面有一层暗蓝色陶衣(?),器表罩一层灰白色釉,口内有两条弦纹,底部也有两条弦纹。碗心有圆圈和折枝图案。器表口部也有两条弦纹,腹部在圆圈内画有两朵相交的折枝(?)。中国风格。碗

径 $5\frac{1}{2}$英寸，高 $2\frac{7}{8}$英寸。T.XI.008 和 T.XI.0011 也是这只瓷碗的残片，见图版 IV。

T.XI.002～004. **三块瓷碗口缘的残片**。与 T.XI.0012 相类似。斜腹壁，口部稍向外卷（卷缘）。器表有简单的花纹，与 T.VI.009、0010 相类似。口内有两条弦纹，弦纹之上有一圈椭圆形的圆点。腹部有五颗乳钉，乳钉未穿透腹壁。中国风格。通宽 $2\frac{1}{8}$英寸。

T.XI.005. **残陶器**。暗黄色粗陶，质地坚硬，外表有棕黑色釉，光泽感强。中国风格。通宽 $1\frac{7}{16}$英寸。

T.XI.006. **陶器残片**。轮制，磨光灰陶，陶窑烧造，器表有四条刻纹。通宽 $2\frac{5}{8}$英寸。

T.XI.007. **陶器残片**。轮制，磨光，陶窑烧制，器表有划纹装饰。通宽 $2\frac{9}{16}$英寸。

T.XI.008 和 T.XI.0011. **两块瓷器残片**。均属 T.XI.001，008 已与 T.XI.001黏合。

T.XI.009、0010. **两块瓷碗残片**。系腹壁和口缘部分，斜直壁，卷缘，陶胎着暗蓝色陶衣，灰白色釉。器表有简单的花纹装饰。0010 腹内壁有两条弦纹，上面有椭圆形圆点。同类型的器物见 T.0027、XI.002～004、XViii.003。中国风格。通宽 $2\frac{1}{2}$英寸。0010 见图版 IV。

T.XI.0012. **残瓷碗**。系腹壁和圈足部分。灰白色粗瓷，着暗蓝色陶衣，灰白釉。圈足无釉，露出棕色的胎。器内外有简单的装饰花纹。同类器见 T.XI.001 等。中国风格。通宽 $2\frac{9}{16}$英寸。

T.XI 烽燧发掘的遗物

T.XI.ii.13. **尺子**。表面有刻度，每格的长度为$\frac{9}{100}$英寸（0.0023 米），十进制。尺子长 9$\frac{1}{8}$英寸，用刻痕等分为 10 格，中间位置的刻痕为一个十字叉。在尺子的反面每一格又等分为 10 个小格。尺子一端有穿孔。参见T.VIII.4。

T.XI.ii.001. **暗黄色丝绸残片**。被缝成小袋，内面有黑色物品，可能为调味品。残破。原件可能为 3$\frac{1}{2}$英寸见方。

T.XI.iii.001. **褪色的红色丝带**。残破，平纹。长约 2 英寸。

T.XI.iii.002. **毡毛拖鞋的上部**。有皮底的痕迹。表面为羊毛织物，经线为暗黄色的双股线，纬线为上好的红色羊毛线，纹理密致。经线隐在纬线之下，产生一种边饰的效果。残破。长 11 英寸。

T.XI.iv.001. **卵形木碗的一部分**。类似于 T.VI.b.ii.004。器表曾有漆，但已全部脱落，仅留下了漆痕。长 2$\frac{7}{8}$英寸，宽 1$\frac{7}{8}$英寸，碗底宽度为 1$\frac{7}{8}$英寸，上口宽 3 英寸，高 1$\frac{1}{8}$英寸。

T.XI.iv.002. **圆锥体残片**。结疤以下有裂痕，尖底。5 英寸×1 英寸。

T.XII 烽燧的营房和坞楼遗址上发掘的遗物

T.XII.1. **陶器残片**。手制，磨光灰陶，红胎，曾在敞炉上使用过，器表有篮纹。参见 T.III.004。通宽 2$\frac{1}{4}$英寸。

T.XII.2. **陶容器残片**。轮制，磨光灰陶，陶窑烧造，器表有篮纹。参见T.III.004。通宽 3 英寸。图版 IV。

T.XII.3. **陶器残片**。轮制（?），被严重侵蚀，灰陶，红胎，磨光的效果不好。外表有篮纹及灰黑色装饰纹样。参见 T.III.004。通宽 $2\frac{7}{8}$英寸。

T.XII.12、13. **两枚封检**。T.XII.12 为 A 型,T.XII.13 为 C 型,见T.VIII.5。$1\frac{3}{4}$英寸×$1\frac{1}{8}$英寸×$\frac{7}{8}$英寸;$1\frac{1}{2}$英寸×$\frac{11}{16}$英寸×$\frac{7}{16}$英寸。

T.XII.001. **表面平整的木片**。近方形,中央有不规则的穿孔,孔径$\frac{1}{4}$英寸。$1\frac{5}{16}$英寸×$1\frac{1}{4}$英寸×$\frac{1}{8}$英寸。

T.XII.002. **封检**。C 型,见 T.VIII.5。上有捆扎的绳子。$2\frac{1}{4}$英寸×1 英寸×$\frac{1}{2}$英寸。

T.XII.003. **木桩**。断面为长方形,前端被削尖,另一端残。$3\frac{1}{8}$英寸×$\frac{1}{4}$英寸。

T.XII.004. **陶容器残片**。平底(?),有穿孔,直径$\frac{7}{8}$英寸。轮制,磨光灰陶,陶窑烧造。复原直径约 $8\frac{1}{2}$英寸。通宽 $4\frac{1}{2}$英寸。

T.XII.005. **绳子和木桩**。圆木桩,前端尖(已残),朝下劈开。一侧刻槽。槽内捆着两根线绳,打上一个滑结。木桩尺寸 $7\frac{3}{4}$英寸×$\frac{5}{16}$英寸×$\frac{3}{8}$英寸;绳长 18 英寸,直径$\frac{7}{16}$英寸。

T.XII.006. **木火棍**。有孔,未完成。一端呈方形,三个孔眼靠近一端。未使用过。其余边缘及背面残损。参见 L.A.v.ii.1。$5\frac{3}{4}$英寸×$\frac{7}{8}$英寸×$\frac{3}{8}$英寸。

T.XII.007. **木笔**。用带树皮木棍做成,前端削尖。$9\frac{1}{4}$英寸×$\frac{1}{2}$~$\frac{1}{16}$英寸。

T.XII.008. **木片**。原件可能涂漆。$8\frac{7}{8}$英寸×1 英寸×$\frac{3}{16}$英寸。

T.XII.009. **木棍**。上有树皮,一端整齐地削成方形,另一端钉有一个楔子,楔子木心已无存。长 8 英寸,直径$\frac{3}{8}$英寸。

T.XII.0010. **漆木碗(残)**。保存了从口缘到碗底的一部分,外表涂黑,里面在黑漆上涂有红漆。参见 T.VI.b.ii.001。高约 6 英寸,口缘厚$\frac{1}{16}$英寸,底部厚$\frac{1}{2}$英寸。

T.XII.0011. **木片**。一端削尖。$4\frac{5}{16}$英寸×$\frac{3}{8}$英寸×$\frac{1}{8}$英寸。

T.XII.0012. **木笔**。用带树皮的嫩树枝做成,一端削尖。长 $3\frac{1}{2}$英寸,直径$\frac{3}{8}$英寸。

T.XII.0013. **木铲**。铲为椭圆形,把已残损。长 $4\frac{1}{2}$英寸,铲 $2\frac{1}{4}$英寸×$1\frac{1}{4}$英寸。

*T.XII.0014、0015. **两个彩绘的木把手**。断面为方形,上部削成四边形,下部削成小小的长方形把茎。0015 保存较好,茎部未经彩绘,头部绘红黑彩;0014 残,表面满是沙子,涂成红色。可能是塞子。其他标本有:T.XII.0019、XV.001~003、XXVI.001、XXVII.009、XXVII.0013、XVIII.0015。高 $2\frac{1}{8}$英寸,头部高仅 $1\frac{1}{2}$英寸。通宽 $1\frac{1}{4}$英寸,通厚$\frac{3}{4}$英寸。

T.XII.0016. **木笔**。用带树皮的木棍简单削成。$3\frac{1}{2}$英寸×$\frac{3}{8}$英寸。

T.XII.0017. **残木针(?)**。针眼以上部分残缺,针眼部分较平,原宽至少有$\frac{5}{8}$英寸,针长$5\frac{1}{2}$英寸,宽$\frac{5}{8}$~$\frac{1}{16}$英寸,厚$\frac{1}{4}$~$\frac{1}{16}$英寸。针眼宽$\frac{1}{2}$英寸。

T.XII.0018. **长方形木头**。长的一头残缺,剩余部分为方形,中央有两个孔,孔内有绳子,在木板的一面打有绳结,另一面削平。$5\frac{1}{8}$英寸×$1\frac{1}{4}$英寸×$\frac{3}{8}$英寸。

T.XII.0019. **木把手**。见 T.XII.0015,有黑绘的痕迹。$2\frac{1}{4}$英寸×$\frac{7}{8}$英寸见方(取最大值)。

T.XII.0020. **箭镞**。铁柄舌(已裂为两部分),铜箭镞,与 T.007 相类似。翼面平整,镞尖圆形,舌长$8\frac{3}{8}$英寸,直径$\frac{3}{16}$英寸,箭头长$1\frac{3}{8}$英寸。图版 LIII。

T.XII.0021. **三段绳子**。一段用麻编成,一头有环,与 T.XII.a.0031 相类似,11 英寸×$\frac{3}{8}$英寸。第二段绳子是用粗纤维编成,长 17 英寸×5 英寸×$\frac{3}{16}$英寸直径。第三根绳子可能是使用羊毛(?)编成的。9 英寸×$\frac{7}{8}$英寸×$\frac{1}{4}$英寸。

T.XII.0022. **毡鞋内底**。10 英寸×$3\frac{1}{8}$英寸。

T.XII.0023. **线纳麻鞋底残片**。针脚为圆形图案与直线交织。通宽 5 英寸。

T.XII.0024. **两片藤编**。藤条宽约$\frac{1}{4}$英寸。从一头通到另一头,藤条横竖编织,上下交错。两块藤编都是双层的,两头用绳子捆扎。篮纹也是双层的。每块藤编的边缘都被烧黑了。5 英寸×10 英寸。

T.XII.0025. **木桩**。一面是平的,另一面则是圆的,楔形。$2\frac{1}{8}$英寸×$\frac{5}{16}$英

寸×$\frac{3}{32}$英寸。

T.XII.0026. **织物残片**。蓝色小丝带,上面缝有很残破的暗黄色丝绸片,均为平纹。长6英寸。

T.XII.0027. **粗麻绳**。双股,两端均残,长1英尺5英寸,直径$\frac{5}{16}$英寸。

T.XII.0028. **暗黄色丝带**。平纹,纹理清晰。约19英寸×1英寸。

T.XII.0029. **两块棉麻织物残片**。浅黄色,松散的平纹,边缘被捆扎起来。通体1英寸×9$\frac{1}{4}$英寸。(未经分析。)

T.XII.0030. **藤编篮子的底部**。用9根或10根扁平的藤条(有的已残)编成篮子的底,伸出篮底的藤条向上编成篮子边框,边框之间和上部用藤条编成篮筐,断面近似于方形。中间的篮筐留出孔隙,上部用藤条编织。篮子底部直径约3英寸,现存篮子的直径为6英寸。

FT.XII.a 烽燧营房发掘的遗物

T.XII.a.001~003. **三根木托架**。与VIII.004形制相同,只是上部没有那么多孔隙,表面有黄色和靛蓝色漆的痕迹,平均尺寸为8$\frac{1}{8}$英寸×2$\frac{1}{4}$英寸×1$\frac{1}{2}$英寸,榫头长3英寸。003见图版LIV。

T.XII.a.004. **芦苇灰烬**。采自烽火台夹薪。通宽3$\frac{1}{4}$英寸。图版LII。

T.XII.a.005~0011. **七枚封检**。005~0010属于A型,0011为C型,见T.VIII.5.009,深1$\frac{3}{8}$英寸,封检的一面有$\frac{5}{8}$英寸×$\frac{1}{2}$英寸的刻槽。平均尺寸为1$\frac{3}{4}$英寸×1$\frac{1}{2}$英寸×$\frac{5}{8}$英寸。006、009见图版LIII。

T.XII.a.0012. **木杆**。下端为方形,上端为圆形,正中位置有细微的孔眼,较宽的两面上有很小的不规则凹陷擦痕。可能为刷漆用的滚刷。参见 T.VIII.0025,XII.a.0021。$1\frac{3}{4}$英寸×$1\frac{1}{2}$英寸×1 英寸。

T.XII.a.0013. **长方形木板**。木板一侧削成 V 字形,另一侧面削成梯台形。一角有$\frac{3}{8}$英寸的孔眼。参见 T.VIII.0018。$2\frac{1}{4}$英寸×$1\frac{5}{16}$英寸×$\frac{3}{8}$英寸。

T.XII.a.0014. **圆形木塞子**。有垂直的穿孔,孔内有断掉的绳子,上端斜削,下端有子母口($\frac{1}{4}$英寸×$\frac{1}{8}$英寸)。黑色。高$\frac{3}{4}$英寸,直径 $1\frac{1}{4}$英寸。

T.XII.a.0015~0018. **四枚封检**。C 型,见 T.VIII.5。0018 下端有 V 形刻槽。参见 T.XV.a.ii.005。0017 下部有四道刻痕。0015 最大尺寸 $1\frac{7}{8}$英寸×$1\frac{3}{8}$英寸×$\frac{3}{4}$英寸。

T.XII.a.0019. **小型托架(?)**。用两头尖、中间平的木条做成,中间有两个枝杈呈 90 度角相交。$5\frac{3}{4}$英寸×$\frac{3}{4}$英寸~$\frac{5}{16}$英寸×$\frac{5}{16}$~$\frac{1}{8}$英寸。

T.XII.a.0020. **木栏杆**。断面为长方形,两端斜削。一端有两个紧邻的孔,另一端有榫眼(残),里面还残存有榫头,榫眼里还揳入一根小木片以挤牢榫头,有胶水和捆扎的痕迹。$3\frac{5}{8}$英寸×$\frac{5}{8}$英寸×$\frac{7}{16}$英寸。

T.XII.a.0021. **木杆**。可能为滚刷。外形见 T.XII.a.0012,使用情况见 T.VIII.0025。$1\frac{7}{16}$英寸×$\frac{15}{16}$英寸×$\frac{15}{16}$英寸。

T.XII.a.0022. **圆木棍**。两端削成 1 英寸粗细,木棍两头的尖端和前端各有一穿孔,孔内尚残存有木桩,四个穿孔成一直线。长 7 英寸,直径$\frac{1}{2}$~$\frac{3}{8}$英寸。

T.XII.a.0023. **细木签**。前端呈梨状,后面的一部分另外制作,两部分之间有细小的痕迹相连。参见 L.B.IV.005。通长 $8\frac{3}{4}$ 英寸，直径 $\frac{3}{16}$ ~ $\frac{1}{8}$ 英寸。高 1 英寸 × $\frac{5}{8}$ ~ $\frac{7}{16}$ 英寸。

T.XII.a.0024.　木棍。一面平，另一面圆，木棍向圆的一面弯曲，平的一面朝外，形如弓。两端均尖，并有一截绳子。这件物品应该是一张弓，可能为操练演习之用。$8\frac{1}{4}$ 英寸 × $\frac{3}{8}$ 英寸 × $\frac{3}{16}$ 英寸。图版 LIII。

T.XII.a.0025.　木刻。像是一个小型窣堵波，断面为长方形，共五级。下面的榫头已破损。通体施黑漆。$1\frac{1}{4}$ 英寸 × 1 ~ $\frac{3}{4}$ 英寸 × $\frac{7}{8}$ ~ $\frac{5}{8}$ 英寸。图版 LIII。

T.XII.a.0026.　铁钎。断面为长方形，末端弯曲成环首，环首断面为圆形，锈蚀严重。参见 T.XVIII.ii.9b，XXVIII.0019，T.W.005、007。通长 6 英寸，"钎"的部分长 $5\frac{1}{4}$ 英寸，宽 $\frac{1}{4}$ 英寸，厚 $\frac{1}{8}$ 英寸。图版 LIV。

T.XII.a.0027.　芦苇捆。可能为编织苇席之用。大约每隔 3 英寸扎一根绳子，共有六根。每根绳子都打上结并被剪断。编织方法与 T.XIV.i.006 有所不同。长 $15\frac{1}{4}$ 英寸，直径 $\frac{7}{8}$ ~ $\frac{1}{2}$ 英寸。

T.XII.a.0028.　**两捆芦苇。**编苇席之用，每捆苇秆用绳子捆了三扎，长约 4 英寸，直径约 $\frac{3}{4}$ 英寸。

T.XII.a.0029.　芦苇捆。与 T.XII.a.0027 相类似。用绳子捆了五扎。长 $9\frac{1}{4}$ 英寸，直径 $\frac{7}{8}$ ~ $\frac{1}{2}$ 英寸。

T.XII.a.0030.　蛇皮和蛇骨架。长(拧在一起) $7\frac{7}{8}$ 英寸，直径约 $\frac{7}{8}$ 英寸。

T.XII.a.0031. **粗绳活结**。绳子打成双，在距弯头 $3\frac{1}{2}$英寸的地方将两个绳头分开然后再回头打上活结，绳子直径为$\frac{7}{8}$英寸（双股）和$\frac{1}{2}$英寸（单股），绳套内径 3 英寸×$1\frac{3}{4}$英寸。

T.XII.a.0032. **圆木棍**。一头削成斜面，面上有刻痕，并有烧烤的痕迹。木棍插入一个环中。另一端从刻痕处残断。死眼（Dead-eye?）环直径 $2\frac{3}{4}$英寸，木棍直径$\frac{1}{2}$英寸。

T.XII.a.0033. **鞋垫残片（?）**。用三块粗麻布做成，麻布为浅黄色，一块压一块，用纵向约$\frac{3}{8}$英寸的针线缝合。鞋垫和针脚边缘被一起切断，鞋垫上还有一根粗的线绳，从一头绕到另一头再绕回，到起点约$\frac{1}{2}$英寸处被剪断，线绳被剪断时留下了短须。鞋垫可能是为加固鞋底之用。参见T.XVIII.iii.002。中间的一层麻布两面都涂有黑色涂料，可能为了“防水”之用。$6\frac{1}{4}$英寸×$3\frac{3}{4}$英寸。

T.XII.a.0034. **一捆干草**。用绳子捆了两扎，一根绳子用草梗搓成，一根用花茎拧成。$14\frac{1}{2}$英寸×$3\frac{1}{2}$英寸×2 英寸。

T.XII.a.0035. **一片暗黄色丝绸**。平纹，一端打有一个结，用丝线锁边。长 1 英寸。

T.XII.a.0036. **蓝色丝绸残片**。通宽 1 英寸。

T.XII.a.0037、0038. **芦苇灰烬**。已成两堆残渣，从烽燧夹薪中采集。参见 I.XII.a.004。通宽 $3\frac{3}{8}$英寸×$2\frac{1}{2}$英寸。

T.XII.a.0040. **桦树皮残片**。未采集字迹。约 2 英寸×$\frac{1}{2}$英寸。

T.XII.a.0041.　**芦苇标本。**采自烽燧遗址夯土(土坯)夹薪。长6英寸。

T.XII.a.i.001.　**木桩。**如T.002一样在上部雕刻、描绘出人头的形状,但做工粗糙。下部残存有树皮。只有一个刻痕,在人脸的鼻子之下。头上部被砍掉,截面不甚平整。$6\frac{7}{8}$英寸×$1\frac{5}{16}$英寸×$\frac{5}{8}$英寸。

T.XII.a.i.002.　**木笔(?)。**将木棍整齐地削尖做成木笔,在较宽的同一个面上有两个十字刻痕。长$6\frac{3}{16}$英寸。

T.XII.a.i.003.　**木桩。**桩柱砍得不是太圆。前端削成斜面,类似于凿子。$3\frac{11}{16}$英寸×$\frac{1}{2}$～$\frac{1}{4}$英寸×$\frac{7}{16}$英寸(最大)。

T.XII.a.i.004.　**木简下端。**没有字迹。$2\frac{1}{2}$英寸×$\frac{5}{16}$英寸×$\frac{1}{16}$英寸。

T.XII.a.i.005.　类似于T.007,有铁的柄舌,箭镞前端已钝,翼面平整,保存完好,通长$1\frac{5}{8}$英寸,箭头$1\frac{1}{16}$英寸。图版LIII。

T.XII.a.i.006.　**陶器残片。**轮制,磨光灰陶,陶窑烧制。圆肩,肩部以下刻一圈栉齿纹,栉齿纹下面有一圈水波纹。破损严重。通宽$3\frac{1}{2}$英寸。

T.XII.A.ii 遗址垃圾中采集的文书和各种遗物

T.XII.a.ii.1.和1.a.　**早期粟特文书纸卷。**出土时为折叠状,并被用绳子捆住。文书正面的两侧向里折,折起来的部分有三短行粟特文,竖向书写(一端残缺)。未折起来的部分有12行,平行书写在长长的卷页上。字体是黑色的,很清晰。除了纸张的边缘有些残缺,文书基本上完整。详见T.XII.a.ii.1～8,纸张都很薄,略为发黄,纸纹不平整,据说是用破布制作的(见冯·威斯纳《关于最古老的纸张碎片》刊于《维也纳皇家科学院报告》,维也纳,第168辑,1911)。1a是从T.XII.a.ii.1右侧撕下来的一片空白纸条(见

L.A.VI.ii.0104,T.VI.c.ii.1。又见考维利《皇家亚洲学会会刊》,1911 年 1 月号 159 页以下;戈蒂亚特文,出处同上,497 页以下)16 英寸×9 $\frac{3}{4}$ 英寸。图版 CLIII、CLV。

T.XII.a.ii.2. **早期粟特文书纸卷**。采集时为折叠状,并用棕色丝带捆住。有粗麻(?)织物做成的封页,封面上有相同的字体。封页上有黏着的残纸,可能封页之后还有封皮。文书正面(未折叠部分)有 60 行字,平行书写在窄页上,黑色字体,字迹清晰。反面(在一个角上)有三短行,靠近卷页边缘,同 ii.1 一样竖向书写。麻布封页上有七行字迹。文书纸卷同 ii.1 一样,折痕附近已磨损。16$\frac{3}{8}$英寸×9$\frac{1}{2}$英寸,封页 5$\frac{1}{2}$英寸×3$\frac{3}{4}$英寸。图版 CLIII、CLIV。

T.XII.a.ii.3. **早期粟特文书纸卷**。采集时为折叠状,并用线绳捆住。折叠起来的部分同 ii.1 一样竖向书写。未折叠起来的部分有 26 行字,平行书写在长长的卷页上,一侧的九行字超出纸面之外。黑色字体,字迹清晰。文书纸卷同 ii.1 一样,折痕附近已磨损。16$\frac{1}{2}$英寸×9$\frac{3}{4}$英寸。图版 CLIII、CLVII。

T.XII.a.ii.4. **早期粟特文书写卷**。采集时为折叠状。折叠起来的部分同 ii.1 一样竖向书写。未折叠起来的部分有八行字,平行书写在长长的卷页上,有一行字超出纸面之外。黑色字体,字迹清晰。文书纸卷同 ii.1 一样,折痕附近已磨损。16 英寸×9$\frac{1}{2}$英寸。图版 CLV。

T.XII.a.ii.5. **早期粟特文书纸卷**。采集时为折叠状,并用线绳捆住。折叠起来的部分仅保存有竖向书写的残断文字。未折叠起来的部分有 23 行字,平行书写在长长的卷页上。有 9 行字超出纸面,黑色字体,字迹清晰。纸卷与 ii.1 相同,但破损严重,有几行字已被磨损掉。12 $\frac{1}{4}$英寸×9 $\frac{1}{2}$英寸。图版 CLIII、CLVI。

T.XII.a.ii.6. **早期粟特文书纸卷**。采集时为折叠状,保存不完整。折叠起来的部分仅保存有竖向书写的残断文字。未折叠起来的部分仅剩下平行书写的23行字的右半部分，黑色字体，字迹很清晰。纸卷与ii.1相同，4英寸（不全）×9$\frac{5}{8}$英寸。图版CLIII、CLVI。

T.XII.a.ii.7.　早期粟特文书纸卷。采集时为折叠状，折叠起来的部分没有竖向书写的字体。未折叠起来的部分有7行字，平行书写在长长的卷页上。有一行字超出纸面之外。由于卷页中央的一部分已残缺，除了第一行，其他各行的文字都不完整。字体黑色，字迹清晰。纸卷与ii.1相同，16英寸×5$\frac{3}{8}$英寸。图版CLIII、CLVI。

T.XII.a.ii.8.a～g.　早期粟特文书残片。g为最大的一片，采集时为折叠状。a～f为小残片，可能是属于g的残片。或者背面（折叠起来部分）有竖向的文字痕迹，未折叠起来的部分有7行字，平行书写在长长的卷页上。有一行字超出了纸面之外。字体黑色，字迹很清晰。中间倒数第四行大部分已残缺。a上无字，b上有9行字（残断），剩下的几个小残片上都有少数的几个字。纸卷与ii.1相同。g：15$\frac{5}{8}$英寸×7英寸；b：（最大的一块小残片）3$\frac{1}{2}$英寸×1$\frac{1}{8}$英寸。图版CLIII、CLIV、CLVII。

T.XII.a.ii.20.　质地上乘的丝绸残片。素面，未染色，残破较甚，一面有9行和田文字，字迹模糊不清。3$\frac{5}{8}$英寸×2$\frac{5}{8}$英寸。图版XXXIX。

T.XII.a.ii.001.　封检。A型，见T.VIII.5，刻槽中有绳子。1$\frac{3}{8}$英寸×1$\frac{1}{4}$英寸×$\frac{1}{2}$英寸。

T.XII.a.ii.002.　垃圾样品。

T.XII.a.ii.003.　织物残片。从垃圾中清理出来。所有丝织物都是素面，纹理精美，清理时都已残破。丝织物包括：四块暗黄色的、三块红色的、一块粉色的、一块灰色的、一块缝有灰色丝片的蓝色丝绸残片、一块蓝色的、一块缝有蓝色丝片的暗黄色丝绸残片、四根丝绳(三根暗黄色、一根绿色)打成的绳结、一堆废弃的用红色丝布覆盖并用绿色丝线缝合的棉花;另外还有一块棉麻织物残片,平纹。通宽约10英寸。

T.XII.a.ii.004. **平木板**。一端有一系列弯曲面和刻槽,另一端有孔,可能为一件家具的腿板(?)。$4\frac{1}{4}$英寸×$\frac{7}{8}$英寸×$\frac{1}{6}$英寸。图版LIII。

T.XII.a.ii.005. **木质模具(?)**。长方形,表面有黑漆。残卷T.XXVII.007、008,XXVIII.k~n。$\frac{13}{16}$英寸×$\frac{1}{2}$英寸×$\frac{3}{8}$英寸。

T.XII.a.ii.006. **短木棍**。一端尖。木棍上有藤条,用绳子捆住,可能是金属箭镞和箭杆(用苇秆做成)之间连接的部分。木棍长2英寸,直径约$\frac{1}{8}$英寸,藤条的直径为$\frac{7}{16}$英寸,木棍用绳子捆缚的部分长度为$1\frac{1}{16}$英寸。图版LIII。

T.XII.a.ii.007. **木刻**。像是一座小型窣堵波。断面为方形,与T.XII.a.0025一样,有五级,但要窄小一些。边缘都已磨损。$1\frac{11}{16}$英寸×$\frac{15}{16}$英寸×$\frac{7}{8}$英寸。

T.XIII 烽燧发掘的遗物

T.XIII.001. **木支架**。见T.VIII.004,与T.XIII.a.001相似而有所不同。榫头已破损。支架长$4\frac{1}{2}$英寸(如加上榫头长度共计$6\frac{1}{2}$英寸)×$2\frac{3}{8}$英寸×$1\frac{1}{2}$英寸。

T.XIII.002. **木板**。一端保存完整,其余部分有砍削的痕迹,被砍掉的部分约占木板原厚度的三分之二。木板两头被削成斜面,斜面上有一直径为$\frac{1}{16}$

英寸的穿孔。两端各有四齿，齿间有三个槽，槽宽约$\frac{1}{8}$英寸×深$\frac{1}{4}$英寸。通体有黑漆的痕迹。$5\frac{3}{4}$英寸×$1\frac{1}{8}$英寸×$\frac{9}{16}$～$\frac{3}{16}$英寸。

T.XIII.003.　**绳鞋**。与 T.XIV.a.002 属同一类型，但做得更结实一些。鞋的前半部分已有残缺，但脚趾部分尚存。出土于坞楼遗址，长$11\frac{1}{2}$英寸，通宽4英寸。

T.XIII.004.　**绳鞋**。与 T.XIV.a.002 属同一类型，鞋帮已残，鞋跟部分保存完整。出土于坞楼遗址。残长 9 英寸，通宽 $4\frac{1}{4}$英寸。

T.XIII.005.　**铜箭镞**。茎圆形。有三翼，锈蚀严重，有铁舌。前端长 $1\frac{5}{8}$英寸，通长 $3\frac{1}{16}$英寸。图版 LIII。

T.XIII.006、007.　**两枚铜箭镞**。与 T.007 属同一类型，但 XIII.007 的箭锋更为锋利。翼面平整，尾端有铁舌的痕迹，长 $1\frac{1}{8}$英寸。

T.XIII.008.　**扁形珠子**。灰紫色，自然抛光，一端削成平面，直径$\frac{9}{16}$英寸。

T.XIII.009.　**骨头残片**。中间掏空成管状。一端塞有木楔。长 $2\frac{3}{16}$英寸，直径约$\frac{3}{8}$英寸。

T.XIII.i.001.　**木支架**。与 T.VIII.004 相似但有不同之处，两面削成平面，末端没有柄。施红、黑彩绘，没有雕刻的纹样，两面有圆圈，用刻线表示羽毛，突起的一面刻纹更多。保存完好。7 英寸（榫头 $2\frac{3}{8}$英寸）×$1\frac{3}{8}$英寸×$1\frac{1}{2}$英寸。图版 LIV。

T.XIII.i.002. **封检**。C 型，见 T.VIII.5，有黑色痕迹。$1\frac{5}{8}$英寸×$1\frac{3}{8}$英寸×$\frac{5}{8}$英寸。

T.XIII.i.003. **木铲（?）**。与今天的桨有点类似，长方形。前端 $2\frac{1}{2}$英寸×$\frac{1}{2}$英寸。有纤细的圆柄。残长 10 英寸。

T.XIII.i.003.a. **灰色小丝袋**。丝织的里衬上有字。字迹从外面映出来。丝袋纹理清晰，素面。由四部分组成：口部——织物平面上有一个圆孔；边——圆筒形，上部与口沿缝合；底部——圆形，缝在圆筒的下面。圆筒的上部缝有一块折叠的条带，与口部相连。条带被撕成数段，质地很脆。文字的释读参见沙畹《文书》No.398 及图版 XX。长约 $3\frac{1}{2}$英寸，上部宽 $3\frac{1}{2}$英寸。

T.XIII.i～ii.001.a、b. **织物残片**。包括：红色、灰色、暗黄色的丝织物残片，均为素面；成股的暗黄色丝带；还有两块麻布或棉布织物，质地粗糙。通宽 2 英尺 2 英寸（股）。

T.XIII.ii.001. **木支架**。见 T.VIII.004。与 T.VIII.007 相似而有所不同，且稍小。直径上有红地黑彩。花纹图案多已残缺不全，只有末端的钩形纹还可以看得出来。支架的顶端由于悬挂物品已有残损。$6\frac{1}{4}$英寸（含榫头 $2\frac{7}{8}$英寸）×$1\frac{5}{8}$英寸×$\frac{5}{8}$英寸。

T.XIII.ii.002、003. **两枚封检**。A 型，见 T.VIII.5.003，绳子和大部分封泥尚存。保存不好。002 的尺寸为 $1\frac{7}{8}$英寸×$1\frac{1}{8}$英寸×$\frac{3}{4}$英寸；003 的尺寸为$1\frac{3}{4}$英寸×$1\frac{5}{8}$英寸×$\frac{5}{8}$英寸。图版 LIII。

T.XIII.iii.001. **用藤条做成的笤帚**。制作方法如下：先取一小束藤条，在

距顶端5英寸的地方用绳子扎两扎，将绳子从藤条中穿过，再将分成两部分的藤条捆起来，然后再把绳子从藤条中间穿过。接着，加上第二束藤条，将绳子从藤条中间穿过，捆起来。再加上第三束藤条……如此重复。在捆住最后一束绳子以后将绳子打上一个很紧的结。共计用八束藤条，每束藤条的末端都被捆住，经过捆扎的藤条形如扫把。这把笤帚由于使用过多而有残损。长$6\frac{1}{2}$英寸，把柄周围$4\frac{1}{2}$英寸。

T.XIV 坞楼遗址发掘的遗物

T.XIV.001.　**漆木碗底残片**。形制与T.VI.b.ii.001类似。卵形，外黑里红。$1\frac{3}{4}$英寸×$\frac{3}{4}$英寸×$\frac{1}{8}$英寸。

T.XIV.002.　**封检**。C型，见T.VIII.5，除两端及封泥槽以外，均有黑绘。制作粗糙。$2\frac{1}{4}$英寸×$1\frac{1}{8}$英寸×$\frac{3}{4}$英寸。

T.XIV.003.　**锻铁斧刃**。刃部弧形。侧缘方形，长方形銎孔。此物可称得上铁器中的上乘之作。刃部长$4\frac{7}{8}$英寸，深4英寸，厚度不到$\frac{1}{2}$英寸。銎孔长2英寸。图版LIV。

T.XIV.004.a～e.　**织物残片和纸张残片**。在遗址表土层中出土。包括：a为糙纸（仿绸料?），形如松散的毡布，可能是由于纸张吸水所致，或者也有可能是纸浆原料。成品参见T.XIV.i.003。尺寸为$5\frac{1}{2}$英寸×$2\frac{1}{2}$英寸。b为粗山羊毛织物残片，暗黄色，有棱纹。6英寸×$10\frac{1}{2}$英寸。c为质地细密的棕红色羊毛织物残片，$4\frac{1}{2}$英寸×$2\frac{1}{2}$英寸。d为质地上乘的暗黄色羊毛织物残片，通长

8 英寸。e 为粗麻织物残片，已褪色成棕色，素面。$3\frac{1}{2}$英寸×$4\frac{1}{2}$英寸。b 见图版 XLVIII。

T.XIV.006.　**八枚有黑点的木简**。其中一枚上有两个褪色了的字迹。其余的都有刻痕，与 T.XV.a.i.009(q.v.)相似。长度从$2\frac{1}{4}$英寸到$3\frac{1}{2}$英寸不等。

T.XIV.i.001.　**12 枚木简**。无字，通长 14 英寸。

T.XIV.i.002.　**织物残片**。包括一块暗黄色的丝织物和一块深蓝色的织物残片，后者用暗黄色丝线锁边。均为素面，很残破。通宽 11 英寸。

T.XIV.i.003.　**五块残纸片**。松散如毡料，很残破。通宽 7 英寸。

T.XIV.i.004.　**麻布(?)残片**。包括：一块暗黄色的粗纺织物，一段线绳(直径$\frac{1}{10}$英寸)，两端薄毡或纸的残片。均残破。线绳通宽约 1 英寸。

T.XIV.i.005.　**刺绣丝织物残片**。用上好的深蓝色丝线织成，上面有一排排的红色、浅蓝色、绿色的链纹，花纹周围有暗黄色的边框。制作精美。参见 Ch.iv.002。通宽$1\frac{1}{2}$英寸。

T.XIV.i.006.　**草席**。采集于洞窟的入口处。其编织方法如下：先平行放置几根麻绳(麻绳现存有五根)，麻绳间距 3 英寸到$3\frac{1}{4}$英寸，长度在席子长度的两倍以上。在每根麻绳居中位置打上一个圈，放上一小束草(现存长度约 18 英寸)，麻绳与草垂直。用麻绳捆住草，穿过绳圈。接着放上第二束草，重复前面的步骤。位于下面的绳子保持平直，上面的绳子用来捆草。草席原长约 3 英尺 7 英寸，宽度应为 1 英尺 10 英寸。草席边缘很整齐。3 英尺 2 英寸×1 英尺 7 英寸×$\frac{1}{2}$英寸。

T.XIV.ii.I.　**楔形盖简**。封检空，内有无花纹丝绸织物的残片，边角残损，无字。$4\frac{1}{2}$英寸×$1\frac{5}{8}$英寸×$\frac{3}{4}$英寸。

T.XIV.ii.001.　**带耳柄的漆木碗**。碗内壁棕红色，无纹饰；柄棕红色，有鲜红色的圆圈。在宽的单线弦纹和窄的双线弦纹中间有点纹。参见T.XV.a.iii.001。保存完好。3 英寸×$\frac{3}{4}$英寸×$\frac{1}{2}$英寸。

T.XIV.ii.002.　**一捆木简**。无字迹，有刻痕。通长 6$\frac{1}{2}$英寸。

T.XIV.ii.003.　**谷子**。

T.XIV.ii.004.　**棕色丝织物残片**。素面，夹有麻线，丝线与麻线均有腐朽的痕迹。通宽约 2$\frac{1}{2}$英寸。

T.XIV.ii.005.　**封检**。C 型，见 T.VIII.5。1$\frac{7}{8}$英寸×1$\frac{1}{8}$英寸×$\frac{3}{8}$英寸。

T.XIV.iii.17.　**木印**。方形小块，对穿孔，印面$\frac{1}{2}$英寸见方。上有“长寿”二字。背面右侧有一个“寿”字，未刻完。参见 T.XXVII.15。制作精美。高$\frac{5}{16}$英寸。图版 LIII。

T.XIV.iii.58.　**木桩**。与 T.002 相似，但更为粗糙，彩绘不甚精致。只有一个刻痕（在鼻子以下的位置），头的上部被砍掉。7$\frac{5}{8}$英寸×1 英寸×约$\frac{3}{4}$英寸。

T.XIV.iii.001.　**木柄**。直，主体部分横切面为方形，边缘有齿，一端竖直，有孔，孔内有绳子。另一端平直，上有深$\frac{5}{8}$英寸、宽$\frac{1}{16}$英寸的槽（边缘被砍掉），槽内有 V 形铁刃的痕迹，铁刃上缠有亚麻布。此物可能是一件小型的锛子。长 9$\frac{1}{2}$英寸，宽$\frac{3}{4}$~2 英寸，厚$\frac{3}{4}$~1$\frac{3}{16}$英寸。图版 LII。

T.XIV.iii.002.　**带耳柄的漆木碗**。与 T.VI.b.ii.001 类似。内壁红色，其余部分黑色，外壁有红色的卷纹装饰。长 3$\frac{3}{4}$英寸，高$\frac{3}{4}$英寸，宽$\frac{1}{2}$英寸。

T.XIV.iii.003. **卵形漆木碗**。与 T.VI.b.ii.001 类似。口部、底和腹壁的一部分残缺。内壁为红色,有黑色边框。柄上端和碗外壁为黑色。长约 5 英寸,宽约 3 英寸(加上柄共长 4 英寸),高 $1\frac{1}{4}$英寸。

T.XIV.iii.004. **半个木碗耳柄**。与 T.VI.b.ii.001 类似。未上漆。长 5 英寸,高 $1\frac{1}{4}$英寸。

T.XIV.iii.005. **木铲的一部分**。铲部近方形,边缘为圆角,柄残缺。很残破。残长 $4\frac{1}{2}$英寸,铲部 $2\frac{1}{2}$英寸×$1\frac{3}{16}$英寸。

T.XIV.iii.006. **木榫眼或滑轮(?)**。绳索已朽。参见 T.XIV.a.004。见 N.XXIX.ii.001.b。从顶到底 $2\frac{1}{4}$英寸,底 $2\frac{1}{4}$英寸,杆径约$\frac{1}{2}$英寸。

T.XIV.iii.007. **木梳**。圆背。参见 L.A.VIII.001。高 $2\frac{7}{8}$英寸,宽$1\frac{7}{8}$英寸,齿长 $1\frac{3}{8}$英寸,其中四个齿的长度为$\frac{1}{2}$英寸。

T.XIV.iii.008. **12 枚简**。无字。其中三枚为木简。通长 10 英寸。

T.XIV.iii.009. **木铲的一部分**。铲部长方形,平面。柄残缺,长 4 英寸(铲部长 2 英寸),通宽 $1\frac{1}{8}$英寸。

T.XIV.iii.0010. **三根表面削平的藤条**。形如把柄,一端系有暗黄色的毡线结。可能是用于刷颜料的工具。藤条尺寸为 $4\frac{3}{4}$英寸×1 英寸。结径$\frac{5}{8}$英寸。

T.XIV.iii.0011. **粗羊毛织成的不带鞋跟的童鞋**。棕黑色,用线绳编织。鞋用一条羊毛条带制作,条带的边缘和尾端向上卷起,与鞋帮缝合,以包扎鞋边。长 6 英寸,通宽 $2\frac{1}{2}$英寸。

T.XIV.iii.0012.　**羊毛织物。**残破，质地有点像帆布，颜色略微发黄，可能是一只亚麻鞋的一部分。约 $6\frac{3}{4}$英寸×$3\frac{1}{2}$英寸。

T.XIV.iii.0013.　**形状不规则的棕黄色毡布残片。**可能是一只鞋的一部分。通宽 $3\frac{1}{2}$英寸。

T.XIV.iii.0014.　**陶器残片。**轮制，磨光灰陶，陶窑烧制，烧制时封闭窑门。器表为深黑色，两侧各有一个穿孔，可能是钉铆钉所用。通宽$1\frac{1}{8}$英寸。

T.XIV.iii.0015.　**椭圆形绳圈。**绳为双股，浅棕黄色，绕了六圈。残。圈径 1 英寸×$\frac{5}{8}$英寸。

T.XIV.iii.0016.　**藤编残片。**一边突起如椭圆形，可能为一把扇子(?)。用宽约$\frac{1}{10}$英寸的藤条编成，纵向的藤条排列紧密，横向的藤条间距在$\frac{1}{4}$~$\frac{1}{2}$英寸之间。边缘突起。每根纵向藤条沿边弯曲并转为横向，每根藤条弯曲折回之前，总比靠外边最后一根藤条多编入$\frac{3}{4}$~$\frac{1}{2}$英寸，使边缘只有微小弧线。在顶端最上面一根横向藤条处，每当藤条编入，弯曲折回又变成纵向时，所有藤条弯圆，每四根藤条互相交叉编入又编出搓在一起。横向藤条出土时仅剩五根。9 英寸×$3\frac{1}{4}$英寸。图版 LIV。

T.XIV.iii.0017.　**织物残片。**包括：一块蓝色的丝织物，一块棕色的丝织物，四块暗黄色的丝织物，一块缝在羊毛毡布上的暗黄色丝织物，两条打结的暗黄色丝带，两块暗黄色的亚麻(?)织物，一红色的羊毛穗带，一块残鞋底。均残破。通宽约 8 英寸。

T.XIV.iii.0018.　**中国风格木杖。**前端尖，一段呈棱形，圆柄，通长 20 英寸，柄长 $7\frac{1}{2}$英寸，前端 2 英寸×$1\frac{1}{4}$英寸，柄径 $1\frac{1}{4}$英寸。图版 LII。

T.XIV.iii.0020. **象牙残片**。一面磨光,有绿色卷叶纹痕迹。$2\frac{1}{4}$英寸×$1\frac{1}{16}$英寸×$\frac{1}{16}$英寸。

T.XIV.v.001. **木碗**。在转轮上旋制而成。出土时碗内装有钱币。圈足。碗底有“卡钳”的痕迹。保存完好。碗径$6\frac{3}{8}$英寸,高$3\frac{5}{8}$英寸。图版 LIII。

T.XIV.v.002. **封检**。A 型,见 T.VIII.5。两端有与刻槽相连的穿孔。$1\frac{9}{16}$英寸×$1\frac{5}{8}$英寸×$\frac{5}{8}$英寸。

T.XIV.v.003. **织物残片**。素面丝织物,三块为暗黄色,一块为红色,另外还有两块暗黄色的丝织物,各自缝在一块蓝色的丝织物上。均残破。后两块可能是小型旗幡的残片。木质旗杆应该是从两块残片的接缝处穿过。通宽约 6 英寸。

T.XIV.v.004. **镀金玻璃珠**。扁圆形。参见 L.A.00171。直径$\frac{3}{8}$英寸。

T.XIV.v.005、006. **两根铜簪子**。顶端为方形,除交叉部分为菱形外,其余部分均为圆形。两件均出土于碗 T.XIV.001 内。长度分别为$2\frac{7}{8}$英寸和$3\frac{5}{16}$英寸,宽$\frac{7}{16}$英寸,圆形部分直径$\frac{1}{16}$英寸。

T.XIV.v.006、007. **两颗未经雕凿的卵石**。局部有绿彩。通宽$\frac{3}{4}$英寸。

T.XIV.v.0011.a~c. **三块丝织物残片**。a 为淡紫色斜纹锦缎,系一面已经褪色的小旗帜的上部,用悬挂用的木质旗杆和圈套。缎面用斜纹织成较大的花纹图案,在卷纹之间有棕榈叶,间杂成组的 S 形茎叶纹。b 为质地上乘的斜纹锦缎,系旗帜的一部分,残留有木质旗杆。花纹与少数图案约略相似,只是图形稍小。上部的花纹为一种三叶型的装饰(trefoil)。缎面上缝有一块与

a 相似但质地松软的锦缎。a、b 尺寸分别为:5 英寸×$2\frac{1}{2}$英寸;6 英寸×2 英寸。c 为质地上乘的暗黄色丝织物残片,系庙宇悬挂的小型旗帜,残留有木质旗杆。通宽 $10\frac{1}{2}$英寸×$3\frac{1}{2}$英寸。

T.XIV.vi.001.　**木勺的勺子部分。**勺柄和勺的前端是平的,后端是圆的。长 $5\frac{3}{8}$英寸,勺长 3 英寸,通宽 $1\frac{7}{8}$英寸。

T.XIV. vii. 001、002.　**漆木碗的口缘和耳柄残片(两块)。**参见 T.VI.b.ii.001。001 外表为深褐色,内壁为红色。002 为黑色。保存不好。长分别为$2\frac{3}{4}$英寸和 $1\frac{1}{2}$英寸,高分别为$\frac{3}{8}$英寸和$\frac{1}{2}$英寸,宽$\frac{1}{2}$英寸。

T.XIV.vii.003、004.　**两枚封检。**C 型,见 T.VIII.5。004 的两端近圆形,刻槽是斜的,刻槽底部有穿孔。$1\frac{7}{8}$英寸×1 英寸×$\frac{1}{2}$英寸;$2\frac{3}{16}$英寸×1 英寸×$\frac{9}{16}$英寸。

T.XIV.vii.005.　**木质刀鞘残件。**顶端和一侧残,横切面为椭圆形,残长$\frac{3}{4}$英寸。外表稍微有点凹,可能是为了装入皮套(?)而这样设计的。内壁粗糙不平。鞘底有丝织物的痕迹。$3\frac{1}{8}$英寸×$\frac{7}{8}$英寸×$\frac{7}{16}$英寸。

T.XIV.vii.006.　**木质家具残件(?)。**主体平直,横切面为长方形,两端有圆形榫头,榫头上有钉眼(钉子与侧面平行),其中一个钉眼内还有残断的木钉。主体侧面各有一个榫眼,一个榫眼上有一个十字形的榫头,套入榫眼的榫头用木钉钉牢。家具的表面有红色彩绘的痕迹。主体:$4\frac{1}{8}$英寸×$\frac{3}{4}$英寸×$\frac{5}{8}$英寸;榫头:$1\frac{3}{8}$英寸×$\frac{7}{16}$英寸;十字架:$6\frac{1}{4}$英寸×$\frac{7}{8}$英寸×$\frac{1}{4}$英寸。

T.XIV.vii.007.　**两块分别为黄色和红色的丝织物残片。**已褪色。红色的一块为不规则的条带形，黄色的一块是规整的方形，$3\frac{1}{2}$英寸见方，边缘部分被折叠起来，一条边还用针线锁边。织物用细丝线织成，质地上乘。保存不完整。通宽 $3\frac{1}{2}$英寸。

T.XIV.vii.001. **半枚封检**。A 型，见 T.VIII.5。$1\frac{7}{8}$英寸×$\frac{7}{8}$英寸×$\frac{5}{8}$英寸。

T.XIV.a 烽燧发掘的遗品

T.XIV.a.001. **绳鞋**。男式。(麻制?)，鞋面似乎连为一体，后半部分向下弯曲，可能便是鞋跟，鞋前端脚趾上的部分与鞋帮相连，做成平面。后面则向上卷起形成鞋帮。后跟为结实起见，加垫了一块衬垫，衬垫的制作方法与鞋面相同。做鞋底的线绳比做鞋面所用的线绳要粗一些。脚踝中部两侧各有一根鞋带，鞋帮上扎鞋带的部分是一块质地较好的帆布一类的织物，鞋带穿过紧密成排的鞋带眼将鞋系住。这只鞋做工规整精细，保存完好。长 11 英寸，宽 $4\frac{1}{4}$~$2\frac{1}{4}$英寸。

T.XIV.a.002. **绳鞋**。麻制(?)，鞋底用 10 根较粗的线绳做纬线，再用较细的线绳做经线，经线和纬线上下交织而成。靠近趾端的纬线被拧成两股，每股五根。经线分别从这两股的上下穿过，这两股纬线延长了约 3 英寸，延长的部分折回与经线织为一体。两股纬线最终形成一个圈。鞋后跟的编织方法与前端相同，只是线绳没有延长那么多。距后跟约 2 英寸处，鞋底两侧各有四个圈，向前延伸还有几个圈，一根双股的线绳从鞋跟附近的圈中穿过，这样使鞋跟不至于裂开。最后再用一根线绳将所有的圈串起来，紧紧地系在鞋子上。这只鞋与今天克什米尔地区的“草鞋”大致相似。长 1 英尺，宽约 $4\frac{1}{2}$英寸，图版 LIV。

T.XIV.a.003. **长方形木头**。可能是为了拼合的方便，边缘稍微有点斜。

参见 T.XII.a.ii.005、XXVIII.d～q。1 英寸×$\frac{9}{16}$英寸×$\frac{5}{16}$英寸。

T.XIV.a.004.　**木“死眼”**。与 T.XIV.iii.006 类似。末端用绳子系住，刻槽中有绳结残迹。杆径$\frac{1}{2}$～$\frac{1}{4}$英寸，底径 2 英寸，底上部 2 英寸。

T.XIV.a.005.　**拱形木柄**。表面是平的，施黑漆。宽 $1\frac{3}{8}$英寸，厚$\frac{3}{16}$英寸，弧度 $4\frac{1}{4}$英寸。

T.XIV.a.006.　**木碗残件**。类似于 T.VI.b.ii.001，但要大一些。外黑里红。保存不好。通宽 $5\frac{3}{4}$英寸。

T.XIV.a.007.　**铜箭镞**。与 T.007 属同一类型，但三翼要长一些。保存较好，长 $1\frac{5}{8}$英寸。图版 LIII。

T.XIV.a.008.　**铜镜残片**。背面有缠枝纹。通宽$\frac{5}{8}$英寸。

T.XIV.a.i.001.　**封泥**。$1\frac{1}{8}$英寸见方，封泥上有四个字，字体纤细，为“董褒印信”。“褒”当为“堡”（霍普金斯先生）。参见 T.XXVII.15。边缘和底部表面被火烧过。高$\frac{3}{8}$英寸。图版 LIII。

T.XIV.a.i.002.　**织物残片**。包括：一束麻线，一条暗黄色的素面丝带，一块质地上乘、编织细密的深蓝色丝织物残片，上有间距为$\frac{1}{8}$英寸的暗黄色条纹，并有浅黄色的花边。织物的一面被缝在一块鲜红色的丝织物上，另一面则被缝在暗黄色织物残片上。织物背面有沙粒。约 $3\frac{1}{2}$英寸×3 英寸。

T.XIV.a.ii.001.　**木锄**。锄头前端为 V 字形，因使用而有破损的痕迹。锄柄为一根横切面为椭圆形的木杆,上有棕红色的树皮和樱桃般的疤痕。锄头 11 英寸×$4\frac{1}{2}$英寸×$1\frac{3}{4}$～$\frac{3}{4}$英寸;柄:1 英尺 7 英寸×$1\frac{1}{4}$英寸×$\frac{7}{8}$英寸。图版 LII。

T.XV 烽燧采集的遗物

T.XV.1.　陶罐口缘和颈部。轮制,夹砂灰陶("夹砂",原著作"slaty",意为"含板石的",此从我国考古界的习惯称之为"夹砂"——译者)。用陶窑旺火烧制。尖唇,双重口缘,两重口缘之间有一个凹槽,内外口缘上有四条刻痕(系烧成后所刻),作为捆缚提携之用。参见 T.XVI.1。直径 5 英寸。

T.XV.001～003.　三个木把手。与 T.XII.0015 相似。下部横切面为方形,背面有红。黑彩绘。通长 $2\frac{1}{2}$英寸,直径$\frac{13}{16}$英寸。

T.XV.004.　铸铁锄刃。有纳柄的楔形銎孔。刃部保存完整,边角被磨成圆角。一端因使用而向下弯曲。$6\frac{3}{4}$英寸×$1\frac{5}{8}$英寸,銎 $6\frac{5}{8}$英寸×$\frac{3}{8}$英寸,上部厚$\frac{1}{16}$英寸,通宽$\frac{1}{2}$英寸。图版 LIV。

T.XV.005.　五块火镰所用的铁片。采集于通往烽燧台顶的台阶上,出土时用绳子捆在一起。可能是某个猎人登上台顶望寻野骆驼时所遗失的。通长 5 英寸。

T.XV.006.　绳鞋。麻织,与 T.XVIII.iii.001 属同一类型。趾端向上翻卷。鞋口包有皮革,鞋跟残。长 11 英寸,通宽 $4\frac{3}{4}$英寸。图版 LIV。

T.XV.007.　三块地毯残片(边缘部分)。经线为双股的羊毛线(?),在正反两面的红色、黄色的羊毛上均打上结,这样,地毯的正反两面都成了绒面。纬线所用的是质地较好的羊毛线,纬线被编成四股,为标准的"双经织"织法。

通体 3 英寸×$1\frac{1}{4}$英寸。图版 XLIX。

T.XV.008.　**铜箭镞。**与 T.007 大致属同一类型,但箭头更显细长,末端有倒刺。三个一面均下凹(参见 T.XXVIII.0012)。长 $1\frac{1}{2}$英寸。

T.XV.009.　**残铁铲或铁锄。**包括銎和刃的上部,从接缝处可以看出是铸铁制品,结构比较合理。銎孔平面为梯形,宽的一面长 $3\frac{1}{2}$英寸,宽 2~$1\frac{3}{4}$英寸;窄的一面 1 英寸至 1 英寸以下。銎到刃面的距离为 $1\frac{3}{4}$英寸。圆肩,肩部加厚。銎孔深达 $1\frac{3}{4}$英寸,使铲与柄咬合更紧。刃部最宽处 $3\frac{3}{4}$英寸。保存完好。$4\frac{1}{8}$英寸×$3\frac{3}{4}$英寸。图版 LIV。

T.XV.0010.　**焊接的铁铲或鹤嘴锄(刃部)。**近方形,刃部突起呈弧形,因使用而已磨成圆角。铲(锄)由两部分焊接而成,接缝在居中位置。朝上的一面上有銎孔,銎上有铆钉的钉眼,所用的铆钉多为木质或金属。铲(锄)上尚残留有一个铆钉。长$\frac{3}{4}$英寸,深 $5\frac{1}{4}$英寸,宽 $4\frac{3}{4}$~$5\frac{3}{8}$英寸,厚$\frac{1}{16}$~$\frac{3}{4}$英寸。图版 LIV。

T.XV.0011.　**红色丝带。**用质地上乘的丝线织成,残,长 6 英寸。

T.XV.a 烽燧坞楼遗址发掘的遗物

T.XV.a.001.　**封检。**没有绳槽,但有三个绳孔穿过的封泥槽,一面有一个,另一面有两个。参见 A 型 T.VIII.5。孔径约$\frac{1}{4}$英寸。封泥槽 $1\frac{1}{4}$英寸×$1\frac{1}{4}$英寸×$\frac{3}{4}$英寸,封泥 $2\frac{3}{16}$英寸×$1\frac{7}{8}$英寸×$1\frac{1}{4}$英寸。图版 LIII。

T.XV.a.002.a.　**有图像的丝织物残片。**裂开,蓝地黄彩,有一条重框的带状纹饰,带状中间有竖条(bilket),间距约两倍于竖条的长度。其上部也有一条带状纹饰,间以一条、二条、四条为一组的弦纹。带状纹饰的边框用拉长的八边形组成。(注:此类织物与1914年在楼兰L.C遗址发掘的丝织物颇相类似。)较大的一块的尺寸为$1\frac{7}{8}$英寸×1英寸。图版LV。

T.XV.a.003. **织物残片**。包括14块暗黄色或浅棕色的丝织物残片(均残破),一块深蓝色丝织物残片,三块已褪色的蓝色丝织物残片,两块松散的中部片等。通宽1英尺。

T.XV.a.i.3. **两条浅黄色丝带**。素面,残破。较长的一条两端均残,一端有黑色缝线的痕迹,已模糊不清;较短的一条一端锁边,可以看见缝线的痕迹,一面有四个汉字,另一面则有一个汉字。见沙畹《文书》No.539,图版XV,本书第十九章。长分别为19.7英寸(50厘米)和$12\frac{1}{4}$英寸(31厘米),宽分别为$1\frac{1}{4}$英寸和$1\frac{5}{8}$英寸。

T.XV.a.i.001. **残漆木碗**。与T.VI.b.ii.001类似,残存腹壁部分。外黑里红,内壁有一圈黑色的弦纹。通宽3英寸。

T.XV.a.i.002. **封检**。A型,见T.VIII.5。$1\frac{15}{16}$英寸×$1\frac{5}{8}$英寸×$\frac{5}{8}$英寸。

T.XV.a.i.003. **木塞(?)**。外形类似于粗茎的蘑菇,顶部很草率地削成凸斜面。高$1\frac{1}{8}$英寸,直径$1\frac{3}{8}$英寸,茎径$1\frac{1}{8}$英寸。

T.XV.a.i.004. **木勺**。勺圆形,柄残。长$5\frac{3}{8}$英寸(勺$2\frac{1}{2}$英寸),通宽$1\frac{3}{4}$英寸。

T.XV.a.i.005. **漆木碗底(残)**。与T.VI.b.ii.001类似,外黑里红,漆多已脱落。通宽3英寸。

T.XV.a.i.006. **棉(?)麻鞋残件和锦缎残片**。鞋外底及趾端部分残缺,有

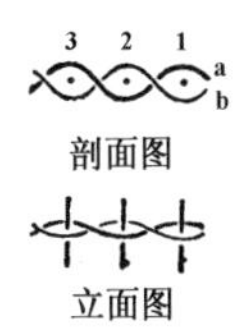

鞋面和里衬。鞋面是棉的,用结实耐用的粗料子制作。这种粗料子为制鞋匠所常用。编织鞋面时,同时使用两把梭子,经线上下交织(技术术语称“双经织”)。从横切面上可以看出编织的工序(见右图):a 线先绕到后面,b 线在前,接着,a 线绕到前面,b 线则被压在后面,这样就形成了第一个环节。第二个环节,b 线绕到前面,a 线则到了后面。如此重复。制鞋的工序基本上都是如此。

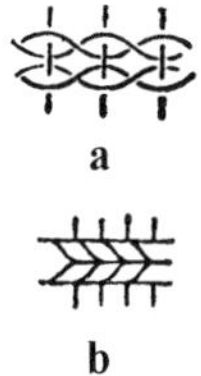

将鞋面织成后,编在上面的那根经线扎成鞋口,而纬线则用来做鞋跟。鞋底边缘用蓝色、暗黄色的线绳制作,做工精细密致。鞋口加垫一圈类似于棕榈叶一类的东西(也有可能是桦树和柳树皮),衬垫的表面缝有一层带蓝、白(?)彩的丝织物,用的是双股的白线,针脚很整齐。两行针脚的间距为$\frac{3}{8}$英寸。这层丝织物残损较多,与T.XXII.c.0010a相类似。里衬的质地要粗一些,经线所用的是麻线,纬线所用的是缝垫子所用的线绳。鞋底的织法与鞋面相同,但鞋帮的织纹则与之正好相反,上面有一排排整齐的网眼,如右上图 a、b 所示(b 的方向有误,实际的方向与之正相反)。

鞋底有五块衬垫,用深蓝色、白色和黄色的丝线缝合。鞋口附近也有里衬。此鞋的制作工艺娴熟。局部有残损,有些地方质地很脆。残长 8 英寸,宽约 4 英寸。图版 LIV。

T.XV.a.i.007.　铜箭镞。与 T.XV.008 属同一类型。一面凹陷,末端的舌是铜的,舌长约$\frac{7}{8}$英寸。保存较好。长 $1\frac{1}{2}$英寸,图版 LIII。

T.XV.a.i.008.　燕麦标本。

T.XV.a.i.009.　套子(捕捉机)。用结实耐用的绳子做成圈套,并绕上几圈,圈套上有六个朝同一方向的木齿,扯紧时形成一个直径约 1 英寸的扎口。木齿的末端有槽,绳子系在槽内。下套子的方法可能与今天在非洲所见到的情况相似:将套子放在洞口,套子上有一个活结,套子的一端拴在树上或木桩上。动物的脚踏入套子后总是极力想挣脱它，结果是越扯套子卡得越紧（套子的使用方法承乔伊斯先生惠告）。见 T.0018，外径 6 英寸，内径 4 英寸，齿长 $1\frac{1}{2}$~2 英寸。图版 LIV。

T.XV.a.ii.001. **残漆木碗**。与 T.VI.b.ii.001 比较类似，无装饰图案。外黑里红。保存完好。长 $4\frac{3}{8}$英寸，高 $1\frac{1}{2}$英寸。

T.XV.a.ii.002. **长方形木块**。有两条绳槽，深达木块的一半。木块上缘残缺。可能为封检。A 型，见 T.VIII.5。槽内有封泥。$1\frac{11}{16}$英寸×$1\frac{3}{8}$英寸×$\frac{7}{16}$英寸。

T.XV.a.ii.003. **漆木碗耳柄**。与 T.VI.b.ii.001 类似，内壁为红色，耳柄为黑色，器表有红色彩绘。保存状况一般。长 3 英寸，深 1 英寸，宽$\frac{7}{16}$英寸。

T.XV.a.ii.004. **半个漆木碗耳柄**。与 T.VI.b.ii.001 类似。外黑里红。保存较好。长 $1\frac{3}{4}$英寸，宽$\frac{1}{2}$英寸，深（?）$\frac{3}{8}$英寸。

T.XV.a.ii.005. **封检**。C 型，见 T.VIII.5。木片下端刻槽与 T.XII.A.0018 类似。$1\frac{5}{8}$英寸×1 英寸×$\frac{7}{16}$英寸。

T.XV.a.ii.006. **窄长的漆木碗残片**。一面为红色，另一面为黑色。$2\frac{1}{4}$英寸×$\frac{15}{16}$英寸×$\frac{1}{16}$英寸。

T.XV.a.ii.007. **木梳拱背**。与 L.A.VI.ii.0013 类似。3 英寸×$2\frac{1}{8}$英寸×$\frac{5}{16}$英寸。齿高 $1\frac{3}{8}$英寸，其中九齿的长度仅为$\frac{1}{2}$英寸。

T.XV.a.iii.57. **两条质地上乘的丝带**。未染色，出土时已成浅黄色。素面。较长的一条,一端有一个正体的婆罗谜文字,参见第十九章所引博耶的释文。有字的那条丝带尽管已残破,但从另一端可以看得见花边的痕迹。从花边的长度可以得知丝带的宽度达到了 $19\frac{1}{2}$英寸。不带字的一条丝带,一端残,一端有锁边。长 $13\frac{1}{8}$英寸,宽度分别为 $1\frac{5}{8}$英寸和 $1\frac{7}{8}$英寸。图版XXXIX。

T.XV.a.iii.001.　**漆木碗**。耳柄及腹壁的一部分漆脱落严重。花纹与 T.VI.b.ii.001(q.v)类似。$3\frac{1}{2}$英寸×$\frac{5}{8}$英寸×$\frac{5}{8}$英寸。

T.XV.a.iii.002、003.　**两枚封检**。C 型,见 T.VIII.5。$2\frac{3}{16}$英寸×1 英寸×$\frac{7}{16}$~$\frac{5}{16}$英寸;$1\frac{11}{16}$英寸×$\frac{5}{8}$英寸×$\frac{1}{2}$英寸。

T.XV.a.iii.004.　**木勺柄**。与勺的夹角为 150 度。勺残缺。长 $5\frac{1}{4}$英寸(勺 $2\frac{1}{8}$英寸),通宽 $1\frac{5}{8}$英寸。

T.XV.a.iii.005.　**五枚木简**。无字,长约 $9\frac{1}{2}$英寸。

T.XV.a.iii.006.　**木笔**。用木棍做成,前端整齐地削尖。长 $6\frac{3}{4}$英寸。

T.XV.a.iii.007.　**木桩**。与 T.002(q.v.)相似而形体稍小。墨绘的痕迹多已退去。木桩上刻出了鼻子。前额被斜削掉,有眼睛(用圆点表示)、眉毛(一条平线)、头发(一条平线)和胡子(两条竖线)。$5\frac{1}{2}$英寸×$\frac{3}{4}$英寸×$\frac{3}{8}$英寸。

T.XV.a.iii.008.　**木箭镞(?)**。与箭杆一次做成。此类形制的箭镞不见于金属箭镞。镞比箭杆还大,镞茎向前逐渐变细成箭头。有六个翼面:上面的三个翼面与箭头相连,下面的两个向前倾斜并向下变窄,到箭头的两个凸缘处消失。最下面的一个翼面与箭头同宽,到箭头附近时消失。箭头的下面是平的,上面则是圆的。箭头长 $1\frac{3}{4}$ 英寸,宽 $\frac{1}{2}$ 英寸,通体长 $2\frac{7}{8}$ 英寸,茎 $\frac{9}{16}$ 英寸,茎径 $\frac{3}{8}$ 英寸,茎于 $2\frac{1}{2}$ 英寸处断掉。图版 LIII。

T.XV.a.iii.009. **漆木碗耳柄**。与 T.VI.b.ii.001 类似。外黑里红。保存不好。碗有破损,用线绳修补过,底部有两个洞,洞里还残留有线绳的痕迹。$3\frac{1}{2}$ 英寸×$\frac{7}{8}$ 英寸×$\frac{1}{2}$ 英寸。

T.XV.a.iii.0010.a. **丝织物残片**。至少有蓝色和浅黄色两种色调。织物上有蓝色的带状纹饰和卷云纹带。间有四条与经线平行的条纹,外侧的两条条纹比内侧的两条要宽一些。条纹可能是用来表示柱子的。图案很残破,但可以看出与 Ch.00118(图版 CXI)是同一种风格。编织方法很复杂,因织物表面破损严重难以究明,但纹路的走向和接缝的方法还是可以看得出来的。7 英寸×4 英寸。图版 LV。

T.XV.a.iii.0010.b~d. **织物残片**。包括:b 为三块暗黄色丝织物残片,均残破;c 为一块缝在毡布残片上的蓝色丝织物残片;d 为一块缝在棕色毡布上的蓝色丝织物残片。通宽 1 英尺 2 英寸。

T.XV.a.v.001. **两枚木简**。无字,长度分别为 $6\frac{1}{2}$ 英寸和 9 英寸。

T.XV.a.v.002. **两枝芦苇箭杆**。箭杆的大部分都涂上了黑漆,涂漆的一端有烧焦的痕迹,另一端则被削成方形。参见 T.XIX.i.006。长 6 英寸,直径 $\frac{5}{16}$ 英寸。

T.XV.a.v.003. **织物残片**。包括:四块红色的丝织物,一块蓝色的丝织物,两条拧在一起并打了结的丝带,一块棉或麻织物。通宽约 8 英寸。

T.XV.a.v.004. **漆木碗**。残存有耳柄或腹壁的一部分,与 T.VI.b.ii.001 相类似。柄黑色,器表棕黑色,碗壁黑色。柄高 $\frac{1}{2}$ 英寸,圈足高 $\frac{5}{8}$ 英寸,长 $2\frac{1}{8}$

英寸(约为原来的一半)。

T.XV.a.v.005.　**封检**。C 型,见 T.VIII.5。$1\frac{5}{8}$英寸×$\frac{11}{16}$英寸×$\frac{1}{2}$英寸。

T.XV.a.v.006.　**木板**。一端稍斜,平面施黑漆,斜侧面施红漆。$1\frac{7}{8}$英寸×$1\frac{1}{4}$英寸×$\frac{3}{16}$英寸。

T.XV.a.vi.001.　**芦苇箭杆(残)**。用粗绳捆成一束,残留有两三枚与T.XIX.i.006同一类型的箭镞。有两枝箭杆上还残留有羽毛。箭镞中还有一枚与 T.007 属同一类型的箭镞,从茎杆处断裂。这捆箭杆很可能是已经报废准备入库的废旧箭杆。捆长 6 英寸。图版 LIII。

T.XVI 烽燧遗址发掘的遗物

T.XVI.1.　**陶罐的颈部和口缘**。轮制,灰陶,陶窑烧制。口缘向下卷,有双重口缘,口内有一个塞子。塞子上的绳子在口缘上留下了痕迹。参见T.XV.1。直径 $4\frac{1}{8}$英寸。

T.XVI.001.　**织物残片**。很残破。包括暗黄色和蓝色的素面丝织物残片和一束生丝(哈诺塞克博士曾对此加以分析)。通宽约 1 英尺 3 英寸。

T.XVI.ii.001.　**封检**。C 型,见 T.VIII.5。封检上残留有半块封泥和一截绳子。绳子从孔中穿过。$1\frac{9}{16}$英寸×$1\frac{3}{8}$英寸×$\frac{9}{16}$英寸。图版LIII。

T.XVII.001.　**角勺**。制作粗糙。有腐蚀的痕迹。长 $6\frac{1}{4}$英寸。图版 LIII。

T.XVII.002～004.　**三枚封检**。002、003 为 C 型,004 为 A 型。见 T.VIII.5。003 残留有一截绳子,绕了两圈并打上了结,绳子长 7 英寸。002(最大):2 英寸×$1\frac{1}{2}$英寸×$\frac{15}{16}$英寸。

T.XVII.005. **类似于篮子一类的东西**。可能是草鞋的后跟部分。经线为麻线,纬线为草绳。用“双经织”。7 英寸×4 英寸。

T.XVII.006. **织物残片**。包括:一块松散的白色羽毛织物残片,可能为一种粗料子(见 T.VI.b.i.0013,哈诺塞克博士曾对此加以分析),一块红色丝织物残片,一块素面的墨绿色丝织物残片。通宽 9 英寸。

T.XVII.007. **木质鱼叉**。用树枝枝杈砍成,是早期投掷鱼叉的样式。顶端有一个刻槽,刻槽处系有一根双股的绳子。长 $4\frac{1}{2}$ 英寸,倒刺长 $1\frac{3}{4}$ 英寸。图版 LIII。

T.XVII.a.001. **铁矛**。有双翼,尾端有銎孔。翼有锋,翼锋平直。横切面为菱形。矛尖 4 英寸×$\frac{7}{16}$英寸×$\frac{3}{8}$英寸,茎 2 英寸×$\frac{3}{4}$英寸(直径)。图版LIII。

T.XVIII 仓库遗址及其附近发掘的遗物

T.XVIII.(?).001. **铜带扣铸品**。长的一头系皮带,朝外的一面上铸有一个狮子头,狮子口中伸出一个向右拐的长柄,带扣的另一头则有一个猴头形的圆扣,用来钩住皮带上另一头的圆环。长 $2\frac{1}{4}$英寸。图版LIII。

T.XVIII.(?).002. **暗黄色丝织物残片**。素面,约 10 英寸×7 英寸。

T.XVIII.003. **两块瓷片**。属同一器物,在青白色釉下画有蓝花(当为青花瓷——译者)。器表有简略的花纹图案。口缘内有双线纹,双线之上有点纹,与 T.XI.0010 相类似。中国风格。通宽 $1\frac{1}{4}$英寸。

T.XVIII.i.001. **木桩**。与 T.002 等相似,但没有刻痕,用红、黑色颜料描绘,多已褪色。顶部打有一个孔(孔径$\frac{3}{8}$英寸),使顶部局部有破损。$8\frac{1}{4}$英寸×$1\frac{1}{4}$英寸×$\frac{3}{4}$英寸。

T.XVIII.i.002.　木简。无字。一端残。长 $6\frac{1}{4}$ 英寸。

T.XVIII.ii.9.a、b.(a)　木块。近方形,揳入一块木片,一面光滑,上面有绘描或无字的痕迹。出土时与一根铁签放在一起。b 为弯曲的一端有环,与 T.XII.a.0026相同,残甚。a:$7\frac{1}{4}$ 英寸×2 英寸×$\frac{1}{4}$ 英寸;b:通长 $4\frac{3}{4}$ 英寸,钉长 $3\frac{7}{8}$ 英寸,通宽 $\frac{1}{4}$ 英寸。

T.XVIII.ii.10.　木棍(残)。上有墨书"南佛"(?)二字。$6\frac{1}{2}$ 英寸×3 英寸×$2\frac{3}{4}$ 英寸。

T.XVIII.iii.001.　绳鞋。鞋底的制作与 T.VI.b.i.0011 相似。下面的经线是双股的,纬线则是质地更好的双股细线。素面。脚趾附近的经线织法比较特别,边缘也很整齐,上面覆盖着一层软皮。趾端已被磨掉,后跟上有一个洞。长 $8\frac{1}{4}$ 英寸,通宽 $3\frac{7}{8}$ 英寸。

T.XVIII.iii.002.　绳鞋。规格较小,与 T.VI.b.i.0011 为相同的样式。鞋带一直串到脚趾处。鞋底有绳结。脚趾处已磨损,其余部分保存甚好。长 8 英寸,通宽 $3\frac{1}{8}$ 英寸。

T.XVIII.iii.003.　木骰子(?)。方块形,上面有帽,中部的横切面为方形。两端为四边形。面上有烤出的线痕,分布无规律。可能是某种游戏所用的骰子。长 1 英寸,中部横切面 $\frac{5}{8}$ 英寸。图版 LIII。

T.XVIII.iii.004.　铜箭镞。与 T.007 属同一类型,锈蚀严重,长 $1\frac{1}{8}$ 英寸。

T.XIX 烽燧遗址发掘的遗物

T.XIX.001. **长方形原木块**。一面较光滑，上面勾勒出一幅人脸的样子(?)。参见 T.XXVIII.35。$4\frac{3}{4}$英寸×$1\frac{1}{4}$英寸×$\frac{1}{2}$英寸。

T.XIX.002. **织物残片**。包括一块暗黄色的丝织物残片，一条红色丝带，两块靛青丝织物残片，两块分别为浅红色和浅黄色的丝织物，均为素面，织纹平整。浅红色一块的尺寸为 1 英尺 $11\frac{1}{2}$英寸×$2\frac{1}{2}$英寸。

T.XIX.003. **结实的麻绳**。双股，绕成 8 字形，中部打有一个圆结，一端有磨损。直径约$\frac{1}{8}$英寸，盘绕起来的尺寸为 $3\frac{1}{2}$英寸×$1\frac{1}{4}$英寸。

T.XIX.004. **砍断了的苇秸秆标本**。

T.XIX.i.6. **芦苇箭杆**。上漆的部分有羽毛和捆绑的痕迹，末端的漆面界线整齐，可能有某种目的才做成这样。参见 T.XIX.i.006。长 9 英寸，直径$\frac{5}{16}$英寸。

T.XIX.i.001. **封检**。C 型，见 T.VIII.5。制作粗糙。$1\frac{1}{2}$英寸×$1\frac{1}{4}$英寸×$\frac{3}{4}$英寸。

T.XIX.i.002. **木质铲形刮刀**。柄端有烧痕，刃部残留有泥土和麦秸，可能是建筑施工所用的刮刀。尺寸 11 英寸×$1\frac{7}{8}$(刃部宽度)~$\frac{5}{8}$英寸×$\frac{1}{4}$~$\frac{1}{2}$英寸。

T.XIX.i.003. **木质工具**。不完整(一件修光工具?)。柄厚重，其后伸出凸缘以便小拇指能将其紧握，顶部被向下削弯以承受拇指的压力。此曲面沿刀刃走，被从柄下面一端突出的刃填补。刃下面平，右边有损伤，长 3 英寸(折断)，宽1英寸，木质很坚硬，表面因多次使用而被磨光。通长$7\frac{1}{2}$英寸，通宽$2\frac{3}{4}$英寸，通厚$1\frac{1}{2}$英寸。图版LII。

T.XIX.i.004.　**封检**。C型，见T.VII.5。一端有通孔。$1\frac{5}{8}$英寸×$\frac{3}{4}$英寸×$\frac{1}{2}$英寸。

T.XIX.i.005.　**箭镞**。铁舌残长3英寸，铜箭镞，与T.XV.008属同一类型；有三翼，翼刃锋利；保存完好。箭头长$1\frac{5}{8}$英寸，通长$4\frac{7}{8}$英寸。图版LIII。

T.XIX.i.006、007.　**两支芦苇箭杆**。三根羽毛用很细的线将其固定，线螺旋缠绕着，外表涂漆。在近末端的地方伸出1英寸长的楔形薄片，粘着两块藤片，上面缠绕着固定羽毛的线。006有一凹肩，一支羽毛的部分被保存下来，箭杆上涂漆，有被绑过的痕迹；箭杆另一端残损，有烧过的痕迹。007的全部羽毛和两凹肩部已残缺。参见M.II.001。长度分别为$9\frac{1}{2}$英寸和1英寸；直径分别为$\frac{5}{16}$英寸和$\frac{3}{8}$英寸，图版LIII。

T.XIX.ii.001.　**封检**。A型，见T.XIII.5。底部有孔。2英寸×$1\frac{7}{8}$英寸×$\frac{7}{16}$英寸。图版LIII。

T.XX烽燧和T.XXI烽燧出土的遗物

T.XX.002.　**铜指环**。横切面为圆环形，内径$\frac{1}{2}$英寸，外径$\frac{3}{4}$英寸。

T.XX.i.001.　**木片**。有三条槽；为制造之中的封检？但孔未凿出。$1\frac{3}{4}$英寸×$1\frac{7}{16}$英寸×$\frac{5}{8}$英寸。

T.XX.i.002. **木、骨磨光器（？）**。一端粗，一端细。一端套有一枚宽 $1\frac{1}{8}$ 英寸、厚$\frac{1}{8}$英寸的骨环，用四颗钉子固定。木杆两头粗细不一，便于骨环与木杆套合。骨环用塞子塞住。在骨环中间有一穿孔，孔径$\frac{3}{16}$英寸。很明显，此器的柄后部还应装上另一柄（已丢失）。参见《古代和田》，第一卷，397 页，N.vii.2.。长 $6\frac{3}{4}$英寸，骨环直径$\frac{15}{16}$英寸。

T.XX.i.003. **铜指环素面**。系着双股磨旧的黄色丝带。直径$\frac{9}{16}$英寸，厚$\frac{1}{8}$英寸。

T.XXI.001. **麦秸标本**。

T.XXI.002. **麦秸标本**。

T.XXII.a～c 烽燧和 T.XXIII.a 烽燧出土的遗物

T.XXII.a.001. **麦秸标本**。

T.XXII.b.001. **漆木碗耳柄**。与 T.VI.B.ii.001 类似。施红漆。$4\frac{3}{4}$英寸×$\frac{7}{8}$英寸×$\frac{5}{8}$英寸。

T.XXII.c.001. **粗绳环**。如 T.XIV.iii.0015 一样绑成环。环径 1 英寸，绳径$\frac{1}{8}$英寸，双股。直径约$\frac{1}{16}$英寸。

T.XXII.a.002. **粗羊毛织物残片**。经纬交织。暗黄色，偶有深棕色线。$7\frac{1}{2}$英寸×5 英寸。

T.XXII.c.002. **两块薄暗黄色皮革（像软皮）**。用绳子系在一起，两片都很破旧。通宽 9 英寸。

T.XXII.c.004.　暗黄色织物残片。可能与 T.VI.b.i.0013(q.v.)为同一类织物。通宽 8 英寸。

T.XXII.c.005.　暗黄色丝带。素面。一端打结,9 英寸×$3\frac{1}{4}$英寸。

T.XXII.c.006.　窄皮带。距一端 $1\frac{5}{8}$英寸处有一孔,两端折断,两面有黑色痕迹。$8\frac{3}{4}$英寸×$\frac{7}{16}$英寸×$\frac{1}{10}$英寸。

T.XXII.c.007.　织物残片。素面,均残。包括:三块暗黄色残片(其一打结),两块明蓝色条纹布,一块缝在浅绿色布片上的暗黄色布片,一块酱紫色残片,一块深绿色残片。暗黄色的一块通长 1 英尺 3 英寸。

T.XXII.c.008.　织物残片。素面。包括:一块缝在一根粗带上的深棕色丝片,27 英寸×$\frac{3}{16}$英寸,一块浅绿色丝织物残片,七块暗黄色丝织物残片(其一打结),以及棕、灰、蓝色的丝织物各一块。保存不好。通宽约 1 英尺 1 英寸。

T.XXII.c.009.　两块棉(?)织物残片。一块为灰棕色,另一块为红色。编织粗糙,素面。(未经分析)通宽 5 英寸。

T.XXII.c.001.a.　有图案的靛蓝色和黄绿色丝带图案。全部为重复图案,每隔一定间距有一条线沿对角线穿过图案,方向是向左及向右倾斜 45 度,其结果是以菱形的方式排列成正方形,在线与线的连接处是常见的卷云纹图案,这样就产生了如玫瑰花般的效果,线为重线,内侧一条饰以紧密排列的钩状线,是一种简化了的钩形图案,与正方形图案不同。

a 段:方形图案的中心是一株古式的哥特式的树。围绕树(但不接触)靠近边线的地方,有侧立的四只鸟,两两相对。冠很大,翅翼水平张开,尾很短而毛色绚丽,腿上粗下细,爪三趾。图案是对称分布的。

b 段:中心用六菱形的圈状物表示一株树或一丛灌木,左右两侧对称地绘有两条龙,龙尾相交。龙向位于树丛另一侧的鸟(凤凰)张牙舞爪。

图案是横向分布的，即与纬线的方向一致，这是比较少见的。龙的形象可能与织物的方向是一致的。

编织的纹理非常细腻，图案细部很仔细，图案的几何角度表明这是一块较大的织物的局部图案，如凤翼羽毛螺旋形图案的角度就是如此。从另一块与它属于同一块织物的小带子上的图案也可以看出这一点。但后者的图案内容与之不同。

这件织物极为残破，大约是由 11 块碎片组成的。上下左右边缘处还有红色和黄色的素面碎片。9 英寸×7 英寸。图版 LV 和 CXVIII(复原图案)。

T.XXII.c.0010.b. **织物残片**。素面，包括红色、暗黄色、黄色的各一块以及缝在毡片上的蓝色、暗黄色、红色残片各一块。通宽 1 英尺 2 英寸。

T.XXIII.a.001. **木“死眼”或滑轮**。将木棒弄弯围成一个环，在槽内用几股粗绳将两端紧紧固定在一起。参见 N.XXIX.ii.001.b。环长$3\frac{3}{8}$英寸，宽 $1\frac{1}{4}$英寸，木棒直径$\frac{5}{16}$英寸。

T.XXIII.a.002. **粗棉织物残片**。(哈诺塞克博士曾对此加以分析)约$5\frac{1}{4}$英寸×$3\frac{3}{8}$英寸。

T.XXVI 烽燧和 T.XXVII 烽燧出土的遗物

T.XXVI.001. **木把手**。与 T.XII.0015 相似，但略小一些，头更圆一些，通体施黑漆。$1\frac{1}{2}$英寸×$\frac{5}{8}$英寸×$\frac{3}{4}$英寸。

T.XXVI.002. **绳鞋**。用经曝晒漂白的麻线制成，无后跟，前端磨破，鞋底与 T.VI.b.i.009 相似，但绳结排列不均，多集中于鞋后跟及鞋头，中央稍少。用双股的线绳将鞋底及鞋面缝合。鞋面经线水平。编织时利用了织机。纬线左右交织，为“双经织”。腐烂，残长 $6\frac{1}{2}$英寸，宽 $3\frac{1}{2}$英寸。

T.XXVI～XXVIII.001.　**木条**。横切面为方形，大部分被切下，像是要制成写字的木简，但因边缘破损而被弃。$9\frac{1}{4}$英寸×$\frac{5}{16}$英寸×$\frac{3}{16}$英寸。

T.XXVII.1.　**粗陶碗口缘残片**。见 T.XXVII.5（q.v.）。通宽 $2\frac{3}{8}$英寸。

T.XXVII.2.　**瓷碗残片**。圈足，内外施青白釉，器表有铁红色太阳花图案，图案上有很淡的绿色和红色装饰。碗底下表面的缘内侧装饰着一宽一窄深棕色条饰。中国风格，$1\frac{3}{4}$英寸×$1\frac{11}{16}$英寸。图版 IV。

T.XXVII.3.　**陶器残片**。磨光灰陶，胎坚硬、轮制，表面有剥落现象。内底有轮制的痕迹，通宽 $1\frac{7}{16}$英寸。

T.XXVII.4.　**直壁陶碗残片**。平唇，唇面上有凹纹。距口缘 1 英寸处有两个用于系绳的洞，轮制，红胎，表面灰色，磨光效果不好，在露天的窑炉中用旺火烧成。$4\frac{5}{8}$英寸×$1\frac{3}{4}$英寸。

T.XXVII.5.　**粗釉碗碗边及碗底残片**。外表面至碗脚、内表面至碗底是细腻的奶黄色土，上施斑驳的棕色釉，具圆高碗底。中国风格。高 3 英寸，宽 $3\frac{1}{2}$英寸，碗原直径 6 英寸。

*T.XXVII.15.　**木印**。方形，顶部有凹槽，系绳用（?），一侧已完工，另一面刚开始，底面只有一字，古体，未曾释读出来（霍普金斯先生分析）。高$\frac{7}{8}$英寸，$\frac{9}{16}$英寸见方。图版 LIII。

其他样品，见 T.XIV.a.003；XXVII.003、005、006；XXVIII.d～g，j，q；以及封泥 T.XIV.a.i.001。

T.XXVII.001. **小铁条**。横切面为正方形，两端都破损，$2\frac{1}{8}$英寸×$\frac{1}{4}$英寸见方。

T.XXVII.002. **灰色滑石残片**。卵形薄片，有水蚀的痕迹。$\frac{5}{8}$英寸×$\frac{1}{2}$英寸×$\frac{1}{16}$英寸。

T.XXVII.003. **木印或骰子（?）**。四方形木块，一面有直、曲墨线，有边框。参见 T.XXII.a.ii。1 英寸×$\frac{5}{8}$英寸×$\frac{1}{2}$英寸。图版 LIII。

T.XXVII.004. **白色的石头残片**。质地较软。

T.XXVII.005、006. **两块木印（?）**。小方块。制作粗糙，005 一个面上有较窄的边框，并有褪色了的墨迹。显然是未加工完的半成品。$1\frac{3}{8}$英寸×$\frac{7}{8}$英寸（取最大值）×$\frac{3}{4}$英寸（最大值）；$1\frac{1}{8}$英寸×$\frac{9}{16}$英寸见方。

T.XXVII.007、008. **两个木骰子或计数器（?）**。均为小方块，007 除较长的一面外全部涂上黑漆，漆多已剥落；008 的一面有墨绘的痕迹。参见 T.XII.a.ii.005，XXVIII.d～g、k～n。$\frac{15}{16}$英寸和$\frac{7}{8}$英寸×$\frac{9}{16}$英寸×$\frac{1}{2}$英寸。

T.XXVII.009. **木把手或木塞子**。与 T.XII.0015 相似，但小得多，未经描绘，刻制精细，长颈保存完整，一端为四边形，颈与头的横切面都是方形，长 2 英寸，直径$\frac{1}{2}$～$\frac{1}{4}$英寸见方。

T.XXVII.0010. **木桩**。类似于 T.002。但其横切面为四方形，制作粗糙，整个前侧面上用墨线粗略地勾勒出一张人脸，鼻子瘦长，眉毛厚重，眼线的两端下沉，有髭髯。参见 T.XXVII.35。$6\frac{1}{2}$英寸×$1\frac{5}{8}$英寸（最大值）×$\frac{1}{2}$英寸。

T.XXVII.0011. **残“火棍”（雌）**。与 L.A.v.ii.1 相类似。一面有三个刻

槽，另一面有两个。一面有一个“火炉”的残痕，另一面上有两个完整的“火炉”和一个未完成的“火炉”。刻槽很特别。$4\frac{3}{8}$英寸×$1\frac{1}{8}$英寸×$\frac{5}{8}$英寸。

T.XXVII.0012.　**木梳。**拱背；类似于 L.A.VIII.001，但极为粗糙，只有六齿，每齿间距$\frac{1}{8}$英寸，梳子高 $4\frac{1}{4}$英寸，宽 $1\frac{7}{8}$英寸，齿长 2 英寸。

T.XXVII.0013.　**木把手或木塞子。**与 T.XII.009 相似，头部有黑漆痕，头部从后部直至颈身被砍成方形，长 $1\frac{3}{16}$英寸（颈$\frac{3}{4}$英寸，头$\frac{9}{16}$英寸），直径$\frac{1}{2}$～$\frac{5}{16}$英寸见方。图版 LIII。

T.XXVII.0014.　**16 枚木简。**无字（5 枚完整，11 枚残），通长 $8\frac{1}{2}$英寸。

T.XXVII.0015.　**木勺。**勺为方形，柄弯曲。长 $7\frac{1}{2}$英寸（勺长 $2\frac{1}{2}$英寸），通宽 $1\frac{5}{16}$英寸。

T.XXVII.0016.　**木棒。**修削光滑，长 $8\frac{5}{8}$英寸，直径$\frac{3}{16}$英寸。

T.XXVII.0017.　**木刮刀。**刀刃窄而直，长 $5\frac{3}{4}$英寸（刃长 $2\frac{1}{4}$英寸），通宽$\frac{3}{8}$英寸。

T.XXVII.0018、0019.　**两支木笔。**用树枝制成，上面残留有树皮，一端削尖。见 T.XII.0012。长分别为 5 英寸和 $4\frac{1}{2}$英寸，直径为$\frac{1}{2}$英寸和$\frac{3}{16}$英寸。

T.XXVII.0020.　**木棒。**横切面为长方形，一端削尖成把手，另一端折断。参见 T.XII.005 等。$3\frac{1}{4}$英寸×$\frac{3}{4}$英寸×$\frac{3}{8}$英寸。

T.XXVII.0021. **用芦苇做的扫帚(?)**。残破,像是被成捆地绑在一起,径 $\frac{3}{8}$ 英寸,一头用绳子束在一起(沾有沙石泥土),长约 $4\frac{3}{4}$ 英寸。

T.XXVII.0022. **粗绳**。用劈开的藤条编成,用两缕双股的藤条捻成,一头打结,另一头散开。长 1 英尺 7 英寸,直径为 $\frac{1}{2}$ 英寸。

T.XXVII.0023. **绳编织物残片**。编织方法如下:水平放置一根粗绳,然后交叉放置一根单股的线绳,将绳头打上结。然后在往下 $2\frac{1}{4}$ 英寸位置再放一根线绳,与第二根水平放置的粗绳打上一个结,线绳之间注意保持一定的距离。如此重复前面的程序。长约 1 英尺 2 英寸×10 英寸。图版 LIV。

T.XXVII.0024. **粗陶碗残片**。为下半部分,胎土暗黄色,内壁施很浅的灰白釉,器表未施釉,只有一滴暗绿色的釉痕。通宽 $1\frac{3}{4}$ 英寸。

T.XXVIII 烽燧出土的遗物

T.XXVIII.a~b. **两枚封检**。a 为 B 型,b 为 A 型;见 T.VIII.5。保存完好。$1\frac{5}{8}$ 英寸×$1\frac{3}{8}$ 英寸×$\frac{1}{2}$ 英寸;$1\frac{1}{2}$ 英寸×$1\frac{1}{4}$ 英寸×$\frac{1}{2}$ 英寸。

T.XXVIII.c. **木质计数器或骰子(?)**。与 T.VIII.iii.003 一样为尖顶,表面光滑,长 $1\frac{1}{4}$ 英寸,横切面为 $\frac{9}{16}$ 英寸见方。

T.XXVIII.d~g. **四块长方形木块**。表面及两端均为素面,可能是用来制作骰子或印章的。见 T.VII.a.ii.005,XXVII.15。保存完好。长 $\frac{7}{8}$ 英寸到 $1\frac{1}{8}$ 英寸不等,截面 $\frac{7}{16}$~$\frac{13}{16}$ 英寸不等。

T.XXVIII.h. **七棱木棒**。一端被削成方形,另一头将棱角削去,形成略似五瓣莲花的形状,长 $2\frac{3}{16}$英寸,直径$\frac{5}{8}$英寸。

T.XXVIII.j.　**木印章**。长方形胡杨木块,一头削成印面,印面$\frac{5}{16}$英寸见方,制作很粗糙。印面上有一个未释读出来的汉字(霍普金斯先生分析)。参见 T.XXVII.15,XXVIII.d。$1\frac{1}{2}$英寸×$\frac{9}{16}$英寸见方。图版 LIII。

T.XXVIII.k~n.　**四个方形木块**。在每个较长的面上有用墨线画的相交的对角线,如此形成的空间以破折号和逗号填充,制作者只是粗略地勾出了图案的轮廓,可能是想刻制印章或制作骰子。参见 T.XII.a.ii.005,XXVII.15。k、m 完好,l、n 已残,长$\frac{15}{16}$~$1\frac{1}{8}$英寸,直径$\frac{7}{16}$~$\frac{1}{2}$英寸见方。k 见图版 LIII。

T.XXVIII.o.　**皮制圆盘**。像垫圈一样中心有孔,边缘不规整,但内缘略呈规整的圆形。外径 $1\frac{3}{4}$英寸,内径$\frac{13}{16}$英寸。

T.XXVIII.p.　**小木梳残片**。直背,齿残断,通宽 $1\frac{1}{2}$英寸。

T.XXVIII.q.　**半个木印章**。小木块,左半部分已被劈下,印面复原后的面积可能为$\frac{1}{2}$英寸见方。印面原刻有四个汉字,其中两个被保留下来。刻工精细,上面的一个字未释读出来,下面的是个"印"字(霍普金斯先生分析),印章穿孔处有裂痕。参见 T.XXVII.15。$\frac{1}{2}$英寸×$\frac{3}{16}$英寸(残)×$\frac{5}{16}$英寸。图版 LIII。

T.XXVIII.r.　**残木勺**。是纵向的一半。勺圆形,平面,一端有勺柄。长 $4\frac{7}{8}$英寸,通宽 1 英寸。

T.XXVIII.s.　**木棒**。横切面为椭圆形,一端削尖,紧紧缠绕着绳子,另一端削成方形,(木质)坚硬,保存完好。$5\frac{3}{4}$英寸×$\frac{3}{4}$英寸×$\frac{3}{8}$英寸。

T.XXVIII.1. 陶碗口缘残片。红胎，轮制，磨光灰陶，封窑烧成，内表有脱落的现象。$3\frac{3}{8}$英寸×$1\frac{7}{8}$英寸。

T.XXVIII.2. 两块残陶片。为一大容器的底部，有穿孔，用绳子将一块小木楔牢牢固定在残陶片上。胎土经淘洗，轮制、烧成红色，打磨后成灰色，底部未经打磨，仍为红色。$3\frac{15}{16}$英寸×$3\frac{1}{8}$英寸。图版 LIII。

T.XXVIII.3. 陶罐口缘和肩部残片。轮制，烧成灰色，陶窑烧制，制作工艺很差。肩部有刻纹，口缘方形，模制，与颈部相连，用薄薄的一层胶泥封住罐塞。内表局部有剥落的现象。$2\frac{5}{16}$英寸×$1\frac{1}{2}$英寸。

T.XXVIII.35. 表面毛糙的长方体木条。一面上有墨绘的人脸，绘描完成后将边缘削掉。参见 T.VI.b.iv.001，XIX.001。$4\frac{3}{8}$英寸×$1\frac{7}{8}$英寸×$\frac{3}{8}$英寸。图版 LIII。

T.XXVIII.63. 木棒。断面边缘整齐，木棒圆形的一面上有用红、黑两色勾勒出的一张人脸的图案。参见 T.002，XXVIII.35。$7\frac{1}{4}$英寸×$\frac{7}{8}$英寸×$\frac{1}{4}$英寸（取最大值）。

T.XXVIII.001. 木勺。勺面是平的，有烧焦的圈痕，说明应是铁匠所用。$2\frac{1}{2}$英寸×2 英寸×$\frac{3}{16}$英寸。

T.XXVIII.002. 半把木梳。和 L.A.VI.ii.004 一样为圆背。高 $2\frac{7}{8}$英寸，宽 $1\frac{5}{16}$英寸。有 10 齿，齿长不到$\frac{1}{4}$英寸。

T.XXVIII.003. 木梳残片。和 L.A.VI.ii.004 一样为圆背。高 $2\frac{3}{4}$英寸，宽

$\frac{3}{4}$英寸,有 10 齿,齿长不到$\frac{1}{4}$英寸。

T.XXVIII.004.　**木棒**。横切面为方形,两头削得很尖,一面平,另一面的居中位置有一凹槽。第三面有两条与中心等距的凹槽,第四个面有一条中心的对角线穿过。原件可能为一测量工具,被砍作其他用途。长$4\frac{1}{8}$英寸,横切面长边为 2 英寸×$\frac{1}{4}$英寸。

T.XXVIII.005.　**木片**。可能为木简。2 英寸×$\frac{7}{16}$英寸×$\frac{3}{16}$英寸。

T.XXVIII.006.　**12 枚木简**。无字迹,通长 12 英寸。

T.XXVIII.007.　**木棒**。断面稍加修整,长 8 英寸,直径$\frac{11}{16}$英寸。

T.XXVIII.008.　**弯曲的木板**。可能为木牍,未完工。5 英寸×3 英寸×$\frac{3}{16}$英寸。

T.XXVIII.009、0010.　**两枚铜箭镞**。与 T.007 属同一类型,009 的箭头已残。长度分别为$\frac{15}{16}$英寸和 $1\frac{3}{16}$英寸。

T.XXVIII.0011.　**铜箭镞**。与 T.007 属同一类型,但箭头要短一些;一面凹,参见 T.XXXI.001。锈蚀严重。翼长$\frac{3}{4}$英寸,总长 $1\frac{1}{16}$英寸。

T.XXVIII.0012.　**铜箭镞**。与 T.XV.008 属同一类型;箭头细长,有三翼,带倒刺。三面内凹,保存完好。翼长 $1\frac{1}{2}$英寸,通长 $1\frac{3}{4}$英寸。

T.XXVIII.0013.　**铜箭镞残片(?)**。长$\frac{5}{8}$英寸。

T.XXVIII.0014.　**铜片**。横切面为长方形,稍弯曲,长 1 英寸×$\frac{1}{8}$英寸×$\frac{1}{16}$

英寸。

T.XXVIII.0015. **六棱形的短铜棒。**一端有穿孔,可能为一枚残箭镞。长$\frac{15}{16}$英寸,直径$\frac{1}{4}$英寸。

T.XXVIII.0018. **铸铁锄刃残片。**与T.XV.004相类似,刃部凸凹不平,銎孔深入到锄面的$\frac{1}{2}$英寸处。銎孔的一条边框和两端均残缺。3英寸×$1\frac{1}{4}$~1英寸,銎壁厚度为$\frac{5}{16}$英寸。

T.XXVIII.0019. **铁签。**参见T.XII.a.0026。横切面为圆形,末端有环柄,长$4\frac{1}{4}$英寸,直径$\frac{1}{8}$英寸。

T.XXVIII.0020. **铜带扣。**有系皮带的柄,带扣稍有弯曲,扣舌在居中的位置。$1\frac{3}{4}$英寸×$1\frac{1}{4}$英寸×$\frac{1}{4}$英寸。

T.XXVIII.0021. **两块丝织物残片。**一块为淡蓝色,约1英尺2英寸×3英寸;一块为黑色,织纹细密,6英寸×$1\frac{1}{2}$英寸。

T.XXIX 烽燧出土的遗物

T.XXIX.a~c. **三块浅黄色粗陶器残片。**内施一层乳白色薄釉,b为加厚了的口缘的一部分,外壁口缘以下至$\frac{3}{8}$英寸处上釉。c上的釉除一小块外都已剥落。造型类似中国古代的鼎,可能为宋代遗物,通宽$1\frac{5}{8}$英寸。

T.XXIX.d. **浅黄色粗陶器残片。**器表施乳白色釉,有浅着色的鹧鸪斑。内壁为乳白色釉,有开片。通宽$\frac{11}{16}$英寸。

T.XXIX.e. **浅黄色夹沙粗陶器残片。**仅内凹的一面上釉,在黑色底色上

着暗淡的橄榄绿色釉，类似后来的“茶叶末釉”的效果。通宽 $1\frac{3}{4}$ 英寸。

T.XXIX.f.　**暗黄色粗陶器残片**。外壁及内壁的一部分施黑色釉。中国风格，可能为唐代遗物。通宽 $1\frac{3}{4}$ 英寸。

T.XXIX.g.　**浅黄色(发灰)粗陶器残片**。仅外壁有很薄很亮的黑色釉，中国风格，可能为唐代遗物。通宽 $1\frac{3}{8}$ 英寸。

T.XXIX.h.　**粗陶碗的斜直腹壁残片**。直壁，平口缘，浅灰色胎土，胎质坚硬，内外施棕绿色薄釉。釉色从口缘向下逐渐加深成棕色，上部有鹧鸪斑。中国风格，可能为宋代遗物。通宽 1 英寸。

T.XXIX.i.　**瓷碗残片**。碗体深灰色，内外施青绿釉，釉色厚重。中国风格，可能为宋代遗物。通宽 $1\frac{1}{8}$ 英寸。

T.XXIX.j.　**瓷碗口缘残片**。内外施乳白色釉，釉色半透明，有裂纹，口缘稍向外卷，中国风格，年代不早于明代。通宽 $1\frac{1}{2}$ 英寸。

T.XXIX.k.　**粗瓷器残片**。内外施乳白色薄釉，釉色半透明，有裂纹。$\frac{3}{4}$ 英寸见方。

T.XXIX.l.　**灰色瓷器残片**。内外施青绿釉，中国风格，可能为宋代遗物。通宽 $1\frac{1}{2}$ 英寸。

T.XXIX.m.　**暗黄色粗陶器残片**。内外施青绿釉，釉色厚重、均匀，有积釉的现象。中国风格，可能为宋代遗物。通宽 $\frac{3}{4}$ 英寸。

T.XXIX.n.　**铜环**。铸品。表面锈蚀，一端有系过的痕迹。直径 $1\frac{3}{4}$ ~ $1\frac{5}{8}$

英寸，厚$\frac{1}{8}$英寸。

T.XXIX.1. 粗陶瓷碗的斜直腹壁残片。 残留腹壁和口缘部分。胎土灰白色，胎质坚硬。内外施棕绿色釉，釉色厚薄不均。中国风格。通宽 $2\frac{3}{4}$ 英寸。

T.XXIX.2. 积釉的瓷碗残片。 为碗底和圈足部分。胎土为灰白色，胎质坚硬。外壁未施釉，仅有一道蓝绿色的淌釉痕迹。内壁施棕黑色釉，底有圈足。中国风格。通宽 $3\frac{1}{4}$ 英寸。

T.XXIX.3. 瓷碗残片。 残留腹壁和口缘部分。胎土白中泛黄，内外施有黑釉，釉面上有裂纹，局部有脱釉的现象。中国风格。通宽 $2\frac{3}{8}$ 英寸。

T.XXIX.4. 陶瓷残片。 外壁施厚重的黑釉，内壁不施釉，但有淌釉的痕迹。中国风格。通宽 $2\frac{5}{16}$ 英寸。

T.XXIX.5、6. 粗瓷碗的斜直腹壁残片(2 块)。 残留腹壁和口缘部分。胎土暗黄色，内外施棕黑色釉，有鹧鸪斑。中国风格。通宽 2 英寸。

T.XXIX.7. 陶瓷器皿残片。 胎土较粗，轮制。外壁在黑地上施茶绿色釉，形成鹧鸪斑的效果。内壁有一条淌釉的痕迹。中国风格。通宽 $1\frac{7}{8}$ 英寸。

T.XXIX.8. 陶瓷残片。 与 T.XXIX.10(q.v.)类似。通宽 $1\frac{9}{16}$ 英寸。

T.XXIX.9. 陶器残片。 手制，制作粗糙。粉红色胎土，露天烧制。有两条栉齿纹带，间以两条弦纹。通宽 $3\frac{1}{4}$ 英寸。

T.XXIX.10. 陶碗的斜直腹壁残片。 残留腹壁和口缘部分。唇面上有刻纹。轮制，胎土褐中泛绿。制作粗糙。陶窑烧制。通宽 $3\frac{1}{2}$ 英寸。

T.XXIX.11.　粗瓷碗的斜直腹壁残片。平缘，胎土灰褐色，内外施深棕色釉。通宽$1\frac{7}{8}$英寸。

T.XXIX.12.　粗瓷碗底残片。高圈足，胎土灰中略显粉红，内壁施乳白色釉。造型类似于中国古代的鼎。通宽2英寸。

T.XXIX.001.　木勺。勺扁而窄，勺柄弯曲，横切面为方形。制作粗糙。长$6\frac{1}{2}$英寸，勺长2英寸，通宽$\frac{5}{8}$英寸。

T.XXIX.002.　残塑像。有两个上下叠置的头，上面的头的下颚与下面的头的冠相连。两个头的耳朵都已残缺。发型是相同的，中分，向后绾成半髻。上面的头的冠饰是平的，没有塑完；下面的头的后颈部分残缺。眼睛是半睁半闭的，可以看见眼球上的瞳仁。弯曲的嘴唇塑得很生动。下面的头面目狰狞，张口露齿。参见Mi.xi.0057。眼睛睁得很开，眼球固定。双下颚。两个头都有深灰色的绘描痕迹。可能为“三相神”（trimūrti）的形象，第三个头已残缺。胎土松软，中间夹有头发。雕塑精美，两个头相互分离，脸与头也是分开的。两个头的高度均为$6\frac{3}{4}$英寸（从下颚到头的高度），通高$2\frac{3}{4}$英寸。图版CXXXIV。

T.XXIX.003、004.　残塑像。系一双同真人大小的手，003为右手，004为左手。003从手腕处断裂，中指断至第一指节处，拇指断至第二指节。004手指仅剩末梢部分，手的中间以铁棍为筋。均有墨绘的痕迹。制作粗糙。胎土松软，中间夹有头发。尺寸分别为3英寸和$3\frac{1}{4}$英寸。

T.XXIX.005~007.　残塑像。为两个手指和一个拇指，可能是003、004上的。005指端是尖的，弯曲，没有指节。006是伸直的，略微有点弯曲。007为拇指，手掌的一面有皱纹。制作精美。均有墨绘的痕迹。大小同真人的手指差不多。胎土松软，中间夹有头发。长度分别为$2\frac{3}{4}$英寸、$3\frac{5}{8}$英寸、$2\frac{1}{4}$英寸。

T.XXIX.008. **残塑像**。为塑像的衣纹部分。有墨绘的痕迹。3 英寸×$1\frac{3}{8}$英寸×$\frac{1}{2}$英寸。

T.XXIX.009. **山羊毛织物残片**。棕色,上面有一块黄色的条带。素面,质地较粗。纬线成对。约 9 英寸×$2\frac{1}{2}$英寸。

T.XXIX.0010. **残塑像**。三块衣纹褶皱的残片,有墨绘的痕迹。胎土松软,中间夹有头发。$1\frac{7}{8}$英寸×$\frac{13}{16}$英寸×$\frac{1}{4}$英寸。

T.XXIX.0011. **残塑像**。瓔珞饰带,坠有珠子,带子的两侧有穗饰。表面是弯曲的,堆塑都在突起的一面。内侧的一面则有对角的刻纹,可能是为了捆缚而作。有墨绘。可能为带饰(?)。胎土松软,中间夹有头发。$2\frac{1}{2}$英寸×$2\frac{1}{2}$英寸×$\frac{3}{16}$英寸。

T.XXIX.0012.a、b. **残塑像**。a 为左上臂;b 为右前臂,与 a 属同一个体。两件都绘丰富的线纹,线纹是灰色的。a 残损,但可以看出是手臂的一部分。b 稍完整,但手指都已残缺。两件内面都有圆形木骨,肘部的木棍削薄,两头插入上下手臂,交接处用绳子捆住。b 保留了关节和前臂的一部分,中间的木棍露出上端。胎土松软,中间夹有头发。长度均为 $10\frac{1}{2}$英寸,从手腕到肘关节的长度为 $7\frac{1}{2}$英寸。

T.XXIX.0013. **陶罐**。手制,胎土为棕色。磨光的效果不好,表面似乎涂有一层油(?),在火炉中烧制。圆肩,肩部有两条刻纹。颈部残。高 12 英寸,直径 $7\frac{1}{2}$英寸。图版 IV。

T.XXXI、XXXII 和 XXXIV 烽燧发掘的遗物

T.XXXI.001. **铜箭镞**。有三翼。镞茎六棱形。箭头已钝。翼面平整。末端有铁舌。通长$\frac{7}{8}$英寸(翼$\frac{11}{16}$英寸)。图版 LIII。

T.XXXII.001. **原木**。未经修整。$2\frac{3}{4}$英寸×1 英寸×$\frac{3}{8}$英寸。

T.XXXII.002. **木笔**。有残留的树皮,尖端削得很粗糙。长$4\frac{1}{4}$英寸。

T.XXXII.003. **叉**。树皮已刮掉。长 3 英寸。

T.XXXII.004. **绿色的锥形玉筒**。中间有穿孔。长$1\frac{3}{16}$英寸,直径$\frac{1}{2}$~$\frac{5}{16}$英寸。

T.XXXII.005~007. **苇秆标本**。长$3\frac{1}{4}$英寸。

T.XXXII.008. **麻线**。打上了结,两端没有捻好。长 1 英尺$1\frac{1}{2}$英寸,直径约$\frac{1}{12}$英寸。

T.XXXII.009. **铜箭镞**。与 T.XV.008 属同一类型,但要小一些,两侧内凹。保存不好。长$1\frac{3}{8}$英寸(翼$1\frac{1}{16}$英寸)。图版 LIII。

T.XXXII.0010. **木支架的末梢**。残,通体涂黑。参见 T.VIII.004。1 英寸×$1\frac{3}{8}$英寸×$1\frac{1}{8}$英寸。

T.XXXIV.001. **木“火棍”(雌性)**。与 L.A.v.ii.1 相类似,但大小不同。每面都有“火炉”—— 一面五个、一面两个。边缘破损。$8\frac{1}{2}$英寸×$2\frac{1}{2}$英寸×$\frac{3}{4}$英寸。图版 LII。

T.XXXIV.002. **平木板**。中部两侧有榫头。除榫头以外通体施黑漆。$4\frac{1}{16}$英寸×$2\frac{1}{4}$英寸×$\frac{1}{2}$英寸，榫头$\frac{11}{16}$英寸×$\frac{7}{8}$英寸×$\frac{3}{8}$英寸。

T.XXXIV.003. **长方形木块**。两端均有榫头，榫头的当头被涂黑。木块的上缘被削成斜面，木块的下面挖了一条槽。木块居中位置有一个穿孔(直径$\frac{3}{16}$英寸)。通体涂黑漆。$2\frac{1}{4}$英寸×$1\frac{1}{2}$英寸×$1\frac{5}{8}$英寸。图版 LIV。

T.XXXIV.004. **细绳和织物残片**。包括：一捆草绳，一块粗麻织物，一块浅棕色丝织物残片。均朽。通宽 15 英寸。

T.XXXIV.005. **木笔**。树皮已去掉，尖端削得很粗糙。长 $4\frac{3}{4}$英寸。

T.XXXIV.006. **汉长城的材料标本**。包括粘连在一起的苇秆(带叶子)、小树枝、卵石等。